"존재는 그 자체로 그저 놀랄 만한 이야기뿐
믿을 수가 없는, 서로 평행한 주제들을 함...
이 책 대부분을 채운 것은 거스를 수 없는 힘과 요지부동인 내...
수전과 그 아버지 스테파니 사이에 벌어지는 장대한 전투와 궁극적인 화해다.
그 자체가 이 책에서 가장 뛰어난 부분이다."
— *Slate*

"비범하다. 매혹적인 가족 회고록이면서 홀로코스트 역사를 낱낱이 드러내며,
무엇보다도 인간 정체성에 대한 심도 깊은 고찰이다. 이보다 시의적절할 수
없다. 수전 팔루디가 보여 준 것과 같은 이해에 대한 인도적 욕망은 없고,
정체성에 대한 쓰디쓴 전투가 넘쳐 나는 시대에 사는 우리에게 무척이나 중요한
책이다."
— *The National Book Review*

"정제된, 다층적인 회고록. 강렬하고 흡인력 있다."
— *Publishers Weekly*

"정체성, 집단, 진정성에 대한 복합적인 분투를 다룬 감동적이고 통찰력
있는 탐구."
— *Kirkus Reviews*

"수전 팔루디의 이 책은 드라이 마티니만큼이나 훌륭하다!"
— *The Observer* (London)

"눈부신, 유일무이한 작품. 반드시 읽어야 할 책!"
— *The Irish Independent* (Dublin)

"스테파니 팔루디의 특별한 삶을 기록한, 정체성에 대한 현대의 집착에
던지는 충격적인 질문. 이토록 매혹적인 신중함을 품고서 이런 질문을 던진
사람은 없었다."
— *The Spectator* (UK)

"열정, 지성, 유머로 가득하다. 깊은 애정으로 아름답게 쓰인 독보적인 작품.
정체성 정치, 헝가리의 역사, 홀로코스트, 부모와 자식 간 유대와 보상을
탐구한 전기이자 자서전으로 흠잡을 곳 없이 엮였다."
— *The Saturday Paper* (Australia)

다크룸

영원한 이방인,
내 아버지의 닫힌 문 앞에서

다크룸

Susan Faludi
In the Darkroom

수전 팔루디 지음 손희정 옮김

arte

스피슈스케 포드흐라디에의
그륀베르거가家 사람들과 코시체의 프리드먼가家 사람들,
그리고 그들의 아이들, 그들의 아이들의 아이들,
내가 되찾은 가족, 그리고 나를 되찾은 이들을 위해.

그는 자신이 얼마나 무시당하고 경멸당했는지 생각했다. 그리고
이제 모두가 그를 보고 아름다운 새들 가운데서도 가장 아름답다고
말하는 소리를 들었다. 라일락들이 그를 향해 가지를 숙여,
그 가지들이 물속에 잠길 정도였다. 태양은 아주 따뜻하고 매우 밝게
빛났다. 그러자 그는 깃털을 털고, 호리호리한 목을 높이 들면서,
마음 저 깊은 곳으로부터 즐거워했다. "내가 미운 오리 새끼일 때,
이런 행복은 꿈꿔 본 적도 없었어."
— 한스 크리스티안 안데르센,『미운 오리 새끼』

시각 이미지와 자신을 동일시하는 것은 본능이 되었다. 그런 습관은
이미 오래된 것이다. 내 사진, 보이는 나, 그것이 나다.
— D. H. 로렌스,「예술과 도덕」

오랜 옛날
기묘한 속임수가 있었다.
프릴 옷을 입은 늑대,
일종의 트랜스베스타이트.
하지만 나는 그 이야기보다 뛰어나지.
— 앤 섹스턴,「빨간 망토」

차례

일러두기
- 책은 겹낫표(『 』), 글과 논문 등은 홑낫표(「 」), 잡지·신문 등은 겹화살괄호(《 》), 기사·칼럼·영화·그림·음악 등은 홑화살괄호(〈 〉)로 묶었다.
- 원문에서 이탤릭으로 강조한 부분은 방점으로, 대문자로 변별한 부분은 두꺼운 고딕체로 구분했다.
- 본문의 각주는 대부분 옮긴이 주로, 원주는 주석 끝에 따로 표기했다.

한국어판 서문

2018년 어느 가을 오후, 서강대학교의 작은 세미나실로 가기 위해 철제 계단을 오르면서, 나는 곧 나누게 될 대화에 두려움을 느끼고 있었다. 1980년대 미국 페미니즘의 분투를 연대기적으로 기록한 나의 1991년 작 『백래시』에 대해 이야기를 나누러 가는 길이었기 때문이었다. 과연 이 책이 그토록 오랜 시간이 지난 지금, 이토록 멀리 떨어진 곳에서 활동하고 있는 한국의 페미니스트 연구자와 활동가 들에게 여전히 의미가 있을까? 너무 특정한 상황에 국한된 이야기 아니었던가.

그날 내가 만난 여성들, 그리고 서울을 방문하는 내내 만난 여성들은 바로 지금, 바로 여기에서 일어나고 있는 여성의 권리에 반대하는 격렬한 전쟁에 대한 이야기를 하고 또 해 주었다. 여성혐오주의자들은 여성들이 그저 페미니스트 웹사이트에 올라온 하나의 게시물에 '좋아요'를 눌렀다거나 "소녀들에게 왕자는 필요 없다 Girls Do Not Need a Prince"라는 슬로건이 쓰인 티셔츠를 입었다는 이유만으로 직장에서 쫓아냈다. 스토킹과 소위 '리벤지 포르노'와 같은 디지털 성범죄에 대한 머리카락이 쭈뼛 서는 이야기들, 그리고 공중화장실과 모텔 방에 숨겨 놓은, 여성을 목표로 하는 수천, 수만 개의 몰래카메라들에 대해서도 들을 수 있었다. 이런 사생활 침해는 너무 광범위하고 또 여성들을 불안하게 하는 것이어서, 결국 가장 큰 규모의 '여성만 참여 가능한' 시위로 이어졌다. 뿐만 아니라, 성추행과 강간은 전국적으로 놀라운 속도로 증가하고 있다. 그리하여 한국은 전 세계에서 가장 높은 성범죄율을 보유한 국가가 되었다. 2018년 설문조사에서는 한국 직장 여성 중 80퍼센트가 성희롱을 비롯한 성폭력을 경험한 적이 있다는 결과가 나왔고, 이는 6년 전에 비해 여덟 배 늘어난 수치였다. 한 해외 칼럼은 선진국 가운데 여성이 일하기에 조건이 가장 좋지 않은 국가로 한국을 꼽았다. "지난 한 해 동안 한국에서 일어난 일만으로도 당신은 『백래시』 한국판을 쉽게 쓸 수 있을 거예요." 그날 오후 만났던 한 여성은 고통스러운 웃음을 지으며 이렇게 말했다.

한국 페미니스트들과의 대화를 통해 나는 젠더 갈등에는 국경도 시차도 없다는 사실을 다시 한 번 깨달았다. 어떤 언론인은 자신이 특정 국가나 특정 시대에 벌어지는 여성의 자유에 대한 적대를 보도하고 있다고 생각하겠지만, 그가 다루고 있는 이야기는 전 세계에 걸쳐, 시간을 뛰어넘어 공명하면서 모든 차원에서 벽을 허물고 있다는 것을 깨닫게 될 뿐이다.

작업을 마치고 보니, 위에서 이야기한 바로 그 문제의식이 지금 당신이 들고 있는 이 책, 즉 내 아버지에 대한 회고록의 명시적이면서도 숨겨져 있는 전제다. 거의 90년에 가까운 시간을 살면서 아버지는 종교, 인종, 국적, 정치적 지향, 그리고 결국엔 성적 정체성까지, 모든 경계를 짓밟으면서 어지럽도록 많은 정체성들을 바꿔 버렸다. 제2차 세계대전 당시 부다페스트에선 쫓기는 10대 유대인 소년이었고, 아마존에서는 영화감독이었으며, 뉴욕에서는 완전히 미국적인 도시 외곽의 가장이자 험준한 알프스 산맥을 오르는 산악인이면서 암벽등반가였다. 공산주의 몰락 후 헝가리로 돌아가서는 마자르인 애국자가 되었고, 태국으로 가서 성별 재지정 수술을 받은 이후에는 동유럽의 트랜스젠더 여성이 되었다. 이슈트반 프리드먼은 이슈트반 팔루디가 되었다가 스티브 팔루디가 되었고, 다시 스테파니가 되었다.

내가 2000년대 후반과 2010년대 전반 헝가리에서 아버지와 재회해서 그녀의 삶과 시대를 탐구했던 시간은 헝가리에서 우파가 화려하게 부상하던 시기이기도 했다. 그래서 『다크룸』은 필연적으로 사회에 대한 이야기가 되었다. 덕분에 이 책의 이야기 역시 시대와 지역의 경계를 뛰어넘는다. 내가 연대기적으로 따라가고 있는 헝가리의 정치적이고 문화적인 고통은 그 이후로 모든 선진국의 고통이 되었다. 우파 포퓰리즘이 부상하고, 이민자에 대한 분노와 전제적 독재정치가 자라났으며, 여성에 대한 억압을 비롯하여 인종적, 종교적, 성소수자들에 대한 억압이 강해지고 있다. 내가 부다페스트에 있는 아버지를 방문하던 때만 해도 정치적 변칙으로 다가왔던 상황들이 이제는 이탈리아에서 인도네시아까지, 미국에서 터키까지, 그리고 영국에서 미얀마까지, 전 세계의 광범위하고 다양한 문화권을 휘젓고 있다.

이와 같은 정치적 판단이 개인의 회고록에 등장한다는 사실이 이상해 보일지도 모른다. 하지만 경계를 부수었던 나의 아버지의 삶에 제대로 경의를 표하기 위해서, 이 책 역시 그 나름의 경계 넘기를 시도해야만 했다. 그것은 바로 개인적인 것과 정치적인 것 사이의 경계를 넘는 일이었다.

사실 내가 회고록을 쓰게 될 줄은 몰랐다. (그걸 원해 본 적도 없었다.) 작가로서, 나는 공적이고 정치적인 문제에만 집중해 왔고, 언제나 언론인으로서의 거리를 유지하고자 했다. 페미니스트로서 '개인적인 것이 정치적인 것'이라는 말의 진실성을 믿지만, 그럼에도 불구하고 나에게 개인적인 것은… 그냥, 개인적인 것이었다. 하지만 76세에 여자가 되기로 했다는 아버지의 소식을 듣자 그 방화벽은 무너져 버렸다.

내가 오랫동안 관심을 기울여 온 주제들, 그러니까 페미니즘, 성역할, 젠더 정체성 같은 주제들이 그 경험을 인정하지 않고서는 더 이상 사유할 수도 쓸 수도 없는 주제가 된 것이다. 솔직하게 말하자면, 나는 회고록을 써야만 했다. 그게 아니라면 이제까지 써 왔던 주제들에 대해 쓰기를 아예 포기하거나, 적어도 솔직하게 쓰는 것은 포기해야 했다.

그렇게, 회고록을 쓴다는 것은 나에게는 완전히 새로운 시작이었다. 책 출간 직후 《가디언》의 서평을 읽고 나는 당황했다. "최근 회고록들에서 통찰이나 권능으로 여겨지는 감정적인 분출과 나르시시즘을 팔루디에게선 찾아볼 수 없다. 사실을 다루는 일에 관심을 두는 사람으로서, 팔루디는 '개인적 경험'이라는 의심스러운 비장의 카드를 꺼내 놓지 않는다." 이 평을 읽고 나는 생각했다. '맙소사. 고맙네, 그런데 정말?' 왜냐하면 나는 이 책에서 스스로를 좀 심하게 노출하고 있다고 생각했기 때문이다. 나는 어렸을 때 아버지가 나에게 휘둘렀던 폭력에 대해 아주 자세하게 썼다. 그리고 때때로 예의 없을 뿐만 아니라 징징거리기까지 하는 아버지에 대해 내가 어떻게 느끼고 반응했는지를 묘사하기도 했다. 그것이 감정적 분출이 아니라면 무엇인가?

동시에 나는 애초에 어떤 것을 쓰고 싶지 않은지 역시 잘 알고 있었다. 최근 유행하는 일종의 가족 회고록을 쓰게 될까 봐 정말로 두려웠다. 이 책들은 두 가지 흐름 중 하나로 귀결되곤 했다. 첫째, "엄마, 아빠는 비열했고, 나를 끔찍하게 대했다. 그리고 이제 나는 거창하고 시끄럽게 모두 까발려 버리겠다." 혹은 "엄마, 아빠는 비열했고, 나를 끔찍하게 대했다. 하지만 우리는 허심탄회하게 이야기를 나누었고 깨달음의 순간에 다다랐다. 그리고 이제 치유가 시작되었다." 그런 이야기는 쓰고 싶지 않았다. 왜냐하면 그중 어떤 것도 믿지 않기 때문이다. 사실 '개인적 회고록'이라는 개념 자체를 나는 믿지 않는 것 같다.

그런 이유로 도대체 무엇이 나로 하여금 회고록을 읽게 하는가에 대해 생각하게 됐다. 그건 '나'를 넘어서는 어떤 요소들이었다. '회고록memoir'이라는 말을 의도적으로 변용하면서, 나는 '더 많은 나!me-more!'보다는 '나를 넘어선 무엇more than me'을 이야기하고자 했다.

『다크룸』을 쓰는 동안, 나에게 영감을 주었던 회고록들을 떠올렸다. 그레고르 폰 레조리의 『지난날의 눈The Snows of Yesteryear』과 같은 작품이었다. 이 작품에서 레조리는 자신이 속한 귀족 가문의 몰락을 탐구하면서 오스트리아–헝가리제국이라는 사라진 세계에 대해 사유했다. 또 J. R. 에커리의 『아버지와 나My Father and Myself』에서는 억압받은 아버지의 비밀스러운 삶을 밝혀 나가는 과정이 성적으로 억압된 사회를 포착하는 길이 됐다. 혹은 홀로코스트에서 학살당한 친척들에 대한 이야기를 따라가는 대니얼 멘덜슨의 『로스트The Lost』의 경우에는(이 책의 부제는 "600만 명 중 여섯 사람의 삶을 찾아서"였다) 내가 회고록에서 좋아하는 부분을 정확하게 보여 주는 회고록의 정수였다. 그건 개인적으로 친밀한 사람들을 통해서 거대한 역사적 문제를 탐구하는 작업이었다.

내가 회고록에서 추구하는 또 다른 것이 있다. 사진 수정이 주된 일이었던 사진작가 아버지를 떠올려 보면, 이는 꽤 그럴

듯해 보인다. 내가 추구했던 작업은 '셀카'가 아니라 '사진폭탄 photobomb'이었다. 이는 사진으로 장난치기를 좋아하는 사람들이 '다른 사람의 사진 촬영을 방해하는 사람'을 일컫는 말이다. 말하자면, 정교하게 구성된 인물 사진에 어떤 이질적인 요소가 끼어드는 것이다. 그로 인해 상황이 전혀 예측하지 못한 방향으로, 터무니없이 빗나가 버리는 것.

『다크룸』은 나에게 말 그대로 '사진폭탄'과 함께 시작되었다. 2004년, 거의 25년간 지속된 침묵을 깨면서 새로운 성별 정체성을 담은 셀카와 함께 아버지의 이메일이 도착했다. 예상하지 못했던 이 이메일 덕분에 우리는 서로를 알아 갈 수 있었다. 처음으로 서로에 대해 이해하기 시작했던 것이다. 내가 아버지에 대해서 '기억하고 있다'고 생각했던 것들이 사실은 상당 부분 왜곡되어 있었다는 깨달음을 바탕으로, 나는 이 '기억'을 쓰게 되었다.

하지만 헝가리에 도착했을 때, 나는 또 다른 '사진폭탄'을 마주해야 했다. 나는 아버지에 대해 내가 완성하려고 했던 정교하게 구성된 인물 사진을 통해 헝가리에서 떠오르고 있었던 인종 혐오와 독재라는 망령을 방해하고자 했다. 그것은 아버지의 삶을 조건 짓는 틀의 중요한 일부분이었다.

이것이 『다크룸』이 한 가족의 연대기와 함께 네오파시즘의 부활을 다루는 이유다. 나의 개인적인 이야기가 그저 개인적인 것으로 머물러 있기를 원했던 만큼이나, 그 개인적인 이야기가 결국은 정치적인 이야기라는 사실이 드러났다. 페미니즘은 결국 옳았던 셈이다. 우리의 사적인 삶과 공적인 삶 사이에 경계란 없다.

성별 정체성에 대한 주장 그리고 내셔널리즘에 대한 주장이 모두 인터넷에서 악성적으로 퍼지고 있는 세계에서, 부다힐에 사는 트랜스젠더 아버지 한 사람의 사적인 분투와 전 세계적으로 사람들을 사로잡고 있는 정체성 정치의 위기 사이에는 경계가 있을까? 이 질문에 대한 답이 어째서 매우 개인적인 이야기인 『다크룸』이, 또한 그리고 어쩌면, 우리 시대의 가장 보편적인 이야기일 수밖에 없는지를 설명해 줄 것이다.

2019년 12월
수전 팔루디

서문
추적

2004년 여름, 나는 내가 거의 모른다고 해도 무방한 사람에 대해 조사를 시작했다. 바로 나의 아버지다. 프로젝트는 일종의 불만에서, 즉 자신의 삶에서 부모를 잃어버렸던 딸의 불만에서 시작됐다. 나는 의무와 보살핌, 책임, 뉘우침 등 수많은 것으로부터 도망친 상습적인 위반자이자 교묘한 기피자를 추적 중이었다. 재판을 위해 증거를 모으면서 기소장을 준비하고 있었던 셈이다. 하지만 그 과정 어딘가 즈음에서 검사는 목격자가 되어 버렸다.

내가 목격한 것이 무엇인지 규정하기는 어렵다. 나의 아버지는 살면서 끊임없이 새로운 것들을 고안해 냈고, 수없이 많은 정체성을 주장했다. "나는 헝가아-리인이야." 아버지는 그 수많은 변신 속에서도 살아남은 악센트로 자랑했다. "거어-짓을 꾸미는 것에 능하지." 그게 말처럼 간단했다면야.

"내 이야기를 쓰는 것이 어떠냐?" 2004년 아버지는 나에게 물었다. 아니, 그렇게 부추겼다. 초대의 의도는 선명하지 않았다. "한스 안데르센 이야기 같을 수도 있잖아." 아버지는 이후에 이 전기적 작업에 대해서 한 번 더 이야기했다. "안데르센이 동화를 쓸 때, 그 작품 속에 담았던 것들은 모두 진실이었어. 하지만 그걸 환상으로 에워쌌지." 그건 내 스타일이 아니다. 그럼에도 나는 그의 부추김을 복수심과 함께 마음 깊이, 은밀한 목적을 품은 채 받아들였다.

본인이 먼저 제안했음에도 불구하고 아버지는 다루기 까다로운 대상이었다. 우리가 협업을 하는 시간 대부분은 마치 고양이와 쥐 사이에 벌어지는, 대체로 쥐가 승리하는 게임과도 같았다. 도망치기의 달인인 다른 헝가리인들과 마찬가지로 아버지는 탈옥의 명수였다. 나는 계속 그를 뒤쫓았다. 아버지의 수많은 자아들의 비밀스러운 구석 깊은 곳까지 따라 들어가면서 분신처럼 그를 추적했다. 나는 내 아버지에 대한 책을 쓰려고 했었다. 2015년 여름에 초고 정리를 마치고 원고를 송고하기 전까지, 그리고 아버지가 세상을 떠나기 전까지, 나는 내가 이 책을 아버지를 위해서 썼다는 사실을 깨닫지 못했다. 적어도 내 마음속에서 아버지야말로 내가 상상한, 그리고 상정한, 첫 독자였던 셈이다. 책에는 아버지에 대한 온갖 관대함과 온갖 적대감이 은연중에 드러났다. 이 책을 단순한 선물이라고 하기는 어려울 것이다.

"책에는 아버지가 받아들이기 힘든 내용도 있을 거예요." 2014년 초고를 마쳤다고 알리면서 나는 경고했다. 어떤 반응이 돌아올지 단단히 준비했다. 이미지 수정 작업을 하며 광고사진작가로 커리어를 쌓았고, 평생을 자기 개조에 헌신했던 아버지는 자신의 단점까지 모조리 묘사되는 걸 싫어할 것 같았다.

"뭐…," 침묵이 흐른 뒤 아버지 목소리가 들려왔다. "좋구나. 나보다 네가 내 삶에 대해서 더 많이 아는 것 같네." 책이었기 때문이었을까. 이번만은 당신이 포착된 것에 대해서 기뻐하는 것처럼 보였다.

1부

1장
귀환과 출발

어느 오후, 나는 오리건주 포틀랜드 집 서재에서 남성성에 대한 책*을 쓰느라 쌓인 노트들을 상자에 정리하고 있었다. 정면 벽에는 최근에 구매한 흑백사진 액자가 걸려 있었다. 맬컴 하트웰이라는 군인을 찍은 이 사진은 〈남자란 무엇인가?〉라는 전시회에 걸렸던 것이다. 전시회는 이 질문에 대한 시각적 대답을 내놓고 관련된 진술을 제시하기 위해 여러 대상을 불러왔다. 건설 현장에서 신는 신발에 추리닝 바지를 입은 건장한 사내 하트웰은 장갑을 낀 손을 풍만한 엉덩이에 얹고 다리를 꼬아 한쪽 발목을 다른 발목 위에 포갠 채, 자신의 닷지 아스펜** 앞에서 핀업 걸 포즈를 취하고 있었다. 사진에는 귀엽게도 틀린 철자가 그대로 살아 있는 그의 손글씨가 덧붙여져 있다. "남자들은 저기 여성성과 만날 수 없다 Men can't get in touch with *there* feminity." 잠깐 쉬면서 메일함을 열어 보니, 새로운 이메일이 도착해 있었다.

---

* 수전 팔루디의 대표작이라고 할 수 있는 『백래시』 출간 이후 팔루디는 페미니즘에 대한 반격에는 남성성의 문제가 놓여 있다는 문제의식을 바탕으로 이를 추적하는 책 『스티프드: 미국 남자의 배신 *Stiffed: The Betrayal of the American Man*』(1999)을 쓴다.
** 1976년부터 1980년까지 크라이슬러에서 제작한 소형차.

To: 수전 C. 팔루디

Date: 7/7/2004

Subject: 변화들

아버지에게 온 것이었다.

"수전에게." 이메일은 이렇게 시작했다. "좀 재미있는 소식
이 있어 연락했다. 나는 이제 공격적인 마초 맨을 가장하는 게
진절머리가 난다. 나의 내면은 한 번도 그런 적이 없었지."

그 선언이 완전히 새로운 이야기는 아니었다. 아버지가 나
에게만 자신의 재탄생을 알린 건 아니었으니까. 아버지를 수년
간 보지 못했던 다른 가족들도 최근 아버지가 태국을 방문했고
그곳 병원에서 이런저런 일을 겪었다는 두서없는 이야기로 가
득한 전화를 받았다. 전화를 걸기 전, 아버지는 블라우스처럼 보
이는 짧은 담청색 셔츠를 입고 갈라진 나무줄기 뒤에 서서 찍은
사진을 첨부하여 이메일을 보냈다고 했다. 블라우스 목둘레에
는 섬세하게 주름이 잡혀 있었다. 사진에는 '스테파니'라는 설명
이 붙어 있었다. 이어서 아버지가 남긴 전화 메시지는 간결했다.
"스테파니는 이제 진짜야."

나에게 소식을 전하는 이메일도 이처럼 간결했다. 한 가지
는 달라지지 않았다. 나의 사진작가 아버지는 여전히 말보다는
이미지를 선호한다는 것. 아버지는 이메일에 사진 몇 장을 첨부
했다.

첫 번째 사진에서는 얇은 민소매 블라우스를 입은 아버지가
(그녀의 메모에 따르자면) "수술받은 다른 여자들"과 함께 병원
로비에 서 있었다. 그녀의 표현대로 '변화들'을 만들어 낸 사람들
이었다. 또 한 장의 사진에선 유니폼을 입은 태국 간호사가 아버

지의 팔꿈치를 잡고 있었다. 사진에는 "수술 후 피곤해 보인다"라는 설명이 달려 있다. 다른 사진들은 '수술' 전에 찍은 것이었다. 그중 하나는 아버지가 적갈색 가발을 쓰고 예의 그 목 부분에 주름이 잡힌 담청색 블라우스를 입고 나무 사이에 앉아 있는 사진이었다. "빈 정원에서의 스테파니"라는 설명과 함께였다. 빈 정원은 오스트리아-헝가리 황궁 별장의 정원이다. 아버지는 중유럽 황실의 오랜 팬이었고, 특히 프란츠 요제프의 부인이자 '헝가리의 수호천사'로 알려진 엘리자베트 황후—또는 시시Sisi*—의 팬이었다. 세 번째 이미지에서 아버지는 50년대식으로 컬이 어깨까지 오는 백금색 가발을 쓰고, 주름 잡힌 하얀색 블라우스에 백합 무늬 빨간 스커트를 입고 있었다. 그리고 깔끔하게 다듬은 발톱이 드러나는 굽 높은 흰 샌들을 신었다. "오스트리아 도보 여행에서"라는 제목이 붙은 마지막 사진에서는, 단발머리 가발을 쓰고 물방울무늬 스카프를 목에 두른 아버지가 등산화에 청치마를 입고 캠핑카 앞에 서 있다. 팬티스타킹을 신은 두 다리는 꼬아서 한쪽 발목 위로 다른 발목을 포개고, 옆으로 뺀 엉덩이에 손을 얹은 포즈였다. 나는 벽에 걸려 있는 사진을 올려다보았다. "남자는 저기 여성성과 만날 수 없다"라는 글귀가 눈에 다시 들어왔다.

이메일에는 이런 서명이 붙어 있었다. "사랑하는 부모parent,

---

* 바이에른의 엘리자베트 Elisabeth Amalie Eugenie(1837~1898). 오스트리아의 황후이자 헝가리의 여왕. 뛰어난 미인이었으며, 오스트리아 황실에 어울리지 않는 자유로운 영혼의 소유자였던 것으로 알려져 있다. 오스트리아의 지배를 받던 헝가리가 자치권을 획득할 수 있도록 노력했고 오스트리아-헝가리 이중 제국의 탄생에 기여했다. 덕분에 '헝가리의 수호천사'라는 별명을 얻게 되었다.

스테파니로부터." 수년 만에 처음으로 '부모'에게서 받은 연락이었다.

아버지와 나는 사반세기 가깝게 거의 이야기를 나누지 않았다. 어렸을 때에는 아버지를 증오했고, 나중에는 그를 두려워했으며, 10대가 되었을 때 아버지는 가족을 떠났다. 아니, 떠났다기보다는 점점 격화된 폭력 끝에 어머니와 경찰에 의해 쫓겨났다. 오랫동안 떨어져 있기는 했지만, 그래도 이렇게 엄청난 성향이라면 어느 정도 눈치챌 만큼은 아버지에 대해 안다고 생각했다. 하지만 전혀 아니었다.

어렸을 때 우리가 뉴욕 맨해튼 북부에서 차로 한 시간 정도 걸리는 요크타운 하이츠 교외 지역의 '식민지풍' 규격주택에서 함께 살았을 때부터 아버지는 언제나 남성의 특권을 주장했다. 우리가 가족으로 함께했던 마지막 해에, 그는 끈질기게 외곬으로 폭군처럼 굴었다. 우리는 그가 먹고 싶은 것을 먹었고, 그가 가고 싶은 곳으로 여행을 갔으며, 그가 입으라는 옷을 입었다. 대소사에 상관없이 가정 내에서 이뤄지는 결정은 그의 승인을 받아야 했다. 어느 날 오후, 어머니가 지방 신문사에서 아르바이트를 하겠다고 말했을 때, 그는 자신의 남근 중심적 견해를 분명히 했다. 저녁상을 엎어 버린 것이다. "안 돼!" 아버지는 주먹으로 테이블을 내리치며 외쳤다. "일은 안 돼!" 내가 기억하는 한, 그는 주변 사람들에게 아리송한 암호 같은 존재로 남아 있었을 때에도, 불굴의 가부장이자 고압적인 독재자였다.

다른 한편으로, 내가 아는 그는 호리호리한 체격에도 불구하고 거친 야외 활동을 즐기는 사람이었다. 등산을 하고, 암벽과 빙벽을 등반했으며, 항해를 즐기고, 승마를 하고, 사이클로 장거리를 달렸다. 그에게 어울리는 복장은 이런 것이었다. 등산지팡

이, 바이에른 하이킹용 반바지, 알프스 방한모, 등반가용 하네스, 요트 모자, 영국식 승마바지. 그가 이런 활동을 즐길 때 나는 그의 동반자였다. 사춘기가 될수록 점점 내키지 않아졌지만 말이다. 나는 그가 조립한 클레퍼 돛단배*에서 2등 항해사였고, 주말에 도전했던 샤완겅크 절벽에서는 등반 동료였으며, 알프스 자전거 횡단 여행의 보조자였고, 애디론댁 야영지에서는 그를 도와 텐트를 친 조수였다.

이 모든 것들에는 오랜 시간의 훈련, 여행, 합숙이 필요했다. 그러나 이런 모험에 대한 나의 기억은 거의 비어 있는 것이나 다름없다. 텐트를 세우고 장작을 모으고 아버지가 주머니에 늘 가지고 다니던 스위스아미 칼로 캔에 든 음식을 따고 난 다음, 긴긴 겨울밤 동안 우리는 무엇에 대해서 이야기를 나눴을까? 나는 아버지와 딸 사이에 있었던 그 모든 사담을 기억 속에 억누르고 있는 걸까? 해마다 모흥크 호수에서 루가노 호수에 이르기까지, 애팔래치아산맥에서 체르마트에 이르기까지, 우리는 항로를 바꾸고, 가방을 싸고, 절벽을 타고, 페달을 밟았다. 그러나 그 시간들 속에서 아버지가 나에게 자신을 보여 줬다고는 말할 수 없다. 그는 영원토록 자신이 세워 놓은 벽 뒤에서 위장하고 있는 것처럼 보였다. 자신만이 볼 수 있는 반투명 거울 뒤편에서 나를 지켜보는 것 같았고. 그건, 적어도 사생활을 원하는 10대에게는, 우호적인 감시가 아니었다. 가끔 그는 우리 가정의 일상에 섞여 들기 위해 침투한 간첩처럼 느껴졌다. 간파당하지 않기 위해서라면 무엇이든 할 준비가 되어 있는 스파이 말이다. 폭력적으로 지배했지만, 그는 어쩐지 투명인간처럼 존재했다. "마치 네 아버지가

* 독일 아웃도어 브랜드 클레퍼에서 출시한 돛단배 조립 키트.

여기 없었던 것 같구나." 아버지가 집을 완전히 떠난 다음 날 밤 어머니는 말했다. 두 사람이 20년이나 함께 산 후였다.

* * *

열네 살, 부모님이 이혼하기 2년 전, 나는 학교 육상팀 2군에 합류했다. 1973년에 '여자 스포츠'란 어딘가 우스꽝스러운 개념이었고, 애초에 남자팀 코치였던 고등학교 육상팀 코치는 여자팀 코치 자리를 부당하게 떠맡았다고 여기며 의무를 등한시했다. 나는 훈련 코스를 스스로 짰다. 해가 뜨기 전에 집을 나서서 천천히 샛길을 따라 주립 정신병원이 있던 자리를 재정비한 모핸식주립공원까지 뛰었다. 그곳에서 나는 조경이 잘 되어 있는 지역을 따라 장거리를 달렸다. 혼자 하는 운동을 좋아하게 된 건 그때부터였다.

이른 8월의 어느 날 아침. 현관에서 운동화 끈을 매던 중 나는 마치 한랭전선이 접근해 올 때의 기압 하강이나 편두통이 시작되기 직전의 전조와 같은 미묘한 공기의 변화를 느꼈다. 나의 예민한 청소년기 신경이 아버지가 다가왔음을 알리는 것이었다. 나는 마지못해 몸을 돌려 계단 구석 어두운 데서 나오고 있는 흐릿하고 마른 실루엣을 보았다. 그는 조깅용 반바지에 테니스화를 신고 있었다.

아버지는 마지막으로 잠깐 멈춰 서서, 마치 열쇠 구멍 속을 들여다보는 듯한 그 특유의 거리를 지키면서 상황을 점검했다. 잠시 후 그는 말했다. "나-아도- 뛸 거다." 진한 헝가리 악센트가 첫 음절에서 길게 뻗어 나왔다. 그건 제안이 아니라 고집이었다. 나는 같이 뛸 사람이 필요하지 않았다. 어디서 읽었는지 알길 없는 우스꽝스러운 시가 한 편 떠올랐다.

어제, 계단 위에서,

나는 거기에 없는 한 남자를 만났다.

그는 오늘도 거기에 없었다

그가 차라리, 그가 차라리 떠나 버렸으면….

나는 현관 방충망을 밀었고, 아버지는 내 뒤를 따랐다. 공기는 습기로 무거웠다. 아스팔트에 타르 거품이 물집처럼 일었다. 아버지가 낡은 폭스바겐 캠퍼*와 최근에 "네 엄마를 위해 샀다"고 말한 라임색 중고 피아트 컨버터블 사이에서 갈등하는 동안 나는 운동화 끝으로 타르 거품을 후비고 있었다. "워—어디 보자…." 잠시 후 그가 말했다. "피아트로 가자."

우리는 차를 타고 침묵 속에서 5분 정도 달렸다. 그는 목적지에서 한 블록 떨어져 있는 IBM연구소 주차장에 차를 댔다. 직원용 주차장이라고 분명하게 쓰여 있었다. 아버지는 신경 쓰지 않았다. 그는 소소하게 사기를 치는 것에 어떤 자부심을 가지고 있었다. "이런 일쯤은 자—알 처리할 수 있지"라고 말하곤 했는데, 이런 일을 좋아해서 동네 쇼핑센터에서 물건에 붙어 있는 가격표를 바꿔 달기도 했다. 그렇게 캠핑용 조리 도구를 25달러나 싸게 살 수 있었다.

"문은 잠갔니?" 주차장을 가로지르면서 그가 물었다. 그렇다고 답하자 그는 의심의 눈초리로 쳐다본 뒤 차로 돌아가 다시 확인했다. 아버지의 소소한 위반 이면에 놓여 있는 것은 보안에 대한 강박이었다.

* 차 안에 주거 시설을 갖춘 캠핑용 자동차.

우리는 공원 북쪽 가장자리를 따라 이어진 202번 도로로 향하는, 나무가 없는 진입로를 걸어 내려갔다. 과속하는 차들을 피하면서 금속 분리대를 타 넘고, 그 너머의 움푹한 곳으로 뛰어내렸다. 아버지가 멈춰 섰다. "그 일은 저기서 일어났어." 아버지는 종종 이런 식으로 이야기했다. 아무런 설명 없이, 우리가 대화를 하고 있던 것처럼, 마치 혼잣말을 하듯이. 나는 '그 일'이 뭔지 알고 있었다. 몇 달 전, 자정을 지난 시간에 파티에서 돌아오던 10대들이 스트랭 대로의 일단정지 표지판을 들이받은 뒤 다른 차와 충돌했다. 두 차 모두 분리대를 넘어 전복되었다. 그리고 아무도 살아남지 못했다. 한 사람은 목이 잘렸다. 아버지는 사건을 직접 목격한 것은 아니었지만 사건 직후 상황을 보았다. 그는 그날 밤 요크타운 하이츠 야전 의무대 당직이었다.

아버지가 지역 응급의료 서비스 자원 활동에 열심인 것은 그의 기질과 맞지 않았다. 그것만은 내가 안다고 생각했던 성격이다. 그는 공동체 생활을 즐기지 않았고, 전반적으로 사회적인 만남을 회피했다. 손님이 오면 아버지는 안락의자에 조용히 앉아 있거나, 손님들이 지루해서 나가떨어질 때까지 슬라이드 프로젝터 뒤에 숨어서 우리가 했던 하이킹을 담은 코닥 슬라이드 필름을 하나하나 넘겨 가며 모든 산봉우리의 이름을 말하고 모든 오솔길을 굽이굽이 설명했다.

그는 야전 의무대에서 활동하는 것에 대해 '사─아람을 구하는 소명'이라고 말했다. 그 역시 나는 이해할 수 없었다. 우리 동네는 사건이라고는 일어나지 않는 곳이었고, 911은 나무 위에 올라간 고양이나, 불안 발작을 일으킨 주부, 그리고 이따금 난로에 불이 났을 때 같은 교외 지역 위기 상황에 불려 다녔다. 모핸식

주립공원에서 일어난 자동차 사고는 예외적인 사건이었다. 뿐만 아니라 그 사건에서 구조된 사람은 아무도 없었다. 아버지가 사건 현장에 도착했을 때 경찰은 시체를 덮고 있었다. 앰뷸런스 운전사는 아버지의 팔을 잡고 말했다. "스티브, 보지 마세요." 아버지는 그가 이렇게 말한 것을 기억하고 있었다. "보면 잊을 수 없을 거예요." 운전사는 아버지의 머릿속에 이미 자리 잡고 있는 잔해에 대해서, 그리고 그걸 지우기 위해 그가 얼마나 노력했는지에 대해서 알 도리가 없었을 것이다.

오래된 사고 현장을 뒤로하고, 우리 둘은 텅 빈 주차장을 지나 포장된 길을 따라 달리다가 피크닉 존으로 들어갔다. 우리가 달리는 경로는 야구장과 농구장으로 이루어진 둔탁한 평지에서 시작해, (내가 여름에 구내 간이식당에서 일했던) 거대한 공공 수영장과 모핸식 호수를 따라 돈 뒤 긴 구릉에 이르렀다. 그리고 호숫가에서 좁은 오솔길로 들어섰다. 우리는 아무 말 없이 한 줄로 뛰었다.

마지막 오르막에서 길은 좀 더 넓은 보도로 이어졌고, 우리는 나란히 뛰기 시작했다. 몇 분 후 아버지는 속도를 내기 시작했다. 나도 속도를 올렸다. 그는 더 빨리 달렸다. 나 역시 그랬다. 그가 앞서자, 이내 내가 앞서 나갔다. 우리는 숨이 목까지 차올랐다. 그를 쳐다보았지만 그는 돌아보지 않았다. 그의 피부는 진홍색에 땀으로 빛났다. 그는 보이지 않는 결승선을 향해 똑바로 앞을 보고 있었다. 구릉 정상으로 오르기까지 침묵 속에 맹렬한 공작이 계속되었다. 길이 평평해지자, 나는 견디지 못하고 속도를 줄이기 시작했다. 속이 뒤틀렸고 눈앞이 캄캄했다. 아버지는 갑자기 격렬하게 발을 뻗었다. 나는 그걸 따라잡기 위해 노력했다. 어쨌든 70년대 초였다. 〈나는 여자다(나의 함성을 들어라))*가 아침 조깅마다 머릿속에 울렸던 사운드트랙이었다. 하지만 나의 여성해방에 대한 열망도, 젊음도, 그 모든 훈련도, 그의 투지와는 경쟁 상대가 못 되었다.

아버지에 대한 무엇인가가 손에 잡힐 듯도 했다. 하지만 그래서 뭐? 그날 내가 본 것은 날것의 공격성이었을까, 아니면 그것의 수행이었을까? 그는 딸과 경쟁한 것이었을까 아니면 다른 누군가 혹은 다른 무언가와 겨룬 것이었을까? 이런 질문들을 그날 아침에 떠올렸던 것은 아니다. 당시에는 그저 헛구역질을 하지 않으려고 노력했을 뿐이다. 하지만 나는, 달리기의 마지막 순간에 내 머릿속을 스쳐 지나간, 싹트고 있던 나의 페미니즘을 괴롭힌 생각을 기억한다. 여자로 사는 게 더 수월하네. 그 생각과 함께, 나는 속도를 줄였다. 아버지의 등이 길을 따라 점점 더 멀어졌다.

* * *

그 시절 집에서 아버지는 《파퓰러 메카닉스》**식으로 주말을 보내는 남자의 전형이었다. 언제나 가내수공업 프로젝트에 매달려

---

* 호주 출신의 가수 헬렌 레디가 작사, 작곡하여 1971년에 발표한 〈나는 여자다 I Am Woman〉의 가사. 이 곡은 당시 여성해방을 노래하는 곡으로 주목을 받으며 큰 인기를 누렸다. "나는 여자다, 나의 함성을 들어라, 무시하기에는 우리의 숫자가 많지 않은가. (…) 그렇다, 나는 현명하다, 그것은 고통으로부터 나온 지혜지 (…) 내가 무언가 해야만 한다면, 나는 무엇이든 할 수 있어. (…) 나는 강하다, 나는 아무도 꺾을 수 없어, 나는 여자다"가 가사의 주요 내용이다.

** 《파퓰러 메카닉스》는 자동차, 가정, 야외, 전자, 과학, DIY, 테크놀로지 이슈 등을 다루는 대중 과학기술 잡지다. 군사 문제, 항공, 각종 수송 방편, 우주, 도구 등에 대한 내용이 제공된다. 1902년 창간되어 현재까지 발간되고 있으며 최근에는 팟캐스트 등 디지털 미디어로도 확장되었다.

서, 오디오장, 바닥-천장 선반 시스템, (헝가리안 비즐라* 종이었던 야니를 위한) 개집과 우리, 단파 라디오, 정글짐, 재순환 분수를 활용한 '일본식' 금붕어 연못 같은 것들을 만들었다. 저녁 식사 후에 그는 우리들의 거주지—교외 규격주택은 거실, 주방 등이 일체인 개방형 평면으로 디자인되어 사생활은 최소한으로나 보장되었다—에서 사라져 지하에 있는 자기의 블랙앤데커** 작업장으로 내려갔다. 나는 바로 그 윗방에서 둥근 전동톱으로 목재를 켜는 진동을 마룻장 너머로 느끼며 숙제를 했다. 그는 가끔 도와 달라고 나를 불렀다. 우리는 당시에 인기 있었던 교육용 해부학 모형을 함께 조립했다. 인형의 이름은 '비저블 우먼 The Visible Woman'이었다. 그녀의 투명한 플라스틱 몸체는 떼어 낼 수 있는 부분들과 완벽한 뼈대, 주요 장기들 그리고 플라스틱 받침 대로 이루어져 있었다. 내 어린 시절의 대부분 그녀는 내 방, 아버지가 만든 화장대 겸용 서랍장 위에 서 있었다. 서랍장 철제 바닥에는 주름이 잡힌 장미 꽃봉오리 무늬 천을 스테이플러로 박아 넣은 나무판자가 있었다.

　지하에 있는 그만의 영역에서 아버지는 자신이 욕망하는 가 족을 구현하기 위한 무대를 디자인했다. 집에는 아버지가 (바느 질을 전혀 하지 않는) 어머니를 위해 만든 접이식 재봉틀 탁자 도 있었고, 방을 가득 채운 대형 열차 세트도 있었다. 이 열차 세 트에는 북유럽 풍광의 디테일이 살아 있었다. 목재 골조의 오두 막, 가게들, 교회, 여관, 식료품점, 필라멘트 빨랫줄에 널린 빨래 등과 함께 손으로 그린 페가수스 로고와 자동차 수리 리프트, 움

* 헝가리의 국견. 뛰어난 사냥 능력을 지닌 헝가리 고유의 사냥개다.
** 전기드릴, 진공청소기, 잔디깎이 등의 전동공구 및 주방용품 제조사.

직이는 차고 문, 작은 콜라 자판기 등이 완벽하게 갖춰진 엑슨모빌 주유소도 있었다. 두 아이들은 그것을 조심스럽게 다뤘다. 무언가 부서진다면 장광설로 이어지기 십상이었기 때문이다. 아버지가 만든 좀 더 사치스러운 창작품 중 하나는 꼭두각시 인형 극장이었다. 세 폭짜리 구조물로서, 도르래 장치로 연결해 로프로 여닫을 수 있는 붉은 커튼, 최신작을 공지하는 두 개의 대형 붙박이 광고판, 그리고 인형을 조종하는 사람이 보이지 않는 상태에서 왔다 갔다 하며 줄을 당길 수 있도록 무대 뒤에 설치한 가교로 이루어져 있었다. 이건 나를 위한 것이었다. 아버지와 나는 큰 캔버스 천에 이야기책 속 배경을 그려 넣었다. 그가 장면을 골랐다. 어두운 숲, 무너진 돌담으로 둘러싸인 공터에 있는 오두막, 어둑어둑한 침실. 등장인물도 그가 골랐다. (파오슈워츠에서 제작한 펠햄 꼭두각시 나무인형이었다.) 사냥꾼, 늑대, 할머니, 빨간 망토. 나는 동생을 위해 쇼를 하기도 했고, 동네 아이들에게 1페니를 받고 무대를 선보이기도 했다. 아버지가 인형극에 참여한 적이 있느냐 하면, 그건 기억나지 않는다.

* * *

"가족을 만나러 가신다고요?" 옆자리에 앉은 사람이 물었다. 비행기를 타고 알프스산맥을 건너고 있을 때였다. 그는 은퇴 후 아내와 함께 도나우강 크루즈 여행을 위해 헝가리로 가는 중이었다. 중서부 출신에 얼굴에는 홍조를 띤 남자였다. 그렇다고 답하자 질문이 이어졌다. 뭐라고 대답해야 할지 고민하는 동안, 나는 머리 위에 달린 모니터를 들여다보고 있었다. 말레브헝가리항공의 기내 엔터테인먼트 시스템이 모니터를 통해 프랑크푸르트에서 부다페스트까지의 짧은 두 번째 비행구간을 안내하는 단편

애니메이션을 상영하고 있었다. 벅스 버니가 비키니와 하이힐을 뽐내며 스크린을 누비고 있었고, 넋을 잃은 엘머 퍼드가 입을 떡 벌리고 있었다.

"친척이에요." 나는 말했다. 다녀와 봐야 우리 관계가 뭔지 알 수 있겠지, 하고 생각하면서.

2004년 8월. 나는 헝가리행 비행기에 올랐다. 아버지가 15년 전쯤 그곳으로 옮긴 후 첫 방문이었다. 1989년 공산주의가 몰락하자, 스티븐 팔루디는 50년대 중반부터 미국에서 만들어 온 삶을 버리고 그가 태어난 고향으로 돌아가겠노라고 선언했다.

"좋군요." 16B에 앉은 은퇴자가 말했다. "헝가리에 누군가 아는 사람이 있다니, 얼마나 좋아요."

아는 사람? 내가 만나려고 하는 이 사람은 나의 저 먼 과거에서 등장한 유령이었다. 1977년 부모님이 이혼하고 아버지가 자신의 광고사진 스튜디오의 두 배쯤 되는 맨해튼의 로프트로 이사한 뒤로, 나는 그가 영위해 온 삶에 대해 대체로 무관심했다. 그 이후로 25년 동안, 나는 졸업식이나 가족의 결혼, 아버지가 내가 당시 살던 서부 해안을 지날 때와 같이, 특별한 일이 있을 때나 그의 얼굴을 보았다. 만남은 짧았고, 볼 때마다 그는 자신의 눈에 고정시킨 카메라 뷰파인더 뒤에 있었다. 직업인으로 산 시간 대부분을 암실에서 보낸 이 좌절한 감독은 더 이상 가족이 아닌 사람들과 '가족 영화'란 걸 찍느라 여념이 없었다. 내 남편이 저녁을 먹는 동안에라도 캠코더를 내려놓는 것이 어떠냐고 물었을 때, 아버지는 폭발해서 울적한 침묵 속에 가라앉았다. 내게는 그것이 그의 모습이었다. 불가해하면서 변덕스러운 존재. 블랙박스면서 기폭장치이며, 거리를 두면서도 영역을 침범하는.

아버지가 겪은 심리적 격동은 잘못된 존재에 대한, 그녀의 내면이나 정체성의 본질과는 심각하게 어긋났던 삶에 대한 저항이었을까? "이게 돌파구가 될 수도 있어." 비행기에 오르기 몇 주 전 친구가 말했다. "드디어 너는 진짜 스티브를 보게 되는 거지." 이 말이 무슨 뜻이었건 간에, 나는 진짜든 아니든 '정체성'을 가진다는 것이 무슨 의미인지 분명하게 이해할 수 없었다.

말레브헝가리항공 이코노미석 TV 모니터에서는 이제 루니툰의 〈빨간 망토〉 패러디가 나오고 있었다. 늑대는 핑크 발레복과 발레 슈즈, 시폰 날개를 입고 착한 요정으로 변장한 상태였다. 늑대는 별다른 지지대 없이 나무 꼭대기에 달린 철사에 매달려 천사 날개를 퍼덕이며 날아가는 시늉을 하면서 빨간 망토를 좀 더 자세히 보기 위해 꾀어내고 있었다. 그가 매달려 있는 나뭇가지가 갈라지기 시작하더니 나무의 절반인 윗부분 전체가 무너져 내렸고, 드랙을 한 늑대는 시폰 무더기 위로 나뒹굴었다. 나는 뭐라고 말하기 힘든 불편함 속에서 그 장면을 보고 있었다. 변한 아버지를 보는 것이 두려웠던 걸까? 혹은 그녀가 전혀 변하지 않았고, 드레스 밑에 그가 여전히 존재할지 모른다는 가능성을 두려워하고 있었던 걸까.

할머니, 팔이 정말 커요! 아가야, 너를 더 잘 안기 위해서란다.
할머니, 귀가 정말 커요! 아가야, 네 이야기를 더 잘 듣기
    위해서란다.
할머니, 이빨도 정말 커요! 아가야, 너를 더 잘 먹기
    위해서란다!
그리고 그 사악한 늑대는 빨간 망토를 삼켜 버렸습니다.

말레브헝가리항공 521편은 시간에 딱 맞춰 부다페스트국제
공항에 착륙했다. 이해할 수 없는 언어에 귀를 기울이며(아버지
는 집에서 헝가리어를 사용한 적이 없었고, 나도 헝가리어를 배
우지 않았다) 수하물 컨베이어벨트 옆에서 어슬렁거리면서, 아
버지의 최근 삶이 귀환을 의미하는지 출발을 의미하는지 생각했
다. 그는 40년이 훌쩍 지난 후 태어난 곳으로 돌아왔지만, 출생
의 근본적인 사실을 부인하는 돌이킬 수 없는 수술을 받았다. 우
선 그는 아무리 도망쳐도 벗어날 수 없었던 오래된 정체성의 부
름에 귀를 기울이고 있는 것처럼 보였다. 그리고 두 번째로, 그
녀는 자신의 선택 혹은 발견으로부터 새로운 정체성을 창안해
냈다.

　　나는 캐리어를 밀어 관세 신고 물품이 없는 사람들을 위한
문을 통과해서 관계가 분명하지 않은, 어쩌면 그녀 자신과의 관
계도 분명하지 않은 그 '친척'이 기다리고 있는 도착장으로 향
했다.

2장
뒷창문

내 짐에는 녹음기, AA 배터리 점보 패키지, 24개의 카세트테이프, 취재용 수첩 한 무더기, 그리고 빽빽하게 채워진 열 쪽짜리 질문지가 들어 있었다. 나는 스테파니의 사진들과 함께 도착한 '변화들'이라는 이메일을 받은 날 질문지를 작성하기 시작했다. 나의 사진작가 아버지가 이미지를 좋아한다면, 그의 기자 딸은 단어를 선호했다. 나는 질문들을 적은 뒤 오랜 망설임 끝에 전화기를 들었다. 예전 주소록에서 아버지의 번호를 찾아야만 했다.

"스티븐 팔루디의 자동응답기입니다." 헝가리어와 영어로 녹음된 목소리가 말했다. 그녀가 태국에서 돌아온 지 한 달이 넘은 시점이었다. 나는 질문지에 한 줄을 덧붙였다. "왜 자동응답기 인사말을 바꾸지 않았나요?" 나는 그녀에게 전화해 달라는 메시지를 남겼다. 나는 그날 하루 종일 울리지 않는 전화기 옆에 앉아 있었다.

그날 밤, 꿈에서 나는 좁고 굽은 복도가 있는 어두컴컴한 집에 있었다. 부엌으로 갔다. 여전히 남자인 아버지가 오븐 옆에 웅크리고 기대앉아 있었다. 그는 놀란 것 같았다. "네 엄마에게 말하지 마라." 그는 말했다. 그의 팔이 사라진 것이 보였다. 전화가 울렸다. 깜짝 놀라 깼지만, 침대에 누워, 전화벨 소리를 무시했다. 오전 5시 30분이 조금 넘은 시간이었다. 한 시간 후에 나는 커피를 한 잔 내린 다음 전화를 걸었다. 전화 받기를 주저했던 건 이른 시간이었기 때문만은 아니었다. 침상에서 전화를 받고 싶지 않았다. 질문지는 복도 끝 내 사무실에 있었으니까.

"하알로?" 아버지는 최근에는 거의 듣지 못했던 장음의 발음으로 답했다. 이 마자르 억양은 우리 사이에 경계를 긋는 것처럼 느껴졌다. 헬로우. 아버지가 종종 이야기했던 것처럼, 전화를 받을 때 하는 인사는 토머스 에디슨의 조수였던 티버더르 푸스카스가 만들어 낸 신조어였다. 스위치보드형 전화교환기를 발명한 푸스카스는 헝가리인이었다. "할롬!!" 푸스카스는 1877년 처음으로 수화기를 들었을 때 이렇게 외쳤다. 헝가리어로 "듣고 있어요!"라는 의미다. 그녀도 듣고 있었을까?

펜으로 기자 수첩에 받아 적을 준비를 하고, 취재하는 사람이라는 친숙한 역할 안에서 안전함을 찾으면서, 그녀의 건강에 대해 물었다. 폭주가 시작되었다. 수첩의 많은 페이지가 끝나지 않은 문장들의 말더듬-축제로 휘갈겨졌다. "이름을 바꾸기 위한 서류를 받아 와야 했는데, 7번 구역에 있는 출생기록국에 가야 했고, 아니다, 잠깐만, 8번 구역이구나, 내가 거기 있는 병원에서 태어났으니까, 어, 아니다, 어디 보자아, 아마도오— 그건…" "매일매일 너무 바쁘단다. 질을 확장하고 있을 시간도 없어. 하루에 세 번은 하라고 했는데. 처음에는 네 번 해야 했고, 어, 아마도 두 번만 해도 되겠지만, 그래도, 이게 여섯 단계가 있는데, 나는 고작 세 번째 단계고…."

깨달았다. 수술이 모든 성향을 바꾸는 건 아니었다. 바뀌지 않은 것 중에는 고도의 테크놀로지에 대해 아버지가 일방적으로 혼자 이야기를 늘어놓는 걸 좋아하는 성향도 있었다. 내가 어렸을 때, 아버지는 언제나 두 가지 모드 중 하나였다. 아무 말도 하지 않거나, 엄청나게 많은 말을 쏟아 내거나. 그의 입에서는 종종 인간적으로 아무 관심도 없는 절차상 필요한 데이터가 갑작스러운 홍수처럼 장황하게 빗발쳤다. 그의 가족에게 이런 장광설은 우리 사이에 놓인 철의 장벽이자 전파를 교란하는 비명 같았다. 이런 걸 우리는 '엄호사격 포기'라고 불렀다. 아버지는 에어컨을 설치하는 적절한 방법, 정통 헝가리식 거위 파테*를 준비하기 위한 99가지 단계, 연방준비제도이사회의 규제 관행에 관한 세부 사항, 마터호른에 있는 첫 휴게소까지 가는 다양한 경로들, 바그너의 〈탄호이저〉에 대한 새로운 해석 등 한도 끝도 없이 계속할 수 있었다. 아버지는 필리버스터의 대가였다. 그가 이야기를 끝냈을 즈음, 이 언어적 역공을 촉발한 질문이 무엇이었는지 잊게 된다. 그리고 그가 침묵의 윈뿔로 되돌아갈 때, 간절하게 이 언어적 폭력에서 도망치고 싶어진다.

"독일에 갈 수도 있었을 텐데. 독일에선 모든 비용을 대 주거든." 아버지는 계속 떠벌리고 있었다. "하지만 시키는 대로 온갖 것을 해야 하지. 그리고, 어, 미국에서는 수술이 너-어무 비싸고, 최신이 아니야. 하지만 태국은 최신 외과 기술을 갖추고 있고, 병원에서도 모든 과정을 자세히 볼 수 있는 훌륭한 웹사이트를 열어 놨어…." "나는 에스트로겐 패치를 2주에 한 번씩 갈아야 하는데, 수술 전에는 50마이크로그램이었지만, 수술 후에는 얼굴이 화끈거려서, 이제 25마이크로그램을 투여하고…." "헝가리에서 머리카락 이식을 받았어. 50만 포린트였는데, 시술

---

* 파테pâté. 페이스트리 반죽으로 만든 파이크러스트에 고기, 생선, 채소 등을 갈아 만든 소를 채운 후 오븐에 구운 프랑스 요리.

은 잘됐어. 하지만 앞머리는 여전히 좀 짧고, 그래도 미용사가 뭔가 알아서 해 줄 수 있겠지, 어어, 또 시술을 받을까 싶기도 한 데, 빈에서 하는 것이 좋을 것 같아, 하지만 그거 하려고 거기까 지 가는 건 좀, 머리카락 자라는 약물치료를 받고 있으니까, 그래 서…."

나는 그가 하는 말 그대로 받아 적는 것을 포기했다.

"폭스바겐 캠퍼를 도둑맞은 긴 얘기." 나는 이렇게 적었다. "도둑은 어디에나. 이번 주, 잡화점에 배달시킴. 문제 많음." "온 라인. 훌륭한 트랜스 사이트, 모든 것이 인터넷에, 많은 사진을 내려받을 수 있음."

그의 언어적 폭주를 저지하려는 나의 시도, 예컨대 "왜 그렇 게 하신 건데요?"와 같은 질문은 새로운 폭주를 고무시켰을 뿐 이었다.

"어어, 그걸 오래 하면 안 돼, 어어, 뭐 할 수는 있지만, 위험 하지. 태국 병원은 시설이 잘 갖춰져 있어, 대–애단하지. 방마다 특수 노즐이 부착된 비데가 설치되어 있어. 아주 특별한 노즐인 데 말이지…."

나는 전에도 여자처럼 옷을 입었는지 물었다.

"아니. 어어… 조금은 그랬을 수도 있는데… 여권 전환 신 청 서류를 가지러 가야 해. 토지 등기소에 가서 이름도 바꿔야 하고. 하지만 그전에 중앙정부에 제출할 증명서를 떼러 지방자 치 사무소에 가야 하는데…"

"수술 받기 전에 왜 이야기하지 않으셨어요?"

"어어… 모든 것이 괜찮아지기 전에, 그러니까 성공적이기 전에는 말하기 싫었어. 상구안 쿠나폰 선생님, 그러니까 그 사람 은 진짜 대–애단한데, 질 성형 수술계를 선도했던, 그 사람 이름이 뭐더라, 하여간, 그 사람한테 사사한 의사인데, 어어, 그러니까 그 사람이 뭐로 유명하냐면…"

나는 인내심을 잃었다.

"나한테 제대로 말 한 번을 안 하더니, 이제야 말을 하네요."

침묵.

"여보세요?" 조심스럽게 말했다. 할롬?

"어어, 하지만 그건 내 잘못이 아니야. 너도 여기에 온 적이 없잖니. 매해, 단 한 번도 오지 않았어."

"하지만 아버지가…"

"나는 서류 일체를 가지고 있어. 그것들이 우리 재산을 훔쳐 갔다."

아버지는 한때 할아버지가 부다페스트에 소유하고 있었던 고급 아파트 두 채에 대해서 말하는 것이었다. 제2차 세계대전 당시 나치와 협력했던 헝가리 정부가 징발해 갔고, 공산 정권하에서 국유화되었다가 1989년 개인에게 사유재산으로 팔렸다.

"그런 거에 한 번도 관심 가진 적 없으면서."

"그럼 제가 어떻게 해야 했어요?"

"너 기자라면서. 어디에선가 언급은 했었어야지. 그것들이 도둑들과 놀아났다고. 네 모국이 말이다."

"어디에다 언급을 해요?" 아버지에게 물으면서 생각했다. 내 모국이라고?

"가족이라면 도둑맞은 가산을 되찾기 위해 함께 노력해야지. 정상적인 가족이라면 함께 있는 거야. 나는 여전히 네 아버지다."

"아버지야말로…"

"내 동창회 안내문을 보냈는데도 안 왔잖아." 아버지는 말했다. 3년 전, 아버지의 부다페스트 고등학교 동창생 생존자들이 토론토에서 모였었다. 그렇다, 유죄였다. 나는 거기 참석하지 않았으니까. "거기 동창회에서 찍은 영화도 보냈었지만 아무 말도 없었지." 그녀는 계속했다. "내 동창이 네 가까이 살았어. 포틀랜드에 말이다. 그래서 내가 구글맵에 그 친구 주소를 찍어서 너한테 이메일로 보냈었지. 하지만 거기도 연락하지 않았잖니. 한 번도…."

나는 이 영장 청구에 어떻게 대응해야 할지 알 수 없었다.

조금 뒤에 내가 답했다. "죄송해요."

"내 삶에 대해서 쓴다고 했지만, 그것도 안 했지."

내가 그랬다고?

"그랬으면 좋겠어요?"

침묵이 흘렀다. 나는 질문 목록을 훑어보았다. 지금 아버지에게 물어보고 싶은 질문은 거기에 없었다.

"아버지 만나러 가도 돼요?"

침묵 속에서 그녀의 숨소리를 들을 수 있었다.

* * *

부다페스트페리헤기국제공항* 도착장에는 여행객들을 맞이하려 기다리는 사람들이 열 지어 있었다. 나는 마지못해 얼굴들을 훑어보았다. 어쩌면 그녀가 된 그를 알아보지 못할 수도 있었다. 어쩌면 그녀는 마중 나오지 않았을 수도 있고. 어쩌면 나는 그냥 뒤돌아서 집으로 돌아갈 수도 있을 것이다. 두 개의 젠더를 대하

---

* 현재는 부다페스트프란츠리스트국제공항으로 명칭이 바뀌었다.

는 인사말이 입안에서 맴돌았다. 새로운 정체성으로 그를 떠나보낼 준비가 됐는지 알 수 없었다. 그녀는 과거의 정체성에 대해서 충분히 설명하지 않았다. 그는 성별을 재지정하는 수술이 여러 상황을 벗어나는 쉬운 방법이라고 생각했던 걸까? 비난받고 후회되는 삶에 대한 빠른 정정이라고? 속으로 생각했다. 대명사를 바꿔서 부르는 건 할 수 있어. 하지만 아버지라는 호칭은 어떻게? 그녀가 지금 누구이건 간에, 그녀 자신도 전화에서 말하지 않았는가. "나는 여전히 네 아버지다."

나는 줄 저쪽 끝에서 빈 수하물 카트에 기대선, 넓은 이마와 좁은 어깨의 익숙한 옆모습을 발견했다. 그녀의 머리카락은 내가 기억하는 것보다 숱이 많았고, 붉게 염색해서 색이 밝아 보였다. 그녀는 빨간 스웨터에 회색 플란넬 스커트를 입고 하얀 구두에 진주 귀고리를 하고 있었다. 그녀는 하얀 핸드백을 어깨가 아닌 카트의 고리에 걸어 놓았다. 그걸 보자마자, 부끄럽게도, 이런 생각이 들었다. "어떤 여자도 저렇겐 안 하지."

"어어," 아버지 앞에 다가가서 서자 아버지가 입을 열었다. 그녀는 잠시 주저하다가 내 어깨를 두들겼다. 어색한 포옹을 주고받았다. 그녀의 가슴이(48C라고 나중에 들었다) 나의 가슴을 찔렀다. 단단했다. 가슴이라기보다는 흉벽처럼 느껴졌다. 그리고 나는 내가 그토록 보수적이라는 사실에 놀랐다. 비행기에서 내리자마자, 나는 이미 대단히 비판적으로 재단하고 있었던 것이다. 마치 핸드백을 가지고 다니는 방식이 생물학적인 특성이라도 되는 것처럼. 그리고 실리콘 가슴을 지니고 다니는 '진짜' 여자가 없기라도 한 것처럼 말이다. 나는 언제 이런 본질주의자가 되었나?

"어어," 그녀가 다시 말했다. "왔구나." 잠깐 쉬었다가 이어 말했다. "캠퍼는 지하 주차장에 대 놨어. 새로 샀어. 폭스바겐 캐-앨리포니아 익스클루시브인데, 지난번 차보다 훨씬 크단다. 폭스바겐에서 만든 제일 크고, 두 번째로 빠른 엔진을 장착했지. 저번 차 보험으로 샀는데, 독일 경기가 안 좋아서 시판된 지는 1년 되었어. 원래 타던 차는 6년 된 중고차였는데, 8만 마르크 주고 샀거든. 4만 6000유로고, 달러로는 5만 달러쯤 하지. 새 차는 4만 유로 줬는데, 보험사에서 2만 유로를 내 줬단다. 경비실 옆에 세워 뒀는데, 거기가 더 안전하니까. 뭐어, 안전한 건 없지만. 도둑놈들이 내 차를 집 앞에서 훔쳐 갔어. 집에 경보기를 달아 놨지만, 그놈들이 망가뜨리고 담장을 넘어 왔을 거야. 우리 집을 지켜보고 있었을 거야. 몇 주가 지나도 사람이 없으니까…."

"아빠, 스테파니, 잘 지내셨어요? 나는…" 나의 욕망은 인지 부조화 속에서 길을 잃었다.

"그러니까 바로 마당으로 들어왔겠지. 이웃 사람들은 저-언혀 아무것도 하지 않았어. 뭔가를 본 사람이 아무도 없다니까. 어어, 그 사람들 말로는 그랬어. 하지만 로젠하임 사람들은 아주 좋았단다. 거기 있던 한 남자는 저-엉말 친절했는데, 나한테 '오, 사모님, 여자가 혼자 여행하는 것은 안전하지 않아요!'라고 말했지."

"로젠하임이요?" 나는 물었다. 내가 카트에 짐을 얹자 그녀는 주차장으로 걸어갔다. 나는 우리를 쳐다보는 사람들에게 거북한 시선을 던지며 뒤를 따랐다. 하얀색 하이힐과 남자처럼 벗겨진 머리의 불협화음은 확실히 주목을 끌었다. 두 턱인 할머니가 아버지를 위아래로 훑어보았다. 어떤 사람은 그녀를 가로막고 뭐라고 중얼거렸다. 무슨 말인지 알아들을 수는 없었지만, 악의는 감지할 수 있었다. 그 사람의 시선이 내게로 옮겨졌을 때, 나는 맞받아 노려보며 생각했다. 꺼져, 이 할망구야.

"독일 로젠하임에 있는 폭스바겐 말이야," 아버지가 말했다. "거기에서 새 캠퍼를 샀거든. 그─으리고 이전 차도 거기서 샀지. 내 차 정비랑 보수는 거기서 다 해 줬어. 그─으리고 내 캠퍼도 거기서 등록했지. 그 사람들 말고는 믿을 사람이 없어. 어어, 독일인들이잖아, 일을 아주 잘하지. 예의도 정말 바르고. 이제 나도 숙녀니까, 모두들 나에게 친절하게 대해 줘."

차를 찾는 것은 어렵지 않았다. 아버지가 집에 여전히 보관하고 있는 전단지에서 광고하고 있는 것처럼 폭스바겐에서 가장 큰 모델(높이가 8.5피트다) '캘리포니아 익스클루시브'였다. 그건 주차장에 놓인 크루즈였고, 바퀴 위에 얹힌 신전이었다. 그리고 이 신전은 완전무장 상태였다. 아버지는 운전석 문을 여는 동안 두 번이나 작동된 보안 장비를 차에 부착해 놓았다. 공항의 바로 그 주차장에서, 캠퍼 투어가 시작되었다. 장난감 같은 부엌 세트(2구짜리 가스버너, 냉장고, 싱크대, 접이식 식탁 그리고 냄비, 팬, 양념 선반이 있는 팬트리), 더블침대로 변신하는 뒷좌석(머리 위 선반에는 이불과 시트, 베개 등이 들어 있다), 늘였다 줄였다 할 수 있는 옷걸이가 구비된 옷장, 그리고 맨 끝에는 작은 화장실과 벽장(수건, 세면도구, 벽거울이 있다)이 있었다. 그녀는 막 구매한 식기류라며, 장미 꽃봉오리 무늬 찻잔 세트를 보여 주었다.

《모터 트렌드》가 《마리끌레르》를 만난 현장. 나는 이 차이에 집중하기가 어려웠다. 이걸 보려고 5600마일이나 날아 온 것인가? 우리가 27년 만에, 역사적인 글라스노스트 이후 위험하기

짝이 없는 재회를 했는데, 그녀는 마치 나파 자동차용품점과 윌리엄스소노마*를 들렀다 온 사람처럼 굴었다.

"일론커가 고르는 걸 도와줬다." 아버지는 감탄할 만한 찻잔을 건네며 말했다.

일론커. 만난 적이 있는 사람이다. 헝가리로 돌아간 이후에 만난 아버지의, 그의 표현에 따르자면, '레이디 프렌드'였다. 그녀는 아버지가 캘리포니아에서 진행된 가족 결혼식에 참석할 때 함께 왔었는데, 그때도 나는 그녀에 대해 아는 것이 별로 없었다. 그녀는 영어를 하지 않았다. 둘이 어떤 관계인지 분명해 보이지도 않았고. (일론커는 나중에 플라토닉한 관계라고 말했지만 말이다.) 그녀는 기혼자였고, 독실한 가톨릭 신자였다. 오랜 세월 그녀는 아버지를 위해 청소하고 요리하고 바느질을 해 주는 무급 가사도우미 역할을 해 온 듯했다. 그녀는 레이스 커튼에서부터 빈티지 졸너이** 도자기에 이르기까지, 아버지가 집을 꾸미는 것을 도와줬다. (이 도자기는 어느 날 밤 아버지 집에 저녁 식사를 하러 온 일론커의 먼 친척인 콧대 높은 부부를 감동시키기 위해 구입한 것이었다. 그 남편은 자신이 '백작'이라고 했다.) 아버지는 일론커를 데리고 유럽 여행을 다녔고, 그녀의 가족에게 돈을 빌려주기도 했다. 손주가 태어났을 때 아버지는 그 아이의 대부가 되었고, 지금은 대모일 터다.

"일론커는 잘 지내요?" 아버지에게 물었다.

아버지는 얼굴을 찌푸렸다. "요즘엔 잘 못 본다." 그녀는 받침 접시를 받아서 찬장 선반에 짝을 맞춰 정리해 넣었다. 문제는

* 미국 주방용품과 가정용품을 판매하는 소매업 브랜드.
** 헝가리의 도자기, 석기, 타일 제조 브랜드.

분명히 일론커의 남편이었다. "자기 아내에게 선물을 사 주고 자기 가족에게 돈을 주는 남자일 때는 별 문제가 없었거든. 하지만 이제 내가 여자라니까 쫓아내는구나."

그녀는 찬장 문을 닫아서 고정시켰다. 우리는 캠퍼의 앞부분으로 돌아왔다. 높은 운전석에 자리 잡는 데에는 노력이 좀 필요했다. 아버지는 클러치를 풀고 후진 기어를 넣었는데, 뒤에 있는 차를 거의 박을 뻔했다. 나는 이토록 설비가 잘 갖춰져 있는 익스클루시브가 난감하게도 꼭 필요한 것을 한 가지 빼 놓았다는 걸 깨달았다. 그건 사용 가능한 뒷창문이었다. 수납장 위에 있는 자그마한 채광창으로는 텅 빈 하늘만 보였다.

정산소에서 그녀는 지갑을 찾아서 가방을 뒤졌다. 또 다른 마자르 노파인 매표원은 창밖으로 머리를 내밀고 아버지를 한번 훑어보았다. 주차 요금이 계산되는 동안 나 역시 아버지를 살펴보았다. 그녀의 (모발 이식을 해서) 숱이 늘어나고 있는 머리카락을 볼 수 있었고 (염색을 해서) 밝아진 색을 볼 수 있었다. 피부에서는 광택이 났다. 파운데이션 덕분일까? 아니면 에스트로겐? 하지만 무엇보다 가장 강렬하게 다가온 건 새로워진 것들이 아니었다. 그 오래된, 어딘가 초조해 보이는 옅은 미소와 생각이 딴 곳에 가 있는 것 같은 눈빛이었다. 그건 공항에서도 바로 알아볼 수 있었다.

길에서 그녀는 자신의 철인28호를 추월 차선으로 천천히 몰았다. 러시아워였다. 녹슨 소형차를 타고 우리를 뒤따르던 운전사가 경적을 울렸다. 아버지는 창밖으로 몸을 내밀어 그에게 욕을 했다. 경적이 멈췄다. "내가 여-어자라는 걸 알면, 조용해진단다." 그녀가 말했다.

고속도로에 올라서자 창문으로 스쳐 지나가는 황폐화된 공업용 부지들이 보였다. 높은 굴뚝에서 갈색 연기가 피어오르고, 창에 기름이 낀 창고들에는 판자가 쳐져 있었으며, 콘크리트 고속도로 분리대는 낙서로 얼룩져 있었다. 우리는 길게 펼쳐져 있는 공사장과 녹슨 철근 위로 웃자란 풀밭을 지났다. 시티뱅크, 미디어마트, T-모바일, 맥도날드 등 갓길을 따라 놓인 광고판에는 포스트-공산주의 소비사회의 도래를 축하하는, 완벽한 치아를 반짝이는 말쑥한 얼굴들로 가득했다. 오래된 겨우살이들이 뭉쳐 나뭇가지에 바짝 말라붙어 있었다. 수평선을 따라 멀리 떨어져 있는 작은 마을의 지붕을 볼 수 있었다.

한 시간 반쯤 지나서 우리는 수도로 들어섰다. 아버지는 60년 전 전쟁으로 인해 건물 정면이 상처 입고 움푹 팬, 더 이상 새롭지 않은 아르누보식 건물들 사이로 그늘진 페스트 쪽 도심의 좁은 길을 따라 괴물 같은 자동차를 잘도 몰았다. 아이들 책에서 방금 튀어나온 것 같은 노란 카나리아색 전차 한 대가 덜컹거리며 지나갔다. 우리는 웨스트민스터 궁전에 대한 거대하고 과장된 헌사처럼 보이는 헝가리 국회의 후면을 지나쳤다. 인접한 광장에서는 검은 의복에 부츠를 신은 젊은 남자들 무리가 피켓과 헝가리 국기를 흔들면서 구호를 외치고 있었다.

"무슨 일이에요?" 내가 물었다.

답이 없었다.

"집회하는 거예요?"

여전히 침묵.

"대체 뭐—"

"아무것도 아니야. 멍청한 짓거리들이지."

그때 우리는 미로를 지나 제방에 바짝 붙어 있는 상황이었다.

부다 편 도나우강 제방 쪽으로, 캐슬힐의 전망 좋은 위치에 서 있는 1000피트 길이의 신바로크 양식 건물이 시야에 들어왔다. 아버지는 방향을 바꿔 캠퍼를 경사로로 향했고, 우리는 그 유명한 체인브리지 위에 올라섰다. 1849년 개통했을 때, 이 다리는 도나우강을 가로지르는 첫 영구적인 다리였으며, 다리의 주철 서스펜션은 세계적인 경이였다. 우리는 교두보를 지키는 두 쌍의 석조 사자상 중 첫 번째 상을 지났다. 그들의 시선은 금욕주의적이었고, 벌린 입은 영속적이고 자애로운 포효를 내뱉는 듯했다. 희미한 기억이 떠올랐다.

캠퍼는 다리의 정상을 지나 부다 쪽으로 내려왔다. 우리는 한동안 강변의 노면전차 레일을 따라 달리다가 언덕으로 난 길에 들어섰다. 간선도로에서는 나무가 무성해지고 주변 집들은 높은 벽으로 둘러싸인 정문이 있는 큰 집들로 바뀌었다.

"10대 때는 여기에서 오토바이를 타곤 했지." 아버지가 이야기를 시작했다. "슈바벤 녀석들은 '야, 거기 더러운 유대인 새끼야'라고 말했어." 그녀는 핸들에서 손을 떼어 귀찮게 구는 작은 날벌레를 쫓아내며 기억을 털어 냈다. "그ㅡ으랬지, 하지만" 그녀는 자문자답이라도 하는 것처럼 대답했다. "그저 멍청한 짓거리였을 뿐이야."

"그저 멍청한 일에 불과한 건 아닌 것 같은데요." 나도 입을 열었다.

"나는 미래를 볼 뿐, 과거는 보지 않는다." 아버지가 말했다. 뒷창문이 없는 자동차의 선장에게 잘 어울리는 격언이라고, 나는 생각했다.

자라면서 부계 쪽 이야기는 거의 듣지 못했다. 아버지는 조부모에 대해 거의 말하지 않았고, 조부모와 대화하지도 않았다.

나는 1967년, 텔아비브로부터 할아버지의 죽음을 알리는 편지가 도착했을 때에야 처음으로 그의 이름을 알게 되었다. 어머니는 아버지와의 결혼 초창기에 이슈트반이란 이름 앞으로 이스라엘 소인이 찍힌 항공우편을 받았던 것을 기억했다. 할머니로부터 온 우편이었다. 그 엽서는 헝가리어로 쓰여 있었기 때문에 어머니는 읽을 수 없었다. 그리고 아버지는 읽지 않았다. 어머니는 몇 번 영어로 답장을 썼는데, 미국에서 전업주부로 사는 삶에 대한 무미건조하고 짧은 내용이었다. "수전을 돌보고 요리를 하고 가사를 돌보면서 집에서 아주 바쁘게 지내고 있어요. 스티븐은 일을 많이 하는 데다, 야근으로 늦게 들어오는 날도 많아요." 이건 그가 답장을 보내지 않는 것에 대한 변명이었을까? 60년대 초 즈음, 항공우편으로 오가던 편지는 끊어졌다.

몇 가지 알고 있는 기본적인 내용들은 있었다. 아버지의 출생 이름은 알았다. 이슈트반 프리드먼, 혹은 프리드먼 이슈트반. 헝가리에서는 성姓을 앞에 놓는다. 그가 팔루디라는 성을 쓰기 시작한 것은 제2차 세계대전 이후였다. (아버지의 설명에 따르자면 팔루디는 '정통적이고 훌륭한 헝가리 이름'이다.) 그리고 1953년 미국으로 이주한 후에 스티븐—그는 스티브를 더 선호한다—으로 이름을 바꿨다. 그가 부다페스트 유대인 가정에서 태어나 자랐다는 사실 역시 알고 있었다. 나치 점령기에 10대를 보냈다는 것도. 하지만 우리가 한 지붕 밑에서 살았던 그 시간 동안 몇 번을 물어보고 아무리 좀 더 자세히 이야기해 달라고 구슬리고 또 애걸해도, 그는 전쟁 동안 헝가리에서 있었던 몇 가지 사건 외에는 이야기하지 않았다. 그것들은 이야기라기보다는 스냅사진에 가까웠고, 내 어린 시절의 상상력에 서사 없이 썰렁하게 자리잡고 있던 이미지 파편들이었다.

이런 에피소드들이다. 때는 겨울이었고 시체들이 길 위에 널브러져 있었다. 아버지는 시궁창에 버려진 꽁꽁 언 말의 사체를 보았고 그것을 먹기 위해 살을 도려냈다. 다른 에피소드에서 아버지는 페스트의 큰 도로에 있었고, 유니폼을 입은 한 남자가 그에게 그랜드호텔로열로 들어가라고 명령했다. 유대인들은 지하실에서 총살당했다. 아버지는 계단통에 숨은 덕에 살 수 있었다. 세 번째 에피소드에서 아버지는 그의 부모를 '구했다.' 어떻게요? 더 자세한 이야기를 갈구하면서, 이번만은 필리버스터를 원하며 물었다. 그는 어깨를 으쓱했다. "어어. 완장이 있었거든." 그래서요? "그래서… 그들을 구–우할 수 있었던 거야."

캠퍼가 지그재그 길을 올라가는 동안 나는 아버지의 젊은 시절을 예측하기 위해 노력하면서 사유지의 테라코타 지붕을 쳐다보았다. 아직 전쟁이 발발하기 전 어렸을 때, 그는 이 언덕에서 매년 여름을 보냈다. 프리드먼 가족의 거주지는 도나우강 건너편에 있었는데, 할아버지가 페스트의 고급 지역에 소유한 커다란 주거용 건물 두 채 중 하나에 있던 넓은 아파트였다. 아버지는 부다페스트 라더이가街 9번지에 있었던 가족의 거주지를 '로열 아파트'라고 불렀다. 하지만 매년 5월이면, 프리드먼 가족은 가정부와 요리사를 대동해 언덕에 있는 할아버지의 다른 자산인 가족 별장으로 이동했다. 피슈터—이슈트반의 애칭이었다—라고 불린 유일한 아이는 그곳 과수원과 별채가 있는 경사진 잔디밭에서 놀고 수영장에서 첨벙거렸다. 그리고 류머티스열에 걸린 해에는 고용된 수행원들의 간호를 받으며 햇빛 아래 등받이가 있는 긴 의자에 누워 있었다. 부다 지구의 언덕을 오르면서 나는 생각했다. 아버지의 유년 시절이 주조된 대장간이었던 도시에 와 있구나. 그의 성격이 주조된 그 모루에. 이제 이곳은 그녀가 선보이는 '탕아의 귀환'의 무대가 되었다. 이렇게 가까이 다가선 거리감 덕분에 이상한 기분이 들었다. 평생 동안 맥락을 알수 없는 남자를 만나 왔다. 이제 맥락을 알게 되었지만, 난감했다. 그 남자는 사라져 버린 것이다.

3장

원본과 사본

체인브리지 위의 사자상을 본 적이 있다. 열한 살 때였다. 1970년 여름, 어머니와 아버지, 세 살 남동생 그리고 나는 가족 휴가 중이었고 모든 것이 성가신 여정이었다. 어느 날 저녁 우리는 〈아이다〉 야외 공연을 보기 위해 강을 건너고 있었다. 가족 여행은 항상 골치 아픈 일이었는데, 이날 강을 건너던 때만큼은 흔치 않게 기분이 좋은 상태였다. 차는 도나우강 위를 떠다니는 것 같았고, 케이블에 매달린 불빛은 우리에게 윙크하고 있었으며, 사자상은 우리가 도시에 도착했음을 알렸다. 아버지는 보모가 사자상을 지나 다리를 건너, 시클로—칙칙폭폭 소리를 내며 캐슬힐 절벽까지 올라가던 매력적인 붉은 케이블카—역까지 유모차를 밀어 주던 일을 추억했다. 그리고 사자들의 혀를 조각하는 것을 잊은 조각가의 이야기를 들려주었다. 한 아이가 개통식에서 사자의 혀가 없다는 이야기를 하자 수치심을 느낀 예술가는 도나우강으로 뛰어들어 버렸다. 헝가리에서는 유명한 이야기라고 했다. 그는 덧붙였다. "하지만 실제로 있었던 일은 아닐 거야."

아버지 말에 따르면, 캐슬힐은 수천 년 전 '깊은 곳으로부터' 올라온 온천수로 만들어진 석회암 지하 동굴로, 벌집 모양을 이루고 있다. 이곳을 점령한 터키인들이 그 동굴을 거대한 미로로 만들었다. "블라드 대제—드라큘라의 모델이 된 사람이지!—가 저기에 갇혀 있었다고들 한단다." 제2차 세계대전 동안, 동굴은 공습 대피소와 군 병원으로 개조되었다. 도시에 거주하고 있던 수많은 사람이 부다페스트 공방전*이 펼쳐진 50일 동안 여기에 숨어 있었다. "어떤 사람은 심지어 우편물을 여기로 받기도 했다고 하고…." 아버지는 말했다. "하지만 그것도 역시 만들어진 이야기일 거야."

그보다 며칠 전, 우린 부다페스트 남쪽의 벌러톤 호수로 차를 몰고 갔었다. 얕은 호수 속으로 먼 길을 걸었던 기억이 나는데, 물은 허벅지까지밖에 오지 않았다. 호숫가에서 아무리 멀리 도망쳐도 부모님의 목소리를 들을 수 있었고, 그 목소리는 매캐한 싸움 속에서 점점 높아졌다. 시큼한 분위기가 가족 안으로 침범해 들어왔다. 시무룩함이 모든 만남에 드리워져 있는 것 같았다. 우거지상을 한 공무원에게 어떤 승인서를 받기 위한 긴 줄에 설 수 있는 도장을 받기 위해 또 다른 긴 줄에 서 있었을 때에도, 아버지가 빌린 객실에서 노란 충전재를 뱉어 내던 불쌍한 소파에도, 아침마다 표면에 멍울진 덩어리가 떠 있던 끓인 우유를 가져다주는 나이 든 호텔 주인의 울퉁불퉁한 호두나무 빛깔 얼굴에 박힌 분노에 찬 눈에도, 파논할마의 베네딕트 수도원을 관광한 어느 날 우리에게 접근해서 아버지에게 미국에 있는 '친구들'

* 부다페스트 공방전 또는 부다페스트 전투는 제2차 세계대전에서 독소전쟁 후기 헝가리의 수도 부다페스트에서 일어난 추축국과 소련군 간의 전투이다. 부다페스트 공세의 일부인 이 포위전은 부다페스트를 방어하고 있던 헝가리군과 독일군이 1944년 12월 29일 붉은 군대와 루마니아 육군의 공격을 받으면서 시작했다. 이 포위전은 1945년 2월 13일 도시 방어군이 무조건 항복하면서 끝나게 되었다.

에게 편지를 전해 줄 수 있겠느냐고 물은—아버지 말에 따르면 정부 요원이었을—미사를 집전 중이던 '사제'의 어두운 속내에도. 오스트리아에서 헝가리로 국경을 넘던 날 세관원은 우리의 짐을 샅샅이 뒤졌다. 아버지는 아무런 불만도 말하지 않으면서 그 곁에 서서 그를 기분 좋게 하려고 안달이 난 듯 굴었다. 기묘한 굴종이 묻어 있는 목소리로.

여행 내내 아버지는 '정통' 헝가리 민속 문화를 찾으려고 했다. 우리는 시골을 다니면서 '전통적인 마을 춤'을 보기 위해 멈추곤 했는데, 그건 사실 관광객을 위한 공연이었다. 정부가 지역민들에게 소위 민족의 복식이라고 부르는 옷을 입고 빙글빙글 돌도록 돈을 지불한 거였다. 그래서 여자들은 장식용 앞치마에 화환을 쓰고, 남자들은 검은 조끼에 굽 높은 가죽 장화를 신었다. (나중에 알게 된 바에 따르면, 이런 의복과 춤은 전통이라고 하기에는 아주 미미한 것으로, 19세기 중반에 도시에 거주하던 민족주의자들이 추앙했고, 양차 대전 사이에 고대 마자르 유산의 인상을 만들어 내기 위해서 재등장했다.) 마을 가게에서 아버지는 나에게 민속 의상을 입어 보라고 고집을 부렸다. 내가 정교하게 꾸민 헝가리 인형을 팔에 안고서 정교하게 수놓은 드레스를 이것저것 입어 보고 있을 때, 아버지는 지나치게 많은 사진을 찍었다. 가게 주인은 스타일리스트 흉내를 내고 있었다. 결국 아버지는 잔뜩 부푼 소매에 수놓은 슈미즈가 붙은 상의와 레이스가 달린 던들 스커트,* 종 모양의 청색 스커트, 그리고 튤립과 장미 모티프로 장식하고 풀을 먹인 하얀 앞치마를 샀다. 그는 내가 그 옷을 입고 학교에 갈 수 있을 거라 생각했다. 반면 그의 미국인

* 폭이 넓고 허리에 잔주름이 잡힌 스커트.

딸은 헝가리인 하이디처럼 차려입고 중학교에 가는 일은 죽어도 없을 것이라 생각했다.

그해 가을, 그 옷들을 둘러싸고 냉전이 벌어졌다. 아버지는 등교를 준비하던 내게 그 옷을 입으라고 우겼다. 나는 그가 출근할 때까지 기다렸다가 위층으로 뛰어 올라가 옷을 갈아입었다. 하루는 도회적인 사복을 입은 모습을 아버지에게 들켰다. 다음 날 다시 또 코스튬을 입으라고 강요당했고, 나는 깊은 모멸감을 느끼며 그렇게 했다. 결국 그는 흥미를 잃었다. 그리고 나는 그 옷들을 옷장 깊숙이 추방해 버렸다. 1년쯤 지나, 히피 복장이 유행하면서 나는 지옥에서 그 기분 나쁜 옷을 꺼내 수놓인 슈미즈를 뜯어내고 표백한 청바지와 함께 입었다. 그건 최신 유행이었던 페전트룩을 시도한 것이었다. 내 아버지의 헝가리식 민속 의상만큼이나 '정통'이었다.

이 휴가의 시각적 연대기는 아버지가 평생 다락방 벽장에 보관했던 코닥 슬라이드 더미 속에 살아 있었다. 고딕 성당과 폐허가 된 고성의 그늘 아래 서 있는 어머니와 나, 그리고 동생의 모습. 도나우강 크루즈 난간에 기대어 있는 우리. 빨간색 남성용 스카프를 두르고 풀을 먹인 유니폼을 입고 경례하는 파이오니어 스카우트에 손을 흔드는 우리. 붉은 별이 붙어 있는 거대한 헝가리 국회의사당을 올려다보는 우리. 우리는 종종 카메라에서 고개를 돌렸고, 사진들 중 상당수는 멀리 떨어져서 찍혀 있었다. 아버지는 마치 도망치는 동물 떼를 쫓는 사파리 투어를 하고 있는 사람 같았다.

그 오래된 여행 중 어느 날, 우리는 관광을 하루 쉬고 페스트에 있는 두 채의 아파트를 방문했다. 이제는 버려져서 그을음으로 뒤덮여 있지만, 한때 대단한 설비를 갖췄던 퇴폐적인 빈 분

리파 건물이었다. 바치로街 28번지의 우아한 아치형 창문에 지저분한 덧문이 삐뚤어진 채로 걸려 있었다. 라더이 9번지의 의례용 발코니는 눈에 띄게 부식되어 있었다. 라더이 9번지에서, 우리는 희미하게 불이 켜져 있는 계단을 올라가 문을 두들겼다. 그리고 천장이 높은 방들을 둘러보았는데, 지금은 합판으로 칸을 막아 나누어 놓은 공간에 지저분한 가구들이 들어차 있고, 한 가족이 살 정도 되는 공간에 여러 가족이 엉켜 살면서 지나치게 많은 입주자들로 넘쳐나고 있었다. 아버지가 특히 힘들어했던 것을 기억한다. 다른 건물과 마찬가지로 이 건물 역시 할아버지의 소유였다. 이 아파트는 아버지 어린 시절의 거주지, 바로 그 '로열 아파트'였다. 보도로 나와서 아버지는 다시 한 번 라더이 9번지의 우중충한 파사드를 올려다보았다. 머리에 하얀 리본을 단 금발 소녀가 무너져 내리는 발코니에서 아래를 내려다보고 있었다. 그 발코니는 피슈터라는 이름의 소년이 성장한 화려한 방에 딸린 것이었다. 그는 사진을 찍었다. 필름 롤의 마지막 프레임이었다.

1940년, 피슈터가 열세 살이 되었을 때 파테 9.5밀리미터 무비카메라가 생겼다. 아버지가 준 바르 미츠바* 선물이었다. 그 이후로 쭉, 전쟁 중에 아마추어 영화 동호회에 가입했던 헝가리에서도, 그 직후에 가입한 청년 영화 클럽에서도, 영화 배급 사업을 시작했던 덴마크에서도, 열대우림과 팜파스에서 다큐멘터리를 찍었던 브라질에서도, 아버지는 사진보다 영상을 좋아했다. "사진으로는 단 한 번의 기회밖에 없지." 언젠가 아버지가 말했다. "그 한 방에 달린 거야. 하지만 영화라면, 편집해

* 유대교에서 치르는 13세가 된 소년의 성인식.

서 얼마든지 바꿀 수 있어. 네가 원하는 방식대로 이야기를 만들 수 있지."

내가 아기였을 때 아주 짧은 기간 동안, 아버지는 집에 영화 제작사를 차렸다. 내 찬장 안 상자에는 이혼 후 어머니가 내버린 쓰레기통에서 구해 낸 그 결과물들이 보관되어 있다. 철제 필름 통에는 내가 태어난 직후 2년 동안인 1959년부터 1961년까지 아버지가 만든 16밀리미터 홈 비디오가 들어 있다. 당시 부모님과 나는 퀸스 잭슨 하이츠에서 벽돌로 된 이층집 윗층에 세 들어 살고 있었고, 이 영화들은 신혼 생활의 진부한 이정표들을 기록했다. 임신 3개월 차의 배부른 어머니는 피자를 먹거나 유모차를 밀고 있고, 혹은 플라스틱 양동이에다 기저귀를 빨고 있다. 나의 첫돌, 해변에 처음 간 날, 첫 부활절 퍼레이드와 크리스마스. 아버지는 영상 크레딧에 자신을 '감독'이라고 써 놓았는데, 그 '감독'은 가끔씩 영상에도 등장했다. 삼각대를 세워 놓고 찍은 장면에서 아버지는 아파트 정문 바로 안쪽에 자리 잡고 그토록 되고 싶었던 남자 흉내를 낸다. 양복에 넥타이를 매고 헤링본 코트에 가죽 장갑을 끼고 페도라를 쓴 채로. 그의 시선은 카메라에 단련되어 있다. 그는 몸을 기울여서 어머니 볼에 어색한 입맞춤을 한다. 그러고는 엉거주춤한 웨이브를 선보이고 어머니를 향해 무언가 마임을 한다. 눈은 여전히 렌즈에 고정되어 있는 채 그는 문밖을 향한다. 이건 무성영화지만 나는 그 영상에 맞춰 "아버지가 제일 잘 안다"*의 내레이션 대본을 쓸 수 있다.

* 〈아버지가 제일 잘 안다Father Knows Best〉는 미국의 가족 시트콤이다. 1949년 라디오에서 시작해서 인기를 얻었고, 1954년 TV 드라마로도 만들어져서 1960년에 종영했다. 현명하지만 가족 위에 군림하는 아버지 짐과 이성과 인내의 화신인 어머니 마거릿, 그리고 세 아이로 이루어진 가족들의

가장 긴 필름은 크리스마스를 찍은 것이었다. 카메라는 크리스마스트리 위에 머물면서 눈 덮인 듯한 장식품, 반짝이 장식 그리고 전기를 연결하는 커다란 예수 탄생별을 숭배하듯 클로즈업으로 담았다. 그러고는 벽에 걸린 빨갛고 흰 줄무늬 양말 세 개를 순서대로 천천히 비췄다. 아빠 곰, 엄마 곰, 아기 곰. 그리고 마지막으로 선물을 푸는 시간. 아버지는 선물을 하나씩 카메라 앞에 선보인다. 넥타이, 줄무늬 잠옷, 챔피언 다트판. 그는 우스꽝스럽게 억지웃음을 지으며 입 모양으로만 말한다. "크리-이스마스 선물로 받고 싶었던 것들이야!" 주름 잡힌 블라우스와 주름치마를 입은 어머니는 힘없는 표정으로 자신의 선물을 보면서 다리를 꼬고 앉아 있다. 앞치마, 침실용 슬리퍼, 그리고 인형 같은 잠옷.

"수전의 첫 크리스마스"의 마지막 몇 분 동안, 카메라는 여덟 달 된 나에게로 넘어온다. 나는 현관의 전신거울 앞에 불안한 포즈로 비틀거리며 서서 젖살 통통한 손가락으로 잡을 만한 것을 찾아 미끄러운 표면을 허우적허우적 더듬고 있다. 나는 코가 눌린 채 거울에 비친 내 모습 이면의 무언가를 찾기라도 하듯 얼굴 전체를 거울에 갖다 박는다. 세월이 흐른 후 이 영상을 보면서 생각했는데, 이 영화가 숨기고 있는 것은 나의 아버지였다. 아버지는 화면에 비치는 짧은 순간에도 아무 데도 없는 거나 마찬가지였다. 자기 소유인 미국식 가족이라는 소품에 둘러싸여, 카메라 앞에서 발군의 정체성을 과시한 장면들을 이어 붙였다.

이야기다. 드라마는 1950년대 미국식 가정을 목가적으로 그리면서 큰 인기를 누리고, 미국 대중문화에 영향을 미친 것으로 평가된다. "아이들은 조언이나 지혜가 필요하면 언제든지 아버지에게 달려가면 된다. 왜냐하면 아버지가 제일 잘 아니까."

그렇게 아버지는 하나의 이미지로 자기 역사를 대체해 버린, 누구나이기도 하고 그렇기에 누구도 아닌 남자가 되었다.

그즈음 그는 도시에서 일하면서, 교외의 우리 집 지하실처럼 철저하게 자신의 영토라고 할 만한 창문 없는 암실로 통근하고 있었다. 그는 포토샵 이전의 사진 업계에서 색 변환, 몽타주, 편집, 여타 변형 기술 등 사진술의 발전과 조작 기술 면에서 대가가 되었다. 그는 이를 '트릭 사진'이라고 말했다. 그에게는 항상 무언가 수정하는 사람의 냄새가 났다.

그는 특히 어두운 부분을 밝게 보이게 하는 '도징' 기술과 사진에서 보이지 않았으면 하는 부분을 지우는 '마스킹' 기술에 능했다. "통제력이 핵심이란다." 그는 이렇게 말하길 좋아했다. "드러내고 싶지 않은 것은 드러나지 않아야 해." 낮 시간을 보내는 수족관의 어둠 속에서, 손은 화학약품 통에 넣고 작업을 위한 붉은 안전광 하나를 켜 놓은 채, 그는 어둡게도 하고 밝게도 만들면서 사진을 조작했으며, 신체의 일부와 건물과 전체 풍광을 없애 버렸다. 그는 자신이 영화에서만 가능하다고 했던 그것을 사진술에서 성취했다. 자신이 원하는 방식으로 이야기를 만든 것이다.

그 재능 덕분에 그는 특정 분야에서 대체 불가능한 존재가 되었다. 가장 유명하게는 콘데나스트사 미술제작부에서 일했다. 60년대에서 80년대까지, 콘데나스트는 《보그》, 《글래머》, 《하우스 앤드 가든》, 《배니티 페어》, 《브라이즈》 등 회사에서 제작했던 주요 잡지를 위해 가장 힘든 사진 조작을 아버지에게 맡겼다. 한 잡지의 미술감독이 아버지에게 보냈던 메시지는 오랫동안 아버지 스튜디오에 걸려 있었다. "스티븐 팔루디에게―이거 아무에게도 보여 주면 안 됨!" 아버지는 리처드 애버던, 프란체

스코 스카블로, 어빙 펜, 버트 스턴 등 당대 최고의 찬사를 받았던 패션사진 작가들의 광고사진 작업에 자신의 '트릭'을 선보였고, 이후에는 가먼트 지구의 로프트에서 렌즈크래프트스튜디오라는 개인 사업체를 운영했다. (그 로프트는 최근 패션사진 작가 행크 런더너가 사용하고 있다.) 그는 음화가 유실된 오래된 사진에 마법을 부리기도 했다. 프린트에서 완벽한 카피를 만들어 낼 수 있었던 것이다. 그가 작업했던 클래식 사진에는 걸출한 헝가리 사진작가인 (그리고 제2차 세계대전 유대 난민이었던) 앙드레 케르테츠의 사진도 있었다. 아버지의 손놀림은 "매우 정밀하고 치밀하고 꼼꼼해서 색이나 빛의 낭비가 없었다." 당시 콘데나스트의 미술감독이었던 딕 콜은 수년 후 우리가 캘리포니아 남부에 있는 그의 집 거실에서 아버지의 작업을 담은 화려한 거실 탁자용 책들을 휙휙 넘겨 보고 있을 때 이렇게 말했다. "정말 놀라웠죠. 뭐가 바뀌었는지 알아볼 수가 없었어요. 원본과 사본을 구분할 수 없었다니까요."

어렸을 때 가끔 아버지와 함께 통근 기차를 타고 도시로 나가 아버지가 일하는 맨해튼 사진 스튜디오들을 방문했다. 아버지는 칸막이를 친 스튜디오 반대편으로 나를 데려갔다. 남자들이 메이크업 테이블 앞, 높은 의자에 걸터앉아 미세한 브러시로 패션모델의 얼굴에서 결함을 지워 내고 있었다. 그는 리터칭을 사진술의 더없는 영광으로 생각했다. 그는 내가 비교해 볼 수 있도록 광고사진의 '비포 앤드 애프터' 사진들을 들어 보이곤 했다. 자, 더 이상 이 보기 싫은 모공이 안 보이지! 이거 봐, 주름이 사라졌단다! 그는 메이크업 테이블 앞에 구부리고 앉아 흠을 지우는 남자들에게 감탄했다. 그는 내 교육이나 직업적인 측면에 거의 개입하지 않았다. 하지만 수차례 메이크업 아티스트가 되라고 조언했다. 초등학교 신문반에 처음으로 합류한 날부터 결점을 감추는 것이 아니라 그것을 드러내는 일로 들떠 있었던 딸에게는 좀 이상한 조언이었다. 우리가 이야기 나누지 않았던 몇 년 동안, 그리고 우리가 다시 이야기하기 시작한 그 몇 년 동안에는 더욱, 우리 관계의 핵심에 놓여 있었던 것은 삭제와 폭로, 에어브러시와 기자 수첩, 그리고 감추기의 달인과 그것을 드러내려는 수습기자 사이에서 격화된 싸움이었다.

4장
가정 불안

부다페스트의 12번째 지구 헤지비데크Hegybidék(말 그대로 '산악지'라는 의미)은 부다 언덕의 높은 곳에 위치하고 있다. 대사들의 집, 빌라들, 졸부들의 저택 등 언제나 배타적인 소수의 주거 지역이었고 이곳의 으리으리한 부동산은 포스트-공산주의 시대, 새천년 부다페스트의 뜨거운 투자 대상이었다. 한 온라인 부동산 광고에 엉터리 영어로 쓰여 있던 문구로 말하자면 헤지비데크는 "명문 사유지로서 고급 빌라와 모던한 단독주택이 조용한 환경 속에서 넓은 정원을 지배하고 있는" 곳이다. 아버지의 집으로 가기 위해서는 여러 번 가파른 오르막길을 오르고 구멍이 팬 좁은 도로에서 여러 차례 머리가 주뼛 설 정도로 급커브를 돌아야 했다.

"빌어먹을 공산주의자들." 아버지는 차가 쇄석도의 움푹 꺼진 구멍 위를 덜컹거리며 지나가는 와중에 말했다. "길을 고칠 생각을 안 한다니까."

"공산 정권은 50년 전에 끝났잖아요?" 내가 말했다.

"어, 이제는 자기네들이 사회주의자라고들 하지." 그녀는 당시 집권당에 대해서 말했다. "하지만 다 똑같은 것들이야. 도둑놈들 같으니라고."

캠퍼가 마지막 벼랑에서 씩씩거리며 급격한 커브를 돌았다. 집이 모습을 드러냈다. 3층짜리 콘크리트 샬레였다. 뾰족한 지붕과 치장 벽토를 바른 벽이 보였다. 경보 장치가 설치된 문과 함께 보안을 위한 울타리가 둘레를 에워싸고 있었다. 커다란 경고판에는 으르렁거리는 독일 셰퍼드가 그려져 있었는데, 그 개가 실제로 존재하지 않는다는 건 참 다행스러운 일이었다. 나는 벙커와도 같은 그 요새가 아버지의 과도한 보안 감각의 결과물인지, 아니면 그녀가 되돌아온 헝가리 문화의 반영인지 확신할 수 없었다. 나중에 1990년대에 헝가리에 살았던 영국 작가의 추억담인 콜린 스와트리지의 『이방인이 가득한 나라 A Country Full of Aliens』를 읽었을 때, 나는 헝가리인들이 주택 보안에 대해 갖고 있는 집착에 대한 언급에 충격을 받았다.

여러분은 회색 벽돌길과 편백나무, 계단, 튀어나온 곳과 들어간 곳들, 기둥과 귓돌 등 이 모든 것에서 웅장함을 볼 수 있을 테지만, 그것은 언제나 정문의 철조망을 통해서만, 보안 카메라의 감시하는 눈길 아래서만, 그리고 움직임에 민감한 보안등 앞에서만 가능하다. 보안과 자기 전시를 조화시키려는 노력은 매혹적이다. 집은 여성적인 레이스 몰딩과 늘씬한 난간동자, 섬세한 디테일, 물결 모양으로 길게 펼쳐진 계단을 갖춰야 한다. 하지만 동시에 이빨과 근육질을 드러낸 자물쇠와 굽히지 않는 철재 역시 드러내야 한다. 그것은 쉿쉿 경계의 소리를 내는 공작새처럼 수줍어하면서도 적극적이다. 아름답고 또 우스꽝스럽다.

이 그린벨트 지역의 집들, 벌러톤 호수와 뷔크 온천 근처의 부다힐과 필리스힐의 이 키치한 궁전들에서 특징적으로 헝가리인스럽다고 할 수 있는 것은 아마도 고도의 보안과 노출증의 융합일 것이다. 이는 헝가리 언어의 특징이라고 할 수 있는 여성성과 남성성의 혼란과도 유사하다.

나는 이 언어적 혼란에 대해 잘 알고 있다. 그건 내 유년기의 주요 구성요소였다. 아버지는 "엄마한테 가서 내가 그를 기다리고 있다고 말해라"라거나 "네 남동생은 그녀의 방을 치워야 해"라고 말하곤 했다. 헝가리인들은 영어를 사용할 때 단어의 성별을 섞어 버리는 것으로 악명 높았다. 헝가리어에는 성별화된 대명사가 없기 때문이다.

아버지는 차를 뒤쪽 갓길에 세우고 핸드브레이크를 잡아당겼다. 그녀가 하얀 힐을 신고 위태롭게 길을 건너 보안벽에 설치된 전자 패널에 보안 코드를 입력하자 문이 삐걱거리며 천천히 열렸다. 그리고 우리가 문을 통과하자 바로 닫혔다. 캠퍼는 가파른 길을 힘겹게 올라와 풀밭에 멈춰 섰다. 집에는 차를 두 대나 댈 수 있는 차고가 있었지만, 캠퍼는 너무 커서 들어가질 않았다. 25피트짜리 깃대가 집 앞 잔디밭을 차지하고 있고, 그 깃대에는 줄이 세 개 걸려 있었다. 아버지는 "내 모든 깃발을 올려야 하니까"라고 설명했다. "3월 15일에는 헝가리 국기를 걸어야 하고, 7월 4일에는 미국 국기를 걸어야 하지." 3월 15일은 1848년 헝가리가 오스트리아 제국에 대항했다가 실패했던 혁명을 기리는 국경일이다. 세 번째 로프에는 아버지가 한때 거주했던 덴마크와 브라질 국기를 걸었다.

그는 운전석에서 서둘러 내려 가방을 한쪽 어깨에 걸었다. 우리는 그녀가 온갖 종류의 보안 장치와 씨름하는 동안 기분상으로는 족히 25분 정도 길 위에 서 있었다. 우선 그녀는 폭스바겐의 내부 절도 방지 시스템을 재작동해야 했다. 그리고 나서는 도로에서 차고까지의 진입로를 '지키는' 외부 감시 장치를 다시 설정했다. 한번은 그 감시 장치가 울렸는데, 우리는 오른편에 있는 정문까지 단 60초 안에 도달해야 했다. 집은 두 세대용이었는데 아버지 집 옆에 나란히 선, 똑같이 생긴 도플갱어 건물은 비어 있었다.

집으로 들어서기 전 아버지는 세 번째 경보 시스템을 해제했다. 그리고 우리가 집에 들어서자마자 그것을 재가동시켰다. 아버지가 번호를 누르는 동안, 어둠 속에서 나는 인내심을 발휘하기 위해 최선을 다했다. 우리는 어두운 복도에 서 있었다. 오른쪽은 계단이었고, 어두움 속에 가려져 있었다. 목조 계단이 2층과 3층으로 이어졌다. 복도 끝, 열린 문을 통해 나는 그의 맨해튼 로프트를 장식했던 바로 그 노란 부엌 수납장을 보았다. (아버지는 냉장고, 식기세척기, 오븐을 비롯해서 온갖 잡동사니에 폭스바겐 밴까지, 당시에 그가 가지고 있었던 모든 것을 40피트 컨테이너 안에 넣어서 배편으로 여기까지 가지고 왔다.) 그녀를 따라 복도를 내려와 왼쪽 편에 있는 다른 문을 통해 타일로 된 큰 거실에 들어섰다. 그 옆에는 졸녀이 자기로 가득한 찬장과 샹들리에로 꾸민 식당이 있었다.

프랑스식 문이 달린 유리벽이 정면 테라스를 바라보고 있었지만, 그 역시 어두웠고 두꺼운 휘장으로 가려져 있었다. "누군가 안을 들여다보고 내 전자 제품들을 훔쳐 가고 싶어질 수 있으니까." 그녀가 말했다. 그녀에게는 훔쳐 갈 만한 물건들이 많았다. 거실 벽에 고정된 천장 높이의 수납장에는 모니터, 수신기, 앰프, 스피커, 우퍼, CD, DVD, VHS, 베타 플레이어, 턴테이블, 심지어는 릴 테이프 플레이어까지 가득했다. 릴 테이프 플레이어는 오래된 오페라 음반을 트는 데 사용했는데, 주말마다 요크타운 하이츠의 교외 주택 거실을 쾅쾅 울렸던 바로 그 기계였다. 여섯 개 정도 되는 수납장에는 천 장도 넘는 오페라 CD, 테이프, 비디오, 그리고 레코드 앨범이 들어차 있었다.

책장은 반대편 벽에 줄을 서 있었다. 한쪽 끝에는 암벽등반, 빙벽 등반, 보트 만들기, 카누 타기, 목공, 단파 송수신기, 모형 비행기 만들기 등에 대한 낡은 설명서들이 꽂혀 있었다. "남자로-살던-시절 컬렉션이네"라고 생각했다. 그렇다고 해서 여자로-사는-시절 섹션이 따로 있었다는 건 아니다. 다른 책장에는 마자르와 관련된 온갖 서적들이 꽂혀 있었다. "헝가리 고대사", "헝가리의 좋은 노래들", "헝가리 개 품종" 등을 비롯해서 헝가리인 명사들을 다룬 두꺼운 전기가 여러 권 있었다. 여기에는 제2차 세계대전 막바지 몇 달을 제외하고 헝가리를 섭정했던 미클로스 호르티 제독*의 며느리였던 일로너 에델스하임 줄러이 백작 부인**의 두 권짜리 회고록도 있었다.

책의 다른 섹션은 아버지가 오페라만큼이나 오랜 시간 사

* 미클로스 호르티 제독Admiral Mikloós Horthy(1868~1957). 헝가리 왕국의 군인, 정치인, 독재자. 오스트리아-헝가리제국 출생의 귀족으로 오스트리아-헝가리제국의 해군 장교가 되었으나, 제1차 세계대전으로 제국이 분할되자 독립한 공산주의 헝가리 소비에트 공화국 정부를 전복시켰다. 이후 왕정을 복고하나, 왕을 옹립하지 않고 섭정이 되어 최고 권력자로 군림했다. 제2차 세계대전 때 나치 독일을 편들어 참전했으나, 전황이 악화되자 소련과 단독강화를 시도하다 독일에 의해 축출되었다. 전후 헝가리가 공산화되자 포르투갈로 추방되어 1957년 사망한다.
** 일로너 에델스하임 줄러이Ilona Edelsheim Gyulai(1918~2013). 헝가리 귀족 가문의 딸이자 미클로스 호르티의 며느리. 그녀는 제2차 세계대전 동안 적십자사의 간호사로 일했으며, 헝가리 유대인들을 구출하는 데 큰 역할을 했다. 그녀는 『영예와 의무Becsület és kötlesség』라는 제목의 회고록을 출간했다.

로잡혀 있었던 장르가 차지하고 있었다. 바로 동화였다. 어렸을 때에도 아버지가 세운 인형 극장이나 장난감 기차 세트 같은 것들이 겉으로는 아이들을 위한 것처럼 보여도 실은 그렇지 않다는 걸 알고 있었다. 그것들은 이야기책 판타지에 대한 그의 열망을 충족시켰다. 그리고 그 판타지는 화려하면 화려할수록 좋았다. 오페라도 마찬가지였다. 그는 의상이나 무대가 호화롭지 않은 작품은 싫어했다. 거기에는 사실 두 가지 집착이 섞여 있었다. 아버지가 가장 소중하게 생각했던 유년 시절 기억 중 하나는 그의 부모가 그를 데리고 헝가리왕립오페라하우스에 갔던 날 밤에 대한 것이었다. 그는 아홉 살이었고, 공연작은 〈헨젤과 그레텔〉이었다.

"아직 그 책을 가지고 있다면 좋을 텐데." 아버지는 내 어깨 너머로 그녀의 인상적인 동화 컬렉션을 바라보며 말했다. '그 책'이란 피슈터의 어린 시절, 첫 유모가 읽어 주었던 어린이 동화집을 말했다. 유모는 독일인이었고, 그녀의 모국어는 돌보던 어린 아이의 첫 번째 언어가 되었다. "가죽 장정으로 된 두꺼운 재질에 아름다운 그림들이 있었지." 아버지가 추억에 잠겼다. "보물이었어. 책방에 갈 때마다 그 책을 찾았어." 오랜 세월 그와 비슷한 책들을 많이 모았다. 대체로 그녀가 가장 사랑했던 작가 한스 크리스티안 안데르센의 작품집이었다. 그녀는 안데르센 작품집의 덴마크어, 독일어, 영어, 헝가리어 판본을 소장하고 있었다. (그리고 그 모든 책을 읽을 수 있었다. 교육받은 다른 많은 헝가리인과 마찬가지로 아버지는 여러 언어를 구사할 수 있었고, 스위스 독일어를 합쳐서 다섯 개 언어에 능통했다.) 1972년에 우리가 덴마크로 가족 여행을 떠났을 때, 아버지는 코펜하겐 항구에 있는 인어공주 동상으로 여러 차례 순례를 떠났다. 나는 그가 자신의 혀를 자르고 꼬리를 갈라 인간이 된 바다의 요정 동상에 대해 곰곰이 생각하면서 오랫동안 방파제 앞에 서 있었던 것을 기억한다. 파도가 부딪히는 바위 위의 동상, 매력적인 몸 아래에 갇힌 그녀의 고통스러운 다리, 갈망에 차서 해변을 향하고 있는 슬픈 눈. 그가 동상을 살펴보는 것처럼 나는 그를 살펴보았다. 아버지는 여러 장의 사진을 찍었다.

이번 첫 헤지비데크 방문을 필두로 이어진 수차례의 방문이 시작되기 직전인 이 여유로운 순간에, 나는 책장에서 한스 크리스티안 안데르센 선집의 영어 판본을 꺼내 들어 책장을 넘겼다. 신체 훼손과 변신, 절단과 부활의 이야기에 한편으로는 불편함을 느끼고 다른 한편으로는 매혹되면서 말이다. 자신의 미덕을 되찾기 위해 다리를 절단할 수밖에 없었던 허영심 많은 춤추는 소녀. 종이 발레리나 인형과 사랑에 빠져 난로에 뛰어들어 결국 작은 금속 심장으로 녹아 내린 외다리 주석 군인. 평생에 걸쳐 기독교도가 되고 싶다는 꿈을 꿨고, 결국은 부활을 통해서 꿈을 이룰 수 있었던 유대인 하녀. 그리고 가장 유명한, 결국 백조가 된 무시당하던 새끼 오리. "나는 저 위대한 새들에게로 날아갈 거야!" 미운 오리 새끼는 말한다. "그가 백조알 속에 놓여 있기만 했다면, 마당에서 태어난 것 따위는 문제가 아니었다." 그리고 나는 궁금했다. 백조로 태어났기 때문에 오리도 오직 백조가 될 수밖에 없었다면, 그리고 인어공주가 꼬리를 갈랐지만 그 역시 다시 바다로 돌아올 수밖에 없었다면, 이 이야기들이 약속하는 변신이란 도대체 무엇일까?

전자 제품이 있던 벽의 대각선 건너 모서리 벽에는 안데르센의 생가가 있는 오덴세 여행에서 찍은 사진첩들이 한데 모여 있었다. "한번은 일론커를 데려갔는데" 아버지가 말했다. "좀 지루해 하는 것 같더라." 사진첩을 넘기다가 익숙한 도시 풍경을 발견하고 나는 놀라고 말았다. 계단형 지붕이 인상적인 성모마리아 교회, 가사GASA 농산물 가게(덴마크 시장 협동조합), 그리고 나무 기둥 사이를 회반죽으로 채운 덴감레크로여관Den Gamle Kro Inn('오래된 여관'이라는 의미로, 한스크리스티안안데르센박물관에서 한 블록 떨어진 곳에 이런 이름의 여관이 있었다). 아버지는 우리 놀이방에 설치한 기차 모형에서 오덴세를 구현하고 있었던 건가? 나중에 어린 시절 기차 모형을 찍은 사진 두 장과 비교해 봤을 때, 무엇보다 그럴듯하게 꾸미려고 노력한 아버지의 섬세함에 감탄했다. 장난감 기차의 갈색 코에는 덴마크국영철도의 날개 달린 휘장과 왕관이 달려 있었다.

오덴세 사진첩이 있는 책장 두 칸 위에는 작은 조각상들이 퍼레이드를 펼치고 있었다. 〈오즈의 마법사〉 주인공들이었다. 아버지는 이혼하고 도시로 이사한 후, 맨해튼에서 이 피규어들을 발견했다. 그것들은 공들여 장식되어 있었다. 도로시는 붉은 신발과 짚으로 엮은 바구니를 자랑하고, 강아지 토토는 붉은색과 하얀색 체크무늬 천 아래 숨어 밖을 쳐다보고 있었다. 양철 나무꾼은 체인에 붉은 심장을 매달고 작은 기름통을 들었으며, 허수아비는 밀짚 다발을 내뿜고 있다. 사자는 '용기'라고 쓴 은메달을 들어 보이는 중이다. 아버지는 초록색 얼굴을 한 사악한 서쪽 마녀의 머리와 사지에 철사를 매달아서 그녀를 꼭두각시 인형으로 만들어 놓았다. 나는 매달려 있는 마녀 앞에 잠시 멈춰 서서 슬쩍 밀었다. 마녀는 빗자루 위에서 불안정하게 깐닥거렸다.

아버지는 우리가 유리문을 통해 테라스로 나갈 수 있도록 커튼을 몇 인치 옆으로 잡아당겼다. 내가 경치가 보고 싶다고 말했기 때문이었다. 집과 같은 길이로 펼쳐져 있는 테라스에는 콘크리트 화분이 줄지어 있었다. 거기엔 잡초만 무성했다. "5월에 제라늄을 심었어야 해." 아버지의 말이 화분이 비어 있는 이유처럼 들렸다. 5월에 아버지는 태국의 병원에 누워 있었으니까.

잔디밭이 길가로 가파르게 경사져 있었다. 아래쪽은 돌로 포장된 길이 울퉁불퉁했고, 비틀린 거대한 밤나무가 그늘을 드리우고 있었다. 그 나무들은 〈오즈의 마법사〉 유령의 숲("경고하는데 되돌아 가시오 I'd Turn Back If I Were You"란 표지판이 붙은)을 떠오르게 하는 나무의 정령 같았다.* 견과류 껍질과 속이 으깨져 계단이 더러워져 있었다. 우리 요새에서는 늘어선 언덕과 나무가 무성한 계곡이 내려다보였다. 테라스의 오른쪽에는 그녀가 처음 이사 왔을 때 공들인 작은 과수원이 있었다. 앵두나무, 복숭아, 살구, 사과, 호두 등 다양하게 심어 놓았다. "근데 이상한 일이지." 그녀가 말했다. "올해는 열매가 열리지 않았어." 그녀의 원예 품목은 오래전 부다힐에 있던 프리드먼 별장의 마당을 돌봐 주었던 거주 정원사를 생각나게 했다. 소년이었을 때 아버지는 그곳에서 매년 여름을 보냈다. "정원사 가족이 우리 땅에 있는 작은 집에서 살았지." 그녀가 추억을 떠올렸다.

그녀는 테라스 끝에 기대어 반 블록 아래에 있는 방갈로를 가리켰다. 길 위에 서 있는 작은 구조물이었다. "그가 저기에 살아." 아버지가 말했다.

"누구요?"

"버데르."

"버데르요?"

* 도로시가 사자, 허수아비, 양철 나무꾼과 함께 에메랄드시티로 향하던 중 만나는 유령의 숲 앞에 쓰여 있는 경고 문구. 겁쟁이 사자가 문구를 읽고 바로 돌아서려고 한다.

"버어-데르." 아버지가 내 발음과 헝가리어에 대한 무지를 바로잡아 주면서 또렷하게 발음했다. "러치 버어-데르." 러치는 라즐로의 애칭이었다. "정원사의 아들이야."

"좀 어울려 지내세요?"

"아-아니. 나는 그들 중 하나니까." 그들이란 유대인을 말하는 것이었다.

"이상한 일이네요." 내가 말했다.

"뭐가?"

"우연의 일치 말이에요. 지금 또 아버지와 같은 동네에 사니까요."

아버지의 생각은 달랐다. "저 사람은 자기 아버지 집에 계속 살고 있어." 응? 할아버지 땅에 정원사의 집이 있었다고 하지 않았나? 그녀는 버데르의 오두막에서 아주 가까운 거리에 있는 맥맨션*을 가리켰다. 내 눈에는 그것을 둘러싸고 있는 높은 콘크리트 벽만 보였다. "저기 보이니?" 그녀에 따르면 그것이 바로 프리드먼 빌라였다.

당황스러운 소식이었다. 아버지가 프리드먼가가 상실한 모든 것을 되찾기 위해서 부다힐의 부동산을 사들인 것이 아닌가 의심스러웠다. 나는 아버지가 범죄 현장이 바로 내려다보이는 집을 샀다는 게 이해되지 않았다.

"어, 저어-기에 있었지." 그가 바꿔 말했다. "그것들이 건물을 저렇게 끔찍한 꼴로 리모델링했어." 그럼에도 불구하고, 아버지가 1989년 부다페스트가 살기에 어떤지 살펴보러 왔을 때,

---

* 작은 부지에 크고 화려하게 지은 저택. 맥도날드 햄버거 프랜차이즈처럼 편재한다고 붙은 별명.

그는 그 끔찍한 꼴의 건물을 사려고 했다. "매물이 아니더라구." 그해 가을 근처 집이 매물로 나오자, 그는 현금 13만 1250달러를 일시불로 지불했다.

그런데 그 집은 조잡할 뿐만 아니라 공사가 반쯤 되다 만 재난 구역으로 판명이 났다. 아버지는 러치 버데르를 불렀다. "그는 쓰윽 둘러보더니 '상태가 안 좋은데요!'라고 말했어." 지붕은 체라도 칠 수 있을 만큼 듬성듬성했고, 파이프는 부서졌고, 단열재는 없고, 알루미늄 배선은 미친 듯이 꼬여 있는 죽음의 덫이었다. "벽에 드릴을 박으면 감전사할 수도 있겠어요." 살 만한 집으로 만드는 데에는 꼬박 1년이 걸렸고, 수만 달러가 더 들어갔다.

그러고 나서도 집은 여전히 큰 공사가 필요한 상황이었고, 아버지는 종종 버데르를 불렀다. "나는 이제 숙녀니까, 버데르가 이것저것 다 고쳐 준단다." 그녀가 말했다. "남자는 나를 도와야지. 나는 손가락 하나 까닥 안 한다고." 아버지는 나를 날카로운 눈빛으로 쳐다보았다. "그게 여자로 살아가는 가장 큰 장점 중 하나 아니겠니." 아버지가 말했다. "하긴 너는 여자의 어려움에 대해서 쓰지. 나한테는 유리한 점만 보이는구만!" 나는 아버지의 새로운 정체성이 과거의 정체성과 조화를 이루는 방식이, 그리고 그녀가 그 역사와 계속해서 재협상하면서 과거로부터 어떻게 깨고 나오고 있는지가 궁금했다. 그녀는 가문의 자산을 되찾지 못했다. 하지만 젠더를 바꿈으로써 과거 프리드먼가 정원사의 아들을 부리게 됐다.

우리는 집 안으로 들어갔고, 아버지는 커튼을 다시 닫았다. 그녀는 내 방을 보여 주겠다고 했다. 나는 그녀를 따라 어두운 계단을 올라 2층으로 가서 세 개의 방 중 하나로 들어갔다.

"나는 가끔 여기서 자. 하지만 이 방이 전망이 좋으니까 네가 쓰렴." 그녀가 말했다. 그녀는 창이 있는 벽을 가리켰다. 창은 레이스 커튼과 암막 안감으로 가려져 있었다. 나는 커튼을 살짝 걷어 그 뒤에 무엇이 있는지 보았다. 닫힌 여닫이창 너머로는 죽은 나뭇잎으로 뒤덮인 콘크리트 발코니가 있고, 녹이 슨 고리에 낡은 해먹이 걸려 있었다. 연분홍빛 벽과 별 개성 없는 가구가 갖춰진 방은 편안한 느낌이었다. 하얀색 나무 프레임의 더블 침대, 하얀색 나무 옷장, 등받이가 똑바른 의자(아래층 식당의 테이블 세트 여분이었다), 그리고 바퀴가 달린 철제 받침대 위에 놓인 오래된 TV. 꽃다발을 그린 평범한 유화는 다른 장식품들과 마찬가지로 60년대 하워드 존슨* 스타일이었다.

"일론커한테 바느질을 맡겼어." 색깔을 맞춘 진분홍 이불보와 베갯잇을 가리키며 아버지가 말했다. "침대 프레임이랑 옷장은 내가 만들었지."

"여전히 목공예 하세요?"

그녀는 작업대가 지하실에 있다고 말했다. "요크타운에서처럼 말이다." 그녀는 옷장이 단단하게 잘 만들어졌다는 걸 보여주기 위해서 옷장의 옆면을 톡톡 두드렸다. "여기에 물건을 걸면 돼." 그녀가 덧붙였다.

나는 옷장의 문을 열었다. 아버지는 나의 시선을 따라 어두운 안쪽을 바라보다 얼굴을 찡그렸다. 그녀가 공들여 만든 가구는 남성복들로 가득 차 있었다. 스리피스 양복, 더블버튼 블레이저, 줄무늬 셔츠, 갈색 면바지, 스키 스웨터, 암벽등반용 속바지,

* 하워드 존슨Howard Dearing Johnson(1897~1972). 식당업과 숙박업에서 두각을 나타냈던 인물. 그의 이름을 딴 고속도로 휴게 식당과 모텔이 유명하다.

갑판용 신발, 실크 넥타이, 울 양말, 속옷, 남성용 바지, 그리고 가족 결혼식에 입었던 턱시도.

"이것들 좀 다 치워야겠다." 그녀가 말했다. "필요한 사람이 있겠지."

"누구요?"

"네 남편한테 물어볼래?"

"남편 아니에요." 남자 친구와 나는 한동안은 결혼 계획이 없었다. 오래된 불안한 망설임이 내 목소리에 묻어 나오는 것을 느낄 수 있었다. 헬륨이라도 마신 것처럼 목소리가 높아졌던 것이다. "아버지랑 사이즈가 달라요." 목소리를 다시 낮게 내리깔면서 말했다.

"질 좋은 옷들인데!" 그녀가 문을 쾅 닫자 옷장이 흔들렸다.

그녀는 내가 짐을 풀 수 있도록 방을 나갔다. 10분쯤 지난 후, 옆에 있는 침실에서 부르는 소리가 들렸다. "수우-전, 이리 와 보렴!"

그녀는 메이크업 조명이 달린 화장대 앞에 서 있었다. 나는 그것이 무엇인지 알아보았다. 그 화장대는 아버지의 맨해튼 사진 스튜디오에서 패션모델들이 사용하던 바로 그 메이크업 테이블이었다. 그녀는 주름이 잡힌 노란색 여름 치마와 세일러 칼라가 달린 감청색 드레스를 양손에 들고 서 있었다. "뭐 입을까?"

모르겠다고 답했다. 그리고 성마르게 생각했다. 아무리 옷을 갈아입어도, 당신은 똑같은 사람일 뿐이야.

"밖이 덥잖아. 여름 치마를 입어야겠다." 그녀가 상의를 벗기 시작했다. 나는 문 쪽으로 물러섰다.

"어디 가니?"

"가방 풀러요."

"오, 이리 오렴." 그녀가 블라우스를 반쯤 벗은 상태로 말했다. "우리는 둘 다 여자잖아."

　그녀는 블라우스를 벗고 장을 가리켰다. "옷이랑 어울리는 신발 좀 골라 주렴."

　나는 한쪽 다리는 방 안에, 한쪽 다리는 방 밖으로 뺀 상태로 문지방에 서 있었다. 아버지는 익숙한 미소를 띠고 말했다. "가까이 와, 안 문다니까!"

5장

당신이 되어야 했던 그 사람

1976년 초겨울 어느 저녁, 내 어린 시절에 상처를 냈고 이후 인생에 중요한 이정표가 되는 사건이 일어났다. 그 에피소드는 나의 열일곱 마음에 양성兩性의 '전통적인' 자리를 폭로하는 위협으로 등장했다. 원칙과 이론에서만이 아니라, 잔인한 현실에서도 그랬다.

나는 방에서 책을 펴 놓고 꾸벅꾸벅 졸다가 시끄러운 소리에 깜짝 놀라 깼다. 누군가 집에 침입해서 소름 끼치게 울부짖으며 계단을 올라왔다. 접근금지명령을 어긴 나의 아버지였다. 6개월 전 그는 집 출입을 금지당했다. 야구방망이가 문을 내리치고, 나무가 쪼개지는 소리 그리고 비명과 무언가를 부수는 소리가 들렸다. "경찰에 전화해라!" 어머니가 내 방으로 뛰어들면서 울부짖었다. 내가 911에 전화를 걸었을 때 상담원은 순찰차가 이미 출발했다고 말했다.

"벌써요?"

네, 하고 상담원이 답했다. 몇 분 전 익명의 제보자가 내가 말한 것과 같은 주소에 '침입자'가 있다고 신고했다는 것이다.

경찰과 앰뷸런스가 도착했다. 구급대원들은 어머니가 최근에 만나기 시작한 남자를 들것에 실었다. 그는 그날 저녁 집에 놀러 와 있었다. 그의 셔츠는 피로 흠뻑 젖었고, 쇼크 상태였다. 아버지는 그를 야구방망이로 공격하고 난 다음, 주머니에 언제나 가지고 다니는 스위스아미 칼로 찔렀다. 복부에 자상이 여러 개 생겼다. 픽스킬병원 응급실 의사들이 밤새도록 출혈을 막았다. 집에 묻은 핏자국을 지우는 데에는 더 많은 시간이 걸렸다. 피는 어디에나 있었다. 바닥에, 벽에, 층계참에, 계단에, 부엌에, 현관에. 거실은 마침 그해 가을에 개봉했던 영화 〈캐리〉*의 한 장면 같았다. 이듬해 집을 부동산에 내놓았을 때도 어머니와 나는 여전히 양탄자에서 핏자국을 닦아 내고 있었다.

아버지가 침입했던 날 밤, 그는 이마에 난 작은 상처만 치료하고 지역 구치소에 수감되었다가 아침이 되기 전에 풀려났다. 다음 날 오후 아버지는 머리에 살짝 더러워진 붕대를 감은 채, 어머니가 나중에 묘사한 대로라면, '76년 정신'**이라도 설파하는 것처럼, 옆집의 초인종을 눌렀다. 그는 침입자로부터 가족을 '구하려고' 했다는 자기편 이야기를 전하고 싶었던 것이다. 적어도 사람들 사이에서는 아버지의 이야기가 우세했다. (어머니가 글을 쓰기 시작한 신문을 포함한) 두 개의 지역 신문에서는 남편이 침입자를 쫓아내려고 했던 사건으로 그날 밤의 드라마를 써내려갔다. 법원은 혐의를 경범죄로 축소하고 약간의 벌금을 부과했다.

* 브라이언 드 팔마의 1978년 개봉작. 초경과 함께 염력을 얻게 된 10대 여성 '캐리'가 자신을 따돌리는 동급생들에게 피의 복수를 하는 영화로 미국 공포 영화의 고전이다.
** 1776년 7월 4일 시작된 미국독립혁명의 시대정신을 담은 애국주의 감성. 수전 팔루디 아버지가 "가족을 구하기 위해 스스로를 희생했다"는 식으로 이 사건을 꾸며 낸 것에 대한 비아냥이다.

이후 진행된 이혼 재판에서 아버지는 자신이 '부당한 취급을 당한' 남편이라고 주장했다. 판사는 위자료 없이 두 아이를 위한 양육비만 일주일에 고작 50달러를 지불하겠다는 아버지의 요구를 받아들였다. 아버지는 또한 자신을 피해 당사자로 제시하는 내용을 이혼 판결에 삽입하는 데 성공했다. 즉, 이혼하기 전 마지막 몇 달 동안 어머니가 아버지를 보살피지 않음으로써 "피고의 육체적 안녕을 위태롭게" 하고 "피고가 병원 치료를 받게 만들고 아프게 만들었다"는 것이었다.

"나는 이제 공격적인 마초 맨을 가장하는 게 진절머리가 난다. 나의 내면은 한 번도 그런 적이 없었지." 아버지는 이메일에 이렇게 적었다. 거의 40년이나 흘렀고, 아홉 개의 표준 시간대를 지나왔지만, 내가 그녀의 새로운 인격에서 그 폭력적인 남자의 이미지를 지워 버리기란 쉽지 않은 일이었다. 이혼 판결이 아버지를 '위험에 빠진' 피해자로 만들어 줬던 것처럼 간단하게, 새로운 인격이 그 폭력적인 자를 지워 버릴 수 있었다고 믿어야 했을까? 새로운 정체성이 이전의 정체성을 구원해 줄 뿐만 아니라 그 정체성을 삭제해 버릴 수도 있을까?

* * *

전후 미국, 내가 성장하던 시기에, 특히 새로운 도시 외곽 지역에 집을 사려는 중산층 미국인들에게 있어서 정체성에 대한 탐구는 성배 찾기와도 같았다. 70년대 "당신 자신을 찾으세요"는 과시적인 마법의 열쇠이자 정신적 안녕을 향한 문이었다. 웨스터체스트 카운티에 있는 나의 마을에서는, 나 자신을 포함해서 내가 아는 모든 사람이 "정체성을 찾아서", "자기-실현", "당신이 되고 싶었던 사람이 되세요" 같은 제목이 붙은 책에서 지침을 찾고 있는 듯했다. 지역 청소년 센터에서는 집단 감수성 훈련 그룹을 지원했는데, 그곳에서 고등학생들이 내밀한 자아를 발견할 수 있을 것으로 기대했다. 지역 상담 서비스는 '진정한 당신'과 '만날 수 있도록' 심리 치료를 제공했다. 동네 어머니들은 실내복 안에 갇힌 '진정한' 여성을 찾아내기 위한 의식 고양 모임을 열었다. 억압된 자아를 해방시키는 것은 새롭게 알을 깨고 나온 여성운동의 완벽한 예였고, 이어진 다양한 정체성 운동에 호소했다. 이 탐구에 실패하는 것은 '정체성 혼란'을 겪는다는 의미였다. (그 시대에 군림했던 심리학자 에릭 에릭슨이 이 기술적 용어를 고안했다.)

하지만 '당신이 필연적으로 되어야 했던' 그 사람은 과연 누구인가? 당신이 누구인가는 당신이 이뤄 낸 누구인가, 아니면 당신이 물려받은 것과, 그것의 유전적, 가족적, 종족적, 종교적, 문화적, 역사적 요인의 운명적인 힘에 의해 결정되는 것인가? 즉, 정체성이란 당신이 선택한 것인가 아니면 당신이 피할 수 없는 무엇인가?

* * *

누군가 나에게 정체성을 밝히라고 한다면, 국적이나 직업과 같은 일반적인 것들과 함께 나는 여자이고 유대인이라고 말할 것이다. 하지만 내가 이런 이름표 각각을 좀 더 깊게 들여다보면, 과연 그렇게 말할 수 있을지 그 바탕을 의심하게 된다. 나는 여성성에 따르는 전통적 통과의례 대부분을 용케 피하면서 살아온 여자다. 나는 아이가 없다. 나는 모성을 갈구해 본 적이 없다. 나의 '생체 시계' 때문에 불안해한 적도 없다. 나는 중년이 될 때까지 결혼하지 않았고, 함께한 지 20년이 넘은 남자 친구와의 결혼이란 시청에서 벌어진 충동적인 사건일 뿐이었다. 집안일과도 거리가 멀었다. 요리에 관심이 없고, 정원을 보살피지도 않으며, 바느질은 전혀 하지 않는다. 한동안 뜨개질을 하기는 했지만, 이건 사실 페미니스트 수공예 책인 『스티치 앤 비치 *Stitch'n Bitch*』* 를 읽었기 때문이었다.

나는 유대 법률, 의식, 기도문 등에 무지한 유대인이다. 유월절에 키두시** 초반 몇 구절을 입에 올릴 수는 있지만, 의미도 거의 모르는 채 하가다***의 음성 표기를 슬쩍 훔쳐보면서나 할 수 있는 일이다. 나는 유대인 학교에 다닌 적이 없다. 유대교 성인식을 치른 적도 없고. 우리 가족은 요크타운 하이츠에 있는 유일한 유대교회당에도 소속되어 있지 않았는데, 사실 그곳도 어쨌거나 아주 느슨한 개혁파여서 차라리 유니테리언교****라고 하는 편이 나았다. 사실 나는 엄밀히 말해 유대인도 아니다. 어머니는 부계만 유대계였는데, 가장 자유주의적인 계파를 제외한 대개의 율법학자들에게 모계에 유대인의 피가 흐르지 않는 나는 비유대인으로 여겨질 터다. 이 정체성들에 대한 나의 충성이 의식과 의례에 결합되어 있지 않다면, 그 정체성의 기원은 무엇인가?

나는 반유대주의자들이 사는 마을에서 자란 유대인이다. 그

* 2003년에 출간된 데비 스톨러의 뜨개질 안내책이다. 이 책의 인기에 힘입어 이후 시리즈로 출간되었다. 최근 몇 년 간 이 책은 '스티치 앤 비치' 운동의 중심에 있었고, 이 운동은 페미니즘 운동 안에서 소외되었던 가사 노동의 가치를 재발견하고 전통적인 여성성을 재현하는 것을 금기시하는 페미니즘 운동의 경향에 대응하는 움직임으로 등장했다.
** 안식일이나 축일에 포도주와 빵을 통해 신을 찬미하는 기도.
*** 유월절 축하연에 사용되는 전례서.
**** 기독교의 정통 교리인 삼위일체론에 반하여, 그리스도의 신성을 부정하고 하느님의 신성만을 인정하는 교파.

리고 60년대 초반 미국의 성차별주의적인 편견에 푹 빠져 있는 소녀 시대를 보낸 여자다. 내가 누구다라는 감각은, 내가 그 좌표를 파악할 수 있는 한, 반골 기질과 굴복하지 않겠다는 의지에서 비롯된 것 같았다. 만약 그 정체성이 위협당한다면, 나는 그것을 주장했다. 나의 '정체성'은 그것이 가장 위협당하는 바로 그 자리에서 더 활발해졌다.

요크타운 하이츠의 이웃은 강고한 가톨릭 신자들이었고, 대체로 아일랜드나 이탈리아 이민자 2세대들이었으며, 브롱크스에서 한 발짝 벗어나 다른 어떤 인종이나 종교, 특히 흑인 및 유대인과 분리되고자 도개교를 끌어올리길 열망하는 가족들이었다. 60년대 중반, 동네에 흑인 가족이 집을 사지 못하게 하자는 청원이 돌았을 때, 어머니는 청원자들과 기꺼이 싸웠다. 그 가족은 결국 집을 샀다. 어머니는 이전처럼 계속 따돌림을 당했다. 우리가 이사를 온 직후, 아래쪽 길에 사는 소년이 환영 인사로 "유대인 새끼!"라고 외치며 나에게 돌을 던졌다. 소년이 어떻게 알았는지가 미스터리다. 우리는 어떤 기색도 내보이지 않았고, 절대로 그럴 일도 없었기 때문이다. 아버지는 우리가 크리스마스와 부활절을 열심히 축하하고 있다는 걸 보여 주려고 했고, 기독교도의 이미지(북 치는 소년이라든가, 구유 속 아기 예수라든가)를 활용한 크리스마스카드를 보냈다. 기독교도로 통하려는 아버지의 열망은 오히려 나의 불만과 내가 사실 잘 모르는 정체성에 대한 헌신을 더 강화시켰다. 내 유대인다움이란 아버지의 침묵을 먹고 자란 것이라 할 수도 있겠다.

그리고 나의 여성으로서의 정체성은 어머니의 좌절을 먹고 자랐다. 어머니가 (생명보험 잡지의 편집자로서) 도시에서 일하는 직장을 포기하고 도시 외곽으로 이사했을 때, 아버지는 어머니가 새롭게 시작한 전업주부 역할에 어울리는 다양한 액세서리들을 선물했다. 자루걸레, 실내복, 미용 도구, 부풀린 가발(부분 가발을 얹어 놓을 수 있는 스티로폼 스탠드도 있었다), 그리고 그녀의 이름이 지워졌음을 알리는, '미세스 스티븐 C. 팔루디'란 새로운 이름을 찍은 문구용품 박스 같은 것들 말이다. 의심의 여지 없이 새 둥지에 대한 반감은 이 시기 어머니로부터 얻은 것이다. 아버지는 아내와 아이들을 보조 역할로 삼은 채로 스스로를 전후 미국 남성성의 모델로 전시하는 데 열성적이었다. 컨버터블 스포츠카를 몰고(그리고 그전에는 링컨 콘티넨탈을 몰았다), 지하실에는 톱과 드릴을 갖추었으며, 때때로 바비큐 그릴을 사용했고, 벽난로 선반에는 시가 박스와 파이프를 놓아두었다. 그리고 거실에는 머리 받침이 있는 큰 안락의자가 있었는데, 가족들은 그것이 '그'의 물건이라는 사실을 잘 이해하고 있었다. 의자는 그의 왕좌였고, 좁고 하찮은 영지 위에 군림하는 권세의 증거였다. 우리는 그 의자에 앉지 않도록 조심했다.

초등학교에 다닐 때, 아버지는 탁상용 손베틀을 사 주었다. 내키지 않은 채로 울퉁불퉁한 컵 받침 몇 개와 작은 스카프 하나를 짜고 난 뒤, 나는 그 베틀을 책상에서 끌어내서 옷장 속에 처박아 놓았다. 베틀이 있던 자리에는 내 습작 노트를 두었다. 언론인이 되는 것은 아주 어렸을 때부터 품었던 소명이었다. 나는 내가 여성으로서 하는 어떤 일은 여성인 나의 독립에 대한 주장이라는 사실을 분명하게 알고 있었다. 도서관에 있는 용감무쌍한 '소녀 기자'에 대한 책들 안에서 나는 내 길을 찾았다. 그리고 허구의 인물이건 실존 인물이건 책 속에서 고군분투 중인 다양한 여성 기자들의 역할을 하고 있는 내 자신을 상상했다. 스파이 해리엇이나 영화 〈그의 연인 프라이데이〉의 힐디 존

슨,* 아이다 B. 웰스와 아이다 타벨** 같은 인물들 말이다. 소녀의 판타지 속에서, 영웅적인 여성의 화신은 블랙웰섬의 여성 정신병원의 공포를 폭로했던 넬리 블라이,*** 남성 기자들 사이에서 유일하게 여성으로서 작전명 디데이****에 잠입할 수 있었던 마사 겔혼***** (그녀는 종군기자였던 남편 어니스트 헤밍웨이보다 한 수 위였다) 같은 사람들이었다. 아버지가 만들어 놓은 〈빨간 망토〉 무대에서 나는 빨간 망토를 전쟁광이 된 늑대의 범죄를 파헤치는(닉슨 재임기였다) 탐사 기자로 바꾸었다. 5학년 때 나는 남녀평등 헌법 수정안과 낙태 합법화에 대해 교

---

* 흑인 여성이었던 해리엇 터브먼Harriet Tubman(1822~1913)은 노예해방 운동을 실천한 인권 운동가이자 남북전쟁 당시 활동했던 노예 폐지론자, 간첩이다. 〈그의 연인 프라이데이His Girl Friday〉는 장르 영화의 거장 하워드 호크스가 연출한, 1940년에 개봉한 미국 스크루볼 코미디의 대표작이다. 로잘린드 러셀이 연기한 힐디 존슨은 매우 능력 있는 기자다. 기자 일을 그만두고 재혼을 하려고 하자, 그녀가 일하는 신문사의 편집장이자 전 남편인 월터 번즈(캐리 그랜트)가 이를 막기 위해 벌이는 해프닝이 영화의 주요 내용이다.

** 아이다 웰스Ida B. Wells(1862~1931)는 미국의 흑인 저널리스트, 신문 편집인, 여성참정권론자, 사회학자, 여성운동가, 지공주의자, 초기 민권운동 지도자며, 1909년에 전미흑인지위향상협회NAACP를 설립한 사람들 중 한 명이다. 아이다 미네르바 타벨Ida Minerva Tarbell(1857~1944)은 미국의 언론인으로 미국 진보 시대에 유력한 지도자였다. 1904년 작 『스탠더드 오일 회사The History of the Standard Oil Company』는 《뉴욕 타임스》가 선정한 미국 20세기 저널리즘 중 가장 중요한 100개의 보도에서 다섯 번째로 뽑혔다.

*** 넬리 블라이Nellie Bly(1864~1922)는 미국의 저널리스트이자 작가. 1889년에 도전한 세계일주로 유명하다.

**** 1946년 6월 6일 펼쳐진 노르망디상륙작전의 작전명이 D-Day였다.

***** 마사 엘리스 겔혼Martha Ellis Gellhorn(1908~1998)은 미국의 소설가이자 언론인이다.

지에 글을 썼다. 그리고 이 글의 명분을 위해 투쟁했는데, 이것이 존버치협회*의 분노를 샀다. 그래서 협회의 회원들은 학교 교육위원회 앞에서 내가 문란한 사상의 전파자이자 빨갱이 파시스트라고 비난했다. 이런 맹렬한 비난은 오히려 나로 하여금 더욱 언론인이 되도록 부추겼는데, 나의 자아감은 '남이-반대하면-반발심에-더 쓴다'에 따라 더 강해졌다. 나는 기자로서 관습적인 여성성의 정전을 비판함으로써 여성에 대한 충성 서약을 확고히 했다. 나는 나의 성별을 포기함으로써가 아니라 그것을 선언함으로써 여성성의 표준을 폐기했다. 말하자면, 나는 페미니스트가 된 것이다.

10대인 내가 메릴린 프렌치의 『여자의 방』을 읽던 날, 나의 정체성은 분명해졌다. 이제 갓 이혼한 어머니가 두 아이를 데리고 도시 외곽을 벗어나 뉴욕 이스트빌리지의 방 두 개짜리 비좁은 아파트로 이사한 직후, 나는 교외 지역 결혼 생활을 극도의 흥분으로 맹비난한 이 책을 앉은 자리에서 단숨에 읽었다. 하지만 좀 더 정확하게 말하자면, 내 페미니스트로서의 의식은 한 철이전인 1976년 교외 주택에서 벌어졌던 피의 밤에 이어 어머니가 부당하게 '타락한' 여자 취급을 당하고 아버지가 말도 안 되게 가정의 수호자로 등극하는 순간을 본 이후부터 시작됐다. 나는 이후로 수십 년 동안 여성 권리의 정치학에 대해서 썼고, 그건 언제나 기자로서의 위치와 종이 한 장 차이였다. 나의 주제는 공적인 장에서의 페미니즘에 대한 것이었는데, 미디어와 대중문

---

* John Birch Society. 1958년 12월 9일 미국의 로버트 H. W. 웰치 2세 (1899~1985)가 공산주의에 맞서 싸우기 위해 설립한 극우 단체. '존 버치'라는 이름은 1945년 중국 공산주의자들에 의해 살해당한 미국 침례교 선교사 존 버치의 이름에서 따왔다.

화, 입법부와 사무실에서의 페미니즘이었다. 하지만 그 기원을 잊은 적은 없다. 그건 나에겐 개인적인 문제였다.

페미니즘이란, 계속되는 만트라에 따르면, '선택'에 대한 것이다. 내가 페미니스트가 되기로 선택했을까? 그것은 내가 물려받은 것, 내가 조절할 수 없었던 어린 시절의 역사로부터 이룩해 낸 것이 아닌가? 아내와 아이들 위에 군림하는 남자이고 싶었지만 그럴 수 없었던 자신에 대한 아버지의 분노 때문에 나는 여성평등을 위해 움직이는 운동가가 되었다. 페미니스트로서 나의 정체성은 아버지가 겪은 '정체성 위기'의 잔해, 자신이 선택한 남성적인 페르소나를 주장하지 못했던 좌절에서 태어났다. 취미이자 피난처였던 페미니즘은 내가 선택한 삶의 일부분이 되었다. 내가 도망치지 못했던 것은 아버지였다.

* * *

1968년 에릭 에릭슨은 '정체성'이란 말이 거울방의 거울처럼 "어디에나 존재하는 만큼이나 불가해한 것"이라고 주장했다. 그는 ('정체성 위기'라는 말을 고안해 내기 바로 직전에) 이 말을 만들어 냈다. 그러나 이 주제에 대한 무거운 책 『정체성: 청년과 위기 Identity: Youth and Crisis』의 첫 페이지에서 그는 정체성의 의미를 정의할 수 없다고 고백했다. 그가 위험을 무릅쓰고 말할 수 있는 최선은 정체성의 '감각'이란 "활성화된 동일성과 연속성에 대한 주관적인 감각"처럼 느껴진다는 것이었다.

"사람이나 사물이 그 자체이고, 다른 어떤 것이 아님"이라는 옥스퍼드 영어 사전에서처럼 뒤이은 정의들에서 분명히 드러나는 개인적 정체성의 흐리멍덩한 의미를 보면, 위기는 필수 불가결한 것처럼 보였다. 수년간 '정체성 이론'을 내놓으려는 시도들은 실패했다. 1967년에 사회학자 네이선 라이츠는 (UCLA 동료이자 성전환 치료의 선구자인 로버트 스톨러가 말했듯이) "정체성이란 용어는 막연함, 모호함, 비슷한 말의 반복, 임상 자료의 부족, 그리고 설명의 빈곤을 감추기 위한 화려한 의상만큼이나 쓸모가 없다"고 한탄했다.

대중화는 별 도움이 되지 않았다. 「정체성을 규정하기」라는 1983년 논문에서 역사학자 필립 글리슨은 다음과 같이 말했다. "정체성이 점점 더 클리셰가 되어감에 따라, 그것의 의미는 점차 산만해지고, 따라서 갈수록 더 느슨하고 무책임하게 사용되었다. 그리하여 우울하게도 정체성에 대한 토론으로 통하는 많은 논쟁들이 거들먹거리는 지리멸렬한 논의가 되어 버렸다." 하지만 이 모든 애매모호함에도 불구하고, 정체성에 대한 질문은 에릭슨의 시대와 우리 시대를 정의하고 꿰뚫는다.

개념으로서 정체성은 제2차 세계대전이 끝날 때까지 심리학 이론에 들어가지 못했다. 에릭슨이 그의 전문 영역의 선배들에게서 선행 언급을 찾으려고 했을 때, 그는 지그문트 프로이트가 1926년 빈의 브나이브리스협회에서 한 연설에서 단 한 번, 그 용어를 언급한 적이 있음을 발견했다. 정신분석학의 창시자가 자신을 유대인으로 만든 것이 무엇인지 묘사하고 있었다. "믿음도 민족적 자부심도 아니었습니다." 프로이트가 고백했다. "내면의 정체성에 대한 분명한 의식만큼이나, 더 강력할수록 더 말로 표현하기 어려웠던 수많은 모호한 감정적 힘들"이 그를 유대인으로 만드는 것이었다. 말하자면, 그는 유대인이라고 느꼈을 뿐 왜인지 말할 수 없었다.

초기에, 에릭슨은 개인의 정체성을 당신이 획득하고 당신 혼자 스스로 전시하는 어떤 것으로 정의하려고 하지 말라고 충고했다. 그는 "교체할 수 있는 단순한 '역할들', 혹은 남의 시선을 의식하는 단순한 '외양', 혹은 단순히 강고한 '태도들'은 비록 그것들이 '자아 탐구'의 중요한 요소라고 하더라도 진짜는 아니"라고 썼다. 그리고 견고한 자아는 자기 계발과 집단적 유산 사이에서 일어나는 상호작용에서 생겨나는 것이라고 주장했다. "우리는 개인적인 성장과 상호적인 변화를 분리할 수 없을 뿐만 아니라, 개인의 삶에서 경험하는 정체성의 위기와 역사적 발전에서 일어나는 당대의 위기를 구분할 수도 없다. 왜냐하면 각각이 서로를 정의하고 진정으로 서로 연관되어 있기 때문이다."

개인의 정체성과 사회적 정체성을 분리하는 것이 불가능하듯이, 에릭슨은 당신의 과거를 당신의 현재와 통합하고, 심지어 (또는 특히) 당신이 인정하고 싶지 않은 부분까지 당신의 경험의 모든 부분을 통합할 필요가 있다고 주장한다. 누군가 원치 않는 역사인 "삶의 다양하고 모순되는 단계와 양상"을 부정하려고 할 때, 그리고 대신 "완벽해야만-하는-범주"를 고집할 때, "그는 우리가 전체주의라고 부르는 의지를 취함으로써 그 자신과 세계를 개혁하려고" 하며, 그것은 새로운 정체성이 유기적인지 혹은 그 요소들이 일관적인지와 상관없이 그것을 고집하면서 폭군이 "완벽한 경계"를 순찰하는 내면의 독재로 이어진다고 경고했다.

잘 알려져 있듯이 에릭슨 본인은 그 경고에 주의를 기울이지 못했다. 에릭슨의 학부 제자였던 철학자 마셜 버먼은 "에릭 에릭슨, 자기 자신을 발명한 남자"라는 1975년 글에서 스승이 쓴 자서전적인 글에 충격적일 정도로 중요한 사실이 누락되어 있음을 발견했다. 에릭슨이 자신의 과거를 세탁해 버린 것이다. 이 말소는 그의 가족 성이었던 홈버거Homburger에서 시작되었다. 처음에는 성을 중간이름 'H'로 줄여 버렸고, 나중에는 완전히 지워 버렸다. 버먼이 보기에 이 삭제는 더 불쾌한 얼버무림으로 비쳤다.

[에릭슨의] 이야기를 풀어 가면서, 우리는 그가 절대 밝힐 수 없었던 또 다른 것을 발견했다. 그것은 그가 유대인이라는 사실이다. 우리는 그 어머니의 결혼 전 이름이 '칼라 아브라함센'이라는 것에서 그녀가 유대인이라는 사실을 유추했고, 그의 계부 테오도르 홈버거 박사가 유대인이었을 뿐만 아니라 유대교회당의 일원이었다는 사실을 읽었다. 그러나 에릭슨은 어렸을 때 그가 유대인처럼 보이지 않았다고 말했다. 금발에 파란 눈을 가지고 있었고 "엄청나게 키가 컸다." 그는 농담 삼아 그의 "의붓아버지의 유대교회당에서 '비유대교도'로 불렸다."

어른이 되어서 에릭슨은 이런 비유대인스러움을 새롭게 만들어 낸 성을 사용함으로써 (그리고 이와 함께 영국성공회 목사의 딸과 결혼하고 그의 하버드 연구실 벽에 십자가를 걸어 놓음으로써) 강화시켰다. 이 성은 비유대인 기원을 암시했을 뿐만 아니라 자기-창조를 암시했다. "내가 나 자신을 에릭의 아들(Erik's son, 즉 에릭슨)로 만들었어." 그는 친구에게 말했다. "스스로의 기원이 되는 것이 더 훌륭한 일이지."

훌륭하다라. 그러니까 당신의 기원을 속이는 데 성공한다면, 그렇다는 의미다. 하지만 그는 과연 성공했나? 그의 종교적 신념에 대해 이야기해 달라고 부탁한 사회복지사에게 쓴 긴 편지에서 에릭슨은 이렇게 적었다. "유대교적인 환경에서 자란 사람 중 유대인이 되지 않은 사람은 만나 본 적이 없습니다. 그가 경험한 유대인다움이 역사에 대한 그의 가족의 감각에 의해서 정의되었든지, 종교적 의식에 의해서 정의되었든지, 혹은 유대인에 대한 주변의 태도에 의해서 정의되었든지 말입니다."

『정체성: 청년과 위기』에서 에릭슨은 자신의 부인을 제외하고 모든 사람에게 자신의 종교적 기원을 숨겼던 '키가 크고 지적인 목장 주인'에 대해 설명한다. 겉으로 보기에 성공한 삶에도 불구하고, 그는 도시에 사는 유대인으로서 경험했던 유년 시절로부터 비롯된 '강요와 혐오증'으로 고통스러웠다. 에릭슨에 따르면 "그의 친구들이나 적대자들, 선배들과 후배들은 모두 자신도 모르는 사이에 매일 등굣길에 작은 유대인 소년을 비참하게 만들었던 독일인 소년들이나 아일랜드 갱단의 역할을 했던 셈이다." "이 남자에 대한 분석은 [나치 출판업자였던 율리우스] 슈트라이허의 사악한 유대인 정체성 묘사와 많은 유대인이 마음속에 품고 있는 자아상이 다를 바가 없다는 사실에 대한 슬픈 논평을 제공"했으며, 그 유대인이 미국 서부에 거주하면서 집단적인 과거로부터 멀리 떨어져 살고 있다고 하더라도 사정은 다르지 않았다. "문제의 환자는 유대인을 위한 유일하고 진정한 구원은 성형외과 의사일 것이라고 진심으로 느꼈다."

* * *

어렸을 때 내가 아버지의 유대인 유산에 대해, 그리고 우리 집에서 왜 그걸 추방해 버렸는지에 대해 물을 때마다, 아버지는 애매하게 제왕과 같은 손짓과 희미하게 생색내는 듯한 표정으로 내 질문을 무시했다. "별로 재미없는 이야기야." 그는 말하곤 했다. "멍청한 거지." 나중에 아버지를 만나기 위해 처음으로 헝가리를 방문했을 때, 왜 성을 바꾸었느냐고 물었다. 1946년, 프리드먼가寒는 팔루디가寒가 되었다. 그건 열여덟 살 이슈트반의 아이디어였다. 아버지가 팔루디라는 성을 골랐는데, 그 이유는 두 가지였다. 팔루디가 '시골의'라는 뜻의 정통적인 마자르식 이름이고(진정한 마자르인은 시골 출신이다), 소년이었을 때 좋아했던 헝가리 영화의 크레딧에서 본 적 있는 이름이었기 때문이었다("필름 현상 코바츠와 팔루디").

나는 프리드먼이 유대인 이름처럼 들렸기 때문이냐고도 물었다. 아버지는 평소와 같은 몸짓을 보였다.

"내가 헝가리인이었기 때문에 바꾼 거야." 그녀는 고쳐 말했다. "내가 헝가리인이기 때문에 바꾼 거지. 백 퍼센트 헝가리인."

나는 유대인이라는 것이 무엇인가에 대해 모호한 생각을 가지고 있으면서도 단호하게 스스로를 유대인이라고 생각하는 사람이었다. 아버지는 인생의 모든 순간에 자신이 유대인이라는 것을 상기하는 사람이었다. 그럼에도 불구하고, 자신의 정체성이 다른 어딘가에 놓여 있다고 확신하는 사람이었던 셈이다.

6장
그건 더 이상 내가 아니야

아버지는 그녀가 제일 좋아하는 진홍색 목욕 가운을 입고 출입 구에 서 있었다. 내가 처음 방문했을 때 그녀는 매일 그 목욕 가 운을 입었다. 수도승 같은 두건과 통이 넓은 레이스 소매로 된 옷이었다. 그녀는 그 옷을 '나의 빨간 망토 아가씨 복장'이라고 불렀다. 옷을 완전히 여미지 않은 상태였다. "뭐 하니?"

"나는—" 목소리가 갈라졌다. 손에 들고 있던 전화기를 내 려다보며 말했다. "전화를 걸던 중이었어요."

"누구한테?" 그녀는 의심스러운 눈길로 나를 쳐다봤다.

"지인의 친구한테요." 사실을 말하고 있음에도 불구하고 어 쩐지 죄지은 것처럼 대답했다. "페스트에 살거든요. 만나고 싶다 고 해서."

"그럴 시간 없어." 아버지가 말했다.

"나는 그저⋯."

"다른 일 때문에 온 거잖아."

나는 전화기를 내려놓았다. 시간이 없다고? 여기에 온 지 나 흘이 지났고, 외출이라고는 미디어마크트에 새 웹캠을 가지러 간 게 다였다. 그렇게 갇혀 있다 보니 궁금해졌다. 아버지의 저 공들인 보안 시스템은 도둑이 집에 침입하는 것을 막기 위해서

인가, 손님이 집을 탈출하는 것을 막기 위해서인가. 그녀는 대문 양쪽으로 보안 시스템이 작동하도록 막아 놓았다. 밖으로 나가려고 해도 그녀에게 열쇠를 달라고 해야 했다. 스테파니의 궁전이 드라큘라의 성처럼 느껴지기 시작했다. 날이 갈수록 나는 점점 더 수동적인 포로, 그러니까 아버지가 아끼는 동화 속 주인공인 탑에 갇힌 라푼젤처럼 행동했다. 나는 왜 전화번호를 마저 다 누르지 않았을까? 아버지가 반 블록 떨어져 있는 프리드먼가의 옛 여름 빌라에 가지 않겠다고 했을 때—나는 평생 이야기로만 들었던 그곳이 정말 보고 싶었다—나는 왜 혼자서라도 가서 문을 두드리지 않았을까? 그녀가 밖에 나가고 싶어 하지 않는다고, 왜 나까지 언덕을 내려가 버스를 타고 시내로 가지 않았을까? 그 대신 나는 방에 들어가 분한 마음에 씩씩거리면서 아버지가 듣지 못할 때 몰래 전화를 걸었다. 나는 소심하고 침울한, 아버지를 두려워하는 열두 살의 어린 나로 돌아가 있었다. 그는 더 이상 아버지도 아닌데 말이다.

그러나 성벽의 안쪽에서 나의 은둔자 아버지는 은둔에서 벗어나겠다고 결심했고 혹은 절실하게 그렇게 하고 싶은 것처럼 보였다. 혹은 자기 자신에 대해 적어도 하나의 모습은 조사를 위해 꺼내 놓으려 하는 것처럼 보였다. 첫 주에 그녀는 나를 계단 아래위로 데리고 다니면서 옷장과 수납장을 열고 이 옷 저 옷을 입고 메이크업을 하고 상표를 읽었다. (막스팩터 잉글리시로즈 립글로스, 웨트앤와일드 커버올 스틱, 보그 '셀프 접착 100퍼센트 유러피언 헤어 래시', 트림드앤드페더드.) 그녀는 자기가 '나의 새로운 정체성'이라고 불렀던 존재의 증거를 선보이며 자기 뜻대로 스타일을 꾸미면서, '스테피'에게 나를 소개했다.

[그 증거에는] 특히 새로운 신체적 조건이 포함되어 있었

다. 그녀의 실내복 앞섶은 늘 자기도 모르게 열려 있는 듯했다. 블라우스도, 잠옷도 마찬가지였다. 아침마다 그녀는 나를 불러 어떤 옷을 입을지 조언을 구했다. "이 신발이 이 가방이랑 어울리니?" 그녀는 대체로 속옷만 입고 물어봤다. 밖에 나가지도 않을 거면서, 그게 다 무슨 소용이람. 나는 혼잣말로 투덜거렸다. 아니면 뭐든 핑곗거리—"내 스타킹 거기 있니?"—를 만들어서 내 방으로 쳐들어와 네글리제를 입은 그녀의 새로운 몸을 보여 주었다. 그녀의 전시는 나에겐 침략처럼 느껴졌다. 그녀는 자신을 '보여 준다'고 말했다. 하지만 그런 쇼가 쌓일수록 나의 불신도 쌓여 갔다. 그녀의 새로운 투명함의 커튼 뒤에는 무엇이 놓여 있을까?

　"내가 처음 '꾸미기' 시작했을 때 입었던 것들은 여기에 넣어 두었어." 도착한 둘째 날 아버지가 말했다. 우리는 3층 층계참의 커다란 회색 철제 로커 앞에 서 있었다. 그녀는 앞치마에서 교도소장에게나 어울릴 법한 열쇠고리를 꺼냈다. 한동안 철컹거리면서 열쇠 대여섯 개를 실패하고 난 다음에야 그녀는 그 문을 열수 있는 열쇠를 찾았다. 로커 안에는 라스베이거스 쇼를 준비해도 될 만한 물건들이 갖추어져 있었다. 바닥에 끌리는 옷자락으로 된, 스팽글과 구슬이 달린 자홍색 이브닝 가운, 웨딩 케이크처럼 단이 잡히고 버팀대를 넣어 부풀린 공주풍 파티 드레스, 앞치마가 덧달린 물방울무늬 여학생용 점퍼스커트, 분홍색 망사 튀튀, 속이 비치는 망토, 분홍색 깃털 목도리, 주름 잡힌 바지와 한 세트인 속이 비치는 레이스 잠옷, 하얀 레이스가 달린 뾰족 굽 부츠, 바이에른 던들* 그리고 땋은 머리에서부터 단발머리 금발,

* 허리나 상의는 꽉 조이고 치마폭은 넓은 바이에른 전통 치마나 원피스.

셜리 템플 컬에 이르기까지 다양한 스타일과 컬러의 가발들이 있었다. "이건 왜 잠가 두셨어요?" 내가 물었다.

"어어… 이 옷들은 뭐랄까….” 그녀가 생각했다. "너무 화려해서. 저 옷들은 수술하기 전에 입었던 것들이거든. 내가 수-욱 녀가 되기 전에 말이다. 요즘엔 좀 더 차분하게 입지."

다른 날 아침, 아버지가 다락방 사무실에 있는 두 대의 컴퓨터 앞으로 불렀다. 처마 밑은 그녀의 이미지 궁전이었다. 한쪽 벽에는 닫힌 문이 두 개 있었다. 첫 번째 문 안쪽은 복원된 암실이었다. 그녀는 1990년 뉴욕에 있던 물건을 그대로 상자에 담아서 배로 옮겨 와 이 암실을 만들었다. 디지털 시대에는 필름과 프린트로 '트릭 사진'을 만들어 내던 아버지의 재능이 쓸모없는 것이 되었다. 두 번째 문 뒤에는 거대한 사진 프린트용 원통형 건조기를 비롯한 다양한 사진 장비들이 들어 있었다. 다락방에도 스튜디오 조명과 함께 그녀가 더 이상 참여하지 않는 광고 촬영을 위한 종이 점보롤이 있었다. 촬영 배경을 받쳐 주던 알루미늄 프레임이 바닥에 놓여 있었다.

방을 둘러싼 천장 높이의 선반은 비디오 소장고였다. 2000편 이상의 DVD와 VHS, 그리고 베타 테이프들이 있었다. 할리우드 역사물, 로맨틱 코미디, 디즈니 애니메이션, TV 시트콤, 등반 다큐멘터리 등이었고, 그중에는 놀랍게도 레니 리펜슈탈* 전집도 있었다. ("그래, 리펜슈탈은 나치였지." 아버지가 수긍했다. "하지만 저-엉말 위대한 감독이었다구!") 그녀는 또한

---

* 레니 리펜슈탈Leni Riefenstahl(1902~2003)은 역사상 최고의 다큐멘터리스트 중 하나로 평가받는 독일의 다큐멘터리 감독이자 배우, 사진가, 무용수. 〈의지의 승리〉, 〈민족의 제전〉 등 나치에 복무했던 '걸작'으로 유명하다.

방대한 분량의 디지털화된 NASA 영상을 소유하고 있었고―그녀는 항공우주국의 데일리 이메일 다운로드 서비스를 구독하고 있었다―모의 비행 게임 기록도 있었다. 그녀의 부탁에 따라 나는 마이크로소프트에서 만든 '이착륙' 비디오게임의 최신판을 가지고 왔는데, 9·11 이후 가방에 넣어 다니기에는 좀 부담스러운 물건이었다. 아버지는 관세를 내기 싫어서 나에게 미국에서 사 오라고 시켰다.

움푹 들어간 벽 안쪽에는 아버지의 전자 세계 지휘 본부가 있었다. 그곳에서 아버지는 블로그에 선동적인 글을 올리고, 포토샵으로 자신의 이미지를 만지고, 달 풍경을 구경하고, 가상 전투기를 조정했다. 첫 주에 우리는 그녀의 일상에 몰두했다. 아버지는 매일 몇 시간씩 컴퓨터 모니터 앞에 앉아서 키보드를 두드렸고, 그 옆에서 나는 접의자에 앉아 언제든 취재 수첩과 녹음기를 사용할 수 있도록 준비해 놓았다. 어떤 아침에는 수술을 하기까지 오랜 시간 '즐겨찾기'에 모아 놓은 온갖 크로스드레싱 웹사이트를 보라고 했다. 코스튬위그, 판타지팜, 젠더벤더, 젠더헤븐, 우리특별한소녀들사이, 하녀봉사, 미스엘라인의변신, 미스실크, 종이인형, 페티코트.com, 핑크글라디올러스, 달콤한순결온라인, T-걸스쇼핑, 톱시시사이트….

"인터넷에는 없는 게 없어." 아버지는 의기양양해 했다.

우리가 3층 다락방에서 가상의 비현실을 보면서 더 많은 시간을 보낼수록, 나는 더욱 이 벽 너머의 세계로 탈출하고 싶어 미칠 지경이었다. 내가 다락방 창문에서 발끝으로 서서 몸을 뻗치기만 한다면, 밤나무와 과일나무 위로 뛰어내려 언덕을 내려가 강을 건너서 그 전설적인 국제도시인 페스트 지역으로 넘어가 더 창의적이고 문화적인 삶이 살아 있는 역사적 공간으로 갈 수 있었을 것이다. 세기 전환기에, 페스트는 박물관과 신문과 잡지를 파는 매대와 콘서트홀을 가득 채운 온갖 예술가, 작가, 음악가 들이 모여드는 화려한 도시로 급부상했다. 그들은 600개가 넘는 카페에서 그리고 끼적이고 작곡했으며, 22개의 일간지와 10개가 넘는 문학잡지에 기고했고, 도시에 1만 6000석이 넘게 급속도로 번창한 극장과 오페라 및 오페레타 극장의 좌석을 채우면서 오랫동안 낙후되어 있었던 도시의 정체성을 '동유럽의 파리'로 바꾸었다. 내 마음속에 있는 도시의 이미지는 죄르지 루카치가 『부다페스트 1900』에서 묘사했던 그 모습으로,《런던 타임스》통신원이었던 앙리 드 블로비츠가 1890년대 후반에 썼던 바로 그 모습이었다. "부다페스트! 창대한 미래를 이름하는 바로 그 단어. 부다페스트는 한 걸음 한 걸음 앞으로 나아가는, 회복한 자유와 동의어다. 성장하는 사람들 앞에 열린 미래다." 물론 나는 블로비츠의 부다페스트는 한참 전 과거 속에 있다는 사실을 알고 있었다. 그래도 여전히 내 마음은 어쩐지 도시의 오래된 열망을 깨워 아버지의 열망에 접목시키고 싶었다. 내가 성장하던 때에, 나는 아버지의 수수께끼를 풀 수 있는 열쇠가 이슈트반 프리드먼이 태어난 '에메랄드시티'에 있을지 모른다는 느낌을 갖곤 했다. 여전히 나는 스테피를 이해하기 위해서는 그가 태어난 세계 속에 있는 그녀를 보지 않으면 안 된다는 생각을 떨쳐 버릴 수가 없었다. 거리와 주요 지형지물들, 그리고 소년 피슈터가 거주했던 '로열 아파트'를 봐야 한다고 말이다. 하지만 페스트는 오직 발끝으로 서서나 볼 수 있는, 언덕 저 아래에 있었다.

NASA의 로켓 발사대나 젠더헤븐 뷰티 팁에 빠져 있지 않을 땐, 우리는 그녀가 '내 사진' 폴더에 모아 놓은 이미지들을 둘러보았다. 그 사진들 중에 실제로 그녀의 사진은 거의 없었고, 대체로 웹에서 수집한 사진들이었다. 화면 보호기 이미지는 예외적이었는데, 백금발 컬에 분홍 나비넥타이를 매고 프랑스 하녀 복장을 한 여자 사진이었다. 하얀색 뾰족구두 굽을 자랑하면서 스타킹을 정돈하기 위해 몸을 구부리고 있다. 하녀 복장을 한 여자는 거울 앞에서 셀카로 찍은 나의 아버지였다.

그리고 짜깁기한 사진들이 있었다. 다양한 인터넷 페이지에서 사진들을 모아서 자기 모습을 갖다 붙였다. 《보그》나 《브라이드》 같은 잡지의 광고를 오랫동안 조작했던 경험은 이제 마지막 완성을 보았다. 원래는 머리가 없는 마네킹이 입고 있었던 시폰 잠옷에 스테피의 얼굴이 올라갔다. 물방울무늬 앞치마를 입고 란제리를 다림질하는 여자의 긴 다리 위에 스테피의 모습이 얹혔다. ("앞치마를 덧붙였어." 그녀가 말했다.) 목에 두른 붉은 주름 장식 외에는 거의 벗고 있다고 해도 좋을 만한, 온라인 크리스마스카드 속 여자의 모습 위에 스테피의 모습이 겹쳐졌다. 분홍 튀튀와 발레 슈즈를 신고 드미플리에 동작 중인 스테피. 다른 하녀 복장을 한 스테피. 이 사진은 트위드에 레이스가 달린 부츠를 신은 엄한 여교사에게 야단을 맞고 있는 소녀 이미지였다. 소녀는 치마를 들고 돌아서서 프릴이 달린 속옷이 보이도록 서 있었다.

"수술 받기 전에 만든 것들이야." 아버지가 말했다. "너무 과했지. 복장도착자* 같은 과도함이랄까."

---

* transvestite를 '복장도착자'로 번역했다. 이는 자신의 지정된 성별과 반대 성별의 옷을 입는 것을 즐기는 사람들을 뜻하는 표현으로, 크로스드레싱이 도착적 행위라는 편견을 담아서 사용했던 과거의 용어다. 요즘에는 '크로스드레서cross-dresser'가 더 광범위하고 기술적인 용어로 사용되고 있다. 이 부분에서 스테파니는 수술 전 자신의 모습을 부정적으로 평가하면서

이 이미지 상영회에서 '비포'와 '애프터'라는 주제는 반복되었다. 아버지는 수술 전과 수술 후 자아 사이에 두꺼운 선을 그리려는 듯했다. 마치 지금 성취한 기품 있는 노부인의 훌륭함과 이전의 성적 매력이 있는 젊은 여자의 모습들 사이에 선을 긋고, 그들을 더 이상 원하거나 인정하지 않는 '야한 것'으로 치부해 버리는 것 같았다.

"그건 뭐예요?" '픽션마니아'라는 이름이 붙은 즐겨찾기 링크를 가리키며 물어보았다. 나는 이미지의 맹공 속에서 이야기로의 휴식을 꿈꾸고 있었다. "오, 사람들이 자기 자신에 대한 이런 이야기들을 만들어서 자기들 웹사이트에 올려놓은 거야." 그녀가 말했다. "안 봐도 돼."

"이야기들이요?" 내가 힘주어 말했다. 나중에 보니, 픽션마니아는 인터넷에서 가장 큰 트랜스젠더 판타지 사이트 중 하나였다. 2만 건이 넘는 트랜스젠더가 쓴 이야기들의 저장소였는데, 대부분 성적인 내용이었다. 인기 있는 이야기는 여성돔*이 주눅 든 남자에게 여자 속옷과 드레스를 입고 메이크업을 하도록 강요하는 것이다. 이 장르의 이름은 '강요된 여성화 소설'이었다.

"이야기라는 게 말이야," 아버지는 대답했다. "이런 거야. 주인공들은 어린 소년인데 걔네 엄마들이 벌로 소년을 소녀처럼 입히고는 엉덩이를 때리는 거야. 삽화도 있지." 나는 마우스로 손을 가져가 링크를 클릭했다. 아버지는 내 손을 옆으로 치워 버

transvestite라는 용어를 사용하고 있으므로 '복장도착자'로 번역한다. 이후에 역사적이고 의학적인 맥락 안에서 'transvestite/transvestism'이 사용될 때에는 '트랜스베스타이트/트랜스베스티즘'으로 옮겼다.

* 여성돔dominatrix. BDSM 플레이에서 지배하는 역을 맡은 여성.

렸다. "저건 내 정신과 의사한테도 안 보여 줄 거다." 하지만 그녀는 정신과 의사가 없었다. 그녀는 정신의학이란 절대로 가까이 가서는 안 되는 멍청한 짓거리 중 하나라고 생각했다. 그녀도 이야기를 올린 적이 있는지 물었다.

"아니, 나는 여기에 올라와 있는 사진들을 사용할 뿐이야. 내 편집 사진을 위해서." 옷을 차려입은 이런저런 친구들에게 자기 얼굴을 갖다 붙이기 위해서 말이다. 하지만 그녀는 그 이상을 했다. 2층 복도 벽장 안에는 그녀가 픽션마니아와 다른 사이트에서 내려받아 ('비포'에는 스티븐, '애프터'에는 스테파니라고) 자신의 이름을 붙여 넣은 강요된 여성화 드라마 뭉치가 산처럼 쌓여 있었다. 이 컬렉션으로 그녀가 빅토리아 시대의 SM을 좋아한다는 사실을 알 수 있었다. 「바론 남작 부인: 소년이 소녀가 된 놀라운 이야기」(즐거운 90년대* 베를린의 마르가레트 숙모는 조카를 코르셋을 입은 '진정한 숙녀'로 훈육한다) 혹은 「쉬메일** 아카데미」(엄마가 품행이 나쁜 아들을 젊은 숙녀들에게 빅토리아식 예절을 가르치는 거대한 맨션인 레이시맨션에 보낸다. 여기서 회초리를 휘두르는 여교사가 변화를 만들어 낸다. "스티븐은 스테파니가 될 것이다. 그의 대담하고 자신만만하고 거만한 남성 자아는 무너지고 계집애 같은 노예 소녀의 조심스럽고 고상하고 어찌할 바를 모르는 초超-여성적인 성격으로 바뀔 것이다"). 이렇게 이름을 바꿔 넣은 다운로드 소설들 사이에 아버지

---

* 즐거운 90년대Gay Nineties는 1890년대를 가리키는 용어로 영국에서는 추잡한 90년대Naughty Nineties라고 부른다. 오브리 비어즐리와 오스카 와일드로 대변되던 시대다.
** 쉬메일shemale은 트랜스젠더 여성이나, 남성 성기와 함께 유방이나 호르몬 등 여성의 이차성징을 가지고 있는 사람을 칭한다.

가 직접 쓴 이야기도 있었다. 그녀가 만들어 낸 인물 역시 예상대로였다. 폭압적인 규칙을 따르는 여자 가사 도우미들이 '스티븐'에게 인형옷 같은 잠옷과 메리제인 구두와 프랑스식 메이드 복장을 입히는 동안 매니저의 지시에 복종하는 것이다.

컴퓨터 앞에서 아버지는 다른 페이지 링크로 넘어갔다. "그 사이트에 안 들어간 지 2년은 된 것 같네." 픽션마니아에 대한 말이었다. "그건 그러니까… 그냥 취미 생활이었어. 시가를 피다가 그만둔 것처럼. 전부 예전에나 하던 거야."

"지금은요?"

"지금 나는 진짜 여자니까." 그녀가 말했다. "하지만 이 사진들은 기념품으로 갖고 있는 거지. 진짜 열심히 만들었거든. 그냥 치워 버리고 싶지는 않아."

그녀는 편집을 멈추지 않았다. 장르를 바꿨을 뿐이다. 그녀는 좀 더 최근의 작업들을 보여 주었다. 이제 그녀는 집안의 안주인이었다. 주름 잡힌 치마에 깃이 높은 상의를 입은 스테파니. 땋아 올린 머리에 영국 여왕이 좋아하던 크고 실용적인 백을 들고 있는 스테파니. 이건 확실히 메리제인을 신은 '계집애 같은 노예 소녀'의 페르소나와는 다르거나, 적어도 나이에서는 조정이 있었다. 그럼에도 불구하고 그 작업들은 그녀의 에로티카 컬렉션에 대한 거부라기보다는 그 정점으로 보였다.

복도 벽장 속 아버지의 서류철에 있는 섹스 공상소설과 란제리 카탈로그들은 다운로드한 젠더 변신 매뉴얼 출력물들("엄청나게 높은 힐을 신고도 잘 걸을 수 있는 법")과 뒤섞여 있었다. 그 인쇄물들에서는 가상의 돔이 내레이션을 하고 있었다. "이것은 당신의 여성성으로의 첫 여행이며, 이 여행이 당신의 인생을 바꿀 것이다." 여자가 됨으로써 "당신의 진정한 자아를 찾는" 방법을 23단계로 알려 주는 '시시 스테이션' 설명서 도입부에 이렇게 쓰여 있었다. "당신은 모욕당하고 창피당할 것이다. 무엇보다, 당신은 여성화될 것이다." 여행은 각 단계마다 이런 것을 요구했다. 나흘에 한 번씩 붉은색 패디큐어를 할 것, 고환을 리본으로 장식할 것, 거울 앞에서 섹스 토이 사용을 연습할 것.

"트랜스가 되는 단 하나의 길이란 없어." 몇 년 후 내게 트랜스 친구가 주의를 줬다. "나는 트랜스섹슈얼리티란 그 안으로 들어가는 수많은 문을 가진 큰 방이라고 생각해." 내 아버지가 선택한 문은 분명했다. 하지만 그 큰 방은, 여느 콘도와 마찬가지로, 사회적 계약과 제한이 있었다. 현대 트랜스젠더리즘의 지배적인 입장은 성별 정체성과 섹슈얼리티는 혼동되어서는 안 되는 별개의 영역이라고 설명한다. "트랜스젠더는 성적 지향이나 섹스, 혹은 생식기와는 무관하다." 온라인의 정보 사이트들은 전형적으로 설명한다. "트랜스젠더는 오직 성별 정체성과 관계된 것이다." 하지만, 내 아버지의 서류철 안에는 분명하게 성적인 단어로 표현된 그녀의 젠더 단위생식을 향한 움직임이 기록되어 있었다. 그리고 픽션마니아와 시시 스테이션과 방대한 '강요된 여성화물'에서 나타나는 트랜스젠더 정체성에서 여성이 된다는 것은 완전한 성애화를 의미했다. 여기서 여성성은 신체 결박과 모욕, 오르가즘과 관계된 것이었고, 하나의 젠더에서 다른 젠더로의 변신은 모든 단계에서 에로틱하게 묘사되었다. 그렇다면 이 두 부분은 어떻게 분리할 수 있는가?

아버지가 마우스를 클릭하자 온라인 카드가 열렸다. 손에는 부케를 들고 프릴 레이스 가운을 입은 몸에 스테피의 얼굴이 편집되어 있었다. 카드 메시지에는 이렇게 쓰여 있었다. "결혼식 날 내가 신부 들러리가 되고 싶어!"

"이걸 보냈어요?"

"아니. 다른 걸 보냈지."

"누구한테요?" 그녀가 '신부 들러리'가 되고 싶어 하는 그 신부가 과연 누굴까? 나는 궁금했다.

"다른 트랜스 친구." 아버지가 말했다.

"아는 사람이에요?"

"웹사이트를 운영하는 사람들이야. 알잖니, 인터넷 친구."

아버지는 이 '친구들' 사이트에 즐겨찾기를 해 놓았다. 오스트리아의 애널리즈. 웹페이지 소개에 따르면 그녀는 12 사이즈에 섹시하게 옷을 입고 쇼핑을 좋아한다. 스웨덴의 마그리트는 뷔스티에,* 테디 베어, 핑크색을 사랑한다. 누드 해변에서 찍은 토플리스 사진을 올려놓은 독일의 제너비브는 '나의 두 번째 탄생'의 타임라인을 포스팅하고 있었다.

"이 사진들은 보정 안 한 거야." 아버지는 시큰둥하게 말했다. "내 사진만큼 볼 만하지가 않지."

"아버지 가족사진은 어디 있어요?" 내가 물었다. 갑자기 더 이상 뷔스티에와 두 번째 탄생에 대한 이야기들을 감당할 수 없을 것 같았다. "아버지 어렸을 때 사진부터요."

아버지는 관심 없다는 듯한 손짓을 보였다. "그 사진들은 잘 안 봐."

"그래도 어디 있는데요?"

침묵. 그러더니 대수롭지 않다는 듯 "아, 어딘가 있겠지."

"어딘가가 어디예요?"

그녀는 어깨를 으쓱하더니 계속 컴퓨터 속 이미지들을 클릭

* 브래지어와 코르셋이 연결된 형태의 여성용 상의.

했다. 그리고 결국엔 입을 열었다. "옛날 물건들이랑 중요한 서류 같은 거는 지하실에 뒀다. 자물쇠로 잠가 놓았어."

"봐도 돼요?"

"상관없는 것들이야." 그녀가 말했다. "그건 더 이상 내가 아니니까." 시계를 봤다. 요새에서의 다섯 번째 날. 그 하루의 절반이 이미 지나간 후였다.

"아빠, 스테피, 제발요." 내가 말했다. "좀 나가요. 이 도시에서 좋아하는 장소들에 데려가 주면 좋잖아요. 어렸을 때 페스트 지역에서 가던 곳들에 가 봐요."

"과거에 살아 봤자 좋을 거 하나 없다." 아버지가 말했다. "헌 친구는 치우고, 새 친구를 사귀라고 하지 않디."

"사는 게 그렇지가 않잖아요." 나는 말했다. 어쨌든 나는 여기에 일종의 새로운 친구를 만날 수 있을까 해서 왔다. 그러니까, 그녀 말이다. 만약에 그녀가 해묵은 완고함을 철회하고 친구가 되는 것을 허락해 주기만 한다면. 하지만 우리의 상호작용은 고집스레 한 방향이었다. 상호 교환 대신, 온갖 고상한 체하는 패션과 하드디스크 판타지로의 강요된 여행만 있었다. 도대체 그녀는 언제가 되어야, 밖으로 나가지도 못하게 하는 이 딸을 안으로 받아들일까?

"예전 장소들에는 가고 싶지 않아." 아버지가 말했다. "재미없어."

"나한테는 재미있을 거예요." 그렇게 말하면서 나는 오랫동안 아버지에게 보여 왔던 내 완고함과 불평불만이 유감스럽게 느껴졌다.

"주제에서 벗어났네." 그녀는 내 취재 수첩을 분홍색 매니큐어를 칠한 손톱으로 두들기면서 말했다. "나는 이제 스테피라고."

어느 날 오후, 우리는 주방에 있었고, 아버지는 최신 스위스 아미 칼로 사과를 깎고 있었다. 그녀는 그 칼이 '여성용'임을 강조했다. 손톱 다듬는 줄과 큐티클 제거용 가위가 달려 있었다.

"너한테 뭐 좀 물어봐도 되니?" 아버지가 말했다.

희망에 차서 고개를 끄덕였다. 그녀는 질문을 하는 종류의 사람이 아니었다. 어쩌면 이것이 진정한 대화의 시작일지도 모른다.

"방문 좀 열어 놔 줄래?" 그녀가 말했다. "자러 가면서 맨날 문을 닫잖아."

할 말을 잃고 뒤로 물러섰다.

"열어 놔 줄래?"

"왜요?"

"여자로 대우받고 싶어서. 내가 옷을 벗고 돌아다닐 때, 네가 그걸 대수롭지 않게 여겼으면 좋겠어."

"여자는 옷을 벗고 대수롭지 않게 돌아다니지 않아요." 나는 말했다.

칼날이 탁 닫혔고, 만약에 그것이 대화의 기회였다면, 그 기회 역시 함께 닫혔다. 그녀는 여성용 칼을 앞치마 주머니에 넣었다.

그날 밤, 나는 방문을 닫았다. 그리고 다시 생각했고, 조금 열어 두었다. 그녀의 침범이 나를 불편하게 한 만큼이나, 그게 사실 나를 목표로 하는 것이 아님을 알고 있었다. 혹은 설사 그렇다 하더라도 그건 나를 거울로 삼기 때문이다. 잠시 후, 망설이는 듯한 노크 소리가 들렸다.

"좀 도와줄래?"

아버지는 문에 등을 대고 서 있었다. 침실 슬리퍼를 신고 있었지만, 아직 드레스를 벗지 않은 상태였다.

"지퍼를 내릴 수가 없네. 좀 도와줄래?"

나는 잠시 서 있다가 지퍼를 내렸다. 지퍼가 등 중간까지 내려왔을 때 나는 멈췄다.

"이제 혼자서 내리실 수 있을 거예요." 내가 말했다.

"고맙다." 그녀가 말했다.

"별 말씀을요."

나는 그녀의 발바닥이 복도를 따라 내려가는 것을 보았다. 그리고 궁금했다. 그렇게도 숨어 있는 사람이 어떻게 지퍼를 여는 데 그리 열의가 넘칠까? 만약, 정말로, 그것이 그녀가 원하는 것이었다면 말이다. 이 모든 노출과 공개는 말 그대로 표피적으로 보였다.

이후로 며칠 동안 아버지는 옷장의 드레스와 서랍장의 란제리, 화장대의 화장품, 약 상자 속 에스트로겐 패치와 질 확장기, 그리고 '경이의 방'에 들어 있는 온갖 진기한 물건들에 대한 덧없는 여행을 계속했다. 나는 그녀가 폭로를 하고 있다고 생각하는 건지, 아니면 진정한 비밀로부터 나의 주의를 딴 데로 돌리려고 하는 건지 구분하기 어려웠다. 나를 봐라, 하지만 나를 보지 말아라. 사진작가의 딸로서 나는 알고 있었다. 암실에 빛을 비추는 것이 증거를 드러내 줄지 그것을 망칠지는 타이밍에 달려 있음을. 아버지와 나는 시간, 그러니까 과거와 현재를 두고 전쟁을 벌이고 있었다. 그녀는 내가 스테피의 새로운 진열장에 있는 장식품들을 보고 감탄해 주기를 바랐다. 나는 잠긴 방에 숨겨진 것에 대해 알고 싶었다. 지하에 잠겨 있는 금고 속 내용물을.

7장
조각난 그의, 아니 그녀의 몸

방문 여섯째 날, 아버지는 감금을 해제하기로 결심했다. "뭔가 진짜 헝가리다운 것을 보고 싶다면, 부다 성 지구로 가자꾸나." 그녀가 말했다.

옛 귀족들의 본거지였던 부다 성 지구는 부다 편 도나우강을 굽어보는 캐슬힐의 200피트 높이에 달하는 석회석 급경사면 꼭대기에 자리하고 있다. 고급스러운 관광 명소로, 부다 성이 있는 곳이다. 부다 성 위로는 열주로 된 '어부의요새'와 함께 작은 탑과 난간으로 이루어진 전망대 테라스와 산책로가 펼쳐져 있다. 보아하니 모든 부다페스트 파노라마 엽서 사진은 그곳에서 찍은 것 같았다.

이른 오후, 우리는 캘리포니아 익스클루시브에 올라탔다. 아버지는 이 나들이를 위해 물방울무늬 치마와 구두 굽이 하얀 샌들, 그리고 즐겨 하는 진주 귀고리를 착용했다. "스테파니라고 정하기 전에 펄이라는 이름도 생각해 봤었어." 아버지가 말했다.

"왜요?" 내가 물었다.

"소리가 좋아서." 아버지가 말했다. '펄'은 헝가리어로 죈지Gyöngy라고 하는데, 이 역시 여자 이름으로 쓰인다. 문득 아버지가 쓴 '강요된 여성화' 소설의 제목이 "죈지크 하녀가 되다: 계

집애 같은 쥔지크의 고백—파티를 시작하자"였다는 사실이 떠올랐다. "어쨌거나, 진주를 좋아하니까." 아버지가 말했다.

"스테파니는요?" 나는 그 이름이 할머니의 세 자매 중 한 명의 이름이라는 걸 알고 있었다. "스테피 이모님 이름에서 따온 거예요?"

아버지는 어깨를 으쓱해 보였다. 그리고 더 이상 비밀누설은 없었다.

주차할 곳이 없어서 빙빙 돌던 아버지는 결국 합법성이 의심되는 공간에 차를 밀어 넣었다. "딱지 떼도 상관없어." 그녀가 말했다. "이 차는 로젠하임에 등록되어 있어서 나한테 벌금을 물릴 수 없거든." 그녀는 챙겨 온 두 개의 카메라를 들어서 하나씩 양쪽 어깨에 걸었다. 나는 뒷주머니에 수첩을 꽂았다. 청바지를 입고 있었다.

우리는 자갈이 깔린 계단을 따라 부다 성의 넓은 안마당으로 내려갔다. 성은 신중세주의와 신바로크 양식이 혼재된 종교색을 띠고 있었는데, 반짝이는 장식이 달린 헬멧 모양의 거대한 돔이 돋보였다. 광장에는 1717년 헝가리 영토에서 터키인을 축출한 군대를 이끌었던 사보이의 외젠 공*의 영웅적인 기마상과, '헝가리의 새천년'을 열고 이 지역에 대한 마자르 천년 지배의 기원이 된 전설 속의 새 투룰**의 커다란 청동상이 있었다. 부다 성

* 외젠 Prince Eugène de Savoie(1663~1736). 오스트리아 신성로마제국 레오폴트 1세의 군대와 헝가리군 사령관 등으로 복무하며 오스만튀르크군과 여러 차례 싸우는 등 여러 번의 전투를 치렀다. 역사상 가장 위대한 군인 가운데 한 사람으로 꼽힌다.
** 투룰 Turul은 주로 매로 묘사되는 신화적인 맹금류로서 헝가리의 국가 상징이다. 9~10세기 이 지역을 지배했던 아르파드 가문의 문장에서 기원했다고 한다. 투룰은 중앙아시아 평원에서 이주해 온 마자르족의 신화에서

은 이제 도시의 정상에 자리 잡은 왕관으로서, 헝가리 유물과 반짝이는 문화유산을 갖춘 국립도서관, 국립미술관, 그리고 부다페스트역사박물관의 전시장이 되었다. 나는 즐거웠다. 아버지를 언덕 위 그녀만의 성으로부터 끌어냈기 때문만은 아니었다. 그보다는 그녀의 과거―혹은 적어도 그녀 나라의 과거―를 안고 있는 궁전에 방문하도록 만들었기 때문이었다. 혹은 적어도 그녀의 나라가 보유하고 있다고 주장한 과거를 품은 곳에 올 수 있어서 좋았다. 이 나라의 역사 역시 내 아버지의 역사만큼이나 가면 속에 장막으로 가려져 있었으니까 말이다.

헝가리의 새천년은 9세기경 동부의 어딘가에서 아르파드*와 여섯 명의 마자르 족장들이 말을 타고 산을 넘어와 카르파티아 분지를 점령하고, 이후 1000년경에 후손들이 기독교 군주제인 헝가리 왕국을 세우게 되는 발판을 마련했을 때 시작되었다고들 한다. 실제로 무슨 일이 있었는지는 알 수 없다. '마자르 정복기'는 P. 딕투스 마지스터 P. dictus magister(대스승이라 불린 P.)로 알려져 있는 국왕의 공증인이 300년 후에 쓴『게스타 홍가로룸 Gesta Hungarorum(헝가리인의 행적들)』에 기원을 둔 이야기다. 그는 마자르 영웅과 그들이 완파했다고 전해지는 적들을 창조하기 위해서 민요와 중세 소설, 그리고 성경을 참조했다고 한

등장했다. 그에 따르면 서기 896년에 투롤은 지금의 부다페스트 지역에 검을 떨어뜨려 그곳이 마자르족의 국가가 건립될 땅임을 알렸다고 한다. 그리하여 투롤은 마자르인들이 헝가리의 수도인 부다페스트에 거주한 천년의 시작, 즉 '헝가리 새천년'의 상징이 되었다.

* 아르파드 Árpád(845~907). 헝가리 최초의 군주, 아르파드 왕조의 창시자. 판노니아에 정착한 뒤 이곳을 본거지로, 이탈리아와 독일 지역에도 원정해 훈족이나 아바르족의 재림으로 주변 민족들을 크게 위협하였다. 아르파드는 헝가리의 국민적 영웅으로 칭송된다.

다. 아무튼 아르파드 왕조는 1301년 멸망했다. 외국 왕조에서 선발된 (대부분 스스로 아르파드 혈통이라고 주장한) 왕들이 다음 2세기 동안 왕좌를 차지했다. 그리고 그 후로 오랫동안 헝가리는 몽골인, 터키인, 러시아인, 합스부르크 오스트리아인, 독일인, 다시 러시아인 등 외세에 의한 침략과 패전, 점령 등으로 황폐해졌다. 헝가리인들이 가장 추앙하는 인물들과 마찬가지로, 헝가리 해방을 위해 싸운 사람들 역시 아주 소수의 인물을 제외하고는 '외국인'이었다. 『헝가리인들: 패배 속 천년의 영광 *The Hungarians: A Thousand Years of Victory in Defeat*』에서 폴 렌드버이는 다음과 같이 쓰고 있다.

> 결과적으로 민족주의적인 연대기 기록자들이 은폐하거나 단호하게 부정한 헝가리 역사의 가장 경악할 만한 특징은 민족 신화의 창작자들, 널리 칭송 받는 오토만 전쟁의 영웅들, 합스부르크 왕조에 저항한 독립 전쟁의 정치적이고 군사적인 지도자들, 그리고 문학과 과학의 뛰어난 인물들이 온전히 혹은 부분적으로 독일인이거나, 크로아티아인이거나, 루마니아인이거나, 세르비아인이라는 사실이다.

다른 말로 하자면, 그들은 마자르인이 아니었다.

헝가리는 유럽의 벨에포크 시대,* 오스트리아 합스부르크 왕조의 지배 아래에서 문화적 절정에 다다랐다. 1867년, 합스부르크 황제인 프란츠 요제프는 (일반적으로는 이중 제국이라고

---

* 벨에포크 Belle Époque (아름다운 시대)란 주로 19세기 말부터 제1차 세계대전 발발 전까지 파리가 번성한 화려한 시대, 그리고 그 문화를 회고하여 사용되는 단어이다.

불리는) 오스트리아-헝가리 군주제를 선포하여 상당한 수준에서 헝가리의 자치를 인정함으로써 헝가리에 대한 지배를 약화시켰고, 이는 헝가리의 문화적이고 경제적인 부흥을 가져왔다. 이중 제국의 유일한 군주는 여전히 프란츠 요제프였지만, 자주적인 왕국으로서의 헝가리의 오랜 인식은 승인된 듯했다. 제1차 세계대전 후 오스트리아-헝가리제국의 멸망은 드디어 완전한 독립을 불러왔다. 비록 곧이어 파괴되었지만 말이다.

1920년 베르사유의 그랑트리아농궁전에서 맺어진 평화 협정인 트리아농조약*으로 헝가리는 인구의 5분의 3과 국토의 3분의 2를 루마니아, 체코슬로바키아, 유고슬라비아, 그리고 오스트리아의 승계국에게 양도해야만 했다. 이렇게 국가가 제약을 당하면 희생양으로서의 자아 이미지가 강화된다. "우리는 지구상에서 가장 버림받은 민족이다." 헝가리의 민족 시인 산도르 페퇴피는 19세기 중반에 이렇게 썼다. 트리아농조약 이후 헝가리는 오히려 순교자로, 그 국민임은 낙인으로 규정되었다. "성스러운 왕관**에 의해서 하나로 뭉쳐졌던 왕국은 찢어졌고, 성스러운 왕관에서 뜯겨져 나온 사지는 피의 손실과 함께 희미해졌다." 법학자 칼만 몰나르는 전형적이며 과장된 언어로 이렇게 선언했다.

* 제1차 세계대전의 결과에 따라 1920년 6월 4일 연합국과 헝가리가 체결한 강화조약. 이 조약과 생제르맹조약이 합쳐져 헝가리의 오스트리아로부터의 분리가 승인되었고, 헝가리는 체코슬로바키아와 유고슬라비아의 독립을 인정하여 체코슬로바키아, 유고슬라비아, 루마니아, 오스트리아에게 영토를 갈라 주고 군비 제한과 배상의 의무를 지게 되었다. 이 결과로 헝가리의 영토가 축소되었고 약 300만의 마자르인이 국외에 놓이게 되어 새로운 분규의 원인이 되었다.
** 마자르족으로서 처음으로 기독교도로 개종하고 마자르의 새천년을 열었던 헝가리 최초의 왕인 성 이슈트반의 왕관.

"졸도한 상태로 그들은 죽음이나 부활을 기다린다." 헝가리 영토 회복주의자들에게 트리아농조약은 80년이 흘렀어도 여전히 해결되지 않은 불경한 신성모독이자 모든 것을 파괴하는 상처이며, 민족의 정체성을 도둑질하는 야만적인 행위다.

　아버지와 나는 헝가리국립미술관으로 향했는데, 그곳에서는 미하이 문카치 회고전이 열리고 있었다. 이 추앙받는 헝가리 화가는 헝가리에서 태어나고 묻혔지만, 그 외에는 사실 헝가리와 별 관계가 없었다. 독일인 부모에게서 태어나고 본명이 미하일 폰 립인 그는 뮌헨과 뒤셀도르프에서 화가로서 훈련을 받았고, 대부분의 경력을 파리에서 쌓았으며, 독일 요양원에서 사망했다. 그럼에도 불구하고 그는 헝가리에서 가장 숭배받는 예술가 중 한 명이다. 무엇보다 헝가리를 넘어 전 세계적으로 '위대한 헝가리인'으로 유명하다는 바로 그 이유 덕분에 숭배를 받았다. 1900년 문카치가 사망했을 때, 정부는 도시의 신성한 영웅광장에서 국장을 열어 주었다. 말을 타고 있는 일곱 마자르 족장의 동상 옆에 불타는 청동 횃불로 둘러싸인 45피트 높이의 관대가 설치되고 거기 그의 몸이 전시되었다.

　또 다른 성질 괴팍한 노파였던 박물관 검표원이 우리에게 표를 건네주면서 아버지를 노려보았다. 나는 아버지가 못마땅한 기색을 알아챈 건지 알 수 없었다. 아버지는 아무런 반응을 보이지 않았으니까. 전시장에서 나는 빈곤한 소작농의 삶을 적막할 정도로 사실주의적으로 그린 문카치의 초기작에 끌렸다. (20세기 반⫯봉건주의적 극빈 속에서 시골 마자르 민중들이 처했던 절박한 상황은 헝가리에 '300만 거지들의 나라'라는 별명을 안겨 주었다.) 아버지는 얼굴을 찡그렸다. 이 시기는 헝가리의 '긍정적인' 면모를 보여 주지 않았으니까. "별 것도 아닌 걸 뭘 그렇게 들여다보고 있니." 장작을 모으면서 배고픈 아이들을 먹일 생각에 근심걱정으로 찌든 여성을 그린 그림들 앞에서 오래 머물러 있자, 아버지가 내 옷자락을 잡아끌면서 말했다. 아버지는 문카치의 좀 더 후기작들과 유명한 작품들로 이동하고 싶어 했다. 화려하게 차려입은 오스트리아·헝가리 귀족의 초상화와 성경 속 화려한 대서사시를 그린 작품들, 그리고 마자르 정복의 승리의 장면들을 담은 작품들. "이것들이야말로 진정한 문카치 작품이지." 아버지는 예술가가 겉만 번지르르한 허세의 최종 폭격을 쏟아붓고 있는 벽으로 나를 이끌면서 말했다. 총천연색으로 된 걸작을 감상한 후 그녀는 상설 전시관으로 향했다. 그곳은 무거운 금테를 두른 프레임 속에 전시된 마자르 고통의 침울한 멜로드라마가 지배하고 있는 미로나 다름없었다. 이후 둘러본 전시실 열댓 개에서는 아르파드 왕자의 예고된 도착에서부터 '헝가리 민주주의 아버지' 러요시 코슈트가 이끈 19세기 혁명에 이르기까지, 헝가리 기원을 비롯하여 온갖 역사적인 장면들이 이어졌다. 나는 그곳을 빠르게 지나쳐서 회랑에 있는 벤치에 주저앉아 아버지를 기다렸다. 방은 고요하고 어두웠다. 높은 격자로 된 창문으로 빛이 희미하게 가려졌다. 나는 지하 묘지를 떠올렸고, 아버지가 성당과 수도원을 둘러봐야 한다고 고집을 부렸던, 그 끝나지 않을 것만 같았던 1970년 헝가리 여행을 생각했다. 끝이 없어 보인다는 건, 그러니까 음침한 숙소와 양초의 역겨운 냄새, 그리고 차가운 대리석 통로 위를 끝없이 딸깍거리던 구두 소리의 울림 등을 경험했던 열한 살짜리 소녀의 관점에서 그랬다는 것이다. 그런데 그때 우리는 왜 유대교회당을 방문하지 않았을까?

아버지가 나타날 기미가 보이지 않았다. 경비복을 입은 통통한 여성이 구석 나무 의자에서 험악하게 나를 쳐다보았다. 어

쩌면 그건 나였을지도 몰랐다. 이 사나운 여자들은 처음부터 드레스를 입은 아버지를 노려봤던 것이 아닐지도 모른다. 어쩌면 청바지를 입은 여자를 반기지 않았던 것일지도. 시간이 좀 더 흘러 독기 서린 눈초리가 피곤해진 나는 왔던 길을 되돌아갔다. 나는 한참 앞에 있는 방에서 10세기에 있었던 헝가리 첫 왕의 세례에 대한 극적인 묘사인 줄러 벤추르의 〈버이크의 세례 The Baptism of Vajk〉 앞에서 꼼짝하지 못하고 있는 아버지를 발견했다. 마자르 부족인 버이크는 어깨를 내놓고 성수대와 금빛 성배 앞에 무릎을 꿇은 채로, 이교도의 이름을 버리고 새로운 기독교도의 이름을 얻으려는 참이었다. 이슈트반, 스티븐. 그것은 아버지의 이름과 같은 이름이었다.

나는 이전에 이슈트반이었던 자의 어깨 너머로 이전에 버이크였던 자의 세례를 찬찬히 살펴보았다.

"이건 좀…" 나는 적당한 단어를 찾으려고 노력했다. "연극적으로 과장된 거 아니에요?"

"진정으로 위대한 작품이야." 그녀는 그림의 웅장함과 어울리는 과장된 동작으로 말했고, 그녀의 열정과 함께 물방울무늬 치마가 펄럭였다. "헝가리의 특징을 잘 보여 주는 작품이지."

헝가리 방문을 준비하면서 어쩔 수 없는 인텔리인 나는 제2차 세계대전 말에 출간된 이슈트반 비보의 '헝가리다움'에 대한 가차 없는 탐구가 담긴 에세이를 읽었다. 이 정치과학자는 자기 나라의 정체성을 포템킨, 즉 '희망사항'과 '허례허식'에 불과한 것들로 만들어진 '자기기만' 사회라고 보았다.* "오늘날의 헝

* 1787년 러시아 여제인 예카테리나 2세가 새 합병지인 크림반도 시찰에 나서자, 해당 지역 총독이었던 그레고리 포템킨은 낙후된 크림반도의 모습을 감추고 여제의 환심을 사고자 시찰 지역 주변에 겉만 화려한 가짜 마을

가리인들은 유럽에서 가장 정의 내리기 힘든 집단 중 하나다"라고 비보는 쓰고 있다. 그리고 헝가리다움이란 '거대한 환영'이라고 말이다. 이제 와서 비보를 떠올려 보니, 오후에 둘러본 전시가 환각을 일으킬 것만 같았다. 우리가 본 모든 것이 이상하고도 치명적이도록 사탕 과자 같았고, 이 나라의 얼굴은 하나의 환상에서 다른 환상으로 이어 붙여져 있었다. 성수를 바른 성 이슈트반은 그의 자리를 이을 계승자가 없는 '가부장'이었다. (프랑스에서 태어난) 외젠 공은 오토만제국으로부터 헝가리를 해방시켜서 합스부르크왕가에 넘겨준 오스트리아 황군의 장군이었다. 헝가리 민주주의의 아버지라는 러요시 코슈트가 1848년 헝가리 독립을 위해 기울였던 그 노력(매해 3월 15일에 국경일로 기념한다)은 무산되었다. 투룰은 한 번도 알을 깬 적이 없는 1000년 마자르 지배에 대한 신화적 전조였다.

이 벽들에 걸려 있는 환영에 대해 생각했다. 발소리가 울리는 갤러리를 걸어 나가면서, 물방울무늬 옷을 입은 아버지를 쳐다보았다. 문득 내 머리를 스친 것은, 마치 이야기책 속의 세계로 나를 이끄는 팅커벨처럼, 가장 어두운 과거를 숨긴 잔뜩 꾸며진 역사로 나를 안내하는 테마파크 코스튬을 입은 여행 가이드의 이미지였다. 그곳에선 장소도 사람도 그들의 실제 모습이 아니었다. 마자르인은 굴욕을 당했다. 1241년의 몽골이든, 1526년의 터키든, 1711년과 1848년의 오스트리아든, 1956년의 소비에트 연방이든, 헝가리를 다루어야 했던 거의 모든 권력이 그들을 함부로 대해도 괜찮다고 판단했다.

을 조성했다. 이렇듯 초라한 현실을 숨기고 다른 모습을 연출하기 위해 만들어진 겉치레나 가공의 상태를 '포템킨 빌리지'라고 부른다.

캐슬힐 문화 기행의 다음 종착지인 부다페스트역사박물관에서 아버지는 헝가리인들이 떠받드는 또 다른 명사의 칭송 일색의 그림 앞에서 감탄하며 오래도록 머물렀다. 이번 그림은 '버이크'보다는 좀 더 현대적이었다. 그는 훈장을 줄줄이 단 해군복을 입고 있었다. 헝가리 섭정이었던 미클로시 호르티 제독이었다. 그가 통치했던 1920년에서 1944년은 아버지의 청년기에 걸쳐 있었다. 거의 50만 명에 달하는 유대인을 추방했던 남자에 대한 그녀의 경배가 나를 분노케 했다.

국왕인 척하는 사람이네요 하고 내가 지적했다. (호르티는 1920년에 헝가리 국회에 의해서 추방당한 합스부르크 왕을 대신하는 섭정으로 선출되었는데, 왕은 이후 왕위를 되찾으려고 하지 않았다.) 그리고 제독은 또 뭐람? 바다도 없는 내륙국에 웬 해군?

"넌 아는 게 없구나." 아버지가 말했다. "트리아농조약 때문에 헝가리 해변을 빼앗겼잖니. 비극이지. 재앙이야."

해변에 대해서는 그녀의 말이 맞았다. 제1차 세계대전 말에 맺어진 조약은 다른 어떤 참전국보다 헝가리에게 가혹한 처벌을 내렸고, 수로의 65퍼센트와 숲의 88퍼센트, 그리고 모든 탄광과 암염 산지와 은광과 항구도시를 빼앗았다. 제2차 세계대전에서 호르티의 헝가리는 잃어버린 영토를 회복할 수 있을 것이라는 희망으로 나치와 동맹을 맺었다. (그리고 히틀러는 물론 트리아농조약이 빼앗아간 두 개의 필지를 돌려주었다.) 아버지와 드디어 도심으로 내려왔을 때, 나는 벽면을 도배하고 범퍼에 붙어 있고 백팩에 덧댄, 어디에나 있는 이미지를 알아볼 수 있었다. 그것은 트리아농조약 이전의 '더 위대한 헝가리' 지도였다. 이는 '훼손된 모국' 지도로도 알려져 있다. 이 지도는 헝가리를 잘려 나간 네 토막의 땅들에 둘러싸인 도살당한 토르소로 묘사한다. 헝가리의 명예를 옹호하는 자들은 트리아농조약을 '절단'이라고 부른다.

"트리아농은 조국을 파괴했어!" 아버지의 목소리가 높아졌다. "그의 몸을 조각냈지." "그녀의 몸이죠." 내가 정정했다.

아버지는 카메라를 맨 어깨 위로 핸드백을 끌어 올리고선 출구 쪽으로 향했다.

* * *

우리는 박물관을 나와서 내가 원했던 도심 쪽 길로 내려가는 대신에 '어부의요새' 쪽으로 언덕을 올라갔다. 아버지가 파노라마 사진을 찍고 싶어 했기 때문이다.

회전문이 입구를 막고 있었다. 경관을 보려면 토큰을 사야만 했다. 아버지는 마지못해 몇 포린트를 냈고, 우리는 경관을 볼 수 있게 되어 있는 작은 탑과 발코니, 그리고 (일곱 개의 마자르족을 기념하는) 감시탑 일곱 개가 간간이 서 있는 신로마네스크 석조 아케이드에 들어갈 수 있었다. 이름과 달리 요새는 어부를 위해 지어진 것이 아니었다. 1890년에 전망대용으로 디자인됐다. 한 기록자가 쓰고 있는 것처럼 "그것은 동화처럼 역사 자체라기보다는 역사처럼 느껴지도록 만들어진 것이다." 노란 벽돌 길을 따라,* 나는 침울하게 아버지의 발걸음을 따라가며 생각했다.

그녀는 감시탑 중 하나에서 멈춰서 강 건너로 보이는 도시

* ⟨오즈의 마법사⟩에 나오는 노란 벽돌 길을 의미한다. "무지개 너머 저 하늘 높이 어딘가에 노란 벽돌 길을 따라가면 오즈의 마법사를 만날 수 있단다."

의 풍경을 사진에 담았다. "망원렌즈를 챙겨 오기 잘했네." 핸드백에서 렌즈를 꺼내면서 그녀가 말했다. 그녀가 사진을 찍는 동안, 나는 저물어 가는 가을 햇살을 쬐기 위해 아치형 창을 통해 몸을 기울였고, 냉소주의에도 불구하고 나는 그 경관에 경탄했다. 도나우강은 도시의 일곱 개 다리 아래 있는 넓고 탁한 리본과도 같았다. 내 왼쪽으로는 마가렛섬의 매혹적인 초록빛이 보였고, 그 너머로는 강이 남쪽으로 길게 굽어 있었다.

강가 저편으로 페스트가 흐릿하게 보였다. 거의 50만 개의 원석과 거의 100파운드에 달하는 금으로 이루어진 네오고딕 양식의 웨딩 케이크 같은 헝가리 국회는 주요 수변 부동산의 900피트를 차지하고 있었다. 민주주의를 위한 사원, 유럽에서 가장 큰 국회의사당이자, 세계에서 세 번째로 큰 국회의사당인 이 건물은 19세기 말에 지어졌다. 당시는 프란츠 요제프가 통치하던 때였고, 헝가리 인구의 10퍼센트 미만이 투표할 수 있었다.

강의 이쪽 편에는 경사로 열차인 붉은 시클로('작은 뱀')가 절벽 아래로 조금씩 내려가고 있었다. 바로 아래에는 체인브리지가 활모양을 그리며 강을 가로질러 헝가리과학아카데미의 장려한 신르네상스풍 건물로 향하고 있었다. 이 학회는 체인브리지의 건축을 진두지휘했던 이슈트반 세체니 백작*에 의해 창설되었는데, 그는 19세기 헝가리의 걸출한 정치인이었다. 정통 민족문화를 찾고자 했던 세체니의 노력은 개인적 절망으로 막을

---

* 이슈트반 세체니 Széchenyi István(1791~1860)는 헝가리의 정치가, 대표적 정치 개혁자다. 1848년 초대 헝가리 내각의 교통장관이 되었으나, 독립전쟁 발발로 정신장애를 일으켜 빈 교외의 병원에서 여생을 보냈다. 패전 후 헝가리에 대한 오스트리아의 통치를 비판하는 팸플릿을 몰래 출판한 것이 문제가 되자 자살하였다. 주요 저서에는 『신용』, 『빛』 등이 있다.

내렸다. "우리에게는 민족적 관습이라는 것이 없다." 세체니는 한탄했다. "우리의 존재와 지식은 모방에 의존하고 있다." 이후에 헝가리다움을 탐구하고자 했던 사람들도 마찬가지로 의심하지 않을 수 없었다. "헝가리인은 누구인가?" 그들은 분노에 찬 한탄의 타이틀이 되기도 했던 이 질문에 답하기 위해 2세기에 걸쳐 문학, 저널리즘, 그리고 웅변술을 생산했다. 에릭 에릭슨이 그 개념을 만들기도 전에, 헝가리 사람들은 정체성 위기를 겪고 있었던 셈이다.

아버지는 그녀의 카메라 렌즈로 반짝이는 붉은색 케이블카가 내려가고 있는 장면을 쫓았다. "나는 시클로가 다시 다니기 시작했을 때 정말 행복했어." 그녀는 말했다. "처음 봤을 때 울고 말았지."

왜냐고 물었을 때 그녀는 "러시아인들이 시클로를 부숴 버렸기 때문이야." 시클로는 1944년에서 1945년 겨울에 펼쳐진 소비에트 군의 부다페스트 공방전 때 도나우강 주변에 있던 다른 거의 모든 것과 함께 폭격당했다. 이 공방전은 끝까지 버티고 있었던 무장친위대SS*와 캐슬힐을 따라 숨어 있었던 헝가리 군대를 소탕하기 위해 50일 동안 계속되었다.

"나치가 이기기라도 했으면 좋았겠어요?" 나는 물었다.

"너는 정말 멍청한 미국인처럼 생각을 하는구나."

"그럼 한 수 가르쳐 주세요."

"러시아인들은 헝가리다웠던 모든 것을 파괴했어."

나중에 시클로의 역사에 대한 책자를 읽다가, 그것이 1986년

---

* 무장친위대Waffen-SS. 나치 독일의 친위대Schutzstaffel 소속 무장 전투집단으로 제2차 세계대전 당시 육·해·공군에 이은 제4의 군대로 활약했다.

소비에트 지배하에서 다시 제자리로 돌아왔다는 사실을 알게 되었다. 나는 어쩐지 비뚤어진 즐거움을 느꼈다. 하지만 아버지에게 그 이야기를 하진 않았다. 그즈음 나는 더 이상 헝가리인의 '원대한 환상'에 바늘을 꽂을 정도로 어리석지 않았다.

8장

조국의 제단 위에서

나는 아버지의 황금 시간대에 타이밍을 맞춰 질문하는 방법을
알게 되었다. 그녀는 늦은 오후, 린처토르테나 자허토르테, 도보
스토르테 혹은 그 외의 오스트리아–헝가리 시대를 떠오르게 하
는 이런저런 디저트를 곁들여 커피를 마실 때 가장 입을 잘 열었
다. 케이크는 언제나 두툼한 휘핑크림을 얹어서 내왔는데, 그것
이 "제대로 된 비엔나식"이기 때문이었다. 합스부르크 제국은 아
버지의 정찬 습관 속에 살아 있었다.

　　이 의식은 일생 동안 지속되어 왔다. 요크타운에서는 주말
에만, 그것도 아버지가 경멸했던 미국 빵집 디저트에 한정되어
있었지만 말이다. 도시 외곽의 미국식 아빠인 척할 때에도, 아
버지는 그의 오래된 유럽식 취향을 고집했다. 주말이면 베레모
와 크라바트*를 착용하고 안락의자에 앉아 작은 커피 잔을 무릎
께에 들고 하이파이 오디오로 클래식을 꽝꽝 울렸다. 그리고 드
럼 트랙이 있는 팝송과 웃음 트랙이 깔린 시트콤을 좋아하는 자
신의 미국인 자식들의 취향과 더불어 싸구려 휘핑크림과 싸구려

　　* 남성들이 넥타이처럼 목에 걸어 매는 사각형의 천. 프랑스어로 '넥타이'
란 뜻으로 17세기 오스트리아의 크라바트 연대 장병이 착용했던 것에서 유
래했다고 한다.

치즈, 물에 넣은 얼음 등을 경멸했다. 내가 오스트리아인(이며 유대인인) 유럽의 위대한 작가 슈테판 츠바이크를 모른다는 것을 알았을 때, 그는 매우 흥분했다. "문화적 소양이라곤 없구나." 그는 내가 읽고 있던 '조잡한' 소설을 손에서 빼앗아 가면서 외쳤다. 한동안 주말에는 턴테이블에 요한 슈트라우스를 걸어 놓고 적등색 카페트가 깔린 거실에서 나에게 왈츠 기본 스텝을 가르치려고 했다. 수업의 끝은 좋지 않았다. "또 리드하려고 하잖니!" 그는 내가 그의 발을 밟을 때마다(늘 실수만은 아니었다) 소리 쳤다. "몇 번이나 말을 해야 알아들을 거냐. 여자는 리드하지 않는다고."

아버지가 헝가리로 돌아가고 난 뒤 몇 년 후, 그는 빈으로 정기적인 순례를 떠났다. 종종 친구인 일론커를 데리고 갔는데, 그곳에서 '제대로 된' 식자재를 구매하고, 1914년 사라예보에서 벌어진 프란츠 페르디난트 대공 암살과 함께 멸망한 제국의 마지막 흔적들을 사진에 담으면서 쇠락한 궁전과 사냥꾼의 오두막, 그리고 70년에 달하는 프란츠 요제프 황제 통치 기간에 세워진 자랑스러운 건축물들을 관광했다. 일론커를 스위스에 데려가기도 했는데, 그들은 그곳에서 왕조의 본거지였던 고대 합스부르크 성에 경의를 표했다. 또는 독일로 가서 멀리 우회하는 유람선 여행에 참여하기도 했다. 그때까지는 살아 있던 오스트리아-헝가리제국 마지막 황태자인 오토 대공의 바이에른 별장 앞을 지나가 보기 위해서였다. "합스부르크 통치 아래 있을 때가 제일 좋았지." 아버지가 말했다. "아주 어릴 때였지만, 나는 여전히 좋은 영향력을 느낄 수 있었어. 군주제를 되돌릴 수만 있다면 좋겠지. 모든 헝가리 사람들이 환영할 거다."

남자에서 여자로 변신한 아버지의 첫 데뷔 장소는 옛 합스부르크 황제의 영빈관이었다. 어느 날 오후 커피와 에스터하지 케이크를 먹으면서 그녀는 향수에 젖어 말했다. 그곳은 지금 파크호텔쇤브룬으로 바뀌었는데, 수술하기 1년 전 그곳에서 열린 LGBT무지개무도회에 참가했던 것이다.

"모두가 아름답게 차려입었지. 정말 우아했어." 그녀가 말했다.

"응, 알아요." 나는 대답했다. 그녀가 비디오를 보여 준 적이 있었기 때문이었다. 전원 여성인 오케스트라가 모차르트의 〈아이네 클라이네 나흐트무지크〉를 연주하는 동안, 하얀 새틴 가운에 검은 타이와 허리띠를 매고 하얀 장갑을 낀 격식 차린 사람들이 우아한 미뉴에트 대형을 지어 반짝이는 마루로 입장하는 무도회 장면을 찍은 비디오였다. 행사 말미에 각 출연자들은 장미를 한 송이씩 받았다.

"빈 사람들은 언제나 취향이 고상하지." 그녀는 티스푼에 묻은 휘핑크림을 핥으면서 한숨을 내쉬었다. "일론커조차 즐거워했다니까." 다락방에 있는 아버지의 이미지 갤러리에는 둘이 무도회에서 찍은 사진도 있었다. 사진 속 (아직 수술 전이었던) 그는 백금발 가발에 가느다란 어깨끈이 달린 암청색 벨루어 가운을 입었고, 일론커는 몸에 달라붙는 평범한 감청색 드레스를 입었다. 두 사람은 손을 잡고 있었다. 아버지는 갖다 붙인 것 같은 미소를 띠고 렌즈를 똑바로 쳐다보고 있다. 일론커는 표정이 굳은 채로 아버지로부터 고개를 돌리고 있다. 그녀의 눈은 어딘가 슬퍼 보였다.

"일론커는 아버지가 수술을 받지 않았으면 했나 봐요." 나는 그냥 말하는 듯 질문을 던졌다.

"일론커는 장난인 줄 알았던 모양이야. 내가 끝까지 갈 거라고는 생각하지 않았나 봐. 일론커는 아무것도 변하지 않았으면 하지. 모든 것이 그대로이기를 바라는 편이야. 일론커는 성당에서도 계속 같은 자리에 앉아야 하거든. 나는 그런 사람이 아니잖니. 난 5분이면 새로운 것에 적응하니까!"

그녀는 씩 웃으며 케이크를 한 스푼 더 입에 물었다. 질문을 좀 더 밀어붙여도 괜찮은 순간이었다.

"여자로 사는 것에 좀 익숙해졌어요?" 내가 물었다.

"어어, 그건 쉽지."

"어째서요?"

그녀는 마치 항복이라는 듯이 두 손을 들어올렸다. "이거 봐." 마치 갓 날기 시작한 어린 새처럼 팔을 아래위로 흔들면서 말했다. "이게 남자 몸처럼 보이니? 나는 발달된 적이 없어. 몸에 털도 거의 없지." 미운 오리 새끼는 늘 백조였다는 의미인가? "어어, 남성 신체 부위를 가졌고, 남자로서 일했지. 하지만 역할에 잘 적응했던 적은 없었다. 한 번도 인정받은 적도 없었고."

"누가 인정해 주지 않았다는 거예요?"

"여자들이. 나는 어떻게 싸우고 어떻게 때가 묻는지 몰랐어. 나는 근육질도 아니고, 운동을 잘했던 것도 아니고, 남자로서 정말 비참한 삶을 살았지. 그리고 계속해서 거절당하면서 점점 더 불행해졌어. 네 엄마한테 말이다." 네 엄마. 아버지는 그녀를 이렇게 묘사하길 즐겼다. "그녀는 나를 받아 주지 않았고, 내버렸지."

"그렇지 않―"

"그건 나한테 적절한 역할이 아니었어. 그걸 사람들이 알아봤던 거지. 여자들은 여자인 나를 더 좋아해. 내가 잘못된 역할에 캐스팅됐을 때보다 여자로서의 지금 내 역할에 더 잘 맞아."

적대적이었던 마자르 할머니의 얼굴이 머리를 스쳤다. "왜 어떤 역할을 맡아야만 해요? 왜 자유롭게—"

"전에는 나도 다른 남자들과 같았어. 사람들에게 말을 걸지 않았지. 이제 여자이기 때문에 더 잘 소통할 수 있어. 최악의 상황들은 소통이 되지 않기 때문에 벌어지는 거야."

"예컨대 어떤 일이요?"

"사람들이 너를 괴물처럼 보지. 다른 사람들은 해내는 일을 네가 해내지 못한다면 말이야. 그러면 사람들은 어찌할 바를 모르고, 너는 해충이 되는 거야. 그러면 너를 가스실로 보내 버리는 거야. 그들은—"

이야기는 샛길로 빠져 버렸다.

"그들은 너와 함께 있고 싶지 않아 해. 지난번에 내가 비행기를 타고 헝가리로 올 때 벌어진 일하고 비슷한 거야. 스튜어디스가 내 건너편에 앉아 나와 이야기를 하고 있던 남자를 보고 '아, 헝가리 분이시군요!'라고 말했는데, 그 남자가 화를 내면서 '헝가리인 아닙니다! 이스라엘인이에요!'라고 하더라고. 그렇게까지 공격적인 태도를 보일 필요는 없는 거야. 내가 여자라서 다행이야. 여자들은 공격적이지 않거든."

"어떤 여자들은 그래요." 내가 공격적으로 말했다.

"앞뒤 순서를 바꿀 수는 없어." 아버지가 말했다.

"습관을 들이고 고수해야 하는 거잖아. 그렇지 않다면 너는 허망한 존재가 되는 거지, 전인적인 인간이 아니라. 한 사람이 다른 사람으로 바뀌지 않는 것이 최선이야. 하지만 어떤 사람을 태어난 대로 돌려놓기 위해서는 어쩔 수 없지. 수술은 완전한 해결책이야. 나는 이제 완전히 여자처럼 되었거든."

완전히 여자가 된 걸까, 아니면 완전히 여자처럼 된 걸까?
나는 생각했다.

"오래된 습관을 없애야 해. 그러지 않으면 언제나 이방인이
되고 말지. 이…" 그녀는 적절한 단어를 찾으려고 노력했다. "이
소속감 없는 불안 속에서 말이야."

그녀는 이 문구를 반복했다. 소속감 없는 불안. 그녀는 남은
케이크를 먹어 치웠다. "네 책 제목으로 좋겠네." 그녀가 말했다.

그녀는 일어나서 접시들을 정리하기 시작했다. "부엌으로
돌아가자!" 그녀는 방을 나서면서 명랑하게 말했다. "여자들의
공간으로!"

나는 그녀가 컵과 접시를 씻는 동안 의자에서 움직이지 않
았다.

* * *

"수-우전!" 아버지는 계단 발치에 서 있었다. 이른 아침이었고,
더 자고 싶었다. 아버지에게는 다른 계획이 있었다. "수-우전,
얼른 내려와 봐! 이거 재미있을 거야." 나는 옷을 주워 입고 식
당으로 비틀거리며 들어섰다. 그녀는 스테피라고 쓰인 서류철을
탁자 위에 늘어놓았다.

"나에 대한 미디어 자료들이야." 여기저기 펼쳐진 기사들
과 카세트테이프, 그리고 책을 가리키며 그녀가 말했다. 그녀
는 '그 변화'에 대해 헝가리 LGBT 잡지(당시로서는 유일했다),
틸로스 라디오Tilos Rádió(금지된 라디오)라는 대안 라디오 방송
국, 《레플리카》라는 사회과학 학회지, 그리고 『헝가리의 여자
들: 초상화 갤러리Women in Hungary: A Portrait Gallery』라는 거실 탁자용
책을 만들고 있던 프리랜서 사진작가와 인터뷰했다. 『헝가리의

여자들』에서 아버지는 '페미니스타'로 소개되었다. 나는 모아 놓은 양에 놀라며 자료를 살펴보았다. 스티븐으로 살면서 그는 언제나 카메라의 뒤에 있었다. 하지만 스테피는 카메라 앞에 나서기로 작정한 모양이었다.

이 기사들과 녹취록에 등장한 스테파니는 요부 같았다. 그녀는 대화 상대에게 자기가 '가십을 사랑'하는 '전형적인 여자'라고 했다. 몇 살이냐고 물으면 아버지는 부끄러운 듯이 "숙녀에게 나이를 묻는 건 예의가 아니죠!"라고 답했다. 헝가리 LGBT 잡지인 《마소크》에 실린 사진에서 아버지는 허리에 리본이 달린 바닥 길이의 꽃무늬 드레스를 입고 그녀 집 발코니에 있는 화분 옆에 앉아 있었다. 데이지 두 송이를 움켜쥐고서. 사진과 함께 실린 글에서 분명히 하고 있는 것처럼, 그녀는 "꿈꾸던 바와 완벽하게 조화를 이룬 여자", 100퍼센트 여자였다. 그녀는 말했다. 댄스 수업을 듣고 있고, "완전히 여자 스텝으로" 왈츠를 출 수 있으며 "우아한 드레스를 입고" 무도회에 참여한다고.

학술지인 《레플리카》에는 좀 더 긴 설명이 등장한다. 사회인류학을 전공하는 젊은 박사 과정생이 아버지 집으로 찾아와서 이틀 동안 인터뷰를 했다. 질의응답의 결과물은 거의 2500자에 달했다. 그날 아침 이후로 한동안 아버지는 아침마다 마음에 안 드는 내용은 마음대로 수정해 가면서 그 내용을 나에게 번역해 주었다. ("그건 적지 마! 내가 다른 식으로 말했다고 적는 것이 좋겠네…" 등등.) 인터뷰의 목적은 그녀의 성별 전환에 대해 이야기하는 것이었지만, 아버지는 그 '재앙'이 펼쳐지기 전 헝가리에 대해서 설명하고 싶어 했다. 그러니까 1920년에 벌어진 그 재앙 말이다.

"오스트리아–헝가리제국은 매우 평화로운 세계였습니다."
인터뷰의 시작 부분에 나오는 문장을 읽으면서 (그리고 수정하면서) 아버지가 말했다. "헝가리는 빠르게 성장했죠. 기차가 들어오고 경제가 성장했어요. 풍요로운 사회였죠. 소수민족 중 하나였던 유대인들이 특히 상업에 많이 종사했습니다. 또 많은 유대인이 귀족 사유지 관리자였어요. 제 삼촌도 귀족 사유지를 관리했고, 증조부 역시 부유층의 부동산 관리자였죠. 그리고 비극이 닥쳐왔어요. 트리아농조약 말이에요. 헝가리는 천년의 국경을 잃었죠. 그리고 소수자들 역시 함께 잘살 수 있었던 시대는 끝났어요. 사람들이 뭐라고 하든, 그 시절에는 소수자에 대한 박해는 없었어요."

"박해가 없었다구요?" 나는 어이가 없어 씩씩거리며 말했다.

아버지는 또 다시 '너는-정말-아무것도-모르는구나' 표정을 지었다. "그 시절이 최고였어." 그녀는 말했다. "유대인에게 최고의 시절이었지."

그녀의 역사 기술이 지나치게 낙천주의적인 것만은 아니었다. 1867년부터 1920년 트리아농조약에 사인하기까지 이어진, 유대인의 시민권과 정치권 보장을 위한 '유대인해방행동'의 활동은 헝가리 유대인의 '황금기'를 가능하게 한 특별한 조건들을 이끌어 냈다. 이 시대는 부르주아 유대인 인구에게 극적인 기회를 열어 주었다. 그 시절 헝가리 유대인들 중 영향력이 있는 계층에겐 '100퍼센트 헝가리인'이 될 수 있는 가능성이 보였다. 우리 가족은 그들 중 일부였던 것이다. 아버지가 성별을 바꾸기 한 세기 전, 그녀의 선조들은 닿을 수 없을 것 같았던 또 하나의 경계를 건넜다.

아버지의 부모인 예뇌 프리드먼과 로잘리어 프리드먼은 당시에는 북부 헝가리였던 내륙 지역(트리아농 이후로는 체코슬로바키아에 복속되었고, 지금은 슬로바키아 땅이다)에서 부다페스트로 건너왔다. 할머니 쪽 가족들, 그러니까 그륀베르거 가家는 헝가리어로는 세페슈바랄야라고 불렸던 동네에서 가장 유명한 유대인이었다. 이 동네는 이후에는 슬로바키아의 스피슈스케 포드흐라디에가 되었는데, 두 이름 모두 대략 아름다운 성 아래의 동네라는 뜻으로 번역할 수 있다.

그곳 마을이 내려다보이는 석회암 절벽 위에 중유럽에서 가장 규모가 큰 12세기 유적이 있는데, 당시까지는 마자르 귀족의 집이었다. (이곳은 유네스코 세계유산일 뿐만 아니라, 〈드래곤 하트〉나 〈정복자 칼〉과 같은 할리우드 영화 촬영지로 애용되는 곳이다.)

이후에 그륀베르거 친척들에게 들은 바로는, 로잘리어의 아버지인 나의 증조부 레오폴드 그륀베르거는 이 도시의 상업 시대에 지역의 거물이 되었고, 그곳에서 가장 큰 목재 사업체를 소유하고 있었다. 심지어 시내로 들어가는 기차의 종착역이 그의 방앗간 앞이었다. 그는 인근 마을의 가난한 집에서 자라 제1차 세계대전 때 합스부르크 기병대에서 군복무를 했으며, 헝가리의 애국자였고 중유럽 문화를 열렬히 신봉했다. 소문에 따르면 시오니즘을 혐오했다고 한다. 그는 시의원이었고 유대인 공동체의 수장이었는데, 후자의 경우에는 형식적인 정통파로서의 독실함 덕분이라기보다는 대단했던 부와 활발했던 자선 활동 덕분에 얻은 자리였던 것으로 보인다.

그륀베르거는 바덴바덴의 스파에서 휴가를 보냈고, 타트라 산맥에서 스키를 탔고, 브라티슬라바와 부다페스트의 양품점 재단사에게 옷을 맞춰 입었다. 아들 넷은 파리와 프라하의 대학으

로 유학을 갔고, 딸 넷은 음악 수업을 받고 학교를 졸업할 수 있었다. 이 가족이 누린 특권의 상징 중 하나는 동네의 첫 번째 전화 개통이 이 집에서 이뤄졌고, 전화번호가 '1'이었다는 것이다. (수도가 뚫린 것도, 가스등과 냉장고와 전기가 설치된 것도 이 집이 처음이었다.) 그륀베르거가의 집은 고상함을 보여 주는 대표작이었다. 분수로 장식되어 있는 뜰과 정원에서부터 시라즈 양탄자 위에 놓인 그랜드피아노와 로젠탈과 리모주 도자기 컬렉션을 갖춘 샹들리에 응접실까지, 하녀와 요리사, 여자 가정교사와 같은 수행원, 잘 손질된 말들이 있는 마구에 이르기까지. 모든 방에는 페르시아산 러그가 깔려 있어 발자국 소리가 들리지 않았다. 파리에서 세트로 주문한 침구에는 가문의 이름을 상징하는 알파벳이 새겨져 있었다.

19세기 말 증기 발전 전기와 철도 건설 덕분에 지역의 목재 무역은 수익성이 좋은 산업이 되었고, 슬로바키아의 원시림은 산업을 위한 꿀단지가 되었다. 그 지역 목재소 주인과 도매상의 90퍼센트 이상이 유대인이었다. 그 동네 장인들, 상인들, 그리고 전문직 종사자들도 마찬가지로 대부분 유대인이었는데, 19세기 중반 정부 칙령에 의해 마을과 도시에서 유대인에 대한 금지가 해제된 이후 쭉 그러했다. 1920년대 즈음, 스피슈스케 포드흐라디에의 유대인들은 19개의 식료품점과 잡화점 중 13개, 7개의 여관과 레스토랑 중 6개, 모든 주류 판매점, 철물점, 작은 공장들, 제재소, 그리고 제분소를 소유하고 있었다. 그들은 의사였고, 변호사였고, 약사였고, 수의사였다.

헝가리 시골의 유대인들은 더 이상 멀리 떨어진 낙후된 마을에 살거나 마을 가장자리를 돌아다니면서 물건을 팔지 않아도 되었다. 그들은 더 이상 귀족 소유의 땅에 있는 가축우리

같은 집에 세 들기 위해 '관용세'*를 내지 않아도 되었다. 그들 중 일부는 심지어 농지를 소유하기도 했다. 증조할아버지의 재산에는 옥수수밭과 가축이 있는 농장이 포함되어 있었다. 스피슈스케 포드흐라디에는 또한 정통파 유대교의 종교적 중심이 되었는데, 유대교회당, 체더,** 예시바,*** 탈무드 공부방, 미크베,**** 자선단체와 지역 자치회, 그리고 벽으로 방비한 묘지 등을 갖추고 있었다. (이는 마을에서 2마일 정도 떨어진 언덕에 있었는데, 이 언덕은 어차피 곡식을 경작하기에는 너무 가팔랐던 덕분에 묘지를 세울 수 있었다.) 1905년, 마을의 첫 유대교회당이 불탄 후, 증조할아버지는 새로운 신전을 짓기 위한 모금에 앞장섰다. 신고전주의적 파사드와 무어풍 인테리어를 갖춘 건물이었다. 그곳에는 스테파니코바가街에 있었던 그륀베르거 저택에서 가져온 문 몇 개가 설치되어 있다.

2015년 스피슈스케 포드흐라디에를 방문했을 때, 유대교회당은(공산당 집권기에 가구 창고로 사용되었다) 최근 복원되었지만 사용되고 있지는 않았다. 마을의 마지막 전후 유대인 거주자였던 치과 의사 페르디난드 글뤼크는 1970년대에 떠났거나 죽었다. (어떻게 되었는지 아무도 모르는 것 같았다.) 이제는 쇠락하여 형광색으로 칠해진 그륀베르거 목사관에는 가난하고 독실한 기독교도 여러 세대가 공간을 잘게 나누어 함께 살고 있었다.

* 관용세Toleranzgebührer, tolerance tax는 1747년에서 1797년 사이에 오스트리아 제국의 일부였던 헝가리의 유대인에게 부과된 세금이었다. 이 세금은 유대인이 '용인'되기 위해서는 일정한 세금을 내야 한다는 독일 법령에 따른 것이었다.
** 유대인 사회에서 아동교육 전담 교사들이 교육을 하던 교실.
*** 정통파 유대교도들이 운영하는 교육기관.
**** 정결 의식을 위한 욕조 혹은 목욕탕.

(지붕에는 위성방송 수신 안테나가 있고, 문에는 커튼이 달려 있었다.) 입구에는 10여 개의 성모 마리아상이 놓여 있고 마당에는 거대한 석고 예수상이 4피트 십자가에 매달려 있었다. 마을의 외곽, 유대인 묘지에는 잡초가 무성했다. 묘비들은 사라지거나 약탈당했거나 무너졌다. 레오폴드와 시도니어의 첫아들로 태어나 열여섯 살에 세상을 떠난 모리츠 그륀베르거의 묘지를 알리는 쓸쓸한 묘비가 엎어진 채로 잔디 위에 놓여 있었다.

레오폴드는 그의 네 딸에게 아낌없는 지참금을 주었다. 내 할머니였던 장녀 로잘리어(그녀는 로지라고 불렸다)는 많은 돈을 받았기 때문에 그 지역의 가장 큰 도시인 카사(이후에 슬로바키아에서 코시체로 이름이 바뀌었다)에서 가장 부유한 유대인 가문의 일원이었던 나의 할아버지 예뇌 프리드먼의 관심을 끌었다. 예뇌의 아버지인 사무엘 프리드먼은 카사에서 제일 잘나가는 도매상이었다. 레오폴드 그륀베르거와 마찬가지로 사무엘은 도시 유대인 커뮤니티의 수장이었고, 그 역시 신실함이 아니라 재력 덕분에 그 지위를 유지할 수 있었다. 레오폴드와 달리 그는 부유층 사교계 인사로 생활하기를 원했다. "사무엘 할아버지는 레저를 즐기는 사람이었어." 아버지가 말했다. "할머니가 늘 이렇게 말씀하시던 게 기억나. '카지노에서 할아버지 좀 모셔 오렴!' 할아버지는 늘 카드를 치고 시가를 피우면서 다른 부자들과 카지노에서 어울렸지."

예뇌와 로지가 약혼할 즈음, 신랑 역시 레저를 좋아하는 사람이었다. 그는 함부르크에 있는 프리드먼의 부동산에서 나오는 노다지 같은 수익으로 페스트에 고급 아파트를 구매하기 시작했다. 살아남은 몇 안 되는 프리드먼 친척들의 설명에 따르면, 그의 돈벌이 방식에 대한 평판은 그다지 좋지 않았다. 아버지의 사촌

인 빅토르 슈바르츠는, 예뇌가 카사에 있던 회사 창고에 불을 질러 거기서 나온 화재보험금으로 함부르크에 있는 부동산을 사들였다고 말했다. 빅토르는 말했다. "마을에 있던 유대인들 사이에선 사무엘과 그의 아들이 돈을 받기 위해 가게를 불태웠다는 말이 떠돌았지. 아무도 경찰에 말하지는 않았어. 동족인 유대인을 신고하고 싶지 않았으니까. 프리드먼은 그렇게 부자가 됐어. 함부르크의 거리 하나를 다 사들인 뒤, 가격이 엄청나게 올랐을 때 되팔았지. 네 할아버지의 부다페스트 빌딩은 그렇게 생긴 거야."

약혼자가 얼마나 사악하게 돈을 벌었든지 간에, 로지는 스무 살에 네 명의 자매들 중 가장 부유한 인물과 결혼에 안착했다. 그녀가 뭘 어떻게 한 것은 아니었다. 결혼은 부를 섞고 싶었던 두 가문 가부장들의 욕망에 따라 주선되었다. 그륀베르거의 집에서 화려한 식을 올리고, 처음에는 말이 끄는 마차를 타고 가다가 1등급 버스로 갈아타고 베네치아로 동화 같은 신혼여행을 떠날 때, 신랑과 신부는 서로를 거의 알지 못했다. 그들은 페스트에 있는 예뇌의 건물 중 하나에 있는 호화 아파트로 돌아왔다. 그곳에서 부부는 낮이면 카지노에서 카드를 치고 밤에는 오페라 구경을 다니면서 시간을 보냈다. 그들의 유일한 아들은 보모와 가정교사 들이 키웠다. 로지가 또 임신을 하기는 했지만 유산했다고 아버지가 말해 줬다.

* * *

내가 어렸을 때 종종, 아버지는 그의 사라져 버린 어린 시절을 엿볼 수 있도록 해 주었다. 그건 아주 어두운 풍경 속에 작은 구멍 한두 개로 새어 들어오는 빛과 같았다. "부모님은," 그는 내 어머니가 만든 가족 앨범을 펼치면서 부계 쪽으로는 유일하게

남아 있었던, 구겨지고 테두리가 말리고 색이 바랜 그의 부모님의 사진을 가리키며 말하곤 했다. 형식적인 스튜디오 인물 사진이었다. 부드러운 조명과 영화적인 화려함을 선보이는 1920년대풍이었다. 후광은 신혼부부의 머리를 휘감고 있는데, 비네팅 효과로 가장자리가 점점 어두워진다. 신부와 신랑은 웃음기 없이 카메라를 바라보고 있다. 로지 할머니는 무성영화 스타와 같은 매우 음울한 아름다움과 반쯤 감긴 듯한 눈을 가지고 있었다. 눈썹은 초승달 모양으로 정리되어 있고, 아주 짧게 잘라 단정하게 웨이브를 넣은 조안 크로포드식 헤어스타일이 자연스럽게 어울렸다. 짙은 립스틱을 바르고 진주 귀고리와 잘 어울리는 두 줄짜리 진주 초커를 맸다. 예뇌 할아버지는 좀 더 나이 들어 보였고—실제로 아홉 살 연상이었다—비싼 맞춤 정장을 입고 있었다. 숱이 별로 없는 머리카락은 기름을 발라 뒤로 넘겼다.

로지와 예뇌는 아버지가 열두 살 때 별거에 들어갔고, 전쟁 기간 중 어쩔 수 없이 재결합했으며, 이스라엘에서 비참한 말년을 보냈다. 아버지는 그 결혼 생활에 대해서 거의 이야기하지 않았다. 하지만 그녀가 부모의 불행한 결혼 생활에 대해 누구를 탓했는지는 분명했다. 로지는 버릇없이 자란 공주고 젠체하는 위선자였으며, 저속한 책들이나 읽으며 미용실에 앉아 있지 않으면 돈 많은 남자 꽁무니나 쫓아다니는 여자였다고 아버지는 말했다. "아이와 유대를 맺는 것 따위에는 관심도 없었지." 반대로 예뇌는 아주 교양 있고 저녁 파티 때 종종 시를 읊고 우아한 글씨체로 편지를 쓰는 진정한 신사이며 학식 있는 사람들 사이에서 어울리는 법을 아는 남자였다. 예뇌는 유대인 커뮤니티의 거물급 인사였으며, 전통을 따르면서도 현대적인 유대인이었다. 그는 아들을 부다페스트에 있는 가장 특권적인 소년들을 위한 유대인 교육기관에 등록시켰다. 처음에는 유대교 신학대학에서 운영하는 초등학교에 입학시켰고, 이후에는 세계적인 수준의 교사들로 유명했던 페스트에 있는 엘리트 유대교 고등학교에 보낸 것이다. "하지만 아버지는 정통파는 아니었어." 아버지는 강조했고, 덕분에 나는 조금 혼란스러웠다. 프리드먼은 커진치가街 유대교회당에 소속되어 있었는데, 그 회당은 정통 유대교였기 때문이다. 그녀의 말은 예뇌가 정통 유대인처럼 보이지 않았다는 것이었다. 그녀의 표현대로 하자면, 정통 유대인들의 외모는 "짜증을 유발했다."

아버지는 삶의 경험보다는 집 인테리어를 통해 자신의 어린 시절 가정사를 분석하길 좋아했다. 그건 특권적이었을 뿐만 아니라 사회적으로 동화되었던 부르주아 생활양식을 보여 주는 장식적인 배경이었다. "아버지는 모든 옷을 런던의 재단사한테서 맞췄지" 혹은 "그 동네에서 제일 먼저 자동차를 산 집이었어" 같은 말들. 차는 가죽 시트와 나무 패널을 갖춘 르노였다. 아버지는 르노 뒷창문에는 레이스 커튼이, 대시보드 위 꽃병에는 장미가 꽂혀 있었다고 했다. 혹은 스프링으로 동력을 대는, 태엽 작동 전축이나 어린 피슈터가 그 전축으로 처음 들었던 노래 〈여우와 거위 노래〉를 추억하기도 했다.

여우야, 네가 거위를 훔쳐 갔잖니.
거위를 돌려다오.
그렇지 않으면 사냥꾼이 총으로
너를 사냥할 거란다.

무엇보다 아버지는 부동산에 대해서 많이 이야기했다. 수영장과 정원사가 있었던 부다의 여름 별장, 페스트의 부자 동네에 있던 두 채의 아파트, 그중에서도 라더이 9번지에 있었던 '로열 아파트'에 대해서. 프리드먼의 웅장한 저택에는 이중 발코니, 치솟은 천장, 모든 방에 있었던 프랑스식 문, 손님을 맞이하는 응접실, 그리고 하녀의 숙소 등이 있었다. 자물쇠로 잠근 서가에 초판본 컬렉션이 보관되어 있었던 할아버지의 서재는, 아버지가 나폴레옹 제국 스타일이라고 불렀던, 붉은색과 갈색 커버를 씌운 육중한 조각목 가구로 꾸며져 있었다. 응접실은 에메랄드빛 2인용 벨벳 소파와 등받이가 뒤로 젖혀지는 긴 의자, 로젠탈 자기를 넣어 놓은 유리 진열장, 그리고 '루이 16세를 주제로 삼은' 필기용 테이블을 자랑했다. 한쪽 벽에는 당시 이름난 헝가리 화가였던 여커브 외된에게 주문해서 받은 거의 실물 크기의 가족 초상화 세 점이 걸려 있었다. 이 그림은 귀족적인 포즈를 취하고 있는 프리드먼가 사람들을 묘사하고 있다. 스모킹 재킷을 입은 할아버지, 바닥까지 끌리는 이브닝 가운을 입은 할머니, 무릎까지 오는 반바지에 벨벳 모닝코트를 입은 열 살의 아버지.

아버지는 '성인이 되기 전'까지는 반바지를 입은 채로 초상화를 그렸는데, 이후에 청소년기에 접어든 주인공이 우겨서 화가가 다시 돌아와 긴 바지를 입은 모습으로 수정해야 했다. 어린 이슈트반은 이미 '포토샵'을 하고 있었던 셈이다. "반바지는 남자답지 않으니까." 그녀는 설명했다.

이런 장엄한 초상화가 자리하고 있는 살롱에서 나의 조부모는 '무도회'를 열었다. 물론 이 '무도회'는 아버지가 춤이 곁들여진 저녁 식사에 붙인 이름이다. 일찍 잠자리에 들어야 했던 피슈터는 어둠 속에 누워서 자기가 손으로 만든 광석 라디오를

'소음이 들리지 않도록' 귀에 눌렀다. 또 다른 밤들에 그의 부모님은 상류사회를 순회하기 위해 화려한 옷과 보석을 걸치고 헝가리왕립오페라하우스나 극장들의 개막 공연에 참석했다. 황금기는 예뇌 프리드먼과 로지 프리드먼에게 좋은 시절이었다.

* * *

"마침내, 오 유대인들이여, 당신들의 날이 밝아 오고 있다!" 가난한 유대교 정통파 부모의 아들이자 헝가리 세기 전환기에 '가장 인기 있는' 시인이었던 요제프 키스는 1868년 출간된 그의 첫 번째 시집에서 이렇게 기뻐했다. "이제 당신들도 조국을 가지게 되었다!" 이 세기의 끝에, 유대인은 완전한 종교적 입지를 다지기도 했다. 1895년 수용법 Law of Reception 은 유대교를 국가가 인정한 '공인된' 종교의 지위로 끌어올렸다.

　　마자르 귀족들이 유대인 부르주아들의 부상을 장려한 것에는 나름의 이유가 있었다. 귀족들에게는 시민 결혼이나 보통교육의 도입 같은 자유주의적 개혁을 위해서 가톨릭 사제들의 영향력에 대항할 수 있는 세력이 필요했고, 이 임무를 유대인들에게 맡겼던 것이다. 또한 헝가리는 근대화와 산업화가 절박했다. 현실에 안주하는 귀족들과 상류층, 그리고 비참한 농민들 사이에 아가리를 떡하니 벌리고 있는 산업적 공백 속에서, 유대인은 필수적이라고 할 수 있는 부르주아 계급을 형성했다. 기독교도 귀족들 또한 유대인들의 동화를 도와야 하는 정치적인 이유를 갖고 있었다. 19세기 마자르 유권자들은 자신들의 권리를 위해서 치고받으며 싸우던 독일인, 슬로바키아인, 루마니아인, 루테니아인, 세르비아인, 슬로베니아인, 크로아티아인, 그리고 다른 소수민족으로 가득 차 있던 다문화 지역에서 다수가 되기에는 그 수가 5퍼센트 정도 모자랐다. 마자르족은 1868년 '민족' 법을 교묘하게 이용하여 언어적으로 마자르어를 쓰도록 강요함으로써 부족한 숫자를 채워 넣었다. 이 법은 원래는 소수 문화와 언어에 대한 관용을 위해 만들어진 법이었다. 이후로 국가 인구 조사에서 헝가리어를 제1언어로 밝힌 사람들은 마자르인으로 인정받았다. 다른 어떤 소수민족보다 유대인들이 적극적으로 그 선택지를 받아들였다. 이 세기의 끝에 헝가리 유대인의 75퍼센트 이상이 헝가리어를 자신의 모국어로 선택했고(가톨릭교도의 경우 54퍼센트만 인정한 것과 비교해 보자) 마자르 인구는 마법처럼 51.4퍼센트까지 치솟았다. 교육받았고 재산이 있는 납세자들에게 투표권이 한정되어 있던 나라에서, 도시 지역의 부유한 유대인들은 선거에서 유의미한 영향력을 행사할 수 있었다. 부다페스트의 경우 유대인이 인구의 20퍼센트가 넘었고, 유권자 비율로는 40퍼센트를 차지했다.*

오랜 귀족들의 동기가 무엇이었든 간에, 헝가리 부르주아 유대인들에게 주는 혜택은 견줄 데 없는 것이었다. "유럽의 어느 나라도 제1차 세계대전 직전 헝가리 왕국만큼 유대인의 이민과 통합에 호의적인 곳이 없었고, 마찬가지로 유대인으로부터 그토록 열정적인 지원을 받은 나라도 없었다." 뛰어난 역사학자인 이슈트반 데아크는 이렇게 설명하고 있다. 그러니 아마 어떤 유대 인구도 한 나라를 산업 시대로 이끌기 위해 이들보다 더 많은 일을 하진 않았을 것이다. 1900년대 즈음, 헝가리 유대인들은 헝가

* 정치 분야에서 유대인의 참여가 적기는 했지만, 21세기 초에는 국회에서 16개 의석을 확보했고 국방장관, 재무장관, 법무장관에도 올랐다. 1913년, 유대인이자 시오니즘의 창시자인 테오도르 헤르츨의 조카인 페렌츠 헬터이는 짧은 기간이었지만 부다페스트의 시장을 역임했다. —원주.

리 은행, 중공업, 광업, 그리고 대규모 군수공장의 대부분을 개업하고 운영했다. 국립헝가리기업가협회의 창립 멤버 50명 중 30명이 유대인이었다. 그들의 공헌 덕분에 346명의 헝가리 유대인 가문의 가부장들은 귀족정에 미친 제국에서 궁극의 찬사를 받을 수 있었다. 작위를 수여받은 것이다.

부는 이 황금기에 얻은 수확의 일부분일 뿐이었다. 이 시대에는 또한 창조적이고 전문적인 재능이 만개했다. 1910년대까지, 유대 인구의 5퍼센트는 헝가리 의사의 절반, 변호사와 언론인의 45퍼센트, 엔지니어의 3분의 1이상, 그리고 화가와 작가의 4분의 1 정도에 해당했다. 헝가리 유대인은 국가의 중요한 신문, 문학잡지, 출판사, 극장, 카바레, 영화관을 세우고, 자금을 대고, 글을 썼고, 근대 사진술을 만들었다.* 그리고 유대인과 기독교인 예술가들과 지식인들이 공히 번영할 수 있는 문화 환경을 만드는 데 중요한 역할을 했다. 이름 높은 비유대인 문학 애호인들은 문화적 르네상스에 대한 큰 희망을 걸고 그런 협력을 수용했다. 1917년 기독교도 시인 엔드레 어디**는 "나는 새로운 사람들의

---

* 헝가리 유대인이 꽃피운 모든 예술 분야 중에서 사진은 헝가리 '최초의 토착적 시각예술'이자 '가장 위대한 수출품'으로서 칭송받으면서 선두에 섰다. 20세기 초반의 셀 수 없이 많은 위대한 헝가리 유대인 출신 사진작가 명단에는 로버트 카파, 브라사이 마르틴 문카치, 라슬로 모호이너지, 그리고 안드레 케르테츠 등이 있었는데, 아버지는 이들의 프린트를 콘데나스트를 위해 재작업했다. 그들은 또한 포토저널리즘, 전쟁사진, 패션사진, 시각이론, 그리고 사진 편집과 같은 다양한 혁신의 선구자들이기도 했다. 잡지 《현대 사진》이 1931년 선정한 '세계 100대 사진'에는 다른 어떤 나라의 작품보다 헝가리 작품이 많았다. 잡지 《코로넷》은 케르테츠의 작업을 특집으로 다루면서 이렇게 말했다. "헝가리인들이 가장 훌륭한 사진들을 계속 제작하는 걸 우리가 어쩌겠는가?" — 원주.
** 엔드레 어디Endre Ady(1877~1919). 헝가리의 서정시인으로 헝가리의

원형을 내 눈앞에서 본다"며 기뻐했다. "이것이 실현된다면, 우리의 모든 문제에 대한 해결책이자 역사의 위대한 사건이 될 것이다." 그리고 만약 실패한다면 재앙이 될 것이었다. 그의 결론은 이렇다. "새로운 사람들이 등장하거나 홍수가 닥쳐오거나."

헝가리의 동화된 유대 인구는 그 새로운 사람들을 길러 내는 데 엄청나게 헌신했다. 가장 뛰어난 유대인들이 헝가리를 '마자르인화'하는, 10여 년에 걸친 광범위하게 성공적이었던 캠페인을 이끌었다. 그들은 헝가리어를 현대화하고 모국어로 널리 퍼트렸으며, 헝가리 수공예품과 포도 재배를 장려했다. (헝가리 마티요 자수와 토카이 와인의 세계적인 명성은 유대인 주창자들 덕분이었다.) 그리고 부다, 페스트, 오부다라는 벽지를 하나의 수도로 만들어 세기말에 파리와 빈에 대적할 수 있는 문화적 메카로 키워 낸 것 역시 유대인들이었다. 역사학자 야코브 카츠는 "그들의 조국 발전에 대한 기여는 다른 어떤 유럽 유대인 공동체보다 컸다"고 썼다. 그들은 누구보다 유대인들이 헝가리인이 된다는 것이 무슨 의미인지 발명했다. 그와 함께 '조국'을 발명했는데, 그곳에서 그들의 날이 밝아 올 수도 있었다.

하지만 그 새벽은 아즈텍의 일출처럼 희생과 절단을 요구했다. 황금기의 역사학자들이 '동화의 사회적 계약'이라고 불렀던 조건에 따라, 유대인들은 스스로를 '바르게 교정'할 때에야 헝가리인으로 인정받았다. 즉, 그들이 호칭, 충성도, 태도, 버릇, 말투, 혹은 복장에서 유대인이라는 표시를 드러내지만 않는다면 말이다. 그들은 통과해야만 했다. 이것은 기만적인 계약이었다. "다

급진적 문예 그룹인 '서양'파의 대표적 시인이다. 전통을 타파한 새로운 표현으로 헝가리 근대문학 확립에 크게 공헌했다.

른 어떤 중유럽 국가 중에서도, 헝가리에서처럼 동화된 공동체의 내면이 부조화하고, 유대인 동화의 이유가 그토록 거짓과 모순을 짊어지고 있는 곳은 아마도 없었을 것이다."

1896년 새해 첫날, 부다페스트 전역의 교회 종소리가 마자르 정복 천년을 축하하는 '새천년 기념의 해'의 시작에 맞춰 전국적으로 울려 퍼졌다. 부다페스트의 유대인들 수천 명이 '히브리인의 대성당'으로 알려져 있는 도하니가(街) 유대교회당에서 감사를 표했다. 이 회당은 헝가리 최대의 오르간과 성가대, 거대한 장미꽃무늬 창, 그리고 여덟 개의 꼭짓점을 가진 별(꼭짓점 여섯 개짜리 다윗의 별이 아니라는 것이 주목할 만하다)로 장식된 파사드를 자랑하는 거대한 바실리카였다. 기념일을 축하하며, 랍비 사무엘 콘은 "히브리라는 단어는 이제 마자르어의 형용사"라고 자랑스럽게 선언하면서 히브리-마자르문인회의 새천년 집회를 열었다.

히브리여성회는 화이트크로스카페에서 '사순절 전야' 무도회를 개최했다. 그리고 3000명의 유대인이 개명을 하고 '조국의 제단에 바치는 공물'로서 마자르인 정체성을 받아들였다. 1918년이 되었을 때 40만 명의 유대인이 좀 더 마자르인처럼 보이도록 자신의 이름을 '자연스럽게' 개명하면서 그 뒤를 따랐다. (그들 중 하나였던 시인 요제프 키스의 원래 이름은 요제프 클라인이었다.) 자신을 유대인이라고 부르는 것도 지나친 일이었다. 유대인 커뮤니티의 지도자들은 스스로를 '모세를 따르는 헝가리인들'이라고 주장했다.

특히 동화된 젊은 유대인 남성들은 전쟁에 참전하고 '기독교적인' 스포츠 재능을 뽐냄으로써 애국심을 전시하여 자신의 유대인다움을 서둘러 지우려고 했다. 제1차 세계대전에서 비율

상 균형이 맞지 않을 정도로 많은 수의 유대인이 군복무를 했고(군장교의 19퍼센트 상당이 유대인이었다), 만 명 이상이 전장에서 목숨을 바쳤다. 그들의 아버지들은 엄청난 돈을 군비로 대야 했다. 평화로운 시기에는 젊은 유대인들은 헝가리 스포츠의 빛나는 별이었고, 그들의 아버지들은 국가 대표 팀의 주요 후원자였다. 헝가리에 첫 올림픽 금메달을 안겨 준 것도(1896년도 수영 종목이었고), 세계선수권대회의 최초 우승자도(피겨스케이팅이었으며), 그리고 세계에서 가장 훌륭한 운동선수에게 돌아가는 헬름스상의 유일한 수상자(장거리 육상이었다) 역시 유대인이었다. 5회 올림픽까지 유대인 선수들은 헝가리가 거머쥔 9개의 개인전 금메달 중 5개를 수상했고(금메달을 딴 팀 구성원의 60퍼센트가 유대인이었다), 특히 헝가리 펜싱 팀은 뛰어난 펜싱 팀으로 국제적인 명성을 얻었다. 세계 최고의 펜싱 선수 중 하나로 알려져 있는 펜싱 영재 아틸라 페차우어는 팀을 이끌어 세계선수권대회 금메달 두 개와 올림픽 금메달 두 개를 수상했다. 그는 '헝가리 최고의 펜싱 선수'였으며, '새로운 달타냥'이라는 칭송을 받았다.

시오니즘의 창시자인 테오도르 헤르츨과 막스 노르다우가 부다페스트 가문 출신이었음에도 불구하고, 부다페스트 부르주아 유대인들 사이에서 시오니즘은 거의 관심을 끌지 못했다. 새 천년 기념의 해에 출간된 헤르츨의 『유대 국가』는 전 세계적으로 칭송을 받으며 큰 흥분을 불러일으켰지만 헝가리에서는 아니었다. "예언자 예레미아는 우리에게 조국의 안녕에 복무하라고 하셨습니다." 그때 부다페스트 도하니가 유대교회당의 랍비장이었던 시몬 헤베시는 공표했다. "시오니즘은 헝가리 유대인의 영혼과 공존할 수 없습니다." 당시 헝가리의 가장 영향력 있는 유대인 정기 간행물이었던 《평등Egyenlőség》은 독자들에게 이렇게 조언했다. "헝가리에서 시오니즘은 오직 하나의 이름을 가지고 있을 뿐이다. 그 이름은 '대역죄'다." 1902년 노르다우의 『시오니즘』이 헝가리어로 번역되어 나왔을 때, 그 번역자 줄라 가벨은 대부분의 헝가리 유대인들은 "기독교 국가의 행복하고 해방된 시민"이기 때문에 시오니즘이 필요하지 않다는 내용의 주석을 덧붙였다.

세기말의 유대인들이 '우리의 조국'으로 스스로를 마자르인화했던 열정은 종종 비유대인 동포의 열정보다 더 강렬했다. 당시 헝가리인 전문가들이 말하는 것처럼 "어느 누구도 헝가리 유대인을 능가하거나 압도하거나 더 많이 마시거나 더 세레나데를 잘 부를 수 없다!" 유대인 작가였던 팔 이그노투스는 그의 '모세' 형제들은 "마자르인들 그 자신보다 더 열렬하게 마자르인"인 것 같다고 썼다. 1879년 기독교도 작가 칼만 미크자드는 헝가리의 두 번째로 큰 도시인 세게드의 유대인 커뮤니티에 대해 이렇게 썼다.

세게드에는 더 이상 유대인이 없다. 사랑에 빠진 소녀들은 헝가리 대중가요로 슬픔을 표현하고, 유대인 가정에 있는 죽은 랍비의 초상화는 헝가리 국기의 빨강, 흰색, 초록의 천으로 덮여 있다. 젊은 세대는 심지어 여호와를 금색 레이스가 달린 헝가리식 짧은 코트를 입은 노인으로 생각할지도 모르겠다.

어느 날 오후, 커피와 일곱 겹의 비엔나 케이크 조각을 놓고 펼쳐진 쾌활한 논쟁을 끝내기 위해 아버지는 노래를 불렀다.

나는 태양이 빛나는 스페인에서 태어났네
아버지는 로브노에서 왔지
하지만 나는 여기에 있네, 탱고를 추면서
디디디! 디디디디!
나는 쉽게 섞여 든다네.
나는 정말 쉽게 동화된다오.

풍자의 성격을 지운다면, 레너드 번스타인의 〈캔디드〉* 에 나오는 '노부인의 탱고'는 부다페스트 황금기 유대인 커뮤니티의 많은 부분을 묘사할 수 있었을 것이다. 그 시대가 추락하기 전까지. 그러나 아버지는 지금 헝가리에서 그녀 자신의 삶을 묘사하고 싶었던 것 같다. "나는 정말 잘 섞여 들어." 아버지는 주름진 자락이 달린 노란 체크무늬 앞치마에 손을 닦으며 말했다. "나는 전혀 어려움을 느끼지 못한다고. 떠돌아다니는 허튼 소리들을 다 믿지는 말아라."

"무슨 허튼 소리요?"

"여전히 반유대주의가 있다는 둥 하는 얘기들."

"오?" 우리는 내가 영어 일간지인 《부다페스트 선》에서 읽은 짧은 기사에 대해서 언쟁을 한 적이 있었다. 신나치 그룹이 포스터를 붙이고 다니는 것에 관한 기사였는데, 이들은 제2차 세계대전 막바지에 헝가리를 다스렸던 헝가리 나치 정당인 화살십자당의 1940년대 지도자였던 페렌츠 살러시의 추종자를 자처했다. 포스터에는 화살십자당 상징을 모사한 것으로 보이는 장

---

* 〈캔디드Candide〉. 전 2막의 코믹 오페레타. 대본은 릴리언 헬먼이 프랑스 계몽주의 사상가 볼테르의 『캉디드Candide』를 기본으로 하여 썼다.

식이 그려져 있었는데, 이 상징은 법으로 금지되어 있었다. 《부다페스트 선》에 따르면 경찰은 신나치 그룹이 상징의 모양을 살짝 변형했기 때문에 그 휘장을 받아들일 수 있다고 판단했다. 변화를 좋아하는 나의 아버지는 그 소식을 '별로 중요하지 않은 것'으로 여겼다.

"아버지가 말했던 그 유리 가는 남자는요?" 내가 물었다. 몇 년 전 아버지는 거실에 프랑스식 문을 설치하기 위해서 유리 회사 인부를 고용했다. 작업 결과물이 별로 마음에 들지 않아서 아버지는 비용을 내지 않겠다고 협박했고, 유리 가는 남자는 아버지에게 "이래서 당신들이 가스실에 처박힌 거야"라고 말했다.

"뭐어, 그건 예외였지." 지금에 와서 그녀는 이렇게 말했다. "진짜 반유대주의자는 조금밖에 없어."

나는 1980년대 공산당 붕괴 후 상황이 어떤지 보기 위해서 그가 부다페스트에 왔을 때 경험했던 또 다른 '예외'를 떠올렸다. 제르버우드의 유명한 패스트리를 먹고 겔레르호텔의 파도 풀에서 파도를 즐기고 난 뒤, 아버지는 지역의 유명한 건물, 그러니까 그 건물이 폭격을 맞고 남은 잔해를 찍으러 갔다. 여덟 개의 꼭짓점이 있는 별들로 장식된 '히브리인들의 성당'인 도하니가 유대교회당은 여전히 판자로 뒤덮여 있었다. (다른 많은 유대교 사원들 역시 마찬가지였다. 그러니 우리가 헝가리 여행 당시 유대교회당에 구경 가지 않은 것은 놀랄 일도 아니었던 셈이다.) 현지인들이 그가 헝가리어를 알아듣지 못할 거라고 생각하면서 미국인 사진작가가 삼각대를 세우는 것을 보고 있었다. 하지만 그는 다 알아들었다. "그 사람들은 도대체 내가 왜 그 건물의 사진을 찍으려고 하는지 이해하지 못했어." 아버지는 당시를 이렇게 기억했다. "그들은 이렇게 말했지. '저 부유한 유대인 좀 보라지.

저것들이 헝가리를 망친 놈들이야. 헝가리의 돈은 다 가져갔지. 죽어도 싼 것들.'"

내가 보기에 아버지가 되돌아온 헝가리는 황금기의 유대인-마자르 합작의 헝가리가 아니라, 그 다음에 바로 따라왔던 시대로부터 정체성을 이어받은 것 같았다. 제1차 세계대전 발발과 함께 헝가리 유대인들은 유럽에서 가장 잘 동화된 유대인에서 가장 매도당하는 자들로 전락했다. 그들은 새로운 세기에 가장 반유대적인 법률에 복속되어, 30년대 후반에는 재산과 직업과 자유를 빼앗겼고, 홀로코스트라는 가장 체계적인 몰살 캠페인의 궁극적인 목표가 되었다. "드디어, 오 유대인이여, 당신들의 날이 밝았다." 1868년 키스는 상찬했다. 그리고 75년이 흐른 뒤 50만 명에 달하는 헝가리 유대인이, 윈스턴 처칠이 "인류 역사상 가장 대규모의 가장 끔찍한 범죄"라고 묘사했던 사건의 끝에 아우슈비츠로 보내졌다.

그 정도의 상황을 예측했던 것은 테오도르 헤르츨 하나였다. 1903년 헝가리 국회의원이었던 헝가리 유대인에게 보낸 편지에서 시오니즘의 창시자는 경고한다. "운명의 손 역시 헝가리 유대인을 움켜쥐게 될 것이오. 그리고 이것이 늦어질수록, 그리고 유대인들이 더 강해질수록, 더 잔인하고 더 강한 타격이 몰아칠 테고 말이오. 이는 더 잔혹한 야만성으로 당도할 겁니다. 탈출구는 없소."

어느 날 아침 아버지는 오렌지빛 테리 천 슬리퍼에 푸른색 실내복을 입고 컴퓨터 앞에 앉아서 나를 다락방 사무실로 불렀다. 한 장의 사진이 모니터에 떠 있었다. 그녀는 몇 년 전 이 사진을 스캔해서 '가족' 폴더에 저장해 놓았다고 했다. 1943년 사진이었다.

사진에서 단체 사진을 위해 사람들이 세 줄로 서 있었다. 카사의 잘 꾸며 놓은 집에서 열린 아버지 조부모의 결혼 50주년 금혼식 기념사진이었다. 나의 증조부와 증조모인 사무엘과 프리다는 열세 명의 형제, 자매, 자녀, 손주에 둘러싸여 맨 앞줄에 앉아 있었다. 남자들은 양복에 넥타이를 맸고, 여자들은 격식을 차린 드레스에 한껏 꾸민 헤어스타일을 하고 있었다. 사무엘은 커다란 금속 화환을 들고 있었는데, 각각의 금빛 나뭇잎에는 대가족 구성원들의 이름이 쓰여 있었다. 가장 왼쪽 마지막 줄에 아주 마른 소년이 눈에 들어왔다. 당시에 열여섯 살쯤 되었을, 그러나 훨씬 어려 보이는 얼굴이었다. 그는 조끼 주머니에 손을 찔러 넣고 나폴레옹 포즈로 서 있었다. 아버지였다.

나는 맞춤 재킷을 입고 상아 브로치를 단 사람들을 곰곰이 살펴보았다. 이 황금기의 번영에 대한 찬가와도 같은 사진, 한때 존재했던 세계에 대한 포토샵으로도 수정할 수 없는 증거를 말이다. 그리고 생각했다. 카사에는 더 이상 유대인이 없다.

9장
라더이 9번지

"아버지가 어렸을 때 살았던 아파트에 가 봐요." 내가 제안했다. 우리는 컴퓨터 앞에 되돌아와 있었다. 오늘은 헝가리 민속춤 비디오와 트랜스섹슈얼 스피치 교정 비디오를 봤다. (멜라니 앤 필립스는 "어떻게 여자 목소리를 개발할 것인가"에서 이렇게 말한다. "외모에 맞지 않는 목소리만큼 당신을 빨리 드러내는 것은 없어요. 옷이 남자를 만들 수는 있겠지요. 하지만 여자를 완성하는 것은 목소리랍니다.")

아버지는 대답하지 않았다.

나는 다시 한 번 제안을 반복했다. "라더이가 아파트 말이에요." 루이 16세 가구와 로젠탈 도자기가 잔뜩 들어 있던 유리장에 대해서 귀에 인이 박이게 들었던 그 '로열 아파트.'

아버지는 NASA의 달 사진 컬렉션을 클릭했다.

"아버지 사진도 좀 봐요." 나는 제안했다. "실제로 아버지가 찍은 사진들이요."

"네 엄마가 가지고 있다." 그녀가 답했다.

사실 어머니는 더 이상 그 사진들을 가지고 있지 않았다. 첫 부다페스트 방문 직전 봄에 포장 테이프로 칭칭 감은 마분지 상자가 포틀랜드에 있는 내 집 문 앞에 도착했다. 어머니가 봄맞이

대청소를 하면서 팔루디 사진 컬렉션을 내게 보내 버린 것이다. 수년 동안 어머니는 낡은 혼수품 상자에 그 사진들을 넣어 두었는데, 그 안에는 모직 스웨터와 담요 역시 들어 있었고 상자를 열었을 때에는 나프탈렌 냄새가 났다. 상자 속엔 오래된 등반 여행 사진이 들어 있는 슬라이드 트레이와 습기가 응고되어 침전물이 얼룩진 풍경 사진들 아래로 우리 가족의 유일한 사진첩이 놓여 있었다. 이제는 빛이 바래 갈색이 되어 버린 붉은색 표지에 금박으로 '가족의 추억'이라고 돋을새김 되어 있는 사진첩이었다.

첫 번째 페이지에는 1957년 가을, 잔뜩 부풀린 웨딩드레스를 입고 포즈를 취한 어머니 사진이 붙어 있었다. 창백하고 긴장되어 보이는 얼굴이었다. 결혼식에서 찍은 사진들도 있었는데, 어머니의 룸메이트와 삼촌이 유일한 결혼식 증인으로 함께했다. 어머니의 부모, 심지어 유대인이었던 아버지조차(그는 레비에서 래닝으로 개명했다) 결혼식에 오지 않았다. 왜냐하면 그녀가 유대인과 결혼했고, 심지어 더 끔찍하게도 유대교회당에서 결혼했기 때문이었다. 퀸스에서 가정주부로 살기 시작했던 시절을 찍은 다른 사진들과 나와 동생이 젖먹이였을 때 사진, 걸음마를 배울 때 사진, 그리고 부채꼴 판지로 만든 졸업 앨범 사진틀 속의 여드름 난 사춘기 시절 사진들이 있었다. 아버지의 결혼 생활 사진은 어디에 있을까? 빛바랜 페이지에는 의도적인 삭제의 흔적들이 남아 있었다. 한때는 사진이 붙어 있었지만 이제는 사라진, 어두운 정사각형 흔적들을 볼 수 있었다. 어머니는 자신만의 '마스킹'을 했던 셈이다. 스냅사진 몇 개는 그냥 가운데를 찢어 버렸다. 어머니의 손놀림은 능란하지는 않았지만 철저했다. 20년 간 지속된 아버지의 미국 가정생활에 대한 어떤 기록도 남기지 않았던 것이다.

"네 엄마가 내 어렸을 적 사진도 가지고 있니?" 이제 아버지가 물었다. "긴 금발 곱슬머리였을 때 사진들?"

그렇지 않은 것 같다고 대답했다. 아버지 머리카락은 늘 검은색 아니었나?

"부엌 싱크대에서 목욕을 하고 있는 사진인데. 내 머리카락이 금발이었어. 작은 금발 미녀처럼 보이는 사진이란다."

아버지의 이야기에 들어맞는 사진을 한 장 기억하고 있기는 했다. 밝은 곱슬머리를 한 아이가 부엌 싱크대에서 목욕을 하고 있는 사진. '가족의 추억'이라는 이름의 앨범에서 봤다. 다만 그 싱크대는 퀸스에 있었고, 그 아이는 나였다.

내가 뭐라고 대답해야 하나 고심하는 동안, 아버지는 다른 기억으로 넘어갔다.

"내가 사 준 민속 의상 기억나니?" 그녀가 말했다.

"우리가 헝가리에 갔을 때. 가족으로 말이다." 그녀는 가족이라는 말에 힘을 주었다.

나는 고개를 끄덕였다.

"진짜 싫어했지!" 아버지가 말했다.

"진짜 싫어했죠!" 나는 그녀가 그 일을 기억한다는 것에 묘하게 흥분했다.

그녀는 웃었고, 나도 웃었다.

"왜 그렇게까지 그 옷들을 싫어했는지 모르겠다." 그녀가 말했다. "이거 좀 봐라."

그녀는 NASA 폴더를 닫고 '전통적인 민속 의상'이라고 표시해 놓은 폴더가 나올 때까지 폴더의 바다를 스크롤해 내려갔다. 그리고 리본 장식을 단 종 모양 스커트와 수놓은 던들을 입고 차르다시*를 추는 무용수들의 사진들을 클릭했다. 각 사진에는 주석이 달려 있었다. "1936, 전통적인 농부 복장" 혹은 "1938, 헝가리 민속춤." 차르다시는 헝가리 파시즘이 발흥하던 시기에 재부흥했다. 아버지가 전통이라고 말하는 이미지들은 사실 현대에 이르러서 만들어졌다.

"나는 여기 있어." 바로 그 복장을 한 아버지의 사진이었다. 혹은 우리가 격렬하게 싸웠던 그 옷과 매우 비슷한 복장을 한 아버지였다. 같은 레이스를 단 상의와 풍선처럼 부푼 스커트, 그리고 나더러 학교에 입고 가라고 못살게 굴었던 튤립과 장미 꽃봉오리 무늬가 찍힌 앞치마. 아버지는 춤을 추고 있는 중인 것 같았다.

"이 옷 갖고 있어요?" 내가 물었다.

"그러면 좋게!" 그녀가 답했다. "인터넷에서 사진을 찾았어." 그리고 그녀의 몸에 포토샵으로 옷을 붙여 넣었다.

나는 우리가 요크타운 하이츠에 살 때 잠재적으로 여자였던 아버지가 어머니나 나의 옷을 입어 본 적이 있었는지 궁금했다. 어느 날 오후 커피와 케이크를 먹으며 수다를 떨다가 나는 그녀에게 직접 물었고, 그녀 특유의 답을 한 것도 아니고 안 한 것도 아닌 대답을 들었다. "어어. 아니. 어쩌면." 이제 나는 그녀가 나에게 입으라고 강요했던 옷이 실은 그녀가 스스로 입고 싶었던 옷이었는지 궁금해졌다.

"왜 그렇게 이 옷들이 좋아요?" 모니터에 있는 의상을 가리키며, 이제야, 물었다.

"나는 헝가리 애국자니까." 그녀가 답했다. "이 옷들을 보고

* 19세기 초 생겨난 헝가리 민속무용 및 그 음악을 말한다. 느린 움직임으로 시작해 점점 정열과 야성미를 드러내며 속도도 빨라진다. 4분의 4박자 또는 4분의 2박자로, 남녀가 파트너를 이루어 춤을 춘다. 리스트의 〈헝가리 광시곡〉 제2번이 그 전형적인 예다.

있으면 헝가리가 예전에 어땠는지 떠올라. 내가 어린 소년이었을 때 말이다."

오늘 처음 이야기 꺼냈던 주제로 돌아갔다. "그러니까 아버지가 원래 살던 곳에 가 보자구요. 아버지가 어린 소년이었을 때 말이에요."

"무슨 의미가 있니." 그녀가 말했다.

"하지만, 저는 보고 싶어요."

"그 멀리까지 굳이 가고 싶지 않아." 그녀는 마치 페스트 지구가 15분이면 차로 갈 수 있는 곳이 아니라 하루는 꼬박 걸리는 거리에라도 있는 것처럼 말했다.

"어쨌거나, 불필요한 일이야. 인터넷에서도 볼 수 있잖아." 아버지가 컴퓨터로 자판 몇 개를 치자 그녀가 소년일 때 살던 거리의 사진이 떴다.

"봐라." 길 중간쯤에 있는 건물의 부분적이고 흐릿한 사진을 가리키며 그녀가 말했다. "저기가 내 방이야." 3층에 있는, 창문일 수도 있겠다 싶은 얼룩을 보여 주며 말했다. 그러나 나의 주목을 끈 것은 그녀가 이 이미지들을 불러낸 방식이었다. 그녀는 구글에서 주소를 치지 않았다. 그녀는 하드디스크에 '지워진 항목'으로 분류되어 있는 폴더에서 링크를 되살려 왔다. 지워진, 그러나 지워지지 않은. 아버지가 과거를 지우는 이상한 방식.

아버지가 처음 헝가리로 되돌아왔을 때, 그는 할아버지 소유였던 바치 28번지 아파트와 함께 라더이 9번지 아파트를 되찾기 위해 최선을 다했다. 아버지는 증서 원본을 찾아내고 어떻게 프리드먼의 재산이 공산 정권 아래서 '도둑' 맞았는지 상세히 기술한 편지를 썼다. 그는 여러 당국과 각 건물의 현재 입주자들에게 장광설을 전달했다. 그러나 아무런 성과도 없었다. 공산 정권 이후의 헝가리는 국유화된 재산에 대한 보상 제도를 마련해 놓고 있었지만, 그 제도는 극단적으로 인색했고, 매우 오랜 시간 끝에 보잘것없는 보상이 돌아오는 증빙식 제도였다. 아버지의 경우, 그 빌딩은 확실히 수백만 달러에 달하는 가치를 가지고 있는 좋은 입지의 아파트였지만 6500달러만 배상하라고 판결이 났다. (여름 별장의 경우에는 강요에 못 이겨 전쟁 중에 팔았는데, 그런 이유로 배상의 대상이 되지 못했다.)

아버지는 총리실, 헝가리 법무장관, 농업장관, 그리고 헝가리 하원의원 몇 명뿐만 아니라 미국 대사관, 헝가리 주재 미국 대사, 그리고 헝가리에 뿌리를 두고 있는 두 명의 미국 의원에게 항의 편지를 보냈다. 이 항의 역시 아무런 성과가 없었다. 그런 이후, 보수 우파인 독립소지주당의 지도자들이 공산주의하에서 국유화된 재산의 환수를 요구하기 시작하자 그는 소지주당의 당원이 되었다. 아버지는 그 당과 좀 더 개인적이고 오래된 인연을 맺고 있었는데 역시 부동산과 관계된 것이었다. 1946년 소지주당 지도자 페렌츠 너지가 헝가리의 첫 민주 선거에서 총리로 선출되었고, 공산주의자들이 집권하기 직전 1년 조금 넘게 그 자리를 유지했다. 너지는 1930년대부터 라더이 9번지에 살고 있었다. 그와 나의 조부모는 친분이 있었다. (아버지는 그들이 너무 친했던 것은 아닌지 의심하는데, 전쟁 전에 로지 할머니가 라더이 9번지 1층 빵집에서 너지를 만나 오후 담소를 나누곤 했기 때문이다.) 몇 년 동안 너지는 프리드먼 가족에게 이런저런 편의를 봐 주었다. "너지는 대단한 남자였지." 아버지가 말했다. "공산주의자들만 아니었다면 그가 나라를 바로 세웠을 거라는 평가를 받았어. 그리고 그건 사실이란다! 그리고 우리는 그와 정말 좋은 관계를 맺고 있었지."

아버지의 1990년대 소지주당 당원 자격도 아무런 성과를 내지 못했다. 이 모든 것이 실패했을 때, 그는 또 다른 방법으로 라더이 거리에 교두보를 만들려고 했다. 산다운 산이라고는 없는 이 나라에 등산 장비 가게를 내려고 했던 것이다. 그는 현금이 부족한 젊은 기업가 두 명에게 그 가게를 낼 수 있도록 종자돈을 빌려주었다. 아버지의 강력한 권유로 가게는 라더이 9번지에서 한 블록 떨어진 곳에 자리 잡았다.

"나는 아버지가 실제로 살았던 곳에 가 보고 싶어요." 나는, 예측 가능하게, 다시 말했다.

"거긴 볼 것도 없어." 아버지의 대답도 예상했던 바였다.

그녀의 말이 어느 정도는 사실이었다. 그렇게 오랜 시간이 흘렀는데 그녀의 유년 시절 무엇이 거기에 남아 있겠는가? 하지만 우리가 그녀의 젊은 시절 랜드마크에 다가설 수 있다는 것은 거부할 수 없는 매혹이었다. 나의 유년 시절 내내, 1930년대에 돌연 커리어가 끝나 버린 위대한 헝가리 건축가 줄라 포도르가 1911년에 디자인한 빈 분리파의 건물인 로열 아파트의 유령이 나와 함께했다.

"아버지의 부모님에 대해서 이야기해 주세요." 내가 말했다.

"해 줄 이야기가 별로 없는데." 아버지가 답했다. 그리고 그가 이미 여러 차례 이야기했던 부분으로 돌아갔다. "이혼을 했는데, 멍청한 짓이었어. 그럴 필요가 전혀 없었지. 하지만 결국 내 덕분에 그들은 다시 합쳤지." 그녀의 눈이 내 눈을 직시했다. "내 덕분에 그들이 다시 합쳤다고." 그녀는 반복했다. 너와 달리, 말이다. 그녀의 속뜻은 그거였겠지. 지금은 내가 입을 다물 차례였다.

1940년 즈음 내 조부모의 가정불화는 이혼으로 이어졌다. 예뇌와 로지의 결혼 생활은 불꽃 튀는 시합이었고, 질질 끄는 험악한 이혼 과정에 들어섰다. 변호사를 선임하고, 서로가 서로를 불륜으로 비난했다. 프리드먼 대 프리드먼의 싸움이 법정으로 가기 전 더 큰 전쟁이 터졌다.

"할머니한테 실제로 애인이 있었어요?" 내가 물었다.

"어어…" 아버지가 말했다.

"어어, 뭐요?"

"그때 당시에는 아이들 앞에서 그런 이야기를 하지 않았단다. Nicht für Kinder!(애들용은 아니다!)"

"하지만 의심하셨잖아요."

"그녀와 늘 함께 다니던 변호사가 있었어." 아버지가 말했다. 그리고 사업가도 있었고. "부자들만 쫓아다녔지." 그녀는 얼굴을 찡그리며 말했다. "우리 어머니는 진정한 꽃뱀이었달까."

예뇌 역시 여러 번 바람을 피웠다는 소문이 돌았는데, 그중에는 집안 요리사와 적어도 한 명 이상의 가정부도 있었다. "그는 언제나 하층계급 여자들을 좋아했지." 아버지가 인정한다는 듯이 말했다. "이런 일은 유럽 사회에서는 별 문제가 안 됐어." 남자들에게는 말이다. 가정부들은 기독교도 농가 출신 소녀들이었다. 그들 중 한 사람의 이름은 마리스카였다. 그녀는 집에서 '전통적인' 마자르 의복을 입었다.

"한번은 나한테 자기 옷을 입혔어." 아버지가 갑자기 입을 열었다. 민속 의상. "아마 일곱 살이나 여덟 살 즈음이었을 텐데." 그녀는 자신의 치마를 내려다보고 주름을 단정하게 폈다.

"약간 토착적인 옷이었는데" 그녀는 계속 이야기했다. "물방울무늬에. 마리스카가 내가 귀여운 소녀가 될 수 있을 거라고 그랬어."

"그랬어요?"

"아마 그랬을 거야. 언제나 어머니는 내가 약골이라고 불평했지. 요리사에게 나를 살찌우라고 말하곤 했어."

"아버지 건강이 걱정되셨던 모양이죠."

아버지의 얼굴이 어두워졌다. "어머니가 걱정한 건 단 한 가지였어. 자기 외모."

조부모님이 헤어지고 난 다음, 예뇌는 월도프아스토리아*를 본떠 만든 호텔아스토리아로 이사하고, 별거 중인 아내는 가구가 갖추어져 있는 스튜디오에 기거하도록 했다. 그리고 아들은 유대 고등학교 교사 집에 하숙을 보냈다. "왜냐하면 내가 누구랑 살지 아직 정하지 못했었거든." 아버지가 말했다. 교사는 '예절에 엄격한' 정통 유대교도로, 그의 불행한 어린 세입자에게 종교를 강요하는 금욕적인 규율주의자였다. "끔찍한 시간이었지." 더 이야기하기를 꺼리면서 아버지가 말했다. 내가 끄집어낼 수 있는 최선의 이야기는 "아이에게 좋지 않았다"는 것뿐이었다.

유배는 몇 년 동안 이어졌다. "트램에 거의 치일 뻔한 건 그 교사랑 같이 살 때였어." 아버지가 말했다. "내가 조심성이 없었거나, 아니면…"

"아니면요?" 내가 물었다.

"아니면 더 이상 살고 싶지 않았던 것인지도."

어린 이슈트반은 페스트의 내부를 반원형으로 도는 도시외곽순환도로인 나지쾨루트 Nagy Körút (대순환도로)를 건너기 위해 도로경계석에서 내려섰다. "국립극장 바로 맞은편에 서 있었어." 그는 혼자 있었고 6번 트램이 커브를 돌아오는 것을 보지 못

* '뉴욕의 왕궁'이라는 별칭을 가진 미국 최고급 호텔. 백만장자 윌리엄 월도프 아스토가 1893년 세운 13층 규모의 월도프호텔과 1897년 세운 아스토리아호텔을 합쳐, 1931년 10월 문을 연 호텔이다.

했(거나, 보지 않기로 했)다. "바로 그때, 어디선가 갑자기 손이 튀어나와서 나를 끌어당겼지." 그의 아버지의 손이었다. 아버지가 우연히도 같은 시간, 같은 장소에 있었던 것이다. "기적이었지." 그녀가 말했다. "아버지는 내 수호천사였어." 고급스러운 호텔에서 상류층의 삶을 사는 수호천사라. 아들은 신앙심 깊은 금욕주의자에게 맡기고, 아내는 단칸 셋방에 보내 버린.

이슈트반은 선생님과 사는 동안 열세 살이 되었다. 그리고 그의 아버지로부터 평생 지속된 영화에 대한 열병에 불을 지른 사치스러운 선물을 받게 된다. 바로 파테 9.5밀리미터 카메라였다. 알고 보니 그 선물은 부모님 대신 온 것이었다. 아버지의 미츠바 기념식은 유대 고등학교 지도김나지움 Zsidó Gimnázium 의 유대교회당에서 거행되었다. 하지만 예뇌도 로지도 참석하지 않았다.

"너무하네요." 내가 말했다.

"어, 본인들이 벌인 일 때문에 너무 바빴으니까."

아버지의 고등학교인 지도김나지움에 가 보자고 말했지만, 역시나 헛된 제안이었다.

"왜?"

"왜냐고요?" 내 목소리가 흔들렸다. "왜냐하면 나는 부다페스트에서 아버지 인생과 관계 있는 곳 어디 하나라도 가 보고 싶기 때문이에요."

아버지는 컴퓨터 모니터로 돌아서서 초점이 나간 라더이가 아파트 구글 사진을 보며 곰곰이 생각에 잠겼다. "이건 별로 잘 나온 사진이 아니네." 잠시 후 그가 말했다.

"네," 내가 말했다. "잘 나온 게 아니에요."

그녀는 입술을 오므렸다. "이미 말했듯이, 그건 더 이상 내 삶이 아니야. 고대사지."

"상관없어요." 내가 말했다. "나는 뭐라도 보고 싶어요. 이 집에서 나가고 싶다고요."

"좀 진정해라." 그녀가 말했다. "비이성적으로 굴고 있잖니."

"아버지가 나를 비이성적으로 만들고 있으니까요." 나는 이성을 잃고 대답했다.

"이해를 못하는구나." 그녀가 말했다.

"내가 뭘 이해를 못하는데요?" 대답은 돌아오지 않았다.

내가 대체 여기서 뭘 하고 있는 걸까? 그녀는 그가 언제나 그랬던 것처럼 속을 알 수 없는, 벽을 잔뜩 쌓고 있는 사람이었다. 내가 아는 한, 여자가 된 것은 뒤에 숨을 수 있는 또 하나의 거짓된 전선의 바리케이드를 추가한 것일 뿐이었다. 내부로 들어가는 모든 길은, '주방으로 돌아가고' 싶어서 안달 난 행복한 가정주부, 포토샵으로 붙여 넣은 던들 스커트를 입고 춤추는 시골 소녀처럼 화려한 여성성이라는 비현실적인 차단기에 막혀 있었다. 아버지가 〈오즈의 마법사〉를 사랑한 것은 당연하다. 그녀는 바로 마법사였다. "커튼 뒤에 숨어 있는 남자에게는 관심을 주지 말아라."

다음 날, 아침 식사를 하러 내려왔을 때 그녀는 비디오 컬렉션을 뒤적이며 〈기쁨과 부활〉 테이프를 찾고 있었다. 〈기쁨과 부활〉은 아버지의 고등학교 동창 중 생존해 있는 사람들끼리 2001년 토론토에서 열었던 동창회를 찍은 비디오였다. "너더러 오라고 불렀지만 안 왔던 동창회 필름이야." 그녀가 상기시켰다. 우리는 거실에 있는 거대한 TV 화면으로 그걸 보았다.

토론토 포시즌스호텔을 천천히 느리게 훑은 후 (배경으로
는 브람스의 〈대학축전 서곡〉이 쾅쾅 울리고 있었다) 카메라는
호텔의 접객용 특별실에서 와인과 전채를 먹으며 어울리고 있
는 나이 든 남자들의 장면으로 넘어간다. 아버지는 카키색 카메
라맨 조끼를 입고 커다란 마이크를 든 채로 화면에 잠깐 등장
했다. 영화는 호텔 연회실에서 열린 긴 만찬에서 절정에 달했는
데, 지도김나지움의 동창생들은 차례대로 일어나 대체로 헝가리
어로만 연설을 했다. 나는 몇 개의 단어만을 이해할 수 있었다.
"Bergen-Belsen ... Buchenwald ... ghetto ... SS."

"뭐라는 거예요?"

"어어, 뭐 다 지난 일들에 대한 이야기지." 그녀가 말했다. "어
쨌든, 이제 봤으니 됐지?" 그녀는 커피가 다 되었는지 보러 갔다.

아침을 먹는 동안 나는 입을 다물고 있었다.

"이 소시지 먹어 보렴." 어떻게든 말을 붙여 보려는 짠한 노
력이 담긴 접시를 밀며 아버지가 말했다. "*Gyulai kolbász!*(줄러이
소시지!) 헝가리 특산품이야."

나는 배가 고프지 않다고 말했다. 아버지는 소시지를 몇 조
각 더 먹으면서 기분이 상한 딸을 곁눈질로 쳐다보았다.

잠시 후 그녀가 말했다. "있잖아, 그건 이제 유대인과 상관
이 없어." 지도김나지움이 있던 건물을 의미하는 것이었다. 전쟁
중 폐교된 이후, 국립가톨릭교육대학교로 다시 개교한 지 얼마
되지 않은 때였다. "그러니까 말이야, 볼 거라곤 하나도 없다고."

* * *

아버지는 트램 정류장 옆 잡초가 무성한 주차장에 캘리포니아
익스클루시브를 주차했다. 몇 블록 아래에는 트램을 마주보고

공산 정권 시절의 콘크리트 아파트가 있었는데 전부 똑같이 생긴 차고들 위에 지어진, 페인트칠도 되지 않은 낮은 벙커였다. 평평한 지붕 위에 위성 접시들이 뒤엉킨 채로 삐뚤삐뚤 걸려 있었다. 가을치고는 좀 더운 날이었는데, 아버지는 하얀 물방울무늬가 찍힌 파란색의 '가벼운 여름 치마'를 입고 빨간 하이힐을 신었다. 아버지는 그 구두를 신으면 발가락이 아프다고 불평했지만, 그럼에도 상관없이 신고 다녔다. 그녀가 제일 좋아하는 구두였다. 그녀는 그 구두를 '나의 루비 슬리퍼'라고 불렀다. 미국으로 돌아가기 이틀 전이었다. 나는 어쩐지 기분이 좋았다. 집으로 가는 비행기를 타게 되어서만은 아니었다. 집 밖으로 나온 것 자체가 신났다.

위층의 작은 발코니에서 한 여성이 제라늄 화분 너머로 기대어 손을 흔들었다. 일론커였다. 나는 그녀를 데리러 올라갔다. 아버지의 말에 따르면, 수술 이후 일론커의 남편이 스테파니를 추방해 버렸다.

아파트는 작고 어두웠는데, 지나치게 큰 가구들이 집을 더 작게 만들었다. 벽은 십자가와 성화로 장식되어 있었다. 사이드보드에는 작은 마리아상이 놓여 있었다. 육체노동에서 오는 기형적인 체형의 다부진 근육질을 한 일론커의 남편이 인사를 건네기 위해서 일어섰다. "Kezét csókolom." 그는 말했다. 내가 알기로 이 말은 남자가 여자에게 하는 구식 헝가리 인사였다. 말 그대로 "내가 당신의 손에 입을 맞춥니다"라는 뜻이다. 일론커는 작고 통통한 몸매에 어머니다운 따뜻함을 발산하고 있었다. 그녀가 한 진주 귀고리가 눈에 띄었다. 몇 년 전 아버지가 아직 남자였을 때 선물로 준 것이었다. 그녀는 축복의 말을 속삭이며 교회에서 받은 성모마리아 상본* 을 건넸다. 마리아의 사진으로 만든 것이었다. 잠시 후 그녀는 내 손을 잡았고 우리는 캠퍼로 향했다.

실망스럽게도 아버지는 다시 캐슬힐로 차를 몰아 '어부의요새'에 있는 전망탑에서 아주 가까운 거리에 있는 곳으로 향했다. 일론커는 성모마리아 성당으로도 불리는 그 유명한 마티아스성당을 내게 보여 주고 싶어 했다. "어어" 아버지가 말했다. "일론커는 언제나 성당에 가야 하지." 함께 여행을 갔을 때, 두 사람은 수많은 공동묘지, 지하 묘지, 묘지로 쓰이던 교회 지하실 등을 비롯하여 성모마리아에게 헌정된 모든 성지에 들러야 했다. "일론커는 약간 시체 성애자 같아." 아버지가 농담을 했다. "하지만 마음은 열려 있지!" 마티아스성당은 1686년 '성모마리아의 기적'이 일어났던 장소였다. 아버지의 이야기에 따르면, 침략자인 오스만튀르크와 '해방군'인 신성 동맹군 사이에 일어난 부다 전쟁 중에 대포로 벽을 하나 터뜨렸는데, 거기에서 숨겨져 있던 성모마리아 봉헌상이 나타났다고 한다. 성모마리아상을 본 터키의 무슬림 군인들은 사기가 떨어졌고, 그날 도시는 신성 동맹군의 것이 되었다. "여튼, 그렇다는 이야기야." 그녀는 말했다. 우리는 성소의 그늘진 휴식처를 돌아다녔고, 아버지의 루비 슬리퍼는 돌바닥 위에서 또각또각 소리를 냈다. 일론커는 성모마리아 예배당에 초를 밝혔다.

그런 다음 우리는 노천 가판대에 들렀다. 집시 복장을 한 늙은 여인들이 대량 생산된 것처럼 보이는 '전통' 헝가리 자수가 놓인 베갯잇과 핸드백을 팔고 있었다. 아버지는 클러치 지갑을 살

---

* 예수 그리스도나 성모마리아 혹은 성인들의 화상이나 성서 구절, 또는 성인들이 한 말을 담은 작은 그림이나 카드.

펴보았다. "오페라 갈 때 잘 어울리겠네." 그녀는 말했다. 상품을 뒤적거리면서 일론커는 아버지가 여성스러운 복장에 관심이 있다는 걸 언제 처음 알게 되었는지를 떠올렸다. "늘 내 옷을 사 주고 싶어 했지." 그녀가 나에게 말하고 아버지가 통역해 주었다. "그래서 나는 늘 생각했어. '와, 정말 신사네!' 하지만 결국 자기가 입고 싶어서였다는 걸 알게 되었어." 하루는 백화점에서 아버지가 여성 잠옷 코너에서 서성거리는 것을 보았다. 일론커는 나이트가운을 골라서 머리로 피팅룸을 가리켰다. 아버지는 피팅룸으로 들어갔다. 일론커는 나이트가운을 문 밑으로 밀어 넣어 주고는 그가 옷을 입어 보는 동안 망을 봤다. "그때부터 우리는 서로 협조했지." 일론커가 말했다. 그들은 함께 옷을 사서 집으로 돌아왔다. 그는 옷을 입어 보고, 그녀는 사진을 찍어 주었다.

"일론커가 최고의 의상을 디자인하는 걸 도와줬어!" 아버지가 끼어들었다. 그 프로젝트는 어느 날 밤, 그들이 (헝가리 유대인 이민자의 아들인) 조지 쿠커 감독이 연출하고 진 할로우가 돈 많은 남자만 쫓아다니는 코러스 걸("죽는 한이 있더라도 숙녀가 될 거야!")로 등장하는 1933년 코미디 〈여덟 시 석찬Dinner at Eight〉을 보고 있을 때 시작됐다. 아버지는 그 영화를 너무도 좋아해서 베타맥스, VHS, DVD를 다 가지고 있었고, 적어도 1년에 한 번은 다시 봤다. 부자만 쫓아다니는 주인공 여자의 객실 청소부가 등장하자 아버지는 멈춤 버튼을 눌렀다. 이 하녀는 프랑스식 메이드 복장으로 치장하고 있었는데, 벨벳과 레이스로 꾸민 머리두건과 어마어마하게 부푼 주름 장식 앞치마 덕분에 특히 이상해 보이는 옷이었다. 아버지는 일론커에게 그 옷을 정확하게 그려 달라고 부탁했다.─"일론커는 훌륭한 도안가란다."─그리고 그 디자인을 페스트에 있는 전 무대의상디자이너가 운영하는 고급 여성복 가게인 카티줍살롱으로 가져갔다. 그곳에서는 상당한 돈을 지불하면 원하는 디자인의 마지막 주름까지 그대로 복제해 주었다. 이때 만든 옷이 아버지가 자신의 스크린 세이버로 쓰고 있는 그 사진에서 입고 있던 옷이었다.

일론커의 협력은 이후로 몇 년 동안 계속되었다. 아버지가 처음으로 빈에 있는 카페에서 정기적으로 소집되는 오스트리아의 트랜스젠더 단체인 트랜스-X 클럽 모임에 참여할 용기를 냈을 때, 일론커는 그와 함께했다. "혼자 가기 무서워했어." 일론커가 회상했다. 그들은 레스토랑 밖 벤치에 오랫동안 함께 앉아 있었고, 아버지가 "벌벌 떠느라 안으로 들어갈 용기를 내지 못하고 있을 때" 일론커는 아버지의 손을 잡아 주었다. 이어진 만남에 대해서 아버지는 거의 기억하지 못했는데, 클럽 멤버 중 한 명이 점심을 먹으면서 했던 이야기는 기억했다. "그 남자가 어렸을 때, 여자 옷을 입은 걸 걸렸대." 아버지가 말했다. "그 남자 아버지가 그를 나치였던 장교, 그러니까 그는 진짜 나치였던 건데, 그 장교한테 보냈대. 그리고 장교가 그를 때린 거지. 정기적으로 말이다. '치료'하기 위해서." 이 이야기는 여전히 그녀를 괴롭혔다.

그 후로 2년 동안 아버지는 크리스마스 파티와 ("정말 훌륭한 헝가리식 케이크를 들고 갔지") '오스트리아의트랜스젠더'에서 후원하는 주말여행 등을 포함하는 이런저런 트랜스-X의 행사에 참석했다. 한번은 남부 스웨덴에 있는 호텔로 여행을 갔는데, 거기에서 패션 뷰티 컨설턴트가 (유인물에 쓰여 있는 대로하자면) "어울리는 색과 스타일"을 분석해 주고 "당신만을 위한 수제 이브닝드레스"를 디자인해 줬다. 그러고 나서는 "덴마크의 가장 핫한 사진작가 중 하나" 앞에서 옷을 입어 보고 포즈를 취하는 시간이 이어졌다. 일론커도 함께 갔다. "옷이랑 구두를 구경하는 것이 재미있었어." 그녀가 말했다. "영화 보는 것 같았지."
일론커도 합류한 또 다른 짧은 여행에서 클럽 회원들은 크로아
티아에서 캠핑을 했고, 해변에서 토플리스로 일광욕을 즐겼다.

크로아티아 여행이 시작된 지 하루 만에 아버지는 야영객
중 한 명에게 화가 났다. "일론커에 대한 이야기를 하고 있는데
끼어들잖아." 그래서 아버지는 짐을 싸서 폭스바겐 캠퍼를 몰고
떠나 버렸다. "일론커와 나는 우리들끼리 여행을 했어." 아버지
가 말했다. "그-으리고 정말 즐거운 시간을 보냈지!"

우리가 캐슬 디스트릭트의 자갈 깔린 거리를 어슬렁거리는
동안 일론커는 아버지에게 팔짱을 끼고 헝가리어로 한참 동안
말했다.

"뭐라 하세요?"

"내가 태국에 갔을 때에 대해 말하고 있어." 수술하러 갔을
때. "너무 화가 나서 심장마비가 올 정도였다고 하네. 어어, 그러
니까, 심장마비가 온 줄 알았다고. 가슴에 통증이 있어서 병원에
갔었대. 병원에서도 뭐가 문제였는지 알 수 없다고 했대."

"나는 늘 그가 수술하지 않고 돌아올 거라고 생각했어." 일
론커는 나중에 나한테 말했다. "농담인 줄 알았거든. 그럴 줄 알
았다면, 수술을 말리기 위해서라면 뭐든지 했을 거야. 태국에서
전화했을 때 충격에 빠졌어. 정말 좋지 않았지."

아버지가 돌아온 다음 날 낙담한 일론커는 식료품을 들고
집으로 왔다. 그리고 그 후 아버지가 요양을 하는 몇 주 동안, 일
론커는 밥을 짓고 집을 청소했다. 하녀복을 입지 않은 가정부였
다. 그녀는 아버지의 지인들 중 수술 후에도 옆에 남은 몇 안 되
는 사람 중 하나였다. "모두가 거리를 두었지." 일론커는 회상했
다. 전 사업 동료는 아버지와 이야기하기를 거부했고, 스테피가

계속해서 전화를 걸자 전화번호를 바꿔 버렸다. 그의 입당을 환영했던 소지주당의 간부들은 이제 그녀를 피했다.

"여자가 되지 않았다면 일론커와 아버지 사이는 어떻게 됐을까요?" 아버지에게 물었다.

"어어, 좋지 않지. 일론커에겐 임자가 있으니까."

"만약 일론커가 이혼을 했다면요? 결혼했을 거예요?"

아버지가 대답하기 전까지 한 블록은 더 걸어야 했다.

"일론커는 나에게 여자였다. 하지만 그녀는 가톨릭이잖니. 가톨릭교도들은 이혼하지 않아."

일론커는 뭔가를 더 말했다. 아버지는 웃었다. 후회하는 듯한, 그러나 진실된 웃음이었다. "일론커는 언제나 수녀가 되고 싶었대⋯. 어어, 어쩌면 이제 그 소원이 실현되었는지도 모르지."

캐슬 디스트릭트를 다 보고 나자 날이 반은 지나갔다. 캠퍼로 다시 올라가면서, 나는 제안을 하나 했다. "아버지가 투자했다는 페스트에 있는 등산용품점에 가보고 싶어요." 적어도 나에게는 그 계략이 투명해 보였다. 나는 상점이 아니라 상점이 있는 위치에 관심이 있었다. 로열 아파트가 있는 거리 근처였으니까. 놀랍게도 아버지는 동의했다.

우리는 몇 블록 떨어진 곳에 주차 공간을 발견했다. (익스클루시브를 주차하기 위해 필요한 포장도로의 양을 생각했을 때, 이건 위업에 가까운 일이었다.) 그리고 최근에 보행자 산책로로 개조된 라더이가를 따라 내려갔다. 길가에는 카페 테이블이 줄지어 있었다. 아버지는 즐거운 것 같았다. "89년에 여기 처음 왔을 때 완전히 쓰레기장이었어. 지저분하고, 전쟁 이후로 전혀 관리되지 않았었지." 그녀는 말했다. "집시들만 살았단다." 우리는 양장점과 갤러리, 사진관을 지나쳐서 트렌디한 술집과 레스토랑이 길게 늘어선 번화가로 들어섰다. 핑크캐딜락, 파리텍사스, 톱조이, 드라이브911이 있었고, 소울카페, 그리고 리저드카페 아일랜드오브캄니스가 있었다. 정통 헝가리라고 하기는 좀 그렇겠네. 나는 생각했다. 오후는 따뜻했고, 길가의 테이블은 사람들로 가득했다. 식사를 하러 나온 사람들은 말보로, 레드불 같은 미국 브랜드가 찍힌 파랗고 빨간 파라솔 아래에서 대화를 나누고 있었다. 아버지는 가게로 향했다.

가게는 밝았고 갓 가공한 나무와 새 페인트 냄새가 났다. 손님은 하나도 없었다. "사업은 잘 안돼." 아버지가 말했다. 내가 이후에 다시 부다페스트에 돌아왔을 때, 가게는 사라지고 그 자리에 에스프레소 전문점이 들어서 있었다. "여기 있는 게 내가 발견한 신발 라인이야." 아버지는 독일 제조업자의 등산화가 전시되어 있는 벽을 가리키며 말했다. "내 옛날 캠퍼에 숨겨서 몰래 들여오곤 했어. 의자 밑에 숨겨서 말이야." 관세를 내지 않기 위해서였을 터다. "미국 여권만 보여 주면 '가셔도 됩니다, 팔루디씨'라고 말했단다."

나는 등산화를 들어 올려 상표를 확인했다. 한바그*였다.

"한스 바그너의 준말이야." 아버지에 따르면 한스 바그너는 한바그의 창립자였다. 그는 1936년 올림픽에서 제3제국** 스키 팀을 위해 신발을 디자인했다. 아버지는 바그너를 몇 번 방문했고, 그가 부다페스트에 왔을 때는 맥주를 대접하기도 했다. "공장에서 직접 신발을 가져왔어. 그게 어딘지 아니?"

"어딘데요?"

---

* 한바그Hanwag는 독일 명품 등산화로 잘 알려져 있다.
** 1933~1945년 사이, 히틀러 치하의 독일.

"다하우."*

다하우에서 온 신발이라. 나는 한바그를 제자리에 돌려놓고 나가자고 말했다. 길거리에서 나는 왼쪽으로 꺾었다. 아버지와 일론커가 뒤를 따라왔다. 한 블록 반 정도를 걸어간 후에 나는 길 건너에 있는, 한때는 초라했지만 또 다른 한때는 우아했던 빈 분리파 아파트를 가리켰다. 5층짜리 석조와 치장 벽토로 만들어진 파사드가 물결 모양 아르누보 조각들로 장식되어 있었다. 지붕 바로 아래에는 세 개의 현대풍 인상주가 세로로 홈이 파인 원주들 위에서 균형을 잡고 있었다. 1층에는 소년과 소녀를 보호하려는 듯이 감싸 안은 어머니의 형상이 얕은 돋을새김으로 묘사되어 있었다. 소년은 팔에 집 모형을 끌어안고 있었다.

"아버지 방 창문은 어디예요?" 내가 물었다.

나는 기다렸다. 아버지는 아무 말도 하지 않았지만, 그렇다고 가 버리지도 않았다. 보행자들이 보도 위를 우르르 지나갔다. 테이블을 치우던 카페 직원이 우리를 살펴보기 위해 손놀림을 멈추었다. 일론커는 내 팔을 쓰다듬었다. 잠시 후, 아버지는 3층의 작은 발코니를 손가락으로 가리켰다.

"창턱에서 무를 기르곤 했어." 그녀가 말했다. 그녀는 오른쪽의 이중 발코니를 가리켰다. "저기가 우리 부모님 테라스였지." 그녀는 뒤를 돌아 우리 뒤에 있던 건물을 바라보았다. "내 방에서는 이 모습이 보였고." 그녀가 말했다. "하지만 지금은 이렇게 밝은 색으로 칠해져 있구나. 예전에는 회색이었는데. 비둘기색이었어." 나는 가방에서 녹음기를 꺼냈다. 아버지는 내가 설

* 독일 남부, 바이에른 주 중부의 도시. 나치 독일 최초의 강제수용소가 설립되었던 곳이다. 다하우 강제수용소는 이후 나치 강제수용소의 원형이 되었다.

레며 단추를 만지작거리는 것을 보다가 돌아서서 카메라를 눈에 가져다 대고 라더이 9번지의 3층을 향했다. 그녀는 사진을 찍지는 않았지만 렌즈를 통해 계속 건물을 살펴보았다.

"전쟁이 끝났을 때" 그녀가 말했다. "사람들은 지하 저장고에서 나왔어." 길 건너 버려진 아파트 지하에 숨어 있었던 프리드먼 사람들을 포함해서. "아버지와 나는 우리 건물이 여전히 서 있는지 확인하러 갔지."

여전히 서 있기는 했다. 하지만 포병대의 포탄이 이중 발코니를 지나 아파트 안으로 거대한 구멍을 뚫어 놓았다. "그 구멍으로 눈이 오고 바람이 부는 것을 볼 수 있었어. 정말 추웠지."

"그리고 뭘 하셨어요?"

"안으로 들어갔어." 뷰파인더는 여전히 그녀의 눈에 붙어 있었다. "온통 파편투성이였어." 1층에 있는 상점들, 진열 선반들은 약탈당했다. "아버지가 결국 1층에 있는, 대충 먹고 자고 할 수 있을 만한 빈집을 발견했어."

"다행이었네요."

"헝가리의 고위급 장교가 살던 집이었어. 진짜 나치스러웠지. 듣기로는 독일로 도망갔다고 하더라." 나중에 소지주당의 당수였던 페렌츠 너지는 이 건물에 있던 자신의 아파트에서 좀 더 큰 프리드먼가의 아파트로 이사했다. "그 사람은 정부에 있었기 때문에 수리비를 받을 수 있었어."

"길을 건너가 볼까요?" 내가 말했다.

아버지는 카메라를 내려놓았다. "왜?" 나는 접시가 달가닥거리는 소리와 사람들의 웃음소리를 들었다. 카페의 파라솔이 바람에 흔들렸다.

"좀 더 잘 보려구요."

"여기서도 충분해."

나는 상관없이 길을 건너 무거운 대문의 동그란 손잡이를 돌려 보았다. 짙은 나무틀로 된 유리문은 기하학적 무늬의 금속 격자로 보강되어 있었다. 문은 잠겨 있었다. 나는 금으로 도금된 건물 입주자 등록부 위에 있는 이름들을 살펴보았다.

뒤에 누군가 와 있는 것이 느껴져서 뒤를 돌았더니 아버지가 등 뒤에 서 있었다. 입을 앙다물고 있었다.

"뭐 하는 거냐?" 그녀가 말했다.

"살고 있는 사람한테 문 좀 열어 달라고 하려구요." 세입자 중에는 세무사, 아이스크림 가게, 미용실 등 업소도 몇 개 있었다. 나는 바라디살롱의 초인종을 누르려고 했다. 아버지는 내 손을 옆으로 밀었다.

"사람들을 귀찮게 하지 마."

"그냥 보고 싶어서요."

"볼 거 없다고 했잖아."

나는 초인종을 눌렀다.

"정말 성가시게 구는구나."

아무도 대답하지 않았다. 이번에는 세무사의 초인종을 눌렀다.

"그만하래도!"

그때, 한 남자가 건물에서 나왔다. 나는 문이 닫히기 전에 발을 문 안쪽으로 밀어 넣었다.

"2분만요. 로비만 좀 보여 주세요."

우리를 따라 길을 건넜던 일론커가 아버지의 팔꿈치를 잡으면서 낮은 목소리로 무언가를 말했다. 그들은 나의 뒤를 따라 현관으로 들어섰다.

현관홀은 새로 단장되어 있었다. 빨간 타일을 바른 징두리 널은 반짝이고, 새로 칠한 벽은 크림 같은 노랑으로 따뜻하게 빛났으며, 하얀 몰딩은 광이 났다. 천장의 아르누보 장식은 복원되어서, 복도의 양쪽 벽과 천장을 가로지르는 하얀 파노라마를 따라 길게 이어졌다. 나는 장난기 어린 동작을 하고 있는 나긋나긋한 누드를 바라보았다. 소녀가 두 팔을 한껏 벌리고 황홀하게 춤을 추고 있고, 묘령의 댄서 두 명이 손을 마주 잡고 마음껏 활보하고 있었으며, 벌거벗은 근육질의 아도니스는 책을 들고 누워 있었다. 이들이 내 아버지의 소년 시절 일상적인 뮤즈들이었을까?

미화 작업은 복도 끝에서 갑자기 중단되었다. 오른쪽으로 어둑어둑하고 시큼한 냄새가 나는 계단이 위층으로 이어졌다. 전등의 절반은 나가 있었다. 계단 밑 쓰레기통은 쓰레기로 넘쳐흘렀다. 한때 화려했던 기하학적 모자이크가 드문드문 남아 있는 벽은 낙서로 더러웠다. 녹슨 철창 엘리베이터가 중앙에 위치하고 있었고, 벽은 합판으로 덧대어져 있었다. 바로 앞에 있는 복도는 하늘이 뚫려 있는 안뜰로 이어졌다. 꽃무늬로 장식된 철제 난간이 있는 네 개 층의 노란 벽돌 회랑이 마치 뒤집힌 레이어 케이크처럼 측면을 휘감고 있었다. 아파트 문은 회랑 쪽으로 열렸다. 기하학적 무늬의 바닥 타일은 깨지고 노출된 배선이 벽에 걸려 있었다. 플라스틱 통에 심은 식물들이 뜰 중앙에 놓여 있었는데, 길고 연약한 줄기는 시들어 아래로 축 처져 있고, 잎의 반은 땅에 흩어져 있었다.

나는 타일 조각들을 가로질러 가다가 뒤를 돌아다보았다. 아버지는 화분 옆에 서 있었다. "수코트 축제를 위한 초막이 여기 있었어."* 그녀가 말했다. "아버지가 바로 여기 뜰에 초막

을 짓곤 했지." 그녀는 유대인의 수확 축제를 기념하기 위해 나뭇가지로 만드는 작은 임시 초막에 대해서 말하고 있었다. 이는 40년 동안 광야를 떠돌았던 히브리인들의 임시 거처에 대한 헌사였다.

"건물 안쪽이 얼마나 침울한지 봤지?" 그녀가 말했다.

나는 고개를 끄덕였다.

"아버지는 정말 기발하셨지. 뜰에 거대한 거울을 걸었어. 뒤쪽에 있는 저층 아파트도 빛을 받을 수 있도록 말이야."

우리는 안마당을 천천히 돌기 시작했다. 아버지가 어렸을 때 번창했던 1층 상점들, 그러니까 빵집, 모피상, 미장원은 모두 사라졌다. 아버지가 바바리안 패스트리를 먹고(상점 특산품이었고 주인이 독일인이었다), 로지 프리드먼이 페렌츠 너지와 차를 마시던 빵집이 있던 점포에는 이제 바라디살롱이 들어와 있었다. 입간판에는 헝글리시로 서비스 품목들이 적혀 있었다. 화장, 마사지, 매니큐어, 타로점. 모든 것이 새로운 건 아니었다. 뜰 건너편, 맹꽁이자물쇠가 잠겨 있는 철문 뒤쪽으로는 저 아래 어둠 속으로 내려가는 콘크리트 계단이 놓여 있었다. 벽에는 계단 아래쪽을 지시하면서 오보헤이óvóhely(대피소)라고 적혀 있는 작은 간판이 볼트로 고정되어 있었다. 방공호였다. 저 간판은 제2차 세계대전부터 쭉 걸려 있었던 것이다.

"전쟁 중에 잠깐 동안," 아버지가 이야기를 시작하면서 직접 가리킨 것은 살롱이었지만 실상은 사라진 빵집을 말하고 있었다.

* 수코트Sukkot는 유대인의 선조가 이집트 탈출 후 40년간 광야를 방랑하며 했던 천막 생활을 기념하는 유대교의 가을 축제로 초막절, 장막절이라고도 한다. 수코트 축제 중에는 지붕을 초목으로 덮은 수카를 세운 후 천장에 수확물을 매달고 수카 안에서 식사를 하고 잠을 자는 풍습이 있다.

"저기서 친구 터마시와 함께 일했어. 우리가 학교에 갈 수 없게 된 다음에 말이야." 터마시 솜로는 아버지보다 몇 살 어린 소년이었는데, 그의 가족이 라더이 9번지에 있는 아파트 중 하나에 세 들어 살고 있었다. 솜로 가족은 1930년대에 가톨릭으로 개종한 유대인들이었다. 전쟁이 일어나자 약사였던 터마시의 아버지는 강제 노역에 보내졌다가 1944년 가을 부다페스트로 돌아와서 체포되어 마우트하우젠 강제수용소로 보내졌다. "할 일이 많지는 않았어." 아버지는 전쟁 중에 이슈트반과 터마시가 독일 빵집에서 했던 일을 떠올렸다. "팔고 남은 패스트리들을 버리기 전에 다 먹어 치우는 거였지."

위층으로 올라가 보자고 했다. 아버지는 고개를 젓고 현관으로 돌아갔다. 엘리베이터가 있는 벽감으로 다가섰을 때, 그녀는 얼어붙었다.

"그들이 한 짓을 봐." 그녀가 말했다. 그녀는 한때 매혹적이었던 엘리베이터의 산화된 뼈대를 고발하듯이 손가락질을 했다. "유리와 손으로 세공한 나무, 그리고 거울이 달린 벽이었어. 아름다웠지." 그녀는 돌아서서 벽감의 벌거벗은 시멘트를 향해 손을 들어 올렸다. "여기 정말 아름다운 모자이크가 있었는데. **이것 좀 봐! 타일을 모두 훔쳐 가 버렸잖아!**"

아버지는 휙 돌아서서 현관을 향해 갔다. "캠퍼를 가져와야겠다." 그녀가 어깨 너머로 말했다. "길에 두는 것은 안전하지가 않아."

"하지만 우리…."

"널 여기 데려왔잖아. 보여 주기도 했고. 이 정도면 충분해." 그녀의 높아진 언성이 벽에 튕겨 나왔다.

"소리 지르지 말아요."

"편지를 썼다." 그녀가 말했다. 목소리를 낮췄지만 분노는 사그라들지 않았다.

"누구한테요?"

"아파트에 사는 사람들. 우리 집안이 이 건물의 원주인이고, 당신들이 이 건물을 사면 안 된다고. 이 건물을 파는 사람들은 이 건물의 주인이 아니라고. **내가 말했었잖아. 아무튼 관심도 없으면서.**"

그녀는 돌아서서 격한 걸음으로 복도를 따라 내려갔다. 그녀의 구두가 타일이 발린 바닥에서 또각또각 소리를 냈다. 길 쪽으로 난 문이 쾅, 열렸다가 닫혔다. 일론커는 사과의 말을 중얼거리며 아버지를 따라 나갔다. 나는 그늘진 벽감에 혼자 서서 아버지 어린 시절에 있었던 거울로 둘러싸인 엘리베이터 벽과 한때 어두운 구석까지 빛을 밝혀 주던, 할아버지가 뜰에 걸어 둔 거대한 거울을 그려 보려고 노력했다.

* * *

아버지는 캠퍼 옆에서 기다리고 있었다. 그녀의 어깨는 내가 어릴 때부터 알고 있었던, 그리고 두려워했던, 그 모습으로 단단하게 접혀 있었다. 그녀는 경보 장치를 해제하고 문을 열었다. 일론커가 뒷자리에 앉았다. 나는 그녀의 피난처가 부러웠다. 우리는 아버지가 입을 열기 전까지 긴 침묵 속에 차를 달렸다. 우리의 침묵. 화가 난 건 그녀뿐이 아니었다. "차를 가져와야 했다." 아버지가 단호하게 말했다. "도둑질을 하는 놈들이야."

이어서 나는 무너져 버렸다. 그리고 끄는 것을 잊었던 나의 녹음기에 그 붕괴가 기록되었다. 몇 달 후 그 부분의 녹취를 기록하면서 나는 경악했다. 처음 10분 동안 자동차 소리가 단어들의 절반을 삼켜 버렸기 때문만은 아니었다. 나는 그날 집으로 돌아오는 길이 일종의 정점이었던 걸로 기억하고 있었다. 우리가 논리 정연하게 방 안의 악마와 사투를 벌여 드디어 문제의 해결책을 찾아냈던 어떤 순간으로 기억하고 있었던 것이다. 하지만 테이프를 틀었을 때 내가 들은 것은 끊어진 말들의 잡음, 끝나지 않는 문장들, 결론을 맺지 못하는 반복, 매밋 연극의 대사들,* 혹은 내 어린 시절의 중얼거림이었다.

수전　　…　그냥… 몇 분만… 더 있자고…

스테피　…　차를 훔쳤다고… 집도…

수전　　…　무슨 상관…

스테피　…　볼 것도 없고…

수전　　…　제대로 말도 안 해 줬으면서…

스테피　…　막무가내로 벨이나 누르고…

수전　　…　그런 게 아니고…

스테피　…　안으로 들어갔으면서…

수전　　…　집이 문제가 아니라…

우리가 체인브리지를 건너서 부다힐로 오르기 시작했을 때, 자동차 소리가 사라지고 녹음 내용은 좀 더 선명해졌다.

스테피　…　팔 자격도 없는 사람들한테 그 아파트를 샀으니까.

* 미국의 극작가이자 시나리오 작가로 유명한 데이비드 매밋은 빠르고, 영리하고, 신랄한 대화를 하는 독특한 문체로 유명하며, 그의 독특한 대화체를 '매밋 스피크Mamet Speak'라고 한다.

그건 도둑질한 거야. 날강도들이라고… 내 재산을 가져

갔어. 네 것이기도 하지….

수전 계속 그 얘기만 하잖아요, 하지만 내가 원한 건…

스테피 그놈들이 훔쳐 갔다고. 내가 왜… 감상적인 여행을 해야

하니?

수전 내가 하고 싶었던 건—

스테피 관심 없다고. 늘 어두운 집이었지.

수전 집이 문제가 아니라… 아버지가 나한테 말을 못하면…

스테피 지난 며칠간 계속 너한테 얘기했잖아. 여기까지 와서, 차

댈 곳도 찾고, 집도 보여 줬잖아.

수전 아니 왜… 아버지랑 딸이… 못해요? 나는 여기에 뭔가

있나 해서 왔는데…

스테피 그 집에 들어가기 싫다고.

수전 그 멍청한 집에 대해서는 그만 얘기해요.

스테피 내 집에서 쫓겨났다고. 쫓겨났어.

수전 그게 아니라—

스테피 네 엄마한테 쫓겨났어.

이것이 만약 집에 대한 이야기였다면, 그건 라더이 9번지에

대한 이야기가 아니었다. 다른 집이 있었던 것이다. 머나먼 땅,

머나먼 과거에, 미국식 베드타운에 있었던 그 규격주택 말이다.

그가 부모였고, 내가 아이였던 그곳. 우리가 결국 요크타운 하이

츠의 그날 밤에 다다랐을 때, 우리는 조용한 뒷길을 지나가고 있

었다. 테이프의 목소리가 분명했다.

스테피   … 그리고 너는 상관 안 했지. 나는 아무것도 잘못한 것
        이 없는데.

수전   아버지는―

스테피   온 가족한테 비난당했어, 알고 있니? 보통 가족은 서로
        뭉치는 거야. 아무 이유 없이 서로 싸우지 않아.

수전   이유가 있었잖아요.

스테피   가족은 함께 있는 거야. 나는 우리 부모가 재결합하게 했
        어. 내 가족을 지켰다고. 너는 네 엄마 편을 들고 나를 버
        렸지.

수전   왜냐면 아버지가―

스테피   내가 네 엄마를 집 밖으로 내쫓았다면 어땠겠니? 여자가
        집 밖으로 내쫓겼다면 말이야, 응?

수전   아버지가…

스테피   네 엄마가 만들어 낸, 사실도 아닌, 몇 가지 얘기들 때문
        에, 너는 나를 쫓아내야 한다는 네 엄마 말만 들었지. 순
        거짓말을. 왜인지 이해할 수가 없어.

수전   아버지가 때렸잖아―

스테피   나는 근육도 없는데. 내가 누굴 때렸다는 거냐?

수전   나도 거기 있었어. 아버지가―

아버지는 소리를 질렀다. 나도 그랬고, 또 울었다. 일론커는
내 쪽으로 와서 위로하는 '쉬쉬' 소리를 내면서 나의 팔을 도닥이
기 시작했다. 나는 팔을 휙 돌렸다.

스테피   폭력은 없었어. 나는 약하다고.

수전   그럼 어떻게―

스테피   경찰을 시켜서 나를 내쫓았지. **난 아무 잘못도 없는데.**

수전   **아버지가** 문을 부쉈잖아.

스테피   네 엄마가 내 인생을 망쳤어. 내 가족을 망쳤어.

수전   **아버지가**, 칼을 들고, 공격했으면서.

스테피   백만 년 전 일이야. 상고적 가족사를 이야기할 필요는 없지. 과거에 묻힌 일이야. 우리는 이제 다른 사람들이야.

수전   나는 아니야.

스테피   모든 일을 잊어버렸다. 심지어 그때는 나 자신도 아니었다고.

트럭이 옆으로 지나가는 동안 해독되지 않는 긴 구간이 계속되었다. 그리고 테이프는 끊겼다.

2부

10장
좀 더 다른 어떤 것

"실례합니다. 혹시…?" 나는 문장을 어떻게 마무리해야 할지 갈등하고 있었다. 멜라니세요? 멜이세요? 옆 테이블에 앉은 여자는 어깨가 넓은 샤넬 정장에 두툼한 귀고리를 착용하고 머리는 백발의 단발머리였다. 그녀는 누군가를 기다리고 있는 것처럼 두리번거리고 있었다.

"… 멜라니세요?" 마음을 정했다.

그녀는 고개를 흔들었다. 나는 다시 자리에 앉아 손님들을 살피고 그들의 젠더를 예측하며 은밀한 검사를 계속했다.

부다페스트에서 돌아온 지 한 주 정도 지났을 때였다. 그 한 주 정도의 시간 중 마지막 20분은 오리건주 포틀랜드 23번가에 있는 '커피피플'에서 한 번도 만난 적 없는 사람이 들어오기를 기다리며 보냈다.

"여자로 입고 갈지 남자로 입고 갈지 아직 모르겠네요." 우리가 약속을 잡을 때 멜라니 마이어스는 말했다. 멜라니는 3년 전까지는 멜이었다. 그는 3년 전에 아버지와 같은 의사에게 같은 수술을 받기 위해 태국으로 갔다. 멜라니는 이제 한 해 중 일부만 고향인 포틀랜드에서 보내고 있었다. "멜라니라고 부르렴." 아버지가 조언을 해 줬다. "말 그대로 네 코앞에 살고 있으니까 만나 봐. 책을 위해서 좋은 인터뷰 상대가 되어 줄 거다." 나머지 기간에 멜라니는 태국 푸켓에 살았는데, 그곳에서 트랜스섹슈얼들이 성전환 수술 후 회복기에 머물 수 있는 '멜라니의 코쿤' 게스트하우스를 운영 중이었다. 아버지도 수술 후 그곳에서 몇 주간 머물렀다. 멜라니는 아버지가 하나의 성별에서 다른 성별로 이동하는 장면에 함께 있었다. 나는 몇 년간의 공백을 두고, 아버지의 비포 앤드 애프터만 알고 있었다. 도시 외곽의 초超-가부장이었던 그에서 초-여성적인 주부가 된 그녀 말이다. 멜라니는 그 사이에 존재했던 무언가에 대해 알고 있었다. 내가 아버지의 이야기 속에서 이것 아니면 저것을 가르는 것이 아닌 어떤 유동성을 찾고 싶었다면, 멜라니야말로 경계 위의 아버지의 모습을 목격했을 터였다.

카페를 훑어보았다.

이쪽에 치마를 입은 '여자'는 한때 남자였던 사람이 아닐까? 저쪽에 양복을 입은 '남자'는 여자가 되었다가 이제 다시 '남자'로 돌아와 패싱*되려고 노력하는, 한때 남자였던 사람은 아닐까? 그렇게 둘러보다 보니, 모든 사람이 다 드랙**을 한 것처럼 보였다.

---

* 패싱passing은 비이성애자가 이성애자로 여겨지는 것, 이성애자인 척하는 것이 통하는 것, 혹은 MtF 트랜스 여성이 비트랜스 여성으로, FtM 트랜스 남성이 비트랜스 남성으로 무리 없이 간주되는 것을 말한다. 한국의 트랜스젠더 공동체, 퀴어 공동체 내에서도 '패싱'이란 용어가 통용되므로 여기서도 따로 번역하지 않고 그대로 사용했다.
** 드랙drag은 사회적으로 고정되어 있는 성역할에 따라 정해진 옷과 행동, 말투 등을 자신이 지정되지 않은 성에 맞춰 수행하는 것을 의미한다. 과장된 형태의 젠더 패러디로, 바나 클럽 등 퀴어 친화적 공간에서 펼쳐지는 드랙 공연을 '드랙쇼drag show'라고 한다. 드랙쇼에서 자신이 사회적으로 통

15분이 더 흘렀다. 커피피플의 문이 열리더니 중년의 남자— 혹은 '남자'—가 들어섰다. 짧은 샤기 커트 머리에 얇고 둥근 금속테 안경을 쓰고, 푸른색 줄무늬 드레스셔츠에 카키 바지를 입고 있었다. 둥근 얼굴에 앞니에는 로렌 허턴을 떠오르게 하는 사랑스러운 틈이 있었다. 그는 주저하면서 가게 안으로 몇 발자국 걸어 들어와 주위를 둘러보았다.

나는 조심스럽게 일어섰다. "혹시…?" 다행히도 그는 고개를 끄덕이며 다가왔다.

"멜이라고 불러 주세요." 악수를 건네면서 그가 말했다.

"남자였을 때 정말 잘생겼었죠." 멜은 아이스라테와 함께 자리를 잡고서 이야기했다. "그러니까 진짜 남자 말이에요…. 그러니까, 나는 이제 남자로 돌아가고 있어요. 하지만…" 그는 말이 엉키자 눈동자를 굴렸다. "미식축구 쿼터백을 떠올려 봐요. 크고 단단한 볼, 각진 턱, 찰턴 헤스턴, 말보로 맨 말이에요." 그는 팜파일럿 PDA를 꺼내어 옛날 사진을 찾아 클릭하기 시작했다.

"여자들이 좋아했죠. 하지만 나는 언제나 소녀가 되고 싶었어요. 여섯 살 때부터 꿈꾸기 시작했으니까. 여자가 된다는 것에 대한 모든 게 다 좋았어요. 다뤄지는 방식, 애지중지 보살핌 받는 거, 주목을 끄는 거. 남자로서도 그런 관심을 받을 수 있었다면 나는 수술하지 않았을지도 몰라요."

이야기를 하면서 그는 팜파일럿의 버튼을 눌렀다. "여기 어디 있을 텐데…." 그는 말했다. "사진을 정말 많이 갖고 있거든요. 수백 장이나 된다니까요."

하는 성별과 다른 성별을 연기하는 사람 중 여장을 하는 사람을 드랙퀸drag queen, 남장을 하는 사람을 드랙킹 drag king이라고 한다.

10장 좀 더 다른 어떤 것　213

"더 이상 그런 사각 턱이 아니잖아요." 나는 말했다. "그렇죠. 턱도 깎고 볼도 줄였으니까. 얼굴을 완전히 고쳤어요." 나에게 보여 주기 위해서 그는 앞머리를 뒤로 넘겼다. "이마에서 뼈를 몇 밀리 깎아 내고 티타늄 핀을 이마에 박았어요. 코랑 볼에서는 7밀리를 깎았고. 피부를 벗겨 냈죠. 기본적으로는 얼굴 자체를 벗겨 낸 거죠."

나는 움찔했다. "굉장히 아팠겠어요."

"얼굴을 바꿀 수 없었으면 수술 안 했을 거예요." 멜은 말했다. "광대가 될 수는 없으니까. 내가 여자 옷을 입고 다닐 거라면, 진짜 여자가 되어야죠. 미국에서 안면 성형에 가장 뛰어난 의사한테 갔어요. 샌프란시스코의 더글라스 오스터하우트 박사. 그 사람이 실제로 FFS를 개발했어요." FFS란 Facial feminization surgery, 즉 안면 여성화 수술이었다. "사람들 말에 따르면 박사 자신의 이상형에 기초해서 만들었다고 하더라고요."

나중에 나는 인터넷에서 오스터하우트를 찾아보고 환자들의 비포 앤드 애프터 사진, 유튜브 광고 동영상, 그리고 그의 마법과도 같은 손길에 대한 환자들의 추천사도 발견했다. 그의 환자 중 한 명인 디앤이 운영하는 웹사이트는 오스터하우트 박사의 업적을 칭송하고, FFS에 대해서도 "당신의 꿈을 이룰 수 있는" 길이자, 당신이 "당신 자신인 여성 그대로 패싱될 수 있도록 해 준다. 오스터하우트 박사는 당신의 외모를 개선해 주며, 덕분에 당신이 거울에서 보고 싶은 그 모습 그대로 사회 안에서 어울리고 있다고 느끼게 된다"고 상찬했다.

"3만 2000달러가 들어요." 멜이 말했다. "얼굴 수술에만." 그는 가슴과 성기 수술, 모발 이식, 발성법 교육, 그리고 더 넓은 옷장을 마련하는 데 그보다 훨씬 더 많은 돈을 썼다. "나는 포틀랜드 베스트 트랜스젠더 광고 포스터에 나올 법한 사람이었죠."

그가 팜파일럿을 들었다. "봐요, 여기 있네. 못 알아보겠죠?"

요란하게 광고했던 것처럼, 원래의 멜은 고등학교 쿼터백처럼 보였다.

그는 몇 장의 사진을 더 클릭했다. "이거 봐요." 사진 안에는 여자 세 명이 팔짱을 끼고 서 있었는데, 두 명은 작은 태국 여자들이었고, 다른 한 명은 그들보다 훌쩍 큰 백인 여자였다. "내가 이 사진을 남동생한테 보여 주니, '가운데 여자는 누구야?' 하고 묻더군요. 그래서 내가 말했죠. '그게 나야.'"

"가족들은 어떻게 받아들였어요?"

멜은 잠시 동안 조용했다. "딸은 더 이상 나랑 이야기하지 않아요." 그는 팜파일럿을 내려다보았다. "어디 딸애 사진이 있을 텐데." 한동안 뒤적거리더니 포기했다. "이 안에 사진이 600장 들어 있어요." 그가 미소 지었다. 멋쩍어하는, 치아의 벌어진 틈이 드러나는 웃음이었다. "대부분이 내 사진이에요. 처음 커밍아웃 했을 때, 정말 좋았어요. 가장 좋은 메이크업에, 가장 비싼 가발에, 노드스트롬 백화점에서 산 아름다운 옷들을 입었어요. 늘 주목을 끌었죠."

"지금은요?"

"뭐, 꿈을 꾼 셈이에요. 정말 즐거운 3년간의 꿈. 이제 현실로 돌아왔어요."

수술 후 멜라니는 상업 인쇄물 영업 사원으로 일했던 직장을 잃었다. 그녀는 해고의 이유가 성전환 때문이 아니었나 의심했다. "상사가 내가 넣은 주문을 제때에 배달해 주지 않아서 고객이 많이 떨어져 나갔는데, 그걸로 해고를 했어요." 영업을 하기 전에는 10년 동안 석판인쇄 암실에서 일했다. "메이시스, 노드스트롬, 니먼마커스 같은 백화점의 대형 카탈로그에 들어가는 사진들을 조작했어요. 밝게 만들고 어둡게 만들고. 당신 아버지가 했다던 일과 비슷한 일을 했죠." 두 사람은 이전에 했던 일에 대해 이야기 나눈 적이 없었다. 그건 과거의 일이었으니까. 멜은 이제 "먹고 죽으려고 해도 없을 정도로 파산"했다. 콘도도 잃기 직전이고, 텔레마케팅 아르바이트를 하고 사이버대학 '원격학습 기회'를 판매하면서 생계를 유지하려 노력 중이었다. 그는 좀 더 보수가 많은 직업을 애타게 찾고 있었고, 그럴 확률을 높이기 위해 면접 때는 [멜라니가 아니라] 멜처럼 차려입었다. 그러면서 그는 영업 분야에서 여성은 성차별에 봉착할 수밖에 없다고도 말했다.

한편으로 그는 외로웠다. 푸켓에서 칵테일 바 종업원으로 일하고 있는 오랜 태국 여자 친구와 합치기를 바라고 있었다. 이미 그녀가 미국으로 와서 함께 살기로 계획했지만, 여자 친구는 그린카드 혹은 미국 남자와의 결혼 증명서가 없이는 미국에 머물 수가 없었다. 멜은 그녀와 결혼하고 싶었다. 그러나 그가 성전환 수술을 받았기 때문에 가능성은 사라졌다. (적어도 2004년에는 그랬다.)* 게다가 "여자처럼 차려입는 흥분 말이에요. 이제는 더 이상 그렇게 재미있지 않아요. 진짜가 아니었어요. 그저 인정을 사는 것일 뿐이에요." 지난 몇 달 동안 멜은 '남자로 다시 돌아가는 서류를 준비'하는 방법을 알아보기 시작했다.

"하지만 그게 당신이 느끼는 당신이라면요?" 내가 물었다. "여자 말이에요."

* 미국에서는 2016년 연방차원에서 동성 결혼이 합법화되었다.

"그 문제에 대해서는 생각하고 싶지 않아요." 멜은 나를 곁눈질로 쳐다보았다. 그는 인터넷에서 나에 대해 알아보았다고 했다. 내가 페미니스트라는 사실을 알고 있었고, 그러므로 내가 젠더 구분을 믿지 않을 거라고 짐작했다. "하지만 남자와 여자 사이에는 차이가 있어요." 그가 말했다. "여성적 본성이라는 것이 있다구요."

"그래서 당신한테는 여성적 본성이 있나요?"

멜은 천천히 그의 팜파일럿에 있는 다른 사진들을 클릭했다. 튜브톱을 입은 멜라니. 미니스커트와 높은 굽 신발을 신은 멜라니. 끈이 없는 이브닝 가운을 입은 멜라니. "모르겠어요." 그가 결국 말했다. "예전에는 그렇다고 생각했죠. 이제 나는 스펙트럼이 있다고 생각해요. 나는 그 한가운데에 있는 거죠. 5점이라고 할까요. 나는 중성인 것 같아요." 그는 푸켓의 야자수 나무 아래에서 짧은 반바지를 입고 여자 친구와 팔짱을 끼고 있는 멜라니의 사진에서 멈췄다.

"나는 중성인 것 같아요, 하지만 중성이 되고 싶지는 않아요." 그는 말을 이어 갔다. 그의 시선이 고통스러워 보였다. "사람들은 구분 없이는 살아갈 수가 없어요. 경계에 있는 사람들조차 구분이 필요하죠. 그래야 경계에 있을 수 있잖아요. 정체성이 있어야 해요."

* * *

포틀랜드는 1990년대 초반, 이 지역의 성형외과 의사 토비 멜처 박사가 미국에서 성별 재지정 수술을 하는 의사 스무 명 중 하나로 떠올랐을 때부터 트랜스섹슈얼의 목적지 같은 곳이 되었다. 그는 2003년 보수적인 소유주가 병원을 인수하고 난 뒤 환자를 받을 수 있는 권한을 빼앗겨서 애리조나 스카츠데일로 자리를 옮기기 전까지, 수천 명의 수술을 집도했다. 포틀랜드로 이사했던 초창기에, 집 근처 슈퍼마켓 앞에서 나는 성전환 치료를 받는 환자들이 호르몬 치료 후에 커피를 마시는 모습을 종종 보았다. 근처 술집 몇몇은 트랜스섹슈얼의 보루였고, 포틀랜드 공공도서관의 서가에는 성전환 현상을 다루는 책이 생각보다 많이 구비되어 있었다. 첫 부다페스트 여행을 마치고 돌아왔을 때, 나는 나무 패널로 장식된 도서관 열람실, 근엄한 도시의 설립자들을 그린 유화 아래에서, 소장도서 305.3. 306.76. 617.520592 등을 훑었다. 듀이 십진분류법은 정체성 '혼란'과 성별 재지정 수술을 이 구역에 구분해 놓았다. 서고를 돌아다닌 며칠 뒤, 나는 그 숫자들을 외웠다.

포틀랜드 도서관의 메일투피메일Male-to-Female(이하 MtF) 트랜스섹슈얼(피메일투메일 Female-to-Male, FtM 관련 책은 극히 적었다) 관련 소장 도서에는 자전적인 내용이 압도적으로 많았다. 이례적인 일은 아니었다. 회고록은 트랜스섹슈얼 문학에서 선호하는 장르다. 그중에서도 수술 전 기억들을 이제는 더 이상 존재하지 않는 다른 사람의 이야기처럼 그린다는 점에서, 특별한 형태의 회고록이었다.

이런 삭제는 최초의 근대적 트랜스섹슈얼 회고록이라고 할 수 있는 『여자가 된 남자 Man into Woman』에서 시작된다. 이 책은 덴마크 화가 에이나르 베게너가 릴리 엘베가 되는 전환 과정을 담은 1933년의 기록이다. "그녀에게 과거는 있을 수 없었다. 과거에 있었던 모든 것은 이제는 사라진, 이제는 죽어 버린 그 사람에게 속한다." 그로부터 20년 후, 스피트 파이어*의 조종사이자 카레이서로서 '사나운 남자'였던 로버타 카월 역시 『로버타 카월의 이야기 Roberta Cowell's Story』에서 이렇게 썼다. "나의 인격은 완전히 새로운 사람이 되었다." 그리고 이 책은 이런 말로 마무리된다. "과거는 잊혀졌다. 미래는 중요하지 않다. 그리고 눈부시도록 행복한 현재는 내가 꿈꿨던 것보다 더 근사하다." 잔 모리스는 이제는 고전이 된 1974년 작품『수수께끼 Conundrum』에서 강인한 등산가이자 기병대 사관에서 수더분하고 나이 지긋한 부인으로 전환된 과정을 기록했다. 이 책에서 작가는 수술 전 이제 곧 과거가 되어 버릴 제임스에게 마지막 인사를 고한다. "나는 거울 속 내 자신에게 마지막 인사를 하러 갔다. 이제 다시는 만나지 못할 터였다."『세컨드 서브 Second Serve』에서 유명한 테니스 선수 르네 리처드(전 리처드 래스킨드)는 그녀의 1975년 수술에 대해서 "그 녀석을 꺼 버렸다"고 쓴다. 그녀가 수술대 위에서 느낀 고통은 "리처드 헨리 래스킨드가 죽음을 맞이하는 격통"이었다. 수술 후의 상태는, 많은 회고록 작가들이 쓰고 있듯이, 원래의 출생을 재설정하고 대체하는 '제2의 삶'이었다.

내가 읽은 책의 비포 앤드 애프터 서술은 종종 지옥과 천국을 묘사하는 듯한 용어들을 사용했다. 비포의 경우에는 자기 원망과 자해, 수치심, 자살 시도 등의 불길이 일었다. "나는 덫에 빠졌다, 산 채로 묻혔다." 훈장 수훈 군인이자《시카고 트리뷴》의 통신원이었던 낸시 헌트는 그녀의 1978년 회고록『거울상 Mirror Image』에서 자신의 남성 신체에 대해서 이렇게 썼다. "나는 저주받아서 그 혐오스러운 틀에 영원토록 감금되었다." 로버타 카월의 이야기에는 수술 전의 수십 년—"차라리 미쳐 버렸으면 했던" 시절의 "검은 우울"과 "절망적인 비참"—이 가고, 수술

---

* 제2차 세계대전 때의 영국 전투기.

후 "배려심 많은" 신사와 함께 "완벽한 꿈"과 같은 낭만적인 저녁을 보내고, "여자들만 참석하는 티 파티"에서 더 친절한 성별과 함께 가벼운 수다를 떠는 고상한 오후를 보내게 되었다. 수많은 경우에서, 이런 이야기들의 '애프터'는 저녁 데이트나 우리— 여자들—끼리 하는 파자마 파티와 같이 더없이 행복한 시간들이었다. "나는 첫 데이트로 흥분한 소녀 같았다." 론다 호이먼은 그녀의 1999년 회고록 『론다: 내 안의 여자 *Rhonda: The Woman in Me*』에서 여자로 '다시 태어난' 것에 대해 이렇게 썼다. "결혼을 준비하는 신부처럼(이 일도 곧 경험해 볼 수 있게 되겠지)."

이런 식의 "변해라 짠!" 하는 전환 스토리는 고등학교 때 같은 반이었던 복음주의자 친구들 사이에서 돌곤 했던 회심의 일화들을 떠올리게 했다. 『십자가와 칼 *Cross and the Switchblade*』에 등장한 전형적인 문구들이 젠더 구원—죄인에서 구원받은 자로 재탄생—에도 그대로 적용되었다. 혹은, 젠더 용어로 하자면, 비정상적이고 음탕한 남자에서 얌전한 가정의 천사로의 재탄생이랄까. "음란하고, 터무니없고, 역겨웠다." 크로스드레서 남성이었던 스스로에 대해서 헌트는 이렇게 말했다. 수술은 그녀를 그런 음란함으로부터 '구조'했다. 그녀는 수술을 아직 하지 않은 동료들에 대해 이렇게 썼다. "나는 그들 때문에 슬퍼했다. 그들이 저주받는 동안 내가 구원받았다는 사실에 대해 죄책감을 느꼈다." "하지만 나는 나의 구원이 대단히 기뻤다."

특히 첫 세대 회고록에서 재탄생은 자주, 그저 여자로서가 아니라, 진정한 여성성 숭배의 모든 낡고 진부한 수사에 걸맞은 여자로서의—순종적이고, 순결하고, 변덕이 심하고, 수동적이고, 무기력한 여자로서의—삶으로 되돌아온 것을 의미했다. 『여자가 된 남자』에서 릴리 엘베는 수술 후 스스로를 의사의 관리

EINAR WEGENER (ANDREAS SPARRE), 1924

LILI, PARIS, 1926

아래서만, 그러니까 "보호자 겸 옹호자인 어떤 사람의 강한 의지가 나와 바깥세상 사이에 서 있는 곳"에서만, "안전함"을 느끼는 "완전히 무방비 상태에 놓인 생명체"로 묘사한다. 성기 수술과 호르몬요법은 눈에 띄게 새로운 신체뿐만 아니라 새롭고 여성스러운 인격을 만들어 냈다. 혹은, 낡고도 낡은 스테레오타입을 만들어 냈거나. 로버타 카월은 갑자기 쉽게 얼굴이 붉어지고, 감성적인 영화나 소설을 보면서 울게 되었으며, "강한 모성적 본능"과 "가사에 대한 새롭고 강한 흥미"가 생긴데다가, 글씨체는 "둥글고 깔끔"해졌고, "초콜릿"에 대한 열망이 생겼다고 쓰고 있다. 그뿐만 아니라 그녀는 "정신적 과정"이 느려지고, "필요할 때에도 자제력을 발휘하기가 어려워졌다." 새롭게 얻게 된 무능력은 잔 모리스 역시 괴롭혔다. 그녀는 기사도에 매혹되는 자신을 발견한다. 그리고 전구를 갈아 끼우기가 어렵다는 사실에 당황한다. 이전의 짐 모리스는 에드먼드 힐러리 경과 함께 에베레스트 산을 오르고 여왕 왕실 수색연대 9기로 5년을 보냈는데, 이제 와서 차를 후진 주차하거나 병뚜껑을 따는 데도 어려움을 느끼는 척하고 "확실히 힘이 약해"지고 "내성적이고, 누군가 이끌어 주기를 바라며, 더 소극적"이 되었으며 옷 쇼핑을 더 많이 하고 싶어졌다고 주장하는 것이다.

나는 요즘 훨씬 더 감정적이다. 쉽게 울고, 슬픔이나 아첨에 터무니없이 약해졌다. 큰 사건들에 관심이 없어졌다고 느낀다. (확실히 이야기할 수 있는데, 성별이 바뀌면서 나는 새로운 관점을 가지게 되었다.) 나는 작은 문제들에 대해 새로운 관심이 생겼다. 내 시야는 좁아졌다.

내 생각에는 이제 내가 더 단순한 관점을 갖게 된 것 같다. 어쩌면 아이들에 더 가까워진 것인지도.

그들이 자신의 모습이라고 생각했던 여자들은 내가 언제나 거짓이라고 생각했던 종류의 여성성과 정확하게 일치하는 것 같았다. 나는 론다 호이먼의 1999년 회고록에 실린 부록에서 "론다의 열 가지 팁!"이라는 섹션을 발견했을 때 민망함으로 움츠러들었다. ("세 번째 팁: 더 이상 비누로 얼굴을 씻지 마세요. 스킨케어 클렌징 제품을 사용하고, 매일 수분을 공급해 줘야 해요." "네 번째 팁: 당신이 가장 자주 사용하는 립스틱 라인과 손톱 색깔을 맞추세요. 그리고 가능하다면 세 개의 아이템, 예컨대 신발, 벨트, 지갑 같은 아이템들과 맞춰서 코디하세요. 중요한 것은: 첫째도 액세서리, 둘째도 액세서리, 셋째도 액세서리랍니다.")

나는 트랜스섹슈얼과 페미니스트 사이의 존재하는 이른바 적대감에 대해서 알고 있고, 또 익숙했다. 혹은 트랜스젠더 옹호자들이 경멸적으로 말하기도 하는 '트랜스 배제 급진적 페미니스트 trans-exclusionary radical feminist, TERFs'에 대해서 말이다. 내가 아는 한, 이런 꼬리표는 (이제는 더 이상 열리지 않는) 미시건여성음악축제 Michigan Women's Music Festival, MWMF*에서 여전히 트랜스섹슈얼들의 입장을 막고자 했던 소수의 베테랑 분리주의자들이나,

---

* 흔히 MWMF 또는 미치페스트 Michfest 라고 불리는 '미시건여성음악축제'는 1976년부터 2015년까지 미시건주 오세아나 카운티에서 매년 개최되었던 페미니스트 여성 음악축제다. 이 행사는 스태프와 관객 모두 여성만이 참여할 수 있다. (남자 아동과 유아는 참여 가능하다.) MWMF의 명시적 방침은 '생물학적 여성만' 여성으로 인정하면서 트랜스 여성을 배제하는 것으로, 인권운동센터, 국립레즈비언권리센터, LGBTQ 태스크포스 등을 비롯하여 다양한 퀴어 단체와 인권 운동 단체로부터 비판을 받았다.

재니스 레이먼드의 1978년 선언문 『성전환 제국: 쉬메일의 탄생 *The Transsexual Empire: The Making of the She-Male* 』의 팬들 정도에게나 들어맞는 말이다. 레이먼드의 책은 좀 더 교묘한 생각들을 발전시키면서 MtF 트랜스섹슈얼을 여성의 공간을 침략하고, "양육에서 여성의 자리를 대체하고", 여성의 몸을 전유함으로써 은유적으로 여성을 '강간'하는 괴물로 묘사했다. 나는 진부한 트랜스섹슈얼리티를 매도하는 진부한 페미니스트의 틀에 나를 구겨 넣고 싶지 않았다. 하지만 내가 읽고 있던 회고록에 등장하는 페미니스트를 향한 공격은 트랜스젠더를 공격하는 이들과 동맹을 맺지 않는 나의 위치를 조금도 편하게 만들어 주지 못했다. "무엇으로부터의 해방을 원하는 건가?" 낸시 헌트는 『거울상』에서 여성해방운동에 대해서 쓰고 있다. "여성성의 품위와 자유와 아름다움과 풍부함 감정으로부터?" 이는 세월이 갈수록 점점 더 강해지는 확신이었다. "여성성을 제물로 삼는 것은 여성운동의 아킬레스건이 되었다." 줄리아 세라노는 그녀의 유명한 2007년 선언문인 『휘핑 걸: 성차별당하는 트랜스섹슈얼 여성과 여성성을 제물로 삼기 *Whipping Girl: A Transsexual Woman on Sexism and the Scapegoating of Femininity* 』에서 이렇게 쓰고 있다. (이 책은 페미니스트 출판사인 실프레스에서 출간되었다.) 세라노는 여성성이란 것은 인위적이라는 페미니스트의 가정은 "자아도취적"이고 "오만"하며 "뻔뻔스럽게 여성혐오적"이고, "여성성을 편안하게 느끼는 사람들을 깔보는 듯한" 태도를 보인다고 썼다. 세라노는 해방론자의 용어를 사용하여 여성성을 옹호하고 있지만, 총알은 이상하게 튕겨져 나온다. 그녀에 따르면 다음의 이유에서 페미니스트들은 전통적인 여성성을 공격한다. "페미니즘에 가장 강하게 끌리는 여성들 중 많은 이들이 전통적인 여성의 성역할이 구속적이고 자연스럽지 않다는 사실을 발견한 사람들이다. 많은 경우에, 이는 젠더 표현의 예외적인 형태들 쪽으로 향하는 그들 자신의 성향 때문이다." 이 말을 좀 덜 예의 있게 표현하면, 페미니스트들은 여성스럽지 않기 때문에 페미니스트가 된다는 케케묵은 남성 쇼비니스트의 유언비어와 같은 의미가 된다.

도서관의 서가를 서성거리면 서성거릴수록, 그리고 더 많은 책들을 보면 볼수록, 소녀 취향의 말투, 스웨터 세트를 입고 댄스파티에 가는 순진한 여고생 같은 표지 이미지, 옛날 여성 위생용품 광고의 앙증맞은 대본이 반복되는 듯한 각 장의 제목들에 반발하게 되었다. 이 수많은 연대기에서 옹호하고 있는 성별 정체성은 과격하게 건전하고, 어린아이 같고, 종종 지나치게 얌전을 빼며, 기이하게 거세되어 있었다. 예전에는 남자였던 저자들은 호색으로 수치심과 고통에 떨면서 이국적인 란제리 통로를 헤매고 다녔지만, 이 새로운 소녀는 남자와 팔짱을 끼는 것에 감사하며, '야한 농담'에는 당황하고, 구두와 가방이 서로 어울리지 않으면 부끄러워하는, 세심한 예의범절을 아는 순수한 아가씨였다. 나는 아버지에 대해 생각했다. 그녀가 이제는 '정숙한' 숙녀복을 입는다며 복도 옷장에 처박아 놓고 경멸했던 그 온갖 현란한 매음굴 복장과, 그녀가 출력했던 그 모든 픽션마니아의 성적 판타지가 어떻게 벽장 선반에 숨겨져 있었는가에 대해서 말이다. 에고와 이드, 그리고 정체성이 욕망과 갈라서는 것이 정말 그렇게 간단한 일인가? 회고록에 이은 또 다른 회고록들에서, 성인의 성심리적이고 정신적인 복잡성은 사라졌다. 요부는 어린아이 같은 성 발달 이전의 순수함을 지닌 처녀가 되었다. (두 번째 유년기는 내가 정독했던 수많은 트랜스 판타지 웹사이트의 주요 주제이기도 했다. 픽션마니아의 가장 방대한 범주 중 하나는 '연령 퇴행'이었다.) 2006년 회고록인 『랩 인 블루: 발견의 여행 *Wrapped in Blue: A Journey of Discovery* 』에서 도나 로즈는 그녀의 변화를 축하하기 위해 어머니가 병원으로 가져온 선물을 받고 얼마나 행복했는지 회고한다. (책 표지 사진은 파란색 벨벳을 어깨에 걸치고 장미 한 송이를 든 금발의 옆모습이었다.) 선물은 '분홍색 곰 인형'과 '딸이에요!라는 문구가 쓰인 시가 모양의 핑크색 풍선껌'이었다. 로즈는 당시 마흔한 살이었다.

그리고 나의 아버지는 76세였다. 도서관에서 보낸 시간이 그녀의 결정을 이해하는 데 도움을 줄 것이라고 기대했었다면, 이 책들은 완전히 다른 결과를 불러왔다.

디어드리 맥클로스키의 1991년 회고록 『크로싱 *Crossing* 』은 좀 더 긍정적으로 시작한다. "남자와 여자가 '어떻다'고 비교하면서도, 나는 다른 여성들을 곤란하게 만들어 온 정형성이나 본질주의를 강화하려는 것은 아니다. 여성들은 언제나 더 다정하지도 않고, 일에 대한 관심이 덜하지도 않다." 그리고 그녀는 일을 하는 트랜스 여성은 "일을 계속하려고 노력하고, 하루 종일 쿠키를 굽고 차 한 잔 하면서 가십을 떠드는 1950년대식 천국으로 용해되어 들어가지도 않는다"고 쓴다. 그러나 경제학 및 역사학 교수인 맥클로스키조차, 남성의 천박함이나 여성들이 "샤블리를 홀짝거리고", "집안일에 몰두"하며, 편안한 "여자 대 여자" 수다를 즐긴다는 등 전형성에 기대는 비유들로 나아가기 시작했다. 그녀는 자신의 새로운 여성스러운 행동들을 목록으로 정리한다. 전쟁 이야기를 싫어하고, 스포츠가 지루하며, "여성 작가들의 소설"을 읽고, 요리를 즐기며, 매일 아침 침대를 정리하고 싶고, "만나는 모든 아이들에게 흠뻑 빠지고", "누군가를 위해 카드를 사고, 이웃집 찰스를 위해 미트로프를 만드는 일처럼 여성들의 소소한 친절들을 사랑, 그저 사랑한다." 그리고 쇼핑을 너무나 좋아한다. "그녀가 할 수 있는 거라고는 100달러 하는 예쁜 이탈리아제 플랫 슈즈를 제값에 사지 않는 일 정도였다." (맥클로스키는 자신을 3인칭으로 칭한다.) 책의 챕터 하나는 온통 메이크업에 집중하고 있다. "아이라이너: 로레알 리퀴드는 그녀의 화장품들 중에서도 가장 좋은 아이템이었다. 그녀는 1950년대 스타일로 아이라인을 그렸다."

내가 주춤하는 것은 잘못된 일일까? "그 사람들이 자서전을 쓰던 때가 그들 삶에서 어떤 시기였는지, 생각해 볼 필요가 있어요." 내가 이런 달달하고 톡톡 튀는 이야기들에 불편함을 표현했을 때, LGBT 역사가이자 MtF 트랜스섹슈얼인 수전 스트라이커*가 이렇게 말했다. "성전환 과정을 겪고 있을 때, 그건 일종의 청소년기와도 같은 거예요. 다른 사람들은 열두 살 때 겪었던 일들을—예를 들면 '이 아이새도를 바르면 내가 더 예뻐 보일까?' 혹은 '나한테 어울리는 스타일은 뭐지?'—지금 겪고 있는 셈이지요. 새로운 종교로 개종을 한 거나 마찬가지랄까요." 이해할 만한 이야기였다. 개종자의 찬가라. 나는 메이블린 화장품으로 겪었던 참사들이 떠올랐다. 그러면서 사춘기 시절 열성적이던 화장과 꾸밈이 [화려하게 장식하는] 글리터일 뿐 아니라 [본색을 감추는] 컨실러이기도 했다는 점도 기억해 냈다.

확실히 크리놀린**과 단단히 동여맨 허리끈 아래에는 더 복

---

* 수전 스트라이커 Susan O'Neal Stryker(1961~   ). 미국의 젠더와 섹슈얼리티 이론가. MtF 트랜스섹슈얼. 현재 애리조나대학교에서 젠더와 여성학과 부교수 겸 LGBT연구소 소장을 맡고 있다. LGBT 역사와 문화에 대한 다수의 책을 썼고, 한국에는 『트랜스젠더의 역사』가 번역 출간되어 있다.
** 과거 여자들이 치마를 불룩하게 보이게 하기 위해 안에 입던 틀.

잡한 드라마가 있다. 그건 필요, 욕망, 열망, 그리고 두려움이 집합되어 있는 이야기였을 터다. 만약 그렇다면 이 서술들로부터 무언가를 예측하는 것은 불가능한 일이었다. '나는-언제나-여자였어요'라는 하나의 플롯은 인간 정신의 상반된 흐름들을 반영할 수 있는 다른 모든 동기들, 젠더에만 국한되지 않은 다른 동기들을 압도해 버린 것처럼 보였다. 어느 정도 자기 성찰을 해내는 회고록은 어디에 있을까? 나는 "남자로 살았던 과거에 저지른 죄에 대한 면죄부를 찾기 위해서 나의 순수함을 갱생시켜 주는 여성성을 찾고 있었던 것은 아닐까?"라든가, "나는 억압당하는 자로서 누릴 수 있는 도덕적 위상을 갈망하고 있는 것은 아닐까?"라든가, 혹은 "특별한 존재, 칭송받는 존재, 사랑받는 존재가 되고 싶어서 여자가 되려는 것은 아닐까?" 등 작가가 스스로에게 질문을 던지는 이야기를 찾아 헛되이 헤맸다. 개인의 역사, 모든 개인이 저마다 경험하는 특별한 투쟁, 실망, 삶에 대한 열망, 이 모든 것이 '정체성'이라고 이름 붙은 하나의 유리병에 깔끔하게 들어갈 수 있을까? 프로이트 이후, 심리요법의 기술은 표면상으로는 통합되어 있는 것처럼 보이는 성격의 다양한 면모를 파헤치는 데 집중했다. 에릭슨 시대 이후로는 정체성에 대한 탐구의 상당 부분이 정반대의 목적을 추구했다. 심리적인 복잡성을 줄이고 모든 것을 설명할 수 있는 광범위한 한 방을 찾는 데 집중한 것이다. 그리고 이는 한 사람의 삶 전체라는 이야기를 하나의 정체성 유형으로 축소해 버린다. 하지만 '정체성'이 '심리학'과 의절하는 데 쓰인다면 무슨 일이 벌어질까? 그 정체성을 에릭슨이 경고했던 '전체주의'가 되지 않도록 해 주는 것은 무엇인가?

"각각의 모험은 정확하게, 성적 경험의 하나의 극에서 다른 극으로 이동한다." 샌디 스톤*은 1991년에 쓴 진심 어린 호소, 「'제국'의 역습: 포스트-트랜스섹슈얼 선언문」에 이렇게 썼다. "섹슈얼리티 연속체 사이에 놓인 어떤 공간이 있다면, 그건 보이지 않는다…. 물론 페미니스트 이론가들은 의심할 것이다. 제기랄, 나도 의심스럽다." 미디어 이론가이자 MtF 트랜스섹슈얼인 스톤은 내가 읽었던 초창기 트랜스 자서전들을 읽었고 나처럼 실망했다. "모든 작가들은 무엇이 여성다움을 구성하는가에 대한 남성들의 전형적인 설명을 그대로 복제하고 있다. 드레스, 화장, 그리고 피를 보자마자 연약한 것처럼 기절하는 것 등." 그녀는 모든 회고록이 "남성 페티시이자 사회적으로 강요된 역할에 대한 복제로서 '여성'을 비슷하게 묘사한다"고 썼다. 그리고 그들 스스로를 '개구리에서 공주가 된' 동화 속 여주인공에 투사하고 싶어 안달이 났다고도 썼다. 누구도 초-여성적인 여성과 초-남성적인 남성 사이에 존재하는 것을 상상하려 하지 않았다. 스톤의 연구는 문학의 한계에 도전하며 스스로를 '젠더 무법자'라고 주장한 일군의 새로운 트랜스젠더 작가들에게 문을 열어 주었다.

「'제국'의 역습」은 원래 『성전환 제국』에 대한 반박의 글로 기획되었다. (이 책에서 레이먼드는 스톤이 한때 남자였다는 사실을 알리지 않은 채 70년대에 여자들만 참여한 음반 제작사에

---

* 샌디 스톤Sandy Stone(1936~   ).은 미국의 미디어 이론가 겸 작가, 퍼포먼스 아티스트다. MtF 트랜스섹슈얼. 그녀는 현재 오스틴 소재 텍사스 대학교의 라디오-TV-영상학과에서 뉴미디어이니셔티브ACTLab의 소장 및 부교수를 맡고 있다.

서 일했다는 이유로 그녀를 혹평했다.)* 그리고 좀 더 광범위하게는 트랜스섹슈얼리티를 (페미니스트 신학자 매리 댈리의 용어로 하자면) '프랑켄슈타인 현상'으로 여겼던 한 줌의 70년대 페미니스트 분리주의자들에 대한 반박이었다. 반격을 준비하는 과정에서 스톤은 내가 읽었던 회고록에서 무시된 수많은 질문들, 부다페스트에서 나를 괴롭혔던 질문들, 그리고 아버지가 회피하려고 했던 질문들과 대면했다. 트랜스섹슈얼은 '이전의' 자아와 어떤 관계를 맺어야 하는가, 그리고 당신의 과거를 삭제한다는 것은 무엇을 의미하는가? 당신이 그 성별이라고 믿는 성별처럼 '보이도록' 신체를 변형시킴으로써 당신은 여성성과 남성성에 대한 완고하고 성차별적인 이해에 동조하는 것인가? 아니면 당신은 그런 변형을 통해서 생물학이 운명이 아님을, 그리고 '트랜스'는 젠더에 쳐진 경계선을 단순히 건너는 것을 의미하는 것이 아니라 젠더 자체를 초월하는 것이라는 사실을 보여 주고 있는 것인가? 스톤은 결론짓는다. 트랜스섹슈얼리티의 가치가 '패싱'에 있는 한, 트랜스섹슈얼들은 "살아온 경험들의 복잡성과 모호성을 진정으로 재현할 수 있는 능력"을 스스로 부정하게 된다. 이 말은 에릭슨의 명료한 구문을 떠올리게 했다. "다양하고 때로는 모순되는 인생의 국면과 단계들"이 폐기되거나 억압되면, 이는 전체주의로 귀결된다.

　　스톤은 트랜스 여성 자매들에게 그들의 실제 삶의 이야기

* 샌디 스톤이 일했던 음반 레이블은 1973년 워싱턴 D.C.의 급진적 레즈비언 페미니스트들에 의해 설립된 여성 음악 음반 레이블 올리비아 레코드Olivia Records였다. 스톤은 1974년에서 1978년까지 음향 엔지니어로 일하다가, 트랜스젠더가 레즈비언 회사에서 일하는 것에 대한 논란이 불거지자 사직했다.

를 되찾아 그것으로 성별 이분법의 단단한 벽을 부수고 내리칠 것을 요구했다. "트랜스섹슈얼들은 자기 역사에 책임을 져야 한다. 그것은 자기들 삶을 말소의 연속이 아니라 차이를 재전유하고, 새롭게 조형되고 기입된 몸의 힘을 탈환하는 정치적 행위로서 기록하는 데서 출발한다." 스톤은 그들 자신을 '여성'이나 '남성'이 아닌 무언가 잡종적인 것으로 규정하자고 제안한다. 그들의 존재 자체가, 두 개의 성에 고정되어 있는 이 세계의 근본적인 가정을 위협하는, 비결정적이거나 다층적인 젠더의 대변자가 되어야 한다는 것이다. 다른 말로 하자면, 그들은 '괴물의 약속'을 수용해야 한다. (이 표현은 스톤이 그녀의 멘토인 「사이보그 선언문」을 쓴 도나 해러웨이에게서 빌려 온 것이다.) 트랜스섹슈얼을 비난하는 말이었던 프랑켄슈타인이라는 딱지는 그들의 해방의 원천이 될 수도 있다. 스톤은 1999년 다큐멘터리 〈젠더 너츠〉에서, 성별 이분법 너머를 보는 것은 "최고의 행위다. 왜냐하면 그것이야말로 자아 발견을 위한 첫걸음이기 때문이다. 우리의 자아, 나의 자아, 당신의 자아, 심오하고도 중요하게 우리가 누구인가를 발견할 수 있는 첫걸음 말이다"라고 분명하게 말한다.

'괴물의 약속'은 트랜스젠더학이라는 새로운 연구 분야를 개척한 또 다른 구성원인, LGBT 역사학자 수전 스트라이커에게 영감을 주었다. "내가 할 수 있는 한 직설적으로 말해야겠다." 그녀는 1994년에 나온 중요한 에세이에서 그녀에게 쏟아졌던 욕설을 차용하면서 쓰고 있다. "나는 트랜스섹슈얼이다. 따라서 나는 괴물이다." 그녀는 자신의 선언문을 "샤모니 마을 위에 사는 빅터 프랑켄슈타인에게 바치는 글"이라고 이름 붙였는데, 이는 메리 셸리의 『프랑켄슈타인』에서 괴물이 드디어 샤모니 계곡에 있는 메르드글라스 빙하에서 그의 창조주와 마주쳤던 클라이맥스 장면을 떠오르게 한다. "'창조물', '괴물', '비정상적인'과 같은 단어들은 트랜스젠더들에 의해서 복권되어야 한다." 스트라이커는 쓰고 있다. "우리가 수술대 위에서 다시 태어난 순간부터, 우리 트랜스섹슈얼은 창조주가 의도한 것과는 다른, 그 이상인 존재다." 스톤과 마찬가지로 스트라이커 역시 트랜스섹슈얼들이 자신들의 '괴물적인 상태를 성별 이분법의 책략을 폭로하는 데 사용할 수 있다고 믿었다. 그녀는 "트랜스젠더 분노를 연기함"(1994년 에세이의 부제였다)으로써 "자연 질서란 구성된 것임"을 드러낼 수 있다고 썼다. "낙인 자체가 전환적인 힘의 원천이 될 수 있다." 혹은 그녀가 나에게 좀 더 열의를 가지고 말했던 것처럼 "우리는 쓰고 버리는 존재인 것처럼 여겨지지. 하지만 웃기지 말라고 해! 나는 후회하지 않아."

폴란드의 사회학자 지그문트 바우만은 1997년에 "만약 근대의 '정체성 문제'가 주로 어떻게 정체성을 형성하고 그것을 견고하고 안정적으로 유지하는가에 놓여 있었다면, 후기 근대의 '정체성 문제'는 주로 어떻게 고정성을 피하고 선택지를 열어 둘 것인가에 놓여 있다"고 썼다. 새로운 트랜스젠더 이론가 다수가 이 말에 동의할 것이다. 그들은 후기 근대의 게슈탈트에 발맞춰 후기구조주의에 발을 푹 담근 연구자들이었다. 하지만 트랜스젠더들은 과연 선택지를 열어 두었는가? 성적인 상태의 다양성에 대한 그들의 모든 주장에도 불구하고(스톤은 세계에는 '셀 수 없이 많은' 젠더가 있다고 주장했다), 반란군들은 오직 하나의 성별이 되고자 하는 욕망을 반복적으로 고백했다. 그리고 그것은 성별 이분법 안에서 그들이 타고났던 성별의 반대쪽에 있는 성별이었다. 이러한 증언들을 읽으면서, 나는 멜의 고뇌에 찬 주장을 계속 들고 있는 것 같았다. "사람들은 구분 없이는 살아갈 수가 없어요."『젠더 무법자』*에서 연극인이자 새로운 세대의 또 다른 선구적 트랜스섹슈얼 작가인 케이트 본스타인은 독자들에게 성별 이분법을 젠더 유동성의 "혁명", "젠더에 대한 어떤 경계도 어떤 법칙도 무시하는" 봉기로 무너트리자고 요청한다. 하지만 그녀가 "나는 여성으로도 남성으로도 정체화하지 않는다"고 선언하고는 있지만, 본스타인은 그녀를 잘 모르는 사람이 실수로 그녀를 "그he"라고 지칭했을 때 느끼는 좌절을 묘사하고 있다. "마치 누군가 영화에서 총을 맞았을 때 감독이 당신으로 하여금 그 총알들이 당신의 몸을 파고드는 듯이 느끼게 하려는 것처럼, 세계는 슬로모션이 된다." 그녀는 이렇게 썼다. "그 단어들은 내 귀에서 반복해서 울린다. (⋯) 그 순간 모든 기쁨이 내 삶에서 빠져나간다." 드라마 〈오렌지 이즈 더 뉴 블랙〉의 트랜스젠더 스타인 래번 콕스가 그랬듯이, 단호하게 말하자면 "트랜스 여성이 남자라는 소리를 들으면, 그것은 폭력 행위"였다.

새천년에, 아마존의 히트작 〈트랜스 페어런트〉**와 슈퍼스타의 반열에 오른 전 올림픽 선수 케이틀린 제너***의 시대로 들

---

* 케이트 본스타인, 『젠더 무법자』, 조은혜 옮김, 바다출판사, 2015.
** 아마존스튜디오 작품으로 2014년 시즌 1을 시작으로 2018년 시즌5로 종영한 시트콤. LA에서 살고 있는 한 가족의 가정사를 따라가는 코미디물로 아버지인 모트가 트랜스 여성 모라가 되어 가는 과정이 중요한 사건 중 하나로 다뤄진다. 제목인 'transparent'는 '투명하게' 가족사가 드러나는 것을 의미하기도 하고 'trans+parent(트랜스젠더 부모)'라는 의미도 가지고 있는 중의적인 표현이다. 대중적으로도 비평적으로도 호평을 받은 작품.
*** 케이틀린 제너Caitlyn Jenner(1949~   )는 미국의 전직 육상 선수, 사업가이다. 1976년 몬트리올 올림픽 10종경기 금메달리스트이다. 2015년 4월 자신이 트랜스젠더임을 TV 인터뷰를 통해 밝혔다.

어서면서, 성별 이분법에 대한 고수가 더 견고해지는 와중에도, 성 연속체에 대한 주장은 더 커지고 있다. 그래서 PGP preferred gender pronoun (선호하는 젠더 대명사라는 의미. 이 용어는 대학 캠퍼스에서 유행하고 있다)와 '젠더퀴어'나 '데미걸', 혹은 '가이다이크'* 로 스스로를 지정함으로써 표현되는 유동성의 시대에도 종종 낡은 시대의 근본주의가 도사리고 있다. '여성'이라는 바로 그 관념이 본질주의자의 환상으로 비판되는 시대에도, MtF 트랜스섹슈얼의 여성성은 침범할 수 없는 절대적인 것으로 주장되었던 것이다.

"그들의 모든 역사에 대해 책임을 지려고" 노력하는 탈근대적 트랜스젠더 이론가들은 자신의 저작에서 완전한 여성성을 고집하지 않았다. 그들은 외과 의사인 제우스 박사의 머리에서 튀어나온 아테네가 되려고 하지 않았다. 그들은 스스로 자인한 잡종 같은 젠더의 '괴물적인' 면모까지도 끌어안고자 했다. 그러나 너무나 많은 사람이 (에릭 에릭슨처럼) 자신의 이름뿐만 아니라 성姓도 바꾸면서 자전적인 기록에서 이전 정체성을 조심스럽게 씻어 냈다. 나는 의문스러웠다. 왜 "젠더에서 어떤 경계도 규칙도 보지 않으려고 하는" 이 법의 이탈자들이 과거 자신들 앞에 바리케이드를 세우고 성적인 이분법을 강화시키는 것처럼 보이는 수술에 굴복하는 것일까? 아니면 그 이분법은 그저 중간 기착지인 것일까?

* 가이다이크 guydyke 는 대체로 지정 성별 남성으로 스스로를 레즈비언으로 느끼는 사람들을 말한다. 성별 이원제에서 벗어난 젠더퀴어인 경우가 많고, 여성과 여성으로서 관계를 맺고 싶어 한다. 걸패그 girlfag 의 경우는 대체로 지정 성별 여성으로 스스로 게이로 느끼며, 남성과 남성으로서 관계를 맺고 싶어 하는 이들을 말한다.

어느 겨울날, 지나치게 난방이 잘 되던 포틀랜드 공립도서관 한구석에서, 나는 공책으로 부채질을 하면서 케이트 본스타인의 『젠더 무법자』의 마지막 부분을 읽고 있었다. 본스타인은 그녀가 느꼈던 '문화적 압박'을 한탄했다. 그녀는 결국 사회가 '진짜 여자'로 여기는 존재가 되기 위해 남자 성기를 버려야 했다. 그래도 그녀는 이렇게 말한다. "지금 아는 걸 그때도 알고 있었다고 하더라도, 나는 그래도 수술을 했을 것이다. 이 질과 성기를 가지는 게 어떤 것인지 안 지금, 나는 수술을 한 것이 기쁘다." 그녀의 책은 수술 7주년 기념에 맞춰 쓴 긴 산문체 시로 끝났다. 마지막 시구에서 그녀는 거울에서 소년이 아닌 소녀를 만난 '흥분'에 대해 썼다.

그러고선 비밀을 누설한다.

소녀?
그것은 내가 벗어나려고 애써 온 정체성이다.

그리고 또 다른 7년이 왔다 가고 나면 "내 소녀 피부가 내 뒤의 사막에", 그녀가 던져 버린 온갖 낡은 젠더적 의무들 옆에 "놓여 있을 것"이라고 말한다. 본스타인은 주장한다. 그녀는 정체성을 벗어 버리고 "나에게 딱지를 붙이려고 하는" 사람들을 비웃을 것이라고.

11장

어떤 경우이건, 숙녀는 숙녀인 법

공식적으로 선포되지는 않았지만 현대 섹슈얼리티를 둘러싸고 벌어진 전쟁이 유동성과 이분법 사이에서 벌어진 전쟁이라고 한다면, 이 전투는 20세기 성과학의 수십 년을 반영하고 있다. 특히 성과학계의 두 사령관, 해리 베냐민과 마그누스 히르슈펠트의 작업이 이 전투를 지휘하고 있다.

전후 미국에서 해리 베냐민은 '성전환증의 아버지'로 추앙을 받았다. 그는 성전환에 대한 용어를 정의하고 치료법을 저술했는데, 이는 수년 동안 '해리 베냐민의 관리 표준'으로 알려져 있었고, 여전히 이 분야에서 큰 영향력을 행사하고 있다. 트랜스섹슈얼리티에 대한 그의 관심은 세계를 매료시킨 매우 공공연한 재창조 스토리에서 시작되었다. 이 이야기는 당시 독일 이민자였으며 맨해튼에서 쇠약해져 가는 노인들을 진료하는 내분비학자로 살고 있던 베냐민에게 명분과 본보기를 제공했다. 그것은 바로 첫 성전환자로 유명해진 크리스틴 조겐슨의 스토리였다.

1952년 12월 1일, 베냐민은 뉴욕《데일리 뉴스》에서 "전 미군 병사, 금발 미녀가 되다"라는 두꺼운 글씨체로 된 헤드라인을 보았다. 그의 나이 67세였고, 병원 간판을 내리기 직전이었다. 기사는 비포 앤드 애프터 사진도 크게 실었다. 카키색 군복에 군

모를 쓴 조지 W. 조겐슨 주니어와 핀을 꽂아 만든 컬에 스카프를 쓰고 누트리아 모피에 진주 귀고리를 한 크리스틴 조겐슨의 사진. 기사는 "전쟁 중 2년 동안 군에 복무하고 명예롭게 제대한 브롱크스의 젊은이가 마법과도 같은 의학 기술을 통해 아름다운 여성으로 변했다"는 문장으로 시작하고 있다.

제2차 세계대전의 이등병이 덴마크로 날아가 일련의 수술과 법적인 개명 후에 크리스틴 조겐슨으로 되돌아와 언론의 열광적인 관심을 받으며 뉴욕 아이들와일드공항*에 내린 것이다. 《아메리칸 위클리》는 조겐슨에게 단독 인터뷰를 해 주는 대가로 2만 달러 이상을 지불했고 "모든 미국인들이 기다려 오던 이야기"라고 선전했다. 분명히 그건 사실이었다. 《에디터 앤드 퍼블리셔》에 따르면, 조겐슨의 성전환은 "신문 출판 역사상 전 세계적으로 가장 광범위하게 소개되었다." 역사학자 조앤 메이어로위츠가 아주 상세하게 미국 트랜스섹슈얼리티 역사에 대해서 다룬 권위 있는 책 『어떻게 섹스가 바뀌는가*How Sex Changed*』에서 주목하고 있듯이, 조겐슨에 대한 《데일리 뉴스》의 기사는 "1953년의 1등 기사였다. 2등인 소련 스파이였던 줄리어스 로젠버그와 그의 아내 에설 로젠버그의 처형에 대한 기사보다 더 많은 부수가 판매되었다."

이 기사의 열렬한 독자 중 한 사람은 나의 아버지였다. 그리고 조겐슨의 수술 소식은 아버지에게 생각의 전환을 가져왔다. 아버지는 말했었다. "그때가 처음이었어. '그래, 어쩌면 나도 성전환을 하면 되겠다'고 생각했던 게." 이 뉴스는 해리 베냐민

---

* 지금의 존에프케네디국제공항. 뉴욕 퀸스에 있는 세계 최대 규모의 공항이다.

에게도 중요한 전환점이었다. 이 의사는 조겐슨에게 편지를 써서 전문적인 지원을 제안했다. "성의학과 내분비계의 오랜 전문가로서 당신의 문제와 비슷한 문제들을 자주 다루어 왔습니다." 베냐민은 이렇게 편지에 썼다. 그는 성의학과 성소수자들에게 오랜 시간 관심을 가졌다. 그럼에도 불구하고 그가 조겐슨에게 편지를 쓰기 전까지 성적인 혼란을 호소하는 환자를 다룬 것은 10명 미만이었다. (그는 젊음을 되찾기를 꿈꾸는 나이 든 환자들에게 '회춘'을 위한 호르몬 치료를 제공했던 것으로 더 유명했다.) 베냐민과 조겐슨의 첫 만남은 싸구려 로맨스 작가이자 과학소설 작가였던 티파니 테이어의 주선으로 빠르게 성사되었다.

1년도 되지 않아서 베냐민은 《국제 성의학 저널》에 트랜스섹슈얼에 대한 첫 글을 발표했다. 그는 즉시 자신이 '성전환증transsexualism'이라는 용어를 창안한 것을 인정하라고 요구했다. (하지만 이 개념은 사실 다른 의사가 고안한 것이다.) 그리고 자신을 이 분야에 있어 선도적인 권위자로 내세웠다. (여성에서 남성으로의 성전환을 원하던) 부유한 환자의 자비로운 지원을 받아, 그는 해리베냐민재단을 설립하고 파크 애비뉴의 더 큰 사무실로 병원을 이전했다. 1966년 베냐민은 『트랜스섹슈얼 현상The Transsexual Phenomenon』을 썼는데, 이 책은 성전환 주제에 대한 최초의 중요한 교재가 되었고, 이어 '성전환계의 바이블'로 알려지게 되었다. 1970년대 후반이 되었을 때, 그는 1500명이 넘는 트랜스섹슈얼 환자들을 치료했다.

그의 첫 저작에서, 베냐민은 섹스란 절대적인 남성이나 여성을 주장하지 않는 '복잡한 다양성'을 가진 자질이라고 묘사했다. 그러나 그가 '바이블'을 출판할 즈음 그의 생각은 전후 미국이 몰두하고 있었던 생각에 발을 맞춘 트랜스섹슈얼리티에 대한 의료적 모델로 바뀌어 갔다. 즉, 젠더 순응과 '진정한 자아 찾기'로 말이다.

어떤 트랜스섹슈얼이 수술하기 용이한가를 결정하기 위해서 베냐민은 분류체계를 만들었고, 이를 성별지향척도Sex Orientation Scale 혹은 SOS라고 불렀다. 그는 자신의 체계에서 환자를 세 가지 '그룹'과 여섯 가지 '유형'으로 나누었다. 이 척도의 한쪽 끝에는 '의사성 트랜스베스타이트pseudo-transvestite'* 와 '페티시즘적 트랜스베스타이트'가 있었고, 다른 한쪽 끝에는 '진정한 트랜스섹슈얼/중간 강도'와 '진정한 트랜스섹슈얼/고강도'가 있었다. 베냐민에 따르면, 수술 전 '진정한' MtF 트랜스섹슈얼은 여러 특징으로 확인할 수 있었다. 환자는 자신이 '남자의 몸에 갇혀 있다'고 느낀다. 그는 '그의 남성 성기를 경멸한다.' 그는 '리비도가 낮고'(여성적이다) '종종 섹스에 무관심하다.' 그는 오직 여성으로서만 남자에게 끌린다(그 반대라면 그는 동성애자다).

베냐민은 처음에 이러한 범주를 '향후 연구와 관찰'이 이루어질 때까지 참고할 수 있는 '도식화되고 이상화된 근사치'로 여겼다. 그러나 그의 느슨한 분류법은 후임자들에 의해 금쪽같은 기준이 되었다. 60년대 후반에 이르자 심리학자인 존 머니, 정신과 의사 로버트 스톨러와 리처드 그린 등을 필두로 하며 대학

* 성별 이원제 사회에서 이성의 복장을 즐기는 것은 일종의 정신질환으로 여겨졌다. 트랜스베스타이트는 그런 도착적 성격을 강조하는 용어로 해리 베냐민 역시 이를 도착으로 다룬다. 반면 이 용어의 창시자이자, 어떤 개인도 사회가 규정하는 것처럼 하나의 확정적인 성유형을 점하지 않는다는 입장을 갖고 있던 마그누스 히르슈펠트는 이를 확정된 범주라기보다 경향성의 문제로 보았다. 성별 이원제를 자연화하지 않는다면, 트랜스베스타이트는 단지 개인이 속하지 않는 젠더 범주로 분류된 복장을 즐기는 규범적인 문화 실천자로 볼 수 있다.

에 근거를 둔 새로운 세대의 임상의들은 아이들에게서 '이상한 젠더'의 초기 징후를 치료하는 것을 목적으로 하는 좀 더 강고한 성별 이분법과 '예방적인' 모델을 집행했다. 머니와 그린은 환자들로 하여금 소위 '문화적으로 허용되는 성역할'을 표현하도록 훈련시키기에 집착했고, 이는 당시 냉전 지형과 잘 어울렸다. "경계를 넘나드는 것은 단속되었어요." 수전 스트라이커가 말했다. "그리고 그건 규범에 맞춰 정돈되지 않은 젠더의 '문제'를 어떻게 다룰 것인가? 그걸 어떻게 정돈할 것인가? 하는 문제로 바뀌었죠."

1970년대 중반에 이르러서는 존스홉킨스부터 미네소타대학교, 스탠포드에 이르기까지 40개 이상의 성별 정체성 클리닉이 등장해서 아이들에게 '허용되는' 성역할을 가르치고 트랜스섹슈얼을 진단하여 그들이 수술을 받아야 하는지 아닌지를 결정했다. 메이어로위츠에 따르면 "몇몇 의사들은 실제로 [트랜스섹슈얼] 환자들에게 젠더에 대한 전통적인 고정관념을 학습하라고 요구했다." 스탠포드 클리닉에는 "심사 과정에 적절하게 몸단장을 하는 법에 대한 워크숍을 진행하는 '재활' 시간이 포함되어 있었다."

그 시대의 새로운 요법 역시 트랜스섹슈얼리티는 성애적인 충동과는 거의 무관하다는, 오늘날 지배적인 관점에 박차를 가했다. 젠더와 섹스 사이의 구분―베냐민이 가정했던 것처럼 젠더는 허리띠 위에, 섹스는 허리띠 아래에 위치한다―은 '성별 정체성'이라는 말을 고안해 낸 새로운 세대의 성과학자들 사이에서 금언이 되었다. UCLA의 정신의학자였던 스톨러는 (자신의 젠더가 무엇이라고 믿는가와 관계되어 있는) '성별 정체성gender identity'과 침대에서 무엇을 하고 어떤 성적 환상을 가지고 있는

가에 한정되어 있는 문제인 '성적 정체성 sexual identity'을 분명하게 구분하고자 했다. 70년대 초 임상 문헌에서 성전환증은 섹슈얼리티와는 무관하거나 심지어는 상반되는 '성별 정체성 장애'로 묘사되었다. 1969년 《미국 정신의학 저널》에서 UCLA성별정체성클리닉의 정신과 의사 하워드 J. 베이커는 "성적 흥분과 연결되어 있는 한 크로스드레싱 환자의 경우는 성전환증 진단을 배제하기에 충분한 것으로 간주된다"고 주장하고 있다. 그는 단호하게 기술한다. "트랜스섹슈얼은 절대로 크로스드레싱을 통해 성적으로 흥분하지 않는다." 많은 트랜스섹슈얼들은 심지어 오늘날에도 이 선을 옹호한다. 한 실험심리학자가 2003년에 쓴 책은 어떤 MtF 트랜스섹슈얼의 경우에 자신을 여성으로 상상하는 것으로 성적으로 흥분하기도 한다고 주장했는데—이는 오토지네필리아 autogynephilia 로 알려져 있다—저자와 그의 지지자들은 엄청난 비난을 받아야 했다.*

해가 지날수록 베냐민은 트랜스섹슈얼들이 '정상'으로 패싱되어야 한다고 점점 더 강하게 주장했는데, 이는 수술을 받아도 된다고 승인받은 그의 MtF 환자들(그는 주로 MtF들을 치료했

---

* 노스웨스턴대학교의 심리학자 J. 마이클 베일리가 『여왕이 될 남자 The Man Who Would Be Queen』를 출간하고 나서, 일련의 트랜스젠더 활동가들이 그가 과학적 윤리를 저버리고(하지만 그렇지 않았음이 밝혀졌다) 면허증 없이 심리 상담을 했다고(이 역시 무죄임이 밝혀졌다) 비판하면서, 그에 반대하는 캠페인을 오래도록 지속했다. 그의 성적 행동들에 대한 소문이 퍼졌고, 자녀들의 사진이 성적으로 노골적인 설명이 달린 채로 인터넷에 유포되었다(그리고 이는 그의 작업이 '취약한' 사람들을 착취하고 있으므로 정당한 결과였다고 정당화되었다). 자신을 오토지네필리아 트랜스섹슈얼이라고 밝힌 외과의 앤 로렌스와 간성인 the intersexed 의 권리를 위해 오랫동안 싸워 왔던 생명윤리학자 앨리스 드레거가 책을 옹호하자, 그들 역시 마찬가지로 괴롭힘을 당하고 직업적 명성에 공격을 받았다.—원주.

다)이 전후 여성성의 모든 클리셰를 체현해야 한다는 의미였다. 그는 새로운 성과학자 세대와 마찬가지로, 밖으로 드러나 보이는 외모와 태도가 이상적인 여성의 이미지에 맞지 않거나 전통적인 성역할 앞에서 주저하는 고객들은 받아들이지 않으려고 했다. 베냐민은 "이는 욕망하는 섹스의 구성원으로 패싱되는 것뿐만 아니라 그 변화에 따르는 사회적, 경제적, 가족적 결과를 받아들이는 것을 포함한다"고 가르쳤다. 그가 아꼈던 환자들은 그가 진정한 여성성에 대해서 가지고 있는 어떤 상을 충족시켜 주는 이들이었다. 그는 그들을 '내 딸들my girls'이라고 불렀다. 베냐민과 LA 성전환 외과의 한 동료는 특별히 아름다운 환자들에 둘러싸여 점심 식사를 하러 가는 것을 즐겼다. 수전 스트라이커에 따르면, 베냐민에게 '특별히 아름다운'이란 "금발에 파란 눈을 한 아리아인의 외모"를 의미하는 것이었다. 스트라이커는 LGBT 역사학회의 학회장으로 있을 때 베냐민의 환자들을 대상으로 구술사 작업을 진행했다. "그는 데리고 다니기에 좋은 트랜스들을 뽐내길 좋아했어요. 그는 그들을 독점하고 '봐-우리가-무엇을-만들었는지'라는 자부심을 드러내곤 했죠. 피그말리온 같은 거랄까요."

베냐민은 자신의 의뢰인들을 달달하게도 표현한다. 루스는 "키가 크고 늘씬한 여성이었다. 다리를 꼬면 다른 어떤 여성들도 그렇게 하듯이 자동적으로 그녀의 최신 유행 미니스커트를 바로 잡는." 해리엇은 "매력적인 젊은 숙녀였다. 그녀는 꿈에 그리던 왕자님을 만났다(그는 책임감 있고 이해심 깊은 나이 많은 남자였다)." 그리고 '가사를 돌보기 위해' 직장을 그만두고 아이를 입양할 계획을 세워서 '해피엔딩'을 성취했다. 베냐민의 묘사를 보고 있자면 그들은 때때로 50년대 B급 영화에서 튀어나온 것 같았다.

실제로 그런 영화가 있었다. 에드 우드가 1953년에 제작한 컬트 영화 〈글렌 혹은 글렌다〉이다. 영화에서는 베냐민 같은 정신과 의사가 (평생 크로스드레서로 살아온 감독 본인이 연기한) 조겐슨 같은 전직 군인의 성전환을 도우면서 그의 환자에게 '여성의 의무'와 '그의 얼굴형에 맞는 올바른 스타일링', 그리고 '적절한 걸음걸이'를 가르친다. 좋은 의사의 지도 편달로 인해—어떤 경우이건 숙녀는 숙녀인 법—그리고 '의학의 교정' 덕분에 글렌다의 경우는 '해피엔딩'을 맞이한다.

베냐민의 가장 유명한 고객은 기꺼이 동화 속 공주를 연기했다. "내가 '척하는' 세계에 애착을 가지고 있는 것은 내가 태어나기 전으로부터 영향을 받은 것일지도 모른다." 조겐슨은 그녀의 회고록인 『크리스틴 조겐슨: 자서전 Christine Jorgensen: A Personal Autobiography』의 첫 페이지에 이렇게 썼다. "부계 쪽 할아버지인 찰스 구스타프 조겐슨은 한스 크리스티안 안데르센의 고향인 덴마크 오덴세 출신이었다." 조겐슨의 안데르센에 대한 깊은 애정은 나를 당황하게 했다. 하지만 나의 아버지와 조겐슨 사이의 공통점은 이것만은 아니었다. 젊은 시절 남자였을 때, 조겐슨은 인형극을 좋아했고("환상 속 세계에서 그 작은 인형들을 조작하는 일에 질려 본 적이 없었다"), 사진을 동경해서 집에 암실을 만들기도 했으며, 이어서 영화 쪽에서 일을 하려고 했다. 이 야망은 1940년대에 뉴욕의 RKO파테뉴스 '편집실'에서 막다른 골목에 다다랐다. 그곳 뉴스영화 사무실에서 그는 필름 조각을 이어 붙여 뉴스 화면으로 만드는 일을 했다. 나는 나의 아버지가 평생토록 이 대륙 저 대륙의 암실에서 자르고 붙이는 일에 매진했던 것을 떠올리지 않을 수 없었다.

조겐슨이 아이들와일드공항에 의기양양하게 착륙한 지 두 달 후, 그녀는 하나의 '의학적 조정'이 부족했다는 점 때문에 공격을 당했다. 1953년 4월《뉴욕 포스트》는 "'크리스틴' 조겐슨의 진실"이라는 제목으로 6회로 계획된 폭로 기사 중 첫 번째를 출고한다. 기사에 따르면 그녀는 '이름만 여자일 뿐'이었다. 왜냐하면 여성 생식기를 갖추고 있지 않기 때문이었다.《뉴스위크》에서《트루 로맨스》에 이르기까지, 다른 미디어들의 보도도 쌓여 갔다. "조겐슨은 절대 여자라고 할 수 없다. 그는 그저 수정된 남자일 뿐이다"라고《타임》은 폄하했다. 그녀가 외과용 칼을 받아들이지 않는다면, 유리 구두를 신어서는 안 되었다. 조겐슨은 낙담했다. 공격에 대한 반응이었는지 어쨌는지, 그녀는 해리 베냐민과 다른 의사에게 외과 수술을 부탁했다. 1954년 봄, 7시간의 수술 끝에 성형외과 의사는 조겐슨의 허벅지에서 피부를 채취해서 일종의 질을 만들어 냈다. 전해지는 바에 따르면 수술은 한 가지 부분에서 실패했다. 조겐슨은 친구들에게 질관이 성교를 하기에는 너무 짧다고 말했다. 더 안 좋았던 것은, 수술이 너무 길어지면서 마취가 깰 위험이 생겼고, 환자가 정신을 차리지 못하도록 하기 위해서 에테르 마스크를 서둘러 장착하는 바람에 조겐슨은 얼굴에 심하게 화상을 입었다. "내가 느꼈던 두려움과 공포를 분명히 기억한다." 그녀는 나중에 썼다. "내가 겪은 복잡한 수술보다 얼굴에 화상을 입은 것이 훨씬 더 신경이 쓰였다." 조겐슨은 장비가 작동하든 안 하든 여자로서 성공하기 위해 치러야 할 가장 중요한 시험은 여자처럼 보이는 것이라는 사실을 이해하고 있었다. "나는 초-여성적이 되어야 했다." 그녀는 쓰고 있다. "어떤 남성성의 흔적도 가지고 있으면 안 되었다."

* * *

1930년대에 해리 베냐민은 독일의 저명한 성과학자인 마그누스 히르슈펠트를 미국으로 초대했다. 두 남자는 친구였다. 그들은 20년대에 베를린 화류계를 함께 순회했고 히르슈펠트가 뉴욕에 왔을 때에는 베냐민의 아파트에서 머물면서 그의 사무실에서 개인 강의를 해 주었다. "베냐민은 스스로를 히르슈펠트의 전통 속에 있는 독일 성과학자로 이해했어요." 메이어로위츠는 내게 말했다. "그들은 둘 다 정신분석을 거부했고, 성소수자들의 권리를 옹호했죠. 절박한 환자들에게 동정적으로 반응했어요." 그러나 히르슈펠트는 이후에 미국에서 유행하게 될 성별 이분법에 대해서는 직접적으로 대립하는 윤리를 옹호했다. 1910년 히르슈펠트는 "실제적이고 상상할 수 있는 성적 변수는 거의 끝이 없다"고 썼다. "각각의 사람들에게는 남성적인 요소와 여성적인 요소가 각기 다르게 섞여 있고, 나무 한 그루에서 똑같은 나뭇잎 두 개를 발견할 수 없듯이 남성적인 특성과 여성적인 특성의 종류와 수가 완전히 같은 사람 두 명을 찾는 것은 거의 불가능한 일이다."

1919년 베를린에서, 히르슈펠트는 세계 최초로 섹슈얼리티 연구 기관을 설립하고 성전환 수술에 대한 가장 초창기 논문 중 하나를 발간했다. 히르슈펠트는 바이마르 베를린의 성적 지하 세계에서 직접 현장 연구를 진행했다. 그는 수년 동안 현장을 목격한 사람들에게서 자료를 수집하고 상세한 설문지를 배포했다(이 설문에는 만 명 이상의 사람들이 참여했다). 이 연구를 통해, 그리고 빌헬름 독일의 엄격하게 분리되어 있는 규칙을 무시하면서 그는 중요한 발견을 해냈다. 성적 정체성은 엄청나게 다양하고 유동적이며, 분류 체계에 위배된다는 것이었다. 성의 범주는 "그저 추상적일 뿐이고, 양극단을 발명했을 뿐"

이었다. 히르슈펠트가 수십 년에 걸쳐 자신의 작업을 도와주는 분류를 구성하고 몇몇 용어를 소개하기는 했지만(이는 『정신질환에 대한 진단 및 통계 매뉴얼 *Diagnostic and Statistical Manual of Mental Disorders*』에 정리되어 있다), 그는 일생을 걸쳐 누구도 '진정한' 하나의 성 유형이 될 수 없다는 입장을 고수했다. 인간은 모두 어느 정도는 양성애자이고, 남성성과 여성성을 동시에 가지고 있으며, '성적 중간자 sexual intermediaries'다. 그리고 이렇게 끝없는 다양성 때문에 인간은 차이보다는 그들이 공유하고 있는 인간성에 의해서 정의된다. 한때 히르슈펠트는 모든 다양성을 세어 보려고 노력했지만─4304만 6721개까지 셌다─그 숫자가 여전히 많은 것을 누락하고 있다고 결론 내렸다.

그는 트랜스베스티즘에도 같은 방식으로 접근하는데, 그는 이 용어를 만들면서 이를 확정된 범주라기보다는 '경향성'의 문제로 보았다. 어떤 사람을 트랜스베스타이트로 분류하는 것은 그들의 경험을 지나치게 협소하고 시각적인 범주 안에 제약하는 일이며, 이 범주화로는 그들 내면의 다양한 감정생활을 제대로 다룰 수 없다고 히르슈펠트는 주장했다. 그는 "이 용어의 하나의 난점은 내면이 무한할 때에도 그것이 외면만을 묘사할 수 있다는 데 있다"고 쓰고 있다. 이런 무한함이야말로 성 해방을 위한 모든 정치적 투쟁에서 반드시 고려되어야 할 것이라고 그는 믿었다. "인간의 성적 권리는 섹슈얼리티란─성적 중간자주의에 따라─성적인 개인의 숫자만큼이나 다양함을 인정하는 데서 출발해야 한다."

성소수자의 권리는 히르슈펠트에게 평생의 명분이 되었다. 수십 년 동안 그는 남성 동성애를 범죄화하는 독일의 악명 높은 175항*을 무너뜨리기 위해 싸웠다. 그는 자신의 '트랜스베스타이트 패스'를 인정해 달라고 베를린 경찰을 설득했는데, 이는 크로스드레서를 체포하지 않도록 그가 발행하는 진단서였다. 그러나 그는 인간의 본질이 성적이거나 젠더적인 범주로부터 비롯되는 것은 아니라고 생각했다. 아니, 인종적이든, 종교적이든, 혹은 국적이든 어떤 범주로부터도 비롯되지 않는다고 생각했다. 히르슈펠트 자신의 자아는 복합적인 소속감에서 유래했다. 그는 동성애자였고(이를 스스로 밝히지도, 그렇다고 부정하지도 않았다), 페미니스트였고(그는 이를 드러냈고 여성참정권과 산아제한에 헌신적인 지지자였다), 과학자였으며, 의사, 사회주의자, 반전주의자, 독일 문화의 애호가, 세속적인 유대인이었다. 히르슈펠트가 인정한 하나의 정체성은 '범인권주의자panhumanist'였다.

"당신은 어디 소속입니까? 당신은 무엇입니까?"는 정말로 나를 불안하게 만든다. "당신은 독일인인가요? 유대인? 혹은 세계시민?" 이런 질문을 받는다면, 나의 대답은 어느 경우에도 '세계시민'일 것이다. 혹은 '그 세 가지 모두'이거나.

1923년에 한 학회지에 발표한 글에서, 히르슈펠트는 자신의 트랜스베스타이트 환자 중 일부가 'seelischer Transsexualismus', 혹은 정서적 성전환증이라고 묘사될 수 있는 감정을 표현했다고

---

* 1871년 제정된 동성애자 처벌법. 사문화된 법이나 마찬가지였으나 1935년 나치가 집권하면서 강화되어 남성 동성애자는 최대 10년의 강제 노역형에 처하도록 규정했다. 이 법은 제2차 세계대전 이후에도 그대로 남아 있었고, 서독의 경우 1945년부터 이 법이 완화된 1969년 사이에 약 5만 명의 남성이 유죄판결을 받은 것으로 기록되어 있다. 동독은 1968년, 서독은 1994년에 이 법을 폐지한다.

발표했다. 하지만 이는 요즘 우리가 이해하는 그런 상태를 의미한 것은 아니었다. 그는 성전환을 하나의 범주로 분류하지도 않았고, 그것을 정체성으로 여기지도 않았다. 히르슈펠트의 연구소에 소속된 의사들이 (가장 기초적인) 성전환 수술을 몇 번 집도하기는 했지만, 그건 심각하게 자해를 하며 수술을 해 달라고 협박하는 필사적인 요구 때문에 어쩔 수 없이 이뤄진 것이었다. (한 MtF 환자는 이후에 마음을 바꾸고 남자로 되돌려 달라고 애원했는데, 이는 섹슈얼리티란 유동하는 실체라는 히르슈펠트의 이론을 뒷받침하는 예였다.) 히르슈펠트는 어떤 환자가 두 개의 성 중 어디에 속하는가를 고정시키는 것보다는 사람들로 하여금 그들의 특별한 섹슈얼리티를 자유롭게 표현할 수 있도록 하는 것에 더 관심이 있었다. 그는 정신적인 모호함을 육체의 확실성으로 바꾸기를 기대하지 않았다.

1933년 5월 6일, 히틀러가 독일 수상이 된 지 석 달 조금 넘어 '독일에 부합하지 않는 정신에 반대하는 나치 위원회'라고 불렸던 국가사회주의 청년연맹에서 학생 100여 명이 히르슈펠트의 연구소 앞에 줄지어 섰다. 브라스밴드가 군악을 불자 젊은 깡패들이 난입하여 가구를 부수고 창문을 깨고 수천 장의 원고 위에 잉크를 붓고 연구소의 방대한 문서, 사진, 책 아카이브를 몰수했다. 며칠 후 횃불 행렬이 꼬챙이에 히르슈펠트의 흉상을 꽂아 들고 베를린 오페라광장으로 행진했다. 그리고 연구소에 있던 '독일에 부합하지 않는' 자료들을 모닥불에 처넣었다. 당 기관지는 "독약을 퍼트리는 자들에 대한 열정적인 행위"라고 칭송했다. 그들은 '유대인 마그누스 히르슈펠트'가 운영한 연구소를 "훈증 소독했다."

모든 정체성을 수용하면서도 어떤 정체성도 수용하지 않았던 '세계시민'이었던 히르슈펠트는 그때 프랑스에 있었고, 결국 망명했다. 망명에 이르기까지 파시스트들은 그가 공적인 장소에서 연설할 때 나타나 발포했고, 뮌헨에서는 물리적으로 공격했으며, 한번은 두개골이 심각하게 손상되어 죽었다는 소문이 돌기도 했다. (그는 이에 대해서 내 자신의 부고를 읽을 '기회'였다고 냉소적으로 말했다.) 히르슈펠트는 파리 영화관에서 상영된 뉴스를 보고 자신의 연구소가 공격당했다는 것을 알았다. 그리고 그 뒤에 독일 시민권을 박탈당했다. 1년 후 평생의 업적이 다 사라져 버린 것에 좌절한 채, 그는 67세 생일에 심장마비로 사망했다.

그의 연구소에서 성과학을 연구했던 이들 중 의사 다섯 명은 다른 나라로 망명했다. 다른 이들은 강제수용소에서 죽었을 것으로 추정된다. 그들은 연구소에서 일하던 상당수의 의사들과 마찬가지로 유대인이었을 터다. 그렇다고 비유대인 스태프들이 살아남은 것은 아니었다. 최초의 완전한 성전환 수술을 받았던 루돌프 네 도르헨 리히터는 연구소가 공격당한 날 실종되었는데, 아마도 살해당했을 것이다. 그녀는 연구소의 입주 도우미로 일하고 있었다. 다른 환자들은 '핑크 리스트'에 이름이 올라가 체포되고, 추방되고, 살해되었다.

연구소에 대한 나치의 공격이 종교나 성적 정체성 때문에 벌어진 일이었을까? 아니면 그 공격자들 역시 자신들의 에로틱한 성향이 드러나는 것을 두려워했던 것일까? 연구소의 부소장이었던 루드비히 레비렌츠 박사는 이후에 "우리는 너무 많이 알고 있었다"고 회고했다. 그들의 고객 목록에 제3제국의 장교들이 있었던 것이다. "나치당 당원들의 내밀한 비밀을 많이 알고

있었기 때문에 성과학연구소는 완벽하고 완전하게 파괴되어야
했다."

정체성은 정확하게 두 개로 나눠지지 않으며 욕망이란 중간
자적이고 한계가 없다는 히르슈펠트의 믿음은 제3제국 독일에
서는 별 공감을 얻지 못했다. 그리고 그 점에 대해서는 전후 미
국에서도 마찬가지였다. 1965년 미국 의회는 1952년 이민 및 국
적법을 개정하는 개정안을 통과시켰다. 원래 이 법은 '정신병리
학적인 성격'을 가진 이민자들을 금지했다. 개정안은 명시적으
로 '성적 일탈'을 금지하는 데 적용되었다. 1967년 미국 대법원은
이 법을 승인했고, 1990년까지 남아 있었다.

* * *

21세기 트랜스섹슈얼은 여전히 해리 베냐민이 만들어 놓은 경계
선 안에서 산다. 그의 '관리 표준'은 광범위하게 준수되는 성별 재
지정 수술을 위한 가이드라인인 WPATH World Professional Association
for Transgender Health (세계트랜스젠더건강전문가협회)의 관리 기준
에 살아남아 있다. WPATH 하에서 수술을 받으려면 1년 동안 (치
료사에게 승인을 받은) 호르몬 치료를 받아야 하고, 반대 성별
로 완전히 1년을 살아야 하며, 결정적으로, 환자가 수술을 '받아
도 좋다'는 사실을 개별적으로 승인한 정신건강 전문가 두 명에
게 각각 추천서를 받아야 한다. 무엇보다 중요한 이 두 장의 추천
서가 없다면, WPATH 기준은 의사에게 수술하지 말 것을 권유한
다. 다른 '관습을 위반하는' 그룹들과 달리, 트랜스섹슈얼은 권위
자의 동의가 없다면 관습을 거스를 수도 없다.

성기를 바꾸는 것은 수술을 받는 것을 의미하고, 수술은 임
상의들이 진단서에 서명을 하도록 설득하는 것을 의미했다. 그

진단은 20세기 '전문가'들의 가정과 편견으로부터 도출되었는데, 그들의 주장은 종종 얄팍한 연구 결과에 의존하고 있었고, 이 결과는 수술이라는 마술 지팡이를 얻기 위해서라면 무엇이든 말할 준비가 되어 있었던 고객들의 에코 챔버*에서 엄청나게 증폭되었다. 1980년에 성전환이 처음으로 『정신장애 진단 및 통계 편람』**에 포함된 이후(이건 동성애자 인권 옹호자들이 동성애를 마침내 이 편람에서 빼낸 지 7년 후의 일이다), '성전환증'은 '성별 정체성 장애 Gender Identity Disorder'가 되었고 '성별 불쾌감 Gender Dysphoria'이 되었다. 2013년, 트랜스젠더 인구에 대한 낙인을 없애라는 압력 아래서 편람의 저자들은 이 진단 내용을 편람에서 삭제하지는 않았지만 '성적 기능장애'와 '이상 성욕' 챕터에서는 삭제했다. 의사들은 증상을 추가하기도 하고 빼기도 하면서, 그리고 1차 유형, 2차 유형, 하위 유형 등 선행요인과 관련 요인들을 계속 구분하면서, 끝없이, 그러나 대체로 피상적인 변화들을 분류 체계에 덧붙였다. 이 진단은 경험적 데이터나 환자의 실제적인 이력과 거의 관계가 없는 이론들을 바탕으로 느슨하고 불분명한 상태로 남아 있다.***

* 같은 성향을 가진 사람들끼리만 의견을 주고받으면서 기존 견해를 강화하고 점차 고립되는 현상.
** 미국 정신과협회에서 출간하는 정신장애에 대한 진단 체계로 가장 널리 사용되며, 국제보건기구에서 공인되었다.
*** 지난 수년간 실시된 후속 조사에서 수술을 받은 트랜스섹슈얼들은 대체로 수술을 후회하지 않으며 결과에 만족한다고 말했다. 이 조사들은 그러나 조사 대상의 수가 충분하지 않거나 기본적인 통계 기준을 충족시키지 못한다. 2010년까지 진행된 연구들에 대한 메타 분석은 "심각한 방법론적 한계 때문에 증거로서 가치가 매우 낮다고 할 수 있다"고 경고했다. 유의미한 숫자의 사례를 오랜 시간 추적한 연구(수술을 받은 324명의 트랜스섹슈얼을 1973년부터 2003년까지 추적한 스웨덴의 연구였다)는 이런 결론에 다다랐

지속되는 분명한 생리적인 표지가 없이, 무엇보다 중요한 두 장의 추천서를 쓰는 치료사들은 환자들이 보여 주는 것이 아니라 그들이 말하는 것, 그리고 그들이 그것을 말하는 방식을 바탕으로 수술 적격 여부를 결정해야만 한다. 문학 교수이자 FtM 트랜스섹슈얼인 제이 프로서는 『두 번째 피부*Second Skin*』에서 다음과 같이 말한다. "트랜스섹슈얼리티가 미국 정신의학회의 『정신장애 진단 및 통계 편람』이 목록화하고 있는 어떤 범주보다 의도된 물리적 신체 변형과 관련이 깊음에도, [목록은] 트랜스섹슈얼리티 증상을 겪는 주체의 몸을 증상이 발현되는 곳으로 간주하지 않는다. 적어도 가시적으로, 확실하게 드러내는 경우는 없다. 이러한 변형에 필요한 진단은 대신 환자의 서술에서 도출되어야 한다. 트랜스섹슈얼로서 자신을 서사화하는 것이 트랜스섹슈얼로 진단받는 것보다 반드시 선행되어야 한다. 자서전은 성전환의 촉진된 증상이다." 수술실로 가기 위해서 환자는 반드시 치료자가 듣고 싶은 이야기를 해야만 하고, 그 이야기는 1966년 해리 베냐민이 가이드라인을 발행한 이후로 거의 바뀌지 않았다.

이런 서술이 요구하는 비유들, 관용어들, 그리고 정해진 형식들은 오랜 시간 동안 이미 트랜스섹슈얼들 사이에서 은밀하게 교환되어 왔고, 최근에는 인터넷 게시판과 채팅방에서 공유

다. "성전환증이 있는 사람은 성별 재지정 수술 후에 다른 일반적인 인구에 비해 사망, 자살, 정신질환에 있어 훨씬 더 고위험군에 속했다. 우리의 연구 결과는 성별 재지정이 성별 불쾌감을 완화시킬 수는 있지만, 성전환증에 대한 치료로 충분하지 않을 수 있다는 사실을 보여 준다." 이 연구들은 이와 같은 고통이 어느 정도 내적인 요인들로부터 비롯되고, 어느 정도가 호의적이지 않은 사회로부터 비롯되는지 다루지 않는다. ─ 원주.

되고 있다. 내가 2010년에 미래의 MtF 트랜스섹슈얼을 위한 웹 사이트에서 읽은 "수술을 받기 위해서"라는 글에서는 "남성의 해부학적 신체 구조에 대한 지속적인 혐오감"과 "동성애적 행위는 절대적으로 싫어한다"는 사실을 강조해야 한다고 조언했다. 2014년에는 치료사로 하여금 어떻게 호르몬 치료와 수술 허가를 받아 낼 수 있을 것인가에 대한 토론이 펼쳐졌는데 여기에서 허가를 받아 낸 한 사람은 이렇게 설명했다.

> 나는 직접적인 거짓말이든 그저 말하지 않는 거짓말이든 내 정신과 의사한테 온갖 뻥을 다 쳤다. 알코올의존증이나 그걸 어떻게 치료할 건가 등에 대해서는 입도 뻥끗 안 했다. 어떤 의심을 표현한 적도 없고, 내 남자 친구나(지금은 남편이 되었다), 그 역시 트랜스라거나, 혹은 전에 사귀던 애인과 어떻게 헤어졌는가 하는 것도 말하지 않았다. 내가 얼마나 스트레스를 받건 간에 그가 보는 내 모습이란 행복하고 잘 적응하고 있는 소녀의 모습일 수 있도록 최선을 다했다. 그에게 솔직하게 말할 수는 없었다. 만약 그랬다면 나는 아직도 추천서를 받지 못했을 거다.

『어떻게 성별을 바꿀 것인가 *How to Change Your Sex*』에서 MtF 트랜스섹슈얼인 래니 로즈는 '당신의 치료사와 게임을 하고 싶다는 욕망'과 싸우라고 조언하면서 다음과 같이 해야 한다고 말한다. "게임은 간단하다. 트랜스섹슈얼들이 모여 있는 웹사이트에 들어가서 이야기들을 읽어라. 그리고 당신의 임상의에게 들려줄, 그들과 비슷해 보일 만한 이야기를 만들어라." 이것이 프로서가 "트랜스섹슈얼리티의 고전적 플롯"에 쓰이는 "주요 서사"

를 베끼는 것이라고 불렀던 일종의 문학적 작문 방법이다. 샌디 스톤은 이 방법을 좀 더 꾸밈없이 "자신의 과거에 대해 효과적으로 거짓말하는 방법을 배우는 것"이라고 묘사했다.

그렇게 거짓말을 만들어 내는 건 "자신을 크게 해치고 개인적인 성장의 기회를 놓치는 것"이라고 로즈는 충고했다. 그녀는 공감하지 못하는 치료사들이 강요하는 엄격한 요건은 이제 과거의 유물이 되었고, "오늘날 당신의 이야기가 어떤 세부 사항을 가지고 있건 간에, 임상의에게 정직하게 말하는 것이 당신의 성별 불쾌감에 필요한 치료를 받는 것을 막아서는 안 된다." 로즈의 책은 2004년 처음 출간되었는데, 나의 아버지가 수술을 받은 해였다. 나는 아버지가 어떻게 자신의 세부 사항에 대해서 이야기했는지 궁금했다.

* * *

"가끔 해리 베냐민이 없었으면 좋겠다 싶어요." 멜 마이어스가 말했다. "우리 트랜스들을 그냥 어둠 속에서 고통받게 내버려 두는 것이 더 좋았을지도 모르겠어요." 커피피플에서 만나 아버지가 멜라니의 숙소에서 묵었던 시절에 대해 이야기를 나누었던 날로부터 몇 달이 지난 후, 우리는 '미소해피'라는 태국 음식점에서 저녁 식사를 했다. "나는 임상의를 속였어요." 멜이 수프를 먹으면서 이야기했다. "정답을 알고 있었으니까요. 끝내고 나오면서 '하! 죽여주게 잘했네!'라고 생각했죠." 하지만 그게 그렇게 대단한 승리는 아니었을지도 모르겠다고, 그는 이제 생각했다. "의사가 나를 좀 더 잘 이끌어 줄 수도 있었어요. 우리들 중 어떤 사람들이 끝까지 가지 않도록 도와줄 수 있는 임상의를 만날 수 있었다면 좋았겠죠. 어쩌면 좀 더 익혀 볼 수도 있었을 거구요."

"뭘 익혀 보나요?" 내가 물었다.

"내 자신으로 살아 보는 방법이요."

"그러면…" 나는 망설였다. "그러면 우리 아버지도 수술을 받지 않았어야 한다고 생각하세요?"

"스테파니가 왜 수술을 받으려 했는지까지는 나는 모르죠." 멜이 말했다. "워낙에 자기 마음을 보이지 않는 사람이니까, 알 기회가 없었어요." 그는 접시 위에 남아 있던 스프링롤을 하나 집었다. "내가 만난 수백 명의 트랜스섹슈얼 중에서… 글쎄요, 수술을 꼭 했어야만 하는 사람은 열 명쯤 될까요? 다른 사람들이 성전환을 하면 안 되었다는 것이 아니라, 그저 너무 어려운 일이라는 거죠. 그들은 언제나 '트랜스'로 살아가야 할 거예요. 절대로 패싱되는 일은 없죠."

멜라니의 코쿤에서 머무는 3주 동안, 멜이 보기에 아버지는 전환이 쉬운 사람이라는 인상을 주지는 않았다. "사실 스테파니가 우리 집에 머물지 않았으면 했어요." 멜이 고백했다. "그 옆에 있으면 위협을 느끼곤 했거든요." 멜이 말했다. "아니, 그녀." 그가 말을 고쳤다. "그녀는 뭐랄까…" 그는 말을 골랐다. "고압적이었어요. 하지만 게스트하우스를 막 열었던 참이라 고객이 필요했죠. 그래서 그녀가 입원해 있던 병원에 가서 홍보를 했어요. 처음에는 굉장히 방어적으로 굴면서 '이건 무슨 꿍꿍이야?'라는 표정으로 쳐다봤죠. 하지만 시간이 지나자 '음, 나는 멜라니네 숙소에서 묵을 거야'라고 간호사들에게 말하기 시작했어요."

멜은 팜파일럿에서 코쿤에서 찍은 사진들을 불러왔다. 언덕 높은 곳에 지어지고 바람이 잘 통하는, 아치형 창문이 있는 목재 가옥이 야자나무와 바나나 묘목으로 둘러싸여 있었다. (건물은 2004년 쓰나미를 피할 정도로 높은 곳에 위치하고 있었다.) 투숙객들은 개인 욕조가 있는 방에 묵을 수 있었다. 멜라니는 공용 공간을 고리버들 가구와 세계의 각기 다른 시간대에 시간을 맞춰 놓은 여덟 개의 시계, 그리고 영감을 주는 예술품들로 장식해 놓았다. 방의 가장 특징적인 작품은 빛나는 창밖을 바라보고 있는 긴 금발 머리의 벌거벗은 여자를 그린 유화였다. "새로운 날을 바라보고 있는 거죠." 멜은 말했다. "우리 숙소에 머물렀던 사람들은 모두 그 그림과 동일시했어요." 멜라니는 해변이나 여성복 가게, 나이트클럽, 푸켓판타시FantaSea 쇼 '궁극의 밤 문화 테마파크' 등으로 다니면서 새로운 날을 열라며 투숙객들을 떠밀었다. (아버지는 판타시 기념품 가게에서 구매한 비디오를 보여 주었는데, 이 비디오에는 테마파크에서 가장 인기 있는 어트랙션을 소개하고 있었다. 밤에 상영되는 '문화적 환상쇼'였는데 코끼리 무리가 제멋대로 나타났다가 사라지고, 가짜 천둥 번개를 동반한 폭풍이 몰아치고, 고객들이 '전통적인' 태국 복장을 하고 사진을 찍을 수 있는 사진관이 있었다.)

그 5월에 푸켓 병원들의 성형외과 병동에서 손님을 모으려던 멜라니의 노력은 효과가 있었다. 여섯 명의 손님이 등록했고, 모두 MtF 트랜스섹슈얼들이었다. 아버지는 그중에서도 월등히 나이가 많았다. 그리고 '가장 외로운' 사람이었다고 멜라니는 말했다. "스테파니는 고립되어 있는 것처럼 보였어요. 다른 사람들보다 더요. 그녀의 문화나 역사 때문이었겠지만, 다른 사람들도 그녀를 이해하지 못했죠. 다섯 명 중 누구도 그녀를 방문하고 싶어 하지 않았어요. 내가 밀어 넣어야 했죠. '위대한 헝가리인!'이라며 추켜세웠어요."

미국이나 영국, 호주에서 온 다른 20~30대 손님들은 위대한 헝가리인과 관심사를 공유하지 않았다. "당신 아버지는 온갖

장비를 가지고 왔어요. 엄청난 비디오카메라, 영화들, 컴퓨터, 오페라 비디오 같은 것들을 챙겨 왔죠. 스테파니는 모두에게 오페라를 보여 주려고 했어요. 좋지도 않은 스피커에 독일 오페라를 꽝꽝 틀어 댔죠. 영화도 같이 보자며 그랬는데, 다 독일어였고. 스테파니는 자기가 번역해 주겠다고 했고, 나는 됐다고 했고, 하지만 아무도 이런 식의 여가 생활을 원하지 않았던 거죠. 또 컴퓨터에 있는 온갖 사진들을 보여 주려 했지만, 다른 사람들은 그걸 보는 거에 또 지쳐 버렸죠. 내가 하루는 독일 사람들이 묵고 있는 고급 호텔에 브런치를 먹자며 데려가기까지 했어요. 혹시 마음에 들어 그쪽으로 숙소를 옮기지 않을까 해서요. 하지만 3주 내내 우리 쪽에서 묵었어요. 그리고 주목을 받고 싶어 했죠."

멜은 자조적인 미소를 지어 보였다. "물론, 그건 내가 욕먹는 이유기도 하죠! 언제나 주목을 받고 싶어 한다고!" 그는 웃었다. "트랜스섹슈얼들은… 우리는 나만의 세계에 갇혀 버리기 쉬워요." 하지만 아버지의 태도는 다른 이유로 사람들을 밀쳐 냈다. "스테파니는 군림하려고 구는 스타일이에요. 마치 내려치는 망치처럼요. 여자가 된다는 것의 디테일에 충분히 민감하지 않다고 생각했어요."

나는 '디테일'의 목록이 어떻게 펼쳐질지 알 수 없었다. 그리고 나는 자라면서 아버지의 군림하려는 태도를 확실히 싫어했다. 하지만 아버지가 수술대 위에서 어떤 사람이 되었든지, 그리고 어떤 범주에 들어가고 싶어 했든지, 그녀가 이미 엉망진창으로 그 견본들에 저항하고 있었다는 사실이 나는 어쩐지 즐거웠다.

"스테파니가 우리 집에 머무는 동안, 전쟁을 겪었던 이야기를 한 적이 있었어요." 멜이 말했다.

"그래서요?" 아버지가 멜라니와 추억담을 나눴다는 사실에 조금은 놀라고 조금은 샘이 나서 물었다. 새로운 삶을 향해 번데기를 떠나려고 준비 중이던 나비가 그녀의 애벌레 시절을 추억한 것일까?

멜은 두 가지를 기억했다. "그녀는 가짜 출생증명서를 제출했다고 하더군요. 그리고 스와스티카가 새겨진 완장인가 뭔가, 하여간 찰 수 있는 뭔가를 가지고 있어서, 그들이 그녀가 유대인인지 몰라봤다고."

멜은 미심쩍었지만 재미있다고 생각했다. "나는 웃었어요. 그리고 이렇게 말했죠. 그랬더니 스테파니가 아주 묘한 표정으로 쳐다봤어요. 내가 한 말이 재미있다고 생각했는지 어땠는지는 모르겠어요. 내가 뭐라 그랬냐면… '그러니까, 당신은 트랜스-나치였네요?'"

12장
마음은 블랙박스다

아버지가 그림 속 여자가 '새로운 날을 바라보고 있는' 집에서 머물렀던 시절에 대한 멜의 이야기 덕분에 나는 아버지가 겪었던 전쟁에 대해서 생각하게 되었다. 얼마 후 포틀랜드에서 나는 그 시절의 아버지를 알고 있는 사람을 방문했다. 아버지가 연락을 취해 보라고 알려 준 사람이기도 했다. "오토에게 전화해 보렴. 우리 학교 출신 모두를 알고 있지." 오토 세케이는 유대 고등학교 지도김나지움의 동급생이었다.

애완동물조차 헝가리계네. 나는 은퇴한 외상외과 의사이자 마취과 의사인 세케이를 따라서 레이크 오스위고에 있는 품위 있는 주택의 복도를 지나 식당으로 들어가며 생각했다. 큰 쿠바스 두 마리가 우리 뒤를 따라다녔다. 이 오래된 헝가리 견종은 마자르인이 카르파티아 분지를 정복할 때 함께 왔다고 알려져 있다. "얼마 전까지 부다페스트에 있었어요." 수술실 간호사로 일하고 있는 그의 아내 마거릿이 체리 수프로 시작해서 여섯 개의 코스를 지나 팔라신타(과일잼을 넣어 만 얇은 팬케이크 위에 가루 설탕을 뿌린)로 끝나는 호화로운 만찬을 차려 주는 동안 오토는 말했다. "자네 아버지를 만나고 왔네."

"언제요?" 내가 물었다. 5월 초였다고 그가 대답했다.

제라늄을 심는 시기다. "아버지는… 그때 해외에 계시지 않았어요?"

"떠날 거라고 했지. 내 생각에 바로 다음 날이었던 것 같은데. 어디로 간다고 했더라…." 오토는 이름을 떠올리려고 노력했다. "말레이시아였던가?" 그는 그곳이 휴가지로는 좀 이상한 목적지라고 생각했다. 나는 아무 말도 하지 않았다. 만약 아버지가 그녀의 동급생에게 수술에 대해 말하지 않았다면 내가 알릴 일은 아니었다.

마거릿이 치킨 파프리카를 내오는 동안, 오토는 벽 쪽 찬장으로 가서 부다페스트 여행에서 찍은 사진을 가져왔다. 첫 사진에서 아버지는 부다힐의 집 앞에 서 있었다. 나에게 사진을 넘겨주면서 오토는 마거릿과 눈짓을 주고받았다. "우리는 이 집에 이름을 붙였단다." 그가 말했다. "카프카의 성." 다음 사진에는 세 케이 부부가 아버지가 준비한 정성 들인 오찬 옆에서 포즈를 취하고 있었다. 청어 롤, 오리 파테, 위쪽 빵을 덮지 않은 소시지 새우 샌드위치. 아버지가 덴마크식 스뫼르고스보르드*를 좋아하기 시작한 것은 60년 전 코펜하겐에 갔을 때부터였다. 마지막 사진은 아버지의 새로운 지하 작업장에서 찍은 것이었는데, 카키색 바지와 남성용 드레스셔츠를 입고 타이를 매고 그의 오래된 블랙앤데커 톱 옆에 서 있었다. 얼굴은 평소와 달리 부드럽고 둥글었고, 윤기가 났다. 여성 호르몬을 몇 달 동안 주입하고 있었던 덕분이었다.

오토는 지도김나지움에서 만난 아버지의 몇 가지 특이했던 점들에 대해 이야기해 줬다. 이슈트반은 '나처럼 작았고' 운동을

* 온갖 음식이 다양하게 나오는 뷔페식 식사.

좋아하지도 않았으며 말이 많지도 않았다. 오토의 기억에 따르자면 10대의 아버지는 단 한 가지만을 드러냈다. 프리드먼가는 '부유하고 부동산을 가지고 있다'는 것. 이슈트반과 그의 부모는 언제나 '우아하게 차려입었다.' 오토는 아버지에 대해 좀 더 알고 있을 법한 동급생들의 이름을 알려 주었는데, 전화를 걸어 보니 그들의 기억은 매우 희미했다. 텔아비브에 살고 있는 청각학 교수인 야코프 슈타이너가 가장 많은 걸 기억하고 있었다. 그와 아버지는 여섯 살 때부터 같은 학교에 다녔다. "반에서 가장 친한 친구였지." 아버지는 야코프에 대해 이렇게 말했다. 하지만 이유가 뭐였냐는 질문에 대해서는 "나를 잘 대해 줬어" 외에는 다른 이유를 대지 못했다. 야코프의 기억은 그보다는 나쁜 편이었다. "당신 아버지는 반에서 말썽을 일으키는 편이었어요. 끊임없이 선생님 말씀에 끼어들곤 했죠." 그가 이야기했다. "가만히 있지를 못하는 까다로운 아이었어요. 하지만 학교에서도 어쩔 수 없었는데, 그건 예뇌 프리드먼의 돈 때문이었죠." 그는 또한 아버지가 교사네 집에 하숙을 했던 것도 기억하고 있었다. 하지만 유예된 이혼 때문이 아니라 다른 이유로 알고 있었다. "프리드먼가에는 입주 가정부가 있었는데. 당신 아버지가 그 사람의 배와 다리를 아주 세게 때렸어요, 두 번이나. 집안 주치의가 훈육을 받을 수 있는 곳으로 보내야 한다고 제안했죠."

저녁을 먹은 뒤 오토는 나를 서재로 안내했다. 그는 소파에, 그의 개들은 그의 발치에 편안하게 자리 잡았다. 그의 넓고 편편한 얼굴과 날카로운 V를 그리고 있는 숱 많은 눈썹이 전형적인 헝가리인처럼 보인다고 생각했다. 그는 테이블 위에 몇 장 안 되는 낡은 사진들을 펼쳐 놓았다. 중단된 삶의 잔해였다. 그는 그 사진들을 찬찬히 훑어보더니 한 장을 집어 나에게 보여 주었다.

졸업 앨범 사진이었는데, 다섯 줄로 선 소년들이 벽돌로 된 벽 앞 옥외 관람석에서 블레이저를 입고 타이를 맨 채 격식 차린 포즈를 취하고 있었다. 나는 뒤쪽에서 보일 듯 말 듯한 마른 소년을 알아보았다. 불안한 미소를 띤 채 조끼에 손을 꽂아 넣어 나폴레옹 포즈를 한 것으로 보였다. "피슈터가 여기 있군." 오토가 말했다. 넓은 옷깃으로 멋을 부린 트위드 블레이저를 입은 나의 10대 아버지는 소년들 중에서 가장 멋쟁이였다. "45기 우리 반." 오토는 사진을 나에게 건네주면서 말했다. "영원히 졸업하지 못한 반이지."

"아주 엘리트 학교였네." 그는 이야기를 이어 갔다. "교사들도 세계 최고 수준이었고." 지도김나지움은 학문적인 성취와 수학, 고고학, 역사학, 언어학, 고전, 그리고 헝가리어학의 저명한 학자들로 가득한 교사진으로 유명했다. 반유대주의가 부상하면서 저명한 유대인 학자들이 고등학교 교사로 밀려난 것이 그 이유였다. 상위 교육기관에서 유대인들의 '지배'를 두려워하는 분위기가 1920년 입학정원제 법안 통과로 이어졌는데, 이 법안은 유대인을 목표로 삼아 소수자 학생들의 할당을 제한했다. (양차대전 사이에 등장한 최초의 반유대주의 법이었다.) 차별이 점차 심해지면서 해외로 내몰린 저명한 헝가리 유대인들의 목록은 길었다. 그리고 그 목록에는 노벨상 수상자도 많았다. 이들 중에는 수학자 존 폰 노이만, 물리학자 유진 위그너, 레오 실라르드, 테오도르 폰 카르만, 에드워드 텔러, 화학자 조르주 드 헤베시, 사회학자 카를 만하임 등이 있었다. 1930년대 후반 즈음이 되자 반유대주의 법안은 유대인 교수들에게 가혹한 쿼터를 적용하기 시작했다. 지도김나지움에서 일자리를 찾으려고 했던 저명한 유대인 교육자들 중에는 핀-우그어 언어학자이자 헝가리국립과학

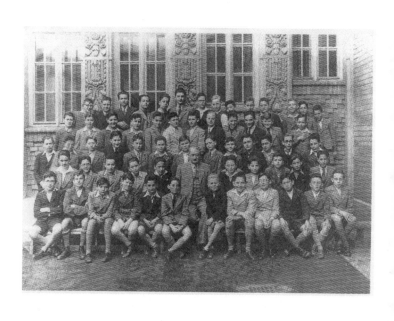

원 회원이었던 데이비드 라파엘 푹스와 걸출한 히브리어 학자였던 살라몬 위더, 그리고 선구적인 수학자이자 이후에 예루살렘 히브리대학교 총장이 된 미하이 페케테 등이 있었다. 고등학교에서 체육을 맡았던 졸탄 뒤크슈타인은 1932년 LA 올림픽에서 복싱, 펜싱, 레슬링, 수구에서 헝가리 국가 대표 팀의 승리를 이끈 올림픽 팀 코치였다.

오토는 여윈 손가락으로 학급 단체 사진 위를 훑으면서 각각 소년들의 얼굴 위에 멈추고 그가 후에 무슨 일을 했는지 이야기해 줬다. 물리학자, 화학자, 생물학자, 항공 기술자, 심리학자, 방사선 전문의, 박물관장, 캐나다 스포츠명예의전당에 올라간 전문 스포츠인, 억만장자 사업가, 그리고 세계에서 가장 큰 규모의 금광 회사의 창립자…. 그들은 물론 살아남은 자들이었다. 전쟁 전에 학생 명단에는 61명이 있었다. 하지만 전쟁 후에는 20명 이하만이 살아남았다. 2001년 토론토에서 오토가 동창회를 조직했을 때에는 16명이었다. "이제 12명 남았지." 오토가 말했다. 그가 올려다보았고, 그늘진 눈이 내 눈을 바라보았다. "자네 부친이 헝가리에 사는 유일한 사람이네."

1944년 3월 19일 독일군이 부다페스트를 점령했을 때, 지도 김나지움은 학생들을 집으로 보냈다. 괜한 불안을 만들까 싶어, 학교 측에서는 헝가리 민주주의의 아버지인 러요시 코슈트의 탄신일을 축하하기 위해서라고 둘러댔다. 마지막 통지표는 유대인에게 다윗의 노란별을 의무적으로 착용하도록 하는 내무부의 포고령이 발효되기 전날인 4월 4일 일찌감치 배포되었다. 마지막 졸업반인 44기가 기말고사를 보자마자, 헝가리군은 학교 건물을 징발해 유대인 강제노동을 위한 환승 캠프로 삼았다.

10대의 오토는 시인이 되고 싶었다. 그런 의미에서 그는 진정한 헝가리인이었다. 시야말로 마자르 예술 중에서 가장 칭송받는 분야이기 때문이다. 오토의 아버지가 화학 회사의 재무이사 자리에서 쫓겨나기 전, 그의 아들은 아버지 사무실의 타자기를 빌려서 "오토 세케이 선집"을 만들었다. 오토는 기억에 남아 있는 시구를 영어로 떠올려 보려고 노력했다. 겨울에 대한 한 편의 시에서 그는 이런 시구를 기억해 냈다. "눈이 태양의 미소 위에서 웃고 있다." ("헝가리어로 하면 더 재치 있는 대구를 이루지." 그가 말했다.) 비에 대한 예술적인 다른 시에서는 폭우를 "구름의 죽음"이라고 묘사했다.

1944년 여름, 그는 마지막 시를 썼다. 전쟁 마지막 해에 징발된 아파트를 부다페스트 유대인 강제수용소로 사용한 '노란별' 수용소에 어머니와 함께 강제로 재배치된 여동생을 위한 시였다. 그곳은 국외 추방 전 마지막으로 거치는 장소였다. 오토는 정확한 단어를 떠올리지는 못했다. 그러나 그가 사용했던 우화는 기억하고 있었다. 양들이 자는 동안 우리 밖을 어슬렁거리는 늑대에 대한 이야기였다. "나는 이야기를 뒤집어서 우리의 양들이 언젠가는 우리 밖으로 나가고 늑대가 우리에 갇힐 것이라고 썼지. 동생에게 희망을 주고 싶었거든." 동생은 그 시를 듣고 노란별 수용소의 다른 거주자들에게 시를 읽어 주며 수용소 계단을 오르내렸다. 시는 그녀의 정신을 고양시켰지만, 상황을 바꿀 수는 없었다. 1944년 말에 그녀는 부다페스트에서 베르겐-벨젠 강제수용소로 향하는 마지막 이송 기차에 태워졌고, 그곳에서 장티푸스열로 사망했다.

그의 동생이 강제 추방되기 한 달 반 전, 열일곱 살의 오토는 헝가리 화살십자당에 징발되어 강제 노역을 하게 되었다. 소련군의 전진을 막기 위해 해자를 파는 일이었다. 밖에서 사용할 장비가 하나도 없었지만, "어머니는 마법사였네. 재킷을 잘라서 가방을 만들었지." 그리고 어디에선가 밀가루와 설탕을 얻어와 아들에게 쿠키를 만들어 주었다. 이후로 몇 주 동안, 그는 쏟아붓는 빗속에서 구멍을 팠다. "옷이 마를 틈이 없었다네. 밤에는 그냥 맨땅에 누워 잤고." 가방에 들어 있던 쿠키는 죄다 뭉그러졌다. 오토는 매일 그 반죽 덩어리를 조금씩 퍼 먹었다. "덕분에 살았지."

1944년 겨울, 쿠키 반죽은 동이 났고, 그가 속한 부대는 서쪽으로 향했다. "감이 별로 안 좋았어. 소문이 돌았거든." 서쪽으로 간다는 것은 강제수용소로 간다는 의미였다. 어느 날 밤 그의 부대가 어느 마을을 지나치고 있을 때 "우리는 뭔가 때문에 멈췄네. 길가에 서 있었는데, 아주 우연히 울타리 친 마당으로 통하는 작은 문을 봤지. 열리는지 보려고 문을 건드려 봤어." 그가 탁자위로 손가락을 밀어 보였다. 보이지 않는 문을 밀기라도 하는 듯이. "열려 있더군. 나는 주의 깊게 살피고 기다렸지. 기다리고, 기다리고, 기다렸어." 가장 가까이 있는 초병이 다른 쪽으로 고개를 돌렸을 때, 그는 문 안쪽으로 미끄러져 들어갔다. "그리고 그냥 걸었단다. 어딘지도 모르는 채로."

그는 재빨리 새로운 신원을 만들어서 검문에 걸릴 때마다 내밀었다. "나는 루마니아에서 러시아인들을 피해 탈출한 헝가리인이라고 말했지. 트란실바니아에서 도망친 헝가리인들이 많았거든." 물론 기독교도 헝가리인이어야 했다. 이 거짓말을 뒷받침해 줄 서류는 없었다. "하지만 두려운 건 서류가 없다는 사실 때문이 아니었네." 그가 말했다.

나는 무엇이 두려웠는지 물었지만, 사실 대답을 알고 있었다.

"바지를 벗어 보라고 말하는 것, 그게 가장 두려웠다네."

수년 후, 오토는 아들이 할례를 받는 것에 반대했다. "내 아들도 그런 두려움을 겪게 하고 싶지는 않았어."

* * *

1944년 겨울 즈음 부다페스트는 전쟁으로 폐허가 된 유럽의 다른 나라들처럼, '여성들의 도시'였다. 헝가리의 수도 역시, 그리고 특히, 유대인 여성들의 도시였다. 부다페스트에서는 유대인 여성의 60.1퍼센트가 전쟁에 살아남았는데, 이는 유대인 남성들 42.7퍼센트가 살아남은 것과 비교해 볼 만하다.

전쟁에서는 예외 없이 남성인 적이 더 큰 위협으로 간주된다(헝가리 유대인이 적이었던 적은 없었다는 사실에는 신경 쓰지 말자). 그러나 또 중요했던 것은 헝가리에 국한되지 않고 수세기에 걸쳐 만들어진 유대인의 남성성을 둘러싼 판타지와 공포의 복잡한 역사였다. 군림하는(그러나 모순적이게도) 유령과도 같은 유대인 남성들의 이미지가 존재했던 것이다. 기독교도 남성들의 사기를 꺾겠다고 위협하는 사내답지 못한 여성적 거세자, 기독교도 처녀들을 훼손하겠다고 위협하는 음란한 사티로스, 그리고, 당연하게도, 기독교도의 금고를 고갈시키겠다고 위협하는 탐욕스러운 기생충의 이미지가 유럽 전역에서 공명해 왔다. 트리아농조약에 의해 능욕당한 양차 대전 사이의 헝가리에서, 유대인 남성은 수많은 사회적이고 경제적인 모욕과 두려움이 투사된 존재였다. 데죄 서보의 유명한 1919년 소설 『휩쓸려간 마을 The Swept-Away Village』에서 제1차 세계대전에 참전했던 젊고 건장한 비유대인 군인은 헝가리 고향 마을로 돌아온다. 하지만 그를 기다리는 건 유대인들 때문에 타락해 버린 조국이었다. 마을의 미녀는 유대인 연인들 때문에 망가졌고(그녀는 결국 유대인이 우글거리는 부다페스트의 '현대판 소돔'에서 매춘부가 되었다), 기독교도 시인이었던 절친한 친구는 (유대인들의) 국적을 알 수 없는 데카당스에 유혹당해 정신이 나가고 발기불능이 되었다. 주인공은 기독교도인 시골 소녀와 결혼하고 '헝가리 민족의 요람인' 마자르 시골의 이상을 지키기로 맹세하면서 유대교도의 타락에 강하게 맞선다. 당시 상황으로 쇠약해진 수많은 비유대인 헝가리인들에게, 이 이야기는 모든 것을 설명해 주었다. 그들이 경험하고 있는 남성성 위기의 근원은, 성적 병폐로 기독교의 도덕을 깎아내리고 헝가리의 부와 안녕을 고갈시키면서 페스트 지구를 휘젓고 다니는 호색한이자 동시에 호모인 도시 유대인들에게 있었다.

어느 날 나는 부다페스트의 저명한 정신분석학자인 유디트 메사로시와 유대인에 대한 헝가리 사회의 인식에 대해서 이야기 나누고 있었다. 양차 대전 사이 시기로 이야기가 넘어가자, 그녀는 (부다페스트 정신분석학파에 대한) 자신의 저서 『페렌치와 그 너머 *Ferenczi and Beyond*』를 찾아, 1920년대 반유대주의 선전 포스터 복사본을 펼쳐 보였다. 이 포스터에는 피부가 벗겨진 기괴하고 뚱뚱한 남자가 묘사되어 있었다. 그는 옷을 입지 않고 부츠만 신은 채 굽은 다리로 쪼그려 앉아 있었으며, 매부리코와 침 흘리는 입술 너머로 초점을 잃은 채 무엇인가를 보고 있었다. 깃펜 하나는 그의 귀에 꽂혀 있고, 다른 하나는 화살처럼 그의 축 처진 가슴을 찌르고 있다. 왼쪽 팔 아래에는 다윗의 별 표시가 찍힌 불룩한 돈 자루에서 금화가 쏟아져 나오고 있었다. 그의 오른손은 당시 헝가리 신문이었던 《페스티 너플로》를 향해 뻗치고 있다. 그의 머리 위로는 "Le az élődi sajtóval!!"이라고 쓰여 있다. 기생충 언론과 함께! 라는 뜻이다.

"뭐가 보이세요?" 메사로시가 물었다.

나는 '기생충'의 사타구니를 가리켰다. 이 역병을 전염시키는 존재에게는 고환이 없었다.

"맞아요." 그녀가 말했다. "거세된 거죠." 그녀는 책을 닫았다. "때로는 한 장의 사진이 모든 걸 압축하고 있죠."

1930년대 말과 1940년대 초에 헝가리 국회를 통과한 세 개의 '유대인 법'은 유대인 남성성을 완전히 비탄에 빠트렸다. 첫 번째와 두 번째 법은 전문직을 비롯해 경영, 상업, 산업에서의 고용을 제한함으로써 유대인 가장들이 가지고 있던 직업의 80퍼센트를 제거해 버렸다. 세 번째 법에서 '민족 보호'를 위해 민족 간 결혼 및 혼외정사를 금지한 것은, 특히 유대인 남자와 비유대인 여자 사이의 성적 관계를 금지하기 위한 것이었다. "'유대인 법'이 남성들의 직업을 빼앗고 경제적 기반을 약화하자 독특한 형태의 '해방'이 일어났다. 성별 간 관계와 성역할, 그리고 노동에서의 분업이 바뀌기 시작한 것이다."『헝가리 홀로코스트: 인종대학살의 진화 *The Holocaust in Hungary: Evolution of a Genocide*』에서 역사학자인 졸탄 바기와 공동 저자들은 이렇게 주장한다. 곧이어 강제 노역이 시작되면서 남성 가장들은 말 그대로 가정에서 사라졌다.

1939년 3월, 헝가리가 아직 전쟁에 개입하기 2년 전에 헝가리 정부는 유대인 남성들이 군역에 알맞지 않다고 선언했다. (이런 판단은 70년 후에도 여전히 나의 아버지를 분노하게 했다. "이스라엘은 그런 생각을 6일 전쟁*에서 날려 버렸지." 그녀는

---

* 1967년 6월 5일부터 10일 사이에 펼쳐졌던 아랍과 이스라엘 간의 제3차 중동전쟁.

주먹을 테이블에 내리치면서 소리쳤다. 아버지에게 이스라엘이란 다른 어떤 것보다도 남성성 재건의 실험이었다.) 대신, 헝가리에만 있는 다소 특수한 제도라고 할 수 있는 '노동 봉사 제도'로 20세에서 48세에 이르는(이후에는 18세에서 48세가 되었다) 모든 유대인 남성은 헝가리 육군 사단과 함께 작업하는 강제 노역에 징집당했다. (아버지는 운이 좋게도 1945년 11월이 될 때까지 18세가 되지 않았다.) 징집병들에게는 (유대교도의 경우에는 노란색 완장, 기독교도로 개종한 유대인의 경우에는 흰색 완장을 제외하고는) 군화와 군복이 허용되지 않았다. 무기도 마찬가지였다. '신뢰할 수 없는' 유대인 남자들은 무장하지 않은 채로 전선에 보내졌다. 헝가리가 전쟁을 시작하자 이 남자들은 노예노동을 제공했다. 가장 모욕적이고, 살인적이며, 위험한 일들이었다. 거의 먹지 못했고, 헐벗다시피 했으며, 잔혹하게 다뤄졌다. 짐마차의 말처럼 이용되었고, 지뢰밭에서는 일반 병사 앞에서 걸어야 했다. 절벽에서 떠밀렸으며, 가학적인 장교와 사병들의 장난감이 되었다. 독일이 헝가리를 점령하기 전에 이미 4만 2000명이라는 엄청난 숫자의 유대인이 죽었다.

1944년 가을 화살십자당이 점령할 즈음, 늙거나 병들지 않은 거의 모든 남자가 군역에 끌려갔다. 부다페스트 거리에 군복을 입지 않은 남자는 누구라도 의심을 샀다. 유대인 남자들은, 그들이 지닌 가짜 신원 증명 서류가 아무리 믿을 만하다고 하더라도, 완곡어법으로 하자면 '바지 검사'라고 알려져 있었던 것의 위험을 감수해야 했다. 자선가 조지 소로스의 아버지인 티버더르 소로스는 전쟁 중에 일상적으로 경험해야 했던 위험에 대해서 자신의 회고록 『가면극 Masquerade』에서 이렇게 묘사한다.

각 구역마다 하나나 두 개의 화살십자당 빌딩이 있었다. 이 건물들의 유일한 목표는 유대인의 생명을 고문하고 '끊어 내는' 것이었다. 유대인으로 의심받은 사람들은 이곳으로 끌려가서 그들이 유대인인지 아닌지 검사당했다. 남자의 경우에는 검사가 매우 쉬웠다. 서류 따위는 별로 중요하지 않았다. 그들은 옷을 벗어야 했고, 할례를 한 경우에는 살아 나오기 힘들었다. 여성들에게는 그래도 상황이 좀 나았다. 이렇게 단순한 기준이 없었기 때문이다.

소로스는 자신과 두 명의 아들을 위해서 가짜 진단서를 구했다. 그 진단서는 그들이 할례를 한 것처럼 보이는 건 수축된 포피를 잘라 내야만 하는 특수한 상황 탓에 '포경 수술'을 받았기 때문이라고 설명했다. 그는 이 서류가 충분한 보호가 되지 않을 거란 사실을 알았다. "포피 문제는 우리 같은 유사-기독교도의 삶을 끊임없이 감도는 위협이었다"고 소로스는 쓰고 있다.

아버지의 사촌인 달리아 버럴은 남은 생애 동안 그 시절 기억에 시달리게 될 남자와 결혼했다. 달리아의 남편인 마르틴 버럴이 어릴 적에 그의 어머니는 '포피 재생' 수술을 준비했다. 그들의 종교를 노출시키는 표식으로부터 두 아들을 구하기 위해서였다. 전쟁 한가운데, 버려진 부다페스트 지하실에서, 수술 경험이라고는 별로 없는 정신과 의사에 의해 진행된 수술은 재앙이었다. 마르틴과 달리아는 전쟁이 끝난 뒤 오스트레일리아 시드니에 살았는데 마르틴이 뉴욕에 잠깐 왔을 때, 내게 그때 이야기를 해 주었다. 그는 그 수술을 "소위 수술이라고 했던 것"이라 불렀다. 마취약은 없었다. 어머니는 그와 남동생에게 보드카 한 모금과 담배를 줬다. 의사는 사람들에게 팔과 다리를 잡으라고 하고 환자를 눕혔다. "기절해 버렸는데, 오히려 다행이었지." 수술은 성공하지 못했다. 이후 1년 동안 두 형제는 끔찍한 감염으로 고통받았다. 그래도 그날 수술을 받은 세 번째로 나이가 많았던 남자는 덕분에 살았다. "나중에 어떤 나치가 길에서 그를 잡아서, 유대인인지 아닌지 보려고 바지를 벗긴 거야." 마르틴이 회상했다. 그들은 그의 훼손된 성기를 쳐다보았다. 그는 매독 때문이라고 둘러댔다. "너무 엉망인 상태였던 터라 믿을 수밖에 없었지. 그러니까 수술이 어쨌거나 효과가 있었다고 해야겠지."

나의 아버지는? "한 번도 두려웠던 적이 없어." 내가 전쟁 중 부다페스트에서 벌어진 '포피 문제'에 대해서 물었을 때 그녀는 가볍게 대답했다. "나는 바보가 아니었거든. 어떻게 행동해야 할지 알고 있었지. 나는 노란별을 입은 적이 없어."

"하지만 별표가 아니더라도…" 나는 다시 말했다.

"어어, 나는 한 번도 잡힌 적이 없었어." 아버지가 말했다. "별로 중요하지 않아." 그걸로 이야기는 끝이었다.

* * *

함께 저녁을 먹은 한 달 뒤, 오토 세케이가 전화를 걸었다. 다른 45기 동급생에게서 이메일을 받았다는 것이다. 아버지가 그에게 보낸 이메일이 첨부되어 있는데, 성전환 소식을 알리고 있었다. 오토만 받은 것은 아니었다. 그 남자는 아버지의 이메일을 모든 생존 동창생들에게 알렸다.

오토는 어떻게 생각해야 할지 알 수 없었다. 그는 70대 동창생들의 생각에 대해 말했다. "친구들과 이야기해 봤는데, 애들은 피슈터가 우리에게 충격을 주고 싶어 하는 모양이라고 생각해." 오토는 선례를 찾아보려고 했다. "내가 일했던 병원에서 의

278   2부

사 중 한 명이 이런 비슷한 수술을 한 적이 있었는데." 그가 말했다. "하지만 그건 자궁은 있지만 질이 없었던 여자를 위한 거였네." 그가 말하는 여자란 '생물학적 여자'를 의미했다. "이건 일종의… 자아 충돌의 병적 증상이겠지." 오토는 아버지를 설명하기 위해 자기가 가지고 있는 전문 지식 안에서 어떻게든 의료적 실마리를 잡으려고 노력했다. "뭔가 어린 시절에 겪었던 일 때문에 촉발되는, 내재된 심리적 증후군이 있을 거야. 그래야 말이 되지." 하지만 그에게는 그런 일이 벌어지지 않았다. "중요한 건 그 친구가… 그 갈등이… 그러니까 그게 점점 더…" 그는 문장을 다 끝내지 못했다. "이해한다고 할 수는 없겠어."

"점심 드시면서 이야기 더 나누시겠어요?"

"그게 좋겠구나."

* * *

며칠 후 오토는 포틀랜드 시내에 있는 한 레스토랑의 긴 의자에 편안하게 앉아서 컴퓨터 인쇄물 한 뭉치를 테이블 너머로 밀었다. 모든 '소년들'에게 전달된 아버지의 이메일은 설명이라기보다는 전시에 가까웠다. 아니, 나는 짜증이 나서 과시 행위에 가깝다고 생각했다. 아버지는 두 장의 사진을 골라서 보냈다. 한 장은 시시 황후의 빈 정원에서 포즈를 취한 것이었다. 다른 한 장에서는 백금발 가발을 쓰고, 주름 잡힌 하얀색 블라우스에 백합 무늬의 빨간 스커트를 입고 있었다. 나에게 스테파니의 탄생을 알리기 위해 이메일로 보냈던 것과 같은 사진이었다. 나는 이런 이미지 편지를 받은 수많은 수신자 중 하나일 뿐이었을까?

어떤 사람들은 신중하게 고른 말들로 답장을 보냈다. 말하자면… "나이 든 남자가 하기에 얼마나 우스꽝스럽고 창피스러운 짓이냐" 같은. 나의 원한이 즉시 새로운 목표물에 달라붙었다. 1944년 이후로 나의 아버지와 겨우 두 마디 정도나 주고받은 주제에 쉽게 판단 내리는 이 남자들은 누구인가? 그들이야말로 킬킬거리면서 더러운 사진들을 돌려 보는 10대들처럼 남사스러웠을 테지.

사진과 함께 묶여 있는 일련의 이메일들은 아버지와 이스라엘에 있는 친구가 주고받은 것들이었다. 그건 분량이 좀 많았고 전부 텍스트로만 되어 있었다. 그리고 전부 헝가리어였다. 내가 아버지의 이메일에서 읽을 수 있었던 하나의 단어는 마지막 단어였다. "샬롬."

나는 이메일을 주고받은 사람의 이름을 알아볼 수 있었다. 야코프 슈타이너, 학창 시절 아버지의 '절친'이었던 그 사람이었다. 오토는 애절하게 이메일의 첫 번째 페이지를 읽어 내려갔다.

"슈타이너가 자네 부친에게 수술에 만족했으면 좋겠다고 말하면서, 하나만 묻고 싶다고 썼구나. '왜 지금까지 기다린 거야?'"

아버지는 다음 날 답장을 보냈다.

오토는 답장을 번역해 주었다. "한꺼번에 다 이야기하지 못해서 미안하다." 이메일은 이렇게 시작했다. "하지만 스테피인 지금, 나는 좀 수줍네." 오토는 나를 올려다봤다. 그의 아치형의 눈썹이 좀 더 올라갔다. 그리고 다시 읽기 시작했다. "솔직히 나는 내가 21세기에도 살아 있을 거라고는 생각하지 못했어. 하지만 이제 그럭저럭 예쁜 숙녀가 되어 여기에 살아 있네."

이제 모든 것이 장밋빛으로 잘되어 가고 있다는 듯 재잘거리는 방식으로 적은 아버지의 모든 이야기는, 나에겐 포틀랜드 도서관의 초기 트랜스 회고록에서 이미 본 적 있는 친숙한 것이었다. "태국 사람들은 정말 친절했어." "두 주 만에 완전히 회복했지." "태국에서 받은 모든 수술에 만족해." "집으로 돌아온 후로 아무 문제없었어." "이제 지인들 모두 나한테 잘해 주지."

이메일의 마지막 문단은 이러했다. "내 딸이 여기 와서 나에 대해 잔뜩 취재해 갔어. 딸의 다음 책은 아마도 나와 트랜스섹슈얼들의 어려움에 대한 내용이 되지 않을까 싶다. 새해 복 많이 받길. 샬롬, 스테피로부터."

오토는 무언가를 찾아서 페이지를 넘겼다. 슈타이너가 이에 이어서 그에게 개인적으로 쓴 이메일이었다. 오토는 붉은색 잉크로 몇 개의 문장에 밑줄을 그어 놓았다.

"슈타이너는 여기에 피슈터가 어렸을 때, 그의 행동거지가 이미 '참을 수 없는' 지경이 됐다고 썼어. 아주 폭력적으로 굴었고, 이것 때문에 그가 교사와 함께 살게 되었다는 거지. 수차례 가정부를 발로 찼다고 하네."

나는 오토가 왜 그 문장들에 줄을 쳤는지 궁금했다. 그는 아버지와 가정부 사이에 있었던 사건이 최근 아버지가 한 변신의 원인일 수도 있다고 생각하는 것일까? 나는 의심쩍었다. 그 시대에 특권을 가진 아이들이 그들의 하인을 함부로 대한 것은 틀림없었을 것이다. 그런 의미에서 그들은 불쾌한 인간들이지만, 그렇다고 해서 그런 행동이 그들을 트랜스섹슈얼로 만드는 건 아니다.

"그때가 아버지 삶에서 끔찍한 시간들이었을 거라고 생각해요." 내가 말했다.

"그렇겠지." 오토가 말했다. "자네 아버지의 부모가 이혼을 앞두고 전쟁 중이었다고 슈타이너가 썼더군."

"그리고 다른 전쟁도 있었고요." 내가 말했다. "정말 끔찍했을 거예요. 아버지는 전쟁 중에 자신이 유대인이라는 사실에 대해 생각해 본 적이 없다고 우겨요. 하지만 나는 그 말 믿지 않아요."

오토는 안경을 벗고 손으로 얼굴을 쓸어내렸다. "살아남은 우리는 전쟁 후에 어떤 외상후증후군도 없었네. 그러니까, 우리도 정신적… 신경적… 스트레스가 있었겠지. 생존자로서의 죄책감은 있어. 하지만…." 그는 잠시 멈췄다가 다시 이야기를 이어 갔다. "어쩌면 개인적 차원에서는, 어떤 사람이 특정한 시기에 노출이 되면, 그게 그러니까 뭐랄까 그 신드롬을 촉진시킨다거나 촉발시킬 수도 있지 않은가. 개인적인 차원 어디엔가 그 연결고리가 있는 거지. 그걸 증명하기는 아주 어렵겠지만."

"뭘 증명하는데요?" 그의 말을 이해할 수 없었다.

"자네 아버지는 아마도 어렸을 때 그 안에 이런 욕망을 가지고 있었던 걸세. 그리고 우연히, 전쟁이 동시에 닥쳐오면서…." 오토가 말했다. "나는 자네가 자네 아버지와 홀로코스트 사이에 어떤 연결점을 찾으려 한다고 느꼈네. 하지만 나는 홀로코스트가 어떤 사람을 그렇게 만들 수는 없…"

"나도 그렇게 생각하지 않아요." 나는 말했다.

"연쇄살인범 같은 거지. TV에서들 얘기하잖아. '어린 시절에 이런 일이 있었군요! 다 설명됐어요!'"

"오토, 나는 홀로코스트가 아버지가 성전환을 한 이유라고 말하려는 것이 아니에요."

그는 고개를 끄덕였다. 좀 진정한 것 같았다. "뭐랄까, 갑자기, 두통이 생긴 것처럼 말이지." 그가 말했다. "이유를 알아내려는 거야. 그걸 촉발시킨 게 무엇인지 생각하려고 애쓰면서, 연상법으로 돌이켜 보려고 하네. 운이 좋으면, 알아낼 수도 있고."

"하지만 아마 잘 안될 거예요." 내가 말했다. "대체로 하나의 '트리거'란 없거든요."

그는 한동안 조용히 있었다. 그러다가 말했다. "여전히, 자네가 하려는 거, 그 연결점들을 조사하려는 거, 그건 적절한 방법이네. 말이 되는 소리랄까." 실증적인 사고방식을 가진 세케이 박사는 실존주의적인 오토와 내적 갈등을 겪고 있는 것처럼 보였다. "만약 자네가 그걸 증명하려고 한다면, 계속해서 길고 긴 원을 돌고 있다는 걸 알게 될 걸세."

"그리고 내가 시작한 곳에서 끝나겠죠."

"시작한 곳에서는 아닐 걸세." 그가 말했다. "많은 사실이 드러나겠지. 결국에, 마음이란 블랙박스 같은 거니까."

13장

잊는 법을 배우기

아버지는 식당 테이블에 앉아 있었다. 펜을 손에 꽂은 채, 지도김나지움 45기의 동창생 명단을 앞에 두고서 말이다. 등사판 인쇄물 페이지를 이리저리 뒤져서 이름들 옆에 계속 X표를 치고 있었다.

"뭐 하세요?" 내가 물었다. 아버지를 다시 보기 시작한 지 4년이 지났다. 아버지를 계속 방문하면서 우리는 도시를 몇 번 여행했고, 나는 그녀로부터 몇 가지 가족사를 캐냈다. 우리는 심지어 그녀의 또 다른 동창회에도 함께 갔는데, 이번에는 부다페스트에서 열렸다. 거기에서 머문 시간은 짧았다. 그녀는 동창생들이 "'아, 우리가 얼마나 고통을 받았는지'라며 우는 소리만 내는" 데에 짜증이 나서 자리를 박차고 나와 버렸다. 그러나 대부분은 우리가 지금 있는 바로 여기, 아버지 집에 앉아서 죽치고 있었다.

"뭐 하시냐고요?" 다시 물었다.

"죽은 사람들 표시하고 있어."

그녀는 X표를 좀 이상하게 기울어진 형태로 그렸다. 그건 십자가에 더 가까워 보였다. 동창회 명단은 곧 묘지를 닮아 갔다. 기독교식 묘지랄까.

"이 사람들," 그녀가 잠시 후 말했다. "이 사람들은 과거를 벗어나질 못해. 유령들이야." 그녀는 X표가 되어 있지 않은, 부다페스트 동창회에서 만났던 이름들을 이야기하고 있었다. "너무 늙어 보이는 남자가 하나 있었는데, 그도 차라리 죽는 편이 좋았겠지."

아버지는 놓친 사람이 없는지 다시 한 번 손가락으로 천천히 명단을 훑어 내려갔다. 그녀는 자신의 이름 옆에 섰다. 잠깐 들여다보더니 비뚤어진 X표를 옆에 그려 넣었다.

"그건 무슨 의미예요?" 내가 물었다.

그는 펜을 몇 번 흔들더니 잉크를 다시 채워 넣고 X표를 진하게 덧그렸다.

"스티븐 팔루디도 – 오," 그녀가 말했다. "스티븐 팔루디도 죽었어."

2008년 즈음이 되었을 때, 나에게 부다페스트는 더 이상 미지의 땅이 아니었다. 아버지의 집까지 찾아갈 수 있었고, 트램과 버스 시간표를 알았고, 페스트 지구에 사는 친구들도 좀 생겼으며, 1년 동안 (거의 의미가 없기는 했지만) 헝가리어 수업을 받느라 고생도 했다. 언덕에 있는 요새 안에서도 무엇인가가 바뀌었다. 아버지는 진짜와 가상이 섞여 있는 옷장을 의무적으로 순방하지 않았다. 이전처럼 어떤 규칙성을 가지고 옷깃을 열어젖히지도 않았다. 자신의 새로운 정체성을 증명하는 시각적 증거들은 더 이상 24시간 열려 있는 전시장이 아니었다. 그러나 아버지의 어떤 변치 않는 자아는 여전히 고집스럽게 닫혀 있고 그래서 다가서기 힘든 상태로 남아 있었다. 그건, 특히 그리고 확실하게, 공적이건 사적이건 역사에 관련된 부분이었다. 지도김나지움의 동창생 목록을 살펴보고 있는 건 과거의 유령과 대면하는 흔치 않은 순간이었다.

그해 여름 남편*과 나는 페스트 시내에 있는 아파트를 빌렸다. "바보 같은 짓이야. 집이 아닌 다른 곳에 머물다니." 아버지는 불평했다. 그리고 불평이 먹히지 않자 "모든 사람들 앞에서 나를 망신 주는구나"라고 투덜거렸다. 나는 그 '모든 사람들'이 누구인지 알 수 없었다. 어차피 아는 사람도 별로 없지 않은가. 어쨌거나, 우리는 도시에 묵었다. 우리는 마음에 드는 도서관과 즐겨 찾는 술집이 생겼고, 나는, 어쨌거나, 아버지의 끈질긴 감시를 벗어날 수 있다는 것에 만족했다.

우리가 세를 낸 집은 오페라하우스 길 건너에 있는 한때 화려했고 여전히 꽤 훌륭한 아르누보 건물에 있었다. 계절이 따뜻해지자 음악가들은 연습실의 창문을 활짝 열었다. 저녁 공연을 위해 준비하는 테너와 트럼펫 연주자 들의 천상의 합주를 들으며 눈을 뜬 날이 많았다. 우리는 깜깜한 어둠 속에서 계단을 내려가—복도의 불은 아주 나간 상태였다—근처 카페에서 커피와 크루아상을 먹으며 한가롭게 시간을 보냈다. (카페 매니저는 미국인들이 들어오는 것을 보면 재빨리 그녀의 오래된 주크박스에 조니 캐시**를 걸었는데, 이 소리가 베르디를 가려 버렸다.) 공산주의가 몰락한 후, 도시 중심부 일부분은 정신없는 젠트리피케이션을 겪었다. 에펠탑을 디자인한 건축가의 작품인 근사하

<hr />

* 처음 헝가리를 방문했을 때까지는 결혼을 하지 않았던 수전 팔루디는 2010년대 중반 오랜 동반자이자 동료인 러스 라이머와 결혼했다. 러스 라이머는 프리랜서 작가로 《뉴욕 타임스》, 《로스앤젤레스 타임스》, 《뉴요커》 외 다수 매체에 글을 기고해 오다 1993년 『지니: 과학의 램프에 갇힌 비극적인 소녀의 이야기』로 데뷔했다.
** 조니 캐시 Johnny Cash(1932~2003). 미국의 싱어송라이터 겸 배우. 1950년대 중반 로커빌리 rockabilly와 로큰롤의 탄생에 기여했고, 컨트리음악의 대중화에 앞장선 인물로 평가받는다.

고 오래된 뉴가티(서부)철도역은 이제 2백만 평방피트 '웨스트엔드시티센터'의 그늘 아래 있다. 웨스트엔드시티센터는 200개의 가게와 70개의 신발 아울렛, 50개의 보석점, 카지노와 포커클럽, 14개 스크린을 보유하고 '최신 할리우드 영화'를 상영하는 영화관 등을 포함하는 중유럽 최대의 쇼핑몰이다. 1876년 막을 연 부다페스트의 샹젤리제인 언드라시 거리 간선도로를 따라 고급 체인점들이 급증했다. 루이뷔통, 휴고보스, 네스프레소를 비롯해서 와인 바와 휴대전화 가맹점, 인터넷 카페들이 들어섰다. 하지만 우리가 사는 구역은 페스트의 작은 동네들과 마찬가지로 그 나이를 드러내고 있었다. 치장 벽토가 벗겨진 파사드, 수많은 발이 거쳐 간 낡은 계단 디딤돌, 레이스 커튼과 창가 화단에 놓인 제라늄 뒤에서 우리를 살펴보고 있는, 빛바랬지만 화사한 옷을 입고 주름이 자글자글한 할머니들…. 미국으로 또 미국의 조립식 건물의 획일성으로 돌아갔을 때 나는 그런 낡은 우아함이 그리웠다. 도로와 거리에 있던 모든 오래된 건물이 그 얼굴에 역사를 새기고 있는 방식, 수차례 벌어진 20세기 전쟁이 박아 넣은 총탄의 아름다운 상처들을 말이다. 과거로부터 계속되고 있는 끈질긴 존재들에 대한 나의 즐거움은 보편적으로 공유되는 것은 아니다. 오페라하우스 뒤편으로 이어진 거리의 출입구 옆에, 누군가가—어쩌면 나치의 감시에 저항하기 위해서였을까?—형광색 큰 글씨로 이런 낙서를 해 놓았다. "잊는 법을 배울 것 LEARN TO FORGET."

좀 재미있는 일이지만, 대도시의 변신은 아버지의 변신에도 창을 내 주었다. 그녀처럼, 도시도 고령에 접어들어 재탄생을 꾀하고 있었던 것이다. 그녀처럼, 이 도시 역시 정체성 스펙트럼의 한 끝에서 다른 끝으로 단장의 과정을 거쳤다. 헝가리인들은 공산주의에서 자본주의로의 전향을 칭하는 이름을 가지고 있었다. 그들은 이 과정을 '변화'라고 불렀다. 페스트 지구의 거리를 돌아다니고 부다 지구의 아버지 집에 앉아 있다 보면 묘하게 둘이 하나인 것 같은 느낌이 들었다. 양쪽에서 모두 나는 정체성의 의미, 그리고 과거를 떠나 그것을 잊는 법을 배우려는 가능성과 치열하게 협상하는 사람들을 보고 있었다.

한번은 아버지가 헝가리 역사에 대한 거실 탁자용 책을 선물했다. 태양이 빛나는, 노골적으로 보정된 사진들 사이사이로, 책은 마자르족의 정복에서 시작해서 국가적 순교의 세기를 지나 1989년 '의회 민주주의의 재탄생'에 이르기까지 연대기적인 흐름을 늘어놓고 있었다. 그런데 어떤 순간 하나만은 잊힌 상태였다. 제2차 세계대전이 통째로 '양차 대전 사이의 헝가리' 챕터에 조심스럽고도 기묘하게 구겨 넣어진 채로, 그저 사상자 수만 나열되어 있었다. "헝가리 제2군 4만 명이 전사했고 7만 명이 소련군의 포로가 되었다." 그리고 "헝가리 도시들은 연합군의 공중 폭격에 의해 큰 피해를 입었다." 헝가리 82만 5000명의 유대인 3분의 2가 학살당했다는 사실은, 헝가리 군대의 추가 배치에 대해 설명하는 종속절의 삽입구로만 언급되었다. 그들의 운명은 '게슈타포' 탓으로 돌려졌다. (수천 명의 집시들을 처형하고 살해한 것에 대해서는 아무런 언급도 없었다.) 그렇다면 마지막으로 온전하게 남아 있던 유대인 공동체를 내부적으로 축출함에 있어서 헝가리 정부, 헌병대, 군대, 공무원이 유럽 추축군 내에서 했던 역할은 무엇이었는가? 책은 이에 대해서는 입을 다물어 버렸다.

이것이 아버지가 동의하는 회피와 마스킹이었다. 그녀는 이와 유사하게 무언가 기묘하게 지워진, 그러니까 거의 모든 건물과 아버지의 성격에 포탄 파편의 상처를 남긴 챕터를 의도적으로 뭉개 버린, 이런 부다페스트를 나에게 보여 주고 싶어 했다. 나는 종종 노벨상 수상자인 임레 케르테스*가 자신의 이전 집에 대해서 했던 말을 생각했다. "어떤 것도 남아 있지 않았다. 모든 것은 예쁜 색으로 덧칠되었다. 부다페스트는 기억이 없는 도시다." 아버지한테 페스트 지구로 놀러가자고 조를 때마다, 그녀는 일반적인 쇼핑센터나 아웃렛으로만 향했다. 우리는 딱 한 번 유대인 구역을 함께 걸었는데, 그곳은 전쟁 중에 학살이 일어났던 것으로 악명 높은 유대인 거주 지역이었다. 이건 단지 그녀가 좋아하는 비너슈니첼** 레스토랑으로 가는 경로에 그곳이 있었기 때문이었다.

돌아오는 길에 내가 우겨서 우리는 헝가리유대인박물관에 들렀는데, 이는 옛 유대인 구역에 있는 도하니가街 유대교회당에 인접해 있었다. 우리가 홀로코스트 방에 도착했을 때, 계획에 없던 경로로 우회한 것 때문에 이미 뒤틀린 아버지의 기분은 얼어붙어 버렸다. 추방 명단 및 국가별 사상자 수(헝가리에서는 56만 5000명의 유대인이 사라졌다)와 함께 헝가리의 미클

* 임레 케르테스Imre Kertész(1929~2016). 1929년 헝가리 부다페스트에서 유대인의 아들로 출생한 케르테스는 독일군이 헝가리를 점령한 1944년 7월 아우슈비츠 수용소로 끌려갔다. 이후 부헨발트로 이감됐다가 1945년 풀려났다. 그는 헝가리로 돌아와《빌라고샤그》의 기자로 2년간 일했으며 이후 통속적인 희곡 작가, 번역가로 활동하면서 드라마 대본 및 니체, 호프만슈탈, 프로이트, 비트겐슈타인 등이 쓴 철학서를 헝가리어로 번역하기도 했다. 1975년 발표한 첫 소설이자 대표작이 된 『운명 Sorstalansag』은 나치 강제수용소에서의 체험을 작품화한 작품으로, 2002년 노벨문학상을 수상했다.

** 송아지 고기로 만든 커틀릿.

로스 호르티 제독의 거대한 사진이 붙어 있었다. 그는 부다페스트역사박물관에서 아버지가 흠모의 마음으로 바라보았던 그 호르티였다. 그는 히틀러와 악수를 하고 있었다. 나는 아버지에게 제2차 세계대전 시기의 거리용 포스터 위에 있는 문장이 무슨 의미인지 번역해 달라고 부탁했다. 그 포스터는 항아리처럼 큰 귀에 커다란 매부리코를 한 부유한 유대인 남자들과, 다이아몬드 귀고리를 하고 모피 코트를 입은 부인들 모습을 담은 그로테스크한 캐리커처였다. 나의 부탁은 아버지의 습관적인 거부의 손짓을 이끌어 냈다. "그런 거에 관심 없다." 그녀가 말했다. 그리고 자리를 뜨려다가, 텔아비브에서 온 가이드가 목청이 떠나라고 설명하고 있는 것을 바라보았다. "저렇게 울부짖으면 누가 생각을 할 수 있겠니?" 그녀는 등을 돌려 몰려드는 이스라엘 관광객들을 팔꿈치로 헤치고 가 버렸다.

출구 바로 앞에서 그녀는 갑자기 멈춰 섰다. 그녀 앞의 벽에는 사진이 한 장 걸려 있었다. 우중충한 뜰에서 페도라를 쓰고 비옷을 입은 일군의 남자들이 작은 나무 탁자 뒤에 서 있고, 지나가는 사람들이 그것을 바라보는, 거친 입자가 살아 있는 흑백 사진이었다. 사진 속의 뜰은 유대 마로스가街 병원의 경내였다. 1945년 1월 11일 93명의 환자, 간호사, 그리고 의사 중 한 명을 제외한 모두가 화살십자당에 의해 살해당했다. 탁자 앞에는 시신이 세 줄로 놓여 있었는데, 부다페스트 해방 몇 주 후에 소련군이 암매장 장소에서 파낸 것이었다. "나도 저기에 있었다." 아버지가 조용히 말했다. 소련군이 새로 구성된 청년 영화 클럽 사람들을 불러 시신 발굴을 목도하도록 한 것이다. 아버지는 그 클럽 창립 위원 중 한 명이었다.

아버지 삶의 수많은 사진들은, 프리드먼가 사람들의 운명의

잔해 속에서 잃어버렸거나, 전 부인이 가족 앨범에서 뜯어내 버렸으므로, 사라졌다. 혹은 의도적으로 아버지의 기억에서 숙청당했다. 하지만 바로 여기 박물관 벽에 그녀가 지워 버릴 수 없는 순간이 살아 있었다. "그 냄새…." 그녀가 얼굴에 손을 가져가며 말했다. "코에서 사라지질 않아."

우리가 닦고 다듬은 부다페스트를 거니는 동안, 그녀는 과거가 다가와 말을 거는 것처럼 느꼈다. 하루는 정부에서 기금을 받아 새롭게 탈바꿈한 '테러하우스House of Terror' 안에 서 있었다. 헝가리가 경험한 20세기 고통에 헌정된 멀티미디어 체험형 박물관이었다. 그런데 이름과 달리 헝가리 홀로코스트 관련 부분만은 능수능란하게 지워 버리고 있었다(반면에 소련이 얼마나 헝가리를 수탈했는가를 열심히 보여 준다). 아버지는 또 다른 전쟁 기억을 떠올렸다. 박물관이 있는 이 으스스한 건물은 한때 부다페스트에서 가장 무시무시한 장소였다. 언드라시 도로 60번지는 파시스트당인 화살십자당의 본부가 있던 곳이고, 이후 공산 정권에서는 비밀경찰 본부였다. 새로운 테러하우스 인테리어는 (헝가리 출신인 할리우드 세트 디자이너의 작품인데) 테마파크형 구경거리와 쿵쾅거리는 음악, 번쩍이는 비디오 화면, 그리고 공산주의의 위협에 대한 두려움을 극대화하도록 계산된 점멸하는 불빛으로 가득 차 있었다.

아버지와 나는 29개의 전시실을 빠르게 지나—전시실 중 두 곳만이 (그중 하나는 심지어 복도였다) 이 건물에서 화살십자당이 행했던 반유대주의 피의 축제에 관심을 보이고 있었다—서둘러 출구로 향했다. 밖에서, 아버지는 거리를 살펴보았다. 박물관에서 사라져 버렸던 역사가 보도 위에서 그녀를 괴롭혔다. "여기에 있었다." 그녀가 말했다. "바로 여기였어. 이 건물 앞이었지. 그들이 살러시를 데리고 왔을 때." 1945년 봄, 화살십자당의 전 지도자이자 헝가리 수상이 연합군에 체포되어 쇠고랑을 찬 채 이곳으로 돌아왔다. 아버지의 청년 영화 클럽은 이번에도 초대되어 그 상황을 지켜보았다. 이름 있는 영화감독 벨러 파스토르 역시 여기에서 살러시의 체포에 대한 뉴스영화를 찍고 있었다. "그들은 살러시를 쇠창살이 있는 우리에 넣어서 끌고 왔어." 아버지가 기억을 떠올렸다. "그리고 벨러 파스토르, 위이-대한 헝가리 감독이! 그에게 다가가서 말했지. '살러시 씨, 그 손을 부디 여기 쇠창살 위로 올려 주실 수 있을까요? 그래 주신다면 정말 좋을 것 같습니다'라고 말했지. 그리고 그를 영화로 찍었어." 그 직후 전 총리는 언드라시 거리 60번가 지하 감옥에 갇혔다. 이듬해 3월, 그는 처형됐다.

아버지는 뜨거운 태양 아래서 생각에 잠겨 있었다. "살러시 씨." 그녀는 반복했다. 파스토르의 단어 아래 놓인 아이러니를

비아냥거리면서. "그 손을 부디 여기 쇠창살에 올려 주실 수 있
을까요? 그래 주신다면 정말 좋을 것 같습니다." 아버지는 다 안
다는 듯한 미소를 지었다. "어어," 그녀가 말했다. "파스토르가
뭐였는지 아니?"

"아니요, 뭔데요?"

"유대인이지, 물론."

* * *

어느 토요일, 남편과 나는 페스트 시내에 새로 생긴 고급 레스토
랑인 멘자에서 저녁 식사를 하고 언드라시 거리를 따라 걷다가,
리드미컬한 군인들의 행진 소리를 들었다. 저벅저벅 걷는 부츠
소리가 가까워지고, 기수단은 무릎을 높이 들고 보도를 행진하
며 우리 쪽으로 다가왔다. 깃발을 든 사람들이 우리를 휴고보스
진열장 쪽으로 밀면서 지나갔다. 그 뒤로 검정 부츠와 검정 바지,

검정 조끼를 입고, 금사자상과 붉은 띠로 치장한 검정 모자를 쓴 젊은 남자들이(여자들도 몇몇 섞여 있었다) 느슨한 대형으로 따르고 있었다.

이것이 내가 '헝가리 전통과 문화를 지키기' 위해 새롭게 구성된 민병대 마자르가르더 Magyar Gárda (헝가리 경비대)를 처음 본 순간이었다. 이들이 페스트의 가장 화려한 도로에 등장한 것은 증가하는 국가에 대한 불만의 표시 중 하나일 뿐이었다. 자유기업 체제에 대한 보상을 수차례 강조했지만 약속한 만큼의 결과에 미치지 못했다. 1990년대 초의 높은 기대 이후 헝가리의 새로운 시장경제는 쇠퇴했고, 2000년대 중반에 이르러서는 구 공산권 지역에서 가장 뒤처졌다. 빈곤은 심해지고 실업률은 계속 올라갔으며, 정부 정책은 타격을 증폭시켰다. 국가 재정 위기가 심각해지자, 다른 동구권 나라들과 달리 헝가리는 실업률 회복을 위한 지원을 멈추고 공공 최저임금을 더 낮췄으며, 가족 부양 정책을 없앴다. 동시에 국가는 어마어마한 빚과 환율의 자유낙하로 휘청거렸다. 2008년, 헝가리는 국제통화기금 IMF과 유럽연합(이하 EU), 그리고 국제은행으로부터 250억 달러의 구제금융을 받을 수밖에 없었다. 부다페스트는 내가 마지막으로 봤을 때보다는 나아 보였지만, 사람들 분위기는 더 안 좋아진 것 같았다. '변화' 속 빛나는 소매상의 얼굴은, 늙고 사면초가에 빠진 헝가리가 이미 과거의 이야기임을, 우리 아버지 표현대로 하자면, "마─아찬가지로 죽은" 것임을 의미하는지도 몰랐다. 하지만 길 위의 비통함은 다른 이야기를 하고 있었다.

가르더는 헝가리 극우 정당 요비크 Jobbik (더 나은 헝가리를 위한 움직임)의 불법 무장단체 후손으로, 대학생을 중심으로 결성된 급성장하는 젊은 극우 정당이다. 2007년 가르더는 캐슬힐의 왕궁, 성 이슈트반의 성스러운 왕관 복제품 앞에서 첫 당원 모집을 시작했다. 이를 비롯하여 이후 의식들이 주요 정치인들에 의해 거행되었고, 이름 높은 주교와 성직자들의 축복을 받았다. 600명의 근위병들은 최근 영웅광장에 있는 마자르 일곱 족장과 (손에는 또 다른 성 이슈트반 왕관 복제품을 쥔) 천사장 가브리엘 동상 옆에서 "신체적으로, 정신적으로, 지적으로 무방비 상태인 헝가리를 지킬 것"을 맹세했다. 식이 끝나갈 무렵, 전 역사 교사였으며 가르더와 요비크의 설립자인 가보르 보너는 자신의 병사들에게 성스러운 의무를 상기시키기 위해 자리에서 일어났다. 그 의무란 제1차 세계대전까지 거슬러 올라가는 굴욕의 역사에서 '진정한 헝가리인'들을 '구원'하는 것이었다. "트리아농조약은 우리의 몸을 갈기갈기 찢어 놓았고, 공산주의자들은 국가를 참수했다." 보너는 말했다. "한 걸음씩, 우리는 우리의 국가 정체성을 다시 세워야 한다." 어떤 정체성을 복구해야 하는 걸까? 헝가리의 '붉고 흰 아르파드 줄무늬'가 있는 가르더의 문장은 1940년대 파시스트 화살십자당의 깃발과 매우 닮아 있었다.

"네가 너무 법석을 떠는 거야." 토요일에 페스트 도심 한가운데에서 본 군대식 행진에 대해서 이야기하자 아버지는 말했다. "별 문제 아니다." 그러나 별로 위안이 되지는 않았다. 나는 며칠 전에 아버지가 흘린 이야기가 생각났다. 그녀는 지난 가을 버스를 타고 집으로 돌아오는 길에 한 무리의 삭발 청년들을 만났다. "캐슬힐에서 있었던 어떤 시위에 참여하고 돌아오는 모양이더라." 아버지가 말했다. 그들은 갑자기 반유대주의적인 노래를 부르기 시작했다. 아버지는 그 노래가 뭔지 알아들었다. 그녀가 10대 때 들었던 노래였다. "만약 최고 랍비가 전멸당한다면…."

"다른 승객들은 어떻게 했어요?" 내가 물었다.

"아무것도 안 했지." 아버지는 잠깐 동안 수심에 잠긴 듯이 대답했다. "뭐어, 그냥 어른들을 화나게 만들고 싶어 하는 어린 애들이니까." 하지만 어른들이 화나지 않았다는 건 분명했다.

* * *

어느 날 부다 지구 가장자리에 있는 그녀의 서재에서, 사회학자 이자 LGBT 인권 전문가인 유디트 터카치가 나에게 헝가리의 자기 연민과 잔인성과 관련된 현상에 대해서 이야기했다. 나는 "트리아농이 몸을 갈기갈기 찢어 놓았다"는 문제가 어떻게 바로 "최고 랍비가 전멸당한다면"으로 직결되는지 이해되지 않아 혼란스러운 상태에서 그녀를 찾아갔다. "헝가리는 다른 어느 사회보다 일반화시키기를 좋아하고, 절대로 수용적인 사회가 아니에요." 그녀는 말했다. "헝가리는 스스로에 대해서 아주 비극적인 관점을 가지고 있죠. '우리는 역사의 패배자이기 때문에 특별하다'는 거예요. 그리고 자기 연민의 사고방식은 다른 사람들을 기꺼이 받아들이는 데 전혀 도움이 되지 않죠."

헝가리가 지금보다는 좀 더 열린사회가 된 것처럼 보였던 순간이 몇 년 전에 있었다. 2004년 5월, 아버지가 수술을 받고 여성 젠더에 합류한 즈음에 헝가리 정부는 변화를 선언하고 EU에 가입했다. 두 경우 모두 새로운 '공동체'의 구성원이 된다는 건 완전한 동화를 드러내 보여야 하는 것이었다. 아버지는 여자로 패싱되어야 했고, 헝가리는 '사회적으로 포용적인' 국가로 패싱되어야 했던 셈이다.

EU에 가입하려면 국가는 그 사회의 사회정책이 '소수자들에 대한 존중과 보호'를 증진한다는 증거를 보여야 한다. 여기에는 인종, 종교, 민족, 나이, 성, 그리고 (1998년부터는) 성적 지향에 근거한 차별을 금지하는 정책을 비롯하여, 주변화된 집단을 동등하게 대우하는지를 적극적으로 모니터링하고 증진하는 활동을 포함한다. 2003년에 헝가리 입법자들은 과거 공산 진영에서 벗어난 국가들 중에서 EU에 가입한 최초의 국가가 되기 위해 차별금지법 Equal Treatment Act 을 제정하고자 서둘렀다. EU가 원하는 것을 주고 싶어서, 국회의원들은 '보호되어야 하는 집단'의 목록을 늘려 갔다. 결과적으로 이 법안에는 보호되어야 할 범주가 20가지 포함되었다. 이 목록에는 일반적인 인종, 종교, 성을 넘어서, 가족 지위, 모성, 부성, 부와 태생의 조건, 사회적 출신, 건강 상태, 언어, 시간제 근무 지위 그리고 노동조합 대표 등이 포함되었다. 그리고 놀랄 만하게도, 두 인권 단체들이 끼워 넣으려고 노력했던 성별 정체성이 포함되었다. 헝가리는 트랜스젠더에게도 동등한 보호를 보장하는 세계 최초의 국가가 된 것이다.

물론 서류상으로만. 거리에서는 헝가리의 관용을 찬양하고 싶은 마음 따위는 공포로 쪼그라들었다.

* * *

2008년 그 여름에 헝가리에 도착하자마자, 아버지는 '새로운 트랜스 친구들'에게 나를 소개하기 위해 파티를 열었다. 나는 기뻤다. 우선은 그녀가 내가 온 것을 축하해 줬기 때문이다. 그녀는 심지어 "수전, 헝가리에 온 걸 환영해!"라고 메시지를 쓴 자허토르테 케이크를 샀다. 그리고 다른 한편으로는 그녀가 평생 계속된 고독을 깨고 나올 길을 찾은 것 같아서였다. "내가 다른 남자들 같았을 때" 그녀는 말했다. "다른 사람들한테 말을 걸지 않았어. 이제 나는 누구한테나 말을 걸 수 있단다." 이제 그녀는 파티를 열 뿐만 아니라 그녀가 '헝가리 트랜스 커뮤니티'라고 상당히 기대에 차서 말하는 사람들과 섞이려고 노력하고 있었다.

몇 년 전에 아버지는 당시로서는 유일한 헝가리 트랜스섹슈얼 웹사이트였던 'TS-온라인'을 들락날락했다. 그녀는 댓글을 달았던 사람들 중 몇 명에게 이메일을 보냈고, 거의 스무너덧 명에 가까운 사람들이 모이기로 했다. 아버지는 자기 집 마당을 모임 장소로 기꺼이 제공했다.

첫 모임에서 사람들은 단체의 이름을 정했다. 헝가리트래니클럽. ('tranny'라는 말이 미국에서 비하의 의미로 쓰이나, 그때까지 헝가리에서는 그런 의미를 담지 않았다.) 그러고 나서 아버지는 이 단체를 정부에 등록된 공식 단체로 만들자고 제안했다. 몇몇은 이렇게 적대적인 사회에서 그들의 이름이 정부 목록에 올라간다는 것을 두려워했다. 어떤 사람들은 다른 트랜스젠더들과 무엇인가를 함께 한다는 사실에 심경이 복잡했다. 트래니클럽의 일원이면서도 별로 내켜하지 않았던 자즈민은 우리가 만났을 때 공기를 가르는 가라테 손동작을 하면서 이렇게 말했다. "'트랜스 커뮤니티'는 별로야. 나는 트랜스가 아니거든. 나는 여자라고. 그리고 그게 다야."

헝가리트래니클럽의 두 번째 모임은 로렐라이의 집에서 소집됐다. 그는 여자 옷을 입을 때에만 로렐라이라는 이름을 쓰던 퇴직 경찰관이었다. 그는 성전환을 하지 않았는데, 성전환을 원하는지 확신이 없었다. 지금은 스스로를 트랜스베스타이트라고 여기고, 비밀리에 크로스드레싱을 한다. 공적인 삶에서는 남자로 살고 있었다. 아버지는 일찍 나타나서 따뜻한 환대를 받았다. "로렐라이는 이야기를 나눌 수 있는 동년배가 있어서 즐거워했지!" 아버지가 말했다. 클럽의 다른 구성원들은 수십 년은 어렸다. 아버지는 의자에 자리 잡고 앉아 로렐라이의 거실을 둘러보았다. "책이 정말 많았어." 그녀가 말했다. "벽이 책으로 빽빽이 채워져 있었지." 아버지는 자세히 살펴봤다. "그리고 그게 전부다 얼마나 유대인들이 나쁜가에 대한 책이더라. 나치 책들. 『나의 투쟁』*도 있었고."

다른 사람들이 도착했다. "그들도 그 책들을 봤지." 아버지가 말했다. "그들 중 한 명이 '어머나, 당신도오－『나의 투쟁』을 가지고 있네요?!' 그러자 다른 사람들이 '그 책에 좋은 부분들도 있죠'라고 말했지." 조용하게 앉아 있던 아버지는 소리를 높였다. "히틀러는 멍청이였어요." 어색한 침묵이 돌았다. 그러고 나서, 아버지의 회상에 따르면, 다른 손님이 말했다. "오, 아니에요. 히틀러는 멍청이는 아니었어요. 그에게도 장점이 있었죠."

그것으로 그 주제는 더 이상 언급되지 않았고, 아버지는 그녀가 조사해 온 내용을 발표했다. 어떻게 국가 공인 단체가 될 것인가에 대해서 말이다. 회원들은 1년에 1만 포인트를 회비로 내야 했고(당시로는 40달러 정도 되는 돈이다) 적어도 10명의 회원이 공식적인 지위를 요구하는 청원에 서명해야 했다. 모임 막바지에 청원서가 방 안에 돌았다. 다섯 명만이 서명했다. 아버지는 화가 났다. "그 사람들은 순 겁쟁이들이야." 집에 돌아와서 그녀는 서명 문제를 해결했다. "다 가짜로 서명해 버렸어."

* 독일의 정치가, 독재자였던 아돌프 히틀러(1889~1945)가 1925~1927년 2권으로 발간한 자신의 반反유대 및 인종주의 이념을 표방한 자서전. 1919년 나치스를 조직하고 국수주의 운동을 전개했던 히틀러는 1923년 벌인 11월 혁명으로 수감됐던 시절 이 책을 집필했다. 『나의 투쟁』은 히틀러의 모든 정치철학이 실려 있는 나치즘의 경전으로 평가된다.

그렇게 구성됐지만, 트래니클럽은 곧 해체되었다. 고객을 잃을까 겁이 난 재정 고문 회원은 클럽에 속하는 것이 '안전'하게 느껴지지 않는다고 말했다. 로렐라이는 치마를 입고 공적인 장소에는 어디든 나가고 싶지 않다고 말했다. 다른 회원은 자신이 '유부녀'이기 때문에 참여할 수 없다고 말했다. 그리고 다른 회원은 아이를 입양하느라 너무 바쁘다고 했다. 그러자 몇몇 트랜스섹슈얼들이 클럽에 트랜스베스타이트가 함께 있는 것이 싫다고 했다.

"차별을 하고 싶다는 건가요?" 아버지는 쏘아붙였다.

결국 그들은 단체가 아니라 그저 웹사이트를 원한다는 사실에 동의했다. 어느 날 오후, 평소처럼 그녀의 컴퓨터 앞에 함께 앉아 있을 때, 아버지는 나에게 그 클럽 안에 만든 자기 홈페이지를 보여 주었다. 말이 헝가리 대평원에서 풀을 뜯어 먹고 있는 사진과 뒷마당 그네에서 포즈를 취하고 있는 자기 사진이 함께 올려져 있었다. 사진 아래에는 이렇게 적어 놓았다. "스테파니 팔루디, 주도하는 여성."

아버지는 '수전—헝가리에 온 것을 환영해!' 브런치에 헝가리트래니클럽의 이전 멤버들을 모두 초대했다. 두 명이 초대에 응했다. 자즈민과 로렐라이였다. 마지막 순간에 도착한 세 번째 게스트는 MtF 트랜스섹슈얼인 타티아나였다. 그녀는 플로리다에 살고 있는 헝가리인이었는데, 우연히 그 시기에 헝가리를 방문 중이었다. 아버지는 초대 명단에 트랜스젠더가 아닌 게스트들도 포함시켰다. 문학 클럽에서 만난 두 명의 페미니스트 교수와 지역 주간지에 글을 기고하는 젊은 여성, 그리고 사회학자이면서 LGBT 연구자인 유디트 터카치였다. 그리고 "나의 여자 친구" 일론커도. "요리를 도와줄 수 있으니까." 아버지가 말했다.

아침 일찍, 일론커는 식재료와 가정용품들이 담긴 비닐봉지를 열 개나 들고 나타났다. 아버지는 그녀에게 집 청소도 부탁했던 것이다. 우리가 식탁을 차리는 동안, 타티아나가 찌는 듯이 더운 날 언덕을 오르느라 지친 상태로 등장했다. 그녀는 페스트 지구에서 버스를 타고 왔다. 붉은 스웨이드 부츠에 무릎까지 오는 검정 치마를 입었고, 붉은 가발 위로는 챙이 넓은 경쾌한 밀짚모자를 쓰고 있었는데, 그녀가 가파른 언덕 꼭대기에 있는 아버지의 집에 도착했을 즈음에는 거의 벗겨질 정도로 비뚤어져 있었다. 그녀는 문 앞에서 될 대로 되라 싶을 정도로 땀을 흘리는 와중에 모자와 가발을 바로 잡으면서 비틀거렸다. 예순셋의 나이에 타티아나는 순수한 소녀를 연기하려 하지 않았다. 나는 단번에 그녀가 마음에 들었다.

"언덕 올라오느라 거의 죽을 뻔했어." 그녀는 가장 가까운 의자에 앉아서 부츠를 벗어 던지면서 아버지에게 소리쳤다. 그녀는 횡격막 부분을 두들겼다. "하지만 괜찮아. 어차피 몸무게를 좀 줄여야 했으니까." 그녀는 가방에서 미니 허쉬초콜릿을 담은 큰 봉지를 꺼내 돌렸다. "너무 많이 빼면 안 되지!" 그녀가 덧붙였다.

아버지는 타티아나가 자기 이야기를 하는 동안 헝가리 팔링카* 한 병을 따서 각자의 잔에 따라 주었다. 1947년 그녀가 아기일 때 부모님과 함께 베네수엘라로 이민을 간 이후로 이번이 다섯 번째 헝가리 방문이었다. 성인이 되고 아직 남자였을 때, 그는 플로리다로 옮겨서 결혼을 하고 두 아들을 키우면서 엔지니어로 일했다. 그리고 여가 시간에는 사진을 찍고 카메라를 수집했다.

* 헝가리의 증류주.

(최근 구매한 커다란 디지털카메라를 어깨에 메고 있었다.)

"일곱 살이나 여덟 살 즈음부터 여자 옷을 입기 시작했어." 타티아나가 말했다. "부모님이 영화를 보러 가면 나는 엄마 속옷 서랍을 열고, 엄마 화장품을 발랐지." 2006년, 타티아나는 콜로라도 트리니다드에 있는 병원에 입원했다. "세계의 성전환 수도라고 할 수 있지!" 그녀가 강조했다. (성별 재지정 수술의 선구자인 고故 스탠리 바이버 박사가 1969년부터 시작해서 여든 살에 은퇴를 한 2003년까지 수천 건의 성전환 수술을 집도했고, 은퇴 이후에는 트랜스섹슈얼 여성 당사자인 의사가 그의 자리를 대신했다.) 이후에 타티아나의 가족은 그녀의 새로운 상태를 인정하지 않았다. 그래서 타티아나는 해부학적으로도 그리고 지갑 속에 있는 모든 신분증에서도 여성이지만, 여전히 많은 시간을 남성으로 스스로를 전시하며 산다. 이후에 우리는 이메일을 주고받았는데, 인터넷에서도 남자 이름으로 통하고 있다는 걸 알게되었다. 하지만 그 이름은 원래 그녀가 남자였을 때의 이름은 아니고, 새로운 여성 정체성을 지우기 위한 새로운 남성 정체성이었다.

"마음이 편하겠어요. 집을 떠나서 입고 싶은 대로 입을 수 있으니까요." 내가 조심스럽게 말했다.

타티아나는 고통스러운 웃음을 웃었다. 일주일 전에 부다페스트에 도착했을 때, 그녀는 헝가리 신분증 서류를 발행하는 국가기관에 신고했다. (그녀는 예전 시민권을 회복했고, 헝가리에 사는 헝가리 시민은 국가가 발행한 신분증을 들고 다녀야 했다.) 공무원은 그녀가 남자라고 생각했다. 헝가리 출생증명서에 그렇게 쓰여 있었기 때문이다. 데스크 뒤에 앉아 있는 공무원은 "나한테 가발을 벗고 화장을 지우라고 하더라고. 바로 그 자리에서.

그래야 '남자'인 내 사진을 찍을 수 있으니까." 타티아나는 거부했다. 먹이사슬 위에 있는 여러 감독관들과 싸우는 데 여러 날이 걸렸다. 하지만 결국은 신분증을 발급받았다.

그녀는 휴대전화를 꺼내서 나에게 건넸다. "이거 봐." 그녀는 신분증 사진을 휴대전화로 찍었다. "앞일은 모르니까."

"잘 나왔네요." 내가 말했다.

아버지는 내 어깨 너머로 넘겨보았다. "끔찍하게 나왔네." 그녀가 말했다. "나는 전문 사진관에 가서 찍었는데."

판석을 딛는 뾰족구두의 시끄러운 발자국 소리가 자즈민의 도착을 알렸다. 신발은 은색이었고, 손톱 매니큐어와 잘 어울렸다. 자즈민은 활기찬 에어로빅 강사 페르소나를 고른 것처럼 보였다. 팔이 근육질이었다. 한쪽 어깨를 드러내고 멋으로 찢은 분홍 풍선껌 색 티셔츠에는 은박으로 "짐 걸Gym Girl!"이라고 쓰여 있었다. 소매 없는 티셔츠에 운동복 바지를 입은, 비슷한 차림새의 젊은 남자도 함께 들어왔다. "내 남편이야." 그녀가 다른 손님들에게 남자를 소개했다. 실제 결혼한 건 아니었지만 그녀는 그를 그렇게 소개하길 좋아했다. 자즈민은 타티아나에게 통역을 부탁하고 나에게 자신의 전환에 대한 이야기를 들려주었다.

"이 점에 있어서 나는 아주 특별하죠." 그녀가 말했다. "왜냐하면 두 달 동안 나는 완전히 세상에서 숨어 버렸거든요. 그리고 그 기간 동안 내 자신을 바꾼 거예요. 옷도 다 바꾸고, 가슴도 만들고, 안면 여성화 수술도 받았어요. 볼과 이마에 실리콘을 넣었고, 눈썹 문신도 했죠." 마무리는 세르비아의 병원에서 성별 재지정 수술을 받은 것이었다. 수술에는 1만 6000유로가 들었다. "눈을 떴을 때, 남편이 내 침대 옆에서 무릎을 꿇고 있었어요. 왜냐하면 그는 알았기 때문이죠. 이제 내가 완전한 여자라는 걸요. 그게 존재 이유예요."

"무슨 존재요?"

"존재요. 내 존재. 정말 행복해요. 내가 손가락만 까딱해도 남자를 무릎 꿇릴 수 있다는 이 기분이요."

나는 그녀와 남편이 오랫동안 함께했는지 물어보았다.

"10년 되었어요." 그녀가 말했다. "하지만 내 페니스를 쓴 적은 한 번도 없죠. 우리는 다른 방식으로 사랑을 나눠요. 내 페니스는 내 몸에서 가장 끔찍한 부분이에요. 한 번도 쓴 적이 없어요."

타티아나는 눈을 굴렸다. "이게 그녀와 나 사이의 차이야." 타티아나는 영어로 말했다. "나는 내 기구를 쓰지. 그렇다고 말하는 게 부끄럽지도 않아."

자즈민은 수술 이후에 남동생이 그녀에게 더 이상 말을 걸지 않고 조카들도 만나지 못하게 한다고 말했다. "독실한 가톨릭 신자거든요. 걔한테 얘기했죠. '만약 하느님이 원하지 않으셨다면, 이런 일은 일어나지도 않았을 거야.'" 그는 설득되지 않았다. "나는 변했지만" 자즈민이 말했다. "다른 사람들을 변화시킬 수는 없네요."

"내 딸은 지금의 나를 좋아하는데." 아버지가 끼어들었다. "나를 보러 오잖아."

자즈민은 남편의 가족들이 모른다고 했다. "말하지 않았어요." 그녀가 말했다. 그는 어느 날 그녀를 '새로운' 여자라고 소개했다. "그이 부모님은 남자였을 때부터 나를 알았어요. 하지만, 이제 여자로 나타나니까 나를 못 알아봐요." 하지만 안전을 기하기 위해 그녀는 그의 부모에게 자신을 이렇게 소개했다. "그들이 한때 알았던 남자의 여동생"이라고. 그게 통한 것 같았다. "부모님은 '아, 그렇구나. 둘이 닮았네'라고 하더라구요." 하지만 부모님이 자즈민에게 어렸을 때 사진을 보자고 했을 때 위기의 순간이 있었다.

"어떻게 했어요?"

자즈민은 휴대전화를 꺼내서 그의 부모님께 보여드린 사진들을 불러왔다. 그녀가 두 살 때 사진인데, 오래되었고, 옷을 입고 있지 않았고, (포토샵 덕분에) 페니스도 없는 상태였다.

그녀가 소유하고 있는 작은 사업체의 직원들에게 새로운 자아를 소개하는 것은 그렇게까지 수완이 필요한 일은 아니었다. 수술 직전, 자즈민은 누군가가 계산대에서 돈을 훔쳐 간 것을 발견했다. 이 절도 사건은 새로운 시작을 위한 타이밍 좋은 기회가 되었다. 모두 해고됐다. 그리고 수술 후에 그녀는 새로운 직원들을 채용했다.

"나는 그 소녀들이 나를 롤 모델로 생각하는 것이 너무 자랑스러워요." 자즈민이 자신의 여성 고용인들에 대해 말했다. "나를 따라하려고 한다니까요. 머리, 손톱, 모든 걸요. 여자로서 나는 여성성을 대표하는 거죠."

바로, 그녀는 덧붙였다. 여성성의 궁극을 재현하고 싶다고. "나는 아이를 가질 거예요." 그녀는 손님들에게 발표했다. "아이는 하느님의 아들이 될 거예요."

"오, 저런. 하느님의 아들은 아니었으면 싶네." 타티아나가 중얼거렸다.

"대리모를 찾고 있어요." 자즈민이 말을 이었다. "남편 정자로 대리모를 구할 거예요. 300만에서 500만 포린트 정도 한다네요. 하지만 아파트 한 채를 팔면 되니까."

그러고 나면?

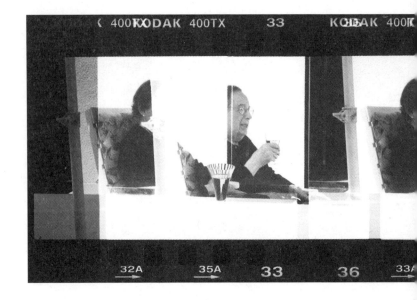

"그러고 나면 내 삶은 완벽한 여자의 삶이 되겠죠." 그녀가 말했다. "전에는 트랜스섹슈얼이었지만. 이제는 여자예요."

아버지는 초로 장식한 케이크와 세로로 홈을 새긴 샴페인 잔을 가져왔다. '헝가리에 온 걸 환영해' 케이크를 잘라 모두에게 나눠 주면서 아버지는 어떻게 택배 기사로 하여금 작년 겨울에 거대한 크리스마스트리를 집까지 배달하도록 했는지 이야기했다. "여자라서 너무 좋아." 아버지가 잔을 들면서 말했다. "내가 속수무책으로 보이니까 모두들 나를 도와준다니까. 야단법석이야. 여자들은 하고 싶은 대로 다 할 수 있지!"

로렐라이는 랩 원피스에 커다란 나무 비즈로 만든 초커를 (목젖을 가리기 위해서) 차고 두 시간 늦게 파티에 도착했는데, 파티에 못 올 뻔했다고 털어놓았다. "집을 나서자마자 심장박동이 너무 빨라지는 거야." 로렐라이가 말했다. 누군가 치마를 입은 것을 볼까 봐 두려웠다. "아주 조용해진 것 같을 때 빨리 내려왔지." 그가 로비에 들어서자, 건물 정문이 열리고 그의 전 상관이 문으로 걸어 들어왔다. 그는 지나가면서 로렐라이 쪽을 바라보고는 고개를 끄덕였다.

"그리고 그 사람이 말했어. 'Kezét csókolom.'" 내가 당신의 손에 입을 맞춥니다.

"못 알아본 거예요?" 내가 물었다.

로렐라이는 고개를 끄덕였다. "그가 그렇게 인사했을 때 정말 행복하더라." 로렐라이가 여자 옷을 입고 감히 길에 나서기 시작한 것은 최근이었다. "2005년 3월 6일이었어." 그날이 처음이었다고 그가 말했다. 용기를 내서 집을 나서서 겨우 한 층을 내려왔을 때 "너무 심하게 떨어서 멈춰야 했지." 거리까지 나가는 데에는 이후로 아홉 달이나 걸렸다. 경찰로 은퇴했기 때문에 로렐라이는 경비로 일하고 있었다. 일을 할 때에는 남성 유니폼을 입고 남자 이름을 쓴 이름표를 달고 있었다. 아무도 그의 다른 정체성에 대해서 몰랐다. 그는 그렇게 비밀을 지키고 싶어 했다.

정치적 분위기를 생각한다면, 놀라울 것도 없었다. 자리를 함께했던 한 페미니스트 교수가 말하기를 "LGBT들에게는 정말로 안 좋은" 시기였다. 보수당인 피데스와 극우 들러리인 요비크는 여론조사에서 지지율이 급상승하고 있었다. "작년에 프라이드퍼레이드에서 무슨 일이 있었는지 봐." 유디트 터카치가 말했다. 신나치와 스킨헤드가 행진하는 사람들을 공격했다. 부상자도 나왔다. "올해는 더 나쁠 수도 있지." 그녀가 말했다. "정말 걱정돼."

"퍼레이드를 청소할 필요가 있었으니까." 아버지가 참견을 했다. "행진에 선정적으로 보이는 사람들이 너무 많아서 안 좋아 보였잖아. 보통 사람들이어야지, 문란한 사람들이거나 광대들이어서야 안 되지. 다른 사람들을 불편하게 할 권리는 없으니까. 소수자의 좋은 면을 보여 주지 않았어."

"스테피!" 나는 끼어들어 보려고 했다.

"착하게 해야 해, 미소를 띠고." 그녀는 계속했다. "그들과 같은 사람으로 보도록 만들어야 한다는 말이야. 그렇지 않으면 등 뒤에서 '세상에, 이 사람들은 대체 누구야!'라고들 한다고. 정통파 유대교도들이 끔찍한 옷을 입고 나타났을 때 하는 말이랑 똑같다고. 사람들이 그들을 보고 '저것들이 무슨 짓을 하는지 알 게 뭐람. 기독교도 처녀들을 죽이고 있을지도 모르지!'라고 말한다고."

나는 『나의 투쟁』 컬렉션을 가지고 있는 로렐라이를 쳐다보았다. 그가 무슨 생각을 하고 있을지 궁금했다. 그리고 타티아나의 생각도. 식사를 시작하기 전 식탁을 차리고 있을 때, 타티아나는 어떻게 빈의 트랜스-X 클럽에서 아버지를 만났는지 이야기해 줬다. "그래서 여기 있는 이 스테파니 팔루디에게 전화를 받았고, 우리는 이런저런 것에 대해서 이야기를 나누기 시작했지. 그리고 너네 아버지가 나한테 그러는 거야. '있잖아, 내 성은 사실 팔루디가 아니야. 프리드먼이야.' 그래서 내가 그랬어. '잘됐네. 나도 그거거든.'" 그러니까 유대인을 의미하는 말이었다.

"아, 맞아!" 아버지가 대답했다. 타티아나의 말이 기억을 불러왔다. "전쟁 중에 우리들이 했던 말이랑 비슷하네. 유대인들끼리 만났을 때 이렇게 말하곤 했지. 'Én vagyok egy zenész is.'" 나도 음악가예요.

타티아나는 심지어 열두 살이 되기 전까지 그녀가 '음악가'인지 몰랐다고 했다. 부모님이 1930년대에 기독교도로 개종했기 때문이었다. 그렇다고 개종이 그들을 보호해 주진 못했다. 타티아나의 아버지는 강제 노역에 차출당했고, 1944년 12월, 타티아나가 태어난 지 5개월 후에 작센하우젠 수용소로 끌려갔다. 가축 운반차에 실려 길고 끔찍한 이동 끝에 그곳에 도착한 타티아나의 아버지는 널빤지 사이로 엽서를 밀어 넣었다. 기적과도 같이 누군가가 길 위에 놓여 있던 그 엽서를 발견해서, 더 놀랍게도 그것을 우편으로 부쳐 주었다.

편지는 그의 하나뿐인 아이 앞으로 쓴 것이었고, 그 아이는 편지의 내용을 기억하고 있었다. 타티아나는 내용을 읊어 주었다.

사랑하는 나의 아들,

나는 여행을 떠나야만 했단다. 얼마나 걸릴지는 모르겠지만,

나는 언제나 너를 기억할 거야.

아빠가

전쟁의 마지막 겨울에 타티아나의 어머니는 어린 아들에게 로마가톨릭교회에서 세례를 받도록 했다. 그리고 두 사람은 젊은 여자였던 사촌과 함께 살게 되었다. 건물 관리자의 아들이 젊은 사촌에게 반했고, 그녀가 아들에게 퇴짜를 놓자 그는 화살십자당 장교에게 그녀를 고발해 버렸다. 장교는 총을 뽑아 '바로 그 자리에서 그녀를 죽여 버렸다.'

나는 타티아나에게 헝가리로 돌아온 기분이 어떠냐고 물었다. 나는 EU가 권장한 차별금지법과 그에 수록된 획기적인 '성별 정체성' 보호 및 그에 대한 반응들을 기억하고 있었다. 헝가리 국회에서 정치인들은 그 카테고리가 포함된 것을 '부정한 놀라움'이라고 부르면서, 성전환증은 '선천적인 결손'이며 '병'이기 때문에 차별금지 조항에 포함되지 않는다고 주장했다. 보수파 하원의원 산도르 레자크는 트랜스젠더에게 평등을 보장하는 것은 결국 "시간증 병리학자와 소아성애 교사들"과 "성적 취향으로 수간을 즐기는" 사람들, 그리고 "공포 영화에서나 볼 법한 온갖 일탈적인 행동들"도 법적으로 보호해야 한다는 요구로 이어질 것이라고 주장했다. 대중의 관점도 대동소이했다. 차별금지법이 논의되던 해에 실시된 여론조사에 따르면 응답자의 60퍼센트가 이성애적 규범으로부터의 어떠한 일탈도 '죄'이거나 '범죄'이거나 '병'이거나 혹은 '성도착'이라고 답했다. 2002년까지 형법에서는 동성애를 '자연을 거스르는 변태적 행위'로 규정했다.

"헝가리에 돌아온 기분이 어떠냐고?" 타티아나는 나의 질문을 반복했다. 그녀의 대답은 젠더와는 무관한 것이었다. 그녀의 손가락이 그곳에 없는 무엇인가를 향해 가는 것처럼 반사적으로 목을 향해 올라갔다. "나는 보통 다윗의 별을 착용하는데," 그녀가 설명했다. "여기서는 안 하지."

* * *

파티 몇 주 후 어느 오후, 아버지와 나는 버스를 타고 도나우강이 내려다보이는, 급커브가 많은 도로를 오르며 캐슬힐에 있는 고대 요새를 지나가고 있었다. 왕궁의 방어벽과 거대한 투룰 청동상이 굽어보는 퍼레이드 광장을 일주하는 경로였다. 버스가 언덕을 다 오르고 난 후에 우리는 차에서 내렸다. 우리는 땅거미가 지는 길을 따라, 한때 귀족들의 궁전이었고 지금은 다양한 주립 및 민간 기관들을 위한 사무실로 사용되고 있는, 대리석과 회색 화산암으로 만들어진 건물들을 지났다.

우리가 들어간 대리석 현관에는 그림자가 드리워져 있었다. 경사로로 몇 걸음 올라가자, 플렉시글라스 창문으로 사각형의 형광등 빛이 쏟아져 들어왔다. 아버지가 칸막이를 두드리자, 제복과 플라스틱 이름표를 단 남자가 서둘러 나와서 인사를 했다. 경비원인 로렐라이였다.

"Szervusz, Stefi! Szervusz, Susaaan!" 안녕 스테피! 안녕 수우-전!

속사포처럼 헝가리 말을 쏟아 내며, 로렐라이는 감시 모니터가 천장까지 들어차 있는 그의 미니어처 왕국으로 우리를 데리고 들어갔다. 어두컴컴한 사무실과 복도, 그리고 출입구를 찍은 슬라이드 쇼가 스크린에서 펼쳐지고 있었다. 책상 위에는 컴퓨터 콘솔 몇 대와 TV 두 대가 놓여 있었다. TV는 모두 켜져 있었는데, 하나에서는 무스를 잔뜩 바른 두 명의 셰프가 수플레를 만들고 있는 요리 채널이 나오고 있었고, 다른 하나에서는 경찰 리얼리티쇼인 〈블루 라이트〉가 방영 중이었다. 경찰관들이 폭주하는 축구 팬들과 대치하고 있었다.

"로렐라이 말이 우리가 시간에 딱 맞춰 왔다는구나." 아버지가 말했다. "종이 곧 울릴 거래." 우리는 마티아스교회의 저녁 종소리를 듣기 위해 건물 뒤 마당으로 나갔다.

"15세기에는" 아버지가 로렐라이의 설명을 번역하면서 말했다. "교황이 매일 정오에 베오그라드 전투의 승리를 위해 기도하면서 유럽 전 지역에 종을 울리게 했대." 베오그라드 전투는 당시 오스만튀르크로부터 헝가리 국경을 지키려는 전투였다. 정오는 한참 전에 지났지만, 우리는 어둑어둑해지는 광장에 열을 지은 장식용 나무들 밑에서 종이 울리는 소리를 듣고 있었다. 갑자기 불어온 바람에 나뭇잎이 흔들렸다.

로렐라이는 좀 더 이야기를 늘어놓았다.

"호르티 치하 때" 아버지가 멀리 떨어져 있는 건물의 선명하지 않은 윤곽을 가리키면서 말했다. "저쪽에 내무부가 있었지." 내무부는 헝가리 유대인의 파괴를 계획하고 지시했던 곳이었다.

"그리고 저쪽 건물이" 아버지가 더 멀리를 가리키며 이야기를 이어 갔다. "게슈타포의 본부였어." 그녀가 잠깐 멈췄다. "뭐어…." 그녀가 덧붙였다. "본부 중 하나였지."

어둑어둑해진 후라, 나는 그녀의 표정을 읽을 수 없었다.

머리 위로는 구름이 불길해지고 있었다. 로렐라이는 우리 쪽으로 빠른 속도로 다가오는 검은 소나기구름을 가리켰다. 우리는 비가 쏟아지기 직전에 겨우 건물 안으로 들어왔다.

마른 고치 같은 로렐라이 경비실의 감시 화면으로, 우리는 비가 건물 진입로로 들이치는 것을 구경했다. 요리 채널에서는 셰프들이 7단 케이크에 아이싱을 얹고 있었고, 〈블루 라이트〉의 경찰들은 축구장 의자를 뜯어내는 훌리건들에게 호스를 겨누고 있었다. 건물 보안 카메라에 야근 중인 관료의 거미 같은 형상이 종종거리며 지나가는 모습이 이따금 포착되었다.

로렐라이는 아버지에게 다른 트랜스 몇몇과 '스톤수프'에서 열린 디너 댄스파티에 갔었지만, 장소도 그다지 마음에 안 들고 다시는 가지 않을 거라고 말했다.

"커진치 거리에 있지." 아버지가 말했다. 스톤수프는 오래된 유대인 지구에 있는 레스토랑이었다.

로렐라이는 긴 이야기를 시작했다.

"로렐라이 말에 따르면 음식이 별로였대." 아버지가 요약했다. "헝가리 팔링카를 주문했는데, 웨이터가 '두 종류가 있습니다. 하나는 전통 헝가리식이고 다른 하나는 유대인 커뮤니티에서 승인한 팔링카입니다. 어떤 것으로 하시겠습니까?'라고 했다. 그리고 같이 간 사람들이 모두 '유대인 팔링카 아닌 걸로요'라고 답했대."

또 다른 이야기가 한참 펼쳐졌는데, 아버지는 결론만 통역해 줬다. "그래서 어쨌거나, 같이 간 사람들끼리 맥주를 한 잔씩 하고 독일식으로 거수경례를 했대."

로렐라이는 휴대전화에 손을 뻗어 백금발 가발을 쓴 자기 사진을 보여 주었다.

아버지가 말했다. "로렐라이 말이 네가 '지난번 브런치 먹을 때 만났던 우아한 여자가 아니라 나이 먹은 남자를 만나서 충격을' 받았겠대." 나는 어떻게 로렐라이라는 이름을 쓰게 되었는지 물었다. "거리를 두는 이름을 원했다고 하네." 아버지가 통역해 주었다.

"무엇으로부터요?"

"나쁜 의미로부터. 그의 생각에는 로렐라이는 뭔가 존엄하고, 섬세하고, 순수하게 사는 사람이라는 인상을 주는 이름이래. 난잡한 유형이 아니고. 그리고 그가 옷을 차려입을 때는 제대로 차려입는다는 거지. 진정한 여자의 이미지를 보여 주기 위해서. 그러니까 이름도 그에 걸맞아야 하는 거지. 뭐어, 맞는 말이야. 스테파니 역시 그런 숙녀의 이름이야."

로렐라이는 컴퓨터로 돌아앉아서 여자 아기에게 붙일 만한 이름들을 목록화한 웹사이트를 불러왔다. 소피아, 엠마, 이자벨, 에밀리, 아비게일….

"여기에 앉아서 몇 주에 걸쳐 이 사이트를 뒤졌대." 아버지가 말했다. "이름이 수천 개 있는데, 로렐라이로 결정하기 전까지 수많은 다른 이름들을 골랐었대."

엘리자베스, 샤를로트, 오드리, 나탈리, 조, 빅토리아, 릴리….

나는 로렐라이가 밤마다 이곳에서 스크린을 훑어보면서 분홍색 리본을 단 갓난쟁이들과 "아기가 타고 있어요" 티셔츠를 입은 엄마들의 이미지가 만화로 그려진 사이트 사이로 끝도 없는 이름 목록을 뒤지는 모습을 그려 보았다. 우리는 모든 것이 감시되고 기록되는 방에 있었다. 이곳은 로렐라이의 보안 장치에 등록하지 않고서는 들어오거나 나갈 수도 없고, 엘리베이터에서 내릴 수도 없고, 담배 태울 시간도 낼 수 없는 곳이었다. 누구도 탈출할 수 없었다. 그리고 이 모든 감시 체제의 중심에는 경비실의 이 남자가 있었다. 누구도 그의 '진정한' 정체성에 대해서 모르는.

로렐라이는 회전의자를 밀어 책상으로 다가가서, 종이 뭉치 아래에 있는 설명서를 꺼내 아버지에게 건넸다.

"아아아!" 아버지가 말했다.

그들은 헝가리어로 몇 분 동안 이야기를 나눴다.

"이게 뭔지 아니?" 아버지가 그 종이를 나에게 건네며 말했다. "내가 로렐라이에게 빌려줬던 비디오게임 설명서야."

설명서에 있는 게임 이름은 '제인의 이스라엘 공군'이었다.

"내가 즐기는 비행 시뮬레이터 게임 중 하나지." 아버지가 말했다. 그녀의 눈이 반짝하고 빛났다. 이는 나치 시대의 독일 공군에 대한 충성심을 망치기 위해 계산된 선물이었다. "유대 국가의 적을 격추시키는 이스라엘 공군을 플레이하는 게임이야." 아버지가 말했다. 그래서 게임을 하는 사람은 반드시 '유대인 이름'을 골라야 했다.

"어떻게 되었어요?" 내가 물었다.

"어어, 나야 굉장히 잘했지." 아버지가 말했다. "연습을 많이 했거든. 하지만 로렐라이한테는 너무 어렵다고 하더라고. 로렐라이는 계속 비행기를 추락시켰어. 포탄을 맞아서. 심지어 뭐에 맞았는지도 모르더라고."

잘하고 있어요, 스테피. 나는 생각했다.

10시가 다 되어서 비가 그쳤다. 나는 이제 갈 때가 되었다고 말했다. 우리는 인사를 하고 출구를 향해 길고 어두운 복도를 따라 걸어 내려갔다. 경비실에 앉아 그의 수많은 모니터 중 하나로 우리를 쳐다보고 있을 로렐라이를 상상했다.

14장

일종의 정신장애

제2차 세계대전이 끝나기 1년 전 유럽에서는 최종적 해결(나치 독일의 계획적인 유대인 말살)에 기름을 부은 본질적 정체성 이론이 헝가리 유대인에게 치명적인 결과를 가져왔다. 그 이론이란 "여자든 남자든, 적어도 부모 중 한 명, 또는 적어도 양쪽 조부모 중 두 명이 현행법이 시행되기 전에 고대 히브리 종파의 일원이었다면 유대인으로 여겨진다"는 것이었다. '현행법'이란 1938년에서 1941년 사이에 통과된 세 개의 유대인 법률 중 두 번째 것으로, 하룻밤 사이에 거의 10만 명의 기독교 개종자를 유대인 '인종'의 일원으로 재분류한 조치였다.

1944년 5월이 시작될 즈음, 하루 평균 1만 2000명의 유대인이 시골에서 헝가리 경찰에 의해 동물처럼 내몰려서 가축 운반차에 올라탔다. 8주 안에 147편의 기차가 43만 7402명의 헝가리 유대인을 아우슈비츠로 이송했다. 미리 수용소의 화장터를 재단장하고, 용광로를 개조하고, 굴뚝을 철제 고리로 보강했으며, 가스실에 복무하는 특수부대에 배정된 노예 노동자의 수가 네 배로 늘어났다. 그럼에도 불구하고 시체 소각장은 엄청난 숫자를 감당할 수 없었다. 시체들은 거대한 구덩이에 겹겹이 쌓인 채로 불탔다. 이는 수용소의 지휘관이 하루에 9000구나 되는 시체를 처리하기 위해 '폐기'라고 부르면서 허락한 방법이었다. 아우슈비츠에서 살해당한 인원의 셋 중 하나가 헝가리 유대인이었다. 헝가리 홀로코스트에 정통한 역사가인 랜돌프 L. 브래햄은 이렇게 결론 내렸다. "헝가리 홀로코스트는 나치의 최종적 해결 프로그램의 가장 집중적이고 잔인한 유대인 강제수용이자 강제 이송이었다." 헝가리의 가장 큰 묘지는 폴란드의 잔디밭이라는 말이 있다.

여러 면에서 이 재앙의 씨앗은 20년 전, 제1차 세계대전이 끝나고 트리아농조약에 서명했을 때 이미 뿌려졌다. 당시 동화된 유대인들의 성공이 반유대주의의 맹렬한 부활과 맞닥뜨렸던 것이다. 1868년, 자신과 같은 신자들의 해방을 그토록 유창하게 알렸던 시인 요제프 키스는("마침내, 오 유대인들이여, 당신들의 날이 밝아 오고 있다!") 그의 결론을 수정할 터였다. 1921년 세상을 떠나기 전, 그는 자신에게 바치는 추도사를 썼다.

그는 자신의 고향에서 공짜 먹이였다.
버림받고 궁핍한 노숙자
어쩌면 무덤에서는 평화를 누릴지도
하지만 어쩌면 무덤조차 그를 거부할지도.

트리아농조약과 함께 헝가리는 광활한 땅뿐만 아니라 민족적 다양성도 잃었다. 헝가리의 막대한 소수집단 비율이—저 가만히 있지를 못하는 루마니아인, 슬로바키아인, 크로아티아인, 루테니아인, 슬로베니아인들이—국경을 조정함에 따라 다른 나라에 속하게 되었다. (박해받았던 집시들은 조약에 따라 수가 줄었고, 정치적, 경제적으로 비가시적인 존재로 남았다.) 독일 민족을 제외하고, 강하게 동화되었지만 여전히 그들만의 방식이 있었던 국외자들, 그 대중들은 요동치는 무지개 퀼트에서 흑백의 세계로, 마자르와 유대인으로 나뉜 세계로 옮겨 갔다. 황금기의 몰락을 읽는 한 가지 방법은, 유동적인 체계가 이분법적인 체계로 바뀌었을 때 일어난 일이라는 것이다. 마자르는 이제 인구의 90퍼센트를 차지한다. 그들은 더 이상 절반에 못 미치는 인구비율을 뒤집고 다수가 되기 위해서 유대인을 마자르인으로 만들고자 노력해야 하는 상황이 아니었다. 헝가리 유대인은 이제 다른 목적을 수행하고 있었다. '훼손된 조국', 국가의 '절단'에 대한 희생양 역할이었다.

트리아농조약과 그에 이어 헝가리인이 겪은 모욕은 그 나라 유대인 탓으로 돌려졌고, 이는 1919년 단명한 공산주의 정권의 지도자 중 많은 수가 유대인이었다는 고통스러운 추론에 근거하고 있었다. 물론 그전에 헝가리가 제1차 세계대전에서 패했을 때, 헝가리인 폭도들은 6000명이 넘는 유대인들을 약탈하고 폭행했다. 폭력은 계속되었다. 1919년 가을, '자각한헝가리인연합 Union of Awakening Hungarians'은 "국제적인 유대인 폭도들은 손상된 헝가리를 완전하게 파괴하기 위해 애쓰고 있다"고 공표했다. "당신의 실신한 몸에서 이 끈질긴 거머리들을 뜯어내라!" 트리아농조약이 서명된 후 몇 주 동안, '자각한헝가리인연합'과 그 동포들은 부다페스트의 유대인을 살해함으로써 앙갚음을 했다. 1920년대 초까지 (전직 장교와 대학생들로 이뤄진) 우파 협회는 10만 명의 회원을 자랑했고, 국회의원의 3분의 1에 가까운 숫자를 차지했다.

공산 정권의 몰락과 함께, 그리고 수백 명의 '반혁명 세력'을 처단한 '적색테러'에 대한 응답으로, 호르티 국군을 중심으로 모여든 민병대 갱들은 특히 유대인들을 목표로 삼아 대략 천 명에 달하는 사람들을 살해한 '백색테러'를 촉발시켰다. 수백 명의 유대인들이 반유대주의적 집단학살 속에서 고문당하고, 공격당하고, 살해당했다. 지역민 수천 명이—퇴역 군인, 농부, 여성, 그리고 아이들—이 폭력에 동참했다. 1919년 가을 미국에서 파병된 군인들은 다음과 같은 야만적 행위를 보고했다.

여기서 범죄자들은 수류탄과 기관총으로 무장하고 디셀로 이동했다. 그들은 거기에서 모든 유대인들을 죽였다. 네 살 여자아이를 강간한 뒤 우물 속으로 던져 버렸다. 두 어린 소녀는 정조를 지키기 위해 스스로 우물에 뛰어들었다. 군인들은 그들 뒤로 수류탄을 던졌다.

부다페스트에서 유대인 단체들은 공격과 폭격을 당했다. 수많은 유대인 학생이 얻어맞거나 계단에서 떠밀려(한 주에 174명이 병원에 입원했다), 수도에 있는 대학은 한동안 휴교할 수밖에 없었다. 호르티가 군대를 이끌고 백마를 타고 부다페스트에 입성—그리고서 국회로부터 (왕이나 다름없는 권력을 가진) 섭정의 지위로 승격되었다—한 지 아홉 달 후에, 영국 외무부에 보고된 진상 조사 보고서에 따르면 "신뢰할 만한 목격자들에 의해 보고된 이러한 야만적 행위들 중 일부는 잔인함과 공포스러움에 있어 비슷한 경우를 찾기 어려울 정도에 달했다." 1년 후, 새로운 섭정자인 호르티는 백색테러의 가해자들에게 전면적인 사면을 단행했다. 그들은 "애국적인 열정으로, 그리고 국가의 이익을 위해 그런 일들을 저질렀기 때문"이었다.

양차 대전 사이 헝가리에서, 유대인촌에 살면서 이국적으로 보이는 습관과 복색을 한 유대인들은 더 이상 반유대주의자들이 의심하는 주요 대상이 아니었다. 이제 목표는 다른 사람들과 섞여 사는 세속적인 유대인들이었다. 전혀 이국적이지도 않고 누구보다 잘 섞여 사는 '그렇게 쉽게 동화된' 유대인들. 이런 상황과 함께 정체성의 좀 더 미세한 뉘앙스에 대한 새로운 담론이 시작되었다. 1920년에 줄러 셰퓌*는 서구 자유주의에 대한 영향력 있는 반유대주의적 공격이었던 『3대 *Three Generation*』에서 이렇게 쓰고 있다. "우리는 옷이나 말과 같은 외부적인 부분들에 만족했었다. 그것이 우리의 가장 큰 실수였다. (…) 우리는 언어를 민족성으로 오해했고, 헝가리어로 떠들면 그것이 헝가리다움인 줄 알았다. 그런 것들은 불멸의 영혼에 비하면 일시적이고 기만적인 외양일 뿐이다." 이렇게 기만한 자들은 자신의 이질적인 본성을 '고침'으로써 수십 년간 칭찬을 받았던 마자르화된 유대인이었다. 하지만 그 시대에 유행했던 표현대로 하자면 그들은 '숨어 있는 유대인'이었고, 이제 그들의 변장술은 누구도 속일 수 없었다. "왜 유대인들은 그들의 인종을 숨기는가?" 양차 대전 사이에 활동했던 포퓰리스트 작가이자 정치인인 페테르 베레시는 묻는다. "그들은 진정으로 수치스러운 인종적 특징을 가지고 있지 않은가? 유대인이 동화되는 것은 다른 어떤 인종보다 수백 배는 어려운 일이다. 동화되기를 원할수록, 그건 더욱 어려워지는데, 초조해하는 순종성이야말로 그들의 주요 성질 중 하나이기 때문이다."

---

* 줄러 셰퓌 Gyula Szekfü (1883~1955). 작가이자 호르티 체제의 주요 이론가였지만, 유대인으로 색출되었다.

1920년대의 헝가리에는 두 부류가 존재했다. 하나는 '사이비'고 하나는 '진짜'였다. 사이비 헝가리인들은 진짜 헝가리인들이 번창하기 위해서 추방되어야 했다. 대중적인 작가였던 라슬로 네메트는 1927년, 나의 아버지가 태어나던 그해에 "헝가리 유대인들이란 역사가 피부 이식술에서 누가 누구를 독살할 것인가를 보기 위해 함께 꿰매 놓은 두 마리의 실험용 동물과 같다"고 썼다.

헝가리의 동화된 유대인들은 쌓여 가는 반감에 대해 더욱더 열심히 동화되기 위해 노력하는 것으로 응답했다. 1929년에 나온 『헝가리 유대어 사전 *Magyar zsidó Lexikon*』의 저자는 유대인을 폄하하는 사람들에게 잘 보이기 위해서 헝가리 국가와 호르티 정부를 위해 유대인들이 행한 온갖 좋은 일들을 항목별로 정리했다. 마자르 문화에 헌신하는 모든 행동들과, 어떻게 유대인들이 '유럽 기독교 문명'을 받아들여 재탄생했는지 등에 대해서 말이다. (이 사전은 심지어 동화된 유대인은 두개골 사이즈가 눈에 띄게 커졌다고 주장했다.) 역사학자 라파엘 퍼터이는 『헝가리의 유대인』에서 이렇게 쓰고 있다. "그들의 신체가 말살당하는 끔찍한 비극이 일어나기 수십 년 전부터, 헝가리 유대인들은 그토록 일부가 되고 싶었던 사람들에게 때로는 예의 바르게, 때로는 잔인하게 거절당하면서 짝사랑이라는 심리적 비극을 살았다." 그들의 애정이 보답을 받지 못할수록, 헝가리의 유대인들은 더 열심히 충실한 마자르인으로서 충성도를 증명하려고 했다. 그러나 고통스러운 결과만 남았을 뿐이었다.

그 고통은 수십 년 동안 중유럽과 동유럽의 많은 신생국가들에 쌓여 갔다. 헝가리 역사학자 빅토르 커라디는 "19세기 후반 동화의 위기가 심화되면서, 현대 유대인 정체성의 모든 형태는 일종의 정신장애를 짊어지게 되었다"고 쓰고 있다. 커라디는 그런 장애 증상을 이렇게 나열했다. 과거에 대한 '증오'(우리 아버지는 이 과거를 '고대사'라고 부른다), '진보'를 거부하는 '고대' 유대인에 대한 고집스럽고 극단적인 자기혐오 표출(우리 아버지는 그들을 '끔찍한 옷을 입은 정통 유대교도'라고 부른다), 그리고 보상을 원하는 '그로테스크한 형식'의 태도들이다. 이 그로테스크한 형식에는 '복장과 공적인 자기 표상에 나타나는 극도의 순응주의', '전혀 있을 법하지 않고 무의미하며 부적절한 기독교도의 특징들을 흉내 내기', '맹목적인 애국주의자의 번드르르한 허풍'(혹은 우리 아버지가 '백 퍼센트 헝가리안'이라고 말하는 행동들)이 포함된다. 자기부정과 자기 표상의 불가능한 모순은 끔찍한 아이러니로 이어졌다. 커라디에 따르면 "계속해서 적응하기 위해 주의를 기울여야 하는 상황은 역설적으로 그런 은폐 전략에 종사하는 사람들로 하여금 정체성에 대한 강박에 사로잡히게 했다."

1920년대 1930년대를 지나면서 헝가리 유대인들은 반유대주의 민병대 때문에 공포에 떨었고, 그들의 기본권을 박탈하는 반유대주의법의 처벌을 받게 되었다. 그러나 유대계 지도층은 국제 인권 단체와 유대인 단체가 원조를 제의해도 '외국인의 개입'이라며 계속해서 거부했다. 그리고 이들에게 대신 트리아농 조약의 조건들을 뒤집는 데 힘써 달라고 요청했다. 1934년, 페스트의 유대교 신자들은 외부 유대인 집단의 어떤 원조도 거부하는 결의안을 통과시키면서 선언했다. "우리는 단호하게 마자르인으로서의 위치를 고수하겠다. 우리는 어떤 외세도 이를 방해하도록 좌시하지 않을 것이다. 그것이 어떤 훌륭한 단체라고 하더라도 말이다." 헝가리 유대인 지도자들은 1939년이 될 때까지 외부의 도움을 거부했는데, 이미 때는 너무 늦어 버렸다.

결국 마자르인이라는 위치는 그들에게 아무런 도움이 되지 않았다. 가장 칭송을 받았던 자들에게조차 말이다. 1942년 겨울, 1928년과 1932년 올림픽의 펜싱 스타로 '새로운 달타냥'이라는 별명을 얻었던 아틸라 페차우어는 우크라이나의 강제 노역 부대로 이송되었다. 동부 전선에서 그의 챔피언 지위는 안 좋은 결과만을 초래했다. 스포츠 역사 기록자인 페테르 호로비츠는 페차우어의 마지막에 대해 이렇게 기록하고 있다.

어느 날, 아틸라는 그의 부대를 지키고 있었던 헝가리 장교들 중에서 한 명의 중령을 알아보았다. 그는 암스테르담 올림픽에서 만난 승마 선수 칼만 체흐였는데, 둘은 오랜 친구였다. 아틸라는 그를 알아본 체흐에 의해 불려 나갔다. 헝가리 장교는 그의 동료를 보고 말했다. "이 유대인 좀 괴롭혀 줘!" 헝가리에 영광을 안겼던 위대한 올림픽 선수는 몹시 추운 날씨에 옷을 벗고 나무 위로 오르라는 명령을 받았다. 그리고 그곳에서 수탉처럼 울어야 했다. 그러고는 온몸에 물이 뿌려졌다. 물은 곧 헐벗은 피부 위에서 얼어붙었다. 그는 이 사건 바로 직후인 1943년 1월 20일에 세상을 떠났다. 헝가리에서 온 유대인 카롤리 커르퍼티가 이 비극적인 사건을 목격했다. 그는 1936년, 히틀러가 보는 앞에서 독일 국가 대표를 꺾고 베를린 올림픽 금메달을 획득한 레슬러였다.

정체성의 창조와 정체성의 붕괴의 폭포수 끝에 유대인이 있었다. 합스부르크 통치하에서 마자르인들은 마자르인으로서 그들의 정치적 주도권을 지키기 위해서 마자르인이 되어 줄 유대인이 필요했다. 트리아농조약 이후, 마자르인들은 마자르인이 누구인지 식별하기 위해서 유대인으로 하여금 유대인이 되기를 강요했다. 그리고 헝가리주의에 동화된 유대인들은(그 유대인들은 헝가리주의라는 개념을 만들기 위해 많은 일을 했다) 돌아갈 정체성이 없었다.

"헝가리인은 누구인가?" 단 하나의 답변만이 존재하는 것 같았다. 헝가리인은 어쨌거나 유대인은 아니었다.

어느 날 아침 아버지가 증조부모의 '금혼식' 사진을 보여 주었다. 나는 사진 속 잘 차려입은 사람들이 누구인지 알려 달라고 부탁했다. 그들은 내 친척이었지만, 나는 한 번도 만난 적이 없었다. 아버지는 천천히 손가락으로 얼굴을 짚으면서 누구인지 설명했지만, 이름을 알려 주지는 않았다. "집에서 총 맞아 죽었고, 벽돌 공장에서 죽었고, 가축 운반차 안에서 죽었고, 아우슈비츠 가스실에서 죽었고, 이 사람도 가스실, 가스실, 가스실, 가스실…."

사진에 담긴 열다섯 명 중 세 명만이 전쟁에서 살아남았다.

* * *

헝가리에서 가장 규모가 큰 유대인 공동체의 근거지인 카사에 있는 나의 부계 할아버지의 고향은 가장 먼저 게토화되어 거주민들을 강제 이송한 곳 중 하나였다. 북동부 도시와 그 주변 시골 작은 마을에서 1만 2000명 이상의 유대인들이 벽돌 공장으로 내몰리고 기차에 실렸다. (열일곱 살의 소녀가 도망치려 하자, 다른 사람들에게 교훈을 주기 위해 그녀를 죽여서 발가벗긴 채로 전시했다.) 카사는 아우슈비츠와 다른 폴란드 강제수용소로 향하는 철도 교통의 중심부이기도 했는데, 헝가리 전역에서 온 (유대인을 태운) 가축 운반차가 독일인에게 넘겨지는 환승

지점이었다. 괴벨스 선전부는 독일인들의 '인본주의적' 접근 방식을 헝가리의 잔학성과 대조하여 보여 주는 소위 다큐멘터리에서 이 환승을 다루었다. 이 다큐멘터리는 아이들에게 채찍질을 하고 여자들을 때리고 결혼반지를 약탈하는 마자르 경찰들을 보여 준 뒤 독일 적십자 간호사들이 희생자들을 돌보기 위해 화물차로 뛰어드는 장면을 이어 붙였다. 플로렌스 나이팅게일 퍼포먼스가 무대에 올려졌다. 헝가리 경찰들의 잔인함은 너무나 리얼했다.

나의 할아버지였던 예뇌 쪽 가족이었던 카사의 프리드먼-슈바르츠 일가 56명은 이송 중에 죽었다. 증조부 사무엘—몇 달 전에 금혼식을 했던 가장—은 벽돌 공장에서 죽었다. 그의 손자이자 내 아버지의 사촌인 빅토르 슈바르츠는 은퇴한 화학자로 프라하에 살고 있었는데, 우리가 만났을 때 거의 아흔에 가까운 나이였다. 빅토르는 나에게 사무엘의 사망신고서를 보여 주었다. 그는 그것을 보호용 비닐 커버에 끼워서 보관하고 있었다. 1944년 5월 25일자 공문에는 사무엘의 사인이 '심장마비'로 기재되어 있었다. "거짓말이지." 빅토르가 말했다. 나쁜 거짓말. 심장마비가 왔다면, 그건 헝가리 경찰들이 77세 노인을 야만적으로 구타한 탓이었을 터다. "그들은 그 부유한 유대인이 금을 어디에다 숨겨 놓았는지 알고 싶었던 거야." 카사의 유대인들이 이송될 무렵, 10대였던 빅토르 슈바르츠는 이미 동부 전선에서 강제 노역을 하고 있었다. 그는 결국 탈출하여 소련의 적군Red Army에 입대했다. 전쟁이 끝나 카사로 돌아온 그는 집이 싹 털린 것을 발견했다. 찬장에서 발견한 금박 입힌 화환을 빼고, 금 역시 하나도 남아 있지 않았다. 그건 사무엘과 프리다 프리드먼의 금혼식 기념 화환이었다. 이야기를 끝내고 헤어질 때 빅토르

는 그걸 나에게 주고 싶다고 했다. "우리 가족을 기억하기 위해서." 그는 화환의 보관 상태가 좋지 않은 것을 사과했다. "금박이 사라진 부분을 볼 수 있을 거요." 그는 변색된 금속 나뭇잎 장식들을 손가락으로 문지르면서 말했다. 내가 속상한 건 그것 때문이 아니었다. 나뭇잎 위의 이름들이 지워져서, 거의 알아볼 수가 없었다. 프리드먼 가족. 나는 생각했다. 그들이 사라져 버린 것이었다.

모계 쪽 가족들도 마찬가지였다. 사무엘 프리드먼이 사망하기 2년 전, 할머니의 출생지이자 그륀베르거 조상들의 마을인 스피슈스케 포드흐라디에, '아름다운 성 아래의 마을'에까지 지역 유대인 추방 작업이 도달했다. 한때 헝가리 땅이었던 이곳은 슬로바키아령이었고, 그곳에서는 추방 작업이 좀 더 일찍 시작됐다. 경찰들과 민병대가 마을과 주변 지역에 살고 있는 수백 명의 유대인들을 체포하여 폴란드 강제수용소로 보냈고, 그곳에서 대부분의 사람들이 즉시 사형에 처해졌다. 스피슈스케 포드흐라디에 수도원의 수도원장은, 근처 마을의 그리스정교회 신부가 한 것처럼, 유대인들을 몇 명 숨겨 주었다. 다른 사람들은 아무것도 하지 않았다.

　　나의 할머니 로지의 동기간 중 마지막 생존자인 알렉산더 고든은(그는 전쟁 후 그륀베르거에서 고든으로 개명했다) 1942년 5월 28일에 있었던 이송 날을 기록한 일련의 사진들을 주었다. 이 사진들은 그의 기독교도 급우가 찍은 것이었다. 몇 장은 지상에서 찍은 것이었고, 다른 사진들은 건물 위층 창문에서 찍은 것으로 도시 광장의 풍경이 담겨 있었다. 사진에는 말이 끄는 사륜마차가 줄지어 서 있었는데, 마차에는 따뜻한 날씨에도 불구하고 코트와 모자와 스웨터를 껴입은 노인과 여자와 아이들이 잔뜩 실려 있었다. 입을 수 있는 것만 가져갈 수 있도록 허락되었던 것이다. 주위에는 구경꾼들, 그러니까 기독교도인 마을 사람들이 서 있었고, 아이들이 발치에서 놀고 있었다. 마차들이 수도원을 지나갈 때 마을 여성 하나가, 아는지 모르는지, 죽음을 향해 끌려가고 있는 유대인 친구에게 손을 흔들고 있다.

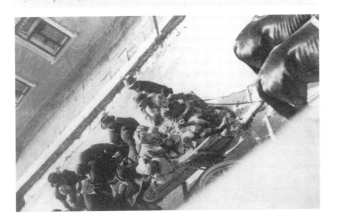

마차에 탄 여자도 손을 흔들어 응답한다. 마지막 사진에서 경비대는 어두운 색 제복과 높은 장화를 신고, 소총은 어깨에 메고, 일부는 웃고 떠들며, 집 앞에 모여 있었다. 그들 한가운데에 나이 든 남자가 침울하고 고독한 듯이 뻣뻣하게 서 있다. 그는 재킷을 입고 타이를 매고 페도라를 쓰고 지팡이를 짚고 있었다. 나는 그의 얼굴을 특별한 날의 가족사진에서 본 적이 있다. 레오폴드 그륀베르거, 나의 증조부였다.

나는 그가 왜 마차에 타고 있지 않은지 궁금했다. 알렉산더 고든은 설명했다. "우리 아버지는 '예외'로 여겨졌단다." 그의 아내 시도니어와 함께였다. "몇몇의 유대인들은 예외였지. 예컨대 독일인들을 위해 중요한 걸 만들었다거나 하면 말이야." 레오폴드는 도시의 가장 큰 산업이라고 할 수 있는 목재를 생산하고 있었다. 이날 그는 자신의 공동체가 파괴되는 현장을 목격할 수밖에 없었다.

1944년 가을, 독일이 슬로바키아를 점령하자 '예외'는 의미가 없어졌다. 레오폴드와 시도니어는 시골로 도망쳤는데, 그곳

에서 아들 알렉산더와 마지막으로 한 번 더 만나게 된다. 알렉산더는 이송 중에 강제 노역 수용소로 끌려갔다가 탈출하여 슬로바키아 국민 봉기에 합류했었다. 봉기가 실패한 후 그는 위조한 신분증으로 작은 마을에서 숨죽이고 살았는데, 부모님이 숲에 숨어 있다는 소문을 듣게 된다. 그리고 수일 동안 수소문을 해서 20여 명의 다른 사람들과 산지기의 오두막에 숨어 있는 그들을 간신히 찾아낸 것이다. "독일인들이 오고 있어요." 알렉산더가 부모에게 말했다. 그는 그들에게 제발 숨으라고 빌었다. 어머니는 아들의 셔츠를 달라고 했다. "빨래를 해 주고 싶어 하셨어." 알렉산더는 말했다. 시도니어는 옷을 할 수 있는 한 깨끗하게 빨아서 불 가까이에 널었다. 옷이 충분히 말랐을 때, 그녀는 아들에게 말했다. "가거라! 어서 가! 꼭 살아야 한다." 알렉산더는 도망쳤다. 다음 날 나치 친위대가 오두막으로 내려와 그 안에 있던 사람들 모두 독일의 강제수용소로 끌고 갔다. 레오폴드는 작센하우젠으로, 시도니어는 라벤스브뤼크로.

알렉산더는 여러 페이지에 달하는 서류를 보여 주었다. 공무원이 수동 타자기로 작성한 인명 목록이었다. 스피슈스케 포드흐라디에에서 사라진 유대인의 목록. 꼼꼼한 관료주의적 기록은 사망자를 알파벳 순서로 정리해 놓았고, 이름들 옆에는 출생일과 강제수용소, 그리고 사망일을 기록해 두었다. 목록에는 416명의 이름이 있었고, 20명을 제외하고는 스피슈스케 포드흐라디에에 거주했던 유대인이었다. 135번과 136번이 레오폴드와 시도니어 그륀베르거였다.

133.	Glücková Rozália	1882-	"		"
134.	Grossová Agnesa	1931-	"		"
135.	Grünberger Leopold	1864-	Oránienburg		1944
136.	Grünberger Šarlota	1877-	"		"
137.	Grünberger Arpád	1899-	zastr. za povstania		1944
138.	Grünberger Margit	1905-	-"-	-"-	1944
139.	Grünberger Verona	1930-	-"-	-"-	1944
140.	Guttman Alexander	1904-	Osviečim		1942 - 44
141.	Guttmanová Alica	1914-	Majdanek		1942
142.	Guttmanová Eva	1939-	"		"
143.	Guttman Tomáš	1937-	"		"
144.	Guttmanová Regina	1867-	Osviečim		"
145.	Haas Abrahám	1868-	Majdanek		"

* * *

1944년 3월 19일. 독일 점령 첫날 아돌프 아이히만이 헝가리의 '유대인 문제'*를 감독하기 위해 부다페스트에 왔을 때, 그는 10명에서 12명의 장교와 200명에 불과한 (비서, 요리사, 운전기사 등을 포함하는) 행정 직원들과 함께 도착했다. 그리고 헝가리 정부를 지휘할 명확한 권한은 갖지 않은 상태였다. 헝가리의 역사학자 죄르지 란키는 "헝가리와 독일 정권의 관계에서 특이한 점은 덴마크 등 유럽의 어느 곳보다 훨씬 더 많은 자주권이 헝가리 정부의 손에 놓여 있었다는 점"이라고 설명했다. 덴마크는 잘 알려져 있는 것처럼 점령군의 반유대주의적 요구에 저항하기 위해 자주권을 행사했다. 헝가리 내에 주둔하는 히틀러 친위대는 수가 얼마 되지 않았고, 헝가리 관료 집단은 독일 포고령에 반대할 만한 꽤 유리한 위치에 놓인 듯 보인다. 하지만 초반부터 헝가리 관료 집단의 대응은 기대와 달랐다. 점령 후 첫 2주 동안 친위대와 게슈타포가 부다페스트에서 전문직에 종사하는 수백 명의 저명한 유대인들을 잡아들여 내 아버지의 초등학교가 있었던 유대교 신학대학 건물에 억류했을 때, 국회나 호르티 제독 누구도 문제를 제기하지 않았다. 헝가리 법제와 법 집행의 모든 지류들이 이에 동조했던 것이다. 아이히만은 점령당한 국가의 흔쾌함, 심지어 그 열정에 놀랐다. "헝가리는 우리를 끈질기게 격려한 유일한 유럽 국가였다." 후에 그는 말했다. "그들은 강제 이

---

* 유대인 문제Jewish Question. 19, 20세기 유럽 사회에서 '유대인에 걸맞은 적절한 지위와 대우는 무엇인가'에 대한 광범위한 논쟁이었다. 이 논쟁은 18세기, 19세기, 20세기 유럽에서 특히 소수민족으로서 유대인들의 시민적, 법적, 국가적, 정치적 지위의 문제를 다루었다. 물론 반유대주의적 태도를 반영하고 있다.

송 비율에 만족하는 법이 없었다. 우리가 아무리 속도를 올린다고 해도, 그들은 언제나 그 이상을 해냈다." 반대도 물론 없었다. "모든 것이 꿈처럼 진행되었다."

헝가리 정부는 '최종적 해결'을 위해 모든 힘을 동원했다. 헝가리 내무부는 계획을 세웠다. 라슬로 엔드레 차관은 아이히만에게 유대인 수송 숫자를 네 배로 올리라고 (성공적으로) 촉구했다. 아이히만은 엔드레가 "고추와 함께 유대인들을 먹고 싶어 했다"고 농담하기를 좋아했다. 독일이 점령한 지 3주도 채 되지 않아, 현지 당국은 유대인 거주 지역을 게토화하고 유대인 시민을 추방하라는 내무성의 명령을 받았다. 포고령은 이렇게 시작했다. "헝가리 왕실 정부는 이 나라에서 유대인을 제거할 것이다."

아주 소수의 중앙정부와 지방자치 공무원들은 이에 동참하기를 거부했다. 그들은 이례적인 경우였다. 역사학자 엘레크 커르서이는 헝가리 강제 이송의 관리에 대한 연구에서 이렇게 설명했다. "만약 어떤 지방정부가 중앙정부의 지시 밖인 일을 한다면, 그건 할당된 목표치를 초과 달성하려고 했을 때였다. 그들은 정부의 법령을 일정보다 앞당겨 시행하거나, 요구된 것보다 더 가혹하고 혹독한 방법을 사용해서 목표를 초과 달성했다." 정부 공무원의 열정은 그 나라 민간인들과 잘 맞아떨어졌다. 부다페스트에서 나치 점령 첫 8일 동안, 헝가리 시민들은 숨어 있는 유대인과 유대인 재산을 상대로 3만 건에 달하는 고발을 접수했는데, 독일에 점령된 네덜란드에서 1년 동안 접수된 내용이 350건이었던 사실과 비교해 볼 만하다.

간단히 말해서 헝가리 정부는 100개가 넘는 반유대 법령을 제정했다. 유대인은 여행을 갈 수 없었고, 자가용과 자전거를 소유할 수 없었으며, 라디오나 전화 사용이 금지되었다. 유대인은 더 이상 책을 출판할 수 없었을 뿐만 아니라, 이미 출간한 책도 판매할 수 없었다. (1944년 4월 법령 "유대인 작가들의 문학 작품으로부터 헝가리의 지적 생명을 보호하는 것에 관하여"는 그런 책을 분쇄하거나 공개적으로 불태웠다. 그렇게 해서 생긴 부다페스트의 화톳불 중 하나는 책 44만 7627권을 불태웠다. 이는 브래햄에 따르면 "화물차 22대를 가득 채운 것에 맞먹는 분량"이었다.) 유대인은 기독교 신자들을 고용할 수 없었고, 교복이나 군복을 입을 수 없었을 뿐더러, 수영장에서 수영할 수도 공중목욕탕에 갈 수도 없었으며, 술집이나 레스토랑, 출장 연회 서비스, 카페, 에스프레소 가판대, 혹은 빵집을 이용할 수도 없었다.

할아버지의 르노 자동차—레이스 커튼이 달리고 장미 한 송이를 꽂을 수 있는 대시보드 꽃병이 있는—는 압수당했고, 기독교도 가정부와 가정교사 그리고 요리사를 내보내야 했다. 라더이 9번지 1층에 있었던 모피 가게, 미용실, 빵집 모두 건물 소유주 가족에게는 출입금지 구역이 되었다. 결국에는 더 이상 그 건물을 소유할 수 없게 되었지만. 유대인에 의한 재산 거래는 무효화되었다. 자산은 압류당하고, 안전 금고는 봉인됐으며, 상업적이고 산업적인 시설은 폐쇄되거나 기독교도 관리인에게 넘어갔다. 어쨌든 프리드먼 가족은 더 이상 라더이 9번지에 살지 않았다. 그 무렵 아버지는 그의 엄격한 교사 집에 기숙하고 있었고, 로지는 스튜디오에, 예뇌는 아스토리아호텔에 살고 있었으니까. (그는 곧 다른 숙소를 찾아야 했다. 독일 점령 이후 아스토리아는 게슈타포의 본부가 되었다.) 또 다른 법령은 유대인들이 버터, 계란, 쌀, 소고기를 제외한 고기, 그리고—헝가리 음식에 필수적인—고추를 구매하지 못하도록 금했다. 가을 즈음에 유대인들에게 할당된 식량 배급량은 거의 굶어야 할 수준으로 떨어졌다. 아버지는 그즈음에는 버려져 있던 라더이 9번지 빵집에 숨어들어 진열대 위를 손가락으로 훑으면서 부스러기를 찾던 기억을 떠올렸다.

부다페스트의 유대인은 헝가리에서 가장 마지막으로 아우슈비츠로 이송되었다. 준비 과정 중이었던 1944년 6월 16일, 부다페스트 유대인들은 3일 안에 집을 떠나, 아파트 2000채 중에서 '노란별'로 선택된 하나의 아파트로 이주하라는 통보를 받는다. 그들은 가재도구를 뒤로하고 떠나야 했고, 그것들은 이제 새로 이주할 기독교도 세입자들을 위해 남겨졌다.

로지 할머니는 페스트 남부의 황량한 구역에 있는 노란별 집으로 들어갔다. 그녀는 10여 명의 다른 사람들과 방을 함께 사용했다. 입주자들은 손님을 부를 수도 없었고, 창밖으로 다른 사람들에게 말을 거는 것도 금지되었으며, 음식을 사기 위해 지정된 시간에만 건물을 나갈 수 있었다. (가게에 갈 때에도 트램의 마지막 칸만 이용해야 했다.) 아버지는 그의 어머니가 노란별 집에 머물렀던 몇 달 동안 딱 한 번 그녀를 만날 수 있었다. 그는 그 방문을 후회했다. 그가 건물 안으로 숨어든 직후, 경찰은 문을 봉쇄해 버렸다. "그들은 아무도 내보내지 않으려 했어." 아버지가 말했다. 그는 밤까지 기다렸다가 "지붕으로 기어 올라가서, 도망칠 수 있는 문을 찾을 때까지 지붕에서 지붕으로 건너 다녀야 했다." 그는 다시는 돌아가지 않았다. "나는 바보 같은 어떤 노란별 집에도 갇힐 생각이 없었어."

1944년 봄 어느 시점에, 아버지와 할아버지는 라더이 9번지로 돌아와 비유대인 의사의 아파트에 숨었다. 의사는 자신의 가족들을 데리고 벌러톤 호수에 있는 별장으로 갔고, 비어 있는 아파트에 예뇌와 이슈트반이 머물도록 해 주었다. 아버지와 아들은 그곳에서 두 달 동안 숨어 지냈다. 커튼을 내린 어둑어둑한 방에서 라디오로 '아주 조용하게' BBC를 들으면서. 그리고 거주자들이 돌아왔다. 아버지는 거리로 도주하여 이곳저곳에 숨어 지냈다. 예뇌 할아버지 역시 친구들의 집에 숨었다가, 얼마 전까지만 해도 부다페스트 내 또 다른 본인 재산이었던 건물에 숨었다가 하며 옮겨 다녔다. 바치 28번지의 아파트 건물은 노란별 집으로 징발된 상태였다. 규정대로 1피트 높이에 검은 바탕에 그려진 다윗의 별이 입구에 걸려 있었다. 예뇌는 이전에 가정부가 쓰던 방에서 잤다.

7월 7일, 부다페스트에서 강제 이송이 시작되던 바로 그 시점에, 호르티 섭정은 그가 '이동'이라고 부른 것을 잠시 멈춘다고 발표한다. 여러 가지 이유 때문이었다. 그중에는 군사적 상황의 악화, 연합군과 중립국의 쌓여 가는 호소 그리고 세계적인 지도자들의 탄원이 있었다. 부다페스트의 유대인 인구는 당분간 이송을 피할 수 있었다. 바로 이 때문에 나의 아버지뿐만 아니라 제독 덕분에 살았다고 생각하는 수도의 수많은 유대인이 영원토록 호르티를 찬양하는 것이다.

부다페스트의 유대인들에 대한 강제 이송을 멈추라는 호르티의 명령은 짧은 유예기간에 불과했음이 드러났다. 이는 회고록에서 '잘못된 봄'이라고 부르게 된다. 늦은 여름에서 가을까지 기간이 연장되긴 했지만 말이다. 10월 15일 호르티가 소련과 휴전협정에 서명했다고 선언한 후에, 독일은 호르티의 아들을 납치해서 섭정의 사퇴와 투옥을 강요했던 판저파우스트 작전을 편다. 호르티는 섭정에서 물러나 독일이 고른 국가의 새로운 수장이자 당시 파시스트 화살십자당의 당수였던 페렌츠 살러시에게

자리를 내주었다. 육군 장교 출신으로 열렬한 반유대주의자이자 마자르 민족주의자였던(하지만 그 자신은 일부만 마자르 혈통이었다) 살러시는 그가 '헝가리주의'라고 부른 모순된 이데올로기를 공포했다. (그는 1938년 교도소 근무 중에 '성경의 도움을 받아' 예수가 유대인이 아니라 '고드바니아인 Godvanian'이라는 결론을 내렸는데, 이는 그가 마자르족과 연관이 있다고 믿은 상상의 민족이었다.) 살러시는 카샤 출신이었다.

새로운 총리는 지체 없이 부다페스트 유대인을 제거하는 데 착수해서, 11월 초에 강제 이송을 재개했다. (힘러*가 멈추라고 명령한 이후였다.) 살러시의 화살십자당 부대는 대체로 범죄 이력이 있는 젊은 남자들로(아버지 표현에 따르면 "원시적인 제화공 유형의 인간들로 그다지 똑똑한 애들은 아니었다"), 유대인 수천 명을 죽이고 8000명에 달하는 유대인을 오스트리아 국경의 '죽음의 행진'으로 내몰았던 유덴프라이 계획(유대인 말살 계획)을 최대치로 수행했다. 게다가 점점 더 소속도 없이 열심인 사람들이 늘어갔다. 1944년 11월 말, 화살십자당 정권은 부다페스트의 생존 유대인들에게 노란별 집에서 나와서 새로 지정된 게토로 이동하라고 명령했다. 그곳은 오래된 유대인 지구의 심장부에 서둘러 벽을 세워 만든 죽음의 덫이었다. 0.1평방마일밖에 되지 않는 공간에 이내 쥐와 오수와 발진티푸스와 7만 명의 사람들이 감금되었다. 극히 적은 음식이 들어가고 쓰레기는 전혀 배출되지 않았다. 12월 즈음이 되자, 수천 구의 시체가 (도하

---

* 하인리히 힘러 Heinrich Himmler(1900~1945). 독일의 정치가. 나치스에 입당, 친위대장이 되어 강제수용소도 친위대의 감독하에 두어 대학살과 탄압의 원흉이 되었고 제2차 세계대전 중 특히 유대인 수용소의 운영과 유대인 절멸에 열광적으로 임했다.

니가 유대교회당을 비롯한) 건물들 안마당에 쌓였고 얼음 덩어리로 얼어붙었다.

아버지는 은신처에서 은신처로 옮겨 다녔다. 한동안은 부다쪽 변두리에 있는 낡은 병영에 숨어 지냈다. 헝가리 군대는 그곳을 비행기 폐기장으로도 사용하여, 격추돼 망가진 연합군 폭격기를 쌓아 놓았다. 밤이 되면 아버지는 버려진 군용 야전침대에 눕곤 했다. 아버지는 주변이 안전하다는 것이 확인될 때마다 "몰래 조종석에 숨어 들어가 폭격기 파일럿 흉내를 내 보았다"고 했다. 아버지가 MS사의 비행 게임에 대한 열정을 키우기 훨씬 전에, 젊은 이슈트반은 모의 이착륙을 즐기고 있었던 셈이다. 결국 육군 장교들에게 발각되어 도망치고 난 다음에 찾아낸 은신처는 페스트 쪽 변두리, 기독교도들이 모여 사는 동네였다. 그즈음 그는 시오니즘 지하조직을 통해서 헝가리 나치-동맹당 중 한 곳의 완장을 구했다.

아버지가 비행기를 조종하고 파시스트 휘장을 달고 거리를 어슬렁거리며 포피가 없는 사람을 죄인 취급하고 있을 때, 나의 조부모는 우연히 재회하게 된다. 그들은 둘 다, 국제적인 게토로 알려져 있던 지역인 성 이슈트반 공원 옆 강변에 있던 '보호 주택들'에서 도피처를 찾고 있었다. 1944년 늦은 여름부터 스웨덴, 스위스, 포르투갈, 스페인 그리고 바티칸과 같은 중립국 공사관들은 공식적으로 보이는 수만 장의 안전 통행증과 보호 여권을 발행해서 도시 유대인들을 강제 이송으로부터 (이론적으로는) 보호했다. 비동맹 외교관들은 시내 아파트 수십 채를 안전지대로 선포했다. 로지와 예뇌는 서로의 상황을 모르는 채로 각각 도나우로부터 몇 블록 떨어져 있는 포소니 도로에 있는 스위스의 보호 주택으로 피신했다. 두 사람은 40여 명의 다른 사람들과 함께 한 방에 머물렀다. 그 사람들 중에는 내 아버지의 사촌인 유디트(Judit였다가 후에 Yudit로 개명했다) 여르덴과 그녀의 부모도 있었다.

그해 늦가을과 겨울에, 무장한 화살십자당 지지자들은 보호 주택을 정복하면서 사악한 즐거움을 누리고 있었다. 그들은 보호 주택에 머물고 있는 사람들이 특혜받은 유대인들이고 따라서 더 구미가 당기는 사냥감이라고 여겼다. 곧 '보호된 사람들'은 끌려갔고, 그들 중 일부는 화살십자당 유치장에서 심문을 당하고 매를 맞았다. 그리고 나머지는 죽음의 행진으로 내몰렸다. 수천 명 넘는 사람들이 도나우강에서 총살당해 수장됐다. 총알을 아끼기 위해, 화살십자당 무장 괴한들은 사람들을—흔히 가족끼리—묶었다. 한 명을 총살해서 강에 던지면 그 시체가 나머지 사람들을 물속으로 끌고 들어갔다.

아버지는 총성을 들었다. 그리고 어느 날, 헝가리 나치 완장을 찬 10대의 피슈터가 부모가 머물고 있던 스위스 보호 주택에 나타나 그들을 "구우–원했다." (이는 내가 어렸을 때 아버지가 자세한 내용 없이 이야기한 일화 중 하나였는데, 어디서부터 어디까지 믿어야 할지 알 수 없었다.)

"어떤 집이에요?" 어느 날 오후 내가 물었다. 우리는 커피와 케이크를 먹으며 아버지 집 식당에 앉아 있었다. 나는 식당 탁자 위에 부다페스트 거리 지도를 펴 놓고 대부분의 보호 주택이 모여 있던 6개 블록 정도 되는 지역을 가리켰다.

"어어…." 아버지가 말했다. "그중 하나야. 기억은 안 나지."

"가서 한번 보면 어때요?" 나는 압박을 가했다. 바보 같은 질문이었다.

"의미 없어." 그녀가 지도를 옆으로 밀어 치우면서 말했다.

그녀는 다시 돌아가도 별로 불편하지 않은, 몇 안 되는 과거에 대한 이야기로 화제를 돌렸다. 그건 당신 아버지의 근사한 취향이라는 화제였다. "아버지는 언제나 세련됐었지." 그녀는 지금까지 수십 번도 더 들은 예를 또 다시 늘어놓으면서 이야기를 시작했다. 수제 양복('영국에서 주문한 아름다운 옷감'), 서재 유리진열장에 보관하고 있던 고전('아주 세밀하고 우아하게 장정된 판본들'), 뒷창문에 레이스 커튼이 달려 있고 대시보드에 꽃병이 놓여 있던 르노 자동차.

"꽤 멋졌겠네요." 나는 싫증이 나서 그녀가 다른 이야기로 넘어가기를 기다리며 접시 위의 부스러기들을 이리저리로 밀었다.

"어어⋯." 그녀가 웃었다. "물론, 차가 고장 났을 때 아버지는 뭘 해야 할지 몰랐지만!"

"기계공은 아니셨나 봐요, 그죠?"

"아니었지. 하지만 자동차 정비 수업을 받기는 했어. 그으-리고⋯ 차고에 수업을 들으러 갈 때 입으려고 오버올을 샀지. 회색이었는데, 거기에 같이 쓸 회색 모자도 샀어. 나도 사이즈가 비슷해서 내가 입기도 했지."

"아버지가 차도 고쳤어요?"

"아니!"

"그럼 왜 입었어요?"

"버다스 거리."

"네?"

"당최 얘기를 안 듣는구나!"

듣고 있었다. 무슨 말인지 못 알아들었을 뿐이다. 하지만 알아들었어야 했다. 2004년, 내가 처음으로 부다에 있는 아버지 집을 방문했을 때, 아버지는 자기의 여성복 옷장 투어를 시켜 주었다. 그때 그녀는 이전 삶에서 입었던 옷 중에서 남성복을 모아 놓은 옷장으로 추방되지 않은 옷을 하나 보여 주었다. 침실 옷장에 흰색 오버올 한 벌이 걸려 있었다. 드라이클리닝 봉투에 조심스럽게 보관되어 있었다. 그것은 아버지가 요크타운 하이츠 야전 의무대에서 자원 활동을 할 때 입었던 유니폼이었다. 나는 그가 대기 중이었던 밤을 기억한다. 그는 집에서 다리미로 다려서 풀을 먹인 유니폼을 입고 있었다. 나는 그가 여전히 그 옷을 가지고 있다는 것에 놀랐지만, 그 옷의 의미를 알고는 당황했다. 옷과 구원, 완장과 구출의 이 이본 합성은 도대체 무엇일까?

15장
그랜드호텔로열

"버다스 거리." 아버지가 반복했다. 아버지는 버다스 거리 29번지에 있었던 유리 공장 '유리의 집'을 말하는 것이었는데, 이 건물은 이후에 스위스 보호 주택으로 활용되었다. 1944년 가을, 시오니스트 비밀 청년 조직들이 이곳에 아지트를 만들었다. 청년 그룹은 가짜 신분증을 수만 장 찍어 유대인들을 루마니아 국경까지 빼돌리는 일을 돕고, 연합국을 지원할 만한 유용한 정보를 수집했다. 화살십자당이 장악하고 난 뒤, 청년 시오니스트들은 정보를 모으고 조작된 서류를 퍼트림과 동시에 파시스트 정당의 제복과 완장을 모으기 시작했다. 숫자는 적었다. 많아 봐야 몇 백 명 정도였을 터다. 중유럽에서 활동했던 무리들 중 가장 규모가 작은 단체 중 하나였다. 그리고 그들 중 많은 수가 슬로바키아와 폴란드에서 건너 온 난민들이었다.

아버지는 열일곱 살 사촌 프리제시 '프리치' 슈바르츠의 간청 때문에 시오니스트 청년 조직 중 하나였던 베타르에 합류했다. 그는 1944년 무장투쟁을 선동하려고 부다페스트로 왔다. 두 젊은이는 프리치가 봉기를 조직하러 페스트 도시 외곽에 있는 '벙커'로 떠나기 전까지 짧은 기간 동안 버려진 아파트에서 함께 지냈다. 얼마 지나지 않아 이웃이 그와 그의 몇 안 되는 벙커 동료들을

고발했고, 그들은 모두 처형당했다. "'나치에 대항하여 싸우려고' 했어." 아버지가 비웃었다. "심지어 총을 어떻게 쏘는 줄도 몰랐지. 프리치는 영웅이 되고 싶어 했어. 덕분에 살아남지 못했지."

아버지는 베터르에서 산발적으로 활동했다. "한번은 이런 적이 있었어. 그가 나에게 임무를 주려고 접촉해 왔지. 나치가 있는 무슨 건물을 정찰하러 가라는 거야. 그래서 아버지의 오버 올을 입고 모자를 썼지."

"왜요?"

아버지는 너-바보냐 하는 표정을 지었다. "왜냐하면, 내가 이미 말했던 것처럼, 그 옷이 회색이었기 때문이야. 독일 공군의 색이지. 나치를 위해 일하는 독일 공군 기계공인 척한 거지."

"그게 먹혔어요?" 나는 의심스러웠다.

"응, 꽤 잘 먹혔어." 그리고 '더 황당한 일'이 이어졌다고 그녀는 말했다. 어느 날, 베터르가 아버지에게 초등학교 건물을 염탐해 달라고 요청했다. 친위대에 징집되어서 지금은 게슈타포와 화살십자당이 점유하고 있는 건물이었다. "사람들을 그곳으로 끌고 가서 고문하고 심문했지." 아버지가 말했다. 아버지의 임무는 누가 잡혀 있는지를 알아내는 것이었다.

"그런데 거긴 내가 다닌 초등학교였어."

그곳은 아버지가 열 살까지 통학했던 헝가리 유대교 신학대학 부속 초등학교였다. "내 '유니폼'을 입고 위조 신분증을 가지고 갔지. 나는 야간 근무를 자청했어. 어어, 이 화살십자당 놈들은 별로 똑똑하지 않았거든! 걔네들은 누군가 도와준다고 하면 그저 좋아라 했어."

"뭘 알아냈어요?"

"별로 중요한 건 없었어. 그렇게 오래 있지도 않았고. 일주

일쯤 있었나. 하지만 누구도 내가 유대인인 줄 몰랐어. 그렇게 행동하지 않았으니까."

"그렇게라니, 어떻게요?"

"그러니까 멍청한 짓을 하는 거." 그녀의 목소리가 높아졌다. "예를 들면 실제로 아무것도 할 수 없는 어떤 외교관이 준 '보호' 서류 따위를 들고 다니는 거 말이지." 그녀는 자신의 부모에 대해 말하고 있었다. "'아, 이제 우리는 보호받을 수 있을 거야'라면서 '보호' 주택 같은데 들어가는 짓이라든가!" 그녀는 이 마지막 말을 하면서 약간 비현실적인 목소리 톤을 연기했다. "어어, 그래." 그녀가 수긍했다. "그 사람들도 잠깐 그랬던 거였겠지… 어쨌거나 내가 그들을 구해 냈으니까."

나는 내 메모장에 손을 뻗었다. "어떻게요?"

"다 얘기해 줬잖아."

"자세히는 안 해 줬어요."

그녀는 빈 접시를 한동안 쳐다보았다. "뭐가 궁금한데?"

"그날이요. 오버올을 입고 있었어요?" 바보 같은 질문이었지만, 안전한 질문이기도 했다. 옷에 대해서 이야기하길 좋아하니까.

"아니. 그냥 완장만 찼어. 그리고 화살십자당 모자랑." 그녀는 그날 독일 장교가 아니라 헝가리 나치로 패싱되고 싶었다. "그리고 총이 있었지."

"총이요?"

"그저 낡은 육군 소총이었어. 버다스에 있는 누군가한테 얻었겠지. 총알이 없다는 것도 알았고!" 총알이 있고 없고는 중요하지 않았다고, 아버지는 말했다. 프리치처럼, 젊은 이슈트반은 총을 쏠 줄 몰랐다.

"들어가게 해 줬어요?"

"무장하고 있었으니까, 문제없어 보였겠지." 그는 정문에 있는 보초병에게 프리드먼을 데려오라는 명령을 받았다고 말했다. "비열하게 행동했지. 하지만 너무 비열하지는 않게. 과장하지 않았어."

"의심하지는 않았어요?" 나는 이 상황을 상상하는 것이 쉽지 않았다.

"말했잖니. 나는 거짓말하는 방법을 안다고." 그녀는 발을 들어 올리고 팔을 휘두르기 시작했다. "나는 하나둘 하나둘 하면서 계단을 올라가서 문을 밀고 외쳤어. '여기 예뇌 프리드먼과 그의 아내가 있습니까? 그 빌어먹을 유대인 놈들을 데려오십시오! 개인 물품은 소지하지 않도록 해 주십시오!'" 그녀는 마치 보이지 않는 소총을 휘두르는 듯, 허공에 주먹을 휘둘렀다.

"할아버지 할머니가 거기 있었어요?"

"넣을 수 있는 만큼 구겨 넣어 놓았더라." 그녀는 그 방을 회상했다. "꽉 차 있었지. 노인들, 아픈 사람들, 어린애들⋯." 그들이 쳐다보던 눈빛을 기억했다. "모두들 우리 부모님을 불쌍하다고 생각하고 있었어." 그녀가 말했다. "그들은 생각했겠지. '아, 이 나치가 불쌍한 프리드먼 부부를 죽이려 하는구나!'" 아버지는 부모에게 문 쪽으로 가라고 명령했다. 복도로 향할 때 나이 든 유대인 남자가 다가왔다. "나더러 위조 신분증을 만들어 줄 수 있는지 물어봤어." 그 말인즉슨, 그 남자가 파시스트 완장을 찬 젊은이가 유대인이라는 걸 알아보았다는 의미였다. "나는 그에게 소리 질렀지. '꺼져, 아니면 너도 끌고 간다!'" 남자는 물러섰고, 아버지는 그의 부모에게 총을 겨눈 채로 계단을 내려왔다.

"정문에 있는 경비병을 지나칠 때, 나는 경례를 하고 소리쳤지. '살러시 만세!'" 아버지는 접시 밑에 놓인 깔개에 떨어진 부스러기들을 털어 냈다. "그렇게 우리 가족을 다시 한자리에 모을 수 있었지."

이후 아버지, 어머니, 아들은 1944년 겨울에 페스트 외곽에 버려진 아파트에서 다시 가정을 꾸렸다. 나의 아버지가 시오니즘 청년 저항군인으로부터 얻은 위조문서에 따르면 그들은 루마니아 마을 브라쇼브 출신의 가톨릭 난민 '파비안' 가족이었다. 길고 긴 부다페스트 공방전이 시작되고, 크리스마스 며칠 후, 폭탄이 바로 길 건너편에 떨어져 건물 창문이 남김없이 산산조각 났다. 파비안 가족은 지하실로 후퇴했고, 그곳에서 남은 전쟁 기간을 버텼다. "우리가 지하실에서 지상으로 올라왔을 때" 아버지가 회상했다. "한 남자가 거기에 있었고, 소리를 지르기 시작했지. '내가 이 집의 주인이오!' 우리는 그에게 '진정하세요, 진정하세요! 여기 머물 생각은 없어요.' 그러자 그가 자기소개를 했어. 그 사람 이름이 뭐였는지 아니? 프리드먼이었단다."

아버지는 나의 손이 메모장 위를 날아다니는 걸 쳐다봤다. "내 인생에 대해서 쓸 때 말이다." 그녀가 말했다. "이건 꽤 근사한 이야기가 되겠지. 그으–리고…" 그녀가 손가락을 치켜들었다. "이건 또오–한 사실이니까."

그러한가? 아니면 이건 아버지가 만들어 낸 또 하나의 동화인가? 사진에 트릭을 쓰던 사진작가가 화살십자당을 트릭으로 속였다. 아니면 이 이야기 자체가 그녀의 트릭인가? 내가 어떻게 이야기의 진실을 평가할 수 있을까? 이 이야기들의 핵심이란 그걸 들려주는 자가 아주 뛰어난 거짓말쟁이라는 것인데.

부다페스트에 처음 몇 번 방문했을 때, 나는 더 거대한 가족사를 탐구하고, 마음이 짠할 정도로 얼마 남지 않은 프리드먼-그륀베르거 가족의 사진들을 설명할 수 있는 연대기를 발견하기 위해 많은 시간을 허비했다. 사실 뒤질 만한 저장소가 많은 것도 아니었다. 부다페스트의 헝가리홀로코스트기념관은 2004년에야 개관했고, 내가 방문했을 당시에는 몇 안 되는 연구자들로부터 얻어 낼 내용이 거의 없었다. 그들은 나에게 '우리 시스템에 기록할' 서식에 내 친척들의 이름과 출생지, 출생일을 적어 달라고 했다.

무엇 때문이죠? 내가 물었다.

"우리 파일에 그들의 이름을 기록해 놓으려고요."

그들은 나에게 헝가리유대인기록보관소에 가 보라고 했다. "하지만 뭔가 찾을 만한 것이 있을지는 모르겠어요." 연구원 중 한 명이 말했다. "정리가 잘 안 되어 있거든요."

헝가리유대인박물관 부속인 기록보관소는 오래된 유대인 지구의 도하니가 유대교회당에 붙어 있었다. 박물관 전시장 쪽에서 들어가면 점등된 복도와 계단을 통해 구불구불한 길을 조심스럽게 지나가야 한다. 미로는 이중문 앞에서 막혀 있었다. 나는 소심하게 문을 두드렸고, 하얀색 실험복을 입은 여성이 나를 들여보내 주었다. 기록보관소의 소장인 주잔너 토로니였다.

비좁은 내부는 낡고 두꺼운 책과 방을 둘러 위태롭게 높이 쌓인 채 썩어 가는 정기간행물 더미 때문에 더 답답해 보였다. 처진 선반은 손으로 쓴 라벨을 붙인 판지 상자의 폭동에 언제든지 무너져 내릴 준비가 되어 있는 것처럼 보였다. 나는 복사기 위에 붙은 '고장'이라는 표지를 낭패감에 사로잡혀 쳐다보았다.

토로니는 가족 족보에 관해서는 기록보관소에서 제공할 수 있는 게 거의 없다고 충고했지만, 내가 아버지가 유대교 신학대학 부속 초등학교에 다녔다고 말하자 나를 상자들의 미로 속으로 안내했다. 그리고 마치 수맥을 찾는 막대기를 사용한 것처럼 대혼란 속에서 순식간에 책을 한 권 끄집어냈다.『부다페스트 유대교 신학대학 1877~1977: 100주년 기념 도서 *The Rabbinical Seminary of Budapest, 1877–1977: A Centennial Volume*』는 '헝가리 의회 및 정부 구성원들 앞에서' 열린 개교식을 자랑스럽게 언급하면서 시작되었다. 학교의 교사들은 "유대교를 가르칠 뿐만 아니라 헝가리의 언어와 문화를 보급함으로써 그들의 동료 신자들 사이에 헝가리 애국주의를 고양시킨다." 나는 학교의 '현대적' 교과과정과 세계적으로 알려진 졸업생 목록을 훑어보았다. 점차 그 책은 홀로코스트 기간에 다다랐다.

"제2차 세계대전에도 불구하고," 책은 담담하게 쓰고 있었다. 신학대학 교육자들은 "유럽 전쟁의 비극이 그들에게 닥쳐오지 않기를 바라면서 그들의 일을 계속했다." 무의미한 바람이었다. 독일군이 헝가리를 점령하고 24시간이 되기 전, 학교 건물은 "친위대에 의해 징발되었고, 수천 명의 유대인들이 강제수용소로 보내지기 전 머무는 환승 감옥으로 이용되었다." 내가 이 오싹한 장—신학교의 30만 권 규모의 도서관 약탈, 총장의 필생의 연구 업적 파괴, 지붕 위에 위치한 화살십자당 포병대, 그리고 궁극적으로는 건물 자체에 대한 폭격—을 읽어 내려가는 동안, 토로니는 다른 책을 들고 옆으로 다가왔다. 그것은 낡고 손을 많이 탄 책이었는데, 페이지가 너덜너덜해져 있었다. "여기서 가족을 찾을 수 있을 것 같은데요." 그녀가 말했다.

『생존자 집계: 부다페스트 유대인 생존자 명부 *Counted Remnant:*

Register of the Jewish Survivors in Budapest』는 전쟁이 끝난 뒤 1년 후에 출판된 책이었다. 명부는 1945년 여름 생존한 유대인을 찾기 위해서 부다페스트에 있는 3만 5082곳의 주택에 402명의 사람들을 배치했던 세계유대인회의와 팔레스타인유대인기구의 헝가리 지부가 수집한 내용이었다. 그 결과 나온 책에는 생존자가 알파벳 순서로 나열되어 있었는데, 태어난 장소, 생년월일, 어머니의 결혼 전 이름, 그리고 그들이 발견된 주소가 함께 정리되어 있었다. 그 자료는 사라진 친척들을 찾는 데 도움을 주기 위해 급하게 수집되어 서둘러 인쇄에 들어갔으며, 가장 정확하거나 완전한 자료는 아니었다. 날짜와 철자는 종종 대략적으로 기록되었다. 그래도 이름을 찾았을 때, 나는 알 수 있었다. 내 손가락이 점점 희미해져 가는 작은 활자 위에 도달했을 때, 숨 막히는 더위에도 불구하고, 나는 몸을 떨었다.

"프리드먼 이슈트반, 부다페스트, 1932, 그륀바움 로지, VIII, 비그 거리, 15번지."

나는 젊은 아버지를 비그 거리 15번지에 놓아 보려고 노력했다. 그곳은 라더이 9번지로부터 족히 20분 정도 걸으면 되는 거리에 있는, 한때 품위 넘치던 궁전 지구에 있었다. 그날 아버지는 뭘 하면서 무슨 생각을 하고 있었을까? 조사하는 사람들이 생년을 잘못 적은 걸까, 아니면 그때 이미 나이를 속인 걸까? 나는 한참을 그 항목에 대해 골똘히 생각했다. 그 내용이 비밀 코드를 산출할 수 있기라도 한 듯이. 하지만 그것은 그저 종이 위의 글자였을 뿐이었다.

나는 명부의 서문을 읽으려고 책장을 앞으로 넘겼다. 이 글은 구약 신명기에서 발췌한 구절로 시작하고 있었다. "주님께서 너희를 다른 민족들 사이에 흩어 버리실 것이며, 주님께서 너희를 쫓아 보내실 그곳 백성들 가운데에서 살아남을 사람이 얼마 되지 않을 것이다." 그리고 다음과 같은 충고로 이어졌다.

이 책의 책장을 넘기는 모든 사람들은 그들이 가장 강하다고 생 각했던 권력의 의지 위에, 죄 없는 사람들을 완전히 몰살시키는 것을 막는 더 높은 사법권이 있다는 사실의 중요성을 깨달아야 한다. 그러나 그는 또한 이 책에 기록되어 있는 한 명 한 명의 사 람들을 누르고 있는 무거운 짐, 그러니까 과거의 끔찍한 기억들, 현재의 끔찍한 황량함, 그리고 미래의 해결되지 않은 문제들이 있다는 사실 역시 깨달아야 할 것이다.

남아 있는 우리 모두는 이제 인간의 존엄성을 약탈당하고 모욕당한 채로 지독하게 시달린 영혼과 함께 홀로 이 세상에 서 있기 때문이다.

바스라질 것 같은 페이지를 넘길수록 책이 더욱 너덜너덜해 진다는 것에 괴로워하면서 천천히 책을 덮었다. 나는 친절한 토 로니에게 감사를 표하며, 이중문을 밀고 밖으로 나왔다.

문을 나선 지 몇 분 후, 나는 내가 길을 잃었다는 사실을 깨 달았다. 당혹스러웠던 나머지, 기록보관소에서 박물관으로 가는 복잡한 길을 잊어버린 것이다. 나는 어떤 복도로 들어섰다가, 다 른 복도로 들어갔고, 작은 탑으로 이어지는 계단을 올라갔다가, 다시 내려왔다. 잠긴 철망문으로 모든 길이 막혀 있었다. 나는 이것이 박물관의 귀중품을 보호하기 위한 철망이라는 것을 알고 있었다. 그리고 지금이 2008년이라는 것도 알고 있었다. 하지만 공포를 가라앉힐 수가 없었다. 나는 문의 손잡이들을 흔들어 보 면서 혼란 속에 달리기 시작했다. 모든 문에 자물쇠가 잠겨 있었

다. 통로를 따라 내려가다가 라디오 소리를 들었다. 어디서 들려오는지 찾아서 문을 두들겼다. 허리가 구부러진 노인이 문을 살짝 열어 그 틈새로 히스테리에 빠져 있는 미국 여자를 보고 놀라워했다. "출구가 어디죠?" 손가락질을 하면서 말했다. "출구요?" 그는 내 팔을 잡고 출구로 데려다주었다.

몇 달 후, 나는 1944년 겨울에 강제 이송될 예정으로 도시 유대인 빈민가에 갇혀 있었던 여러 수감자들이 어떻게 손으로 판 구멍에 몸을 구겨 넣어, 지금은 유대인박물관과 기록보관소가 된 건물의 벽을 넘어 탈출했는가에 대해 읽었다. 『유대인들의 부다페스트Jewish Budapest』의 저자들이 쓰고 있는 것처럼 "유대인 박물관은 페스트 게토 벽에 있는 하나의 작은 틈새였다."

* * *

어느 날 오후, 나는 달콤한 것을 먹으러 가자며 아버지를 집 밖으로 데리고 나왔다. 비엔나식 토르테로 유명한 빵집에 가 보자고 말했다. 사실 나의 관심을 끈 것은 주소였다, 메뉴가 아니라. 빵집은 그랜드호텔로열 근처에 있었는데, 그곳에서 10대 소년이던 아버지는 화살십자당 장교에게 붙들려 지하실에서 거의 처형당할 뻔했다. 이건 내가 어렸을 때 아버지가 들려주었던 또 하나의 이야기였다. 어쨌거나 로열은 그녀가 그 사건이 '아마도' 일어났었던 곳이라고 말한 장소였다. 호텔은 잘 알려진 시설이었다. 새천년을 기념하여 1896년에 오픈한 프랑스 르네상스풍의 으리으리한 숙소로, 스파와 야자나무 정원이 딸린 프랑스식 정원과 벨러 바르토크가 지휘하곤 했던 '궁중 무도회장'을 자랑했다. 로열호텔은 전쟁 동안 친위대와 화살십자당에 징발되었다. 빵집은 거기서 몇 블록 떨어져 있었다.

스펀지케이크와 초콜릿 버터크림이 여덟 겹으로 쌓여 있는 설탕 덩어리인 도보스 토르테 두 개를 앞에 놓고(아버지는 여기에 휘핑크림을 올려야 한다고 우겼다) 나는 어떻게든 우리의 대화가 60년도 더 전에 저 길 아래에서 벌어졌던 혹은 벌어지지 않았던 드라마를 향해 가도록 최선을 다해 유도했다. 아버지는 그러지 않기 위해 최선을 다했고.

그녀는 포크에 휘핑크림을 잔뜩 얹은 채 공중에서 휘두르면서 말했다. "우라니아는 정말 그으-은사 했지." 화려하게 금박을 두르고 거울을 장식한 무어식 인테리어를 뽐냈던 초기 영화관인 우라니아국립영화관은 아버지 어린 시절의 랜드마크 중 하나였다. 그곳은 어린 이슈트반이 종종 찾아갔던 타지마할이었던 셈이다. "대체로 처음 상영하는 독일 영화를 틀었지. 어어, 독일인 소유였거든. 그리고 사보이극장에도 종종 갔었는데, 우리가 살던 라더이 근처였어. 아버지가 매표원 여자와 '친해서' 공짜표를 얻곤 했단다. 어어, 아버지는 여자 친구가 많았어."

"그리고 로열호텔이요…."

"우라니아 다음에는" 아버지가 애써서 계속 이야기했다. "그 옆에 있는 영화 대여점에 갔었지." 그녀는 가게의 가구들을 떠올렸다. 금실과 붉은 실로 화려하게 자수를 놓은 덮개, 벨벳 휘장, 양단으로 장식한 벽. "옛날 무성영화 필름을 모두 구할 수 있었지. 16밀리미터 영화들. 〈메트로폴리스〉 같은 온갖 위대한 고전들을 빌렸단다. 보석과도 같은 작품들이지. 거긴…." 그는 적절한 단어를 떠올리기 위해 잠시 멈추었다. 그녀의 눈이 아이처럼 반짝였다. 그녀가 그렇게 황홀해하는 건 본 적 없었다. "오르골 안에 들어가 있는 것 같았어."

"그때 이미 영화를 만들고 있었어요?" 내가 물었다.

"자, 이게 재미있는 이야기야." 아버지가 말했다. "아버지가 주신 9.5밀리미터 파테 카메라는 퍼포레이션이 필름 한가운데에 있었어. 바보 같았지." 필름 구멍들이 필름 프레임 사이에, "사진 바로 한가운데에 있었다니까! 어, 프랑스인들은 별 이유도 없이 완전히 다른 걸 만들어 놓았지. 하지만 그건 받아 적진 말아라. 프랑스 사람들 기분을 상하게 할 필요는 없으니까! 어쨌거나, 그래서 나는 16밀리미터 카메라와 16밀리미터 영사기를 샀어. 카메라는 직접 그 카메라를 만든 헝가리 엔지니어한테 샀고. 그의 지하실에서 만들었지! 그는 미국의 벨앤드하우얼 모델을 카피했어. 내가 어린애라서 나한텐 좀 싸게 팔았어. 그리고 나중에는 스위스 볼렉스 영화 카메라를 여―억시 구했지."

"그게 언제였는데요?"

"40년대." 전쟁의 한가운데에서 나의 10대 아버지는 더 좋은 영화 장비를 구하러 다녔던 것이다.

"그리고 헝가리 감독협회에도 찾아갔단다." 그녀가 계속 말했다. "그들은 스스로를 아마추어 내로우―필름 그룹이라고 불렀어. 왜냐하면 좀 더 좁은 16밀리미터 필름을 사용했거든." 그녀의 기억에 따르면 협회는 "파시스트 투성이였다." 아버지는 당황하지 않았다. "나는 아마추어 영화에도 관심이 있었기 때문에, 언제나 참여했지. 나의 흥미를 끈 건 그거였어, 멍청한 나치들이 아니라."

"그 사람들이 아버지가 유대인인 거 알았어요?"

"말 안 했지."

전쟁이 끝나고, 아버지는 또 다른 영화 제작 단체의 창립 멤버가 되었다. 헝가리 공산당이 후원하는 청년 영화 클럽이었다. 청년 이슈트반은 첫 번째 클럽 회관 부지를 제안했다. 페스트 지구에 있는 독일 나치 영화 아카이브의 버려진 사무실이었다. 그리고 첫 번째 활동을 제의했다. 그곳에 남겨져 있는 16밀리미터 뉴스영화 필름을 이어 붙여 대항 영화를 만드는 것이었다. "에이젠슈테인의 영화 이론* 알잖아. 우리는 나치 영화를 반나치 영화로 만들었어."

나는 그 활동이 만족스러웠던 모양이라고 말했다.

"편집의 힘이지!" 그녀가 말했다. "어, 나는 내가 하는 모든 것들을 편집해야 하지."

그녀는 일어나서 건너편 외투걸이에 걸어 두었던 핸드백을 가지러 갔다.

"그렇게 백을 걸어 두면 안 돼요."

"왜?"

"누가 훔쳐갈 수도 있잖아요." 나는 말했다. 그리고 생각했다. 또 핸드백 가지고 잔소리네.

우리는 돈을 내고 아래 방향으로 걸어 내려갔다. 로열호텔을 지나칠 즈음, 나는 안으로 들어가 보자고 말했다.

대리석이 깔린 입구는 만곡선을 이루는 계단을 마주하고 있었고, 그 뒤로는 6층짜리 아트리움이 있었다. 그랜드호텔로열은 이제 코린시아호텔부다페스트가 되었는데, 몰타에 근거지를 둔 다국적 체인이 경영하는 5성급 휴양 호텔이었다. 안내데스크의

---

* 세르게이 에이젠슈테인은 소련의 감독이자 몽타주 이론의 대가. 입이라는 의미의 한자 口와 새라는 의미의 한자 鳥가 만나면 운다는 의미의 한자 鳴가 만들어지는 것처럼 이미지 역시 편집에 따라서 완전히 새로운 의미를 획득할 수 있다고 설명했다. 나치의 선전 영상을 편집을 통해 완전히 다른 의미, 즉 나치에 대해 비판하는 영상으로 만들 수 있다는 것이 스티븐 팔루디의 생각이었던 것이다.

책자는 이 호텔 건물이 "모두가 안심할 수 있도록 최신식으로 업데이트 된" "편안함과 편리함의 수준을 갖춘" "21세기 최고의 럭셔리 스파"로 거듭났음을 상찬하고 있었다. 로비에는 설명이 붙은 사진들이 호텔의 역사를 재조명하고 있었는데, 이 사진 연대기에는 뭔가 생략된 것이 있었다. 1928년에서 1956년 있었던 반공 봉기로 기록이 점프한 것이다. 복도 아래 스포츠 바에서 거대한 스크린의 명멸하는 빛과 팬들의 함성이 새어 나왔다. 축구 시합이 진행 중이었다.

아버지를 돌아보았다. 그리고 그녀는 고개를 흔들고 있었다.

"아니야." 그녀가 말했다. "아니야, 아니야, 아니야!" 그녀는 힐을 중심축으로 뒤로 돌아 회전문을 향해 걸었다.

"뭐가요?"

"여기가 아니야." 그녀가 말했다. "그 일이 일어난 건 여기가 아니야." 나는 그녀를 쫓아갔다. 일어났던 일이기는 했던가?

인도에서 그녀는 이쪽저쪽으로 왔다 갔다 했다. 잠시 후, 에르제베트 대로라고 불리는 넓은 커브 순환도로의 반대편으로 건너가서 남쪽으로 향했다. 나는 그녀를 따라갔다. 두 블록이 지나자, 그녀는 베셀레니 거리 모퉁이에서 멈춰 섰다.

"여기가 내가 도로를 향해 왼쪽으로 꺾었던 곳이야." 그녀가 말했다. "여기 인도에 시체들이 쭉 널브러져 있었지. 죽은 말이랑, 얼어서, 그리고…." 그녀는 늘어선 아파트 건물들을 바라보면서 천천히 원을 그리며 돌았다. "세상에나, 저기였어." 그녀는 고딕 양식의 아치형 창문과 검게 그을린 가고일이 있는 4층짜리 모조 석조 건물을 올려다보았다. 조각된 올빼미 두 마리가 현관을 향해 자리 잡고 있었는데, 현관은 스와스티카처럼 으스스해 보이는 교차된 갈고리 문양으로 양각되어 있었다. 목발을 짚

는 노숙자 남자가 창문 아래 선반에서 잠을 자고 있었다. 창문은 연철 창살로 덮여 있었다.

"그 긴 세월 동안" 눈을 올빼미에 고정시키고 그녀가 말했다. "그 긴 세월 동안, 나는 그게 로열호텔이라고 생각했어." 입구는 열려 있었다. 우리는 안으로 들어갔다.

곰팡이 냄새가 스며 있었다. 현관에는 세 개의 헐벗은 전구가 체인에 걸려 있었고, 그중 하나는 불이 나가 있었다. 우리는 중앙 홀을 지나―그곳에는 '박차가 달린 서부 카우보이 부츠'를 파는 가게가 있었다―교차 볼트 천장이 있는 4층짜리 아케이드 회랑으로 둘러싸인 우울한 안마당으로 들어갔다. 우리가 마치 로마네스크 수도원을 떠돌고 있는 것 같은 기분이었다. 그곳은 쥐 죽은 듯 조용했다.

아버지는 닳아빠진 콘크리트 계단을 주저하면서 올라갔다. 그리고 다시 돌아와 지하실로 통하는 계단을 내려가기 시작했다. 그녀는 멀리 가지 않았다. 그 길은 잠긴 철창으로 가로막혀 있었다.

"나는 바치 28번지에서 음식을 구하려고 했어." 그녀가 입을 열었다. 예전에 프리드먼에게 고용된 적이 있었던 기독교도인 건물 관리인이 어린 피슈터에게 그곳까지 오기만 한다면 라드와 콩을 조금 팔겠다고 약속했다. "큰길에 올라가지 말았어야 했는데, 내 실수였어."

건물을 지나갈 즈음, 화살십자당 제복을 입은 청년이 그에게 손을 흔들면서 다가왔다. 아버지는 그 남자가 한 말을 기억하고 있었다. "'형제!'―그들은 언제나 서로를 그렇게 불렀다― '형제! 왜 그 완장을 차고 있습니까? 두 당이 하나로 합친 것을 모르십니까?'" 화살십자당과 또 다른 파시스트 정당인 헝가리부

홍국가사회주의당은 최근 합당하여 모두 화살십자당 완장을 차고 있었던 것이다. 아버지는 잘못된 휘장을 차고 있었다. "나는 별 문제 아닌 것처럼 행동하면서 말했어. '오, 그렇지요, 형제여. 알고 말고요. 새로운 완장을 받으러 가려고 합니다."

그는 아버지에게 안으로 들어가서 지하실에 보고하라고 말했다. 아버지는 들어가다가 계단 앞에서 멈춰 섰다. 이 건물은 화살십자당 활동으로 북적거리는 곳이었다. 무장한 청년들이 복도를 누비고 다녔다. 총성이 들려왔다. "지하실에서 사람을 총살하고 있었어." 로열호텔이 화살십자당의 공적인 얼굴을 전시하는 곳이었다면, 이곳은 도시에서 처형이 일어나는 여러 곳 중 하나였다.

아버지는 그 이후에 어떤 일이 일어났는지 이야기했다. "나는 아래로 내려가는 것처럼 했지." 그녀는 철문으로 몇 걸음 다가섰다. "하지만 아무도 보고 있지 않길래 다시 올라와서 서성거렸어." 그녀는 약속 장소로 향하는 듯 일부러 성큼성큼 걸어 올라가, 계단 굽이에 있는 그늘진 곳에 잠시 멈추었다. "거기에 한동안 있었어." 그녀는 몸을 벽에 딱 붙였다. 치마의 꽃무늬가 어둠 속에 가려졌다. 우리는 기다렸다. 위층의 문이 쾅 하고 닫혔고, 나는 깜짝 놀랐다.

"얼마나 계셨어요?" 내가 물었다. 긴장을 깨기 위해서였다.

아버지는 움직이지 않았다. 나는 그녀가 묘사를 하기보다는 그 시간을 재연하려고 한다고 생각했다. 그러나 그녀가 말했다. "그 경비병이 자기가 하라는 대로 내가 했다고 생각할 만큼 충분히 긴 시간 동안." 그는 벽에서 떨어졌다. "나는 내 완장을 벗고, 걸어 내려왔어." 그녀는 힐을 신은 채로 행진하는 군인처럼 딱딱하게 계단에서 내려왔다. "나는 경비병을 지나면서 나치 경례를

건넸지." 그녀는 핸드백을 다른 어깨로 고쳐 메면서 그 상황을 묘사하기 위해 팔을 뻗었다. "그리고 말했어. '고맙습니다, 형제!' 그리고 걸어 나왔어." 경비병이 다른 사람으로 교체되었거나, 그게 아니라면 아버지의 자신감 있는 태도가 그를 속이기에 충분했을 터다. 그는 이슈트반 프리드먼에게 완장이 없음에도 불구하고 그가 자격증 심사에 통과했을 뿐만 아니라 그의 '형제'라고 믿었던 것이다.

"그러고서요?"

"그러고 나서 바치로에 가서 라드와 콩을 샀지."

16장
하느님은 그들을 욕되게 하셨도다

"늘 내 세례명의 날이라고 말하면 돼." 한 블록을 다 차지하고 있는 대성당의 계단을 올라가면서 아버지가 말했다. 그녀는 '영명축일'을 의미하는 것이었다. 그날은 그녀의 예전 이름과 같은 성인의 이름이 붙은 축일이었다. "아무도 근무를 안 하거든." 그녀가 설명했다. 성 이슈트반의 날은 국가 공휴일이었다. 해마다 8월 20일이면 이른 아침 미사로 시작해서 늦은 밤 불꽃놀이에 이르기까지, 온 나라가 헝가리의 첫 공식적인 왕에게 경의를 표했다.

성이슈트반대성당의 금빛 돔은 이 도시에서 가장 눈에 띄는 표지로, 마자르 정복의 해로 추정되는 896년을 기념하여 정확히 96미터 높이로 지어졌고, 도시에서 가장 높은 두 개의 건물 중 하나다. (다른 하나는 헝가리 국회의사당인데, 이 건물 역시 높이가 정확하게 96미터다. 정부는 도시 내 다른 어떤 건물도 이 높이를 초과하지 않도록 규제하고 있다.) 이 바실리카 건축에는 세 명의 건축가가 참여했고, 50년의 시간이 걸렸으며, 50종의 대리석이 들어갔다. 일단 안으로 들어가자, 광활하고 메아리치는 어둠 속에서 방향을 잡으려고 애써야 했다. 공들여 조각한 나무 의자는 신도 8500명을 수용할 수 있었다. 나는 성 이슈트반의 거

대한 대리석 조각이 있는 주 제단이 어느 방향인지 정도만 파악할 수 있을 뿐이었다. 대천사 가브리엘이 성스러운 왕관을 움켜쥐고 성 이슈트반 조각 위를 맴돌고 있었다.

"어디에 있어요?" 아버지에게 물었다.

아버지는 제단의 왼쪽으로 멀리 떨어져 있는 방향을 향해 고갯짓을 했고, 그곳에는 사람들이 길게 줄을 서 있었다. 우리도 그 줄 뒤에 섰다. 한 시간 반이 지나자, 우리는 경비가 지키고 있는 곳에 다다랐다. 벨벳으로 된 로프가 열리고 우리는 '신성한 오른손 예배당'으로 입장했다. 다양한 성인의 그림들이 예배당을 장식하고 있었다. 멀리 떨어진 벽에, 우리가 보러 온 대상이 그림자 속에 숨어 있었다. 그곳에 불을 켜기 위해서는 200포린트를 동전 통에 넣어야 했다. 보석 박힌 인형의 집처럼 생긴 물건 위로 불빛이 밝혀졌다. 화려하게 장식된 금빛 성물함이 유리로 된 관 속에 있었는데, 이 작은 성소의 아치 안에는 절단된 손이 들어 있었다. 이는 헝가리가 애지중지하는 기독교 성물인 '신성한 오른손'으로, 성 이슈트반의 오른손을 미라로 만들어 놓은 것이다. 이는 죽어 가는 왕이 1038년 헝가리의 성스러운 왕관을 들어 성모마리아에게 자신의 왕위를 서약했다고 전해지는, 기적을 이루는 손이었다. 잠시 후 불이 꺼졌다.

1990년 8월 20일 이교도 공산주의의 몰락과 기독교의 복권을 축하하면서, 신성한 오른손은 연례행사의 부활에 맞춰 지하 무덤에서 세상으로 나왔다. 사실 신성한 오른손이 퍼레이드를 이끌었다. 밀봉된 유리 상자 속 유물을 높이 든 사제들이 행렬 앞에 섰고, 수만 명의 사람들이 부다페스트의 거리를 행진했다. 수십만 사람들이 TV를 통해 생중계로 퍼레이드를 보았다.

성 이슈트반의 손과 함께하는 공산 정권 이후란 신화적인 역사 재건의 일부분이었다. 그 신화란 헝가리가 애초부터 철저하게 기독교 국가였다는 신화다.* 공산 정권은 모든 종류의 종교적 실천을 억압했다. 1949년 이후 정부는 국가인구조사에서 종교적 소속을 수집하지 않았고, 신분증에서 종교를 뺐다. 시민은 처음부터 끝까지 공산주의자로 상정되었다. 종교에 대한 억압은 궁지에 몰린 헝가리 유대인에 대한 새로운 말소로 이어졌다. 1989년, 공산 정권이 마지막을 기록했던 해에 헝가리 역사학자인 페테르 켄데는 헝가리 유대인에 대한 책을 출간했다. 이 책에는 "오늘날 헝가리에 유대인이 남아 있는가?"라는 장이 포함되어 있었다. 이는 합리적인 질문이었다. 공산 정권 이후 들어선 정부에서 인구조사를 하면서 종교적 소속 항목을 부활하여 통계를 냈는데, 1992년의 결과는 다음과 같았다. 로마가톨릭 67.8퍼센트, 칼뱅파 20.9퍼센트, 루터파 4.2퍼센트, 그리고 유대교 0퍼센트.

많은 부모들이 자식들 삶에서 유대인의 뿌리를 지우기 위해 무엇이든 했다. 1985년 헝가리에 살고 있는 홀로코스트 생존자의 자녀들에 대한 연구가 진행되었다. 그 결과 그들은 일반적으로 자신의 종교적 근원을 10대 혹은 좀 더 나이가 들었을 때, 어떤 계기로 부모가 고백을 하거나 우연 혹은 사고를 통해 알게 된다는 사실이 밝혀졌다. 이는 너무 일반적인 현상이라 저자들은 이 현상에 이름을 붙였다. "나는 어떻게 유대인이라는 사실을 알게 되었는가."

---

* 유대인들이 마자르인들보다 앞서 카르파티아 분지에 정착했으며, 마자르의 일곱 부족장이 도착했을 때 그 부대에는 유대 카바르와 하자르의 파견대가 포함되어 있었다는 사실은 신경 쓰지 말길. 사실 마자르 정복군은 마자르인-유대인 연합이었다.—원주.

이혼 후 아버지는 열성적인 TV 선교 추종자가 되었다. 기독교 방송이 그의 생명줄이었고, 로버트 슐러, 팻 로버트슨, 제리 폴웰, 그리고 수많은 선교사와 목사의 설교를 녹화했다. 짐 베이커는 녹화하지 않았는데, 아버지는 그가 '멍청이'라고 생각했다. 수정교회*에서 방송하는 〈권능의 시간〉은 매주 일요일마다 그의 13인치 TV에서 흘러나왔다. 그는 요리를 하거나 음식을 먹거나 침대에 누워 있을 때 프로그램을 보기 위해서 식탁 위에 TV를 올려놓았다. 그는 방문객들에게 기독교의 도덕과 '가족의 가치'에 대해 설명하기 위해 마라톤 설교 시청에 끼어들곤 했다. 그가 제일 좋아하는 주제는 이혼에 대한 혐오였다.

아버지의 복음주의적 열정은 기독교에 대한 오랜 매혹을 증폭시켰다. 부모님 이혼 전까지 일요일 오후 우리 집 거실은 푸가, 수난곡, 진혼곡과 같은 신성한 바로크 음악에 둘러싸여 있었다. 음반 사이사이에, 아버지는 예배 전례의 역사와 관련된 자세하고 낡아 빠진 설교를 늘어놓았다. 때때로 코러스와 함께 독일어로 노래를 부르기도 했다. 나는 그의 건너편에 앉아서, 도망치고 싶어 안달이 난 채로, 음악 해설집의 영어 번역을 읽는 척했다. ("오, 신의 어린 양, 온전히 순수하시네 / 십자가 위에서 순교하시고 / 아무리 시험당하셔도 / 천만세에 걸쳐 인내하시나니.")

우리 집에서 챙기는 중요한 기념일은 모두 기독교 기념일이었다. 크리스마스에 아버지는 집 앞에 전구를 걸었고, 거실에는 정성 들여 장식한 대형 크리스마스트리를 세웠다. (어떤 해에는

---

* 수정교회Crystal Cathedral. 미국 캘리포니아주에 있는 유명한 개혁주의 개신교 교회.

진짜 초를 사용해서 트리를 '덴마크 테마'로 꾸몄다. 지나치게 가느다란 초 덕분에 집을 다 태워 먹을 뻔했다.) 우리는 가족사진을 찍기 위해 모여서 과일 케이크나 크리스마스 쿠키가 들어 있는 양철통을 들고 포즈를 취했다. 아버지는 어머니에게 쿠키를 구우라고 강요했다. 바흐의 〈크리스마스 오라토리오〉나 그에 상응하는 음악이 오디오에 걸렸다. 부활절에는 로마가톨릭교나 그리스정교회, 혹은 러시아정교회에서 진행하는 전례에 우리를 참가시켰다. 그가 수집한 정보에 따르면 특히 화려한 부활절 행사를 거행하는 성당들이었다. 아버지는 그저 '교회 성직자들의 화려한 행사'를 좋아했다. 의복을 갖추고 최고의 영적 권위를 자랑하는 남자들 말이다. 예배가 끝나고 성직자들이 향로를 흔들면서 제의를 계속 진행할 때, 아버지는 그 장관과 분위기를 필름에 담았다. 기독교 제의를 셀룰로이드에 담으려는 그의 욕망은 오래된 것이었다. 미츠바 선물로 파테 카메라를 받은 몇 주 후, 어린 이슈트반은 헝가리 로마가톨릭교회의 중심이라 할 수 있는 에스테르곰으로 갔다. 헝가리에서 가장 큰 규모의 성당(이자 건물)인 에스테르곰대성당에 들어가는 사람들에 대한 '영화를 만들기' 위해서였다.

아버지는 요크타운 하이츠에 있는 유일한 유대교회당의 미사에 참여하지 않았다. 하지만 1976년 아버지는 그곳 사무실에 전화를 걸었다. 젊은 랍비가 이혼을 하려는 어머니를 말릴 수 있나 해서였다. "그랬는데 그 사람이 뭐라고 했는지 아니?" 컴퓨터 앞에 함께 앉아 있을 때 아버지가 물었다. 헝가리 대성당들의 사진을 보고 있던 참이었다. "어어, 팔루디 씨." 아버지는 랍비의 말을 고음으로 흉내 냈다. "현대 유대주의에서 이혼은 고려해 볼수 있는 일입니다." 아버지는 본인이 만난 유대인 남성 권위자에 대한 이야기를 꺼낼 때마다—그가 미국 개혁파 랍비이건 정통 카프탄을 입은 사람이건, 혹은 전시戰時 유대인회 지도자건—고상 떠는 모습으로 그들을 흉내 냈다.

테라스에서 커피를 마시던 어느 여름날 오후, 아버지는 헝가리로 돌아온 후 가족 유산을 되찾는 데 하등 도움을 주지 않았던 부다페스트 유대 공동체 어르신들을 흉내 내면서 놀리고 있었다. "오, 당신은 아무것도 할 수 없어요. 팔루디 씨." 그녀는 미니마우스처럼 말했다. "당국하고는 잘 지내야죠." 아버지는 장미 꽃봉오리 무늬의 실내복을 입고 침실용 슬리퍼를 신고 있었는데—그녀는 그 옷을 '나의 가정주부 옷'이라고 불렀다—그건 모순을 더 고조시킬 뿐이었다. 여기에 유대인 남자-였던-여자가 유대인 남자가 충분히 남자답지 못하다며 비아냥거리고 있었다.

* * *

어느 날 밤 아버지와 나는 도하니가 유대교회당에서 열린 알레비의 〈유대 여인〉 공연을 보러 갔다. '히브리인의 대성당'인 도하니가 유대교회당에는 오르간과 한때 유대인 게토의 입구를 표시하던 꼭짓점 여덟 개짜리 별들이 있었다. 교회당으로 들어오는 길에, 아버지는 대여용 야물커*가 쌓여 있는 접이식 탁자 앞에서 머뭇거렸다. "아니야, 여자들은 안 쓰는 거지!" 그녀는 강조하는 듯이 손가락을 허공으로 치켜들며 말했다. 그리고 우리는 성소 안으로 들어갔다. 1937년 이후 헝가리에서 처음으로 이 작품이 공식적으로 공연될 예정이었다. 전형적으로 내용이 복잡한 오페라로, 모든 반전은 유대인과 기독교도들의 정체성을 제

* 유대인 남자들이 머리 정수리 부분에 쓰는, 작고 동글납작한 모자.

대로 알아채지 못했기 때문에 벌어진다. 유대인 금세공인이 추기경의 딸을 자신의 딸로 키우고, ('라헬'이 자기 딸인 줄 모르는) 추기경은 기독교도 왕자와 사랑에 빠진 그녀에게 사형을 선고한다. (그런데 그 왕자는 그녀에게 유대인이라고 거짓말을 했었다.) 금세공인은 그녀가 진짜로 누구인가를 밝힘으로써, 즉 그녀가 기독교도의 딸이라는 사실을 밝힘으로써 라헬을 살릴 수도 있었을 테지만 그냥 입을 다물어 버린다. 결국 라헬은 끓는 기름 솥에서 사형을 당한다. 그리고 금세공인 역시 그녀를 따라 기름 솥으로 들어간다. 아버지는 우리가 그렇게 뒤에 앉아야 한다는 사실에 짜증이 났다. 좌석 절반가량이 VIP석으로 표시되어 있었다.

"젊은 여자들 뒤꽁무니나 쫓아다니는 놈들." 그녀는 조소하며 말했다. 뒷자리의 중간쯤으로 끼어들 때, 나는 사람들이 아버지를 살펴보는 것을 봤다. 어떤 사람들의 시선은 전혀 친절하지 않았다. 그녀 역시 인식한 것 같았다.

"립스틱을 발라야 할까?" 그녀가 가방 속에서 콤팩트 거울을 찾으면서 물었다.

그녀는 붉은색 시스드레스*에 검정색 힐을 신고, 커다랗고 붉은 서양장미 무늬 검정 스카프와 검정 핸드백을 멨다. ("오페라에 흰색 핸드백을 가져가는 건 안 되는 일이야." 그녀가 좀 전에 충고했었다.)

"아니에요, 좋아 보여요."

"저기 배불뚝이에 금반지, 금시계를 찬 뚱뚱한 유대인 남자들 좀 보렴." 아버지가 예약 좌석을 향해 걸어가면서 말했다. 그

* 신체에 밀착되고 단순하게 디자인되어 가늘고 날씬하게 보이는 드레스.

녀는 그 주제에서 벗어날 수 없는 것 같았다. 목소리가 점점 커지고 있었다. "온갖 금덩어리들을 차고 있으면 VIP석에 앉아도 될 정도로 중요한 인물인 것처럼 느껴지나 보지."

사람들이 돌아봤다. 유대인 여름 축제가 후원한 이번 오페라 공연은 일종의 관광 명소였고—헝가리 사람들이 많아 보이진 않았다—분명 꽤 많은 관광객들이 영어를 알아들을 수 있을 터였다.

"스테피, 목소리 좀 낮춰요."

아버지는 그녀의 스카프로 호들갑을 떨더니 남들이 다 들으라는 듯 큰 소리로 무언가를 속삭이기 위해 내 쪽으로 몸을 숙였다. "저 치들이 무슨 생각을 하는지 다 알겠어." 그녀는 소리를 낮춰서 말했다. "나를 보고 '저기 지나치게 차려입은 쉭사*가 있네'라고 하겠지."

나는 종교와 젠더를 섞지 말라는 오토 세케이의 경고를 유념하고 있었다. 그리고 아버지는 종종 그걸 어렵게 만들려고 작정한 것 같았다.

* * *

1922년, 초기 나치 이데올로그이자 이론가들 사이의 남성 연대를 바탕으로 독일 국가를 대변했던 한스 블뤼허는 아리안과 유대 '인종' 사이의 성적 차이에 대해서 간결하게 설명했다. "남성적 특질과 독일인의 정수 사이의 연관성, 그리고 여성성과 유대인의 노예근성 사이의 연관성이란 독일인이 직관적으로 알 수 있는 것이고, 이는 하루하루 점점 더 분명해지고 있다."

* shiksa. 비유대인 여자.

이 유언비어는 특히 하나의 성별을 목표로 하고 있었다. '인종'의 여성화는 '유대인 여성'을 특히 동화되고 풍부한 다양성을 가졌기 때문에 더욱 매혹적인 존재로 만들었다. 양차 대전 사이에 그랬던 것처럼, 유대인 여성이 비난을 당할 때에도 그녀는 실패한 여자라기보다는 유혹자로 그려졌다. 일반적으로 그녀는 아름다운 존재로 여겨졌다. 1913년에 부다페스트를 방문하면서, 프랑스 작가인 앙드레 뒤보스크는 만족스럽다는 듯이 이렇게 썼다. "유대인 여성은 적당한 곡선과 살짝 야한 옷이 만들어 내는 관능미가 뛰어나다. 그들은 모자를 깃털과 리본으로 장식한다. 당신이 산책로에 나간다면, 매번 그들을 볼 수 있을 것이다." 이 산책로는 주말마다 부다페스트에 만들어졌는데, 도나우강 페스트 쪽 강변을 따라 판자를 깔아 만든 길이었다. 나의 조부모와 그 아들 역시 매주 토요일 아침을 먹은 뒤 그 길을 따라 걸었다. 1908년, 부다페스트의 기자인 예뇌 헬터이는, 상류 쪽으로 걸어가고 있는 그가 아는 유대인 커플 중에서 남자들은 그들의 기원을 숨길 수 없었지만 "그들의 아내들에게서는 유대인다움이 드러나지 않는다"는 것을 발견했다. 여자들에게서 유대인다움이 드러날 때에도, 그것은 오직 성적인 매력을 더할 뿐이었다. 부유한 유대인 유부녀와 연애를 하고 그를 뮤즈로 삼았던 헝가리 시인 엔드레 어디는 유대인들의 "꿀 바른 여자들"의 "피처럼 붉은 입술"을 칭송했다. 1912년에 쓴 운문 소설인 『마르기타는 살고 싶다 *Margita Wants to Live*』에서 어디는 이렇게 선언했다. "유대인 여자들"은 "서둘러 다가오고 있는 새롭고 / 멋진 헝가리 시대의 상징이다 / (…) 헝가리와 마르기타는 하나라고 해도 무방하다."

부다페스트에서 교육을 많이 받은 부르주아 '유대인 여성들'(세기가 바뀔 즈음엔 도시의 여대생 48퍼센트가 유대인이었다)의 문화적 소양 덕분에(잘사는 유대인 여성들은 빠르게 도시의 예술과 여가 시장을 선도하는 소비자가 되었다), 19세기 말에서 20세기 초에 이르는 기간에 모든 극장, 공연장, 그리고 출판사는 그들을 대상으로 하는 사업에 달려들었다. 그들은 또한 남성들에 비해 좀 더 높은 사회적 지위를 가진 기독교도와 더 쉽게 결혼하는 경향이 있었다. 기독교도 상위 계급의 유명한 남자들(예를 들면 1900년대 초 헝가리의 수상이었던 게저 페예바리 남작) 및 기독교도 지식인들(벨러 바르토크, 졸탄 코다이, 그리고 줄러 크루디 같은) 중에 놀랄 만한 숫자가 유대인 아내를 맞이했다. (양차 대전 간에 활동한, 어떤 반유대주의 작가는 유구한 혈통을 가진 26명의 비유대인 귀족이 유대인 사업가의 딸과 결혼했다는 것을 마땅찮아 하며 보고하고 있다.) 유대인 여자들은 관용할 수 있는 동화된 유대인 이상의 무엇이었다. 그녀는 현대 헝가리 여성성의 표본이었다. 역사학자 빅토르 커라디가 2002년 헝가리유대인박물관 전시회 도록에서 주목하고 있는 것처럼 '유대인 여자', 즉 19세기 말 헝가리 유대인은 "서구 중산층 여성이 어떻게 행동해야 하는가를 보여주는 모델"을 규정하고 승인하는 '매우 중요한' 역할을 수행했다.

심지어, 고색창연한 표현들이 난무하는 가운데, "유대인 여자는 유대인이 아니었다." 당시 헝가리와 중유럽에서 시대를 선도하던 기독교도 남성 작가들은 유대인 여자들의 '자랑할 만한 아름다움'을 극찬하면서 동시에 유대인 남편들의 '우스꽝스럽고 멋지지 않은 외모'를 조롱했다. 유대인 남자들은 히스테리와 신경쇠약이라는 여성적 질환으로 병들었다고들 했다. 그들은 자주 졸도하고, (납작한 발과 정맥류, 그리고 치질과 함께) 병적으로 창백하고, 생식을 위한 정력이 부족하며, 성병을 앓고 있고, 여성적이고 수동적인 본성에 따른 성적 '비정상성들'에 사로잡혀 있다는 것이었다. 새로운 시대는 이런 중상모략에 과학적 근거를 부여했다. 1900년대 초 빈의 대표적인 정신과 의사이자 '인종 정신의학'에 대한 표준 교과서의 저자인 알렉산더 필츠는 "유대인들의 동성애 발생률이 비교적 높다"는 견해를 견지했다. 그는 유대인들 사이에서 약물중독과 '주기성 정신병' 발병률 역시 높다고 주장했다. 그 시대의 이론가들은 유대인 남성의 상지폭*이 그의 키보다 짧으며, 따라서 여성의 상지폭의 경우와 같다는 식의 '사실'을 바탕으로 내린 결론에 근거하고 있었다. 그것은 탄력적인 편견을 뒷받침하는 허구의 가정들이었다. 영감을 주는 책 『영웅적이지 않은 행동Unheroic Conduct』에서 역사학자 대니얼 보야린은 이런 경향을 다음과 같이 설명했다. "우리 문화에서 유대인은 여자애 같은 소년이라는 널리 퍼진 감각이 있었다."

독일의 정신과 의사였다가 작가가 된 오스카 파니차의 1893년 중편소설「수술대 위의 유대인The Operated Jew」에 이런 유형이 묘사되어 있다. 파니차가 자신의 작품에 성격을 부여하고 있는 것처럼 이 '끔찍한 코미디'의 반영웅은 '작고 땅딸막한 남자'인 이치히 페이텔로, 절름발이에 '비열한' 목소리를 가지고 있으며, 뒤틀린 척추와 다리, 그리고 '닭가슴'처럼 불룩 치솟은 흉곽을 가지고 있었다. 그의 신체를 바꾸고 "훌륭한 비유대인이 되어 유대인의 흔적을 버리기 위해서" 페이텔은 연설 전문가, 해부학자, 그리고 정형외과 의사로 이루어진 팀을 고용한다. 그들은 그의 구부러진 뼈를 부수어 다시 맞추고, 그의 기이한 검은 머리

* 두 팔을 수평으로 벌려 양 손바닥을 편 상태에서 세 번째 손가락 끝 사이를 잰 거리.

를 '아이의 금발 머리채'로 바꾸었으며, 여자같이 흔들거리는 걸음걸이를 고치기 위해 가시철사로 된 교정틀을 그의 골반에 채웠다. 그리고 '엄청난 돈을 들여서', 슈바르츠발트에서 온 일곱 명의 여자들에게서 '기독교도의 피'를 받아 그의 몸에 주입했다. 페이텔은 욕조에 들어가 동맥을 끊고 그들이 제공한 피를 수혈받는다. 그리고 코마에 빠진다. 다시 깨어났을 때, 변신은 완성되었고 페이텔은 이제 '정상적인 사람인 척'할 수 있게 된다. 그는 '문서를 변경'하고, 지그프리트 프로이덴슈터른으로 이름을 바꾼다. 그리고 '아름다운 금발'의 기독교도 소녀와 약혼을 발표한다. 그러나 결혼식 파티에서 신랑은 너무 많은 샴페인을 마셔버리고(유대인들은 주량을 조절하지 못한다), 그가 축사를 하는 동안 그토록 공들여서 만든 외양에 금이 가기 시작한다. '괴물'이 뛰쳐나왔다. "그는 엉덩이를 역겹고 음탕한 개처럼 움직였고, 혀를 차고, 그르렁거리고, 앞뒤로 비틀거리기 시작했다." 충격에 빠진 손님들은 페이텔의 곧은 금발이 곱슬거리기 시작하더니 검정색으로 변하는 것을 보았다. 그의 사지는 발작을 일으키더니 굽어 버렸다. "끔찍한 냄새가 방 안에 퍼졌고, 문 앞에서 망설이고 있던 사람들까지 코를 막고 도망쳤다." 이치히는 그렇게 쉽게 동화될 수 없었던 것이다.

파니차의 이야기는 오랜 전통의 일부였다. 1180년 『예루살렘의 역사 History of Jerusalem』라는 연대기에서 추기경 자크 드 비트리는, 유대인 남성은 "여성처럼 약하고, 호전적이지 않으며, 한 달에 한 번 피를 흘린다고 알려져 있다. 하느님은 그들을 욕되게 하셨다. 그리고 그들에게 가없는 수치심을 내리셨다"고 주장했다. 14세기 초의 의학서였던 베르나르 드 고르동의 『의학의 백합 Lilium Medicinae』은 전형적인 진단을 내리고 있다. 유대인 남성의

'과도한 혈류'는 그들의 남성답지 못한 '게으름'과 '두려움 및 불안' 때문이며, 물론 이는 예수를 죽인 것에 대한 '신의 형벌'이다. 14세기 이탈리아 사전 편집자이자 의사였던 체코 다스콜리는 "예수의 죽음 이후 모든 유대인 남자들은 여자들처럼 월경으로 고통받았다"고 주장했다.

이렇게 피를 흘리면 보충을 해야 했다. 중세 유럽에서 유대인은 (대체로 사춘기 이전의 소년이었던) 동정인 아이들을 학살해서 그 피를 의례용으로 사용했다는 이유로 고발당했다. 그러나 15세기가 시작될 즈음, 특정한 혐의가 제기되기 시작했다. 유대인 남자들은 월경으로 흘린 피와 축 늘어진 생식력과 '할례로 입은 상처'를 치료하기 위해서 기독교도의 피를 필요로 한다는 내용이었다. 자산가인 유대인은 그들의 결혼식 날 비유대인의 피를 몸에 바른다는 소문도 있었다. 이런 믿음이 특히 헝가리에서 강했던 것으로 보인다. 1494년에 헝가리 도시 너지솜버트에서 14명의 유대인이 할례로 비롯된 '과도한 출혈'을 억제하고 사랑을 나누기 위한 '발기'를 돕고 '월경'을 '치료'하기 위해서 기독교도 소녀의 피를 마셨다는 죄목으로 고발당했다. 그들은 고문당한 뒤 화형에 처해졌다. (40년 후, 같은 도시의 시민들이 또다른 지역 유대인을 이와 같은 죄목으로 고발했다. 그리고 국왕의 칙령으로 그 도시의 모든 유대인을 '영구히' 추방하는 데 성공했다.) 1592년 버진에서 유대인 남자들이 아홉 살 소년의 음경과 고환을 절단하고 깃털과 작은 갈대로 빨아 먹었다는 혐의에 따라 화형을 당했다. (그 소년은 나중에 빈에서 발견되었는데, 어떤 공격도 받지 않은 상태로 멀쩡히 살아 있었다.) 조슈아 트랙턴버그가 『악마와 유대인 The Devil and the Jew』이라는 책에서 쓴 바와 같이, 심지어 근대 시기의 헝가리에서도 "유대인들은 매년 어린 아이나 동정녀를 성구함*으로 목 졸라 죽이고, 그 피를 빼서 자기 아이들의 성기에 발라 아이들의 생식력이 올라가도록 한다"는 소문이 영향력을 발휘하고 있었다. 의례를 위해 살인을 한다는 혐의— 혹은 '피의 부당한 비방blood libel'— 는 중유럽 전반의 유대인 공동체를 괴롭혔으며, 특히 헝가리에서는 이런 문제가 19세기 후반까지 지속되었다.

1882년 4월 초순, 티서에슬라르의 북동부 헝가리인 마을에서 열네 살 기독교도인 시골 소녀가 사라진 지 한 달 후, 지역 유대교회당의 유대인 남자들이 유월절 무교병에 피를 섞기 위해서 소녀의 목에 구멍을 냈다는 혐의를 샀다. 소녀의 시체는 두 달후 강에 뜬 채로 발견되었는데, 어떤 폭력의 흔적도 찾을 수 없었다. 법의학 수사관들은 그녀가 아무래도 자살에 의해 익사한 것 같다고 결론 내렸다. 기소된 사람들은 결국 무죄 판결을 받았다. 그럼에도 불구하고 이 사건은 유럽에서 벌어진 마지막이자 가장 충격적인 의례용 살해에 대한 고발이 되었고, 황금기는 이미 포위되었음을 보여주는 증거였다. '티서에슬라르사건'은 유럽 대륙의 첫 반유대주의 정당인 국가반유대당Országos Antiszemita Párt의 창당으로 이어졌고, 국가적인 반유대주의 히스테리와 폭력으로 이어졌다. 200개가 넘는 도시와 마을에서 패거리들이 유대인을 공격했다. 오늘에 이르러서도 민족지학자들이 그 지역을 조사하면 많은 사람이 여전히 티서에슬라르의 유대인들이 기독교도 소녀의 피를 얻기 위해 그녀를 죽였다고 믿고 있다고 한다. (2012년에, 우파 하원의원이 국회에서 '유대인들과 당시 그 지도자들'이 티서에슬라르사건을 왜곡했으며, 그래서 '없었던 일이

---

* 구약성서의 성구를 적은 양피지를 담은 가죽 상자의 하나.

되어 버렸다'고 주장했다.) 티서에슬라르와 같은 경우들이 상황을 명쾌하게 만들어 주었다. 유대인들은 정확하게 그들의 나약함 때문에 위험하며, 그들은 더 건강한 인종의 생기를 빨아 먹어야만 했다. '피의 부당한 비방'은 유대인 남성의 신체를 통해 여성스러움과 폭력을 섞으면서 종교적 증오와 성적 공포증의 중핵으로 작동했다.

반유대주의에는 화수분처럼 수많은 원천이 있었지만, 근대 파시스트 국가를 위협한 유대인다움이란 종교만의 문제는 아니었다. 또 하나의 문제가 젠더로서의 유대인다움이었던 것이다. 독일의 출판업자인 테오도르 프리슈는 이 문제를 1893년 베스트셀러 『반유대주의 교리문답 *The Anti-semitic Catechism* 』에서 확고히 했다. "유대인의 섹슈얼리티는 그야말로 게르만 민족의 섹슈얼리티와 다르다. 유대인은 게르만인을 이해할 수 없거나 이해하려고 하지 않는다. 유대인이 자신의 태도를 게르만인처럼 바꾸려 한다면, 이는 게르만 영혼의 파괴로 이어질 것이다." (당시 빈 은 어로 '유대인 the Jew'은 말 그대로 클리토리스를 의미했고, 여성의 자위는 '유대인과 노는 것 playing with the Jew'이라고 표현됐다.) 몇 십 년 후에 미래의 나치 내무장관 빌헬름 프리크는 1930년에 동성애자 남성을 거세하는 법안을 독일 의회에 발의하는데, 그는 동성애를 '유대인 역병'이라고 불렀다. 하인리히 힘러는 잘 알려져 있다시피 독일을 '남성적 국가'라고 천명하면서 그 연관성을 분명하게 했다. "동성애자들의 음모는 유대인들의 음모와 하나씩 비교하면서 봐야 한다. (…) 그 둘 다 독일 국가와 독일 민족을 파괴하는 데 여념이 없다." 역사학자 샌더 길먼이 관찰한 바에 따르면, 그즈음 유럽은 "근대 유대인의 출현뿐만 아니라 근대 동성애자의 출현을 목도하고 있었다." 이 쌍둥이의 탄생은 "역사적 우연, 그 이상의 것"이었다고 길먼은 쓰고 있다. "근대 유대인 다움은 인종화된 만큼이나 젠더화된 범주가 되었다." 이는 프로이트 역시 의심했던 일이었다. 프로이트는 이런 경향이 등장하기 수년 전이었던 1909년 소년의 거세 공포에 대한 분석에서 다음과 같이 썼다. "거세 콤플렉스는 반유대주의의 가장 깊은 무의식적 근원이다."

유대인 남성의 여성성에 대한 믿음은 근대의 선도적인 유대인 작가, 학자, 의사 그리고 정치인 들에 의해서 내면화되고 널리 퍼졌다. 민족학자이자 랍비인 아돌프 옐리네크는 이렇게 말했다. "유대인은 다른 민족들 사이에서도 좀 더 여성적일 뿐만 아니라 여성의 역할을 해 온 종족 중 하나에 속한다. 유대인과 여성의 병치는 민족지적 이론의 진실을 읽는 독자들을 설득할 수 있을 것이다." 의사였던 하인리히 징거는 "일반적으로 유대인의 몸을 진찰하다 보면, 유대인이 여자의 신체 유형에 가장 근접하다는 사실을 분명히 알 수 있다"고 했다. 바이마르기 사업가이자 정치가였던 발터 라테나우는 "들어라, 이스라엘이여Hear, O Israel"에서 그의 민족인 유대인들을 이렇게 비난한다. "거울을 보라! (…) 높은 어깨와, 재빠르지 못한 발과, 둥글둥글한 몸과 같은 너의 초라한 모습이 신체적 퇴락의 증거임을 깨닫는다면, 너는 수세대에 걸쳐 외형의 재탄생을 위해 노력할 것이다." 그리고 잘 알려져 있다시피, 빈의 철학자이자 신동이었던 오토 바이닝거는 1903년에 센세이션을 불러일으킨 베스트셀러 『성과 성격 Sex and Character』에서 종교와 젠더의 등치를 가장 대담하게 주장했다. "유대 인종은 충분히 여성적이다. (…) 유대인은 아리아인보다 훨씬 더 여성적이다. (…) 가장 남자다운 유대인도 여성으로 오해받을 것이다." 바이닝거는 개신교로 개종함으로써 자신이 내린 결론으로부터 도망치려고 했다. 더 은밀하게는, 감퇴하는 자신의 이성애적 정력을 강화시키기 위해서 생식선 추출물을 채취했던 것으로 보인다. 어떤 경우에도, 치료는 깊은 낙담에서 구해 주지 못했다. 그는 "비난"이라 이름 붙인 글에서 스스로를 문이 닫힌 집에 비유했다. "집 안은 어떤 모습일까? 야생의 필사적인 활동, 어둠 속에서 서서히 등장하는 무서운 깨달음, 사물의 영원한 소멸. 집 안이 어떤지 묻지 말라." 1년 후인 1903년, 베토벤이 사망한 집의 셋방으로 이사한 뒤, 그는 아버지와 형에게 그의 죽음이 임박했음을 알린다. 그리고 스물세 살로 자기 가슴에 총을 쏜다. 수십 년 후, 바이닝거의 생각들은 제3제국에서 다시 주목받는다. 제3제국 선전국은 그의 책에서 딴 인용구를 라디오로 방송했고, 그의 대단한 팬이었던 히틀러는 바이닝거에 대해 이렇게 천명했다. "인정할 만한 유대인이 단 한 명 있었고, 그는 자살했다."

* * *

이런 시스템, 그리고 이런 윤리 속에서 자라나서 동화되고 싶어 안달이 난 유대인 소년이 치러야 할 대가는 무엇이었을까? 나는 궁금했다. 어린 이슈트반은 자기 '인종'의 남자란 정신질환을 앓는 계집애일 뿐이고, 여자란 여성적인 우아함의 모범으로 귀애함을 받는 문화에서 어른이 되었다. 그가 어렸을 때, '디바'였던 어머니는 별 어려움 없이 모피와 보석들을 걸치고 부다페스트 사교계를 매혹시키고 라더이 9번지 독일 빵집에서 미래의 기독교도 수상과 어울리며, 그 사회에 섞여 들어갈 수 있었다. 그리고 10대 때, 한량이자 세련된 문화 엘리트인 아버지가 두려움에 떠는 도망자로 전락한 것을 보았다. 그 액체처럼 혼합된 왜곡된 정체성이 인종 대학살로 단단히 굳어 버렸을 때, 그는 자신의 가족을 구할 수도 없었다. 그 경험은 분명히 큰 상처를 남겼을 터다.

아버지는 아무것도 인정하지 않았다. 그녀는 자신이 과거에 어떤 분노를 느꼈건 간에, 어쨌거나 그건 새로운 삶과 최근 정체성 덕분에 해소되었다는 입장을 고수했다. "내가 왜 화가 나 있겠니?" 그녀가 말했다. "모든 사람들이 다 나한테 잘해 줘. 나는 남자였을 때보다 훨씬 더 잘 받아들여진다고."

"유대인으로서요?"

부정의 뜻을 가진 손짓이 허공을 휘저었다. "아무도 나를 유대인으로 안 봐." 그녀가 말했다. "내가 나를 유대인으로 안 보니까."

나는 미심쩍었다. 내 기억에 그녀가 이전에 보였던 항변은 지나치게 강했다. 거대한 베들레헴의 별로 장식한 지나치게 큰 크리스마스트리라든가, 북 치는 소년이 그려진 성탄 카드라든가, 쿵쿵 울리던 성가극, 매년 찾아가던 부활절 예배 같은 것들. 나는 그때만큼이나, 아무렇지도 않다는 지금의 말을 믿지 않았다.

* * *

내가 10대였을 때, 나의 절친한 친구는 신실한 가톨릭 신자였고, 은사주의 운동*에 매혹되었다. 그 추종자들은 성패트릭교회 사교실에 모여 예언과 신앙적 치유를 위해 성령을 부르는 모임을 가졌다. 나는 주로 여성 신자들이 모인 그 모임을 구경하기 위해 따라갔었다. 그들은 도시 외곽에 사는 주부들과 그 딸들이었는

---

* 방언이나 신앙으로 인한 병의 치유, 구마처럼 종교적 체험을 구원의 징표로 보는 신앙 형태. 20세기 초 미국에서 발흥해 오늘날까지 이어지며, 개신교와 로마가톨릭 등 여러 교파에서 보인다.

데, 방언을 하고 고통받는 자를 치료하기 위해 손을 뻗어 기도했다. 언제나 나는 스스로를 호기심 많은, 이야깃거리를 찾아 헤매는 기자로 여겼다. 방언을 그다지 좋게 보지 않고 짜증이 많았던 전통주의자 교구신부는 은사주의 광풍이 불 무렵 은퇴했고, 젊고 호의적인 록 허드슨 같은 우상이 부임해서 설교단을 맡았다. 친구와 친구 어머니가 내가 개종을 할 수 있으리라는 바람으로 신부와 단독 면담을 주선해 주었다. 나는 어머니에게 이런 초대를 받았다고 이야기를 했고, 어머니는 이를 아버지에게 말하는 실수를 저질렀다. 어머니는 내가 가도 괜찮을 것이라고 생각했던 것이다. 그러나 아버지는 그렇게 생각지 않았다.

그날 밤, 자고 있는데 방문이 쾅 열렸다. 아버지가 뛰어 들어왔다. "내가 너를 창조했어." 아버지는 나를 침대 밖으로 끌어내면서 외쳤다. 그리고 내 목을 잡고 머리를 벽에 내려치기 시작했다. 쏟아지는 분노의 말은 대체로 이해하기 어려웠지만, 요점은 분명했다. 가톨릭교도 자식은 용인할 수 없다는 것. "내가 너를 창조했다고." 그는 내 머리를 판자에 내리치며 반복했다. "그러니 나는 너를 파괴할 수도 있지."

그렇게 딸은 아버지가 유대인이라는 사실을 알게 되었다.

17장
적응이라는 미묘한 독

아버지는 광장을 가로질러 부다 편 도나우 강변에서 몇 블록 떨어진 10층짜리 상업용 건물까지 뛰었다. 스커트는 바스락거렸고, 검정 펌프스는 콘크리트 바닥 위에서 딸각거렸다. 그녀는 집배원 뒤로 막 닫히는 유리문에 다리를 끼어 넣었다. 주치의를 만나러 온 참이었다.

"출입구를 잠그거든." 그녀는 어깨 너머로 나를 불렀다. "어서 와." 우리는 엘리베이터를 타고 위로 올라갔다.

병원은 길고 지저분한 복도의 끝에 있었다. 병원 안이라고 더 나은 것도 아니었다. 대기실엔 축 처진 비닐 의자 두 개가 벽에 기대어져 있었다. 지저분한 카펫은 다 벗겨져서 의자의 진흙빛과 어울렸다. 아기들 사진이 한 줄로 벽에 고정되어 있었다. 접수창구도 없었고 접수를 받는 사람도 없었다.

"이 의사는 어떻게 찾은 거예요?" 내가 물었다.

"전화번호부." 아버지가 말했다. 그녀는 의자에 앉아서 하얀색 발찌를 바로잡기 위해 허리를 숙였다. 아버지는 스타킹 위에 발찌를 하고 있었다. "나를 잘 돌봐 준단다. 봐, 아이들을 세상으로 데려오는 사람이잖니. 뭐어, 뇌물을 많이 주기는 하지." 뇌물이란 팁을 말하는 거였다. 좀 더 완곡한 표현으로는 퍼러솔벤치어 paraszolvencia 혹은 '유사-해결' 비용이라고 할 수 있을 텐데, 부다페스트의 부유한 지역에서조차 의사들이 제대로 비용을 받지 못하기 때문에 생긴 헝가리 관습이었다.

"얼마나 줘요?" 내가 물었다.

"만 포린트." 40달러 정도의 팁이었다.

나는 이가 빠진 작은 테이블에 놓여 있는 정기간행물을 넘겨보았다. 항해 잡지 과월호들이었다.

"너도 하나쯤 갖고 싶지 않니?" 아버지는 아기 사진들을 가리키고 있었다.

나는 못 들은 척하면서 사진 우측에 붙어 있는 큰 명판을 살펴보았다. DR. MISLEY ENDRE, SZÜLÉSZET-NŐGYÓGYÁSZAT. 닥터 미슐레이 엔드레, 산부인과.

그녀가 다시 그 질문을 입에 올리기 전에 안쪽 문이 열렸다. 아이조드 셔츠와 의사 가운을 입고 햇볕에 그을린 얼굴에 은발을 한 남자가 우리를 맞았다.

"Kezét csókolom." 의사가 내게 말했다. 당신의 손에 키스합니다라는 의미의 인사. 그리고 아버지에게도 말했다. "Kezét csókolom."

아버지는 미소를 짓고 팔꿈치로 나를 쿡 찔렀다. 우리는 산부인과 의사를 따라 그의 진료실로 들어갔다. 어수선한 책상과 스포츠 트로피가 줄 지어 놓인 진열장이 있는 작은 공간이었다. 아버지는 무릎 위에 핸드백을 올려놓고 헝가리어로 잡담을 나누기 시작했다. 구릿빛으로 그을린 미슐레이 박사는 활짝 웃으며 친절하게 고개를 끄덕였다. 잠시 후, 그는 처방전에 이런저런 내용을 적더니, 그 종이를 뜯어서 아버지에게 건넸다. 에스트로겐 처방전. 우리는 그걸 받으러 온 것이었다. 아버지는 종이를 지갑에 넣었다.

"미슐레이 박사에게 내가 네 '엄마'라고 말했단다." 아버지가 나를 돌아보면서 말했다. 그녀는 '엄마'라고 말할 때 허공에서 손가락으로 따옴표를 그렸다. 나는 잠시 멈췄다.

"엄마도 아닌 사람이."

"누가?"

"아버지요. 어쨌거나 아직은 아니에요."

그 트로피들은 뭐예요? 내가 물었다. 주제를 바꾸고 싶어서였다.

"미슐레이 박사는 대-애단한 요트맨이야." 아버지가 설명했다. "20피트짜리 보트도 있고, 수많은 대회에서 우승했지."

그녀는 미슐레이 선장에게 헝가리어로 칭찬을 건넸고, 그는 좀 더 활짝 웃었다.

"그는 바이에른에서 항해해." 아버지가 이야기를 이어 갔다. "어, 독일인이거든."

아버지는 미슐레이 박사 쪽으로 돌아앉아서 이야기를 잠시 더 나누며 종종 나를 손가락질했다.

"그에게 너의 문제에 대해 이야기했어." 그녀가 말했다.

"나는 문제없어요."

"어쩌면 신체적 이유일지도 몰라."

"문제없…"

"우리 어머니가 나를 임신했을 때 담배를 피웠지." 아버지가 끼어들었다. "어쩌면 그 때문일지도 몰라."

"뭐가요?"

아버지는 자신의 몸을 가리켰다. "내가 이렇게 약한 거. 어머니는 유산도 했거든."

미슐레이 박사는 그의 처방전 묶음을 옆으로 치웠고, 나는 내 취재 수첩을 꺼내 들었다.

"몇 가지 질문해도 될까요?"

미슐레이 박사는, 아버지를 통해, 답변할 수 있다고 말했다.

"수술 이후, 변화가 있었나요?"

의사는 대답을 하지 않고 꾸물거렸다.

"내 얼굴이 이제 아주 좋아졌다고 하네." 아버지가 통역했다. "내 나이 또래의 남자에 비해서 주름이 적다고. 호르몬 덕분이기도 하고, 유전자 덕분이기도 하지." 그녀는 손을 뻗어 내 얼굴을 토닥였다. "너도 이 유전자를 가졌지."

"내 말은, 미슐레이 박사가 아버지의 성격에서 어떤 차이를 발견했느냐 하는 거예요."

답변이 돌아오는 데 더 오랜 시간이 걸렸다.

"미슐레이 박사는 내가 행복한 사람man이라고 했어." 아버지가 통역했다. "행복한 사람person." 그녀는 말을 고쳤다. "미슐레이 박사는 그게 매우 중요하다고 하는데, 왜냐하면 우리가 얼마나 살지는 모르지만 사람은 행복하게 살아야 하기 때문이래."

미슐레이 박사는 약뿐만 아니라 진부한 표현 역시 처방한다는 생각이 들었다.

"우리 아버지는 좀," 머릿속에서 형용사들을 골라 보았다. "특이한 환자 중 하나인가요?"

대답은 언어의 물통을 들고 줄 지어 늘어선 사람들이 물통을 앞으로 건네듯이 천천히 돌아왔다. "이 사람 말이 더 특이한 환자들도 있대. 열두 살짜리 아이가 태어나는 걸 받은 적도 있다는데?"

그건 확실히 특이한 일이다.

"아, 그 환자가 열두 살이었대." 아버지가 내용을 바로잡았다. "병원에 왔는데 임신한 줄 몰랐다고 하네. 그걸 갈라야 했대."

"뭐를 갈라요?"

"있잖아, 질이 있는 곳."

"질막이요?"

"응."

무슨 말인지 이해가 잘 되지 않았다.

"정자가 어떻게 해서인지 걔를 더럽혔다고." 아버지가 이야기를 계속 했다. "질막에 작은 구멍이 있어서, 거기로 정자가 들어갔대."

어떻게 해서인지라고? 아버지가 다시 의사와 이야기를 나누었다.

"강간을 당했다는구나."

바삐 움직이던 펜이 수첩에 닿은 채로 얼어붙었다.

헝가리의 또 다른 면모였다.

"걔 애비였다는구나." 아버지가 말했다.

"세상에." 내가 말했다.

미슐레이 박사는 계속 웃고 있었다.

의사와 환자는 또 긴 시간을 이야기를 나누었다. 때때로 아버지는 웃었다. 더 이상 통역은 없었고, 나는 수첩을 덮었다.

"미슐레이 박사가 네가 몇 살인지 알고 싶다고 하는데."

"마흔아홉 살이요." 그리고 짜증이 났다. 아버지는 내가 몇 살인지도 몰라요?

두 사람은 뭐라 더 이야기를 나눴다.

"훨씬 어려 보인다는구나." 아버지가 말했다. 그리고 덧붙였다. "나처럼."

그러고 나서 몇 분 후에 "미슐레이 박사가 그러는데 48세가 넘어서 첫 출산을 하는 환자를 본 적이 있었대. 지금이 너의 마지막 기회라는구나. 불임 시술을 받은 적이 있는지 궁금해하네."

"나는 애를 낳고 싶지…"

"그리고 임신을 한 적이 있는지도."

"않다니까…." 나는 잠시 머뭇거렸다. "없어요."

"미슐레이 박사 말이 배란을 잘 체크해 보라는데."

산부인과 의사는 서랍 속에 손을 넣어 카추*처럼 생긴 작은 플라스틱 기구를 꺼냈다.

"여기 침을 뱉으면 언제가 확실한 날인지 알려 준대." 아버지가 통역해 주었다.

확실한 날이라고?

"임신을 할 수 있을지 없을지 말이야." 아버지가 팔꿈치로 나를 쳤다. "얘에—야아, 지금 진찰해 줄 수 있대."

"됐어요." 내가 말했다.

"시간이 있다는데."

"진찰 필요 없다고요."

"다음에 다시 올까?"

"아니요. 나는…"

"미슐레이 박사가 편하지 않아서 그런 거라면 다른 의사를 추천해 줄 수도 있다는구나."

의사는 책상에 손을 뻗어서 전단지를 하나 나에게 건넸다.

* 피리같이 생긴 간단한 악기.

미니 미크로소프 Mini Mikroszóp. 배란일 계산기 광고였다. 앞면에는 소녀스러운 분홍색 글씨가 영어로 쓰여 있었다. "메이비 베이비 Maybe Baby."

"10분밖에 안 걸린대." 아버지가 말했다.

"안 한다고요!"

아버지는 가방을 낚아채 들고 문을 향해 나갔다. 얼굴은 예의 그 화난 표정으로 굳어 있었다.

우리는 말없이 엘리베이터에 올라탔다. 아래층에서 약국에 들러 긴 줄 뒤에 섰다. 그녀의 호르몬을 사야 했기 때문이다. 카운터 뒤에 선 까칠한 점원이 미적미적 주문서를 적으면서 아버지를 의심스러운 눈빛으로 쳐다보았다.

아버지가 나를 살피는 것이 느껴졌다.

"애 안 낳는다는 거, 정상적이지 않아." 그녀가 말했다.

정상이라고? 20대 초반, 내 인생의 결정적인 시점에, 임신을 중지할 수 있었던 것은 내가 정상이라고 생각하는 삶을 회복시켜 주었다. 그것이 나를 구원해 주었던 걸 기억한다. 그리고 나보다 조금 나이가 많았던, 나와 가까이 지냈고 정말 존경했던 한 여성이, 나처럼 할 수 없었기 때문에 절망했던 것 역시 기억한다. 1950년대 중반, 그녀는 은밀하게 활동하는 낙태 시술자를 찾아갔고, 그 이후로 끔찍한 일이 계속되었다. 수술은 실패했고, 목숨을 걸고 출산을 해야 했다. 그리고 사산된 지 한참 된 태아를 낳았다. 이는 평생을 괴롭히는 트라우마가 되었다. 그녀의 시련이 나의 젊은 페미니즘을 키웠다.

처방된 약이 준비되자 아버지는 그것을 받아 채서 문으로 뛰쳐나갔다. 나는 사납게 딸깍거리는 소리를 내며 뒷골목을 내려가는 그녀를 놓치지 않기 위해서 서둘러야 했다. 하얀색 핸드백이 그녀의 들썩거리는 어깨에서 돛처럼 흔들렸다. 어느 순간 그녀가 모퉁이를 돌아 사라지자, 나는 길을 잃을지도 모른다는 어린아이 같은 공포에 사로잡혔다. 이해할 수 없는 상징체계와 성질 나쁜 약국 점원 사이에서 영원토록 헤매도록 버려진 것 같았다.

그녀가 넓은 마르깃 대로로 들어섰을 때, 나는 다시 그녀의 흔들리는 흰색 핸드백을 발견할 수 있었다. 그녀는 탈공산주의 자유를 향한 10만 5000제곱미터의 사원으로 쏟아져 들어오고 나가는 쇼핑객들의 바다에 빨려 들어가 있었다. (이곳의 이름은 '마무트몰 I'이었다. 다음 블록에 마찬가지로 마무트—매머드— 스러운 마무트몰 II를 짓는 중이었다.) 적어도 여기서는 위안을 얻을 수 있었다. 표지판(익스트림디지털, 시네마시티, 디바, 로 열크루아상…)은 읽을 수 있었으니까. 적어도 우리의 다음 목적 지인 모스크바 광장까지 몇 분밖에 안 걸린다는 사실 역시 알 수 있었다. 그곳은 아직까지 공산 정권 시절에 붙인 이름을 가진, 엄청 크면서 엄청 흉물스러운 이 도시의 교통 허브였다. 여섯 개의 트램 노선과 18개의 버스 노선, 그리고 주요 지하철 노선이 이곳에서 교차했다. 우리가 도착했을 때, 나는 아버지를 거의 따라잡았다. 나는 아버지가 몇 개의 철길을 건너 그녀가 살고 있는 지구로 향하는 트램 59번을 타기 위해 플랫폼에서 기다릴 때까지 그녀의 하이힐을 쫓아왔다. 몇 분 정도, 기다림의 시간이 지나자 아버지가 침묵을 깼다.

"만물이 생식을 한다." 그녀가 말했다. "새, 벌, 심지어 땅에서 자라는 잡초들도." 아버지는 깨진 보도블록 틈으로 자라고 있는 왕바랭이를 가리켰다.

나는 트램이 오기를 바라며 철길을 바라보았다.

"아이가 없다면, 네 존재는 아무런 의미가 없지." 내가 대답하지 않자 이렇게 덧붙였다. "네 책들도 더 이상 안 팔리게 될 거야. 사람들은 네가 쓴 모든 것을 잊겠지."

나는 길을 계속 쳐다보고 있었다.

"그게 가장 중요한 일이라고." 그녀가 말했다.

나는 그녀의 얼굴을 돌아보았다.

"가족 말이다." 그녀가 말을 끝맺었다.

만약 가족이 그토록 중요하다면, 왜 그녀는 자신이 태어난 가족 그리고 그녀가 아비가 되었던 그 가족으로부터 스스로를 뜯어냈는가? 그녀는 자기 자신이 문제가 많았던 아들이었고, 늘 싸움을 일으키는 남편이자 아버지였던, 그 괴로운 가족사로부터 스스로를 잘라 내고 있지 않은가? "나는 이제 스테피야"라면서. 나는 생각했지만, 입 밖으로 내지 않았다.

하지만 만약에 다른 무엇인가가 진행되고 있는 것이라면? "내 딸은 이제 나를 좋아해." 아버지는 나를 위해 열었던 파티에서 그의 새로운 트랜스 친구들에게 이렇게 말했었다. "나를 보러 온다고."《레플리카》에 수록된 나의 아버지에 대한 글에서 인터뷰 진행자는 아버지에게 수술 후 가족들과의 관계에 대해 물었다. "내 딸은 아주 좋아해요." 아버지가 대답했다. "내가 수술을 받은 직후에 딸이 여기로 왔어요. 그전에는, 아시는 것처럼, 아무리 아버지와 딸이라고 해도 성별이 달랐기 때문에 서로 가까워지기 어려웠죠." 일론커가 했던 말이 떠올랐다. "나는 너희 아버지가 내 가족의 일부가 되고 싶었기 때문에 나한테 끌렸던 거라고 생각해."《마소크》에서 읽은 글의 헤드라인도 떠올랐다. "Stefánia, a családapa." 스테파니아, 한 가족의 아버지.

모스크바 광장의 플랫폼에서 트램을 기다리는 동안, 아버지의 말이 내 머릿속에서 달가닥거렸다. 나는 왜 좀 더 일찍 오지 않았을까? 귀를 찌르는 것 같은 쇠바퀴의 끽 하는 소리가 트램의 도착을 알렸다. 아버지는 날카로운 눈빛으로 나를 쳐다보고 있었다. "네가 가족을 끝장내고 있는 거야." 그녀가 말했다. "가족이 계속되지 않으면, 그건 자살이야. 지금까지 살아온 사람들, 네 앞에 살았던 사람들에게 말이야." 그녀의 말이 틀린 건 아니라고, 나는 생각했다. 나는 그녀의 가족을 부정해 왔다. 아이를 갖지 않아서라기보다는, 그 오랜 시간 동안 그녀와 격조하게 지내면서 말이다. 나에게 부끄러움을 안겨 준 것은 후자였다.

59번 트램이 우리 앞에 끼익하고 섰다. 나는 아버지에게 이튿날 아침에 가겠다고, 저녁 시간을 보내러 페스트 쪽으로 되돌아가겠다고 말했다. 우리는 서로를 잠시 살펴보았고, 나는 그녀 쪽으로 몸을 숙여 어색하게 그녀를 안으면서 인사를 했다. 그녀는 철책을 잡고 균형을 잡으면서 계단을 올랐다. 기차는 밝게 불을 밝히고 있었고, 창문을 통해서, 마치 필름 한 토막처럼 나는 아버지가 자리를 향해 통로를 따라 내려가는 것을 지켜보았다. 그녀는 가방을 무릎 위에 놓고 손잡이 위에 두 손을 깍지 낀 채 앞을 향해 똑바로 앉아 있었다. 나는 그녀가 밖을 보고 나를 향해 손을 흔들어 주기를 바라면서 플랫폼을 서성였다. 하지만 그녀는 그렇게 하지 않았다. 문은 닫혔고, 기차가 곡선 선로를 따라 출발했다. 기차는 나의 아버지를 모스크바 광장의 밝은 빛으로부터 부다힐의 그녀의-울타리-친-왕국으로 데려가고 있었다. 그곳에서 시야는 좀 더 흐릿했다.

1818년 메리 셸리의 고전 공포물의 중간 즈음, 프랑켄슈타인 박사는 프랑스 동부 샤모니 마을 위, 몽블랑 기슭 근처를 하이킹하다가 메르드글라스의 광활한 빙하를 건너서 다가오고 있는 존재를 훔쳐보게 된다. 형체가 다가올수록 프랑켄슈타인 박사는 "내가 창조한 바로 그 괴물이라는 것"을 깨닫고 "분노와 공포로 몸을 떨면서 결심했다. 그가 다가올 때까지 기다렸다가 목숨을 걸고 싸워서 끝장을 내겠다고." 하지만 괴물은 싸우고 싶지 않았다. 그는 그저 이야기를 하고 싶었다. 그를 경멸하고 그로부터 도망치는 인간들의 세계를 떠돌아야 했던 암담한 여행에 대한 이야기를. 그건 시골의 낡은 오두막에서 숨어 지내면서 틈새를 통해 친절한 가족을 바라보면서 발견한 것들에 대한 이야기로 이어진다. 그는 1년 내내 행복한 가족을 훔쳐보면서 그들의 관습과 관계를 세심하게 관찰한다.

나는 두 성별의 차이, 아이의 탄생과 성장에 관해서 듣게 되었소. 아버지가 아기의 미소와 어린 아이들의 생기 있는 농담에 얼마나 빠져드는지, 어머니의 출산과 보살핌이 얼마나 고귀한 의무인지를. 그리고 어린이들의 생각이 어떻게 자라나고 어떻게 지식을 습득해 가는지를, 또 형제자매의 관계처럼 인간을 서로 묶어 주는 다양한 관계들에 대해서도 들었소.

이런 유대를 결코 갖지 못할 것이라는 깨달음으로 괴물은 절망으로 가득 찼고, 그다음에는 살인적인 분노가 찾아왔다. "내 유년기를 지켜본 아버지도 없으며, 미소와 부드러운 손길로 나를 축복해 준 어머니도 없다." 그는 자신의 창조주를 비난했다.

"있다 한들 전생의 내 삶은 이제 시커먼 얼룩, 아무것도 분간할 수 없는 시커먼 빈 공간이 되어 버렸다. (…) 그때까지 나를 닮은 존재도, 나와 관계가 있다고 주장하는 사람도 만나 본 적이 없다. 나는 무엇일까?"

『프랑켄슈타인』의 저자는 자신의 창조물에게 구원을 허락하지 않았다. 메리 셸리에게 가족이란 복잡한 짐이었다. 그녀의 어머니이자 유명한 페미니스트인 메리 울스턴크래프트는 첫 아이의 아버지에게 버림받자 자살하려고 했다. 그리고 두 번째 아이인 메리를 낳다가 사망했다. 메리의 연인인 퍼시 셸리는 메리가 조산한 아이의 죽음을 슬퍼하면서 그 유명한 이야기를 쓰는 동안 다른 여자의 뒤를 쫓아다녔다. 메리 셸리는 소설 속에서 프랑켄슈타인 박사로 하여금 처음에는 고통당하는 자신의 아담을 위해 이브를 만드는 것에 동의하도록 했다가 철회해 버린다. 그의 창조물이 행복을 위해 품은 유일한 희망을 파괴하면서.

"가족은 함께 있어야 해." 아버지는 지난번 라더이 9번지에 있는 어린 시절 아파트에 방문하려다 말고 집으로 되돌아오는 길에 소리 질렀다. "정상적인 가족이라면 함께 뭉쳐야지." 나는 궁금했다. 아버지는 과연 가족에 대한 소속감을 느낀 적이 있었을까? 아니면 그녀는 그저 카메라 뷰파인더를 통해서 슬쩍 훔쳐봤을 뿐일까?

* * *

1976년 가을, 미국 독립 200주년을 기념하는 해에 어머니는 독립을 선언했다. 그녀는 이혼 서류를 준비했다.

아버지는 그가 가진 모든 것을 동원해 싸웠다. 동정에 대한 호소가 먹히지 않자—그는 소소한 탈장 수술을 전쟁에서 얻은 상처로 탈바꿈시켰다("당신 다친 사람한테 이럴 거야." 어느 날 밤 그는 파자마 끈을 열어젖히고 자신의 흉터를 전시하면서 어머니에게 소리 질렀다) — 협박을 하기 시작했다. 어느 일요일 오후, 나는 고성과 실랑이 소리를 들었다. 방에서 나왔을 때 아버지는 스칸디나비아식 '현대적인' 식탁 의자 하나를 머리 위로 쳐들고 어머니를 향해 돌진하고 있었다. 나는 아버지 뒤로 뛰어들어, 뭘 어떻게 해야 할지 모르는 상태로 아버지의 눈을 가렸다. 마치 미쳐 날뛰는 말을 탄 것처럼 말이다. 어머니는 뒷문으로 도망쳤다.

나는 그해 가을과 겨울에 일어났던 일들의 정확한 순서를 더 이상 기억하지 못한다. 어머니는 접근금지명령을 받아 냈지만, 아버지는 무시했다. 추수감사절 주말에 어머니는 아이들을 데리고 뉴욕으로 가서 누군가의 아파트에 숨었다. 아버지가 어머니 머리에 등산화를 던진 것은, 우리가 돌아오고 나서 며칠이 지난 오후였다. 어머니는 또 다른 접근금지명령을 받아 냈다. 그는 무시했다. 어머니는 현행범체포*를 시도했다. 하지만 아버지는 기소되지 않았다. 그리고 어떤 밤에는 집 밖에 알 수 없는 차가 주차하고 있다가 우리가 다가가면 어디론가 사라지곤 했다. 아버지는 우리에게 사설탐정을 붙였던 걸까?

아버지가 나를 침대에서 끌어내서 바닥에 내 머리를 처박았던 것은 그 시절 우리가 경험했던 공포스러운 에피소드 중 하나일 뿐이다. 아버지는 집 앞 길에 서서 "너랑 의절할 거다"라며 괴성을 질렀다. 내가 어머니 편을 들었다는 이유에서였다. 아버지

* 범죄를 실행 중이거나 실행 직후인 자는 누구든 영장 없이 잡아들일 수 있는 일.

는 찬장에 누군가가 성냥갑을 놓았다는 사실에 분노해서 우리 얼굴을 향해 성냥을 집어 던졌다. "불이 날 수도 있어!" 어떤 늦가을 주말 초저녁, 아버지는 헝가리식 스튜인 레초 재료들을 준비해서 소시지와 피망을 칼로 썰고 있었다. 아버지가 나를 부엌으로 불렀다. "네 엄마 어딨냐?" 그가 물었다. 나는 모른다고 답했다. 어머니는 아침 일찍 집을 나서서 아직 돌아오지 않았었다. "알잖아." 아버지는 손에 든 칼을 휘둘렀다. "내가 네 엄마한테 무슨 짓을 할 수 있는지 알지?" 나는 현관으로 가서 운동화를 신었다. 아버지가 따라왔다. "어디 가는 거냐?" 뛰러요. 나는 말했고, 그렇게 했다. 나는 몇 블록 떨어진 친구 집까지 뛰어서 어머니에게 전화했다. 아버지가 맞았다. 나는 어머니가 어디에 있는지 알고 있었다. 30분 쯤 후에 친구 집을 나섰을 때, 밖은 어둑어둑해지고 있었고, 나는 그 집 길 건너편 어두운 곳에 있는 사람을 알아볼 수 있었다. 그는 이쪽을 쳐다보고 있었다.

다른 날 밤에는 누군가 나를 흔들어서 잠에서 깼다. 아버지였다. 그는 이제 맨해튼의 스튜디오에서 살고 있었다. 창문을 기어 올라온 것이다. 어머니가 집 열쇠를 바꿨으니까. "네 엄마 어딨냐?" 그가 물었다. 어머니는 도시의 친구 집에 간 참이었다. 그는 복도 아래쪽 안방을 노려보며 서 있었다. 30분이 지났다. 그를 찾으러 갔다. 어머니의 모든 서랍이 열어젖혀져 있었고, 아버지가 그걸 샅샅이 뒤진 후였다. 아버지는 어머니의 옷장 상자에서 찾은 서류 보관철에 둘러싸인 채로 바닥에 앉아 있었다. 그는 한 장 한 장 살펴보면서 모든 내용을 훑어보고 있었다. 뭐하시는 거예요? "증거를 찾는 거지." 그가 말했다. 그리고 방문을 쾅 하고 닫아 버렸다.

몇 주 후, 학교에서 돌아왔을 때 부엌 식탁 위에 거대한 새빨간 장미 다발이 있었다.

"누가 보낸 거예요?" 어머니에게 물었다.

"네 아버지." 직접 그 꽃다발을 들고 왔다고 했다. 그는 그녀에게 '가족'이 우선이라고 말했다. 장미는 종이에 싸인 채로 식탁 위에 계속 놓여 있었고, 꽃잎은 시들어 갈색이 되었다. 결국 내가 갖다 버렸다.

아버지의 폭력은 부모님이 이혼을 하던 그 예외적이었던 시절에 집중되어 있었다. 하지만 그때 폭발했던 것들은 오랜 시간 수면 아래에서 요동쳤다. 그의 분노는 선재적 조건이었기 때문에, 오래된 만큼 근본적인 것으로 보였다. 결혼 생활의 파탄은 이전에 경험했던 재난의 잔해를 뒤흔들었다. 아버지가 경험한 첫 번째 충격적인 결혼의 파탄은 그의 부모님의 싸움이었고, 그로 인해 어린 이슈트반은 전쟁이라는 지구적 공포가 지배하는 시기에 내버려졌다. 1953년 말에 미국으로 온 이후 20년이 넘도록, 아버지는 '미국식 남편과 아버지'라는 이미 만들어져 있는 견본에 스스로를 맞춰 넣으려고 고군분투했다. 그리고 이미 멀어진 아내는 그에게서 가정을 빼앗았을 뿐만 아니라 정체성까지도 박탈해 버렸다.

나의 부모님은 1957년 그리니치빌리지의 한 칵테일파티에서 처음 만났다. 아버지는 창밖으로 쓰레기가 넘쳐 나는 쓰레기통이 보이는 어퍼웨스트사이드 반지하에 세 들어 살고 있었는데, 그곳에서 만난 헝가리 유대인 이민자의 초대를 받았다. 뉴욕에 도착한 이후, 그는 맨해튼 광고업계 사진부에서 기술적인 일을 하면서 이런저런 암실에 처박혀 있었다. 만족스러운 쇼핑객들과 행복한 가족을 담은 사진들을 좀 더 완벽해 보이도록 보정하는 일이었다. "암실에서, 나는 언제나 어떤 헝가리 미국인의 라디오 프로그램을 들었지." 아버지가 회상했다. "56년에 대해서 라디오에서 들었을 때 너무 신났단다." 56년이란 소비에트 연방에 저항하는 헝가리 봉기를 의미했다. "돌아가게 될 수도 있겠다고 생각했어." 18일 후, 봉기는 실패했다.

주급이 35달러였던 그의 첫 직장은 뉴욕의 다이아몬드 디스트릭트에 있던, 음식 광고를 디자인하는 스튜디오의 암실 보조원 일이었다. "우리는 사기를 쳤지." 아버지가 말했다. "차갑게 식은 사진들에 기름을 쳐서 더 맛있어 보이도록 말이야." 밤에는 비공식적인 일을 하면서 가욋돈을 벌었다. 그의 상사가 나이트클럽에서 만난 매력적인 젊은 여성들의 사진을 찍는 일이었다. "그와 친구들이 쳐다보는 동안 여자들의 섹시한 란제리를 입은 모습이나 누드를 찍도록 했어." 아버지가 말했다. "악취미였지, 포르노였어." 2년 후 그는 삽화가주식회사로 옮겼는데, 그곳에서 광학 영사기인 반사실물투영기*로《새터데이 이브닝 포스트》를 위한 이미지를 디자인했다. 그는 최초의 미국적인 것들을 담은 사진—추수감사절에 앞치마를 두르고 만찬을 대접하는 엄마, 안락의자에서 파이프 담배를 태우고 있는 아빠—을 삽화가의 그림판에 영사하여, '모든 것이 진짜처럼 보이도록' 만들었다. 그러나 현실 속의 그는 미국에 갓 도착한 동유럽인들에게 음식을 공급했던 값싼 브로드웨이 식료품점에서 산 샌드위치를 우걱우걱 먹어 치운 다음, 쓰레기통 옆에 있는 방으로 돌아갔다.

늦은 밤, 그리니치빌리지에서 열린 파티에서 아버지는 수줍음을 극복하고 어머니에게 춤을 추자고 권했다. 아버지는 그 다

---

* 위에서 물체에 밝은 램프를 비추어 불투명한 재료를 표시하는 장치.

음 주말에 탱글우드뮤직페스티벌에 재즈 콘서트를 들으러 가자고 어머니를 초대했다. 그는 클래식을 더 좋아했지만 어쩐지 재즈를 들으러 가자고 권하는 것이 '좀 더 미국인다워 보일 것' 같았다. 그 일요일에 그들은 아버지의 1955년식 포드 컨버터블을 타고 버크샤이어까지 드라이브를 갔다. 아버지 말에 따르면 "붉은색과 하얀색의, 아주 호화로운 차"였다. 그의 새로운 빨갛고-하얗고-파란 무대*를 위한 또 하나의 소품. 6주 후, 그들은 그녀 부모의 반대에도 불구하고, 83번가에 있는 개혁 유대교회당인 로데프샬롬에서 결혼했다.

"결혼을 너무 서둘렀네요!" 부다페스트의 어느 저녁에 나는 아버지에게 말했다.

아버지는 어깨를 으쓱했다. "해야 할 일인 것 같았어." 그녀가 말했다. 그 당시에는 "네 엄마가 원했거든." 아버지보다 몇 년 일찍 뉴욕으로 이민 온 아버지의 삼촌 에르뇌가 아버지의 가족 중에서는 유일하게 결혼식에 참석했다. 신혼여행은 없었다. 아버지가 가족의 행복을 찍은 사진을 영사했던 그 광고 회사는 아버지에게 휴가를 허락하지 않았다. 반년이 지난 후, 신혼부부는 나이아가라폭포로 긴 주말여행을 가는 것으로 결혼을 기념했다. 그 역시 또 하나의 '해야만 하는 일'이었다.

곧이어 아버지는 전후 아메리칸드림에서 남자가 성취해야 할 대형 할인점식 견본을 획득했다. 교외의 가정집, 도시로 통근할 직장, 컨버터블, 전업주부인 아내, 두 아이와 개, 개집과 장난감이 놓여 있는 4분의 1에이커의 잔디밭과 그 주위를 두른 하얀

---

* "빨갛고-하얗고-파란"색은 미국 국기의 삼색을 의미하는 것으로, '미국식 남자'를 연기하기 위한 소품이라는 뜻이다.

색 담장, 그리고 지하에 모든 것이 갖춰져 있는 작업장까지. 그런 안락함과 안심 그리고 질서의 실현은 그가 감당하기에 벅찬 일이었을 것이다. 하지만 안도감은 함정에 빠졌다. 미국 남성 - 구성체는 가게에서 사 온 것 같았다. 카우보이식의 거칠고 다부진 성격과 "아버지가 언제나 옳다"는 찍어 낸 듯한 히죽거림으로 저속하게 꾸며져서 팔릴 준비를 마친 모습이었다. "미국 남자: 그는 왜 다른 것을 두려워하는가?" 1958년 잡지 《룩》의 헤드라인은 심신이 약화된 전후 남성에 대한 연속 기획에서 이렇게 물었다. (이 기획은 후에 『미국 남자의 몰락The Decline of American Male』이라는 책으로 묶여 나왔다.) 이 기사가 만들어 낸 인물의 이름은 '게리 게리Gary Gary'였다. 그는 "적응과 순응의 미묘한 독약"을 삼킨 순응적인 교외 가정의 남편이자 아버지였으며, 어느 겨울 아침에 "눈을 떠서 '나!'라는 단어를 어떻게 말하는지 잊어버렸음을 깨달은" 사람이었다.

1950년대 무렵, 궁지에 몰린 미국인 자아의 상징은 주눅 들고 무력한 남자였다. 이들은 영웅적인 전쟁에서 돌아와 소비주의와 '어머니 중심주의momism' 그리고 '대중사회'의 획일성 등 그를 길들이려는 힘의 희생자가 되었다. 퇴역 군인은 겁이 나서 쪼그라든 물렁이가 되었다. 그야말로 〈이유 없는 반항〉에 등장하는, 군림하는 아내에게 저녁 식사를 갖다 나르는 앞치마를 두른 중성적인 아버지가 된 것이다. 1958년 《에스콰이어》에 수록된 영향력 있는 에세이 "미국 남성성의 위기"에서 사회 비평가인 아서 슐레진저 주니어는 하나의 뉴스가 이 위기에 대한 '인상 깊은 증거'라고 지적하고 있다. 이 뉴스야말로 그 위기의 체현으로 보였을 터다. "성별 전환—크리스틴 조겐슨 현상—이 우리 신문의 에디터와 독자들을 그토록 사로잡았다는 것은 이상한 일이 아니다." 이 모든 시간이 지난 후 슐레진저의 말을 우연히 접하면서, 나는 아버지의 긴 여정을 20세기의 젤리그*의 여정으로 이해하게 되었다. 아버지는 파시스트 유럽의 붕괴 속에서 어떤 정체성을 드러냈고, 또다시 전후 미국에서 새로운 형태로 그 시대의 문제를 드러냈다. 양쪽의 시대와 장소에서, 어떤 이데올로기가 힘을 발휘하고 있다고 해도, 표면에서 작동하고 있는 정치학은 정체성과 젠더의 혼란스러운 융합을 숨겼다. 유럽 유대인이자 미국인 아빠로서, 내 아버지의 남성성은 의심받고, 왜곡되고, 손상되었다.

"남성성을 발견하기 위한 열쇠는 오히려 정체성 문제에 놓여 있다." 슐레진저는 1958년의 글에서 결론 내린다. "자신이 누구인지 알아가기 시작할 때, 그는 자신의 성별이 무엇인지 발견하기 쉽다."

* * *

1970년대 즈음에, 아버지의 미국 가정식 영화 제작—우리 가족의 첫 크리스마스, 우리의 첫 부활절, 여전히 결혼을 인정하지 않았던 외조부모님을 방문하기 위해 처음으로 떠났던 껄끄러운 플로리다 키스 여행 등을 담은 홈비디오들—은 노먼 록웰풍이라기보다는 다이앤 아버스풍에 가까운, 이따금 찍는 스냅사진들로 전락했다.**

* 젤리그 Zelig. 어떤 상황에서도 자유자재로 변신할 수 있는 사람.
** 다이앤 아버스 Diane Arbus(1923~1971). 미국의 여성 사진작가. 《보그》, 《하퍼스 바자》 등의 잡지에서 활동하다가 1967년 뉴욕 현대미술관 그룹전 〈뉴도큐먼트〉에 출품한 사진으로 주목을 받았다. 주로 기형, 동성애자, 정신장애인, 크로스드레서 등을 많이 찍었다. 노먼 록웰 Norman

부다페스트를 방문하고 돌아온 어느 오후, 나는 그 사진들을 책상 위에 평평하게 펴 놓으려고 애쓰고 있었다. 내가 손을 떼자마자, 그 사진들은 마치 스스로를 공개하는 것이 부끄럽기라도 하다는 듯 다시 말려 올라왔다. 여기 갈색으로 변하고 있는 앞마당 잔디밭 위에 나의 부모님이 있었다. 축 처진 접이식 의자에 앉아 있는 어머니는 피곤해 보였다. 아버지는 초조한 듯 그녀의 옆에 무릎을 꿇고 있었다. 듬성듬성 자란 짧은 구레나룻과 앞은 짧고 옆과 뒤가 긴 헤어스타일은 아버지를 톰 존스*보다는 투탕카멘처럼 보이게 했다. 아버지는 하이킹을 하고 있었고, 우리 집 개 야니와 장난을 치고 있었다. 다른 사진에서 우리 가족은 뒷문에 있었던 피크닉 테이블 주변에 모여 반쯤 먹은 핫도그를 들고 장례식에라도 온 것 같은 분위기로 서 있었다. 그리고…콘크리트가 깨진 현관 입구 계단 위에 남동생과 내가 서 있는 사진. 동생은 집에서 엉터리로 자른 머리에 어울리지도 않는 물려받은 옷을 입고 있었고, 나는 마찬가지로 부러진 안경다리를 테이프로 붙여 놓은 캣아이 스타일의 낡은 안경을 쓰고 있었다.

상자에는 우리 집을 찍은 사진이 몇 장 들어 있었는데, 모접기한, 판자 지붕을 덮은 집의 외관은 그야말로 풍파에 낡아 있었다. 좀 더 정확하게는 부패하고 있었는데, 여기저기 벗겨진 페인트칠과 몰드가 상해서 엉망진창인 데다, 덧문은 위태로운 각도

Rockwell(1894~1978)은 미국의 화가로 47년간《새터데이 이브닝 포스트》에 321개의 표지 그림을 그렸다. 일상적인 미국의 생활을 대중적으로 표현한 것으로 유명하다.
* 톰 존스Tom Jones(1940~   ). 영국 웨일스의 가수. 본명은 토머스 존우드워드이며 톰 존스라는 예명은 헨리 필딩의 소설인 『기아 톰 존스의 이야기』에 등장하는 주인공 톰 존스를 따서 지은 것이다.

로 걸려 있었다. 뒷마당 사진에서는 땅에 파인 웅덩이—이건 한때 금붕어 연못이었다—를 덮어 놓은 방수천과 현관문의 내장이 훤히 드러나 보였는데, 나무 기둥은 말라서 부스러져 가고 있었다. 진입로 위에서 내려다보는 사진에선 차고 문 앞 쇄석도에 무성하게 자란 1피트 정도 높이의 잡초가 보인다. 이건 아버지가 나가고 난 뒤인 70년대 후반 정도에 찍은 사진일 거다. 운전을 하지 않는 어머니는 차가 필요 없었다. '어셔가의 몰락'이라고, 쥐가 (혹은 더 나쁜 것이) 다락방에서 이것저것을 뒤지며 왔다 갔다 하는 소리가 들릴 때마다 어머니는 종종 말했다. 현관 난간이 덜컹거리며 우리들 손에서 떨어져 나가고, 흰개미들이 썩은 창틀 주위로 몰려들었고, 하나둘씩 떨어진 부엌의 리놀륨 타일은 떨어진 그 자리에 계속 놓여 있었다. 어느 날, 질서를 바로잡아야겠다는 생각으로, 나는 타일을 모아서 한구석에 쌓아 놓았다. 지금 이 사진들을 보면서 벼랑 끝에 선 가족의 해체를 다시 들여다보기란 괴로운 일이었다. 카메라는 그곳에 내내 있었던 것들을 기록할 뿐이지만, 관습과 두려움이라는 싸구려 재료 위에 세운 결혼 생활은 몇 년에 걸쳐 쭈그러들었다.

균열은 하이킹 코스에서 처음으로 분명해지기 시작했다. 내가 사춘기 반항으로 아버지의 트래킹 파트너에서 제외되자 아버지는 어머니를 징집했다. 성질 나쁜 10대 딸과는 달리 아내는 자신이 야외 활동을 좋아한다는 사실을 발견했다. 몇 년 동안 어머니는 아버지의 정식 탐험 동반자가 되었다. 1973년, 몇 달 동안 훈련을 한 뒤 그들은 멕시코로 날아가서 그 나라의 가장 높은 두 봉우리인 포포카테페틀산과 오리사바산의 화산 능선을 공격했다. 그 이후로 그들이 함께했던 유일한 즐거움이었던 등산은 대격돌의 무대가 되었다. 멕시코행이 그들이 함께 간 마지막 여행이었다. 이후 아버지가 설명한 바에 따르면 이야기는 이랬다. "네 엄마가 다른 산에 오르고 싶어 했어. 좀 더 작은 봉우리에 가고 싶어 했지." 사실 어머니는 용감무쌍한 등산가였다. 우리 넷이 마터호른의 첫 번째 오두막으로 올라가다가 눈보라를 맞았을 때, 어머니는 그 경험에 신이 난 유일한 사람이었다. 그녀가 액자에 넣어 이혼 후에도 몇 년 동안 아파트에 전시해 놓았던 사진이 그 증거였다. 사진 속 그녀는 얇은 바람막이와 스카프를 입고 전경에 서 있었다. 10대 딸이 비참한 얼굴로 뒤에서 물에 젖은 스웨이드 부츠를 노려보면서 겁을 먹고 웅크리고 있는 동안, 그녀는 얼굴을 들어 마치 휘황찬란하게 내리쬐는 태양인 듯 눈발을 맞이했다. 어머니는 '다른 산'을 원하지 않았다. 그녀는 다른 동행을 원했던 것이다.

엑타크롬* 슬라이드를 담아 둔 10여 개의 노란 상자들은 치명적인 분기에 대한 증언을 담고 있었다. 상자 하나에는 어머니의 손 글씨로 어머니의 이니셜이 적혀 있었는데, 그건 이 상자에 어머니가 혼자 떠났던 여름 산행 중 하나의 사진이 담겨 있다는 의미였다. 오스트리아 알프스에서 찍은 사진들이 계속 이어졌다. 가파른 길을 성큼성큼 올라가는 모습, 바위 위를 빠르게 움직이는 모습, 비바람 속에서 오렌지색 파카에 푹 파묻혀 있는 모습, 봉우리에서 손을 흔드는 모습. 그을린 피부, 근육질 종아리, 소녀처럼 땋은 머리, 감동을 받은 듯 즐거움으로 빛나고 있는 얼굴. (결혼식과 결혼 초기 사진에서 그렇게 핼쑥하고 절망적으로 보였던 그 얼굴이 말이다.) 그녀는 마흔네 살이었지만, 20대 초반에 찍은 사진들에서보다 젊어 보였다. 혼자 있는 경우는 별로 없

* 코닥에서 발매한 내식內式 컬러리버설필름의 상품명.

었다. 그녀는 웃고, 함께 온 등산객들과 음식을 나눠 먹고, 햇살을 받으며 바위 위에 느긋하게 서 있거나, 초가 켜져 있는 오두막에서 맥주잔을 기울이고 있었다. 하루는 손으로 들고 보는 뷰파인더를 장착하고 어머니가 홀로 떠났던 오스트리아 여행과 이탈리아 북부 돌로미티 여행의 슬라이드 사진을 전부 다 살펴본 적이 있었다. 나는 폴 사이먼이 〈코다크롬 Kodachrome〉*의 가사를 반어적으로 썼다는 것을 알고 있었다. 그렇지만 플라스틱 창을 통해 결혼 생활이라는 칙칙한 벽으로부터 2주 동안 풀려나 갑자기 생기가 돌고 다채로운 색이 더해진 나의 어머니를 엿보는 동안, 폴 사이먼의 노래 가사가 드러내는 의미 그대로 내 머릿속에서 부드럽게 울려 퍼졌다. "코다크롬은 온갖 화려한 색깔들을 가져다주네 (…) 그래서 우리는 이 세상 모두가 화창한 날이라고 생각한다네. 오예…." 이혼하기까지는 4년이 더 걸렸지만, 그 모든 이야기가 바로 이 뷰파인더 안에 있었다. 눈이 멀지 않았다면, 누구에게나 명백한 일이었다.

나는 다른 상자들도 열어 보았다. 같은 시기에 아버지가 혼자 떠났던 여행을 담은 사진들이었다. 프랑스 알프스에서 보낸 첫 여름을 찍은 사진 수십 장은 모두 비슷비슷해 보였다. 하얀 얼음으로 된 드넓은 강이 프레임의 하단을 채우고, 사진의 윗부분에는 칠흑 같은 바윗덩어리가 있었으며, 그것의 거대한 풍채가 태양을 완전히 가리고 있었다. 전체 사진들 속에서 나는 아버지가 등장하는 사진을 몇 장 찾지 못했는데, 두 장 모두 아버지의 두 번째 여름 여행에서 찍은 것이었다. 그때 아버지는 높은

* 코닥에서 1935년부터 판매한 8밀리미터, 수퍼 8밀리미터, 16밀리미터, 35밀리미터 등의 컬러리버설필름의 상표명이다. 폴 사이먼은 이 코다크롬을 주제로 〈코다크롬〉이라는 노래를 만들어 히트시킨다.

봉우리를 오를 때 자신을 이끌어 줄 안내원을 고용했다. 그중 한 사진에서 아버지는 얼음도끼를 들고 절벽면 앞에서 포즈를 취하고 있었다. 다른 사진에서 그는 끝없는 눈밭 위의 하나의 점이었다. 프레임 안에는 아무도 없었다. 이 슬라이드 역시 컬러필름으로 찍은 것이었지만, 그게 컬러인지 어쩐지 알아볼 수가 없었다.

"어디였어요?" 첫 번째 여행에서 찍은 사진을 묘사하면서 아버지에게 물었다. 우리는 통화 중이었다.

"샤모니." 아버지가 답했다. 아버지는 그곳에 오래 머물지 않았다. "나는 거기 산장에 열흘 정도 있었어. 혼자였지. 등반도 혼자 했단다. 혼자 있으면 말이다…" 그녀는 잠시 멈췄다. "웃긴 느낌이란다."

"웃기다고요?"

"마치 인류가 사라진 것처럼 말이야. 네가 지구상에 유일한 인간인 것처럼. 온 세상이 폭탄을 맞았고, 너 혼자 남겨진 거지… 뭐어…." 나는 내가 말하기도 전에 내 말들을 치워 버리는 그녀의 손을 그려 볼 수 있었다. "너무 위험한 일은 하지 않으려고 조심했어."

아버지는 마을에서부터 "몽블랑까지" 등반해서 올라갔다. "대단한 산이었지. 근사했어."

그것은 위협적인 거대한 철 덩어리였다. 그리고 몽블랑 북쪽 측면을 따라 4마일이나 펼쳐지는 유명한 하얀 빙하로 덮인 텅 빈 들판이 메르드글라스였다. 아버지의 여행은 메리 셸리의 괴물이 따라가다 어느 날 자신의 창조주와 만났던 그 길과 같은 경로를 따르고 있었다. 전화를 끊고 나서 나는 책장에서 『프랑켄슈타인』을 뽑았다. 이 소설은 수많은 책들 가운데에서도 수전 스트라이커에게 영감을 주었던 작품이다. 스트라이커의 선언은 그녀의 트랜스젠더 정체성을 메르드글라스의 외로운 괴물이라는 측면에서 표현하고 있었다. "나는 이를 내가 아는 한 직설적으로 말할 것이다." 스트라이커는 "샤모니 마을 위에 있었던 빅토르 프랑켄슈타인에게 보내는 글"에서 이렇게 쓰고 있다. "나는 트랜스섹슈얼이다. 그러므로 나는 괴물이다."

나는 셸리의 공포 소설을 훑어보면서 나머지 오후 시간을 보냈다. "나는 혼자가 아닌가? 비참하게 혼자가 아닌가?" 괴물은 샤모니 마을 위에서 말한다. "인적 없는 산과 황량한 빙하가 나의 피난처요. 나는 여기서 많은 날을 방황했소."

이혼이 확정되기 몇 주 전, 아버지는 자신의 캠퍼에 넣을 수 있는 만큼 짐과 등산용품을 욱여넣고 서쪽으로 떠났다. 그는 모든 것을 뒤로하고 콜로라도의 암벽등반 안내자처럼 가진 것 없는 존재처럼 살겠다고 마음먹었었다. 펜실베이니아 톨게이트에 도착하기 전에, 그는 돌아왔다.

18장

위험에서 벗어나서

아버지의 여든세 번째 생일에 나는 맨해튼의 유대인박물관을 찾았다. 해리 후디니* 특별전이 막 시작한 참이었다. 이 전시회는 추앙받는 탈출의 대가가 가난한 헝가리 이민자에서 '미국의 아이콘'으로 변신하기까지의 과정을 최근 가능해진 사진술과 영화술을 통해 연대기적으로 보여 주고 있었다. 그 과정에서 후디니는 자신의 이름(에릭 바이스)과 부다페스트 출신 성분(네 살 때 그의 가족이 이주했던 위스콘신 애플턴을 출생지라고 주장하며), 그리고 가족의 유산을 떨궈 냈다(랍비였던 머예르 사무엘 바이스가 애플턴의 개혁 유대교회당에서 동화되지 못했다는 이유로 해고당했을 때, 그의 아들은 마술사가 되기로 결심했다). 박물관 전시에서 가장 중요한 작품은 후디니가 그의 이름을 처음으로 알렸던 '변신 마술'을 선보였던 이민 가방이었다. 그는 족쇄를 찬 채로 자물쇠로 잠근 이 가방 안에 감금되어 있었다. 그의 아내 베스가 커튼을 닫고 몇 초 후에 커튼이 다시 열렸을 때, 후디니는 기적처럼 자유로운 몸이 되어 서 있었고, 이번에는 베스가 나

---

* 해리 후디니 Harry Houdini(1874~1926). 미국의 마술사. 수갑이나 자물쇠로 잠근 궤짝 등에서 탈출하는 마술로 유명했다.

무와 금속으로 만들어진 상자 안에 묶인 채로 갇혀 있었다. 후디니는 더 대단한 탈출을 감행했다. 그는 고층 건물에 매달린 밧줄, 크레인에 매달린 구속복, '중국식 물고문 방'에 내려져 있는 차꼬, 이스트강 바닥에 떨궈 놓은 상자로부터 탈출을 시도했다.

박물관에서 나오는 길에 나는 기념품 가게에 들러 사진으로 된 엽서들을 둘러보았다. 대부분의 사진들에서 가슴이 잘 발달한 마술사가 자물쇠를 들고 있거나 철로 된 우리에서 튀어나오고 있었다. 때때로 벌거벗고 있었는데(아무것도 숨기고 있지 않다는 걸 보여 주기 위해서였다), 수갑을 채운 그의 손이 은밀한 부위를 가리고 있었다. 한 카드는 이 마술의 거장이 한껏 멋 부린 모습을 담은 화려한 사진으로 꾸며져 있었다. 눈썹은 완벽한 아치형을 그리고, 기름을 바른 검은 머리는 가운데로 가르마를 타서 깔끔하게 붙였으며, 눈은 도발적인 검은색이었다. 나는 이 사진을 좋아할 만한 헝가리에 살고 있는 후디니 팬을 알고 있다. 그리고 그를 위한 생일 카드로 이 카드를 구매했다.

* * *

아버지가 미국으로 오기 전, 그리고 그 혹은 그녀가 이후에 이어진 이러저러한 정체성의 재발명—미국식 아버지, 마자르 귀향인, '과도하게 꾸민 비유대인 여자' 등으로—에 착수하기 전, 이슈트반 팔루디가 이 모든 정체성의 창살에서 탈출했던 것 같은 시기가 있었다. 1948년 봄, 스무 살이었던 나의 아버지는 카리나란 이름의 배에 올라탔다. 이전에는 미국의 리버티선*이었던 카리나는 당시에는 노르웨이 화물선이 되어 있었고, 스웨덴

* 제2차 세계대전 때 미국이 대량 건조한 수송선.

서쪽 해안에 있는 예테보리 항구에 정박해 있다가 바다를 건너 브라질로 향했다. 그야말로 불가능해 보였던 덫으로부터 기적과도 같은 탈출이었다. 1940년대 헝가리 유대인으로 산다는 것은 온몸이 묶인 채로 잠긴 트렁크에 가둬져 지구의 가장 깊은 강물 바닥에 던져진 것과 같은 상태였다. 기발한 현실 왜곡과 마술을 통해 아버지는 그를 감고 있던 쇠사슬에서 간신히 벗어날 수 있었다.

1948년에 아버지가 도착한 브라질은 그가 방금 떠나온 나라에서 보기에는 완전히 기묘한 민족적 정체성을 가진 나라였다. "모든 피부색과 인종적 구분에 대해 의식적으로 완전히 부정하는 브라질의 실험은, 어떤 것보다 우리의 세계에 혼란과 불행을 초래했던 조광증의 청산에 가장 중대한 기여를 한, 분명한 성공으로 드러난다." 아버지가 사랑해마지 않는 작가 슈테판 츠바이크는 1941년에 이렇게 썼다. 나의 아버지처럼 츠바이크는 전쟁으로 파괴된 대륙을 떠나 브라질로 건너온 중유럽 출신의 유대인이었다. 브라질의 포용적인 에토스는, 적어도 1941년엔, '무한한 안도감'으로 작가를 가득 채웠다. 『미래의 나라, 브라질』에서 츠바이크는 그의 새로운 조국이 "전 세계의 주목뿐만 아니라 존경을 받게 될 것"이라고 믿는 이유에 대해 설명했다.

이른바 인종 혼합의 파괴적인 원리로 알려져 있었던 이 공포, 그러니까 우리 시대의 강박에 사로잡힌 민족 이론가들이 주장하는 '피를 거스르는 죄'란 여기[브라질]에서는 의식적으로 민족 문화를 굳건히 하는 과정으로 활용되고 있다. 이런 기반 위에서 이 나라는 스스로를 천천히 그러나 확실히 세워 왔다. 인종 광신도들이 우리에게 경고해 왔던 '퇴행'적인 모든 특징들을 결여한 채로 같은 기후와 같은 생활 조건에 적응하는 것은 완전히 개별적인 유형을 창조해 온 것이다.

츠바이크는 아프리카인 수만 명을 대상으로 했던 노예무역이라거나, 아메리카 대륙 원주민을 노예로 삼았던 것, 그리고 유대인 난민들에게 그다지 호의적이지 않았던 전쟁 전 독재 정부 등, 브라질에 대해 자신이 가지고 있는 한없이 낙천적인 이미지를 반박할 수 있는 일련의 역사적인 증거들은 누락시켜 버렸다. 어쨌거나 여전히, 츠바이크가 도착했을 때 존재했던 브라질의 국가적 정체성에 대한 비전이란 인종적 순수성에 집착하던 나치 유럽과는 멀리 떨어진 세계였으며, 시오니즘과는 대척점에 있는 희망적인 융합의 세계였다. 그것은 어느 쪽인가 하면 마그누스 히르슈펠트가 스스로를 '세계시민'이라고 선언했을 때 염두에 두었던 '범휴머니스트' 모델을 시사하고 있었다. 츠바이크에게 브라질은 벙커에 숨어 있는 유대 국가로 물러설 필요가 없으며, "영원한 이종교배를 통한 지속적인 동화"로 과거에 대한 증오를 녹여 버릴 가능성을 약속하는 것이었다. 츠바이크는 누구도 '진정한' 브라질인이라는 배타성을 주장할 수 없을 것이라며 기뻐했다. "왜냐하면 역사 없는 인류라는 것보다 더 브라질인다운 것은 없을 것"이기 때문이었다.

* * *

아버지가 '유산'을 보여 주기로 마음먹은 어느 날 오후에, 나는 아버지가 헝가리에서 탈출한 이야기를 좀 더 자세히 들을 수 있었다. 나는 그녀를 따라 나무 계단을 내려가서 차고를 지나 지하실 문까지 갔다. 그녀는 교도관 열쇠고리에 있는 수많은 열쇠 중 하나로 그 문을 열었다. 우리가 문을 통해 들어섰을 때, 내 눈에 처음 들어온 것은 전기 사포와 전기드릴이었다. 아버지의 오래된 블랙앤데커 작업장이었다. 요크타운 하이츠의 지하에 세팅되어 있던 바로 그대로였다.

그녀는 각종 공구로 덮여 있는 작업대 타공판 아래로 손을 훑어서, 줄을 달아 못에 걸어 놓았던 또 다른 열쇠를 찾아냈다. 그리고 그 열쇠를 들고 커다란 철제 보관장으로 갔다. "이게 나의 '금고'야." 아버지가 말했다. "불에 안 타는 재질이라, 중요한 물건들은 여기에 보관하고 있지." 철제문이 열리자, 정작 그곳에는 포장 상자 외에는 그다지 볼 것이 없었다. 그녀는 상자를 꺼내 작업대 위에 올려놓았다. 이 집에 처음 왔을 때부터 찾고 있었던 비밀 상자가 여기에 있었다. 이슈트반의 과거 유물 저장소.

"나한테 무슨 일이 있으면, 이 상자가 여기 있다는 걸 알아 둬라." 아버지가 말했다. 그녀는 뚜껑을 열어 노랗게 된 종이들과 세피아 톤 사진들을 뒤져서, 바스라지고 있는 담황색 작은 정사각형 서류 두 장을 찾아냈다. 서류는 공식적으로 보이는 도장과 이해할 수 없는 헝가리어로 뒤덮여 있었다. Telekjegyzőkönyv가 가장 짧은 단어 중 하나였다. 그것들은 내 할아버지가 페스트의 라데이 9번지와 바치 28번지에 소유하고 있었던 두 채의 아파트와 관계된 증서였다. 그 부동산의 소유권은 각각 1925년 4월 24일과 1925년 5월 4일 날짜로 되어 있었고, 매입가는 각각 25억 코로나와 30억 코로나였는데, 전후 헝가리의 극심한 인플레이션 때문이었다.

"우리 재산을 공산주의자들이 도둑질해 간 거야. 전쟁 후에 말이다."

"그러니까, 헝가리인들이 훔쳐 간 다음에 말이죠." 내가 말했다. 이 '전쟁 동안' 있었던 일이란, 언제나 아버지의 신화에서 흥을 깨는 부분이었다.

"얘애-야, 아니야. 공산주의자들이 그런 거야. 소비에트 공산주의자들." 그녀는 다시 서류를 꼼꼼하게 살펴보기 시작했다. "네가 하는 이야기는 별 의미가 없어." 그녀가 말했다. "공산주의자들이 전쟁이 끝난 뒤 쳐들어와서 헝가리인들에게 속해 있던 사유재산들을 빼앗아 갔거든."

그녀는 상자에서 또 다른 서류를 꺼내들어 테이블 위에 놓았다. 손바닥 크기의 두꺼운 판지에 인쇄된 광고 전단지처럼 보였다. 라틴어로 쓰인 명문 아래로, 한 줄의 타자로 친 단어들과 수기한 글자들이 측면으로 이어지고 있었다. "고등학교 성적표야." 그녀가 알려 주었다.

"이게 성적이에요?" 아버지의 학창 시절을 엿볼 수 있는 이 희귀한 조리개 구멍 덕분에 나는 흥분했다.

"헝가리어문학 과목에 '잘함'이라고 쓰여 있지. 그-으리고 '종교 윤리' 과목에도!"

그녀는 성적표를 상자에 도로 집어넣고 네모난 담황색 문서를 꺼내들었다. 출생신고서였다.

"이슈트반 카로이 프리드먼." 그녀는 소리 내어 읽었다. "1927년 11월 1일, 33세의 예뇌 프리드먼과 24세의 로잘리어 그륀베르거 프리드먼의 아이로 태어남." 성姓 아래에 두 개의 기호가 있었다. "—Fiú. —Izr." —소년. —히브리인. 공산 정권 전까지 모든 출생신고서는 종교를 표시했다. 뒷면에는 추기가 있었는데, 1946년 프리드먼이라는 성이 공식적으로 팔루디로 바뀌었음을 기록하고 있었다. 다른 서류는 이슈트반의 옛날 여권이었다.

표지 안쪽에 발급일이 있었는데, 1946년 7월 5일이었다. 여권 사진 속에는 연필처럼 얇은 수염과 어둡고 불가해한 눈을 한, 아주 젊고 호리호리한 남자가 있었다.

아버지는 수염을 가리켰다. "내 변장술이지." 그녀가 말했다. "우리 아버지도 수염을 길렀었어. 전쟁 중에 말이다. 하지만 그건 유대인처럼 보이기 싫어서였지."

"그럼 아버지는요?"

대답이 없었다. 그리고 말했다. "나는 유대인처럼 보인 적이 없었어."

나의 열여덟 살 아버지는 이 여권을 들고 마찬가지로 젊은 사업 파트너였던 티보르 야블론스키와 1946년에 전후 헝가리를 떠났다. 그들은 공산당이 지원하던 청년 영화 클럽에서 1년 전에 만난 사이었다. 두 젊은이는 덴마크로 향했다. 종내에는 세계의 절반을 돌게 될 여행의 첫 번째 정거장이었다. 새로 세운 회사의 로고가 박힌 막 찍어 낸 명함과 편지지로 무장한 상태였다. 아버지는 그가 디자인했던 문구류 몇 장을 아직도 가지고 있었다. 새로운 사업체의 이름인 '야블론스키앤드팔루디' 옆에 커다란 영화 릴 위를 날아가는 작은 비행기가 양각으로 새겨져 있었다. 야블론스키앤드팔루디는 영화 '수출입' 업체였다.

야블론스키앤드팔루디는 수출보다는 수입을 많이 했다. 머피르트Mafirt로 알려진 새로운 헝가리 공산당 영화국이 폭격으로 파괴된 국가의 영화 창고를 다시 채울 방안을 모색하던 참이었다. 전쟁이 끝나고 1년이 되기 전에, 아버지와 티보르는 머피르트에 접근해 야블론스키앤드팔루디를 스칸디나비아로 보내 주면 새로운 영화를 수집하겠다고 제안한다. "머피르트에서 일하는 사람들이 허가를 내줄 수 있다고 했어." 아버지가 회상했다.

JABLONSZKY & FALUDI

AGENCY FOR SCANDINAVIA AND SOUTHEASTERN EUROPE · HEAD OFFICE NØRAGERVEJ 19 · COPENHAGEN

Film Export – Import

Representatives of
Hungarian Filmindustrial Co. for
Northern Europe and England
Representatives for
Scandinavian Companie's
for the Balcan

Telegramsaddress: Jablofaludi
Copenhagen

"하지만 경고했지. '러시아 기분을 상하게 할 건 가져오지 말라'고. 우리는 말했어. '꿈도 안 꾸죠!'"

두 사람은 덴마크까지 기차로 가려고 했지만 철도가 아직 빈까지밖에 복구되지 않았었다. 몇 주 동안 그들은 코펜하겐까지 태워다 줄 차편을 구하느라 부다페스트에서 방황했다. 그러면서 청년 영화 클럽에 터마시 솜로라는 젊은이가 합류하는데, 그는 라데이 9번지에 살던 유대인 소년이었다. 그의 약사 아버지는 마우타우젠 강제수용소로 추방됐다.

기억에 남을 만한 시간을 보낸 어느 날 밤, 청년들은 페스트 편의 킷캣클럽에 가게 되었다. "대단한 곳이었지." 아버지는 콧수염을 달고 있는 젊은 시절 자신의 여권 사진을 보면서 회상에 젖었다. "남자들이 매춘부를 사러 가는 곳이었어." 그들은 어떤 여자들을 따라 침대에 벼룩이 드글거리는 호텔로 갔다. 아버지는 그곳에서 처음으로 성 경험을 했다. "1달러였어. 모든 서비스를 다 포함해서!" 사실 그날 밤 킷캣클럽에서의 경험은 다른 이유에서 아버지에게 획기적인 사건이었다. "화장실에서 덴마크 남자를 하나 만났어." 아버지가 말했다. 뭔가 그 남자의 국적에 대해 오해가 있었던 탓에 그는 온통 피투성이였다. "그 남자가 제복을 입고 있었기 때문에 나치 잔당이라고 생각했던 러시아인이 그를 총으로 쏜 거야. 하지만 그가 입고 있었던 건 덴마크 적십자 제복이었지." 아버지가 설명했다. "어, 모두가 취해 있었으니까. 어쨌거나, 다행히도 총알은 그를 스쳐 지나갔지." 덴마크인은 세 명의 젊은이를 적십자에서 함께 일하는 동료들에게 소개했다. 그들은 아이들에게 음식을 나눠 주기 위해서 트럭을 타고 중유럽을 돌아다니는 중이었다. 아버지는 기회를 보았다. "나는 그들에게 우리가 영화감독이고, 그들이 하는 모든 서―언행을 영화로 기록할 수 있다고 말했어."

아버지와 티보르는 다음날 덴마크적십자와 함께 출발했다. (터마시는 고등학교 시험을 보기 위해 임시로 뒤에 남았다.) 그리고 헝가리의 북서쪽 시골 마을을 지나 오스트리아로 들어갔다. 카메라를 돌리면서 말이다. "진짜 온갖 쇼를 다 했지." 아버지가 말했다. "헝가리 필름 현상소는 질이 떨어지니까 덴마크로 데려가 달라고 했어. 거기서 영화를 현상할 수 있게."

"영화는 어떻게 됐어요?"

아버지의 얼굴에 교활한 미소가 지나갔다. "다 거짓말이었지. 우리 카메라에는 필름도 들어 있지 않았거든."

적십자는 덴마크로 떠나기 전에 빈에서 몇 주간 머물렀고, 아버지와 티보르는 돈이 떨어졌다. 아버지는 집에 돈을 좀 보내 달라고 편지를 썼다. 예뇌는 아들에게 나폴레옹 금화 몇 개를 부쳐 주었다. 그즈음 헝가리 화폐는 무용지물이었다. 아버지는 싱크대에서 금화를 닦아야 했다. "아버지가 말린 자두 상자에 숨겨서 보내서 온통 끈적거렸지." 그녀는 잠시 생각했다. "'태양 아래에서 잘 익은 자두!' 상자에 그렇게 쓰여 있었어. 재밌지 않니. 이런 것들이 생각난다는 게." 금화도 금방 떨어졌다. 굶주린 두 청년이 미국유대인공동배급위원회AJJDC에서 무언가 얻어먹을 만한 것이 있는지 가 보게 된 건 아버지 아이디어 때문이었다. AJJDC는 홀로코스트 난민들에게 구호품을 나눠 주는 곳이었다. "그래서 우리는 그곳에 가서 구호물자를 좀 달라고 했어. '어디 봅시다. 당신은 대상자군요. 그런데 당신은…'―티보르를 말하는 것이었다―'당신은 유대인이 아니잖아요!'"

맞는 말이었다. 티보르는 가톨릭이었다.

"하지만 그걸 어떻게 알아봐요?"

"어어, 그는 금발이었거든. 위원회에서 나온 사람이 말했어. '우리는 이런 것쯤은 쉽게 확인할 수 있어요. 이쪽 방으로 오세요.'" 그는 티보르에게 바지를 벗어 보라고 했다. 전쟁 중에 모든 유대인 남자들의 두려움이었던 바로 그 일이 벌어진 것이다. 티보르는 분노했다. "그가 말했어. '평생 이렇게 모욕당한 적은 단한 번도 없었습니다! 나는 백 퍼센트 유대인이에요!' 그러자 그남자가 말했지. '알았어요, 알았어. 너무 흥분하지 말아요.'" 티보르는 구호물자를 얻었다.

적십자 단원들이 드디어 해야 할 일을 끝냈을 때, 그들은 거래를 성사시켰다. 그들은 두 명의 젊은 감독들에게 1946년 12월 3일 아침, 빈에 있는 덴마크적십자 건물로 찾아가라고 했다. 그곳에는 그들을 덴마크로 데려갈 '고급 세단'이 기다리고 있을 터였다. 아버지의 기억에 따르면 그 세단은 '부유한 수출업자' 소유였고, 방향감각이라고는 없는 성미가 고약한 운전사가 몰고 있었다. "그건 좋은 일이 아니었지. 독일을 지나가는 길은 위험했거든."

아버지는 다시 상자를 뒤지기 시작했다. 잠시 후 그녀는 얇은 서류철을 하나 꺼냈다. 아버지의 손 글씨로 "과거에서 온 편지"라고 쓰여 있었다. 편지는 두 통밖에 없었다. 한 통은 한 단락 정도의 길이였고, 다른 한 통은 헝가리어로 촘촘하게 쓰인 다섯 장짜리 편지였다. 그녀가 긴 편지를 나에게 건넸다. "너한테는 이 편지가 재미있을 거다." 편지들을 묶어 놓은 클립은 녹이 슬어 양파 껍질처럼 벗겨지고 있었다. 날짜에는 "코펜하겐, 1946년 크리스마스이브"라고 적혀 있었다.

아버지가 첫 번째 문단을 번역해 주었다.

부모님, 버버, 토미, 에버, 미시 보세요.

손에 칫솔 한 자루와 주름 잡힌 바지 두 벌을 들고, 우리는
천국에 도착했습니다. 이제 우리는 코펜하겐 심장부의
구름 위에 앉아, 우리가 경험한 끝없는 혼돈을 떨쳐 내는
중이에요. 우리에게 벌어진 모든 일을 충실하게
말씀드릴게요….

"티보르와 함께 쓴 거야." 아버지가 말했다. 그건 그들이 집
에 보낸 첫 편지, 나치가 휩쓸고 간 유럽을 가로지른 엑소더스의
이야기, 탈출의 연대기였다.

1946년 12월 3일. 새벽 잿빛 속으로 비밀스러운 택시가
한 대 나타나 빈의 덴마크적십자 빌라 앞에 섰어요.
두 명의 졸린 청년이 그 차에서 내렸죠. 가방 여러 개와 타자기,
영사기, 그리고 담요를 들고서요. 이 두 청년이 바로
저희들입니다.

사진을 보고 있는 것보다 더 선명하게 그 장면이 그려졌다.
아버지는 딸이 일할 때 쓰는 도구이기도 한 '타자기'로 이 사진
을 만들어 냈다. 이 젊은 남자에게 그 기계는, 세 개 나라를 가로
지르면서도 계속 들고 다닐 정도로 명백하게 필수적인 물건이었
다. 내가 재촉하자, 아버지는 번역을 계속 이어 갔다.

기사에게 비용으로 500그램 정도의 베이컨을 건네고
나서, 우리는 편안하게 짐 위에 앉아 체스터필드 담배를
피울 수 있었어요. 춥고 비가 내리는, 쾌적한 날씨였죠. 열려

있는 차고 안에는 자동차가 두 대 있었어요. 소형 오펠*과 슈타이어**였지요. 우리가 어떤 차를 타게 될까 추측하면서 차를 살펴보았어요. 담배 몇 대를 태우고 나자, 날이 밝아 왔어요. 빌라 안에 활기가 돌기 시작했고, 사람들이 짐 더미 위에 앉아 있는 우리를 발견했죠. 그들은 바로 차를 마시러 들어오라고 우리를 초대했어요. 비싼 미국제 가구가 갖춰져 있는 빌라 안, 두꺼운 커튼이 드리운 식당에서, 우리는 열 가지 코스가 나오는 아침을 먹을 수 있었어요. 시작이 아주 좋았습니다.

'8시 30분'이 되자, 빛나는 밝은 녹황색 세단이 '커브를 돌아 진입로로 들어왔다.' 덴마크적십자 간호사인 '프로켄Froken(미스)' 룬트가 운전사와 부유한 수출업자('담배를 문 자본가')와 함께 앞좌석에 끼어 앉아 있었다. 룬트는 '영국 여성처럼 보였다.' 아버지와 티보르는 뒷좌석에 올라타 '덴마크어 사전과 덴마크어 교재, 지도, 미국 담배 스무 갑, 진짜 볼로냐 리큐어 한 병, 체코산 사카린 한 봉지, 신발 두 켤레, 버터 500그램, 승마용 스틱 두 개, 덴마크식 살라미, 치즈, 그리고 케이스 안에 든 칫솔을 담고 있는' 가방 두 개를 꼭 끌어안았다.

승마용 스틱이요? 내가 물었다.

"당연하지." 아버지가 말했다. "승마바지도 가지고 있었어. 우리는 고결한 신사들이었으니까." 뭐, 그런 척은 열심히 했었던 셈이다. 성격이 심술궂었던 탓에 아버지와 티보르가 '미스터

* 독일의 자동차 메이커 아담오펠Adam Opel.
** 오스트리아의 자동차 메이커 슈타이어오토모빌Steyr Automobile.

나-나'라고 불렀던 운전사는 걸핏하면 길을 잃었다. 그리고 그들이 히틀러의 고향이었던 린츠를 지나갔던 것은 거의 땅거미가 질 무렵이었다. 그리고 바로 이어 러시아 구역과 미국 구역 사이의 검문소에 다다랐다. 수차례 길을 잘못 들고 여러 시간을 헤맨 끝에, 그들은 독일에 들어섰다.

지루한 풍경을 지나가면서 깜빡 잠이 들었다가 눈을 떴을 때, 우리가 뉘른베르크에서 길을 잃었다는 걸 알았습니다. 초토화된 도시는 죽어 있었어요. 작은 창문이 있는 오래된 집들은 거대한 감옥 같은 인상을 주었지요.

그들은 중세의 중심 도시에 들어섰던 것이다. 1945년 1월 2일, 그곳에서 영국 공군과 미국 공군은 단 한 시간의 폭격으로 건물의 90퍼센트를 파괴하고, 1800명의 민간인을 학살했다. 한 달 뒤 이어진 추가 공격에서 600명 이상의 거주민들이 사망했다. "우리는 미스터 나—나가 죽은 도시를 헤매도록 내버려 뒀어요. 그리고 나서 지도를 꺼내 그 눈물의 계곡을 벗어났죠."

밤이 될 무렵, 그들은 함부르크에 도착했는데, 1943년 7월 말 이후 몇 달 동안 '고모라 작전'이라는 이름으로 행해진 연합국의 폭격으로 인한 큰 화재가 도시를 전부 부수었고(여기에는 건물들의 벽돌도 포함되어 있었다. 프리드먼 가족은 이 벽돌들을 팔아 그토록 큰 부를 누릴 수 있었다), 3만 명 이상의 민간인이 사망했다.

거대한 기중기와 탱크, 부두, 그리고 온통 불에 탄 집이 산을 이루고 있는 주거지역으로 이어지는 으스스한

길들이 서로 앞다투어 우리에게 악랄한 파괴의 현장을
보여 주었습니다. 1킬로미터 1킬로미터 나아가도, 사방에서
오직 잔해만 보일 뿐이었습니다. 폐허 속에 몇몇 건물만이
살아남아 있었습니다. 마치 바다 위의 등대처럼 말이에요.

새벽 3시 즈음, 그들은 '아무도-없는-땅'을 지나서 덴마크
국경에 다다랐다.

붉고 하얀 줄이 그려진 검문소 빗장이 우리 앞에서 천천히
올라갔습니다. 주위를 둘러보는데, 유리벽 너머로 보이는
모든 것이 믿을 수 없고 꿈만 같았습니다. 우리는 작은 탑들이
많아서 작은 궁전처럼 보이는 하얀 건물 앞에 서 있었어요.
우리가 탄 차와 건물 사이에는 안전지대가 있었는데, 세 명의
국경 경비병이 마치 오페레타의 한 장면처럼 모두 밝은 청색
제복을 입고, 서로 팔을 건 채로 걸어 다니고 있었어요.
    우리는 이 해피엔딩을 완벽하게 만들기 위해서 좋은 향이
나는 체스터필드 담배를 꺼내서 이 금지된 물품을 오페레타
군인들에게 건넸어요. 그리고 차에 앉아 그 남자들에게 인사를
하면서, 우리의 승리를 즐기기 시작했죠. 1킬로미터쯤 갔을
때, 우리는 리큐어를 뜯었어요. 여기까지 함께 온 동반자들이
함께 즐거워해 줬고, 덴마크어로 인사를 건넸죠. Velkome til
Danmark!(덴마크에 오신 걸 환영합니다!) 그리고 우리는
마치 동화 속에서처럼, 작고 아름다운 하얀 집들에 둘러싸여
근사하고 깨끗한 길을 달렸어요. 행복에 취해 리큐어를
마신 후라 우리는 잠이 들었죠.

운전사는 아버지와 티보르를 덴마크의 서남부 항구도시인 에스비에르에 내려 주었고, 두 청년은 동쪽에 있는 뉘보르에서 코펜하겐행 '초현대적' 페리에 오르기 위해 기차에 탔다.

> 코펜하겐은 너무 훌륭해서, 아무리 있어도 질리지 않아요. 화려한 아파트와 아름다운 쇼윈도로 된 커다란 현대식 집들이 있죠. 아주 멋지고 넓고 끝이 보이지 않는 곧은 대로 위에는 차들이 아주 많아요. 어디에나 길거리에는 식당들이 줄지어 있죠. 버터를 바른 빵에서 캐비어까지, 캔디에서 케이크까지, 질레트 면도기에서 작은 손전등에 이르기까지, 모든 것을 밤이건 낮이건 25외레에서 2크라운 정도에 구할 수 있어요. 우리는 눈을 크게 뜨고 매우 활동적으로 움직이고 있어요. 꼭 성공할 거예요. 최근에 큰 규모의 덴마크 영화 스튜디오 두어 군데와 협상하고 있어요. 아침부터 저녁까지 영화를 보고 있답니다.
>
> 모두에게 키스를 보냅니다.
>
> 피슈터와 티비 드림

아버지는 '과거로부터의 편지'를 서류철 안에 다시 넣었다.
"아름다운 문장이네요!" 내가 외쳤다.
"어어, 우리는 P. 하워드풍으로 써 보았지." 아버지가 말했다. P. 하워드, 이름하여 예뇌 레이퇴. 헝가리 통속소설 작가로, 사기꾼들이 등장하는 그의 탐정소설은 아버지가 젊었을 때 큰 인기를 누렸다. 아버지는 여전히 그의 팬이었다. 그녀의 책장에 P. 하워드의 방대한 컬렉션이 꽂혀 있었다. "그는 마치 영국 작가의 소설을 헝가리어로 번역해 놓은 것처럼 썼지." 아버지가 설명했다. 말하자면, 그가 영국인 기독교도 작가처럼 썼다는 의미였다. 레이퇴는 전쟁 중에 유대교도 작가의 출간이 법으로 금지당하자 자신의 종교를 숨겨야 했다. 1942년 늦가을, 화살십자당에 소속된 신문이 'P. 하워드'의 진짜 정체성을 폭로한다. 레이퇴는 우크라이나에 있는 강제 노역장으로 보내졌다. 몇 주가 지나지 않아 그는 사망했다.

아버지가 선보였던 사기 행각은 레이퇴의 소설 속 사기술보다는 좀 더 행복한 결말로 이어졌다. 덴마크에 도착한 지 몇 주 후, 이슈트반과 티보르는 코펜하겐에서 스톡홀름을 지나 런던으로 여행했다. 그들은 열두어 개의 영화 배급사에 접촉했고, "러시아인들을 기분 나쁘게 하지 않을" 열다섯 편의 영화를 중개했다. 그 성과에는 〈시저와 클레오파트라〉, 〈심야의 탈출〉과 함께 아버지가 가장 좋아하는 〈디테〉, 〈차일드 오브 맨〉 등이 있었다. 마지막 작품은 타락한 어머니에게 버림받은 어린 소녀에 대한 덴마크 멜로드라마였다. 그런 후 코펜하겐 필름 현상소에 영화 카피를 만들어 달라고 부탁을 한 뒤, 머피르트에서 자신들의 작업에 대한 수수료를 받을 것을 기대하고 일시적으로 귀국했다. 부다페스트 공항에서 세관 공무원들은 그들을 저지한 뒤 여권을 빼앗았다. "징집 대상 연령이니까 군복무를 해야 한다고 하더라고."

아버지의 생각은 달랐다. 그는 불과 2년도 안 된 과거에 그의 '민족'을 강제 노역에 차출해서 노예화하고 무기도 주지 않은 채 사지로 내몰았던 군대에 복무할 생각이 없었다. 다음날 머피르트 문이 열리자마자 흥분한 청년이 사무실로 다급하게 뛰어들어갔다. "그 사람들한테 외쳤지. '아, 이건 지인-짜 큰일이 났어요! 코펜하겐 필름 현상소 사람들이 우리가 아니면 영화를 넘기지 않겠다고 하네요! 우리가 돌아가지 않으면 상황이 좋지 않겠어요.'" 그는 공산당 지도부에도 같은 메시지를 전달하면서 코펜하겐에 새로운 헝가리 공산당 영사관을 설립하겠다고 약속했다. 자신이 '의장'이 되고, 티보르가 '문화 담당관' 역할을 하겠다는 것이었다. "나는 그들이 듣고 싶어 하는 말이 뭔지 알고 있었지." 며칠 후 두 청년이 새로운 여권을 받아서 덴마크행 비행기를 탈 수 있었던 것을 보면, 그의 말이 맞았던 모양이다.

그들은 코펜하겐에 창이 있는 집을 구했다. "건물 뒤쪽이었는데, 정원이 내려다보였단다." 아버지가 이야기했다. "각자 침대가 있었어. 그–으리고 이불도 따로 쓸 수 있었지." 전쟁이 모든 것을 앗아간 두 명의 헝가리인에게는 말할 수 없는 사치였다. 그리고 곧, 길에서 만난 그 지역의 10대 소녀들을 몇 시간이 걸리지 않아 그들의 침대로 끌어들일 수 있었다. "덴마크 사람들은 까다롭지 않았어." 아버지는 호감을 가지고 회상했다.

아버지는 체류 기간을 연장하기 위해서 라더이 9번지 세입자이자, 어머니 로지와 어울려 놀았던 당시 소지주당 당수 페렌츠 너지에게 부탁했다. 너지는 1946년에 수상이 되었다. 그는 손을 써서 그렇게 해 주었다. 몇 달 후, 아버지는 너지에게 다시 연락을 취했다. 이번에는 라더이 9번지에 함께 살았던 그의 친구이자 영화 클럽의 동료 멤버였던 터마시 솜로가 여권을 받아 덴마크로 오도록 돕기 위해서였다. 다시 한 번 너지는 방법을 찾아냈다. 나는 그제야 아버지가 왜 가족의 부동산을 되찾기 위해서 우파인 소지주당에 의지했는지 이해할 수 있었다.

1948년이 되었을 때, 세 청년은 비자가 만료되었음을 경고하는 편지를 받는다. 공산당은 너지를 이미 반년 전에 축출했고, 그는 미국으로 망명한 후였다. 이전 소지주당 당수는 이슈트반

Nr. 139401 -1-

II.

44 oldalt tartalmaz.
Contient 44 pages.

ÚTLEVÉL — PASSEPORT.

MAGYARORSZÁG   HONGRIE

Az útlevél
száma :   6134
No du
passeport :

A tulajdonos   *Faludi / Friedmann/*
neve :   *István*
Nom du
titulaire :   *Etienne*
                    Faludi /Friedmann/

A vele utazó
feleségének neve :
Accompagné
de sa femme :

Vele utazik   gyermeke.
et de ses   enfants.

Állampolgársága : *magyar.*
Nationalité : *hongroise.*

Az útlevél tulajdonosának aláírása :
Signature du titulaire :

A kiállító
Par ordre du Préfet de police.

Az útlevélkiállító hatóság
aláírása és
pecsétje (nedves-
pecsét) :

Signature et timbre
(humide) de l'autorité
ayant délivré
le passeport :

rendőrezredes
Colonel de police.

8127
/946

의 부탁을 받아 버지니아주에서 다시 한 번 편지를 썼다. 아버지는 덴마크어로 번역해 공증을 받은 너지의 편지를 지퍼락 봉지에 넣어 그녀의 비밀 상자에 보관하고 있었다.

전前 헝가리 수상이자, 지금은 미국 버지니아주 헌든에 살고 있는, 나 페렌츠 너지는 영화 기사인 이슈트반 팔루디가 잘 아는 사람임을 보증합니다. 그는 내가 수상인 시절에 나의 요청으로 동료인 티보르 야블론스키와 터마시 솜로와 함께 해외여행을 할 수 있도록 여행 허가를 받았습니다. 그러므로 그들은 헝가리로 돌아갈 수 없습니다. 헝가리는 지금 완전히 공산 정권하에 놓여 있으며, 따라서 그들이 돌아가면 공산당의 정치적 박해를 피할 수 없을 것입니다. 이슈트반 팔루디와 그의 동료들에 대해 관할관청의 선처를 부탁드립니다.
　　—페렌츠 너지, 버지니아주 헌든, 1948년 4월 14일.

그즈음 터마시 솜로는 스웨덴인 여자 친구와 스톡홀름으로 이사를 했다. 헝가리 공산 정부는 더 이상 서구 영화를 필요로 하지 않았다. 덴마크에 있는 청년들의 시간은 줄어들고 있었다.

코펜하겐에서의 어느 날 밤, 티보르와 아버지는 브라질 관광청에서 후원한 강의에 참석했다. "거기에서 짧은 동영상을 보여 줬어. 코파카바나 해변을 찍은 아름다운 영상이었지." 바로 다음 날 아버지는 브라질 영사관에 들려 어떻게 하면 브라질을 방문할 수 있는지 문의했다. 카운터 건너편에 앉아 있던 남자는 그의 여권을 살펴보면서 남아메리카에는 갈 수 없는 여권이라고 말했다. "그래서 혼자 생각했지. 아, 그럼 남아메리카에 갈 수 있는 여권으로 만들면 되겠네." 그는 공식적인 것처럼 보이는 휘장을 하나 그려서 인쇄소에 내밀었다. "이렇게 말했지. '우리가 작은 회사를 하나 운영하고 있는데요, 이걸 우리 회사 도장으로 쓰고 싶어요. 내일 아침까지 완성되겠죠?'" 인쇄업자는 그림에 적힌 글자가 무슨 뜻인지 알고 싶어 했다. "'그냥 헝가리어예요'라고 답했지. 그러자 더 이상 궁금해하지 않았어." 사실 거기에 쓰여 있던 내용은 '북아메리카와 남아메리카용 비자'였다.

아버지는 그 도장이 찍힌 면이 나올 때까지 여권을 넘겼다. "여기 보이지? 내가 불어로 뭐라고 써 놓은 부분." 아버지가 말했다. "그리고 나는 북아메리카에 줄을 그어 지워 버렸어. 좀 더 합법적으로 보이도록 하기 위해서 말이야. 어, 그즈음에는 워낙 다반사로 하던 일이라."

"뭘요?"

"조작하는 일."

몇 주 후, 아버지와 티보르는 기차를 타고 스웨덴 서부 해변으로 갔다. 세관원이 그들의 여권을 살펴보고 나서 '합법적'이라고 판단하고 나자, 그들은 카리나에 승선할 수 있었다. 코파카바나의 백사장으로 향하게 된 것이다. 바다를 건너는 데는 2주 하고도 사흘이 꼬박 걸렸다.

"리우를 처음 본 순간을 기억해." 아버지가 말했다. 꿈을 꾸는 듯한 눈빛이었다. "늦은 오후였지. 산과 하늘이 서로 맞닿아 있는 것 같았어. 그리고 갑자기 배에서 라디오가 꽝꽝거리며 광고를 하기 시작했지." 그는 포르투갈어로 된 광고 노래를 흥얼거렸다.

"그게 뭐예요?"

"삶의 의지를 가지고 침대에서 벌떡 일어나세요. 당신의 복통은 이제 사라졌으니까요!"

"그걸 아직도 기억하네요."

"당시에는 광고가 별로 없었으니까."

두 청년은 해변을 거닐고 빈민가를 둘러보면서 첫날을 보냈다. "게다가 카메라를 들고 다녔어." 아버지가 떠올렸다. "사람들이 '위험할 텐데!'라고 했지만, 우리는 신경 쓰지 않았어." 세계대전 생존자들에게 위험이란 상대적인 개념이었다.

브라질의 민족에 대한 무관심이 얼마나 훌륭하건 간에, 아버지와 티보르는 일이 필요했고, 직업을 찾기 위해서 헝가리 이민자들을 찾아갔다. 우리는 "글러우시우스라는 이름의 남자를 만나러 갔어. 그는 지─인짜 헝가리인이었지." 아버지는 말했다. "유대인도 아니었고." 글러우시우스는 아버지와 티보르를 두 명의 형제들에게 소개했는데, 그들은 "코파카바나에서 여자들 머리를 다듬어 주는 미용사들이었어." 그들도 마찬가지로 매우 헝가리인다웠다. "형은 베이컨을 헝가리식으로 먹었어. 한 손에는 빵, 베이컨, 파프리카, 양파를 잡고, 다른 한 손에는 나이프를 들었지. 그리고 크게 한 조각 썰어서 나이프로 찍어 먹었지. 진정한 마자르 농부랄까!"

우연의 연속은 계속되었다. 그 '농부'는 우연히 텍사스에서 온 미국 공군 대령의 아내의 머리를 만지게 되었는데, 대령은 두 헝가리 청년을 저녁 식사('커다란 스테이크를 굽는 바비큐!')에 초대했다. 마침 그는 브라질 정부 산하 지리통계연구소의 자문을 맡고 있었는데, 이곳에서는 브라질에 대한 항공감시 사진을 지도에 활용하고 싶어 했다. 하지만 지도 제작용으로 이미지를 전환하는 것에 실패한 참이었다. 아버지는 연구소의 지도 제작자를 만나 사진 속 세부 묘사를 잃지 않으면서 이미지를 전환할 수 있는 방법을 제안했다. 그 방법은 성공했고, 아버지와 티보르는 연구소 사진 부서에 고용되었다.

"사실, 우리가 들어가서 사진 부서가 생긴 거야." 아버지가 말했다. "그리고 터마시가 왔어. 사진 부서는 세 명이 되었지."

터마시 솜로는 돌고 돌아서 브라질에 도착했다. 스웨덴 여자 친구 아버지(그는 딸과 이 난민 남자 친구를 어떻게든 떼어놓고 싶었다)의 도움을 받아 터마시는 부에노스아이레스행 임시 비자를 받을 수 있었고, 그곳에서 그는 나의 아버지가 지리연구소에 자리를 얻어 그에게 비자를 만들어 주기까지 거의 1년 가까이 접시를 닦으며 기다려야 했다. "연구소장에게 말했지." 아버지가 회고했다. "터마시는 '헝가리 사진 팀'에서 없어서는 안될 일원이라고."

아버지는 '과거로부터의 편지' 서류철에 손을 뻗어서 그 안에 있던 다른 편지 한 장을 꺼냈다. 날짜에는 "리우, 1950"이라고 쓰여 있었다. 리우데자네이루에 있는 피슈터 팔루디가 부에노스아이레스에 있는 토미 솜로에게 쓴 편지였다. 터마시의 브라질행이 임박한 시점이었다.

토미에게,

우리가 너의 멋진 존재로부터 도망칠 수 없다는 사실을 알리는 네 편지를 받고 우리는 너무 행복했어. 아마존의 악어에서부터 델의 팜파스에 이르기까지 온 브라질이 우리와 함께 애석해하고 있어. 1월 2일에 그들 모두는 검은 깃발을 꺼내 들고 항복을 선언할 거야. 내년에는 심지어 새로운 대통령을 선출해야 할지도 모르지. 왜냐하면 네가 이곳에 있다면 두트라*가 더 이상 나라를 책임질 수 없게 될 테니까.

* 이우리쿠 가스파르 두트라 Eurico Gaspar Dutra(1883~1974). 브라질의

이 역시 또 하나의 P. 하워드／예뇌 레이퇴의 모사였던 모양이다. 그렇다고는 해도 여전히, 나는 노랗게 바래져 가는 인쇄용지에서 튀어나오는 멋지고 재치 있는 목소리에 놀라고 말았다. 이렇게 사교적인 남자는 어디로 가 버린 것인가?

> 네가 새벽 1시에 도착한다니, 정말 똑똑한 선택이야.
> 그때 온다면 아무도 네가 도착했다는 걸 모를 테고, 너는
> 공항에서부터 우리 집까지 수백 미터나 되는 거리를 열사병
> 없이 통과할 수 있겠지. 아직 포르투갈어를 할 줄 모른다고
> 걱정하진 마. 최근 리우에는 헝가리 사람들이 아주 많아져서,
> 누군가에게 포르투갈어로 말을 거는 것이 허세처럼 보일
> 지경이야. 무엇보다 중요한 건 네가 안전하게 도착하는 거야.
> 다른 문제들에 대해서는 네가 도착한 다음에 의논해 보자.
> 네가 산토스두몬트공항에 도착하는지 갈레앙공항에
> 도착하는지는 우리가 알아볼게.
>
> 뜨거운(35°C) 사랑을 담아, 피슈터

편지의 밑단에는 수기로 이렇게 덧붙여져 있었다. "금발 미녀들의 주소도 가지고 와—티보르."

처음에 세 사람은 사무실에서 무료로 기거했다. 시간이 지나서 터마시는 코파카바나에 방을 빌렸고, 아버지와 티보르는 리우의 글로리아힐, 아우테리오영광의성모성당 아래에 있는 작은 집에서 함께 살았다. 그러나 대체로 이 청년들은 오지로 나가 과학자나 가이드와 함께 일대일로, 혹은 온전히 혼자 여행을 하

군인 출신 정치인으로 제16대 브라질 대통령을 지냈다.

면서, 세계에서 다섯 번째로 큰 나라의 방대한 생태와 인간의 다양성을 사진에 담았다. "그때 갔던 곳들은 대부분 말이나 비행기를 타고 가야 하는 곳이야." 아버지가 말했다. 그는 브라질 서남부의 마투그로수고원, 파라나의 아열대 정글, 브라질 중부 고이아스주 고원지대와 사바나 지역, 그리고 아마존의 열대우림 등 종횡으로 누비고 다녔다. 아버지와 그의 가이드는 약속했던 배가 오지 않을 때에는 작은 나무 보트를 타고 마나우스까지 항해를 했고, 그곳에서 아마조나스극장을 발견한 젊은 이슈트반은 황홀경에 빠졌다. 아마조나스극장은 19세기 말 고무를 팔아 부자가 된 부호의 돈으로 지은 오페라하우스였다. 아버지는 '고층건물 높이'의 나무들과 '바다처럼 보였던' 강을 사진에 담았던 것을 떠올렸다. 다른 때에는 연구소의 연구원들이 사회학적인 탐구를 하기 위해 나간 출장에 동행하며, 고무 농장이나 코코아 농장 일꾼들, 고대 무속춤을 추는 아프리카 무당들, 그리고 세라도 열대우림 지대에서 야생 소떼를 사냥하는 유목민 가우초들을 시각적으로 기록했다. 그중 유목민은 아버지의 상상 속에서 떠나지 않았다. "가우초들은 이렇게 작은 말을 타고 다녔는데, 마치 갑옷처럼 머리부터 발끝까지 가죽으로 뒤집어쓰고 있었어!" 그녀는 경탄했다. "말에도 그런 걸 입혀 놓았더랬지. 안 그러면 카팅가에 온통 찢겼을 거야." 카팅가는 그야말로 살인적인 가시를 가진 덤불이었다. "마치 중세 기사들 같았단다. 그 옷을 가지고 싶었지."

"브라질에서 찍은 사진들은 어디에 있어요?"

그녀는 몰랐다. 나는 오래전 '브라질'이라고 표시되어 있던 커다란 필름 릴 몇 개가 요크타운 하이츠의 책장 위에서 먼지를 뒤집어쓰고 있었던 것이 희미하게 기억나는데, 브라질 사진은 그것들과 함께 사라졌다. 브라질에 도착했을 때에도, 아버지는 여전히 감독의 꿈을 품고 있었다. ("유명한 헝가리 감독!" 그는 지리연구소 쪽에 "사진 부서뿐만 아니라 영화 부서가 정말 필요하다"고 설득했다. 그리고 영화 제작용 카메라를 구하러 다녔다.) "아마추어용이 아니라, 진짜 카메라를 구하려고 했지." 그는 리우에서 이전에 촬영감독이었던 사람을 찾았는데, 그는 브라질로 도망 온 전 나치 당원이었으며, 아스카니아 카메라*를 팔 생각이었다. 아버지는 기뻤다. 현대 기술의 절정이라고 할 수 있었던 아스카니아는 어깨에 들고 다닐 수 있을 정도로 가벼운 35밀리미터 카메라였으며, 그가 추앙하는 영화계 우상이 가장 좋아하는 카메라였다. "레니 리펜슈탈 역시 1936년 올림픽에 등장한 히틀러를 찍을 때 같은 카메라를 썼단다!"

아버지의 감독 데뷔작은 상프란시스쿠강ㅍ에서 진행되었던 랜드마크 건설 프로젝트에 대한 다큐멘터리였는데, 브라질의 가장 큰 발전소인, 260피트의 자연 폭포수를 이용한 파울루아폰수 수력발전소 건설에 대한 것이었다. "세실 B. 드밀에 대적할 만한 아이디어가 있었지." 아버지가 말했다. 아버지는 공사장의 크레인을 이용해서 허공에 매달려 화려한 트래킹숏을 찍었다. "어딘가 크레인 상자에 들어가 있는 내 모습을 찍은 사진이 있을 텐데." 그는 또한 바이아에 있는 공군 비행장에서 좌석 두 개와 개방형 조종석이 있는 복엽비행기를 주문했다. "우리는 협곡 사이를 날아다녔고, 때로는 동굴을 지나 바닥으로 내려갔지." 지상에서 그들은 독수리를 피해야 했다. "독수리랑 부딪히면, 비행기가 추락하니까. 그렇게 뒤집히는 비행기들이 꽤 많았어." 독수리

* 독일의 영화용 35밀리미터 카메라.

문제가 심각해서 "이런 말도 있었어. 'Urubu pousou na minha sorte!'" (독수리가 내 운에 착륙했다!)

쉬는 날에는 그와 두 명의 헝가리인들은 연구소 사무총장이었던 크리스토밤 레이테 데 카스트로의 집에서 카드놀이를 했다. "상류층이었어." 아버지가 말했다. "그리고 우리에게 잘해 주었지. 우리의 후견인이었어." 귀족들과 어울리지 않을 때에 트리오는 해변이나 사창가에 여자를 만나러 갔다. "평판이 안 좋은 가게에서 임질이 걸리기도 했어." 아버지는 리우의 약국에서 치료약을 구했다. "뒷방으로 데려가서 페니실린을 한 방 놔 줬지." 한동안 이 젊은 남자들은 코파카바나 사창가의 한 업소를 즐겨 찾았는데, 이름은 '더 팰리스'였다. "그 이름은 좀 과장이었어." 아버지가 말했다. 가게는 구멍처럼 작았다. "마담은 지저스라는 이름의 트랜스베스타이트였는데, 1층에서는 술집을 운영하고 있었지." 아버지는 그다지 술을 많이 마시지 않았지만, 주문을 하는 건 좋아했다. "'지저스, 여기 맥주 한 잔!'이라고 소리 지를 수 있었으니까." 티보르는 해변에서 작업을 건 인디언 여자와 엮였다. 그녀의 이름은 이레네였지만, 그는 그녀를 잉카라고 불렀다. 그녀는 그들의 집에서 가정부로 일했다. 한동안 아버지는 카니발에서 만난 아프리카-인디언 혼혈 여자와 데이트를 했는데, 그녀 역시 가정부였다. 그는 그녀가 '똑똑하고 여유가 있어서' 좋아했다.

카니발 축제 기간 동안, 아버지는 대체로 프랑스 뱃사람으로 차려입었다. "굉장히 색이 화려한 줄무늬 폴로가 있었거든. 아주 말랐던 터라, 자신감이 있었지." 그가 브라질에 도착하자마자 얻었던 애완동물로 선원 이미지를 확실히 만들 수 있었다. 아마존 녹색 앵무새였다. 그 새는 언제나 아이를 불러 대는 옆

집 할머니로부터 배운 특별한 기술을 가지고 있었다. "여자들 목소리 흉내를 정말 잘 냈지!" 아버지는 그 새에게 '로이라'라는 이름을 붙여 주었는데, 포르투갈어로 블론디, 금발 여자라는 뜻이었다. "블론디는 초록색이었지만, 이마에 노란색 털이 있었어." 앵무새는 아버지 집 현관 새장에 살았다. 아버지는 언제나 새장 문을 열어 두었다. "로이라는 '로이라는 커피를 마시고 싶어'라고 말할 수 있었지. 커피랑 케이크를 먹을 때, 같이 먹곤 했어."

"크로스드레싱을 해 보고 싶지는 않았어요?" 아무런 편견 없이 어떤 옷이든 입어도 괜찮았을 카니발의 무한한 가능성을 떠올리면서 물어보았다. "브라질은 지구상에서 가장 성적으로 자유분방한 곳 중 하나잖아요."

아버지는 나에게 비판적인 눈빛을 보냈다. "나는 너무 자유분방해지고 싶지는 않아." 그녀가 말했다. "어쨌거나, 그러진 못했어. 티보르와 같이 살고 있었고, 걔는 그런 애가 아니었거든."

1950년, 티보르가 미국 비자를 신청하면서 아버지에게도 함께 하자고 제안했다. "크게 관심이 있지는 않았어." 아버지가 말했다. "그곳에서 행복했거든." 미국은 당시 헝가리인의 이민에 엄격한 쿼터를 지키고 있었지만, 3년 후에 비자가 발급됐다. "그때가 됐을 땐 정작 티보르는 미국으로 가고 싶어 하지 않았어. 하지만 나는 가고 싶어졌어."

새로운 정권이 들어섰고, 연구소에 있던 아버지의 상류층 '후견인'은 자리에서 물러났다. "새로 온 상관은 육군 무관이었어." 아버지가 말했다. "군인은 모두 멍텅구리들이야." 다른 문제도 있었다. "새로 온 사람은 '외국인'을 좋아하지 않았어." 아버지가 말했다. 헝가리에서 '외국인'이란 유대인을 의미하는 코드였다. "나한테 별로 좋지 않을 거란 걸 알겠더라구." 아버지는 비자를 받아서 떠날 준비를 했다.

그의 헝가리 동포들은 브라질에 남았다. 터마시는 잘나가고 있었다. TV 리우에서 뉴스 부서를 담당하게 되었고, 자신의 제작사를 차려서 코카콜라, IBM을 비롯한 주요 회사들의 광고를 제작했다. 몇 십 년 전 아버지가 마지막으로 듣기로는, 터마시는 아름다운 피아니스트와 두 번째 결혼을 했다고 했다. "살았는지 죽었는지도 모르겠네." 최근 아버지는 오래된 주소록을 뒤져서, 터마시와 관련된 전화번호에 전부 전화를 걸어 보았다고 했다. 모두 연결이 끊어진 상태였다.

그녀는 티보르의 운명에 대해서는 알고 있었다. 행복한 결말은 아니었다. 아버지가 떠난 뒤 티보르는 '잉카'와 살림을 합쳤다. 그는 지리연구소에서 계속 일했지만, 결국은 끝없는 좌절로 이어진 무기력함 속에서였다. 위스키 같은 독주를 많이 마셨고, 1967년 간경변으로 세상을 떠났다. 죽기 직전, 티보르는 잉카와 결혼했다. 그녀가 자신의 정부 연금을 상속받기를 바랐기 때문이었다.

"티보르는 헝가리를 떠나면 안 됐어. 그는 나나 터마시 같지 않았지." 아버지가 말했다. 말하자면 '그렇게-쉽게-동화되는' 유대인이 아니었다는 의미다. "티보르는 헝가리 밖에서는 능력을 제대로 발휘하지 못했어. 그런 사람들은 뿌리가 잘리면 시들어 죽고 말지. 나는 그런 문제가 없었지만."

하지만 아버지가 브라질에서 있었던 일 중 가장 아끼는 것은 그 뿌리를 찾는 것과 관계되어 있었다. 상파울루를 향한 탐험에서, 아버지는 특정한 민족성을 지닌 숨겨진 공동체가 덤불 속에서 번창하고 있다는 소문을 들었다. 그는 지프 운전사를 고용해서 운전해서 가기 힘든 비포장도로를 달려, 이가 딱딱 부딪히는 몇 날 며칠을 지나고 수차례 길을 잘못 들기를 반복하던 중에 그가 찾고 있었던 것을 발견했다. Árpádfalva, 즉 아르파드 마을, 파라나강 근처의 헝가리 마을이었다. 마자르족이 카르파티아 분지를 정복할 때, 그들을 이끌었던 부족장의 이름을 따서 이름 붙인 것이었다.

마을 거주자 300명은 1920년 이민을 와서 교회와(교회는 물론 성 이슈트반의 이름을 따랐다) 학교를 지었는데, 학교에서는 수년간 모든 교육을 헝가리어로 진행했다. 아버지는 특히 한 헝가리 농부의 확대가족에게서 감명을 받았는데, 친족이 너무 많아서 그들을 집 앞에 세워 놓고—초가지붕을 얹은 매우 전통적인 헝가리식 오두막이었다—한 프레임에 담기 위해 엑스트라-와이드 렌즈가 필요했다. 아버지의 묘사를 들으니, 문득 그의 컴퓨터에서 '가족'이라고 표시되어 있었던 폴더 안에 있던 사진 한 장이 떠올랐다. 1943년, 사무엘과 프리다의 금혼식에 모인 프리드먼 가족을 찍은 사진이었다.

"나는 헝가리식 가족을 좋아해." 아버지가 슬픔에 잠겨 말했다. "그 사진들을 아직도 가지고 있다면 좋았을 텐데."

* * *

집으로 돌아온 몇 주 후, 나는 구글에서 터마시 숌로의 의붓딸의 소식을 찾아냈다. 아버지가 그녀가 미국에 있을지도 모른다고 말했었다. 알고 보니 그녀는 페이스북에 있었다. 며칠 안 되어, 나는 터마시의 전화번호를 얻을 수 있었다. 그는 은퇴해서 브라질리아에 건강하게 살아 있었다.

"헝가리를 떠날 때 당신 아버지 도움을 정말 많이 받았어요."

터마시는 우리가 통화할 때 말했다. "브라질에 올 때도 말이죠. 그리고 취직을 할 때도." 터마시는 자신이 '노련한' 사진작가였다고 말하면서, 이렇게 회상했다. (사실 터마시는 전문적인 사진 분야에는 경험이 전혀 없었고, 브라질에 도착한 후에야 정신없이 사진술을 배워야 했다.) 터마시는 아버지가 그에게 비자를 내주기 위해서 썼던 편지를 가지고 있었다. "정말 빚을 많이 졌지요." 그는 현재 지리연구소에서 일하고 있는 선임 연구원에게 연락을 취해 보라고 했다. 그가 헝가리 트리오와 그들이 브라질 사진 기술 형성에 기여한 중요한 역할에 대하여 이론적 논문을 썼다고 했다. "그분들은 사람과 풍경을 찍는 데 있어 새로운 비전을 가져왔죠." 우리의 대화 도중에 연구자인 베라 루시아 코르테 아브란테스가 말했다. "그분들은 귀중한 유산을 남겼어요." 마침, 그 유산은 이제 전자기기로 볼 수 있었다. 연구소가 그 시절에 찍은 사진들을 디지털자료로 바꾸어서 웹사이트에 올리는 중이었다.

30분 후, 나는 내 눈 앞에 있는 것을 보며 입을 다물지 못하고 컴퓨터 앞에 앉아 있었다. 영원히 사라졌을 것이라고 생각했던 작업의 방대한 자료를 자판 몇 개 친 것으로 찾을 수 있었던 것이다. 늦은 오후에 나는 'Fotógraph'이라고 되어 있는 네모 칸에 'Faludi'라고 치고 또 쳤다. 그리고 음울한 풍경, 햇살이 떨어지는 항구, 지저분한 마을, 거친 피부의 농부, 카우보이, 어부, 누더기를 입고 배가 부풀어 오른 맨발의 아이들 등을 담은 수십 장의 사진들을 내려받았다. 이 사진들에는 다큐멘터리 작가의 감성이 살아 있었다. WPA* 스타일이지, 콘데나스트 스타일은 확

---

* 미국 공공사업진흥국 Work Progress Administration.

실히 아니었다. 카메라 뒤에 있는 시선은 관찰력이 있었고 가차 없었다. 이 디지털 아카이브에는 다 낡은 유럽식 프록 스커트를 입고 초가지붕 집 앞에서 포즈를 취한, 아르파드 마을의 대가족 사진도 세 장 있었다.

나는 그 사진들을 다운로드해서 아버지에게 보냈다. 며칠 후 아버지는 두 장의 사진과 함께 답 메일을 보냈다. 그중 하나는 아르파드 마을 사진이었다. 아버지는 사진을 여러 차례 확대한 뒤, 그 집이 '진짜 헝가리식 시골 오두막'이라는 사실을 증명하는 디테일들을 내가 볼 수 있도록 설명했다. 다른 사진에는 "과거로부터의 사진"이라는 캡션이 달려 있었다. 깊은 협곡 사이를 굽이굽이 흐르는 상프란시스쿠강 사진이었다. 파울루아폰수 댐 건설 현장을 영화로 찍던 그 시절, 젊은 청년이던 아버지가 그 위로 날아다니던 곳이었다. 사진에서는 밝은 황색 2인 조종 제트기가 협곡을 빠르게 지나가고 있었다. 저 멀리로 보이는 절벽에는 두 마리의 독수리가 탐욕스럽게 비행기를 바라보며 앉아 있었다. 처음엔 이 농담에 깜빡 속았다. 아버지는 포토샵을 할 기회를 그냥 지나쳐 버리지 않았던 것이다.

* * *

브라질의 자유는 모든 유럽인들이 숨을 쉴 수 있는 산소는 아니었다. 가장 명성 높던 유대인 난민에게도 그랬다. 슈테판 츠바이크는 브라질을 칭송해 마지않았던 『미래의 나라, 브라질』을 발표하고 1년 후에 『어제의 세계』를 출판했는데, 여기서는 좀 더 솔직하게 마음을 드러냈다. 책은 영원히 잃어버린 시절에 대한 애가였다. 페이지마다 그는 자신의 가망 없음에 대한 간단명료한 진단을 적어 놓았다. "나는 어디에도 속하지 않는다. 어디에

서나 나는 이방인이다." 1942년 2월 22일, 카니발에 다녀온 지 일주일도 채 되지 않아 슈테판 츠바이크와 그의 두 번째 아내 로테는 수면제 과다 복용으로 자살했다.

나의 젊은 아버지와 미래의 땅, "뜨거운(35℃) 사랑"의 땅, 무언가가 잘못된다고 하더라도 "우리가 여기에서 어떻게든 해 볼 것"이기 때문에 아무것도 잘못될 것이 없는 이 땅과의 관계 는 무엇이었을까? 아버지는 "브라질에서 좋은 삶을 살았다"고 말했다. "날씨도 좋았고, 자유롭게 일할 수 있는 안정적인 직장 도 있었고, 영화도 만들었지. 어디든 갈 수 있는 VIP 카드도 있 었어. 국빈 대우도 받고! 간부 연회에도 갔지! 차별도 없고 말이 다. 브라질에서는 아무도 나에게 유대인이냐고 묻지 않았어." 아 버지의 위축되고 실망스러웠던 삶에 동화와 같은 챕터가 있었다 면 그건 바로 여기, 지구상에서 가장 다양한 인종 구성을 가지고 있는 나라의 무성한 풍부함 속이었다. 아버지의 이야기를 영화 로 만든다면 바로 여기가 흑백에서 총천연색으로 넘어갈 순간이 었다.

요크타운 하이츠 시절에 〈오즈의 마법사〉는 매년 방송되었 고, 아버지는 한 번도 그 방송을 놓친 적이 없었다. 아버지는 자 기 아이들만큼이나 신이 나 보였다. 이 영화는 아버지가 공들인 사탕 과자로 만든 구조물—인형극 극장, 오덴세를 공들여 옮겨 온 오두막과 교회가 있었던 장난감 마을 기차 세트, 책장에 꽂 혀 있었던 화려한 삽화의 한스 크리스티안 안데르센 전집—로 채워진 내 어린 시절 기억 속 한 페이지에도 있었다. 내가 〈오즈 의 마법사〉에서 제일 좋아했던 장면은 도로시와 그의 친구들이 '죽음의 양귀비밭'에서 빠져들었던 치명적인 깊은 잠에서 깨어 나, 함께 팔짱을 끼고 에메랄드시티의 빛나는 문으로 깡충깡충

뛰어가는 장면이었다. 그때 나오는 해방의 노래에 나는 흥분했다. 해방이야말로 내가 열망하던 것이었으니까.

위험에서 벗어났네
어둠에서 벗어났네
밤에서 벗어났네
태양으로 걸어갑시다
빛으로 걸어갑시다

숨을 멈추지 말아요
심장을 멈추지 말아요
희망을 버리지 말아요
문까지 걸어가요
그리고 문을 엽시다

지금에 와서 생각해 보니 이 노래는 아버지에게 더 잘 어울리는 것 같았다. 아버지가 남미에서 보낸 시간들에 딱 맞는 사운드트랙이었다. 헝가리 유대인 이민자들에게 나의 아버지가 고향으로 돌아갔다는 이야기를 할 때마다, 나는 언제나 공포에 질린 대답을 들었다. "어떻게 헝가리로 돌아갈 수 있죠?" 나는 다른 질문을 품게 되었다. 어떻게 그는 브라질을 떠날 수 있었지? 그는 정체성이 그야말로 사형선고가 되는 도살장에서 도망쳐서 지구상 가장 자유로운 장소로 깡충깡충 뛰어갔다. 그는 치명적인 인종 구분이 강요되었던 세계로부터 그런 구분이 없는 땅으로 도망칠 수 있었던 것이다. 만약 정체성이 도망칠 수 없는 어떤 것이 아니라 당신이 스스로 선택할 수 있는 것이라면, 아버지

에게 리우 도착이란 직업적으로, 종교적으로, 인종적으로, 성적
으로, 모든 선택이 열려 있는 시대의 시작이었다. 그는 자유였다.
아니, 그 이상이었다. 그는 비행을 할 수도 있었다. 그건 그의 오
랜 판타지였다. 야블론스키앤드팔루디 로고(하늘로 날아오르는
비행기와 필름 릴이 있었던)에 새겨 넣었던 욕망이 실현되었던
것이다. 그는 왜 그 모든 걸 버렸을까?

어느 정도는 사랑 때문이었던 것 같다. 그는 미국에 살고 있
었던 한 여성에 대한 열병을 앓고 있었다. 그녀는 어린 시절 연
인이었는데, 죽음의 행진에서 살아남아 전쟁이 끝나고 난 뒤 뉴
욕으로 온 헝가리 유대인이었다. "당신과 함께 있을 수 없어서
울고 싶소." 그는 리우에서 편지를 썼다. "믿어 주시오. 당신은
내가 진지한 감정적 유대를 느낄 수 있는 유일한 존재요." 한 편
지에는 자기 사진을 함께 동봉했다. 나비넥타이와 재킷을 입고
삼각대에 세운 카메라로 구도를 잡고 있는 근사한 영화감독의
모습이었다. "하지만 시간이 이래저래 흘러가 버렸소. 언제나 일
도 많았고, 젊은 동안에는 온갖 유흥을 즐길 수 있으니까. 그래도
그런 것들이 영혼을 지켜 줄 수는 없소. 그리고 당신도 이해하겠
지만, 나 역시 결혼을 하고 가족을 꾸리는 것을 진지하게 고민하
는 나이가 되었소." 아버지는 진지하게 설명하고 있었다. "사회
적 동물로서 인간이란, 가족과 성적 파트너가 필요한 법이니까
말이오." 그의 편지는 계속됐다. "다른 환경에서 자란 외국인 여
자와 완벽하게 행복한 결혼 생활을 할 수 있을 거라 생각하지 않
소. 물론 예외도 있을 수 있고, 영 안 된다면 스스로 변할 수도 있
겠지만 말이오."

그래서 그런 것이었다. 그와 같은 '환경'에서 자란 여자와의
미래에 대한 열망은 브라질 숲속 아르파드 마을에 기적적으로

보존되어 있었던, 사라진 전쟁 전의 과거에 대한 열망에 저장되어 있었다. "디스노푀와 노르머퍼에서 열렸던 풍물 장터와 여름 휴가, 그리고 겨울 스키를 기억하시오? 참으로 다채롭고 아름다운 시절이었소. 당신이 스코다를 몰고 내가 르노를 탔던 것을 기억하고 있소. 한번은 내가 벌러톤 근처로 여행을 가서 당신을 초대했고, 진짜 요트를 타고 '스왈로스 앤드 아마존스'*를 함께하자고 했지. 하지만 요즘 시대정신은 그런 외설적인 행동을 허락하지 않겠지."

1953년의 마지막 날에, 아버지는 미국행 브래니프항공** 비행기에 올라탔다. 그는 여러 시간 후 아이들와일드공항에 도착하여 DC-6 클라우드마스터 비행기에서 내렸다. 격식을 차린 넥타이와 야회복 재킷이 든 가방을 들고서. 새해 전날이었고, 그의 옛 연인과 함께 1954년을 맞이하기를 기대하고 있었다. 하지만 그 옛 연인에게는 미국 군인인 약혼자와의 다른 계획이 있었다. "제복을 입은 미국 남자를 거부할 수 없었을 거야." 부다에서의 어느 날 밤, 아버지는 나에게 힘없이 말했다. 브래니프의 클라우드마스터가 그를 기대에서 실망으로, 20세기 중반 브라질의 자유분방한 다형성에서 전후 미국의 젠더 구분으로 옮겨 놓는 것은, 그저 시간 문제였다.

정수리에 금색 상투를 틀었던 앵무새 블론디는 아버지와 함께 미국으로 왔다. "세관에서 사람들이 블론디와 나를 격리시켰지." 아버지가 말했다. "하지만 결국 되찾았어." 그리고 아버지는 맨해튼 서부의 음울한 스튜디오로 이사했다. "매일매일 일을

---

* Swallows and Amazons. 영국 작가 아서 랜섬의 책. 워커 가족 아이들이 작은 배 '스왈로'를 타고 와일드캣섬에 놀러가면서 벌어지는 모험 이야기.
** 미국의 민간항공 회사.

했단다. 그 불쌍한 것은 너무 외로웠던 모양이야. 태양이 비치는 베란다에서 살았었는데. 이제는 아무 소리도 들리지 않는 암실에 처박혀 있었으니까." 새는 시름시름 앓기 시작했고, 더 이상 여자 목소리를 흉내 내지 않았다. 그리고 더 이상 먹지도 않았다. 어느 날 아버지가 귀가했을 때, 블론디는 새장에서 죽어 있었다.

19장

환자의 변화는 의심의 여지가 없습니다

"이게 뭐예요?" 내가 말했다.

여느 날처럼 우린 다락방에서 일상을 보내고 있었다. 나는 수첩을 펴 들고 접이식 의자에 앉아 있었고, 아버지는 책상에 앉아 '변화'라고 분류된 서류철을 뒤지고 있었다. 그 안에는 수술과 관련된 서류들이 들어 있었는데, 내가 방금 물어본 편지 역시 그 안에 있던 것이었다. 행간 여백이 없이 헝가리 말로 쓰인 두 장짜리, 공식적으로 보이는 병원 로고가 제목 위 상단부에 찍혀 있는 문서였다.

Pszichológiai vélemény
Név: Faludi István Károly
Szül.: 1927. 11. 01.

아버지의 이름과 출생일이 적힌 '정신상담 소견서'였다.

그녀는 조소가 섞인 소리를 냈다. "그냥 살아 온 얘기야. 그 사람한테 내가 한 이야기." 그녀는 다음 페이지로 넘겨서 빠르게 읽었다. "쓸데없는 거야." 그녀는 편지를 치워 버렸다. "그 정신과 의사는 자기가 무슨 이야기를 하는지 전혀 모르고 있어."

"그래서, 이게… 뭔데요?"

"멍청한 거야. 중요하지 않다."

"의사한테 제출한 편지 중 하나예요?" 그러니까 이것이 1960년대의 '성전환증의 아버지' 해리 베냐민이 트랜스섹슈얼들을 치료하기 위해서 처음으로 고안한 프로토콜인 '해리 베냐민의 관리 표준'에 따라 반드시 제출해야 했던, 가장 중요한 두 장의 소견서 중 한 장이냐는 말이었다. 이 관리 표준은 후에 WPATH의 기준이 되며, 정신건강 전문가 두 명이 각각 담당 환자가 수술을 받아도 된다고 승인한 서면 평가서를 요구하고 있었다.

"이야기했잖니, 중요하지 않다고."

나는 편지를 가져와서 이해할 수 없는 문자들을 들여다보았다.

"원래 11월 1일에 수술을 받으려고 했거든." 아버지는 계속 서류철을 뒤지면서 말했다. "그날이 내 생일이니까. 그날이 두 번째 생일이 되는 거였지." 하지만 수술을 받기 전에 1년 동안 호르몬 치료를 먼저 받는 것이 관례였고, 아버지는 호르몬 치료를 제대로 시작하지도 않은 상태였다. "그래서 이제 내 생일은 5월 7일이 되어 버렸어."

"아하!" 아버지가 찾고 있던 것을 발견했다. 아버지 생각에 내가 꼼꼼하게 살펴봤으면 했던 문서는 그것이었다. 아버지는 조심스럽게 싸 놓은 포장에서 서류를 꺼냈다. 포장을 푸는 데 시간이 좀 걸렸다. 그녀는 그것을 고무줄로 묶은 하드커버 서류철에 플라스틱 덮개를 씌운 채로 보관하고 있었다. 일종의 졸업장 같아 보였다.

"아름다워!" 아버지는 그 편지를 과장된 몸짓과 함께 내 쪽으로 넘기면서 말했다. 그러고는 내 어깨 쪽으로 기대면서 다시 한 번 경탄했다. "얼마나 멋지고 또 공식적인지 봤니? 저 도장도 그렇고 말이다." 그녀는 파란색 파도 위에 떠 있는 각인된 파란색 병원 십자가를 가리켰다. "상구안 쿠나폰 박사가 직접 서명한 거야. 위대한 마술사지!" 그 문서는 영어 알파벳 대문자로 이렇게 쓰여 있었다. "POST-OPERATIVE MEDICAL CERTIFICATE." (수술 후 의학 증명서.) 신고 내용 역시 영어로 엉성하게 타이핑되어 있었다. 언어상의 어려움 때문인지 서둘러 찍어서인지는, 나로서는 알 수 없었다. 내용은 아래와 같았다.

2004년 5월 22일.
관계자 제위
이 증서는 1937년 11월 1일 태어난 H.N. 05 - 04 009626 이슈트반 팔루디 씨가 2004년 5월 6일부터 5월 22일까지 태국 푸켓에 있는 방콕병원에 입원했음을 증명합니다. 수술은 성공적으로 완료되었습니다. 생식선을 포함한 모든 남성 생식기가 제거되었고, 이슈트반 씨는 이제 대음순, 소음순, 클리토리스, 그리고 질을 포함하는 여성 외생식기를 가지고 있습니다. 그녀는 이제 여성 젠더로 판단될 수 있습니다.

태국 성형 및 재건 수술위원회
상구안 쿠나폰, M.D. 올림.

"1937년이라고요?" 내가 말했다.
"그으-렇지." 그녀는 의학 기록에 있는 출생일을 수정해서

10년은 떨궈 냈다. "나 같은 연장자한테는 수술을 해 주지 않을 수도 있으니까."

그녀는 서류철들을 좀 더 찾아보기 위해 캐비닛으로 갔다. 나는 아버지가 밀쳐 둔, "자신이 무슨 말을 하는지도 모르던" 심리학자의 편지를 좀 더 살펴보고 싶었다. 아버지를 보았다. 그녀는 등을 돌리고 있었다. 나는 편지를 내려다보았다.

그때 나는 누구였을까? 자기 가족을 염탐하는 소녀 기자? 아버지와 다를 것 없는 교활함과 사기꾼 기질을 발휘하는 아버지의 딸? 아니면 좀도둑? 전문 기자로서 활동할 때라면 절대로 스스로에게 용납하지 않을 행동이었다. 그러나 나의 손은 조용히 그 편지를 책상 위에서 끌어왔다. 그리고 이미 내 행동에 변명거리를 만들어 내고 있었다. "아버지는 아버지 이야기를 바꿀 수 있다고 생각하죠? 좋아요. 나는 내 이야기를 쓸 작정이에요."

* * *

"수우전!!" 아버지가 계단 아래에서 불렀다. "수우전!!" 나는 책한 권을 가지고 내 방으로 물러나 혼자만의 시간을 겨우 5분 정도 즐기고 있던 참이었다. 하지만 곧 기상나팔이 울렸다. "수우전! 이리 와 봐라! 이거 좀 봐."

"뭘 봐요?"

"내려오면 안다. 스크린에 틀어 놨어."

나는 도대체 그녀의 어떤 강박적 집착이 펼쳐질지 모르는, 모니터 앞 호출이 두려웠다. 그녀가 제일 좋아하는 레니 리펜슈탈 영화일지, 그녀가 제일 좋아하는 등반 영화일지, 아니면 그녀가 제일 좋아하는 레니 리펜슈탈의 등반 영화일지, 그녀가 제일 좋아하는 바그너 오페라 공연일지, 그녀가 제일 좋아하는 헝가리 마자르족 순교자들에 대한 칭송 일색의 전기물일지, 그녀가 제일 좋아하는 달 착륙 시뮬레이션 NASA 비디오일지….

"수우전! 와서 보라니까!"

그녀는 빨간 망토 아가씨 목욕용 가운을 입고 복도에서 나를 기다리고 있었다. 나는 마지못해 그녀를 따라 거실로 들어섰다.

"여기 앉아라." 그녀가 인조가죽으로 된 영화 관람용 의자 중 하나를 향해 리모컨을 흔들면서 말했다. 그녀는 다른 인조가 죽 의자에 앉아 플레이 버튼을 눌렀다. 아무 일도 일어나지 않았지만 새삼스러운 일은 아니었다. 그녀는 다루기 힘든 VCR 플레이어로 다가가 동그란 손잡이를 비틀어 보고, 전선을 뽑았다가 꽂아 보고, 손전등으로 비디오 슬롯 안을 들여다봤다.

"아까까지만 해도 별 문제 없었는데?" 일시 정지. "리모컨 건드렸니?"

"나는 방금 왔잖아요!"

"어어, 건드리지 말아라." 아버지가 말했다. 그녀는 VCR 플레이어 뒤편을 살펴보았다. "아, 잠깐만, 잠깐만. 채널 3에서 채널 4로 바꿔야 되는 건가 봐." 나는 아버지의 입에서 쏟아져 나올 말의 급류에 대비하고 있었다. "됐다, 아니다, 아니다, 잠깐만, 케이블을 여기다 꽂는 게 아닌가 봐. 그래, 그렇지. 아니네, 어, 어 어…. 아아! 하아아아! 그래, 이게 '라인 아웃'에 들어가야지, 이걸 '라인 인'으로 넣는다면, 어, 아니네, 아, 맞나, 잠깐, 이게 저리로 가야 하는 전선이니까…."

"리모컨에 VCR이라고 되어 있는 버튼을 우선 눌러야 하는 거 아니에요?"

"아, 얘-야, 그게 문제가 아니란다." A/V 인풋, 아웃풋 플러그에 대한 필리버스터가 이어졌다.

나는 리모콘의 VCR 버튼을 눌렀다. 비디오가 작동하기 시작했다. 아버지가 의심스러운 듯 나를 쳐다보더니 자리에 앉았다.

TV 화면에는 수술실이 등장했다. 카메라가 주위를 돌다가 피범벅이 되어 있는 신체의 가운데 부위를 줌인했다. 수술이 진행 중이었다. 그녀의 수술이었다.

"보고 싶지 않아요."

"잘됐어." 아버지가 말했다. "나를 봐 주던 내분비과 의사에게 이 테이프를 보냈는데, 아주 흥미로워하더라."

나는 관심 없다고 말했다. "그래도 보고 싶지 않아요."

하지만 어쨌거나 그곳에 앉아 보게 되었다. 내가 떠올릴 수 있는 건 줄리아 차일드*가 수술복을 입고 서 있는 요리 프로그램이었다. "세로로 생선을 가릅니다. 잘 갈아 둔 과도로 포를 뜹니다. 껍질은 나중을 위해 옆에 챙겨 둡니다…." 적어도 줄리아는 독한 술로 무장을 하고 있었다.

몇 분 후, 나는 바닥을 쳐다보고 있었다.

"안 보고 있잖니!"

눈꺼풀을 반쯤 뜬 상태로 고개를 들었다. 그렇다고 해도 사운드트랙이 들리는 것까지 막을 수는 없었다. 10초마다 '영감을 주는' 짤랑짤랑거리는 메들리가 들려왔다.

"태국 가요야." 아버지가 말했다. "그 사람들이 나를 위해서 틀어 줬지."

태국 병원 스태프인 '그 사람들'은 자신의 장비로 수술 과정을 찍어 달라는 아버지의 부탁에도 응했던 셈이다. "하이라이트

---

* 줄리아 차일드Julia Child(1912~2004). 미국의 요리사이자 작가. 영화 〈줄리 앤 줄리아〉는 그의 삶에서 영감을 받아 만들어진 작품이다.

부분만 찍어 줬지." 아버지가 말했다. 영화가 찰칵 소리를 내며 꺼졌다. 나는 일어나서 거실을 떠났다.

* * *

아버지는 대략 8000달러 정도 비용이 드는 태국에서의 수술을 선택했는데, 이는 미국이나 유럽에서 드는 돈의 약 3분의 1정도 였다. 그녀는 성전환 수술에 대한 대부분의 사전 지식을 얻었던 곳에서 푸켓에 있는 방콕병원의 성별 재지정 수술 전문가, 상구 안 쿠나폰 박사를 찾아냈다. 바로 인터넷이었다.

병원에서 보낸 운전사가 공항으로 아버지를 마중 왔다. 스 티븐은 짐이 많았다. 옷장을 그대로 들고 온 것 같은 옷가방—수술 전을 위한 남성복과 수술 후를 위한 여성복을 챙겨 왔다—을 비롯해서, 그 뒤로 온갖 화물을 들고 왔는데, 이후에 멜라니의 코쿤에 묵었던 사람들을 두렵게 한 그 물건들이었다. 여러 대의 카메라와 삼각대, 비디오캠코더, 컴퓨터, DVD 플레이어, 영화와 음악, 그리고 〈특전 유보트〉, 〈오텔로〉, 〈돈 카를로〉, 〈후궁으로부터의 도주〉, 〈웃음의 나라〉와 같은 오페라 레코드로 가득 찬 가방.

〈웃음의 나라〉는 무슨 작품이지?

"프란츠 레하르의 오페레타야." 아버지가 말했다. "Das Land der Lächelns(The Land of Smile)." 그녀가 줄거리를 설명해 주었다. 빈의 백작 부인이 중국 왕자와 결혼하지만, 그가 다른 아내들을 맞이해야 한다는 걸 깨닫자 그의 궁전에서 도망친다. 왕자는 상처를 받지만 관습을 따르기로 한다. "어떤 일이 있더라도, 웃어라! 'Immer nur lächeln!'" 레하르는 헝가리인이었다.

오페레타의 신조는 헝가리 정조와는 맞지 않았다. 부다페스트를 방문하면서 나는 헝가리인들의 성격에는 어딘가 부루퉁한 부분이 있다는 사실을 깨달았다. (물론 사돈 남 말하는 것이기는 하다.) "Sírva vigad a margyar." 오래된 격언은 이렇게 말하고 있다. "마자르인들은 즐거움을 구슬프게 즐긴다." 각 나라를 어떤 제스처로 표현할 수 있다면, 헝가리의 제스처는 Das Land der Sullen(시무룩함의 나라) 식으로 어깨를 으쓱하는 것이 될 터다.

"사람들은 태국을 '웃음의 나라'라고들 부르지." 아버지가 말했다. "그리고 그건 사실이야. 사람들은 언제나 웃고 있단다."

"좋네요."

"어어, 물론 진짜 마음이 그래서 그러는 건 아니야. 하지만 웃음을 꾸밀 줄 아는 거지." 이건 아버지 입장에서는 엄청난 칭찬이었다.

도착한 날 오후, 아버지는 불교 사원을 찾으러 다녔다. "승려의 축복을 받고 싶었어." 아버지는 근처에서 절을 발견했다. 그러나 승려들은 너무 바쁘다는 말을 들었다. 아버지는 다른 종교의 축복에 의지해야겠다고 생각했다. "떠나기 전에 일론커에게 성당에서 기도를 해 달라고 부탁했지."

심전도와 스트레스 검사를 받은 후에, 아버지는 병원에서 패키지로 마련해 준 '고상하게 꾸며진 방' 혹은 'VIP 스위트룸'에 가방을 풀었다. 그는 침대 옆 탁자에 컴퓨터를 설치했다. 패키지는 인터넷 서비스도 훌륭하다고 광고했지만, 그는 컴퓨터에 인터넷을 연결할 수 없었고, 병원 스태프들은 별로 도움이 되지 않았다. "그저 잘 웃기나 했지." 아버지가 말했다. 병원 스태프는 서버가 다운된 모양이라고 대답했다. 인터넷은 결국 연결되지 않았다. 처음에는 화가 났지만, 시간이 좀 지나고는 별 문제 삼지 않기로 했다. "이메일을 보내야 할 사람은 없었으니까."

오후 8시. 첫날 저녁에 상구안 박사는 이후 진행 계획을 의논하기 위해 아버지 방에 들렀다. 그는 아버지에게 수술에 두 단계가 있다고 말했다. 첫 번째 단계는 여덟 시간짜리 과정으로 다음 날 아침으로 예정되어 있었다. 이 과정은 가슴 수술로 시작해서 "질 성형"(질도를 만드는 수술)을 하고, "음경 절제"(음경 제거), "음순 성형"(음핵과 음핵 뚜껑, 소음순을 만드는 과정)을 지나 "요도 성형"(소변이 지나갈 새로운 길을 만드는 것) 순으로 진행된다고 했다. 상구안 박사는 MtF 수술 전문가였다. 의사는 아버지에게 수술 과정을 설명해 주었다. 그는 음경과 포피에서 조직을 모아서 여성 성기로 재구성한다고 했다. 음경의 귀두 윗부분이 '새로운-음핵'이 되는데, 이것이 소음순의 안쪽 부분이다. 음낭은 따로 보관된다. 나중에 음낭의 피부를 벗겨서 얼음에 보관한다. 병원 설명서에서 묘사한 대로 하자면 "섭씨 4도(대략 화씨 39도 정도)에서 안전하게 냉장 보관해서, 3주 동안 건강한 상태로 보존한다."

첫 번째 단계가 끝나고 7일 후, 두 번째 단계가 시작된다. 피부가 질도에 이식되는 단계다. 이 음낭 조직은 병원 냉장고에 보관되어 있던 것으로, 모낭은 완전히 제거된 피부 조직이다. "질 안에서 음모가 자라지 않아야" 하니까 말이다. 상구안 박사는 음경과 음낭 피부를 이식함으로써 대체로 4~5인치 정도의 깊이를 가진 '새로운-질'을 만들어 낼 수 있다고 말했다. 하지만 때때로 "피부가 충분하지 않을" 때가 있는데, 그러면 다른 방법을 취할 수 있다고 했다.

"충분하지 않다고요?" 내가 물었다.

"예컨대 할례를 받은 경우에 말이지." 아버지가 말했다. 만약 추가적인 '채취'가 필요하다면, 환자는 아주 까다로운 세 가지 과정 중 하나를 거쳐야 한다. 그 방법들은 상구안 박사의 웹사이트에 상세히 나와 있다. 가장 칼을 덜 대는 방법은 환자의 배나 엉덩이, 사타구니에서 '남는' 살을 잘라내는 '전층 피부이식'이다. 하지만 가끔 이 방법도 충분하지 않을 때에는 의사가 두 번째 선택지를 취해야 하는데, 이는 '부분층 피부이식'을 하는 것이다. 환자의 넓적다리나 엉덩이를 깊이 떼어 내 '8에서 16평방인치'의 흉터가 남게 된다. 그건 마치 '깊은 찰과상이나 화상'처럼 보인다. 가끔은 이 방법도 충분하지 않을 때가 있는데, 그러면 상구안 박사는 환자에게 6개월 후 다시 돌아와 '2차 결장 질성형secondary colon vaginoplasty'을 받을 것을 권한다. 이 수술에서는 환자의 창자 아랫부분을 제거해서 새로운 질에 접합한다. 상구안 박사의 인쇄물에 따르면 이 수술을 받은 환자는 "제왕절개를 받은 여성과 비슷한 흉터가 남는다." 이 과정은 다양한 '합병증'을 가져올 수 있는데, 예컨대 '문합 누출'(장관이 새서 심각한 감염을 불러올 수도 있다), '누관'(결장과 방광처럼, 서로 연결되면 안 되는 장기 사이에 작은 연결관이 생기는 위험한 상태), 그리고 때로는 "임시적인 인공항문 성형술이 필요할 수도 있다."

상구안 박사는 성별 재지정 수술 기술을 설명하는 유튜브 해설 영상에서는 이런 세부 사항들을 언급하지 않고 넘어갔다. (그 영상이 업로드된 2010년경에 그는 이미 700명이 넘는 MtF 환자들을 수술했다.) "당신은 행복해질 것입니다." 그는 잠재 고객들에게 더듬거리는 영어로 장담했다. "아름다운 얼굴, 아름다운 몸, 아름다운 가슴을 매우 저렴한 가격, 만 달러도 아니고, 단

몇천 달러에 얻어서 돌아가게 될 거예요. 당신이 꿈꿔 왔던 수술을 받으러 푸켓으로 오세요."

아버지 말에 따르면 수술 전날 상구안 박사는 그의 일반적인 건강 상태에 대해서 몇 가지 질문을 했다고 한다. 그는 플라스틱 박스를 꺼내서 그 안에 내용물들을 트레이 위에 늘어놓았다. 다양한 사이즈의 젤리형 가슴 보형물 원판이었다. 아버지는 가장 큰 사이즈를 골랐다. "나는 뽕브라를 가지고 갔어. 솜을 넣어서 더 크게 보이게 만들었지." 아버지가 말했다. "게다가 아주 예쁜 빅토리아시크릿 브라도 있었는데, 밝은 핑크색이었어. 하지만 수술 후에는 전부 다 너무 작아져 버렸지."

아버지는 나를 곁눈질했다.

"네가 입어도 돼."

생각 없다고 말했다.

"서랍에 들어만 있으면 돈 낭비잖아. 집에 가져가렴."

"됐다구요!"

5월 7일 아침, 병원 스태프는 이동용 침상 위의 아버지를 푸켓방콕병원의 외과 병동 수술실로 밀고 들어갔다. 10시간쯤 후, 그녀는 회복실에서 눈을 떴다. 그녀는 움직일 수가 없었고, 카테터가 삽입되어 있었다. 엄청난 통증과 함께, 혼자였다. "아무도 오지 않았고, 아무도 오지 않았어." 아버지가 말했다. "침대가 너무 딱딱하게 느껴졌어." 아버지는 등이 너무 아파서 마치 바위 위에 누워 있는 것 같았다. 간호사가 드디어 나타났을 때, 아버지는 다른 매트리스를 가져다 달라고 애원했다.

7일 후 두 번째 단계는 좀 더 쉬운 수술이어야 했다. 그 수술은 심지어 전신마취도 필요 없어서 국소마취만 했다.

아버지는 허리 아래쪽만 마취된 채로 투광 조명등 아래 누웠다. 머리를 들었을 때 수술대 아래쪽에서 고환 피부에서 털을 뽑고 있는 상구안 박사를 볼 수 있었다. "눈이 아플 정도로 밝은 등 아래에 누워 있어." 아버지는 여전히 그 일이 진행되고 있는 것처럼, 그리고 언제까지고 끝나지 않을 것처럼, 그날의 상황을 현재진행형으로 떠올리면서 말했다. "내 주변에서 사람들은 자기가 해야 할 일들을 하고 있지. 아무도 나에게 말을 걸지 않아. 그리고 갑자기, 끔찍한 느낌이 들어. 끔찍한 깨달음. 아무도 나를 볼 수 없어. 나는 사라진 거야. 어쩌면 나는 죽은 걸지도 몰라." 잠시 후, 충격에 사로잡힌 아버지의 눈을 간호사가 발견했다. 그녀는 아버지에게 길고 깊게 숨을 쉬라고 말하고, 수술 조명을 직접 쳐다보지 않을 수 있게 베개 각도를 조절해 주었다. 점차, 고통이 가라앉았다. 이후에 아버지는 간호사 중 한 명에게 왜 그랬던 건지 물었다. "그녀는 어쩌면 허리 아래 아무것도 없다는 걸 느껴서 나온 반응이었을 거라고 말했어. '환자분의 절반이 거기 없는 것처럼요'라고 했지."

아버지는 2차 수술 며칠 후에 찍은 사진을 보여 주었다. 그녀는 환자복을 입고 모로 누워 있었는데, 밀랍인형처럼 얼굴에서 윤기가 났다. 예의 그 알 수 없는 반쯤 짓다 만 미소로 카메라를 올려다보고 있었다.

회복 기간이 일주일 정도 지나고 나서, 상구안 박사는 안 좋은 소식을 가져왔다. 음경 조직이 여성 신체기관을 만드는 데 충분하지 않았던 것이다. 그는 아버지에게 몇 주 더 회복한 후 '전층 피부이식'을 하자고 했다. 그러는 사이에 그녀는 푸켓에서 다음 수술을 기다리며 머물 장소를 구해야 했다. 그래서 멜라니의 코쿤에 묵게 된 것이었다.

아버지는 멜라니의 다른 손님들이 그녀 나이의 절반이었다고 기억했다. "그중 한 명은 남자 친구랑 같이 왔는데, 약혼반지를 끼고 있었지! 그리고 어떤 애는 맨날 울면서 징징거렸어." 다른 투숙객은 울 수밖에 없는 일을 겪기도 했다. 질 성형에 실패한 것이다. 병원이 정전이 되어서 그녀의 음낭 조직이 녹아 버렸다. 그녀는 다시 돌아와 재수술을 받아야 했다.

"제일 어린 애가 하나 있었는데," 아버지가 말했다. "그는 늘—아니 그녀는 늘—심리상담가에게 어떻게 이야기했는지 말했어. 자기는 꼭 자기 엄마처럼 되고 싶다고 했대, 독립적이지 않은 사람이 되고 싶다고. 좋은 가정주부가 되어서 남편을 위해 샌드위치를 만들고 싶다고. 정성 들여 고른 웨딩드레스도 가지고 있다고 하더라."

"신랑은요?"

"어어" 아버지가 눈을 굴렸다. "그는—아니 그녀는—고향에 염두에 둔 남자들이 몇몇 있다고 했어. 그러더니 병원 간호사 중 하나가 자기를 좋아하는 것 같고, 어쩌면 그 남자랑 도망갈지도 모르겠다고 했지. 사실 간호사는 그냥 별 뜻 없이 친절하게 대해 준 것뿐일 텐데."

웃음의 나라.

아버지의 전층 피부이식은 성공했고, 열흘 더 휴식을 취한 후에 집에 돌아가서 '새로운 삶'을 시작해도 괜찮다는 이야기를 들었다.

* * *

"이미 얘기했잖니." 아버지가 말했다. "별로 중요한 거 아니라고." 다시 다락방 아버지 사무실로 돌아와 있었다. 나는 제출되지 않은 심리학자의 편지, 내가 지갑 속에 숨겨 놓은 그 편지에 대해서 묻고 있었다.

"왜요?"

"내가 제출하지 않았으니까." 아버지는 허공에 손을 흔들었다. "그럴 필요가 없었어. 다른 상담가가 훨씬 급이 높은 사람이었으니까. 그는 대학교수였지."

다른 상담가란 세멜바이스대학교 정신치료학과 교수로, 아버지가 정신감정을 위해서 찾아간 두 번째 정신건강 전문가였다. 그리고 그는, 아버지 말에 따르면, 수술을 승인해 주었다.

"하지만 감정서 두 장이 필요한 거 아니에요?"

"첫 번째 심리상담가는, 여자 나부랭이였어." 아버지는 내 질문을 무시하고 말을 이어 나갔다. "그녀를 만나려고 목욕 가운을 입고 도-올아 다니는 늙은 여자들로 가득 차 있는 정신병원에 찾아가야 했지. 도시 외곽에 있는 곳이었는데. 아마 별로 실력이 좋지 않으니까 그런 곳에서 일하고 있었을 거야."

"그래서 어떻게 되었는데요?"

"엄청나게 많은 질문을 했어. 하지만 자기가 무슨 말을 하는지 전혀 모르고 있었지." 혹은, 그녀가 해야만 했던 이야기들이 아버지 마음에 들지 않았거나.

아버지는 서류철 보관장으로 가서 '변화' 서류철을 다시 꺼냈다. 내가 슬쩍한 편지를 다시 찾는 것은 아니기를 바랐다. 그녀는 타자기로 친, 짧은 문서를 꺼내서 내가-그렇게-말했잖아 표정을 지으며 내게 건넸다.

"이게 중요한 거야. 시몬 박사가 더 권위자라고." 러요시 시몬 박사, 세멜바이스대학교 교수.

"그러면 시몬 교수는 그 심리상담가의 편지에 대해서 뭐라고 했는데요?"

"나한테 문제가 될 거라고 그랬어."

"아버지에게 수술을 받을 것을 권하지 않는다고요?"

"어어," 아버지가 말했다. "시몬 박사가 그 여자는 미친 사람이라는 걸 안 거겠지."

그녀는 시몬의 편지를 펴서 번역하기 시작했다.

환자는 약 3년 전에 여성으로 전환 수술을 받기로 결정했습니다. 2년 전에 환자는 빈에서 호르몬 치료를 시작했습니다.

"어어, 정확하게 하자면, 9개월 전이기는 했지만." 아버지가 내용을 바로잡았다. 관리 표준이 제안하는 1년 호르몬 치료를 받지 않았던 셈이다.

환자의 말에 따르면, 그는 과거에, 어린 시절부터, 정기적으로 여성복으로 옷을 갈아입곤 했다고 합니다.

"봤니? '정기적으로 옷을 갈아입곤 했다.' 이렇게 말해야 하는 거야."

"하지만 그랬어요?"

"어쩌면. 뭐, 가끔은. 내가 그렇게 말했지. 하지만 이것 여억−시 사실이야."

번역이 재개되었다.

환자는 관습적인 결혼 생활을 했습니다. 두 명의 건강한 아이를 낳아 길렀습니다. 1973년 이혼한 뒤 미국과 헝가리에서 혼자 살았습니다. 이 기간 동안 그는 정상적인 이성애 관계를 맺었습니다.

"사실," 그녀가 끼어들었다. "그 기간 동안 나는 어떤 성적 관계도 맺지 않았다가 더 정확한 표현이겠지." 그리고 이혼은, 좀 더 정확하게 말하자면, 1977년이었다. 보고는 계속되었다.

그는 또한 특정한 상황들에서 여성의 역할을 하면서, 드러 내 놓고 여성복을 입었습니다.

나는 '특정한 상황들'이란 것이 무슨 의미인지 궁금했다. 관리 기준은 성별 재지정 지원자들이 수술 단계로 넘어가기 전에 '지속적으로', 그리고 적어도 1년간 반대편 성별로 살아야 한다고 규정하고 있었다. 이 기간은 좀 더 구어체로 표현하자면 'RLE' 혹은 'Real Life Experience(실전 경험)'라고 불렸다.

"그랬어요?" 나는 물었다.

"어어, 가끔 집에서, 셀카 찍을 때."

"내 말은, 그러니까 바깥 세계에서도 말이에요. '실전 경험' 을 했냐고요." 내가 말했다.

그녀는 잠시 생각했다.

"한번은 빈에서, 드레스를 입고 레스토랑에 간 적이 있었 지."

"그래서요?"

"그리고 자신감을 얻었어. 웨이터가 이렇게 말했거든. 'Ja,

meine gnädige Frau!(사랑스러운 숙녀분!) 주문하신 비너슈니첼을 곧 가져다 드리겠습니다!"

"하지만 수술을 받으려면…?"

아버지는 내 말을 잘랐다. "자, 여기가 중요한 부분이야." 아버지는 Velemény(소견) 아래에 있는 단어들을 가리켰다. Transzexualizmus, F64.0. "그가 여기에서 뭐라고 하는 거냐면, 심리학자로서 환자를 직접 살펴본 결과 환자는 트랜스섹슈얼 정체성 장애로 고통스러워하고 있다는 결론을 내렸다는 거야."

"하지만 첫 번째 심리학자는 그런 결론에 다다르지 않았던 거잖아요."

"중요하지 않다니까." 아버지가 말했다. "시몬 박사가 내 심리상담가야."

"정기적으로 만났어요?"

"편지만 받으러 갔지. 정신과학 같은 건 필요 없어. 서너 번쯤 방문했는데, 나머지는 그냥 친교로 방문한 거야. 좋은 남자였고, 재미있는 사람이었으니까."

"네?"

"한번은 대기실로 마중을 나왔는데, 거기에 어떤 여자가 앉아 있었어. 그래서 내가 그녀를 보고 'Kezét csókolom'이라고 인사를 했지." 당신의 손에 입을 맞춥니다. "시몬 박사가 웃음을 터트리더니 나한테 말했지. '아직 많이 배워야겠는데요!'"

나는 시몬의 편지를 다시 보았다. 나는 헝가리어를 해독할 수 없었다. 하지만 날짜는 읽을 수 있었다. 2004, Július 8. (2004년 7월 8일.)

"아버지 수술 두 달 후에 쓴 편지네요."

아버지는 뜸을 좀 들인 뒤 대답했다.

"방콕에서 돌아온 다음에 써 줬어. 마더북Motherbook에 가야 해서." 마더북은 헝가리 출생신고소다. "거기서 출생증명서의 이름을 바꿔야 했으니까."

나는 생각했다. 붉은 여왕처럼, 먼저 형을 선고하고, 평결은 나중에 한다.

"봐라, 여기에 이렇게 쓰여 있잖니." 아버지는 편지의 마지막 문구를 번역했다.

환자는 이제 더 이상 남성 성기를 가지고 있지 않습니다. 하지만 여성 성기는 성공적으로 형성되었지요. 성명 변경을 위해 청원은 타당하며, 요청을 수락해 주실 것을 권고합니다.

"하지만…"

"시몬 박사에게 돈을 좀 줬어. 만 포린트. 원래 줘야 하는 비용에 더해서." 원래 청구된 비용은 8000포린트였다. 125퍼센트 팁을 준 셈이다. 일반적인 '유사-해결' 비용.

"그럼 수술 전에는 시몬 박사의 편지가 없었던 거예요?"

"그렇지."

"심리상담가로부터 받은 편지를 보내지도 않았고요?"

"그렇지."

"그럼 대체 어떻게 수술을 받은 거예요?"

"아아!" 아버지가 컴퓨터로 돌아가서 파일들을 클릭하기 시작했다.

"봤니?"

모니터에는 영어로 주고받은 이메일이 떴다.

2003년 2월 26일

From: 스티븐 C. 팔루디

To: 상구안 쿠나폰 박사

선생님의 웹페이지에 나와 있는 정보는 꽤 명확하네요. 그에
더해서 저는 SRS[Sex Reassignment Surgery, 성별
재지정 수술]에 필요한 최소한의 준비에는 어떤 것들이 있는지
궁금합니다. 헝가리에서는 미국 같은 나라들과는 달리
심리학적이고 의학적인 검사에 접근이 용이하지 않거든요. 저는
나이가 조금 많은 편이지만 건강 상태는 아주 양호합니다.

답변은 이러했다.

2003년 3월 14일

안녕하세요, 스티븐 씨

이메일 고맙습니다. 당신이 처한 한계에 대해 잘 알겠습니다.
저에게 편지를 써서 당신의 전환 과정에 대해 이야기해 줄 아나나
친구가 있나요? 또한 당신의 사진도 보내 주면 좋겠습니다.
당신은 일상적으로 여성으로 살고 있나요? 그리고 여성 호르몬은
맞고 있나요?

상구안 쿠나폰 드림

몇 년 후 상구안 박사와 나는 전화와 이메일을 주고받았
고, 그는 자신의 수술 절차와 규정에 대해 공들여 설명했다. 그
의 말에 다르면, 2009년 태국의료협회가 관련 규제를 강화하
기 전 그는 자기 자신의 판단을 바탕으로 태국의 환자들에게 성
별 재지정 수술을 기꺼이 해 주었다. 하지만 "외국 TS의 경우에

는"—TS는 트랜스섹슈얼을 의미한다—"나는 해리 베냐민 기준을 따르죠. 그래서 SRS 예비 환자로 받아들이기 전에 심리학자나 상담사의 편지를 보내 달라고 부탁해요." 하지만 예외는 있다. 오랫동안 다른 성별로 살아 왔고, 또 그렇게 받아들여져 온 사람들 중에서도 "정신과 의사의 편지를 받는 것이 쉽지 않은 사람"이 있다는 것이었다. "자기 나라에서 SRS 수술을 받을 수 없었기 때문에 죽을 때까지 평화를 찾지 못하는 사람들이 있어요. 인도주의적 관점에서, 나는 이 사람들에게 작은 창을 연 것이지요. 그 사람들이 친구나 가까운 친척들로부터 받은 편지를 보낼 수 있다면, 나는 그들이 SRS를 받아도 될지 고려해 주었어요. 이후에 뭔가 예상하지 못한 일이 벌어져서 소송을 당하게 되는 위험을 감수하고서 말이죠."

아버지는 상구안 박사의 인도주의적 성향을 충분히 이용한 셈이었다.

"그래서," 그녀가 말했다. "스스로에게 말했지. 일론커가 '내 친구'일 수 있겠다고."

그녀는 컴퓨터에 자판 몇 개를 두들겼다.

"봤지?"

나는 그녀의 어깨 너머로 슬쩍 보았다. 모니터에는 솜털 같은 이탤릭체로 쓴 편지가 있었다. 아버지는 2003년 3월 23일, 그 편지를—자신의 이메일 계정으로—상구안 박사에게 보냈다.

쿠나폰 선생님께,
저는 스테파니 팔루디 부인을 위한 추천서로 이 편지를
쓰고 있습니다. 그녀가 헝가리로 와서 살기 시작한 1989년부터
우리는 서로 잘 아는 사이입니다. 당시에 그는 남자이자

등반가였습니다. 그가 새 집에 이사했을 때 그를 도와주었지요. 그때부터 가까운 사이로 지냈고, 우리의 관계는 지금까지 계속되고 있습니다. 제게는 가정이 있는 탓에 스티븐을 일주일에 한 번 정도밖에 만날 수 없었지만, 우리는 여기저기 함께 다녔고, 여름휴가도 함께 보냈습니다. 그는 언제나 여성의 역할을 했고 여성복을 입었습니다. 저는 그런 것을 신경 쓰지 않았습니다. 지난 2년 동안에 우리는 빈에 있는 트랜스섹슈얼 클럽에 가입했고, 그곳에서 열리는 만찬이나 무도회, 소풍, 하이킹 등에 참가했어요. 그곳에서 저 역시 즐거운 시간을 보냈습니다. 최근 우리는 그가 지금 고려 중인 성별 재지정 가능성에 대해 의논해 왔습니다. 스테파니가 외국에 있을 때 그녀는 언제나 여성으로 차려입었고, 별 문제 없이 그렇게 패싱됐습니다. 그녀는 건강하고, 앞으로도 그러기를 바랍니다. 우정의 인사를 담아, 일론커 드림.

나는 이 내용을 읽는 데 어려움이 없었다. 아버지와 상구안 박사가 주고받은 이메일처럼, 이 역시 영어로 쓰여 있었기 때문이다. 아버지는 천천히, 만족스러운 미소를 지어 보였다. 카나리아를 삼킨 고양이처럼. 일론커는 영어를 할 줄 모른다.

"내가 편지를 썼지. 그리고 일론커의 서명을 붙였어."

"그건…"

"내가 이탤릭체로 편지를 쓴 것 좀 보렴. 더 여성스러워 보이지 않니?" 그녀는 자신이 한 짓을 음미하고 있었다. "정말 잘 썼어. 내 문학작품이랄까." 그러더니 "나는 사기꾼이지. 하지만 사기도 잘 치잖아!"

"상구안 박사가 이걸 믿었어요?"

"바로 답장이 왔어. 당신이 수술을 한 후에는 남자나 여자로 서 섹스를 할 수 없다는 것을 알고 있나요?" '일론커'도 바로 답 장을 써서, 의사에게 자신은 전혀 상관없다는 확답을 보냈다. 이 틀 후, 상구완 박사는 이메일로 좋은 소식을 전해 왔다. "SRS 지 원자로 받아들이겠습니다."

아버지가 벌인 조작의 한 조각이 거의 그녀를 물어뜯을 뻔 한 적도 있었다. 헝가리 출생증명서와 여권을 변경하기 위해서 아버지는 자신의 새로운 성별을 증명해 줄 수술 증명서—이전 에 보았던 파란색 십자가 도장이 찍힌 의사의 예쁜 서류—를 제 출해야 했다. 하지만 아버지가 실제 나이를 속였던 탓에 그 서류 에는 원래 출생증명서와 10년이나 차이가 나는 생년월일이 기록 되어 있었다. 덕분에 아버지는 또 다른 조작을 해야 했다. "아주 훌륭한 총천연색 복제본을 만들었어." 그녀가 말했다. 그녀는 다 시 '변화' 서류철을 뒤져서 나에게 상구안 박사의 증명서를 조작 한 것을 보여 주었다. "파란색 도장이 완벽하지. 아무도 차이를 알아채지 못할 거다."

차이점이라면 원본에서는 비어 있던 공간에 복제된 생년월 일이 이제는 달라졌다는 것뿐이었다. "1927년 11월 1일 출생."

아버지는 서류의 마지막 문장을 살펴보더니 큰 소리로, 천 천히 즐기면서, 읽었다. "그녀는— 이제— 여성— 젠더로— 판 단될— 수— 있습니다."

"〈오즈의 마법사〉 같지." 아버지가 말했다.

"어떻게요?"

"도로시의 집이 동쪽 마녀 위에 떨어졌을 때, 검시관이 이렇 게 선언하잖아." 아버지는 기억에 있던 먼치킨랜드의 검시관 평 결을 고음의 비음을 꾸며 내며 단조로운 가락으로 읊조렸다.

그녀는 그냥 죽은 것이 아니라네,
그녀는 진짜로 그야말로 진정으로 죽었다네!

"그녀가 아버지의 예전 자아예요?"
아무런 대답이 없었다.

만약 아버지가 스티븐을 그녀 인생의 동화 속 마녀에 투영
한다면, 스테파니는 누구인가? 나는 눈치를 챘다. 수술 후 첫 기
념일에 그녀는 나에게 사 보라며 책의 링크를 하나 보내왔다. 한
스 크리스티안 안데르센의 새로운 전기였다. 그 이메일에는 "사
랑을 보내며, 스테파니"라고 서명이 되어 있었고, 이름 옆에 사
진이 한 장 첨부되어 있었다. 백조였다.

그녀는 이제 여성 젠더로 판단될 수 있습니다. 나는 증명서
를 아버지에게 건넸다. 아버지는 그것을 플라스틱 덮개 안에 넣
어 고무줄로 묶은 하드커버 서류철에 안전하게 보관하기 전에,
다시 한 번 읽어 보았다. 그렇게까지 보관하는 것은 '훼손되지 않
도록' 하기 위해서라고, 그녀는 말했다.

"태국에서 돌아온 뒤로 계속 지갑에 넣고 다녔거든." 그녀는
"혹시 몰라서" 몇 달 동안 그 증명서를 들고 다녔다고 했다.

"혹시 모르다니요?"

"제대로 된 서류를 가지고 있는 건 중요해. 안 그러면 문제
가 생길 수도 있거든."

무슨 문제가 생긴다는 거예요? 나는 물었다. 아버지의 인생
에서 두 번째로, 그녀는 조작된 신분증을 가지고 부다페스트를
돌아다니고 있었다.

그녀는 헝가리식으로 어깨를 으쓱하고는 화제를 돌렸다.

집으로 돌아온 뒤, 나는 아버지의 사무실에서 슬쩍한 심리상담 보고서를 소프트웨어에 대해 잘 아는 친구에게 보냈다. 그는 그 문서를 컴퓨터의 번역 프로그램으로 돌려 보자고 했다. 당시에 번역 프로그램들은 원시적인 형태였지만, 어쨌거나 그는 온라인에서 마자르어를 영어로 번역해 준다는 프로그램을 하나 찾아냈다.

"우," 그는 번역된 문서를 보내 주면서 "실패작이야"라고 말했다.

하지만, 감칠맛 나는 실패작이었다. 때때로 의미가 통하지 않는 순서로 영어 단어들을 내뱉는 횡설수설이었다.

Rasps spondee, rasps kerdesekre valazolva tell, that novel loves operaltatni selves …

Hazassagukat Jonathan they were keeping, for it against him sauce ban runaway tole …

Kisgyerekkent very slack it had been, unloved tussle …

세계에서 가장 해석하기 어려운 암호를 이름으로 삼은 번역 소프트웨어를 사용한 것 자체가 실수였는지도 모르겠다. 프로그램의 이름은 '에니그마'였는데, 아마도 나치의 비밀코드를 암호화하고 해독하는 독일의 암호 해독기 '에니그마'의 이름을 딴 것이었을 터다. 나는 계속 읽어 보았다.

Gannet jo module, Jewish people there had been. Bud there is not … THE deceive trance szexualisokkal alakitott who connec-

tions this time acquainting the simile Hungarian Kozossegekkel.
About your child elhatarozasarol not could ugy think about …

몇 주 후에 나는 아버지지의 고등학교 동창생이자 외상외
과 의사인 오토 세케이에게 전화를 걸었다. 우리는 포틀랜드 시
내에 있는 한 카페에서 만났다. 점심을 먹으면서 오토가 은퇴 후
시도하고 있는 다양한 일들에 대해 들었다. 그는 지역 대학에서
르네상스 연극에 대한 수업을 듣고 있고, 최근 유전학에서의 비
약적인 발전에 대해 공부하고 있었다. 그는 포틀랜드 홀로코스
트 추모관 개관식에도 참여했다. 희생자를 기리는 벽에 아버지
와 여동생의 이름을 새겼다고 했다. "그들을 기억할 수 있는 방
법이니까."

커피를 마시면서 나는 도둑질해 온 편지를 지갑에서 꺼내서
테이블 건너편으로 밀었다.

"이거 번역해 주실 수 있을까요?"

오토는 편지의 맨 위에 적힌 제목을 읽어 보았다.

Pszichológiai vélemény

Név: Faludi István Károly

Szül.: 1927. 11. 01.

오토는 아무 말 없이 편지를 다 읽었다. 그는 안경 위로 쳐다
보면서 이해할 수 없다는 듯이 얼굴을 찡그렸다. 나는 그가 내가
편지를 훔쳐서 달아난 것에 실망했다고 생각했다. 하지만 그것
이 아니었다. "이 심리상담가는 독일식으로 썼군." 그가 말했다.
"헝가리어가 엉망이야."

그리고 번역을 시작했다.

"그는 감정의 첫 번째 파트에 '탐구'라는 제목을 붙였군." 오토가 말했다.

"그녀예요." 내가 말했다.

"뭐라고?"

"심리상담가가 여자라구요." 어쩌면 이건 젠더화된 명사에 대한 일반적인 마자르식 혼동일 수도 있었다.

'탐구' 아래로 심리상담가는 아버지에 대해 썼다. "그의 외모는 전통적으로 차려입었고, 다소 여성스러운 남자. 질문에 답을 하는데 부분적으로 자연스럽다. 그는 남성에서 여성으로 성전환 수술을 받고 싶어 한다. 그는 오랫동안 이것을 꿈꿔 왔지만, 아이들에 대한 경제적 책임 때문에 그럴 수가 없었다."

"참도 그랬겠네." 나는 조용히 중얼거리며 저격했다. 나는 엘크스국가재단Elks National Foundation에서 장학금을 받았고, 정부 대출, 그리고 어머니의 도움을 받아서 대학에 다녔다. 아버지가 해 준 것은 아무것도 없었다. "책임이라고?"

오토의 이마에 주름이 깊어졌다. "그의 부모는 잘사는 유대인들이었다." 그는 읽어 내려갔다. "전쟁 중에 그는 지하조직에 합류했고, 덕분에 위조문서로 자신과 부모를 구할 수 있었다. 이후에 그의 부모는 이스라엘로 이민을 갔고, 그곳에서 생을 마감했다."

오토는 안경 아래로 손을 넣어 눈을 비볐다.

"그는 유대인이 아닌 거 같군."

"누구요?"

"심리상담가." 나는 눈을 깜빡였다, 놀랐기 때문이었다. 나는 아버지의 성별 정체성에 대해서 물었는데 오토는 상담사의 종교적 정체성을 조사하고 있었다.

"이렇게 단순화할 수는 없지." 그가 말했다. "'지하조직'에 '합류'했다는 이 생각 말이야. 이 심리상담가는 헝가리 유대인의 상황을 전혀 모르고 있어."

그는 안경을 다시 코 위로 밀어 올리고 계속 읽기 시작했다. "부모와의 관계는 좋았다. 어린아이였을 때 그는 매우 소녀스러웠다. 그는 싸우는 걸 좋아하지 않았다. 소년들의 놀이는 하지 않았다. 비밀스럽게 그는 어머니의 옷을 입어 보곤 했다. 하녀들이 그를 소녀처럼 꾸미곤 했다."

오토는 머리를 들었고, 우리는 말없이 서로 눈빛을 교환했다.

'탐구'는 아버지의 일대기를 훑었다. 덴마크에서의 2년, 브라질에서의 5년, 그리고 1953년 말 그가 미국으로 이민 온 것까지. "1957년, 그는 독일계 미국 여자와 결혼했다고 한다."

독일계? 어머니의 할아버지 중 한 명이 독일인이기는 했다. 어머니에 대한 아버지의 생각이 그랬다는 말인가? 나는 심리상담가가 한 장 반밖에 되지 않는 분량의 문서에 넣을 만큼 이 내용이 중요하다고 생각한 이유가 궁금했다.

오토는 계속 읽었다. "그들은 두 명의 아이를 낳았다. 결혼 생활은 나쁘지 않았지만, 그럼에도 불구하고 아내는 이혼을 요구했다. 그의 이야기에 따르면, 그는 여전히 이혼의 이유를 이해할 수 없다고 한다. 아이들과의 관계는 좋고, 멀리 떨어져 있음에도 불구하고 서로 연락을 하고 지낸다."

오토는 '탐구'의 마지막 문단을 번역했다.

성적인 관점에서 보자면, 그는 언제나 여성에게 끌렸고, 여성과만 성적 관계를 맺었다. 호르몬 치료를 시작하기 전까지, 그는 적극적인 이성애자의 삶을 살았다. 그러나 결혼 기간 중 그는 가끔씩 아내의 옷을 몰래 입어 보곤 했다. 그는 성전환 수술 후 남성에게 끌릴지 여성에게 끌릴지 알 수 없다고 했다.

두 번째 파트는 '검사'라고 되어 있었다. 이 부분은 심리상담가가 로르샤흐테스트를 포함해서—얼마나 고전적인지!—아버지에게 행한 다양한 심리검사와 성격검사의 결과를 정리하고 있었다.

테스트 결과 정신병이나 이상한 증상 혹은 폭력적인 징후는 보이지 않았다. 그러나 어떤 순환적인 사고는 볼 수 있었다. 이 테스트 재료들을 통해 얻은 결과는 정체성과 정체성 탐구에 대한 불확실성으로 가득 차 있다. 그러나 이는 성 심리적 측면에서만 그런 것은 아니었다. 이는 행동과 욕망들 안에서의 부조화를 형성했다.

"아, 이 끔찍한 독일식 언어." 오토는 낮게 탄성을 질렀다.

그의 심리적 상태는 성적 환상이나 행동에서 보이는 개방적 활동이나 분기적 활동에서 각기 다르게 나타났다. 주로, 비인격적인 에로티시즘을 선호하며, 이는 죄의식의 경험과 관련이 있다.

우리는 세 번째 파트, 'Vélemény' 혹은 '소견' 부분에 다다랐다. 환자가 수술에 적합한지 아닌지에 대한 판단으로 가장 중요한 내용이었다.

검사와 다양한 테스트에 기반하여 보자면, 성 심리적 발달에 이상이 있다고 말할 수 있다. 그러나 트랜스섹슈얼리티에 대한 명백한 조짐이 있는 것은 아니다. 페티시즘이나 트랜스베스타이트 유형의 정체성 혼란이 있다고 볼 수 있다. 미래의 성전환과 관련하여 어떤 믿음이나 목표도 찾을 수 없었다. 심리적인 관점에서 보았을 때, 그리고 환자의 나이를 고려한다면, 수술 후 새로운 정체성을 만들고 그에 적응하는 경험은 문제가 있을 것으로 판단된다.

"너무 모호하게 쓰여 있네." 오토가 말했다. "하지만 내가 보기에 이 심리상담가가 말하고 싶었던 것은 그는—아니 그녀는—자네 부친이 스스로 뭘 하고 싶어 하는지 안다고 생각하지 않았던 것 같아. 혹은 뭐가 되고 싶은지 말이지."

3부

20장

주여, 헝가리인을 불쌍히 여기소서

아버지가 태국으로 날아가 '의심의 여지 없이' 자신의 성별 정체성을 확고하게 만든 지 몇 년 후, 1989년부터 만들어지기 시작한 헝가리의 정체성 위기는 그야말로 루비콘강에 다다랐다. 이 위기는, 헝가리가 소련 지배하의 공산국가라고 믿으며 자랐지만 결국 그 시간 동안 실은 무언가 다른 것이었음을 깨달은 한 세대의 고집과 함께, 그 나름의 방식으로 내 아버지의 위기만큼이나 '무질서'했고 '문제적'이었다. 극우 정당인 요비크당과 극우 단체인 마자르가르더 민병대의 창시자인 가보르 보너가 2008년 자신의 추종자들에게 선언했던 것처럼, 헝가리는 "한 걸음 한 걸음씩 국가로서 우리의 정체성을 다시 구축해야" 했다. 이 요청은 특히 젊은 유권자들 사이에서 요비크당이 인기를 얻는 가장 강력한 매력 요인이 되었다. (2010년 총선에서 요비크당에 투표한 절반에 가까운 사람들이 35세 미만이었다.) 요비크당 페이스북 팔로워들을 대상으로 한 설문조사에서 당의 지지자들은 요비크당을 지지하는 세 가지 이유 중 하나로 다음의 내용을 꼽았다. "정체성의 보호."

국민성에 대한 이러한 추구는 중간자적인 조정이나 점진적인 과정이 아니라, 기존의 자기 인식을 철저하게 폐기하고 그 반대를 주장하는 방식으로 이뤄졌다. 포스트 1989세대가 추구한 정체성은 그들이 태어난 시대의 정체성과는 180도 달랐다. 즉, 무신론자 볼셰비키에서 기독교 독재로의 갑작스러운 전환이었던 것이다. 2000년대 후반 즈음, 극우 온라인 포털인 Kuruc.info는 젊은 헝가리인들 사이에서 인기 있는 뉴스사이트가 되었다. 반동적인 헤비메탈 밴드가 음악 차트 순위에서 상위로 급등했다. 그리고 과격주의자인 센트코로너라디오Szent Korona Rádió(성스러운 왕관 라디오)는 헝가리의 상위 10위권 안에 드는 라디오 방송국에 랭크되었다. 이런 곳들이 인터넷에 정통한 젊은 헝가리인들이 '진정한' 마자르 자아를 수호하기 위해 모여드는 광장이었다. 사회학자 팔 터마시가 2008년 일반인구조사 결과를 분석했을 때, 그는 자신이 발견한 사실에 당황했다. 극우주의적 정서가 급증하고 독재자에 대한 깊은 열망이 발견되었던 것이다. 응답자의 4분의 3이 다음과 같은 문장에 동의했다. "우리는 철권으로 이 나라를 통치할 단호한 지도자가 필요하다." 터마시에 따르면 이런 관점은 이제 매우 광범위하게 퍼져서, "어떤 의미에서 우리는 이들을 '극단주의자'라고 더 이상 부를 수 없는 상황이 되었다."

에릭 에릭슨은 전체주의란 정체성에 대한 탐구가 심리학적 복잡성과 자아 인식을 폐기하면서 '완벽하게 확정되어야 하는 범주'를 주장할 때 시작된다고 경고했다. 성격을 형성하는 욕망과 갈등, 그리고 상처라는 요소들의 의미를 알아내려고 애쓰는 대신, 그리고 개개인의 삶을 형성하고 해체하는 사회적이고 경제적인 조건들과 역사를 탐구하(고 대면하려)는 노력 대신, 정체성은 단일하고 포괄적인, 고정된 위치라는 위험한 만병통치약에 매달리기 쉽다. 국가도 같은 유혹에 굴복할 수 있는 건가? 정부가 국가의 진정한 역사적 무게를 인식하고 시민들의 진정한 문제에 대해 고심하는 대신에 하나의 단일한 이미지를 찬양할 때 어떤 일이 벌어지는가? 전체주의totalism의 정치적 등가물은 전체주의 독재totalitarianism 다.

아버지가 심리분석 보고서를 폐기해 버린 이유는 전혀 수수께끼가 아니다. 그 보고서가 수술실을 향하는 그녀의 길을 가로막았기 때문이다. 하지만 나는 그 외에 다른 이유들이 있었던 것은 아닌가 의심했다. 그 보고서의 분석이 특정한 부분에 집중되어 있었기 때문이다. 그리고 그 세부 사항들은 아버지가 묻어 두고 싶었던 과거로부터 비롯된 것들이었다. 그 내용은 심리 상태의 모순적인 부분들을 강조했다. 그 모순이란 트랜스젠더 작가 샌디 스톤이 "살아온 경험들의 복잡성과 모호성"이라고 묘사했던 것이었고, 아버지는 그에 대해 심문당하고 싶지 않았다. 그 보고서가 제기한 좀 더 큰 질문들은, 완벽하게 확정되어야 하는 범주를 만들기 위한 수술과 함께 불식시키려고 했던 바로 그 질문들이었다. 그 심리상담사는 환자가 '욕망의 불일치'로 고통스러워하고 있음을 보았다. 그 환자의 '비인격적인 에로티시즘'은 '죄의식'과 얽혀 있었고, 그의 정신적인 풍경은 섹슈얼리티와 젠더의 범주를 훨씬 넘어서는 "불확실성으로 침윤되어 있었다." 나의 아버지는 그저 심리학자가 신체적 해법을 통해 해결할 수 있는 단일한 정체성 문제 안에 갇혀 있거나 혹은 그와는 무관한 한 환자를 보고 그에 대해서 검증해 주기를 바랐을 뿐이다.

* * *

"아무 '문제' 없어." 아버지가 말했다. 2010년 총선 몇 달 후, 아버지와 거실에 앉아 그녀의 초대형 TV로 뉴스를 보고 있을 때였다.

그녀는 자기 나라의 정치에 대해서 말하고 있었다. "민주주의가 작동하는 거지."

굴욕적인 재정 붕괴와 극심한 빈곤, 그리고 실업률 급증의 여파로 헝가리 우파가 표를 쓸어 갔다. 진보 정당에서 보수 정당으로 완전히 전환한 피데스당이 역사적으로 좀 더 좌파적으로 기울어져 있는 부다페스트에서조차 우세한 승리를 거두었고, 사실상 모든 지역과 지방정부에서 승리했다. 극우 정당인 요비크당은 유권자 중 거의 5분의 1에 달하는 지지를 얻고, 18세에서 29세 사이의 투표자들 중에서는 4분의 1의 표를 얻으면서 헝가리에서 제3당이 되었다. 이 결과를 보면서 이번 선거가 헝가리의 가장 어두웠던 시절에서 등장한 유령이 떠도는 그림자극이라고 생각하지 않을 수 없었다.

아버지는 피데스에 투표했다.

이제 우리는 검은 조끼를 입은 마자르가르더 지지자들 수천 명이 수도의 에르제베트 광장에 모여 뉴스 카메라 앞에서 행진하며 경찰을 향해 병을 던지고 공기총을 휘두르는 것을 보고 있었다. 아니, 더 정확하게 말하자면, 검은 조끼를 입은 우이마자르가르더 Új Magyar Gárda, 즉 새로운 헝가리 경비대의 행진을 보고 있었다. 1년 전, 법원은 마자르가르더가 헌법적 권리의 '도를 넘었다'고 판결하고 해산을 명령했다. 마자르가르더는 동요하지 않고 자신들은 '문화와 국가 재건'을 위한 활동에 헌신하는 '공무원들의 모임'이라고 선언하면서 새로운 이름을 만들어서 조직을 정비하고, 이전과 똑같은 활동을 계속했다.

"문제가 있죠." 내가 쏘아붙였다. "가르더는 죄 없는 사람들을 공포에 떨게 하잖아요." 그는 손을 흔들어 내 말을 무시한 뒤 TV 쪽으로 의자를 좀 더 가까이 끌고 갔다. TV에서는 요비크당 소속의 하원의원들과 신부가 화살십자당 깃발과 너무나 닮은 '아르파드 스트라이프' 플래카드 아래에서 팔뚝질을 하면서 행진하고 있는 시위자들을 극찬하고 있었다.

"아버지 동포들을 공포에 떨게 한다고요." 내가 덧붙였다.

처음 시작할 때부터 가르더는 극우 집단의 무리를 확산시키면서 자신들이 마자르 자아를 위협하는 '외래적인 것'으로 여겼던 두 개의 정체성에 반대하는 폭력적인 캠페인을 계속해 왔다. 이는 1944년 헝가리 파시스트 정부가 국가로부터 제거하려고 했던 두 개의 정체성과 같았다. 바로 유대인과 집시였다. 첫 10년 동안 공격은 점점 더 격렬해졌다. 유대교 묘지는 신성모독을 당했고, 유적은 훼손되었고, 유대교회당은 파손되었으며, 예배자들은 구타를, 종교 지도자들은 협박을 당했다. 시골에서는 자경단 '순찰대'가 집시 마을을 괴롭혔다. 검은 부츠를 신은 폭력배들이―이들 중 일부는 채찍과 도끼로 무장했고, 으르렁대는 개를 데리고 다녔다―거주민들에게 장광설을 늘어놓거나 욕설을 퍼부었다. 때로는 다음과 같이 위협을 가하기도 했는데, 이는 어떤 휴대전화 카메라에 찍힌 내용이었다. "더러운 집시들! 이 집시들과 애새끼들은 모두 몰살해야 해!" 2012년, 이 순찰대가 북부 부다페스트 마을의 거리를 두 달 동안 헤집고 다닌 후에(하지만 경찰들은 대체로 모르쇠로 일관했다), 적십자는 정신적 외상을 입은 집시 여자들과 아이들을 버스 여섯 대로 대피시켜야 했다. 2000년대 후반 인권 운동가들은 2년간 60건이 넘는 집시 시민들에 대한 증오범죄를 기록했다. 여기에는 구타, 총격, 방화, 그리고 성인 일곱 명과 어린아이 두 명의 죽음이 포함되어 있었다. 이 공격들 중 3분의 1 이상에 총기와 화염병 혹은 수류탄이 사용되었다. 유대인 역시 부다페스트에서 벌어지는 증오범죄의

대상이었다. 유대 지구 매표소에 방화를 하거나, 유월절에 유명한 랍비의 집에 돌을 던지고, 홀로코스트 당시 유대인을 도와준 것으로 유명한 스웨덴 영웅 라울 발렌베리*의 동상(성 이슈트반 공원에 있는)에 피 묻은 돼지의 발을 걸기도 했다. 1944년 겨울 도나우 강변에서 화살십자당에 의해 총살당한 희생자들을 기리기 위한 조각품에 반유대주의 낙서가 휘갈겨지기도 했다. 도나우강을 가리키고 있는 화살표 아래에 스프레이로 쓴 메시지는 다음과 같이 단언하고 있다. "당신이 총살당해 빠져 죽을 자리." 그러나 어떤 헝가리인들에게는 이런 모욕보다 더 두려운 것이 있었다. 그건 넘쳐 나기 시작한 역사수정주의였다. 홀로코스트에 대한 부정, 호르티 집권체제의 복권. 그야말로 악의적으로 코드화된 정치학이었다.

우파 정치인들은 암묵적이고도 공개적으로 이런 흐름을 지원했다. 2010년 총선을 위한 캠페인 기간 동안, 요비크당은 반유대주의가 "조국 헝가리를 사랑하는 모든 사람들의 의무"라고 선언했던 극우 헝가리 경찰 노조와의 동맹을 공표했다. 선거 전날 발행된 요비크당지인 《버리카드 Barikád》의 표지는 부다페스트의 수호성인인 성 겔레르트 동상의 합성사진을 선보였다. 이 사진에서 성인은 수도를 향하고 있는 십자가 대신 유대교에서 사용하는 큰 촛대인 메노라를 들고 있었다. 표지에 붙은 표제는 이랬다. "일어나라, 부다페스트여! 이게 당신이 원하는 모습인가?" 요비크당의 스물여덟 살 부총재인 처나드 세게디는 특히 열변을

* 라울 발렌베리Raoul Wallenberg(1912~1947). 스웨덴의 부유한 금융가 문 출신의 외교관이자 사업가. 스웨덴 비자를 발급해 주고, 아우슈비츠 수용소로 끌려가는 것을 저지하며 나치스로부터 수만 명의 유대인들을 구해 냈다. 미국 첩자로 오해한 내무인민위원회NKVD에 의해 살해당했다.

토했다. 그에 따르면 유대인들은 '이스라엘인들을 데려오기 위해' 헝가리 전역에 걸쳐 '엄청난 양의 부동산을 매입'하고 집시와 연합을 통해서 '순수한' 헝가리인들을 헝가리의 소수자로 만들려고 하면서 헝가리의 국가 상징을 훼손하고 있다고 비난했다. 세게디는 집시 가족들을 그들의 고향에서 쫓아내고 '공공질서 보호 캠프'에 '격리'해야 한다고 주장했다. 2012년 즈음, 요비크의 원내 부의장이었던 마르톤 쥔죄시는 다른 종류의 '가축몰이'를 위해 압박하고 있었다. 그는 국회 회의 석상에서 "진정으로 헝가리 국가 안보에 위험이 되는 유대인 거주자 명단을 작성하라"고 정부에 요청했다.

당은 이런 증오를 선동하는 수사에 대해서 아무런 사과도 하지 않았다. 요비크의 부의장인 레벤테 무라니는 미디어에 "진짜 헝가리인들의 이익과 천년의 역사를 가진 헝가리 국가의 신성함을 대표하기 위해 필요한 일이라면" 기꺼이 "나치, 파시스트, 그리고 반유대주의자가 되겠다"고 말했다. 그의 말은 반향을 불러일으켰다. 여론조사에서 유대인에 대한 극도의 반감을 느끼는 헝가리인의 비율은 2003년에서 2010년 사이에 두 배로 증가했다. 헝가리는 이제 EU 회원국 중에서 가장 반유대주의적인 국가 중 하나가 되었다. 공산당 몰락 후 젊은이들 사이에 이런 적대감은 최대치를 찍고 있다. 2013년 즈음, 18세에서 29세 사이 헝가리인들 중 3분의 1이 유대인에 대한 반감을 품고 있다고 여론조사원에게 말했다. 동시대 헝가리 반유대주의 연구의 선구자인 사회학자인 언드라시 코바치는 반유대주의가 상충되는 다양한 이유들로 우파에 끌린 사람들을 상징적으로 하나로 묶어 주는 데 유용한, 일종의 '정체성을 고정시키는 핀'으로 작동하고 있다고 주장했다. 코바치는 다음과 같이 결론 내린다. 요비크와 같은 정당에 있어서 반유대주의가 행하는 '주요 기능'은 '그룹의 구성원이 서로를 알아볼 수 있도록' 해 주는 것이다. 즉, '같은 정체성을 구성'할 수 있도록 한다. 이전 세대들은 반유대주의를 근대성에 대한 반감을 표현하는 방식으로 사용했었다. 코바치에 따르면 "최근 헝가리 극우의 반유대주의는 대의제민주주의 체제에 반대하는 사람들의 정치적 정체성의 코드로 복무하는 것으로 보인다." 제2차 세계대전에 이르는 시기에 그랬던 것처럼, 2000년대에 헝가리의 우파가 되기 위해서는 유대인이어서는 안되었다.

"어떻게 이걸 보고 있어요?" 나는 '새로운' 마자르가르더가 에르제베트 광장을 행진하는 모습을 보는 아버지에게 말했다.

"스코키에서 나치가 행진＊할 때, 그들 쌌어야 하니?" 아버지가 말했다. "미국 경찰이 KKK를 절멸시켜야 했을까?"

"아빠, 그들을 죽여야 한다는 얘길 하는 게 아니잖아요."

"이제 여기는 민주주의 국가야. 그들은 자유선거로 선출된 거고."

"아무도 마자르가르더를 선출하진 않았어요."

"어어," 아버지가 말했다. "우리가 피데스당에 투표했지. 그리고 피데스는 헝가리를 정상 궤도에 올려놓을 거야. 빅토르 오르반이ー피데스당의 창립자이자 현재 헝가리의 총리다ー멍청

＊ 1977년, 신나치는 시카고 교외의 작은 마을인 스코키를 지나는 행진을 계획한다. 스코키는 인구 절반 이상이 유대인이었고, 홀로코스트 생존자들이 상당수 살고 있었기 때문이었다. 이에 당국은 집회 개최를 불허했고, 신나치는 이를 법정으로 가져간다. 이듬해, 대법원은 "표현의 자유를 규정한 수정헌법 1조에 따라 집회를 허가해야 한다"고 판결했다. 이 판결에 대해서는 여전히 미국 내에서도 평가가 분분하다.

한 정책으로 헝가리를 파산에 이르게 하고 있는 EU 사람들에게 잘 맞설 거다."

"요비크당은요?" 내가 공격했다.

새 국회 회기의 첫째 날에 요비크의 당수인 가보르 보너가 취임 선서를 하기 위해 앞으로 나와서는, 갑자기 슈퍼맨 모드로 전환해 슈트 상의를 벗고 카메라를 향해 가슴을 내밀었다. 그는 검은 조끼와 금지된 '옛날' 마자르가르더의 상징을 입고 있었다. 몇몇 사회주의자 각료들이 이 쇼에 반대했다. 여당인 피데스 지도부는 그들을 무시했다.

"피데스가 요비크를 잘 관리할 거야." 아버지가 말했다. "호르티 섭정 때와 비슷할 거야. 그는 극단주의자들을 잘 억제했어."

물론 그랬지, 그가 억제하지 않기 전까지는.

어쨌거나, 아버지 말에 따르면, 피데스는 부동산과 관련된 부패한 지원금을 더 이상 주지 않겠다고 약속했다. "어쩌면 드디어 우리 부동산을 되찾을 수 있을지도 모르지."

글쎄, 내 생각에는 그렇지 않았다.

* * *

피데스 행정부 아래 경제 상황은 계속 자유낙하했고, 빈곤은 급증했다. 사회적 지원은 대폭 줄어들었고, 전문직 종사자들은 대거 망명했다. 2014년 피데스의 첫 번째 집권기 말에는 인구의 3분의 1이 최저 생활수준 이하의 삶을 살게 되었고, EU의 어떤 나라에서보다 아동 빈곤이 빠르게 확산되었다. 그리고 시민들의 4분의 1 이상이 '심각하게 궁핍한' 상태에 이르렀다. (심각하게 궁핍하다는 것은 집세나 난방, 식료품 등 기본 생활비를 댈 수 없는 상태라는 것을 의미한다.) 50만 명에 가까운 시민들이 나라를 떠났고, 피데스 집권 이후로 이민이 여섯 배 증가했다. 헝가리 국외 거주자의 3분의 1이 대졸자다. 이런 두뇌 유출은 의학계, 과학계, 경제계, 학계, 그리고 문화계까지 모든 전문 직종을 강타했다. 2015년 즈음부터는 의사와 건강관리 직종 노동자, 기술자, 그리고 컴퓨터 공학자 들이 부족하다는 위기감이 커지기 시작했다. "우리는 이민 떠나는 사람들의 나라다." 한 뉴스의 표제는 이렇게 탄식했다. 상징적인 것은 정신질환 관리였다. 사회-경제적 고통에 의해 적지 않게 악화되었던 정신건강 위기가 ('유사-해결책'에도 불구하고 지독한 저임금에 시달리던) 수천 명의 정신과 의사, 심리학자, 정신과 간호사 들이 서둘러 떠난 바로 그 시점에 헝가리를 덮쳤다. 지독한 긴축정책이 국가의 병원 체계를 도산 직전까지 몰아갔다. 그보다 조금 이른 시기에 아무런 설명도 없이, 정부는 (1868년 프란츠 요제프가 규정한) 정신질환을 다룰 수 있는 교육을 하고, 정신질환을 치료하며, 이를 연구하는 국가의 중요한 기관을 폐쇄했고, 국내 급성 정신병원 침상의 25퍼센트를 없애 버렸다. 이런 삭감은 수요가 없기 때문은 전혀 아니었다. 헝가리는 EU에서 우울증, 알코올중독, 조울증 그리고 자살률이 가장 높은 나라 중 하나다. 새천년에 이런 비율이 더 높아졌지만, 이들을 치료할 수 있는 정신과 의사의 비율은 40퍼센트 줄어들었다.

이런 심각한 문제에 직면하여, 피데스 정부는 정체성이라는 사이비 만병통치약을 팔고 다녔다. 피데스가 선거에서 승리한 지 몇 주 만에, 새 정부는 '민족 정체성을 강화'하기 위해서 전국적으로 마자르 민속춤과 수공예품 그리고 음식에 대해 강조하면서 국경 밖에 있는 '전통적인 헝가리인'들에게 시민권을 부여하기 위해 움직였고(이는 트리아농조약 승계국들에서 헝가리인들이 '발이 묶여 있을 것'이라는 암시였다), 트리아농조약이 체결된 6월 4일을 국가 화합의 날로 선언했다. 피데스당 소속 국회의원들은 '헝가리인다움의 의미가 무엇인지' 찾으려는 지방자치단체의 계획을 옹호하고 누가 헝가리인이 아닌지를 규정하기 위해 애를 썼다. 헝가리 국회는 거리의 이름을 바꾸고 '헝가리 애국자'들에게 헌정하는 기념물을 세웠는데, 그 헝가리 애국자들 중에 파시스트였던 과거를 가진 사람들이 적지 않았다. 권위주의 국가를 되살리는 것은 헝가리인의 자아를 되살리는 데 없어서는 안 될 부분인 것 같았다.

2015년에 피데스 정부는 외국인 침입자들이 헝가리인의 일자리를 '빼앗아'간다고 비난하는 광고판 캠페인을 후원하고 '이민과 테러리즘'에 대한 조사를 실시했다. 이 조사는 "당신은 헝가리 정부가 이민자들 대신에 가족들과 미래의 아이들을 지원해야 한다는 사실에 동의하십니까?"와 같은 유도신문을 통해 혐오의 불길에 기름을 부었다. 오르반 총리는 난민을 막기 위해서 세르비아 접경지역에 100마일에 달하는 13피트 높이의 철조망으로 된 담을 건설하라고 주문했다. (그러고 나서 얼마 되지 않아 크로아티아 접경지역에 또 다른 벽을 건설했다.) 그해 여름, 두려움에 사로잡힌 사람들이 몰려왔고, 잘 알려진 대로 장벽은 이를 버텨 내지 못했다.* 오르반은 세르비아 국경과 부다페스트의 켈레티 기차역에 모인, 자유를 잃은 수천 명의 이민자들을 군사적 대응과 함께 "우리는 헝가리인의 헝가리를 보존하고 싶다" 그

* 2015년 9월 16일, 헝가리를 통해 독일로 넘어가던 중동 난민들은 입국을 거절당하자 헝가리-세르비아 장벽을 뜯어내며 항의했고, 헝가리 전경은 최루탄 등을 사용해 이들을 막으면서 상황이 악화되는 사건이 벌어져 국제적으로 화제가 되었다.

리고 "헝가리에 도착한 이들은 다른 종교에서 자랐고 근본적으로 다른 문화를 대표하는 자들이다. 그들 대부분은 기독교인이 아니다"라는 선언으로 맞이했다. 헝가리 경찰은 이민자들을 우리에 몰아넣고 물도 주지 않은 채 기차 화물칸에 가두어 놓았다. "그들은 이민자들에게 기차가 오스트리아로 간다고 말했지만, 실제로는 난민 캠프로 데려갔습니다." 그해 9월, 도하니가 유대교회당의 랍비장인 로베르트 프룅리히는 《뉴욕 타임스》 기자에게 말했다. "정부가 경찰에게 그렇게 대처하라고 지시했다고 생각하지는 않습니다. 하지만 이는 1940년대 유대인에게 일어났던 일과 매우 흡사하죠."

다른 유사한 일들도 있었다. 아버지가 요비크의 최악의 본능을 억제할 것이라 기대했던 오르반 행정부는 2010년 선거 이후 빠르게 움직여서 많은 법률을 통과시켰는데, 이는 법원, 중앙은행, 중앙선거관리위원회, 미디어, 정부 부처 감시 기구들의 독립성을 약화시키는 법률들이었다. 헝가리 헌법은 정부의 권한을 확대하고, 시민 영역의 자유를 줄이며, 생명은 임신한 순간부터 시작되는 것으로 규정하고, 동성 결혼을 금지하는 방향으로 개정되었다. 헌법의 서문('국가의 신조') 부분은 성 이슈트반의 '성스러운 왕관'을 국가적 '통일'의 체현으로 신격화하고 '우리의 독립국가의 지위를 지키는 데 있어 기독교의 역할'을 승인했다.

정부는 공격적으로 문화적, 학문적 기관 들의 수장을 축출하고(이들 중 상당수가 유대인이거나 '외국인'의 사고방식을 가졌다고 의심받는 진보적인 지식인이었다), 마자르의 진정한 추종자들을 그 자리에 앉혔다. 피데스 소속의 새 부다페스트 시장은 뉴시어터의 책임자 자리에 요비크당 지지자를 앉혔는데, 그는 극장을 '타락하고 역겨운 진보 헤게모니'로부터 해방시키고

'순수' 헝가리 연극만을 선보이는 프로그램을 통해 '애국적인 가치를 스며들게 하겠다'고 맹세했다. (그가 처음으로 선택했지만 결국 상연하지 못한 연극은 그 유명한 반유대주의 연극인 〈여섯 번째 관 The Sixth Coffin〉이었다. 이는 트리아농조약이 유대인 때문이라고 비난하는 내용이다.) 피데스 관료들이 2013년 예술과 과학 분야에서 '국가를 가장 잘 대표한 사람들'에게 정부 포상을 수여할 때, 이 상은 마자르가르더 민병대의 공식적인 찬가를 작곡한 신나치 밴드 카르파티어의 기타리스트를 비롯하여 여러 명의 반유대주의 반동분자들에게 돌아갔다. 대부분의 피데스 공직자들은 반유대주의적 발언을 할 때 완곡어법을 사용하며 조심했지만, 모두가 그런 것은 아니었다. 당의 창립 멤버 중 한 명이자 총리와 개인적 친분이 있는 졸트 버예르는 피데스 정책에 대해 비판적이었던 세 명의 유명한 유대인들에 대한 난잡한 공격을 출판했다. (이 중에는 헝가리에서 태어난 피아니스트 언드라시 쉬프도 있었다.) 버예르는 이들 중 한 명을 냄새 나는 배설물 취급하면서 "그들을 오르고바니 숲에 목만 내놓은 채 모두 파묻지 못한 것"을 안타까워했다. 오르고바니 숲은 1919년 집단학살이 벌어졌던 곳이다.

요비크당 소속 공직자들은 자신들의 반유대주의적 성향을 숨기려고 애쓰지 않았다. 한 요비크당 소속 하원의원은 "히틀러는 모든 일에 있어서 옳았다. 다만 홀로코스트인지 뭔지를 저질러서 유대인들에게 명분을 준 것이 실수였다"라고 말했다. 그리고 그는 유대인들은 '사탄의 민족'이라고 덧붙였다. 요비크당의 공인된 미래 대통령 후보이자 가장 유명한 인물 중 하나인 크리스티너 모르버이는 (비록 그녀는 당과는 독립적으로 활동한다고 주장했지만) "우리는 헝가리가 제2의 팔레스타인이 되는 걸 용인할 수 없다"고 단언했다. 그녀는 헝가리 유대인들에게 "당신네들의 시간은 끝났다"고 충고했다. 유럽의회 선출직 대표로 활동하는 동안, 모르버이는 헝가리 주재 이스라엘 대사에게 공개서한을 보냈는데, 그 편지에서 그녀는 가자에서 벌어진 내전에서 이스라엘 사람들이 죽어서 "대단히 기뻤다"고 썼다. "나는 이가 들끓는 더러운 살인자들인 당신들 모두가 하마스*의 '키스'를 받기를 바란다." 보수적인 유대인 망명자(그는 자신을 '자랑스러운 헝가리 유대인'으로 불렀다)가 모르버이의 말에 실망감을 표현하자, 그녀는 다음과 같이 응수했다. "당신네들은, 당신들이 방귀를 뀌면 우리가 차렷 자세를 취하고 당신들의 모든 소원을 들어줄 것으로 기대한다. 하지만 이제는 정신을 차릴 시간이다. 우리는 더 이상 도움을 베풀지 않는다! 우리는 우리의 머리를 높이 들고 더 이상 당신네들이 우리에게 행하는 테러를 참지 않을 것이다." 끝으로 모르버이는 모든 '소위 자랑스러운 헝가리 유대인들'에게 "나를 비방할 시간에 돌아가서 당신들의 작고 귀여운 포경수술 받은 꼬리나 가지고 놀라"고 조언한다.

사실 모르버이는 이런 말들이 오고가는 시기를 거치면서 자신의 정체성을 새롭게 고안했다. 그녀는 진보적인 변호사로서 공적인 활동을 시작했었다. 그녀는 가정폭력에 대한 헝가리 최초이자 획기적인 책 『가정의 공포Terror a családban』를 썼고, 여성에 대한 폭력에 맞서 싸우는 헝가리 최초의 협회를 조직했다. 그리고 90년대 초에는 폭력을 휘두르는 남편을 죽인 네 명의 여성들을 자기방어 논리로 대변했다. 2003년부터 2006년까지, 그녀는

---

* 하마스HAMAS. 팔레스타인의 이슬람 저항 단체. 이슬람 저항운동을 뜻하는 아랍어의 머리글자를 땄다.

UN의 여성차별철폐협약에 헝가리 대표로 참여했다. 요비크의 불관용을 선전하는 여성 대표주자가 되기 전까지, 크리스티너 모르버이는 헝가리의 중요한 페미니스트였다.

그리고 그녀는 여전히 자신이 그런 존재라고 말한다. 2010년 총선 몇 달 후 자택에서 나와 인터뷰할 때, 그녀는 요비크당과 마자르가르더는 '강하고 혁명적인' 여성들로 가득 차 있다고 주장했다. "사람들이 역사상 가장 극단적인 파시스트 나치 집단인 것처럼 묘사하는 가르더에는 여성들이 많습니다. 그들 중 대부분은 여성 평등에 아주 관심이 많다고 할 수 있죠." 그녀가 말했다. 사실 그들은 여성해방을 위해 가르더에 합류했다. "말하자면, '나는 내 자신과 다른 약한 사람들을 지킬 것'이라는 거죠." 그녀는 자신이 생각하기에 동등한 부부관계의 '모델'과도 같은 결혼 생활을 하는 요비크당 리더들의 이름을 줄줄이 나열했다. ("가보르—요비크당 창설자인 가보르 보너—에게 전화를 걸면 종종 그는 이런 말을 해요. '방금 소아과에서 애를 데리고 왔어.'") 인터뷰를 끝내고 떠날 때가 되자 모르버이는 나에게 선물을 하나 줬다. 『역사적으로 위대했던 헝가리의 아름다움 *A történelmi Magyarország szépségei*』이라는 제목의 커다란 거실 탁자용 책이었는데, 이 책에는 트리아농조약으로 잃은 '헝가리 성스러운 왕관의 이전 영토'를 찍은 번드르르한 사진들이 담겨 있었다. 집으로 차를 몰고 돌아오는 길에 책의 속표지를 열어서 그녀의 메시지를 읽어 보았다. "수전 팔루디에게, 자매애와 사랑을 담아, 모르버이 크리스티너."

"내가 왜 '진짜 헝가리인'이 아닌지를 말하는 온갖 이메일 공격을 받았어요." 커틸린 레버이가 내게 말했다. 운명적인 2010년 총선이 벌어지기 2년 전이었다. 나는 페스트의 극장가에서 유럽의회 사회당 대표와 커피를 마시고 있었다. 날이 따뜻해서 우리는 '머이머노' 카페의 남아 있는 야외 테이블 중 하나에 앉았다. 카페의 이름 머이머노는 오스트리아–헝가리제국의 궁중 사진가이자 헝가리 사진사에 큰 영향을 미친 (그리고 유대인이었던) 인물의 이름을 딴 것이었다. 그는 카페가 있던 건물에서 일하면서 거주했다. 2003년 당시 여당이었던 사회당은 레버이를 소수계인권 장관 Equality Minister 으로 임명했다. 그녀는 그 자리에 앉은 최초의 인물이었고, "처음이자 마지막"이었다고 그녀가 직접 언급했다.

"지금 이 나라에서 벌어지는 일들이 걱정돼요." 그녀가 말했다. "나라가 두 종류의 사람들로 나뉘고 있죠. '좋은 헝가리인'과 '나쁜 헝가리인'이요. 그리고 '나쁜 헝가리인'이란 트리아농조약 때문에 매일 울지 않는 사람들이거나 유대인이거나, 집시 혹은 페미니스트죠." 이런 이데올로기 아래에서 '좋은 헝가리인'은 실제로 차별을 당했고 '특별한 보살핌'을 받아 마땅한 사람들이다. 이런 믿음은 그 뿌리가 깊었다. "합스부르크 군주국은 헝가리인들이 귀족들에 의해 보살핌을 받는다는 생각을 길러 놓았어요." 레버이가 말했다. "그리고 공산 정권이 근대국가 체제 아래에서 그걸 지속한 거죠. (권력을 가진 자들에 의해서) '보살핌을 받는다'는 것 말이에요. 이게 헝가리인들의 정신세계에 있어 중요한 열쇠죠."

우리가 함께 커피를 마시기 몇 주 전, 레버이는 다가올 부다페스트게이프라이드퍼레이드에서 기조연설을 하기로 했다. 뉴스가 보도되자 그녀 앞으로 온갖 협박과 증오의 메시지가 범람했다. LGBT 권리를 옹호했다는 이유로 "그들은 저를 '더러운 유대인'이라고 부르고 있어요."

에스프레소를 다 마실 즈음 레버이가 물었다. "'힘누스 Himnusz'의 가사를 아세요?" 힘누스는 헝가리 국가였다. 내가 모른다고 하자, 그녀가 노래를 부르기 시작했다. 그녀가 노래한 그 구절은 '보살핌을 받아야' 하는 필요와 희생자의 자리에 가고 싶은 욕망은 동전의 양면이라는 사실을 상기시켰다.

> Isten, áldd meg a magyart
> Jó kedvvel, bőséggel,
> Nyújts feléje védő kart,
> Ha küzd ellenséggel;
> Bal sors akit régen tép, ...

"이 노래는 신에게 헝가리인들을 구해 달라고 기도하고 있어요. 무엇으로부터냐 하면⋯." 그녀는 적절한 단어를 찾기 위해 고심했다. "번역하기 참 어렵네요. 그러니까, 헝가리인들이 적과 싸울 때, 우리는 우리를 오랫동안 괴롭힐 끔찍한 운명을 타고 났다는 거예요. 우리는 우리의 미래와 과거로부터 충분히 괴로웠으니, 그러니까 신이시여, 우리를 보호하소서." 그녀는 노래의 끝부분을 마저 불렀다.

> Szánd meg Isten a magyart
> Kit vészek hányának,
> Nyújts feléje védő kart

Tengerén kínjának.
Bal sors akit régen tép,
Hozz rá víg esztendöt,
Megbönhödte már e nép
A múltat s jövendöt.

오, 주여, 헝가리인을 불쌍히 여기소서
그는 위험의 파도에 흔들리고 있나이다
그의 비참함의 바다 위에
당신의 팔을 뻗어 보호해 주소서
그는 오랫동안 불운에 시달렸습니다
그에게 기쁨의 해를 선물해 주소서
이 민족은 과거와 미래의 모든 죄로 인해
고통받아 왔나이다.

"유럽의 축구 경기를 보러 갈 때마다, 그 차이에 충격을 받아요. 다른 나라의 국가들은 그 민족의 투지와 권능에 대해서 노래하거든요. 그들은 긍정적이고 자긍심에 차 있어요. 그러나 우리 국가는 완전히 반대거든요. 아주 슬프고, 방어적이에요. 자기 연민에 사로잡혀 있고요." 그녀는 나에게 이 문제를 한번 연구해 보라고 제안했다. "만약 헝가리 국가를 이해하게 된다면, 헝가리인의 영혼을 이해할 수 있을 거예요."

* * *

"퀴어 퍼레이드에 가실 거예요?" 내가 물었다. 우리는 아버지의 부엌에서 설거지를 하고 있었다. 레버이와 대화를 나누고 일주일이 흐른 뒤였다.

"어어…." 아버지가 노란색 프릴 앞치마에 손을 닦으면서 뜸을 들였다. "아니."

"왜 안 가세요?" 내가 물었다. 우리는 헝가리 LGBT 인구가 1년에 한 번 공적인 장에 등장하는 부다페스트게이프라이드퍼레이드, 아니, 올해를 기준으로 한다면, 부다페스트게이디그니티프로세션Budapest Gay Dignity Procession에 대해 이야기하던 중이었다. 퍼레이드의 주최 측은 그들이 헝가리인이 아닌 것에 자부심을 가지고 있다는 비난에 맞서기 위해 이름을 바꾸었다. 행진은 7월 5일로 예정되어 있었고, 몇 주 후였다.

"한 번 가 봤어." 아버지가 말했다.

"그랬는데요?"

"그랬는데, 두 번 갈 필요는 없겠더라. 지루했어."

나는 그 말을 믿지 않았다. "퀴어 퍼레이드의 귀부인이었지!!" 2년 전, 2006년 행진 후 아버지는 의기양양하게 말했었다. "어어, 늙은 귀부인이었지만, 어쨌든!!" 그때 그녀는 퍼레이드를 흥청망청 즐기는 젊은 퀴어들과 찍은 사진을 나에게도 보내고, 그에 대해 계속 이야기했었다. 그런데, 지루했다고?

"LGBT 커뮤니티의 중요한 행사잖아요. 아버지 커뮤니티 말이에요. 가고 싶지 않아요?"

그녀는 예의 그 손짓을 선보였다.

"짜증 나. 어떤 트랜스들은 고상하게 옷을 입질 않는다고. 알잖니?"

나는 모르는 일이었다. 다만 내가 아는 것은 헝가리 사회가 퍼레이드에 대해 어떻게 반응하는가였다. 그래서 사실 퍼레이드에 참여하지 않을 계획이라는 그녀의 말에 은근히 안도했다.

아버지는 그릇을 찬장에 정리해 넣었다. 그녀는 천천히 조리대를 닦고, 앞치마와 세트처럼 보이는 노란색 꽃무늬 행주를 느리게 접었다. 그리고 나와 눈이 마주쳤다. "문제가 생길 수도 있어." 그녀가 말했다.

1년 전, 퍼레이드가 언드라시 대로를 지나갈 때 우익 깡패들이 행진 행렬을 공격하고, 부다 비치에서 벌어진 애프터 파티에서 즐기던 사람들을 폭행했다. 그들 중 두 명은 너무 심하게 맞아서 병원 신세를 져야 했다. 경찰은 유난히도 눈에 띄질 않았다. 국제앰네스티 조사에 따르면, 경찰에 이 사건을 신고한 여성은 그 행진에 참여하기로 결정한 이상 "그 결과는 받아들여야지"라는 말을 들었다고 한다. 그날 페스트의 거리에서 두 가지 정체성에 대한 주장이 충돌했고, 그중 한쪽은 피비린내 나는 결과를 맞아야 했다.

올해의 행진 날이 다가오기 몇 주 전부터, 징조는 그보다 더 불길했다. 헝가리 우파 미디어와 블로그들은 분노로 들끓었다. 우파인 '후니아' 협회와 '64개자치주청년행동'이 발행한 '공식 성명'은 전형적이었다.

도리를 벗어난 이런저런 피부색의 외국인들이 그들의 기이한 행동과 병든 세계를 헝가리에 강요하는 것을 간과하지 않겠다. 우리는 여기에서 우리 자신이 스스로 헝가리의 수도를 수호하겠다고 공개적으로 선언한다. (…) 요즘 우리 헝가리 애국자들은 헝가리 창시자인 아르파드 왕자가 서구 적군에게 참패를 선사했던 프레스부르크*에서의 전투를 떠올리곤 한다.

프레스부르크의 전투는 907년에 일어난 일이다.

요비크당 소속 국회의원들은 퍼레이드를 금지하기 위해 노력했다. (그리고 이후에 동성애, 트랜스섹슈얼리티, 트랜스베스티즘, 양성애, 그리고 소아성애적 행위들을 포함하는 '성적 일탈을 옹호하는 행위'는 8년형까지 처할 수 있는 법안을 제출했다.) 6월에 부다페스트 경찰서장은 행진이 "대중교통 순환을 방해하고 교통 체증을 일으킬 수 있다"는 이유로 퍼레이드를 취소하려고 했다. 이 시도는 LGBT 단체와 인권 단체들의 국제적인 시위 이후 무효화됐다.

같은 달에 극우 웹사이트인 Kuruc.info는 부다페스트에서 LGBT들이 모이는 장소의 이름과 주소를 게시했다. 며칠 후, 한 게이바와 목욕탕이 화염병 공격을 당했는데, 두 곳 다 웹사이트에 게시된 장소였다. 쿠르츠는 "정화의 불이 또 다른 미니 소돔을 처리했다"는 제하의 포스팅으로 이 공격을 치하했다. 그 무렵 12개가 넘는 헝가리 극우 단체가 행진을 공격하기 위해 동원되었다. '헝가리자기방어운동'(이 단체는 헝가리어 머리글자인 MÖM으로 유명하다)은 "자기방어를 위해" 퍼레이드를 공격하겠다는 의도를 공표하고 "모든 헝가리인들"에게 "남색자 무리들을 발본색원하자"고 호소했다. 한 축구 팬클럽은 "필요하다면 무기를 가지고, 필요하다면 맨손으로, 우리는 행진에 참여한 인간들을 만나겠다. 하지만 뭐가 되었든, 그들을 가만두지는 않을 것

---

* 슬로바키아의 수도인 브라티슬라바의 독일어 명칭이다.

이다!"라고 공언했다. 요비크당 홈페이지는 레위기 20장 13절을 들먹이는 경고가 등장했다. "누구든지 여인과 동침하듯 남자와 동침하면 둘 다 가증한 일을 행함인즉 반드시 죽일지니 자기의 피가 자기에게로 돌아가리라."

* * *

2008년 게이디그니티프로세션 전날 밤, 보안책이 부족함을 항의하는 인권 단체의 시위가 끝나고 난 뒤, 부다페스트 경찰은 퍼레이드의 출발선에 높은 금속 울타리를 설치하고 퍼레이드 루트를 따라 경찰 병력 2000명을 배치했다. 하지만 경찰이 사용한 물대포와 최루탄, 바리케이드도 공격을 막지는 못했다.

자칭 '헝가리 애국자'들이라는 무리들이 울타리를 부수고 들어와 연막탄, 폭죽, 돌멩이, 병, 산성 물질을 채운 달걀, 썩은 음식, 배설물을 던졌다. 그들은 퍼레이드 참가자와 경찰 모두를 위협하고 유명한 진보 라디오 진행자를 폭행했으며, 퍼레이드 콘서트에서 공연을 할 예정이었던 집시 연예인을 공격했다. 그들은 행진을 지지하는 것으로 알려진 사회당 정치인의 뺨을 때리고 침을 뱉었다. 그리고 특히 광기에 휩싸여 자동차를 하나 공격해 창문을 깨 버렸는데, 이 차에는 전 소수계인권 장관이었던 커털린 레버이와 가보르 세테이가 타고 있었다. 세테이는 사회당 인사 담당 비서이자 정부 공무원 중에서는 최초로 커밍아웃한 동성애자였다. 거리에서, 행진 참가자들은 플래카드와 무지개색 우산을 동원해 온갖 공격으로부터 자신을 보호하기 위해 애썼다. 많은 사람이 지하터널을 통해 가장 가까운 지하철역으로 대피했다.

퀴어프라이드페스티벌의 개막식은 이보다 며칠 전에 시내 한 극장에서 열렸다. 레버이는 그곳에서 기조연설을 했다. 그녀는 성소수자들이 자신들의 '정체성'을 공적인 것으로 만듦으로써 공동체를 세우고자 하는 욕망과 그 권리에 대해서 이야기했다. "공동체는 그들이 가시화되었을 때에야 비로소 존엄을 찾을 수 있습니다." 그녀가 말했다. 하지만 그들에 대한 위협은, 나의 아버지처럼, 많은 사람으로 하여금 집에 머물러야 한다는 교훈을 마음에 새기게 했다. 나와서 행진을 하는 사람들보다 더 많은 수의 경찰이 행사를 감시했다. 그 이후로 해마다 퍼레이드는 말 그대로 눈에 띄지 않는 곳으로 치워졌다. 경찰은 구경꾼들을 막았고, 행진 루트 안팎에 블록으로 완전한 저지선을 세워 출입을 통제했다.

디그니티프로세션 중에, 그들은 예측 가능한 표어들을 퍼부었다. '더러운 퀴어들', '추잡한 호모 새끼들', '지옥에서 썩을 변태들' 등등. 그중 한 가지 특별한 구호가 군중의 환심을 사로잡은 듯했다. 이 말은 퍼레이드 루트를 따라 계속해서 울려 퍼졌다. "Buzikat a Dunába, zsidókat meg utána." 호모들은 도나우강으로, 유대인들처럼.

* * *

그렇게 단정적인 사형선고를 언도하기 위해서는 자신이 어느 부류에 속하는가에 대해 확신이 있어야 했다. 자신의 헝가리 혈통의 '순수함'을 증명하기 위해서, 요비크당 소속 정무차관은 심지어 의료 회사에 의뢰한 DNA 테스트를 제출하고 안심할 수 있는 결과를 극우 웹사이트에 게재했다. "유대인이나 집시 혈통의 유전자는 발견되지 않음." 하지만 모든 사람이 그렇게 운이 좋았던 건 아니다. 반유대주의 주장의 믿을 만한 원천이었던 요비크당 부위원장 처나드 세게디는 자신이 원조 마자르 부족까지 이어지는 '천년' 헝가리 혈통 유전자를 가지고 있다고 자랑했다. 하지만 2010년 세게디의 정적이 그의 허점을 뒤지다가 한 지역의 인구 동태 통계에서 흥미로운 기록을 발견한다. 그건 세게디의 할머니 출생증명서였다. 1944년, 세게디의 외조모는 아우슈비츠로 이송되었다. 그녀는 자신의 유대인 대가족 중에서 유일하게 살아남은 생존자였다. 전쟁이 끝나자, 그녀는 종교를 숨겼다. 이렇게 처나드 세게디는 자신이 유대인이라는 사실을 알게 되었다.

할머니의 저주받은 출생증명서가 극우 사이트에 업로드 되었고, 세게디는 요비크당에서 물러났다. 당은 그에게 유럽의회 의원직까지 내놓으라고 요구했고, 요비크당 소속 의원 하나는 세게디에게 오직 하나의 선택만이 이 문제를 해결할 수 있을 것이라고 말했다. "당신에게 일어날 수 있는 최선은 누군가가 당신의 머리에 총을 쏘고, 당신이 유대인의 피가 섞이지 않은 열여덟 살로 다시 태어나는 것이다."

세게디는 자신의 새로운 상황에 잘 대처하려고 애썼다. "중요한 건 그 사람이 헝가리인으로 행동하는 방식이다." 그에 따르면 그 자신은 실제로 유대인이 아니었다. 그는 그저 "유대인 태생의 조상을 가진" 사람일 뿐이었는데, 왜냐하면 "내 자신이 100퍼센트 헝가리인이라고 선언했기 때문이다." 몇 달 후, 세게디는 또 다른 성명을 발표했다. 그간 히브리어를 배웠으며, 매주 금요일 정통 유대교회당에서 열리는 안식일 예배에 참석하고, 유대교 율법에 따라 만든 음식을 먹는다고 언론에 밝힌 것이다. 그는 이제 자신이 도비드 세게디가 되었다고 했다. "이것이 나의 진정한 정체성이다."

세게디의 변신에 대해 어떻게 생각하느냐고 아버지에게 묻자, 그녀는 잠시 생각하더니 노래를 한 곡 부르기 시작했다.

Erger, Berger, Sósberger!
Minden Zsidó gazember.
Nincs semmi baj.
Mert az Imrédy sem gaj.
Haj!

"임레디의 작은 '문제'에 대해서 우리가 부르던 노래야." 아버지가 말했다. 아버지가 말한 임레디는 과격한 반유대주의자 정치 리더였던 총리 벨러 임레디였다. 그 역시 1939년 라이벌이 밝힌 그의 유대인 혈통 때문에 기절할 지경이었다. 임레디는 유전적 혈통에 따라 유대인인지 아닌지를 규정했던 30년대 후반의 반유대주의 법률을 지지했었다. 아버지가 기억하고 있던 그 곡조는 양차 대전 사이 헝가리에서 유행했던 반유대주의 노래의 곡조를 가져온 것이었다. "가사 첫 줄은 의미 없는 말들이야. '히커리 디커리 덕' 같은 소리지." 아버지가 설명했다. 실은 완전 터무니없는 내용이었다. 그녀는 이를 다시 영어로 바꿔 불렀다.

에르게르, 베르게르, 소스베르게르!
모든 유대인들은 개새끼들이다.
하지만 아무 문제없지.
왜냐하면 임레디는 비유대인이 아니기 때문이다.
와우!

"세게디는 행동은 아주 옳았지." 아버지가 말했다. 세게디의 뒤늦은 유대주의 포용에 대한 이야기였다. "왜냐하면 그게 그의 혈통, 그의 가계 혈통이니까."

그건 나의 아버지와 공유하고 있는 가계 혈통이지만, 이전에는 거부당했던 혈통이었다.

"그게 그 사람 '진짜 정체성'이에요?" 내가 물었다.

"뭐어—"

"그게 아버지한테 무슨 의미예요?" 내가 좀 더 밀어붙였다.

"정체성은," 아버지가 고심하며 대답했다. "정체성은 사회가 너를 받아들이는 방식이야. 사람들이 인정한 대로 행동해야 하지. 그렇지 않으면 적이 생긴단다. 나는 그렇게 살았어. 그래서 아무런 문제가 없는 거야."

21장
오직 여자 스텝만

나는 아버지가 가계 혈통의 중요성을 옹호하는 걸 보면서 당황했다. 그녀는 오랜 세월 그녀의 가장 가까운 혈연을 거부하고 그들과 의절해 왔기 때문이다. 아버지가 그녀의 부모와 소원하게 지냈던 건 여전히 그륀베르거 확대가족의 평화를 어지럽히는 가문의 공공연한 상처였다. 2010년 어느 날 오후, 바젤에서 나는 그 일이 가족들에게 얼마나 큰 문제였는지 확실하게 알게 되었다. 아흔다섯이 된 어르신인 알렉산더 고든을 만나기 위해 바젤로 갔을 때였다. 그는 소아호흡기 전문의였다가 은퇴했고, 할머니의 형제 중 유일한 생존자였다. (그는 예전에는 산도르 그륀베르거로 불렸다.) "가족 모두가 피슈터에게 화가 났었지!" 알렉산더는 갑자기 소리쳤다.

우리는 고든의 아파트에서 편안하게 홈 메이드 슬리보비츠*를 마시고 있었다. 그 아파트는 스리킹스호텔에서 몇 블록 떨어진 클라라스트라세에 있었는데, 스리킹스는 헝가리에서 추방당한 시오니스트 창립자 테오도르 헤르츨이 1897년 첫 세계 시오니스트 대회 기간 중 발코니에서 찍힌 사진으로 유명했다.

---

* 헝가리 및 발칸 제국의 플럼 브랜디.

알렉산더의 아내 베라는 소파 내 옆자리에 앉아 있었는데, 우리에게 끊임없이 케이크와 쿠키를 권했다. "네 할머니 로지는 말이다," 알렉산더가 말했다. "언제나 울면서 말했지. '왜 아들이라고 하나 있는 녀석이 자기 엄마에 대해서는 하나도 궁금해하지 않는 걸까?' 피슈터는 편지도 쓰지 않았고, 연락도 안 했고, 아무것도 안 했어! 이건 우리 가족 모두에게 큰 문젯거리였다고." 알렉산더는 1970년대 후반 뉴욕으로 여행을 와서 드디어 내 아버지를 만났을 때를 회상했다. "피슈터에게 말했지. '왜, 왜? 왜 네 엄마에게 마음을 쓰지 않는 거냐?'" 아버지는 아무 대답도 하지 않았다. "그는 그저 '얘기하지 말죠'라고 말했어." 알렉산더는 두 팔을 허공에 휘저었다. "그리고 로지가 죽은 후에, 그 녀석이 원하는 것이라곤 그 아파트 건물에 대한 서류들뿐이었지. 살아생전 엄마하고 말도 안 섞었으면서, 이제 와서 집을 원한다고?" 알렉산더는 아버지에게 직접 이야기하는 것처럼 말했다. 마치 그의 조카 피슈터가 내 대신에 소파에 앉아 있기라도 한 것처럼 말이다. "내 어머니는 죽었고, 너는, 너는 네 엄마랑 연락할 수 있는 기회가 있는데 그러지 않는다고? 너란 놈은 대체 뭐냐? 성격이 왜 그 모양이야?"

베라가 남편을 진정시켰다. "네가 이해하렴." 그녀가 내게 말했다. "피슈터는 끔찍한 어린 시절을 보냈지. 그리고 그 아이 부모가 이혼할 때 정말 끔찍한 방식으로 피슈터를 이용했어." 그녀는 가족 내 여자들 사이에서 돌았던 이야기를 들려주었다. "예뇌가 자기가 집에 없을 때 로지를 염탐하라고 네 아버지를 스토브 뒤에 숨겨 놓았어. 그리고 그녀가 남자 친구들 중 하나와 어울리는지 아닌지 보고하도록 했지. 피슈터한테 이혼에 이용할 수 있는 정보를 모으라고 시켰던 거야. 피슈터를 목격자로 활용한 거지." 알렉산더는 이야기를 듣더니, 손을 저어서 이야기를 무시해 버렸다. 나에게 익숙한 몸동작이었다.

당시 알렉산더를 방문했을 때, 나는 알렉산더와 베라의 아들인 피터 고든과 그의 아내 헬가의 집에 머물렀다. 그들은 친절하고 관대했다. 피터는 터키와 예전 유고슬라비아에서 넘어온 난민 환자들을 돌보는 데 오랜 시간을 보내는 소아과 의사였다. 헬가는 공감 능력이 뛰어난 사람으로 비밀을 털어놓을 수 있는 사람이었다. "당신 아버지가 수술 후에 바젤에 우리를 만나러 왔어요." 헬가가 어느 날 아침 이야기를 꺼냈다. "그때 온갖 이야기를 다 해 줬죠. 그녀가 소년이었을 때, 어머니가 다른 남자와 침대에 있는 걸 본 적 있대요." 그리고 이야기는 또 있었다. "당신 아버지가 열 살 혹은 열한 살쯤 되었을 때, 어머니 로지의 코르셋과 팬티, 슬립을 입고 있다가 어머니한테 들켰대요. 그래서 맞았다고 하더라고요." 헬가는 이 사건 때문에 아버지가 '교정을 위해서' 종교적인 교사에게 보내진 것은 아닌가 생각했다. 집에서 사용했던 일반적인 교정 방법은 먹히지 않았기 때문에. 아버지가 헬가에게 말한 바에 따르면, 로지가 벌을 줄 때 선호했던 방법은 아들을 '어두운 방에in a dark room' 가두는 것이었다.

내가 아버지에게 이런 이야기를 하자, 그녀는 '가십'이고 '멍청한 이야기'라고 일축하면서 더 이야기하기를 거부했다. 나는 이 이야기들, 그리고 이 이야기가 설명해 주는 어떤 사실들을 얼마나 믿어도 되는지 알 수 없었다. 죽음의 목전에서 부모를 구했다고 주장하는 아버지는 어째서 그 이후로, 이스라엘에서 노년을 보내는 부모님과 의절한 걸까? 피슈터는 자신을 이용하기만 하고 무관심했던 부모의 구원자인가? 아니면 부모를 저버린 배은망덕한 아들인가? 그리고 아버지가 싸우고자 했던 사람들이 그의 부모들이라면, 왜 그녀는 다른 모든 가족들과도 연락을 끊었을까?

물론 모두와 연락을 끊은 건 아니었다. 아버지는 단 한 명의 친척과는 계속 연락을 주고받았다. 바로 피터 고든이었다.

*　*　*

내가 부다페스트를 방문하기 시작했던 초반, 피터는 바젤에서 아버지가 제일 좋아하는 스위스 초콜릿을 사 들고 새벽 비행기로 아버지를 방문했다.

"피이이이이터!" 아버지는 문에서 그를 맞이했다. "수전에게 막 이야기를 하던 참이었어. 가족사진을 찾았거든."

아버지가 유일하게 이야기를 나누는 그륀베르거 친척은 피터인데, 그건 대체로 수십 년 전으로 거슬러 올라가는 피터의 노력 덕분이었다. 1970년대, 피터가 롱아일랜드유대병원과 마운트시나이베스이스라엘메디컬센터에서 레지던트 과정을 수련하고 있을 때, 그는 아버지를 방문하곤 했다. 우리 부모님이 이혼하고 난 뒤, 피터는 비탄에 빠진 사촌을 찾아와 종종 저녁을 사주었다. 그리고 아버지가 태국에서 돌아온 직후, 피터는 그녀의 건강 상태가 괜찮은지 확인하기 위해 부다페스트를 방문했다. 아버지는 가족이 '함께하지 못한' 것에 대해 온갖 장광설을 늘어놓았지만, 신의의 귀감이 되는 혈연이 여기에 있었던 셈이다.

아버지가 '찾은' 가족사진은 정확하게 말하자면 잃어버린 것은 아니었다. 그 사진들은 지하실에 있는 내화성 철제 캐비닛 속 상자에 보관되어 있었는데, 할아버지의 옛 부다페스트 부동산 관련 서류들이 보관되어 있던 바로 그 자물쇠 상자였다.

"사아—진들이랑, 편지를 찾았어." 아버지가 피터에게 말했다. "수전이 태어난 소식을 알리는 편지. 가지고 올게."

아버지는 구두 굽을 딸깍거리면서 지하실로 이어지는 계단을 내려갔다 올라왔다. 그녀는 상자 하나를 품에 안고 나타나, 그 속에서 노랗게 색이 바랜 스냅사진이 몇 장 들어 있는 작은 샌드위치 봉지를 꺼냈다. 그녀가 그 사진 중 하나를 나에게 건넸다. 말쑥하게 턱시도를 차려입고 실크 손수건에 주름을 잡아서 옷깃에 꽂은 중년 남자가 블랙 시폰 가운을 입은 매력적인 젊은 여자와 투스텝을 추고 있었다. "우리 아버지야." 그녀가 말했다. "춤을 추고 있지." 그녀는 이야기를 드라마틱하게 만들기 위해서 잠시 쉬었다. "모르는 여자와! 그는 사람들과 잘 어울렸어!" 그녀는 두 번째 사진을 꺼냈다. "나랑 아버지랑 같이 찍은 사진이야." 여덟 살에서 아홉 살쯤 되어 보이는 소년이 그보다 조금 어린 사촌과 함께 쌀쌀맞아 보이는 아버지의 손을 잡고 있다. 아버지와 아들은 트렌치코트를 맞춰 입고 있었다.

나는 비닐백을 집어서 빛바랜 스냅사진들을 꺼내 보았다. 체크 스커트에 굽 낮은 구두, 하얀 발찌, 유행하는 챙 넓은 모자를 쓴 여자가 낙타 위에 앉아 있었다. 또 다른 사진에서 같은 여자가 기자의 스핑크스 옆에서 포즈를 취하고 있었다. 또 같은 여자가 야영을 하고 있는 베두인족과 어울리고, 당나귀를 타고 어슬렁거리고, 가죽 핸드백을 어깨에 걸고는 리비아 순경 옆에서 산책을 하고 있다. 사진들의 날짜는 1936년이었다. 로지와 예뇌가 남부 유럽과 북부 아프리카, 그리고 중동 지역으로 장기 유람선 여행을 떠났을 때였다. "그리고 팔레스타인을 방문했었지." 아버지가 말했다.

"그리고요?" 아버지가 이 여행에 대해 말한 적이 없었기 때문에 나는 물었다. 그리고 헛되이 그녀가 더 자세히 이야기해 주기를 기다렸다.

나중에 나는 친척들에게 이 여행에 대한 이야기를 들을 수 있었다. 이 여행에서 로지와 예뇌는 호화 여객선 팔레스티나를 타고 여행을 하면서 나폴리, 제노바, 트리에스테, 베니스, 룩소르, 폼페이, 이스탄불, 로도스, 베이루트, 카이로, 알렉산드리아, 하이파, 자파, 그리고 텔아비브 등 기항지마다 그 지역을 관광했다. 아버지의 사촌인 한나 슈피겔은 그 여행을 "사랑 없는 사랑의 유람선 여행이라고 할 수 있었지"라고 설명했다. 아버지의 사촌 달리아 버럴은 그들이 '라 돌체 비타'(근심 걱정 없는 호화로운 삶)를 영위했었다고 말했다. 그러나 부부는 이미 싸움을 시작했고, 파국은 닥쳐오고 있었다. 다양한 지중해 항구에 내린 로지를 찍은 여러 사진들에서 이미 항구를 지키고 있는 군함을 볼 수 있었다. 팔레스티나가 그리스에서 하이파로 가는 도중에 프리드먼 부부는 가족 앨범에 끼우기 위해 크루즈에 함께 승선했던 랍비 메이르 버르-일런이 주관하는 갑판 위의 예배를 사진에 담았다. 이는 종교적 시오니즘 운동의 창시자가 아일랜드 독립에 반대하기 1년 전이었고, 1943년 유럽 유대인들을 구해 달라고 호소하기 위해 절박한 상태로 워싱턴 D.C.로 향하기 7년 전이었다. 사진에 기록되어 있는 두 번째 허니문은 정치적이고 개인적인 붕괴 직전에 놓여 있었다. 곧 전쟁으로 인해 죽음을 맞이할 가족, 파탄 직전의 결혼, 그리고 부다페스트 거리에서 부랑아가 될 아들이 있었다. 하지만 그 아이는 이미 혼자였다. 몇 주에 걸친 여행을 떠나면서, 로지와 예뇌는 어린 이슈트반을 집에 남겨 놓은 것이다.

공예품과 사진들이 들어 있는 상자를 헤집으면서, 이제는 나이를 먹은 스테파니가 부모님의 팔레스타인 첫 방문에 대해 간결한 평결을 내렸다. "그들은 그곳을 별로 좋아하지 않았어." 그녀는 활기차게 말했다. "하지만 너에게 보여 주고 싶은 건 그게 아니야." 그녀는 할아버지의 부다페스트 부동산이었던 건물을 찍은 사진 두 장을 내게 건넸다.

"이게 바치 28번지야. 전쟁 이후지." 그녀가 말했다. "폭격을 당하거나 하지 않았어. 기적이지. 이건 라더이 9번지. 지금하고 똑같지."

"그게 뭐였지? 배상인가? 배상 신청은 했어?" 피터가 물었다. "아니면 헝가리에는 그런 절차가 없나?"

"어어, 헝가리에도 있어." 아버지가 말했다. 아버지는 상자를 향해 돌아서서 종이 더미를 뒤지기 시작했다. "하지만 아무 가치도 없어." 아버지는 정부가 그 건물들에 대한 '배상'으로 주겠다고 한 6500달러짜리 바우처를 거절했다.

"그래서, 안 했어?"

"헝가리의 가장 오래된 법은 누구도 타인의 재산을 훔칠 수 없다고 정해 놓았어." 아버지가 설명하는 동안 그녀의 얼굴이 달아올랐다. "그 법은 1000년에 성 이슈트반 시절까지 거슬러 올라가는 법이야." (아버지는 실제로 성 이슈트반 법에 명시되어 있는 관련 내용을 부동산 청구 서류에 붙여 넣었다. "우리는 우리의 왕과 같은 권능으로 모든 사람이 그의 재산을 나누거나, 그의 아내, 아들, 딸, 교회에 줄 권리가 있다고 결정했고, 그가 죽은 후에는 아무도 그것을 의심해서는 안 된다.") 아버지는 이제 소리를 지르고 있었다. "내가 왜 내 재산을 그 도둑놈들에게 몇 푼도 안 되는 돈에 넘겨야 하지?"

피터는 고개를 끄덕였지만, 신중하게 모호한 입장을 취하고 있었다.

"수전." 아버지가 내 어깨를 두드렸다. "나는 우리 재산에 대한 증거를 가지고 있어. 그들이 우리에게서 훔쳐 가려 했던 재산 말이다. 관계된 서류도 다 가지고 있다구. 나는 집을 되찾고 싶어서 그 서류들을 준비한 거지, 멍청한 돈 몇 푼 때문이 아니야." 그녀는 피터에게 돌아섰다. "그리고 그게 옳은 일이지."

"그래 맞아." 피터가 말했다.

아버지는 팔짱을 끼고, 입술을 오므리고, 바닥을 쳐다보면서 의자에 깊숙이 기대어 앉았다. 긴장된 침묵이 식당에 가라앉았다. 나는 부엌으로 가서 커피포트를 들고 돌아왔다. 나는 린트 초콜릿 덩어리를 한 조각 잘라서 그녀의 접시 위에 올려 주었다. 아버지는 그걸 한동안 쳐다보더니 한 입 베어 물었다. "스위스는 초콜릿이 뭔지 안다니까." 그녀가 말했다. "끔찍한 허쉬와는 다르지." 그녀는 나에게 부드럽게 탓하는 듯한 눈빛을 보냈다. 마치 내가, 미국 시민으로서, 질 떨어지는 미국 초콜릿에 책임이라도 있다는 듯이. 그녀는 나머지 조각을 다 먹었다. 덕분에 기운을 되찾은 그녀는 다시 상자로 돌아와 미국과 이스라엘의 소인이 찍힌 담청색 항공우편 봉투 속에 있는 얇은 편지 뭉치를 발견했다. 나는 그녀가 천천히 편지를 열어 내용을 읽는 동안 의자를 끌어서 서둘러 가까이 다가갔다. 그녀는 작은 목소리로 헝가리어 편지를 읽었고, 진전이 있을 때마다 혹은 그렇지 않을 때마다 영어로 중얼거렸다. "아, 여있다! 오…, 잠깐, 아니네. 이게 아니네."

그녀는 눈에 익은 손 글씨로 된 노트를 발견했다. "아하!" 그리고 긴 침묵 후에, "아—아니네. 이건 네가 태어난 후에 쓴 거야.

여기 봐. '수전은 잘 자라고 있고, 건강해요.'" 내 어머니가 이스라엘에 있는 로지 할머니에게 쓴 편지였다.

아버지는 어머니의 편지를 탁자 위에 내려놓았고 나는 손을 뻗었다. 하지만 그녀가 치워 버렸다.

"만지지 마! 순서가 엉망이 될라."

상자에서는 작은 히브리 기도서가 나왔다.

"우리 어머니 거야." 그녀가 천으로 싼 표지에 금박 테두리를 두른 손바닥만 한 낡은 기도서를 들어 보이면서 말했다.

나는 몸을 가까이 기울였다. 저게 어떻게 아버지 손에 들어오게 됐지?

"이스라엘에 갈 생각은 안 해 봤어요?" 내가 물었다. "가족들과… 가까이 살기 위해서 말이에요."

"아니, 절대로." 아버지가 말했다. "이스라엘에 한 번 갔었어. 1990년에, 헝가리로 이사하고 난 직후에. 3일 동안 머물렀지."

내가 모르는 또 하나의 여행. "3일이요?"

"너어-어무 싫었다."

"할머니가 아직 살아 계실 때였어요?" 내가 물었다.

"응, 그랬지." 아버지가 대답했다. 그녀의 얼굴에 실망의 그림자가 드리워졌다. "어머니가 날 아버지 묘지에 데리고 갔어. 불쌍한 아버지, 마지막에 그렇게 유령처럼 마르고 창백했는데, 어머니는 뚱뚱하고 혈색이 좋더라." 만성 폐질환으로 고생했던 예뇌는 23년 전, 6일 전쟁이 끝난 뒤 어느 날 세상을 떠났다.

"그래서 그때 할머니한테 이것들을 받은 거예요?" 나는 탁자 위에 놓인 숨겨 놓은 물건들을 가리키며 물었다.

"아니!" 아버지가 말했다. "어머니 돌아가시고서 몇 년 뒤에 받은 거야. 그 사람들이 나한테 주지 않으려고 했던 거지."

סדר

שִׂיחַ שְׂפְתוֹתֵינוּ

כולל

כל התפלות והבקשות זמירות שירות
ותשבחות לברך להלל ולהודות לעושה
נפלאות גדולות. וגם סדר הגדה
תפילין העמדנו בתחילות.

SCHLESINGER JOS.
könyvkereskedése
BUDAPEST - WIEN.

AJKAINK ESEDEZÉSEI.

IMÁDSÁGOK AZ ESZTENDŐ MINDEN NAPJÁRA.

Az összes imádságok, énekek és szertartásokra
emlékeztető misnai kivonatok fordításával,
melyeket eddig egyetlenegy imádságos könyv-
ben sem fordítottak meg a *tefilin* emlékjelet
is magyarázzuk.

—

Az eredeti héber szöveg után magyarra
fordította

SCHÖN JÓZSEF.

Minden jog fentartva.

JOS. SCHLESINGER
Buchhandlung
WIEN - BUDAPEST

"누구요?"

"이스라엘에 사는 친척들. 부다페스트 집과 관련된 증서들은 주지 않으려고 했어. 우리 집인데. 4년이 지나도록 나한테 안 줬지. 온갖 거짓말이나 늘어놓고."

"어떤 거짓말들이요?"

"말했잖니, 거짓말이라고." 나는 기다렸다. "우리 부자 사이가 나빴다는 둥. 내가 그 문서를 갖길 원하지 않으셨다는 둥. 하지만 다 거짓말이지. 아버지가 그런 이야기를 했을 리가 없어. 아버지는 나를 사랑했으니까."

그녀는 여전히 내 '생일 편지'를 찾으면서 다시 판지 상자 안을 파고들었다. 드디어, 그녀가 그걸 찾아냈다. "우리 가족에게 생긴 대단히 기쁜 소식을 알려 드리려고 해요." 그녀가 읽었다. 나는 그녀의 어깨 너머로 쳐다보다가 깜짝 놀랐다. 헝가리어로 된 편지를 쓴 글씨가 누구의 글씨체인지 알아봤기 때문이었다. 그건 내 어머니가 아닌, 내 아버지가 로지 할머니에게 쓴 편지였다. 그 오랜 시간 동안 나는 그녀가 할머니에게 한 번도 편지를 쓴 적이 없었다고 생각했고, 알렉산더의 표현대로 하자면, "그의 엄마에게 마음을 쓰지 않는다"고 믿고 있었다.

"우리는 작은 딸을 낳았어요." 아버지가 번역을 하기 위해서 중간중간 쉬면서 말했다. "딸의 이름은 수전 팔루디예요. 무게는— 6파운드 6온스예요.— 정말 예쁘게 생긴 작은 소녀랍니다. 수전은 예쁜 담색 머리칼과— 파랗고 큰 눈을 가지고 있어요.— 엄마와 아이 모두— 건강해요.— 집에— 모든 것이 다 구비되어 있어요.— 여기는 이제 봄이에요.— 그리고 곧— 우리는 아기를 데리고 나가서— 바깥 공기를 쐬어 줄 거예요.— 나는 바빠요.— 건강하시길 바라고— 화내지 마세요.— 내가 한동안 편지를 쓰지 못한다고 해도요.— 하지만 여기에는— 때때로— 너무 많은 신나는 일들이 일어나서— 편지를 쓸— 마음이 들지 않아요."

그녀는 멈추고 오래된 주름을 따라 종이를 접기 시작했다.

"그게 끝이에요?" 내가 말했다.

아버지는 망설였고, 그녀의 얼굴은 어두워졌다. "응, 응." 그녀가 결국 말했다. "그러고는 '큰 사랑을 담아서, 어쩌고저쩌고'라고 쓰여 있어. 사람들이 하듯이."

"할머니가 답장을 썼어요?" 내가 물었다. "할머니가 쓴 편지들은 어디에 있어요?"

아버지는 대답하지 않았다. 아버지는 편지를 상자 안에 다시 넣었다.

* * *

그날 밤, 캘리포니아 익스클루시브는 이리저리 파인 강변 대로를 따라 달렸다. 어두웠다. 비가 억수같이 쏟아졌고, 우리는 길을 잃었다. 아버지는 인정하지 않았지만. 우리는 도시의 남쪽, 페스트 편의 황량한 벌판에서 헤매고 있었다. 내가 볼 수 있는 한에서는—가로등이 없어서 보는 것 자체가 도전이었다—우리가 지나친 건물들에는 대부분 판자가 쳐 있었다. 피터는 앞자리 보조석에 앉아 예의 바르게 운전에 대해 조언하고 있었다. "스테피, 내 생각에는 유턴을 해야 할 것 같은데. 주소로 봤을 때 여긴 굉장히 남쪽인데." 그리고 잠시 후엔 "스테피, 거기에서는 유턴하면 안 될 것 같은데."

뒷좌석에 앉은 나는, 좀 덜 조심스러웠다. "아빠, 맙소사, 일방통행인데 반대로 막 가고 있잖아요!"

아버지는 운전대를 홱 잡아당겼고, 밴은 길가에서 기우뚱했다.

우리는 소록사리 도로에 있는 예전 제조업 공장을 찾고 있었다. 낡고 우울한. 이것이 헝가리를 산업 대국으로 바꾸려고 했던 위대한 공산주의 꿈의 잔해인 것인가? 〈블레이드 러너〉의 한 장면 같은 모습은 도시의 오래된 유대인 지구의 처참한 풍광을 떠올리게 했다. 그곳에서는 최근 젊은 무단침입자들이 폐허 속에 즉석 술집들을 만들고 이를 '폐허 술집'이라고 불렀다. 그곳이 어느 정도 우리의 목적지를 설명해 주었다. 아버지는 버려진 공장에서 열리는 트랜스섹슈얼 디스코 댄스 불리buli(파티)에 함께 가지 않겠느냐고 물었다. 부다페스트게이디그니티프로세션에서 벌어진 폭력 사태를 생각하면, 이렇게 잘 드러나지 않는 장소를 활용하는 것은 현명한 선택이었다.

디스코는 아버지 취향의 춤은 아니었다. 1년 전, 아버지는 부다페스트에 있는 '레즈비언 친화적' 식당 에클렉티커레스토라운지에서 열리는 볼룸댄스 수업에 등록했다. 이 식당은 밀실에서 동성 그룹에게 수업을 제공하고 있었다. 하지만 수업은 오래가지 못했다. 젊은 고객들이 큰 흥미를 느끼지 못해 수업이 곧 폐강되었기 때문이다. 아버지는 강사를 고용해 개인 강습을 받았다. "선생님한테 여자 스텝을 모두 가르쳐 달라고 했지." 그녀가 말했다. "오직 여자 부분만 말이야."

가로등도 없는 간선도로에서 30분이 넘도록 헤매다가, 우리는 드디어 목적지에 도착했다. 광활하고 거의 비어 있는 주차장 구석에 벽돌과 시멘트로 된 거대한 구조물이 있었다. 주차된 차는 열 대나 될까 싶었다. 아버지는 초조해 보였다. 그녀는 백미러로 머리모양과 화장을 다듬고 또 다듬으며 익스클루시브에 앉아 시간을 끌었다. 쏟아지는 비가 캠퍼의 지붕을 두드렸다. "드레스가 젖겠네." 그녀가 탄식했다. 그녀는 붉은색 민소매 드레스를 입고 '루비 슬리퍼'를 신었다. 그녀에게 내 우산을 건넸다. 나는 청바지와 티셔츠를 입고 있었다. 피터는 늘 입는 스웨터 조끼에 카키색 바지를 입고 있었는데, 그게 유니폼이 아닌가 싶었다. 그 외에 다른 옷을 입는 걸 본 적이 없었기 때문이다. 우리는 필사적으로 달렸다.

잠기지 않은 문 하나를 드디어 발견했을 때 우리는 비에 온통 젖어 있었다. 시멘트가 마모된 가파른 계단이 한때 직원용 탈의실이었던 라커 룸으로 이어졌다. 벽과 바닥은 타일로 되어 있었다. 녹슨 샤워기들이 한쪽 벽을 따라 늘어서 있었는데, 나는 그것들을 일종의 인간 본래적인 편집증으로 쳐다보았다. 방의 한쪽 끝에는 빨랫줄에 침대보를 걸어 핀으로 집어서 만든 사적인 공간이 마련되어 있었다. 커튼으로 가려 놓은 이 작은 방들 앞에는, 그 각각의 방의 용도가 무엇인지 알리는 손으로 쓴 작은 표지판들이 안전핀으로 천에 고정되어 있었다. "메이크업 룸." 아버지가 번역해 주었다. 나는 슬쩍 커튼 안을 들여다보았는데, 화장거울과 핑크색 쿠션으로 된 의자가 놓여 있었다. "탈의실." 그다음 방이었다. 가장 구석에는 "대화 공간"이 마련되어 있었다. 볼품없는 안락의자 두 개와 기울어진 작은 탁자가 놓여 있었다. 곳곳에는 세계 공통 언어로 경고 문구가 붙어 있었다. 카메라 위에 줄이 그어진 이미지. 평소라면 아버지가 개탄했을 금지문이었다.

입구에서 우리는 무료 음료 쿠폰을 받았다. "바"에서는 오직 청량음료와 과일음료만을 제공했다. 나는 쿠폰을 내고 배 주스가 담긴 작은 컵을 받았다. 방의 다른 쪽 끝에는 판자와 천장 파이프에 매단 붉은 벨루어로 급조한 무대가 있었다. 본래 목적을 잃은 크리스마스 장식품—장식용 반짝이와 색색으로 빛나는 등 타래—이 위쪽에 달려 있고, 스피커에서는 미국 테크노음악이 울렸다. 댄스플로어는 텅 비어 있었다.

파티에 온 사람들은 원심력에 떠밀리기라도 한 듯이 중앙을 비워 둔 채로 주변을 어슬렁거렸다. 몇몇은 댄스플로어 주위에 둥그렇게 늘어선 접의자로 물러나 휴대전화를 만지작거렸다. 아무도 말하지 않았다. 물론 그 데시벨을 뚫고 무엇인가를 들을 수도 없었다. 방 건너편에는 스팽글 칵테일드레스를 입은 조각상 같은 백금발이 스틸레토힐을 신고 불안정하게 흔들거렸다. 점멸하는 조명 아래에서 나는 어깨가 드러난 가운, 올린 머리, 그리고 깎아 만든 것 같은 쇄골을 슬쩍 보았다. 나는 문득 아버지가 연하우스 파티에 왔던 자즈민을 떠올렸다. 그는 헝가리 트랜스젠더 클럽에 대해 부정적이었다. "나는 '트랜스 커뮤니티'에 관심 없어. 나는 트랜스가 아니야. 나는 여자야."

공장 라커 룸을 개조한 공간의 한가운데에서, 사람들을 댄스플로어로 불러들이기 위해 미러볼이 돌아가기 시작했다. 아무도 움직이지 않았다. 아버지는 아는 사람들을 찾아 두리번거렸다. 아무도 보이지 않자, 그녀는 모퉁이에 있는 소파로 갔다. 우리는 한 줄로 걸어갔는데, 내가 가운데에 있었다. **"무대에서 쇼를 할 텐데!"** 아버지가 쾅쾅 울리는 스피커 너머로 소리쳤다. **"자정에 시작할 거야."** 나는 시계를 봤다. 10시였다.

나는 피터에게 사과했다. 분명히 80년대 음악에 두들겨 맞는 것보다 부다페스트에서 하룻밤을 잘 보낼 수 있는 좀 더 즐거운 방법이 있을 터였다. 피터는 괜찮다고 답했다. 그는 지친 것처럼 보였다. "어쩌면 이건 스테피가 누려 보지 못한 젊음일

테니까." 피터는 기꺼이 함께했다. 내 생각은 그렇지 않다고, 나는 말했다. 그러고는 도대체 내가 왜 이렇게 삐딱하게 구는지 스스로도 의아했다. 놀랍게도 아버지는 그녀 옆에 앉아 있는 사람과 대화를 나누기 시작했다. 혹은 독백이었을지도 모르지만, 어쨌거나 이야기를 하고 있었다. "클로이예요." 잘 손질한 빨간 머리 가발을 쓰고 튜브톱에 초미니 비닐 스커트를 입은 그녀가 자신을 소개했다.

"무슨 얘기하고 있어요?" 나는 소리쳤다. 마이클 잭슨의 〈스릴러〉가 모든 대화를 집어삼키고 있었다.

"물론 나에 대해서지!" 아버지가 말했다. "클로이한테 수술 받은 이야기를 하던 참이야."

아버지의 대화 상대는 자신의 휴대전화를 가리키더니 헝가리어로 뭐라고 말했다.

"뭐라고요?" 아버지가 말했다.

그녀가 다시 최대한 큰 소리로 대답했다.

"뭐라는 거예요?" 나는 아버지의 귀에 대고 소리쳤다.

"클로이 말이 이게 자기 사진이래!"

클로이는 전화기를 들어 보였다. 전화기 화면에는 꽃밭에서 포즈를 취하고 있는 그녀의 사진이 있었다. 그녀는 다시 헝가리어로 말했다.

"클로이는 컴퓨터 프로그래머래!" 아버지는 클로이에게 뭔가 답하기 전에 통역해 줬다.

"뭐라고 하셨어요?"

"'잘 됐네요. 내 컴퓨터 고쳐 줄 수 있겠네!'라고."

클로이는 고개를 끄덕였고, 입을 다물었다. 대화는 종착역에 다다랐다.

배 주스를 한 잔 더 마시러 바에 갔지만, 음료수가 다 떨어진 상태였다. 머리가 지끈거리기 시작했다. 나는 "대화 공간"으로 들어갔다. 물론 아무도 대화를 나누고 있지 않았다. 나는 두 손을 머리에 얹고 솜이 다 삐져나온 안락의자에 몇 분 정도 앉아 있었다. 그때까지 피터는 졸고 있었다. 그의 볼이 가슴팍으로 축 처져 있었다. 나는 그렇게 잘 수 있는 그가 부러웠다.

스피커에서는 '아미 오브 러버스'의 동성애자 해방 찬가이자 유로 차트 히트곡인 〈섹슈얼 레볼루션〉이 힘차게 흘러나오고 있었다.

사랑은 사랑, 다 모여라
사랑은 자유, 사랑은 영원해

"왜 아무도 춤을 안 춰요?" 손목시계의 시침이 새벽 1시로 조금씩 다가가자 아버지에게 물었다.

그녀는 어깨를 으쓱하더니 입을 움직였다.

"뭐라고?"

"그러니까 '사람들이 너무 수줍다고요!'"

온갖 화려한 옷을 입었지만, 방은 그야말로 조심스러움의 바다였다. 새벽 1시 30분이 지나서야 한 사람 한 사람씩 몇 명의 손님들이 용기를 내서 댄스플로어로 다가서기 시작했다. 15분 정도, 아버지는 그들의 움직임을 살펴보았다. 그러다가 가방을 나에게 넘기고 그들에게 다가갔다.

나는 드디어 모여든 대여섯 명의 사람들과 그녀가 빙글빙글 도는 것을 바라보았다. 그들은 각자 자신만의 물방울 안에 들어 있었고, 홀로 춤췄다. 나의 마음은 아버지가 나에게 왈츠 추는 법을 가르쳐 주려고 했던, 그리고 자꾸만 리드하려고 한다고 야단을 쳤던 내 청소년기의 어느 주말에 가 닿았다.

피터가 일어났다. "아빠 어디 계시니?" 그가 말했다.

나는 댄스플로어를 가리켰다. 스테피는 힐을 신은 발을 바꿔 가며 조심스럽게 깡충거리고 있었다. 그녀는 정말 외로워 보였다. 모두가 외로워 보였다. 나는 피터에게 아버지의 가방과 내 가방을 넘기고 소파에서 일어났다.

몇 분 정도, 아버지와 나는 서로의 주위를 빙글빙글 돌았다. 그리고 나는 아버지에게 손을 내밀었고 그녀는 그 손을 잡았다. 나는 그녀에게 비엔나왈츠의 '여자 스텝'을 가르쳐 줄 수는 없지만, 뉴욕 라임라이트에서 꽤 놀았던 사람이다. 마이클 잭슨에 맞춰서 춤추는 법쯤은 알고 있었다. 나는 몇 가지 동작을 리드했지만, 곧 우리는 막 흔들었다. 문득 이렇게 춤춘 것이 아주 오랜만이라는 걸 깨달았다. 그리고 내가 꽤 즐거운 시간을 보내고 있다는 것 역시, 깨달았다.

소파 쪽을 쳐다보았다. 그곳에서 피터는 자꾸만 내려오는 눈꺼풀 사이로 깨어 있으려고 노력하고 있었다. 그는 나를 보고 나른한 미소를 지었다. 아버지를 다시 보았다. 그녀는 웃고 있었다. 그렇게 자주 그녀의 얼굴에 떠오르던, 속을 알 수 없는 미소가 아니었다. 나는 팔을 들어 올렸고, 그녀는 프로처럼 그 밑으로 빙글 하고 돌았다.

22장
다 갚았다

"온갖 망가진 관계투성이지." 한나 슈피겔은 침실 발판 계단 위에 아슬아슬하게 서서 옷장 위쪽 선반에 있는 부피 큰 꾸러미와 씨름하며 말했다. 가족에 대한 이야기였다.

"그륀베르거가 사람들 중에 사이가 좋은 사람은 아무도 없어. 살아남은 사람도 별로 없는데, 이렇게 끝난다고? 이해할 수 없는 일이야. 가족 전체가 거의 연락을 안 하고 지낸다니." 그녀는 한 계단 더 올라서서 옷장 속으로 머리를 집어넣었다. "하지만 네 아버지, 그 사람은 모든 관계를 끝내 버렸지. 모두와 연락을 끊었어. 그 오랜 세월 동안 부모에 대해서도 궁금해하지 않았지. 대체 왜 그러는 걸까? 진짜 가족사의 거대한 미스터리라니까." 그녀는 옷장 안에 있는 고집스런 물건을 몇 번 더 잡아당기다가 나를 돌아보았다. "그런데 이제는 또, 이런 일이라니." 이건 내가 가져온 뉴스, 그러니까 내 아버지의 수술에 대한 말이었다. "이제는 심지어 자기 자신과의 관계도 끊어 버렸네." 드디어 상자가 나타났다. 나는 아버지의 사촌을 따라 거실로 갔다. 그녀는 텔아비브 외곽의 작은 도시인 크파르사바에 거주했다. 크파르사바란 '할아버지의 마을'이란 의미다.

한나는 테이프로 꽁꽁 감은 알 수 없는 덩어리를 탁자 위에 올려놓고 마치 미라의 덮개를 벗겨 내듯이 먼지가 잔뜩 쌓인 판지 상자를 열고 비닐과 포장지를 벗겼다. 그녀는 마지막 피복을 제거하고서 그 안에서 무언가를 꺼내 나에게 건넸다. 나는 그 물건의 무게 때문에 휘청했다.

"네 할머니의 모피 코트야." 그녀가 말했다. "뭐, 모피 코트 중 하나지. 가장 덜 고급스러운 코트랄까." 로지와 예뉘 그륀베르거는 1955년 봄, 돈도 희망도 없이 이스라엘에 도착했다. 그들은 텔아비브의 위성도시인 라마트간에 마련되어 있는, 갓 이주해 온 사람들을 위한 가난한 동네의 우울한 아파트로 이사했다. 예뉘는 비상근 회계장부 담당자로 취직했다. 그의 월급으로는 생활을 감당할 수 없었다. "로지는 꼬리가 달린 비닐 앞치마를 만드는 공장에 취직을 했는데, 너무 흉하게 생겨서 그게 대체 뭔지도 알 수 없는 그런 물건이었지." 한나가 말했다. "로지에겐 너무 끔찍한 일이었어. 왜냐면 그 분은 숙녀였으니까." 로지는 잘사는 남자 친척들에게 돈을 얻어 체면을 유지하기 위해 최선을 다했다. "모든 행사 때마다 반드시 새로운 드레스를 입어야 했고, 신발은 핸드백과 맞아야 했고, 모든 게 잘 어울려야 했어." 한나는 회상했다. 집에서는 색깔을 맞춘 행주와 걸레 세트를 사용했는데, 각각은 서로 다른 집안일에 맞게 디자인된 것이었다.

"네 할머니는 모든 하녀들과 싸웠어. 항상 '걔는 청소란 게 뭔지 모른다니까!'라면서. 로지는 아파트를 박물관처럼 유지했어. 마사 스튜어트 잡지에 나오는 것처럼 말이야." 결국 로지는 좀 더 살 만한 남자 친척들에게 10벌에 가까운 맞춤 모피 코트, 스톨, 숄을 얻어 냈다. 그 옷들은 응석받이 상류층 부르주아 공주였던 자신을 지켜 주는 부적이었다. 그중 몇 벌은 이스라엘의 유명한 모피상인 슈테판 브라운의 회사에서 만든 밍크였다. (로지의 자매의 남편이 브라운의 회계사였다.) 한나의 옷장에 보관되어 있었던 코트는 아직 태어나지 않은 양의 가죽으로 만든 모피였다. 소매는 마치 천사의 날개처럼 넓은 나팔 모양이었고, 아름다움을 극대화하기 위해 코트를 안쪽에서 여밀 수 있게 디자인된 맞춤식 고정 장치가 달려 있었다.

나는 그 무거운 옷을 식탁 위에 놓고 완벽하게 재단된 모피를 손가락으로 훑어 보았다. 바느질은 아주 섬세해서 거의 보이지 않았다. 냉방이 잘 되어 있고 모던한 가구들로 꾸며진 열대 지방 식당에 놓여 있는 이 외투는 너무 이질적이어서, 마치 중유럽을 떠도는 자신의 무리들로부터 떨어져 나와 길을 잃은, 그러나 여전히 지배자인 양이 다른 왕국에서 헤매고 있는 것처럼 보였다. 그럼에도 불구하고 이 코트야말로 내가 지금까지 대면한 그 어떤 것보다 내 할머니의 영혼으로 가득했다. 나는 로지를 만난 적이 없었다.

나는 크파르사바에 있는 한나와 그의 남편 여이르의 집에서 일주일 가까이 머물렀다. 탑승 심사 때 엘알항공* 검색대에서 기본적인 질문에 대답하기 어려웠던 것을 보면, 아버지뿐만 아니라 나 역시 가족들과 '관계가 좋지 않았던' 셈이다. "이스라엘에 살고 있는 친척들이 누구죠? 그 사람들 주소는 어떻게 되나요? 마지막으로 연락을 한 것은 언제죠?" 등등…. 내가 한나를 알게 된 건 가족 중 누군가를 통해서가 아니었다. 나는 그녀를 JewishGen.org**에서 찾았는데, 유대인들이 자신의 친척들을 확

* El Al. 이스라엘 항공 회사.

인하고 그들이 어디에 있는지 찾는 것을 도와주는 인터넷 사이트다. 내가 사이트에 문의를 넣고 며칠 뒤, 반가움이 가득 묻어나는 메시지가 내 이메일함에 도달했다.

> 안녕! 놀라운 일이네. 숙모인 로잘리어 팔루디 그륀베르거의 손녀,
> 나의 오촌 조카에게 이메일이 오다니!!! 나는 숙모님이
> 돌아가시기 전까지 수년 동안 그 분을 돌봤어. 나는 율리우스
> 그륀베르거의 딸이야. 네 할머니의 남동생이지. 이렇게 연락이
> 닿다니, 정말 반가워. ― 한나 슈피겔

그녀는 아버지의 사촌이었다. 하지만 그보다는 내 사촌 같았다. 우리 둘 다 기질이 강한 편이고(페미니스트다) 나이도 비슷했다(나보다 여덟 살밖에 많지 않았다). 한나는 트라우마가 있는 참전 용사를 치료하는 미술치료사였다. 1970년 소모전에서 두 귀의 청력과 한 쪽 눈 시력을 잃은 여이르는 이스라엘 방위군에서 일하고 있었다.

이 가족 유물을 골판지로 된 석관에 다시 챙겨 넣은 뒤, 한나는 헝클어진 작은 봉투들을 열어서 오래된 사진들을 작은 탁자 위에 늘어놓았다.

이건 내가 크파르사바, 텔아비브, 네타니아, 바젤, 프라하, 그리고 뉴욕에서 그륀베르거, 프리드먼 이산가족을 만나는 시간 동안 점점 익숙해진 일종의 의식이었다. 모든 사람들이 사진을 보관하는 자신들만의 은닉처를 가지고 있었다. 사진들은 신

***

** JewishGen(유대인계보)은 유대인 계보에 대한 국제적인 전자정보를 구축하기 위해 1987년 설립된 NGO다. 2003년부터 유대인 문화유산박물관과 연계하여 활동하고 있다.

발 상자 속 비닐봉지나 옷장 서랍 속 편지봉투에 간직되어 있는, 지나간 시대의 우아함과 세련됨에 대한 시각적 증거였다. 흑백 사진 속에는 모피를 입고 하이힐을 신은 여자들, 지팡이를 들고 시곗줄을 차고 걷는 남자들, 숲속 스파 혹은 해변 리조트, 스키장 산장, 그리고 양차 대전 간 중유럽의 5성급 호텔 앞에서 포즈를 취하고 있는 사람들이 등장했다. 몇몇의 사진에는 더블브레스트 재킷과 그에 어울리는 바지, 캐시미어 코트와 타이, 혹은 주문 제작한 무릎까지 오는 가죽 바지를 입은 작은 소년이 등장했다. 그 소년은 사진 주변부에서 안쪽을 엿보고 있거나, 르노 자동차 발판에서 뛰고 있거나, 바위 뒤에서 리본을 맨 소녀를 바라보고 있거나, 아버지의 파이프를 들고 있거나, 사촌의 어깨 위에 조심스럽게 손을 올려놓고 있었다. 그는, 이 사진 속에 있는 다른 모든 사람들에게 알려져 있는 것처럼, 피슈터였다.

여기에 레오폴드와 시도니어의 위대한 가계에서 뻗어 나온 그륀베르거 쪽으로 가지를 뻗친 확대가족의 복잡한 가계도가 있었다. 그들은 그륀베르거가 스피슈스케 포드흐라디에에서 키운 자식들이었다. 하지만 가족 나무의 나뭇잎들은 이 작은 탁자 위에 아무렇게나 떨어져 있었다. 그렇게 나는 내 친척들에게 소개되었다. 순서도 없이 한 사람 한 사람, 그저 파일에서 뽑아져 나온 사진에 등장하는 사람들에게.

옷을 잘 차려입은 여자가 베니스 광장에서 남자의 팔에 기대 있거나 이집트의 피라미드 앞에서 포즈를 취하고 있었다. 화려한 그륀베르거가 딸들인 로지와 그녀의 자매들이 신혼여행이나 휴가 혹은 쇼핑을 하러 갔을 때의 사진이었다. "고모들은 누가 가장 아름다운가를 놓고 늘 싸웠지." 한나가 말했다. 그들은 위협적이지 않은 환경에서 얼추 학교를 마치고 춤과 테니스, 불어와 피아노를 배우면서 '교양 있게' 자랐다. 그들의 진정한 소명은 그들을 꾸며 주고 지켜 줄 돈 많은 남자의 마음을 끌 수 있는 사랑스러운 장식품이 되는 것이었다. 한나의 말에 따르면, 그것이 모두 띠 동갑은 되는 남자들과 결혼한 이유였다.

네 명의 자매가 전쟁에서 살아남았지만, 모두 상처를 입었다. 셋째였던 가브리엘라는 남편을 잃었다. 그는 작센하우젠 강제수용소로 이송되어 거의 죽을 때까지 강제 노역을 하다가 총살당해 공동묘지에 묻혔다. 미슈콜츠로 향하는 기차에서 이전 남편 회사의 직원이 가브리엘라와 딸 마리카를 알아보았고, 그들을 당국에 고발했다. 두 사람은 다음 정류장에서 끌려나와 라벤스브뤼크 강제수용소로 보내졌다가, 이후는 다시 베르겐벨젠 강제수용소로 보내졌다.

한나는 파일에서 사진 몇 장을 더 꺼냈다. "여기 아르파드가 있네." 그녀가 말했다. 맞춤 양복에 페도라를 쓰고 날카로워 보이는, 갈라진 턱을 가진 말쑥한 남자였다. 그는 1937년에 체코의 온천 마을인 칼스바트에서 길을 산책하고 있거나, 하이 타트라의 스키 슬로프에서 친구들과 활강하거나, 헝가리 민속 의상을 입은 아내와 머리를 땋아 올린 딸과 함께 집 뒷마당에서 포즈를 취하고 있었다. 레오폴드와 시도니어의 네 아들 중 장남이었던 아르파드였다. 한나의 말에 따르면 그는 "네 증조부와 함께 목재 사업을 운영했고," 1944년 아내 머르지트, 딸 베루슈커와 함께 죽었다. 그들이 다른 유대인 게릴라들과 함께 숨어 있었던 집이 나치친위대에게 발각되어 휘발유에 흠뻑 젖은 채로 불타 버렸다. 칼스바트에서 산책한 지 겨우 7년 후였다. 아르파드의 갈라진 턱은 나의 아버지, 그리고 나의 턱과 똑 닮았다.

"여기 네 할머니 사진이 또 있네." 한나가 로지가 찍힌 다른

Karlsbad macht Dich gesund!
Carlsbad restores your health!

19 37

Karlovy Vary Tě uzdraví!
Carlsbad rend la santé!

사진을 건넸다. 베일이 달린 클로슈 모자에 보석을 두른 그녀는 검은 양복에 중산모자를 쓴 소박한 모습의 남편 예뇌, 그리고 놋쇠 단추가 두 줄로 달린 코트를 입은 아들과 포즈를 취하고 있었다.

나는 로지의 사진을 많이 봤던 참이었다. 내가 아버지의 사촌인 마리카 버르버시(그녀는 어머니인 가브리엘라와 함께 베르겐벨젠에서 생존했다)를 만나러 텔아비브에 갔을 때, 그녀는 사진들이 담긴 쇼핑백에서 로지와 예뇌가 스튜디오에서 찍은 사진들을 보여 주었다. 로지는 검은 드레스에 진주 목걸이를 하고, 그에 어울리는 진주 귀고리를 달고 있었다. "언제나 진주를 하고 있었지." 마리카가 말했다.

한나는 이 시기에 찍은 사진 몇 장을 더 꺼냈다. 이탈리아로 쇼핑 여행을 간 로지가 산 물건을 잔뜩 들고 있는 모습. 밤에 번화가로 놀러 나가기 위해 공들여 머리를 손질하고 모피 코트 중 하나를 입은 로지. "로지는 정말 아름다웠지. 애인도 많았고. 매일 밤 연극이나 오페라를 보러 갔어." 한나가 말했다. "그녀는 놀러 나가기 전에 피슈터에게 굿모닝 키스를 했어. 그러면 끝이었지. 매일 밤, 피슈터는 유모와 함께 집에 혼자 있었어. 로열 패밀리처럼 말이야. 피슈터에겐 모든 것이 있었지. 개인 교수, 보모처럼 돌봐 주는 가정교사, 비싼 장난감들. 하지만 그곳에 부모는 없었어." 한 장의 사진이 잘 볼 수 없는 가정적인 장면을 담고 있었다. 로지는 라더이 9번지 응접실에 있는 에메랄드빛 벨벳 의자에 앉아 있었다. 그 방은 아버지가 '루이 16세풍' 가구로 꾸며져 있었다고 묘사했던 방이다. 그리고 그녀 무릎에는 누군가 사진을 찍기 위해 아무렇게나 갖다 얹어 놓은 것처럼 아이 하나가 어색하게 앉아 있었다. 아이는 '소공자'풍 옷을 입고, 하

얀 무릎 양말에 빛나는 편상화를 신고 있었다. 내 아버지는 테디 베어를 안은 채로 어머니로부터 고개를 돌려 카메라를 보고 있었다. "피슈터가 다섯 살이나 여섯 살 쯤 되었을 때 우리 아버지가 로지를 방문했었어." 한나가 말했다. "그리고 이런 생각을 하셨다고 하더라고. '굉장히 슬픈 아이구나.' 피슈터가 사랑을 받지 못한다는 걸 볼 수 있었대."

"피슈터는 아주 총명하고 똑똑한 아이였어." 유디트 여르덴이 말했다. 유디트는 아버지의 부계 쪽, 그러니까 프리드먼 쪽 사촌이었다. 전쟁 초기, 유디트와 그녀의 부모는 나의 할아버지가 바치 28번지에 소유하고 있었던 아파트에 살았고, 부다힐에 있는 프리드먼가의 여름 별장에서 휴가를 보내곤 했다. 그곳에서 피슈터와 유디트는 수영장에서 수영을 하고 큰 정원에서 함께 놀았다. 내가 북부 이스라엘 해안 마을 네타니아에 있는 그녀의 작은 생활지원시설 아파트를 방문했을 때, 유디트는 80세였다. 그녀는 아주 오랜만에 만나는 친구인 것처럼 나를 반겼다. "내 소중한 수우–우전, 왔구나! 마음이 너무 따뜻해지는구나." 세월과 함께한 그녀의 얼굴이 아름답듯이, 그녀의 영어는 정확하지는 않았지만 유창했다.

"피슈터는 모르는 게 없었어." 유디트는 체리브랜디와 그릇에 가득한 빵을 앞에 놓고 이야기했다. "독서를 많이 했고, 기술적인 측면으로도 재주가 많았지. 아주 지적인 아이였어." 피슈터가 그녀에게 사진 찍는 법과 영화 찍는 법을 알려 주었다. "그는 언제나 이성적이었어. 언제나 감정이 아니라 머리로 일했지. 그는 아주…" 그녀는 적절한 영어 단어를 찾으려고 노력하면서 주먹을 쥐었다. "닫혀 있었어. 포커 칠 때 얼굴처럼. 무슨 생각을 하는지 알 수가 없었단다." 그녀는 그 여름에 있었던 다른 일들도 기억해 냈다. "로지는 자기 아들이랑 시간을 보내지 않았어. 한번은 피슈터가 엄마가 올 거라고 그랬고, 나는… 놀랐단다. 따뜻한 부모들이 아니었어."

그러면 예뇌는요? 내가 물었다.

"예뇌도 차가웠지." 유디트가 말했다. "gvir"—이디시어로 부자라는 의미다—"부다페스트 유대인 커뮤니티에서 거물이었지. 하지만 그는… 세세한 것에 집착하는 스타일이었어. 피슈터에 대해 아주 부정적이었지. 아주아주 부정적이었어." 그리고 그가 부정적이지 않을 때란, 부재중일 때였다. "피슈터는 스스로를 돌봐야만 했어. 끔찍할 정도로 혼자였거든. 집이 두 개나 있었지만, 진짜 집은 하나도 없는 것이나 마찬가지였지." 그녀는 슬프고 큰 눈으로 나를 바라보았다. "절대로 치유하지 못할 상처일 거야."

그런데도 한나가 '가족사의 거대한 미스터리'라고 부른 것은 로지와 예뇌가 그의 아들을 버렸다는 사실이 아니었다. 피슈터가 그의 어머니를 버린 것이 문제였다.

"그 아이는 로지의 하나밖에 없는 아들이었는데, 자기 엄마랑 이야기를 하려고 하지 않았지." 어느 날 오후 마리카는 내게 말했다. 텔아비브에 있는 그녀의 멋진 새 아파트에서 차를 마시고 있을 때였다. 에어컨이 차가운 공기를 내뿜고 있었다. 머리 위 선반에는 몇 개 안 남은 가보가 놓여 있었다. 은촛대 세트와 합스부르크 미뉴에트를 출 준비가 된, 위엄 있는 프릴 장식을 두른 도자기 무용수였다.

"로지는 두 아이를 잃었잖니." 마리카가 말했다. 나는 아버지에게 로지가 유산을 한 번 했다고 들었다고 말했다.

"유산이 아니야, 한 번도 아니고." 마리카가 말했다.

"태어난 아이가 둘이 있었어." 가족들의 기억에 따르면, 한 아이는 태어나자마자 죽었고, 다른 아이는 1년 정도 살았다고 했다.

"그리고 드디어 살아남은 아이를 낳았는데, 그 애는 로지에게 말도 안 걸었지." 마리카가 말했다. "고통스러워했어. 네 아버지 때문에. 그녀에겐 비극이었지." 마리카는 1990년에 아버지가 3일 동안 텔아비브를 방문했던 때를 회상했다. 그는 예뇌의 무덤에 돌을 얹어 놓고, 부다페스트에 있는 아파트를 되찾을 수 있는 가능성에 대해서 친척들과 짧게 의논한 뒤, 떠났다. "걔는 집을 원했어, 사람이 아니라." 마리카가 말했다.

이스라엘에 잠시 들르고 나서 몇 년 후에 아버지는 로지를 부다페스트로 초대했다. 로지가 여든아홉 살이 되었을 즈음이었다. 소식은 그륀베르거가 먼 친척들에게까지 파문처럼 퍼졌다. "빅 이벤트였지." 당시 호주에 살고 있었던 아버지의 사촌 달리아 버럴이 말했다. "스티븐이 드디어 연락을 한 거지! 우리 모두는 기적 같은 날이 다가왔고, 좋은 날이 계속될 거라고 생각했어."

그러고 나서, 로지 할머니가 헝가리에서 돌아왔다. 거대한 깁스를 하고서. 그녀는 부다힐의 아버지 집 현관에서 넘어졌고 다리가 부러졌다. 아버지는 그녀를 가장 가까운 병원인 성야노스병원으로 데려갔다. 로지가 입원한 병실에는 밤낮으로 고통에 소리 지르는 환자가 있었다. 결국 아버지는 할머니를 집으로 모시고 와서 일론커에게 회복하는 몇 주 동안에만 그녀를 돌봐 달라고 부탁했다. 일론커는 나에게 그 경험을 이렇게 묘사했다. "내 인생의 가장 끔찍한 한 달." 로지는 하루 종일 아버지에게 고함을 질렀고, 일론커를 하녀 취급했다. "그 사람은 '일하는 애 오라고 해라!'라고 소리쳤어." 그리고 아버지는 그의 어머니에게 부르짖었다. "나를 무시했죠. 나를 사랑하지도 않았어요."

로지의 수술은 엉망진창이었다. "구닥다리 시절에나 했을 법한 수술이었어." 마리카가 말했다. 의사가 그녀의 다리를 거대한 못으로 때워 놓았는데, 그 못이 곧 피부를 찢고 나오기 시작했다. 텔아비브에 있는 병원에서 완전히 다시 수술해야 했다. "네 아버지는 로지를 가능한 빨리 이스라엘로 보내 버리고 싶어 했지." 마리카가 말했다. 그녀가 여행을 할 수 있게 되자마자, 그는 이스라엘로 돌아가는 비행기를 예약했다. "로지가 그러더구나. '나를 쫓아 버렸어.' 그녀는 좌절했어. 그녀가 잃어버린 모든 것, 그 모든 것이 다시 떠올랐지."

"슬픈 일이었어." 마리카가 계속 이야기했다. "하지만 로지는 이겨 냈지. 완전히 인연을 끊어 버렸어." 그녀는 손으로 싹둑 싹둑 자르는 흉내를 냈다. "로지의 유언장 내용 알지?" 그녀가 덧붙였다.

저는 몰라요, 내가 말했다.

"유언장에 이렇게 쓰여 있었지. '아들에게는 오직 1세켈만 남긴다.'"

마리카는 세대 간 상호 거부에 대해서는 정확하게 묘사했지만, 디테일에서는 틀린 부분들이 있었다. 로지의 생애 마지막 순간에 그녀를 돌보았고 그녀가 세상을 떠난 후 서류를 정리했던 한나가 들려준 이야기는 달랐다. 한나에 따르면 아버지가 버림받은 건 사실이지만, 로지가 범인은 아니었다. "네 할아버지가 유언장을 썼어." 한나는 예뇌가 1960년대에 유언장에 쓴 단어들을 기억하고 있었다. 당시는 이스라엘 통화에서 세켈이 아니라 리라를 기본 단위로 쓰고 있었다. 그 단어는 유언장의 마지막 페이지, 유산을 상속받을 사람들의 이름과 얼마씩 받을 것인지가 정리되어 있는 목록 마지막 부분에 등장했다. "내 아들 이슈트반 팔루디에게는 1리라." 나의 아버지가 '나의 수호천사'라고 신화화했던 남자가 자신의 외아들에게 잔돈을 남긴 셈이다.

* * *

텔아비브를 방문했던 초창기에, 마리카와 그녀의 사촌 달리아는 나에게 자파에 있는 아랍 시장을 구경시켜 주었고, 우리는 항구의 경치를 보기 위해 멈췄다. 우리는 가족사와 아버지의 성전환 수술에 대해 이야기하고 있었다. 나는 아버지와 도하니가 유대 교회당에 〈유대 여자〉를 보러 갔던 밤과 그때 아버지가 부유한 유대인 alte kockers*에 대해 평가했던 것에 대해서 막 이야기를 끝낸 후였다.

"그때 아버지가 그러더라구요. 자기를 보고 '저기 지나치게 차려입은 쉭사가 있네'라고 하겠지, 라고."

마리카가 생각하더니 말했다. "어쩌면 피슈터는 자기가 하나를 바꾸면 다른 것도 바꿀 수 있다고 생각하나 봐." 그녀는 젠더와 종교를 의미했다. "두 가지는 같이 가는 건데."

"하지만 이거 알아?" 머리를 격하게 흔들면서 달리아가 말했다. "그렇게는 안 되는 거야. 한번 유대인이면, 영원히 유대인이지. 거기에서 벗어날 순 없어. 그럴 수 없지, 그럴 수 없어, 그럴 수 없어, 그럴 수 없다고."

나는 난간에 기대어 지중해를 바라보았다. 마리카가 내 팔을 건드렸다. "네 아버지는 영웅적인 일을 했어." 그녀가 말했다. "화살십자당으로부터 부모를 구했거든."

* '쓸모없는 늙은이' 정도의 의미를 가진 이디시어.

온몸에 전율이 흘렀다. 어렸을 때부터 그 자랑을 듣고 자랐다. 그걸 처음으로 확인 받는 순간이었다.

"로지가 이야기해 줬어." 마리카가 말했다. "아주 자랑스러워하셨지."

그 여행 중에 나는 좀 더 많은 이야기들을 확인할 수 있었다. 1944년에 유디트 여르덴은 많은 시간을 바쳐 28번지에 있는 내 할아버지의 아파트 건물에서 보냈는데, 당시에 그 건물은 노란 별 수용소로 쓰이고 있었다. 그해 11월 초, 화살십자당이 그 건물을 접수하자 여르덴은 스위스 보호 주택으로 도망쳤다. 40명의 다른 사람들과 함께 방 하나에 머물렀는데, 그곳에 로지와 예뇌가 있었다. 그들은 서로 멀어졌지만, 전쟁 중 우여곡절 끝에 다시 합친 상태였다. 유디트는 난방도 되지 않는 방에서 견뎌야 했던 끔찍한 추위를 생생하게 기억하고 있었다. 또한 부족했던 음식, 강변에서 들려 오는 총소리, 그리고 화살십자당이 보호 주택을 정복하고 있다는 소문 등도 함께 기억했다. 그녀가 스위스 보호 주택에 대해 기억하고 있는 일 중에서도 두드러지는 것이 있었다. 나의 아버지가 와서 화살십자당 흉내를 내며 "네 조부모를 데리고 갔던" 그날에 대한 기억이었다.

유디트가 이 이야기를 하는 동안, 마리카가 로지에게 들었다는 이야기를 해 주었을 때와 마찬가지로, 나는 어떻게 이런 극적인 효행이 평생에 걸친 소원함과 공존할 수 있었는지 궁금했다.

아버지의 사촌인 피터 고든은 1970년대에 후반에 벌어졌던 결전을 기억하고 있었다. 피터와 그의 아버지 알렉산더가 뉴욕에 있는 내 아버지를 방문했을 때였다. 알렉산더는 조카 피슈터에게 질문하기 시작했다. 어떻게 그렇게 로지를 무시할 수 있지?

어떻게 자기 어머니한테 그렇게 차갑게 굴 수 있어? "너는 뭐냐? 대체 뭐하는 놈이야?" 알렉산더가 계속 압박하자, 아버지는 폭발해 버렸다. 피터는 아버지가 내뱉은 말들을 기억하고 있었다. "내가 전쟁 중에 부모님을 구했을 때, 나는 다 갚았어요. 다 된 거라구요. 이제 더 이상 빚진 거 없어요."

* * *

알고 보니 10대 아버지는 부모를 구한 것 말고도 용맹한 행동을 했었다. 며칠 후, 유디트의 아버지인 줄러 여르덴 역시 스위스 보호 주택에서 불려 나가 강제수용소에 갇혔다. 그때는 진짜 화살십자당 대원에 의해서였다. 유디트의 기억으로는 목적지가 언드라시 거리 60번지였는데, 그곳은 화살십자당의 주요 거점 중 하나였다. 하지만 확실한 건 아니었다. 아무 소식도 없이 시간이 흘러갔다. "우리는… 절박했어." 유디트가 말했다. 그녀와 어머니는 예뇌와 로지 프리드먼에게 도움을 요청했지만, 그들은 자신들이 할 수 있는 일이 없다고, 혹은 할 일이 없다고, 잘라 말했다. 그런데 며칠 후 유디트의 아버지는 스위스 보호 주택으로 돌아왔다. "파시스트들한테 심하게 고문을 당한 것 같았어." 유디트가 말했다. "그 이후로 계속 다리와 소화기가 좋지 않으셨거든." 하지만 짐작만 할 수 있을 뿐이었다. "아무것도 확실히 알 수가 없었지. 아버지가 아무 말도 하지 않았거든." 하지만 한 가지에 대해서는 이야기했다. 어떻게 도망쳐 나왔는지에 대해서였다.

유디트는 몸을 내 쪽으로 기대어 쭈글쭈글한 손을 내 무릎 위에 올려놓았다. "1944년, 네 아버지는 정말 용감했단다." 그녀가 말했다. "그가 내 아버지를 죽음에서 구했지." 그녀는 아버지에게 들은 이야기를 해 주었다. 피슈터가 화살십자당이 줄러 여르덴을 구금하고 있었던 건물로 와서 이렇게 말했다. "이 남자를 처형장으로 데려가겠습니다." 피슈터는 완장을 차고 권총을 들고 있었다. 유디트의 아버지는 "피슈터 앞에서 걸었고, 피슈터는 그에게 총을 겨누고 걸어갔어. 그리고 그를 스위스 보호 주택으로 데려다 주었지."

여르덴은 그의 용기에 놀랐다. 그를 놀라게 한 것은 또 있었다. "우리 아버지는 이해할 수 없었어." 유디트가 말했다. "왜 화살십자당들이 그를 유대인이라고 생각하지 않았을까? 피슈터는 정말 유대인처럼 생겼잖아."

난 아버지가 언드라시 60번지에 있던 요새를 침략할 생각을 했다는 것이 정말 놀랍다고 생각했지만, 반면 아버지 입장에서 그 이야기는 정확하지 않은 기억이었다. "잘못 기억하고 있는 거야." 내가 유디트의 이야기를 전해 주자 그녀는 말했다. 아버지의 기억에 따르면 줄러 여르덴을 구한 것은 화살십자당 본부가 아니라 벽으로 격리된 부다페스트의 오래된 유대인 게토에서였다. "게토 안으로 들어가는 건 별로 어려운 일이 아니었어." 그녀가 말했다. "별로 체계적으로 관리하지 않았거든." 나는 언제나 그의 무용담이 부풀려진 건 아닌지 의심했지만, 그는 자신의 용기를 별로 대단치 않은 것으로 여기고 있었다.

23장
빠져나갈 수 있다는 걸 기억하라

"뭐 하나 물어봐도 돼요?" 아버지와 나는 아버지 집 테라스에 앉아 있었다. 2010년 6월 어느 완벽한 늦여름 오후였다. 벌은 설탕 그릇과 커피 잔 주위를 느긋하게 날아다녔다. 저 위에서 먹이를 찾는 딱따구리는 아버지가 달아 놓은 위성안테나에 구멍을 뚫느라 별 소득도 없이 딱딱거리고 있었다. 아버지는 웬일로 수다를 떨고 싶은 기분인지, 내 녹음기에 60년대 맨해튼, 50년대 리우데 자네이루, 40년대 코펜하겐에서 펼쳐졌던 모험에 대한 이야기를 늘어놓고 있었다. 나는 기분이 좋았다. 그녀가 우리 둘의 상호 프로젝트에 그다지 호의적이지 않을 때도 있었기 때문이다.

"네가 뭘 하려는 건지 알겠다." 어느 날 아침, 함께 컴퓨터 앞에 앉아 있을 때 그녀가 말했다. 이야기의 주제는 리처드 애버 던의 사진이었지만, 아버지가 오랜 시간 콘데나스트를 위해 인화하고 색감을 조정했던 최신 유행 패션사진에 대해서는 아니었다. "어느 날 애버던의 스튜디오에 갔는데, 자기 아버지를 찍은 사진들이 있더구나." 그녀가 말했다. "정말 무서운 사진들이었지."

아버지가 그곳에서 본 것은 애버던이 1969년과 1973년 사이에 병든 자기 아버지를 찍은 그 유명한 인물 사진이었다. 그는 아버지가 오랜 시간에 걸쳐 암에 처절하게 굴복해 가는 과정을 감정이 배제된 자비 없는 조명 아래에서 극도의 선명함과 디테일로 기록했다. 애버던은 다른 무엇보다도 이 기록 과정이 그들의 관계를 바로잡아 주기를 희망했다. 애버던이 아버지에게 쓴 편지에서 설명하려고 노력했던 것처럼, 그는 아버지에게 아버지의 모습 그대로를 보여 주고자 했다. "아버지가 사진을 찍기 위해 포즈를 취할 때, 아버지의 진짜 모습은 가식적인 웃음 뒤에 놓여 있어요." 그는 이렇게 썼다. "아버지는 화가 났고, 배가 고프고, 살아 있죠. 내가 아버지에게서 소중하게 생각하는 건 바로 그 강렬함이에요. 이해하시겠어요?" 그가 이해를 했는지 어쨌는지는 알 수 없다. 제이콥 이즈리얼 애버던이 타계한 후, 아들의 편지는 그의 가장 훌륭한 양복의 안주머니에서 발견되었다. 그는 그 양복을 한 번도 입지 않았다.

"네가 뭘 하려는 건지 알겠어." 아버지가 그날 아침, 컴퓨터 앞에서 말했다. 내 펜을 가리키며, 내 수첩을 훑어봤다. "애버던처럼 하려는 거구나."

하지만 2010년에 우리는 어느 때보다 잘 지내고 있었다. 그녀가 말의 방벽이란 방어술 뒤에 숨는 일은 줄어들었다. 어느 날 아침에는, 우리 둘이 찍은 사진을 컬러 프린트로 뽑아서 내게 선물을 하기도 했다. 내 남편이 2년 전에 찍어 준 사진이었다. 사진 속에서 아버지와 나는 아버지의 컴퓨터 책상 앞에 서로 가까이 붙어 앉아 있었다. 아버지는 장황하게 이야기를 늘어놓는 중이었고, 나는 앞으로 몸을 기대고 있었다. 내 펜은 아버지가 하는 모든 말을 기자 수첩에 기록할 태세를 갖춘 참이었다. 둘 다 웃고 있는 모습. "정말 좋은 사진이야." 아버지가 사진을 건네면서 말했다. "넌 정말 치밀한 인터뷰어야. 그리—이고," 손가락이 감탄을 자아내는 듯 허공을 찔렀다. "좋은 작가지." 그녀는 유대인 고등학교를 다닐 때 배웠던 고전 수업에서 배운 라틴어 문구를 사진에 적어 넣었다. "Verba volant scripta manent." 입으로 뱉은 말은 날아가 버리지만, 써 놓은 말은 남는다.

아버지가 블랙포레스트 케이크* 한 조각을 다 먹어 치우고 에스프레소를 즐기고 있는 지금, 지금이야말로 좀 더 곤란한 영역으로 밀고 들어갈 타이밍이었다.

"뭐 하나 물어봐도 돼요?"

"그럼." 그녀가 뜬금없이 웬 허락을 구하느냐는 듯이 답했다. "느—을 질문을 달고 살면서."

"좀 어려운 질문이라서 그래요." 긴장감에 목소리가 갈라졌다. 내가 무엇을 촉발할지, 나도 알 수 없었다. 녹음기가 켜져 있는지 확인했다.

아버지는 접시에서 빵 부스러기를 집어 올렸다. 딱따구리는 여전히 위성안테나에 도전하고 있었다.

"그날 밤 무슨 일이 있었던 거예요?"

"어느 날 밤?"

"76년, 요크타운이요. 아버지가 집에 침입했을 때요." 내 말은 식탁보에 내려앉았다. 아무 답도 돌아오지 않았다. 아버지가 어머니와 데이트하던 남자를 거의 죽일 뻔했던 그날 말이에요. 내 심장은 요동치고 있었다.

내가 올려다보았을 때, 아버지는 여전히 생각에 잠긴 채 빵 부스러기를 고르고 있었다.

* 크림과 체리를 층층 사이에 넣고 생크림, 마라스키노 체리 초콜릿 부스러기로 장식을 한 케이크.

"쉬운 질문이야." 그녀가 말했다. "그를 집 밖으로 쫓아내려고 했지, 물론."

"그가 집에 있는 건 대체 어떻게 알았어요?"

아버지는 곰곰이 생각하다 이야기했다. "아마도 사립탐정이 말해 줬겠지."

"그래서," 나는 어쭙잖게 페리 메이슨*을 흉내 내며 급히 끼어들었다. "아버지가 탐정을 고용하긴 했던 거군요."

"당연하지." 아버지가 동요 없이 답했다. "하지만 별 쓸모는 없었지. 사진을 더럽게 못 찍었거든. 쓸 수 있는 사진이 하나도 없었어. 내가 사진을 찍었다면, 나라면…"

나는 다시 범죄의 현장으로 이야기를 되돌렸다. "그래서, 집으로 들어와서…."

"들어와서 그 남자 자동차 타이어에 구멍을 냈지. 도망 못 가게."

나는 그녀와 함께 그다음에 무슨 일이 일어났는지 따라갔다. 문을 부숴서 열었고, 축구공이 계단에서 쿵쿵 굴러떨어졌다. 피비린내 나는 비명이 울려 퍼졌다.

"분노했어요? 무서웠어요?"

"분노했다고는 안 했어."

"끔찍하게 소리를 질렀잖아요."

"겁주려고 그랬지." 아버지가 말했다. "하지만 그는 두려워하지 않았어. 나에게 다가왔지."

"그랬군요." 내가 말했다. "하지만 아버지는 야구방망이를 갖고 있었잖아요."

---

* E. S. 가드너Erle Stanley Gardner(1889~1970)의 추리소설 주인공 변호사.

"야구방망이는 바보 같은 짓이었어." 그녀가 말했다. "내 자신을 지키고 싶었을 뿐이야. 그때 그가 나를 때렸어. 이 일을 교훈으로 삼았지. 예수님이 말씀하신 것처럼. '칼을 든 자는 칼로 죽으리라.' 뭐 그런 이야기 있잖니." 선반에 있는 "권능의 시간" 비디오테이프에도 불구하고, 신약은 아버지의 장기가 아니었다.

별일 아니라는 듯 말하는 목소리가 내 신경을 긁었다. 철을 쪼고 있는 딱따구리가 된 느낌이었다.

"그리고 그를 찔렀잖아요." 내가 상기시켰다.

"나한테 다가왔으니까. 내가 그걸 막을 수 없다는 걸 알았지. 어차피 야구방망이를 다룰 수 있는 것도 아니고. 내가 힘이 세고 근육질이었다면 야구방망이로 때려서 쫓아냈겠지. 하지만 나는 그런 환상 같은 건 없었지. 야구방망이를 버렸어. 그러자 그가 나를 때렸어. 나를 지키기 위해서 스위스아미 칼을 꺼냈어. 그렇게 치명적인 무기는 아니잖니. 하지만 피를 조금 흘리게는 만들었어."

"조금요?"

"몇 번 찔렀어. 하지만 가슴을 노리진 않았다고. 심장 근처는 찌르지 않았어." 그녀는 잠시 동안 조용했다. "위험하긴 했지." 그녀가 말했다. "그렇게 피를 흘려도 죽을 수 있다고 하더라. 그래도 어쨌거나 병원에 갔잖아. 경찰이 오고, 앰뷸런스도 왔어. 내가 사람들을 구하기 위해 종종 함께 활동했던 앰뷸런스 기억하지?"

물론 아버지의 응급구조 요원 봉사 활동을 잊지는 않았다.

"내가 보통 타던 앰뷸런스의 운전사가 왔더라구."

아버지는 앰뷸런스 뒤에 올라탄 것을 회상했다. 그도 '부상을 당했기' 때문이다. 머리에 작은 상처.

"어어, 별 거 아닌 상처였지." 반창고를 붙이고 나자 "경찰이 와서 구치소로 데려갔어."

나는 그가 아침이 되기 전에 보석으로 풀려났다고 적었다.

"맞아. 풀려나고 나서 바로 뉴욕에 가서 사진을 찍었어. 피를 흘린 걸 포함해서 전부."

"뭐 때문에요?"

"증거를 위해서." 그녀가 말했다. "또 뭐가 알고 싶니?"

"그날 밤 911에 전화를 걸었을 때," 내가 말했다. "상담원이 이미 누군가 신고했다고 그랬어요." 이제 일부 조각들이 맞춰지는 것 같았다. "그거 아버지였죠?"

"당연하지."

"하지만 왜요?" 왜 범죄를 저지르기도 전에 경찰에 신고를 했어요?

"증거가 필요했으니까." 그녀가 말했다. "경찰이 나를 체포했지. 하지만 그건 괜찮아. 나는 관례를 만들고 싶었어. 목격자가 필요했지."

이해할 수가 없었다.

"나는 일부러 사건을 만든 거야."

"뭐라고요? 무대 이벤트처럼요?"

"그으ー렇지. 꽤 괜찮아 보이잖아. 분노한 남편이, 뭐라고 그럴까, 그러니까 드라마틱한 표현으로 하자면, '유혹자'를 쫓아내려고 한 거지." 아버지는 허공에다 인용부호를 그렸다. "이 모든 걸 계획한 거야. 그 여자가 남자를 집으로 끌어들였고, 나는 '배신당한 남편'이라는 걸 보여 주려고." 허공에 또 다른 인용부호가 그려졌다.

"질투 때문에 싸움이 벌어진 것처럼 보였을 거야." 아버지가 계속했다. "내가 이 집의 주인이고, 이 여자와 결혼했고, 그리고 그 남자를 때려서 쫓아냈고, 남자는 저항했지. 내가 사건을 만들어 냈어. 하지만 누구도 내가 그랬다는 걸 증명할 수 없었지."

도대체 뭘 위해서?

"'부정'에 대한 증거." 또 다른 인용부호. "어어, 덕분에 네 엄마는 이혼수당을 받지 못했지."

"이혼수당을 주지 않으려고 이런 쇼를 꾸몄다는 거예요?"

"아니지! 핵심은⋯." 그녀는 나의 어리숙한 이해력에 짜증이 나서 빙글빙글 돌고 있는 벌 중에 한 마리를 내리쳤다. "그래, 물론 나는 돈을 주지 않아도 됐지. 하지만 중요한 건⋯." 그녀의 얼굴이 갑자기 어두워졌다.

"정말 아픈 적이 있었어." 그녀가 말했다. "이혼 막바지에. 온몸에 통증이 있었어. 금방 걸을 수도 없게 됐지. 평생 그렇게 아픈 적이 없었어." 그때, 아버지는 집에서 쫓겨나서 맨해튼에 살고 있었다. "결국 나는 택시를 불러 내가 아는 의사인 크라우스 박사에게 데려다 달라고 했지. 그 사람은 암벽등반가들을 치료하는 사람이었어." '스포츠 의학계의 아버지'인 한스 크라우스는 또한 샤완겅크산의 암벽등반을 개척한 사람으로 미국 암벽등반의 비공식적 설립자이기도 했다. 아버지와 나는 샤완겅크에서 암벽등반을 했다. 크라우스는 30년대에 나치 유럽에서 도망친 오스트리아 유대인으로, 아버지가 도움을 요청했을 때 70을 넘긴 나이에 '비상근'으로 일하고 있었다.

"어떻게 해 줬어요?"

"기계로 전기요법 같은 걸 해 줬어. 몇 번 가서 치료를 받았어. 점점 나아졌지."

아버지가 이혼 소장에 계속해서 넣으려고 고집 부리던 말을 떠올렸다. 어머니가 애정을 거두어들였기 때문에 "피고는 병원 치료를 받아야 했고, 병을 얻었다"는 내용이었다.

"뭐가 문제였대요?"

아버지가 어깨를 으쓱했다. "크라우스 박사가 말을 안 해 줬어."

"아버지 생각에는 뭐가 문제였던 것 같아요?"

아버지는 나를 쳐다보았고, 얼굴이 구겨졌다. "그렇게 노력했는데도, 모든 것이 무너졌어. 나는… 부서졌단다. 나는….." 그녀는 자신의 상태를 설명하기에 적절한 용어를 찾기 위해 머뭇거렸다. "버림받았어." 그녀는 커피 잔을 들여다보았다. "나는 이혼할 생각이 없었어. 강요당했다는 걸 보여 주고 싶었을 뿐이야."

누구에게?

"나는 네 엄마가 모든 걸 잊게 만들려고 노력했어." 그녀가 말했다. "가족을 깨는 바보 같은 짓을 막으려고. 가족이 함께 있으려고."

집을 침입했던 사건이 전부 연극이었다고? 아버지의 진정한 모습이 무엇인지 이해하려고 노력하면서, 나는 계략을 정수로 오해하고 있었던 건가? 하지만 내가 들었던 울부짖음, 내가 들었던 분노는 진짜였다. 내가 바닥에서 닦아 낸 피는 표면이 아니라 배 깊숙이 찔린 상처에서 나온 것이었다. 그리고 그의 폭력은 사건 하나에만 국한된 것도 아니었다. "내가 너를 창조했어, 그러니 나는 너를 파괴할 수도 있지." 종교적으로 순결하지 못하다는 이유로 내 머리를 바닥으로 내리치던 그날 밤, 나는 그의 분노를 느꼈다. 그것 역시 또 다른 인용부호로 가려질 수 있는 건가? 아니면 거기도 '또오–한 사실'이던 다른 면이 있었나?

어느 저녁, 아버지와 나와 남편은 부다 쪽 도나우강 근처에 있는 식당인 호르가스티니어 벤데글뢰(양어장 식당)로 가고 있었다. 아버지는 그 식당에서 헐라슬레를 먹는 걸 좋아했는데, 헐라슬레는 헝가리식 고춧가루를 듬뿍 넣은 매운 민물고기 수프로 한 입 떠먹으면 너무 매워서 뇌가 타 버리는 것 같았다. 마지막으로 갔을 때, 나는 수프에 떠 있는 혈기 왕성한 고춧가루와 그 타격에 대응하기 위해서 물을 시키는 미숙한 짓을 저질렀다. 게다가 얼음을 띄운 차가운 물을 주문한 것이 문제였다. 아버지가 나를 꾸짖었다. "얼음?" 그녀가 역겨워하면서 말했다. "유럽 사람은 어떤 계급이라도 그런 조잡한 걸 잔에 넣으니 죽을 거다." 내가 잔에 손을 가져갈 때마다 그녀는 다시 시작했다. 이리도 천박한 저녁 식사 파트너와 함께 있다는 사실을 남들이 본다는 게 '부끄럽다'면서 말이다.

"오늘은 새로운 곳에 가 볼까요?"

무슨 소리. 아버지는 식당에 있어서만큼은 진흙에 박힌 막대기처럼 완고했다. 나는 그녀를 따라 심통을 부리며 식당으로 들어섰다. 벽은 유망과 부낭, 그리고 닻으로 장식되어 있었다. 천장에는 노가 그대로 붙어 있는 작은 배가 매달려 있었다. '조잡하네.' 나는 속으로 생각했다.

"나는 이곳이 좋아." 아버지가 말했다. 나는 그녀가 다음에 뱉을 말을 말 그대로 립싱크를 했다. "저언─통적인 헝가리 식당이지." 요리에 대해서만 말하는 건 아니었다. 그녀는 전통적인 종업원들을 좋아했는데, 정중한 태도를 갖춘 나이 지긋한 남자들이 예의 바른 태도로 아버지에게 목례하고 의자를 빼 주고, "Kezét csókolom"이라고 인사하며 그녀의 손등에 입을 맞췄다.

그녀가 종업원들에게 특별히 여성스러워 보이는 건 아닌 것 같았다. 평소처럼 아버지는 가발을 쓰지도 않았다. 그녀는 하얀색 핸드백을 단추가 두 줄로 달린 파란색 선장 재킷 위로 선원들 더플백처럼 둘러메고 있는 상태였다. 해산물 저녁 식사에 맞춰 바다에 어울리게 차려입은 거였다. 그 모습은 시시 황후 같다기보다는 호르티 제독에 가까워 보였다.

아버지는 요염하게 정수리를 기울이고는 반백의 종업원과 대화를 나누었는데, 그는 계속 미소와 함께 기분을 맞춰 주며 고개를 끄덕였다.

종업원이 테이블을 떠나자, 나는 그의 존중을 표현하는 방식에 대해 언급했다.

"어어, 저 사람들은 이제 내 손등에 키스해야만 하지."

"'해야만 한다'니요?"

"왜냐면," 그가 말했다. "나는 터프하니까."

우리는 장식용 술이 달린 메뉴판을 열었다. 나는 나의 터프함을 좀 선보이기로 했다. 생선 수프를 먹지 않겠다고 선언한 것이다.

"수전은 음식에 정말 까다롭다니까." 아버지가 남편에게 투덜거렸다. "티보르와 내가 빈에 있었을 때, 우리도 별로 먹지 못했지. 하지만 그건 우리가 돈이 없었기 때문이야." 아버지는 또 때와 맞지 않은 말을 던졌다. 그녀와의 대화는 미친 듯이 날뛰는 잠수함을 탄 것과 같았다. 잠깐 동안 물 표면에서 까딱거리다가 금세 바다 밑을 샅샅이 훑는다. 지금의 경우에는 1946년 오스트리아로 여행을 떠난 것이었다.

종업원이 내 테이블 매트 앞에 큰 물잔을 놓았다.

아버지가 나를 위해 주문한 물이었다. 액체로 된 화해의 제 스처. "하지만 주문할 때 말했지." 아버지가 덧붙였다. "얼음 없이요!"

결국 나는 생선 수프를 먹어 보겠다고 말했다.

"여기에선 그게 옳은 일이지." 아버지가 말했다. "헐라슬레는 강에서 잡은 생선으로 만들어야 해. 왜냐면 헝가리는 내륙국가니까. 아니면 호수에서 잡은 생선이나. 바다 생선은 절대로 안되지. 잉어나 다금바리, 메기 같은 생선들…. 요즘엔 티사강이 낚시하기 좋을 텐데. 벌러톤 호수도 그렇고…."

"벌러톤에 가보셨어요?" 어류학 특강이 이어지기 전에 남편이 끼어들었다.

"벌러톤은 유럽에서 제일 큰 담수호지." 아버지가 계속했다. "어어, 중유럽에서. 하지만 뭘로 잘 알려져 있냐면…"

종업원이 조잡한 삼발이에 매달린 주철 주전자에 담긴 수프를 들고 나타났다. 그는 과장된 동작으로 주전자 뚜껑을 열고 아버지 그릇을 시작으로 내용물을 떠 주었다.

"레이디 퍼스트!" 아버지가 비아냥거렸다. 그녀는 규범을 강요하는 동시에 조롱하는 사기꾼처럼 궤변을 늘어놓으면서 즐기고 있는 것 같았다. 나는 내 그릇 안에 들어 있는 소방차 죽을 저었다. 잉어 머리가 수프 표면 위에 둥둥 떠 있었다. 테이블 건너편에서 아버지가 이 매운 걸 즐기면서 후루룩후루룩 행복하게 먹고 있었다.

"벌러톤," 그녀는 잠시 후 말했다. "덕분에 라디오를 들을 수 있었지."

"네?"

"라더이 9번지에 살았던 의사와 그의 가족들 말이다. 그들은 2층에 살았어. 그해 여름에 벌러톤 호수로 떠났지."

다시 역사로의 다이빙이었다. 이번에는 1944년 늦봄에서 초여름 사이였다. 그때 예뇌 프리드먼과 그의 열여섯 살 난 아들은 커튼을 쳐 놓은 집에서 '아주 조용하게' BBC 라디오를 들으며 숨어 있었다. "그래서 독일인들이 카사의 유대인들을 데리고 가 버렸다는 걸 듣게 되었지." 이제야 그녀가 말했다. 그곳은 할아버지의 고향이었다. "아버지가 울기 시작했어. '우리 부모님을 죽여 버렸어'라고 말했지."

그녀는 수프를 잔뜩 덜었다. 그리고 BBC의 보도가 완전히 갑작스러운 건 아니었다고 덧붙였다. 한 주 전, "아버지는 그곳에서 뭔가 안 좋은 일이 일어나고 있다는 소식을 들었어."

"그래서 예뇌가 부모님을 카사에서 빼내려고 했어요?" 내가 물었다.

"어어, 거얼을 보냈지." 거얼은 라더이 9번지의 관리인이었다. "거얼에게 돈을 줘서 그쪽에서 무슨 일이 벌어지고 있는지 알아보라고 했지." 의미 없는 투자였다. 거얼은 서둘러 돌아왔다. "그곳에서 할 수 있는 일이 없었다고 하더라구."

"예뇌 본인이 갈 생각은 안 했어요?"

아버지는 식탁보를 쳐다보면서 아무 말도 하지 않았다.

"어어-쩼거나-아," 그녀가 드디어 입을 열었다. "알 길은 없었어." 그들이 죽을 거라는 사실을 알 길이 없었다는 의미였다. "한 번도 경험해 본 적이 없는 일이잖아."

"아버지는 뭔가를 했잖아요." 내가 말했다. "아버지는 부모님을 구했죠."

"내 사촌 프리치와 그 베터르 녀석들도 사람들을 '구하려고'

했지." 결국 재난으로 끝나고 말았던 부다페스트 '벙커'에서 비밀리에 조직된 시오니스트 봉기에 대해 이야기했다. "총을 어떻게 쏘는지도 몰랐어. 어리석게도."

"하지만 아버지도 스위스 보호 주택의 계단을 올라갈 때 사용할 줄도 모르는 총을 들고 있지 않았어요? 그것도 '어리석은' 거 아니에요?" 내가 고집스럽게 말했다.

"그으-래, 하지만 내 총에는 총알이 없었어."

"그래서요?"

"그러니까, 아주 간단한 거야. 나는 믿었어. 그러니까 그들도 믿었던 거야. 나는 그들의 게임에 참여한 거야. 너 스스로 네가 흉내 내고 있는 그 사람이라고 믿으면, 반 정도는 살아났다고 할 수 있지. 하지만 네가 우습게 굴면, 겁에 질려 있는 것처럼 행동하면, 이미 반 정도는 가스실에 가 있는 거지."

아버지는 냅킨을 조심스럽게 접은 뒤 테이블 위에 올려놓았다. "어어, 이게 내 지혜야. 나는 그걸 믿어!" 그녀가 말했다.

디저트로 아버지와 나는 게스테네퓌레를 주문했다. 감자 라이서를 이용해서 밤을 국수 모양 퓌레로 만든 뒤 럼과 바닐라로 향을 더한 전통 헝가리식 별미다. 디저트의 이름을 보자 놀랍게도 향수 어린 추억이 풀려 나왔다. 요크타운의 일요일 오후에 아버지는 종종 요리를 했다. 휘핑크림을 뾰족하게 쌓은 레스토랑식 퓌레가 거대한 고블릿에 담겨 나왔다.

"전쟁 중에 했던 이 역할놀이 말이다." 아버지는 높게 쌓여 있는 설탕 덩어리를 공격하면서 말했다. "비슷한 과정이었지."

"무엇하고요?"

"나는 이제 누구하고나 자리를 함께할 수 있고, 그는 내 손에 키스를 하지. 내가 사람들에게 그 인사를 하던 때, 그 시절에 내 자신이 아니라 비유대인으로 살 수도 있었다는 사실이 평생 나를 강하게 만들어 줬어. 그로부터 빠져나갈 수 있다는 사실이 힘을 줬지. 그래서 이런 다른 일도 할 수 있는 거지." 성전환을 의미했다. "네가 다른 사람이라는 걸 확신할 수 있다면, 다른 사람도 설득할 수 있단다. 나는 내 자신을 가장하는 거니까."

"그럼, 지금 아버지는 다른 '역할'을 연기하는 거예요?" 내가 물었다.

"나는 남자 역할을 하고 있었어." 그녀가 말했다. "하지만 나는 여자들에게 완전한 대문자-남자-'M'man으로 받아들여지지 않았지. 대문자 남자로 살 재간이 없었던 거야. 이제 나는 여자니까, 더 이상 역할놀이를 할 필요가 없지. 이제는 그럴 필요가 없어."

"왜냐하면 처음부터 이 모습이었으니까요? 지금 이 모습이 아버지의 진정한 자아예요?"

"어어, 이건 지금의 나야." 그녀가 말했다. "수술 이후로 말이다. 나는 다른 인격을 개발해 왔단다."

나는 전쟁 중의 시도와 다른 점을 생각했다. 나치 유럽을 살아가는 젊은 유대인 남성으로서, 그의 연기가 얼마나 훌륭하건 간에, 그리고 그가 얼마나 확신에 차서 화살십자당 완장을 차고 "하일 살러시!" 경례를 하건 간에, 아버지는 그의 적이 늘 트럼프 카드를 쥐고 있다는 끔찍한 사실을 안고 살아야 했다. 그들이 그에게 저 뒷방으로 들어가 바지를 벗으라고 말하는 순간, 게임은 끝나는 것이다. 하지만 자신이 여자라고 선언한 지금에는 설사 젠더 경찰이 그녀를 뒷방으로 데려간다고 해도, 그녀는 자신이 여자임을 증명할 수 있다.

"뭐가 더 쉬워요?" 내가 물었다. "남자로 태어났지만 여자로 받아들여지는 거랑, 유대인으로 태어났지만 마자르인으로 받아들여지는 것 중에?"

아버지는 손거울이라도 되는 것처럼 스푼을 들고 몇 분 정도 생각했다. "여자로 받아들여지는 거." 그녀가 말했다. "왜냐하면 나는 여자니까. 내가 여자라는 출생신고서도 가지고 있지. 그러니까 나는 분명히 여자야."

아버지는 남은 게스테네뷔레를 깨끗하게 비웠다.

"그래, 심문은 이제 끝났니?" 그녀는 웃으면서 스푼을 내 앞에서 흔들었다. "스테파니 팔루디의 죄와 삶! 어우, 세상에!"

우리는 먼지가 가득 쌓인 어망을 지나 밤공기 속으로 나섰다. 도나우는 어둠 속에서 흑요석처럼 우리 앞에 놓여 있었다. 아버지는 내 소매를 잡아당겼다.

"거기서 빠져나간다는 거." 그녀가 말했다. "수우–전, 이 말을 잊지 말아라. 그게 모든 것의 열쇠야. 유대인이라는 사실이 들통난 수많은 사람이 총살을 당했으니까."

* * *

"아름다운 날이네요." 아버지에게 말했다. 우리는 그녀가 NASA에서 받은 최근 영상을 보고 있었고, 나는 외출하고 싶어 죽을 지경이었다. "페스트에서 산책을 하는 건 어때요?" 할 수 있는 한 최선을 다해 무심한 척 이야기를 꺼냈다. "커진치 거리의 유대교회당 한번 구경시켜 주세요." 그곳은 아버지가 그의 부모와 함께 매주 토요일 아침에 예배를 보러 가던 곳이었다.

"이미 얘기했잖니. 유대인 지구에 이미 한 번 다녀왔다고. 일론커를 데리고 코셔 요리(유대 율법에 따라 조리한 음식)를 하는 식당에서 식사를 했다고. 그렇게 별 특색도 없는 음식들이라니! 더 볼 것도 없어."

"하지만 아버지가 다니던 유대교회당을 보러 가진 않았잖아요."

"내가 왜 거길 가고 싶겠니? 다 부서졌는데."

"다시 지었잖아요." 겨우 최근에야 마무리 되었지만 말이다. 유대교회당은 수십 년간 전쟁 폐허 위에 자리하고 있다가 몇 년 전에 다시 문을 열었다.

"어어, 예전하고 같을 수는 없지."

"가 보지도 않고 어떻게 알아요?"

침묵.

"매주 가던 곳에 가 보고 싶지 않아요? 가족들이랑 다니던 곳이잖아요."

"어어, 아버지는 도하니가 유대교회당에는 오르간이 있다고 가지 않았지. 너무 기독교적이라고."

알아요, 내가 말했다. "전에 얘기하셨어요."

"예배가 끝나면 우리는 커진치 거리에서 라코치 거리 대로변까지 걸어가곤 했지. 그곳에서 대로를 따라 오가면서 산책을 했어." 슬리퍼를 신은 아버지의 발이 추억에 잠겨 바닥에서 앞뒤로 왔다 갔다 했다. "기독교도들은 일요일에, 유대교도들은 토요일에 산책했지." 아버지가 말했다. "산책 후에 귀가하면 하녀가 1층에 있던 빵집 오븐에서 따뜻하게 데운 촐렌트*를 내왔어."

나는 고개를 끄덕였다. 몇 번이나 들은 이야기였다. 협상을

* 유대인이 안식일에 먹는 요리. 고기와 야채를 약한 불에 삶은 것.

마무리하기에 좋은 타이밍인 것 같았다. "자, 그러니까 유대교회당에 가 봐요. 그러고 나서 대로를 산책하면 좋잖아요."

아버지가 곰곰이 생각했다.

"그으–래. 하지만 그럴 수 없어. 오늘은 성령강림절이니까."

뭐라고요?

"성령강림절이라고, 애야. 부활절이 끝나는 날."

유대교회당이 기독교 기념일에 문을 닫는다고? 그럴 리가 없다. "어쨌거나 오늘은 월요일이에요." 나는 지적했다. 성령강림절은 전날이었다.

"오늘은 성령강림절 월요일이야." 아버지가 말했다.

나는 컴퓨터 자판기를 내 무릎으로 가져와서 구글에 빠르게 '커진치 거리 유대교회당'을 쳤다. 그녀가 틀렸다는 걸 확인시킬 전화번호를 찾으려고. "유대 부다페스트의 숨겨진 보물을 찾아 떠나는 여행" 웹사이트에 유대교회당의 방문 시간이 정리되어 있었다. 월요일에서 목요일, 오전 10시에서 오후 3시 30분까지. 그리고 유대교 대제일과 '헝가리 국가 공휴일'에는 문을 닫는다고 굵은 글씨로 적혀 있었다. 내가 그 텍스트를 클릭하자 마자르 국가 공휴일 목록이 떴다. 아버지는 내 어깨 너머로 쳐다보더니 페이지의 중간쯤 되는 곳을 손가락으로 짚었다. 퓐쾨스뎃푀Pünkösdhétfő. 성령강림절 다음 월요일이었다.

"거 봐라." 아버지가 거들먹거리며 말했다.

이틀 후, 아침을 먹으려고 부엌으로 내려왔을 때, 부엌 조리대 위, 모닝커피를 기다리고 있는 커피 잔 옆에 종잇조각이 놓여 있었다. 아버지가 거기에 삐뚤삐뚤한 오래된 유럽 문자로 메모를 해 놓았는데, 내가 읽을 수 없는 헝가리어 끝에 "10~15:30"이라고 쓰여 있었다.

딱 붙는 감청색 드레스에 하얀색 가방을 들고 부엌으로 들어오면서 그녀가 말했다. "커진치에 가기 좋은 날인 것 같네."

* * *

커진치 거리 유대교회당은 우연하게라도 발견하기 어려운 장소였다. 정통적인 예배당은 미로와도 같은 좁은 길과 자갈이 깔린 정원이 만나는 구석진 곳에 처박혀 있었다. 도하니가 유대교회당이 넓은 광장 앞에서 디바처럼 화려하게 치장하고선 자신의 모습을 한껏 드러낸다는 점에서 예배당 세계의 베르사유와도 같다면, 커진치 회당은 도하니 회당이 조끼 주머니에 숨겨 놓은 비밀 자매 같았다.

중세풍이라고 할 만한 건물들이 유대교회당을 둘러싸고 있는데, 이 건물들은 한때 자족적인 정통 유대교 공동체를 이루었다. 유대교회, 미크바, 동절기 기도실, 코셔 식당, 코셔 가금류 도축장, 무교병 생산 공장, 정통 유대교 공동체 소유의 아파트, 야외 결혼식장, 로슈 하샤나*에 유대인의 죄를 바다로 흘려보내기 위한 개방 수도관, 그리고 유대인 상조회가 있었다. 우리가 찾아갔던 아침에 거리는 한산했다. 자갈을 깐 보도에 굽이 부딪히는 소리가 높은 돌담에 울렸다. 나는 아버지를 따라 네 개의 대리석 계단을 올라 높은 아치형 창과 조각된 석조 흉벽으로 된 붉은 벽

---

* 유대인의 새해 명절 중 하나로 유대력의 1월(티슈리) 1일에 해당한다. '해의 머리'란 뜻을 갖고 있는 로슈 하샤나는 양력으로 9월 중순 정도이며 매년 그 날짜가 바뀐다. 성경에 따르면 티슈리 1일에 하느님이 인간을 창조했고, 이를 기념하기 위한 날이 로슈 하샤나다. 이에 하느님을 경외한다는 의미로 '경외일' 또는 인간의 원죄를 회개하기 위해 양각 나팔(쇼파르)을 부는 전통이 있어 '나팔절'이라고도 한다.

돌 파사드에 다다랐다. 연철 대문 위에 있는 상징물이 눈에 띄었다. 도하니가 유대교회당과 달리, 이 별은 꼭짓점이 여덟 개가 아니라 여섯 개였다. 그 장식물에는 꿈에서 깬 야곱의 외침이 히브리어로 조각되어 있었다. "이는 다름 아닌 하느님의 집이요, 이는 하늘의 문이로다."

유대교회당의 내부는 사실, 천상과도 같았다. 큰 촛대인 메노라와 다윗의 별이 그려진 인디언블루 프레스코 벽에, 마음에 평온을 주는 푸른 불빛이 그물 모양의 꽃무늬 창문을 뚫고 들어와 천장을 비추고 있는, 매우 아름답고 평온한 공간이었다. 평면도는 전통적이었다. 방 가운데에 강단 혹은 비마(유대교식 연단)가 있었고, 여성 신도를 위한 2층 좌석으로 이어지는 두 개의 계단이 있었다. 오르간은 없었다.

문지방에서 몇 걸음 채 떼지 않았을 때, 무릎까지 오는 회색 코트를 입고 차이* 체인을 목에 건 키 작은 대머리 남자가 평화를 방해하는 이가 누군지 살펴보기 위해 서둘러 다가왔다. 그는 유대교회당을 지키는 교회지기였고, 우리는 그날의 첫 방문객이자, 그 시간까지는 유일한 방문객이었다. 그는 아버지를 한번 쳐다보더니 바구니에 손을 뻗어 평범한 파란 천을 꺼냈다. 아버지는 그 모습에 순간적으로 당황했다. 그는 몸을 앞으로 내밀어 아버지의 드러난 어깨에 푸른 천을 둘러 주었다. 아무래도 아버지의 드레스 색에 맞춰 천을 선택한 것 같았다.

나는 최근 예배 규모는 어떤지 질문했다. 아버지는 통역을 했고, 교회지기는 아래층에 남자 500명, 위층에 여자 500명을 수용할 수 있지만, 여름에는 대체로 150명 미만—대다수가 여행객

* 히브리어로 חי의 음차는 '차이'로 '생명'을 의미한다.

이다—이 참석하고 겨울에는 30명 미만이 온다고 했다. "유대인 커뮤니티 규모가 작은 이유는 공산당 시절 이곳에 살았던 사람들 대부분이 유대인으로서의 특성을 잃었기 때문"이라고 했다. "유대교회당에 오면 직장을 잃고 가족이 위험이 빠질까 두려워했죠…. 그리고 물론, 많은 사람들이 쇼아(홀로코스트) 때 죽거나 강제로 이송됐고요." 그는 입구 쪽에 걸려 있는 액자 속 이미지를 가리켰다. 부서지고 깨진 목재와 유리 더미였는데, 1944년에 남아 있던 유대교회당의 폐허를 찍은 사진이었다.

아버지는 어렸을 때 이 교회당에 다녔다고 말했다. 교회지기의 얼굴이 환해졌다. 두 사람은 추억담을 나누기 시작했다. 그들은 유명했던 교회의 전 랍비 코펠 라이히에 대해 대화를 나누었는데, 그는 헝가리 정통 유대교 커뮤니티의 율법을 성문화하는 1905년 회합을 주재했고, 1927년에는 89세의 나이에 헝가리 국회 상원의원으로 선출되었다. 그해는 나의 아버지가 태어난 해기도 했다. 아버지는 여름에 유대교회당 공기를 어떻게 '차갑게 만들었는지' 추억했는데, 바닥 아래 통기관에 얼음을 가득 채웠다고 했다. "아주 현대적이었지!" 그리고 그녀는 아이들에게 언제나 '쉿!'이라고 속삭이던 괴팍한 교회지기를 기억했다.

"긴 수염에, 아주 덩치가 큰 사람이었지." 아버지가 말했다. "쉿! 쉿! 외치면서 아이들한테 얼마나 겁을 줬다고."

교회지기는 웃었다. "여전히 그렇게 해요!" 그가 말했다.

잠시 후, 교회지기는 자기 일을 보러 돌아가면서 편하게 둘러보라고 말했다. 아버지와 나는 위로 올라갔다.

"어디에 앉았었어요?" 내가 물었다.

"쉿!" 아버지가 말했다. "저 사람이 영어를 못 알아들어서 다행이다."

나는 멍청한 질문을 했다는 걸 깨달았다. 아버지는 아래층에 앉았을 터였다.

우리는 프레스코 벽에 감탄하고("내가 어렸을 때보다 색이 더 밝아졌어!" 아버지가 경탄했다) 율법을 보관하는 성궤 왼쪽에 자리한 랍비 라이히의 의자에 경의를 표하면서 주위를 둘러보았다. 잠시 후, 아버지는 오른쪽 계단을 따라 내려갔다. 그녀는 네 번째 중앙 열 앞에 멈춰 서서 생각에 잠겼다. 그러더니 다섯 번째 의자에 가서 앉았다. 나는 그녀를 따라가서 옆에 앉았다.

"여기가 프리드먼가 자리였어." 그녀가 내가 앉은 의자와 그녀가 앉은 의자의 팔걸이를 두들기며 낮은 목소리로 말했다. 예뇌와 이슈트반의 자리. 로지는 위층에 앉았다. 아버지의 설명에 따르면, 참여자들은 지정석을 위해 비용을 지불했다. 더 좋은 자리일수록 더 많이 내야 했다. 우리가 앉은 이 자리들은 가장 좋은 자리에 속했다. 그녀는 앞으로 손을 뻗어 작은 나무통의 뚜껑을 들어올렸다. "여기에 기도서와 탈리스*를 보관했지."

아버지는 머리를 만졌다. 어딘가 긴장한 것 같은 제스처였다. "키파를 쓰지 않고 교회당에 들어온 건 처음이야." 그녀가 말했다. "괜찮겠지. 나는 10분이면 뭐든 익숙해지는 사람이니까."

그녀는 어깨에 두른 파란색 천을 단단히 여몄다. "처음에는 저 사람이 왜 나한테 숄을 주는지 몰랐어." 그녀가 말했다. "머리를 감싸야 하는 줄 알았지, 부르카처럼 말이야. 그래서, 세상에나, 잘못된 곳에 왔구나! 하고 생각했어."

우리는 함께 웃었다. 그리고 반짝이는 대리석 기둥을 세운 성궤와 고대 안식일 축복을 전하기 위해 그 위에 얕은 부조로 새

* 유대인 남성들이 아침 기도에 사용하는 남성용 숄.

긴 두 손을 바라보며 몇 분 정도 편안한 침묵 속에 앉아 있었다. 그녀는 그 손을 흉내 내듯 두 손을 들었다. 그리고 내 머리 위에 올려놓았다.

"Ye'varech'echa Adonoy ve'yish'merecha," 그녀가 말했다. "Ya'ir Adonoy panav eilecha viy' chuneka. Yisa Adonoy panav eilecha, ve'yasim lecha shalom."

종교적으로 문맹인 딸은 아버지에게 번역을 부탁할 수밖에 없었다.

"여호와는 네게 복을 주시고 너를 지키시기를 원하며, 여호와는 그 얼굴로 네게 비추사 은혜 베푸시기를 원하며, 여호와는 그 얼굴로 네게로 향하여 드사 평강 주시기를 원하노라 할지니라 하라."

안식일에 부모가 그의 아이들에게 내리는 축복이었다. 아들에게 내리는 축복과 딸에게 내리는 축복이 따로 있지만, 이 축복은 둘 다에게 쓸 수 있는 기도였다.

그녀는 잠시 침묵했다.

"그때 너무 화가 났었다." 그녀는 잠시 후 입을 열었다. "요크타운에서… 네가 기독교도가 되려고 신부를 만난다고 했을 때 말이다."

나는 기다렸다. 우리는 그날 밤에 대해서 이야기 나눈 적이 없었다. 그 말을 꺼낸 적도 없었다. 나는 그녀가 그 기억을, 다시는 방문하지 않기로 마음먹은 순간들을 숨겨 두는 정신-안전금고에 가둬 버렸다고 생각했었다.

내가 너를 창조했어. 그리고 나는 너를 파괴할 수도 있지.

"뭐라고 했는지 기억하세요?" 내가 물었다.

"정확하게 기억하고 있어. 이렇게 말했지." 그녀가 답했다.

"그들이 유대인을 몰살했다. 그런데 어떻게 이럴 수 있니?"

나는 그녀의 기억을 바로잡지 않았다. 그 말이 실제로 무엇이었던 간에 그녀에게는 같은 의미임을, 나는 알고 있었다.

그녀는 무릎 위에 올려놓은 자신의 손을 내려다보았다. "그렇게까지 화를 내서는 안 됐던 건데." 그녀가 말했다.

나는 손을 내밀어 그녀의 손목을 잡았다. "괜찮아요." 내가 말했다.

몇 분 후, 우리는 일어나서 출구 쪽으로 걸었다. 조금만 걸어가면 유대인 지구를 벗어난 곳에 아주 좋아하는 카페가 있다고 했다. "거긴 비엔나 케이크를 기가 막히게 만들지."

24장

세계의 수태

2014년, 《타임》은 "트랜스젠더 티핑포인트가 왔다"고 환영하는 커버스토리에서 성별 정체성이야말로 시민권 논의의 최첨단이라고 추켜세웠다. 그리고 여기에 발맞춰 온갖 매체들에서 이와 의견을 같이하는 수많은 이야기가 쏟아져 나왔다. 같은 해에 UN은 성별 정체성에 기반한 차별이나 폭력을 규탄하는 결의안을 통과시켰고, 뉴욕주 입법부와 뉴욕시를 방문한 덴마크 및 네덜란드 국회 관계자 들은 시민에겐 본인이 선택한 성별에 따라 출생신고서를 수정할 권리가 있으며, 이는 성별 재지정 수술을 하지 않은 경우에도 마찬가지라고 주장했다.

관련된 연속적인 행보가 2015년에도 이어졌다. 오바마 대통령은 케이틀린 제너에게 (그녀가 《배니티 페어》 표지에 새틴 코르셋을 입고 등장한 지 몇 시간 후) 그녀의 '용기'를 높이 평가하는 트윗을 날렸고, 트랜스젠더의 권리는 오바마 대선 캠페인의 슬로건이 되었다. 미디어에서 트랜스 정체성은 피해자화, 영웅주의, 그리고 유명인사의 삶 같은 온갖 필수적인 수사와 함께 전형적인 서사로 굳어지고 있었다. 이런 팡파르가 복잡하고 평범한 인생들의 일상적인 질감을 전달하는 경우는 드물었다.

그해 여름, 나는 멜 마이어스에게 편지를 한 통 받았다. 그는 멜라니였던 시절, 나의 아버지가 2004년 태국 푸켓에서 수술 후 머물렀던 '멜라니의 코쿤'을 운영했다. 그는 드디어 오랜 파트너였던 태국 여자 친구를 미국으로 데려왔지만, 그 대가는 컸다. 멜의 편지에는 이런 내용이 적혀 있었다. "그녀를 미국으로 데려와서 결혼을 할 순간이 되었을 때, 나는 다시 남자로 돌아와야 했어요. 안면 여성화 수술을 한 얼굴은 수염으로 뒤덮여 버렸고, 성별 재지정 수술 덕분에 화장실에 갈 때마다 어색한 순간을 마주하죠. 그리고 내 아름다운 가슴은 헐렁한 옷으로 숨겨야 해요." 그녀는 때로는 계속 멜라니로 살고 싶고, 때로는 애초에 수술을 하지 않았다면 좋았을 성싶다고 했다. "그리고 이제는 지옥과 천국 사이에 살고 있는 것 같아요. 남자로 살았던 순간이 있었고, 멜라니로 살았던 순간이 있었죠. 그리고 이제는 여자도 남자도 아니거나, 둘 다이기도 한 삶을 살고 있어요." 그는 멜라니였던 시절 자신이 "트랜스젠더 여자들이 모범으로 삼고 용기를 얻을 수 있는 모델과도 같은 사람이었던 순간"을 기억하고 있었다. 하지만 그 시간은 이제 과거가 되었다.

그와 아내는 교외에 태국 식당을 열었고, 멜은 트라이메트 운송에서 일하면서 겨우 생계를 유지한다고 했다. "시내버스를 운전하면서 온갖 사람들을 봐요. 인류를 담은 작은 스냅사진들이죠. 인생에 대한 간단한 스케치처럼, 그 모습들은 삶의 정수를 포착하죠. 때로 그들 모습에 비친 나 자신을 보기도 해요. 때로는 깨달음을 주기도 하고, 때로는 무섭기도 하죠." 그는 이렇게 썼다. "지금의 내가 되기 위해 많은 걸 포기했어요."

아버지의 조국에서도 미국의 각종 매체들에서처럼 정체성에 대한 질문들이 만개했다. 집권당인 피데스는 2014년을 헝가리 정체성 재탄생의 해로 기념했다. 이 우파 정당은 그해 봄 총선에서 또다시 가볍게 승리했다. 공적 자금으로 운영되는 매체의 독립성을 억압하는 새로운 언론 관련법 덕분이었다. 뿐만 아니라 피데스는 당이 44.5퍼센트를 득표했음에도 불구하고 의석의 3분의 2를 차지할 수 있도록 선거법을 조정했다. 공개적으로 반유대인과 반집시를 내세우는 요비크당은 그들의 기반을 더욱 확장해서 오랜 역사를 자랑하는 헝가리 사회당을 근소한 차이로 누르고 EU에서 가장 인기 있는 극우 정당에 등극했다.

피데스는 그해에 유럽의회 선거도 휩쓸었다. (그리고 요비크는 제2당이 되었다.) 같은 해 가을 지방선거에서 피데스는 모든 지방자치 의회에서 승리했고, 부다페스트를 포함한 모든 대도시에서 단 한 군데를 제외하고* 지자체장의 자리를 휩쓸었다. 모든 선거가 마무리된 10월에 피데스의 지도자들은 당의 3연승을 축하했다. "숫자 3은 헝가리의 진리다." 총리인 빅토르 오르반은 "세 번 일어나는 모든 일은 완벽하다"는 (라틴어) 격언을 언급하면서 의기양양해했다. 오르반은 당의 3연승은 국가의 "단결"을 굳건하게 하고 "헝가리를 앞으로 다가올 4년 안에 위대하게 만들 것"이라고 선언했다.

그러기 넉 달 전, 헝가리 대법원은 정치적 우파의 특권적 정체성을 지지하는 판결을 내렸다. 법원은 TV 뉴스 채널이 극우 정당인 요비크를… 그러니까 '극우'라고 표현한 것은 언론이 정치적으로 편향된 해설을 내놓는 것을 금지한 언론법 위반이라고 판단했다. 요비크당 쪽 변호사들은 '극우'라는 표현은 당이 선택한 정체성인 '기독교 애국주의자'에 부합하지 않는다고 주장했

---

* 2014년 헝가리 지방선거에서 사회당이 승리한 세게드시를 제외한 24개 주요 도시에서 피데스가 승리했다.

다. 판사는 다음과 같이 결론 내렸다. "요비크당은 스스로를 극단적인 우파 정당이라고 생각하지 않으며, 따라서 이 당을 '극우'라는 형용사와 함께 언급하는 것은 의견 표현 행위를 구성한다. 이는 시청자가 요비크를 극단적인 운동과 연결시킬 가능성을 조장하고 부정적인 인상을 만든다." 그러면서 대법원 판결은 대학 캠퍼스에서나 들을 수 있는 정체성에 민감한 연설이나 '선호하는 젠더 대명사'에 대해 쓴 블로그 따위에서나 볼 법한 문장으로 이어진다. "단 하나의 단어, 단 하나의 비방도 시청자에게 영향을 미칠 수 있다."

세계적 차원에서는 헝가리 정부에 대한 비판이 뜨겁게 달아올라 정점을 치고 있었다. EU 집행기관은 헝가리 정부가 사법부와 중앙은행의 독립성을 침해한 것에 대해 법적으로 대응하겠다고 으름장을 놓았다. 미국 국회의원 50명은 오르반에게 보낸 서한에 요비크의 '반유대주의적이고 성소수자 혐오적인 입장'을 규탄할 것을 요구하며 서명했다. 그리고 전 세계 매스컴은 헝가리를 '전제 국가', 'EU의 유일한 독재' 그리고 한 독일 신문의 말을 빌리자면, 새로운 '총통'*이라고 불렀다. 오르반은 상황을 반전시키고 싶었다. 오르반 행정부는 뉴욕의 유능한 홍보사인 버슨마스텔러를 고용하여 이미지 변신을 꾀했다. 헝가리 정부는 비판자들이 틀렸다는 걸 증명하겠다고 공언했다. 헝가리 정부는 2014년을 '홀로코스트 기억의 해'로 정하고, 헝가리 유대인 학살 70주기를 공식적으로 기념했다. "2014년은 사실을 대면하고 사죄하는 해가 될 것입니다." 국무장관이자 행정국장인 야노스 라자르는 국가의 새 단장을 알리는 기자회견장에서 강변했다. "우

* 히틀러를 염두에 둔 표현.

리는 사죄를 우리나라의 정체성의 일부로 만들어야 합니다." 그리하여 피데스는 헝가리 유대인이 경험한 환난에 대한 예를 갖추기 위해 홀로코스트를 다루는 새로운 박물관을 개장하고, 기념비를 세우고, 전시회를 개최하겠다고 밝혔다.

하지만 유대인-친화적인 '국가 정체성'의 해를 위한 계획들은 곧 흐트러지기 시작했다. 유대인 처형에 대한 새로운 박물관인 '페이트하우스'(운명의 집, '어린아이 희생자'를 위해 헌정된 박물관으로, 더 이상 사용하지 않는 기차역에 세워졌다) 건립을 지휘하는 자리에 정부는 마리아 슈미트를 임명했는데, 그는 오르반의 역사 자문가로 '테러하우스'를 기획했던 사람이다. 그리고 이 박물관은 홀로코스트를 역사로서 제대로 다루지 않고 각주 취급했던 공간이었다. 유대 단체가 그녀가 기획한 박물관 전시 내용에 반대하자, 슈미트는 "좌파-진보 오피니언 리더"들이 "지적인 테러"를 자행하고, "우리가 누구는 애도해도 되고 누구는 애도하면 안 되는지, 누구를 위해서는 눈물을 흘려도 괜찮고, 누구를 위해서는 눈물을 흘리면 안 되는지 등을 규정"한다고 맹공격했다. 그런 행위들을 통해 "그들은 우리의 국가 공동체에서 스스로를 배제한다"는 것이었다. 한편 오르반 정부는 또 다른 시설을 설립했다. '국가 정체성' 강화를 목표로 지난 한 세기 동안의 헝가리 역사를 새로 쓰기 위한 베리타스역사연구소였다. 이 연구소의 수장인 우파 군軍 역사학자 산도르 서커이는 1941년 헝가리 정부가 1만 8000명의 유대인을 우크라이나로 강제 이송한 것은(유대인들은 그곳에서 나치친위대 및 우크라이나 군대에 의해 대량학살을 당했다) 그저 '외국인에 대한 치안 행위'였다고 서슴없이 주장하는 작자였다.

그리고 총리실은 홀로코스트를 기념하는 해에 '1944년 독일의 헝가리 침공에 희생된 모든 피해자'를 기리기 위해 자유광장에 기념 동상을 세우겠다는 계획을 발표했다. 그러나 '모든'이 무엇을 의미하는지는 정부가 기념물의 디자인을 공개하자 명백해졌다. 히틀러의 제3제국을 의미하는 제국의 독수리가 잔악무도하게 대천사 가브리엘의 형상을 한 순수하고 무기력한 헝가리 위에 내려앉고 있었다. 오르반 총리는 이 기념물이 "도덕적으로 적확하고 오류가 전혀 없다"고 묘사했다.

기념물이 세워진 뒤 몇 달 후, 나는 자유광장을 지나가는 길에 동상이 어떻게 완성되었는지 살펴보러 갔다. 급강하하는 독일 독수리는 원래 디자인보다 더 거대해졌고, 철갑의 깃털을 한 만화 같은 맹금은 더 요란해진 모습이었다. 대천사 가브리엘은 항복을 의미하는 듯 절망 속에 두 손을 들고 간청하고 있었다. 그리고 그의 연약하고 벌거벗은 가슴 골격은 여성스러운 나약함과 순수함을 보여 주는 완벽한 예였다. 신이시여, 이 가련한 헝가리인을 불쌍히 여기소서. 몇 피트 떨어진 곳에는 홀로코스트 생존자와 희생자 유가족들이 만든 소박한 대항 기념비가 그 무죄 주장에 항의하고 있었다. 그건 깨진 안경, 빈 여행가방, 그리고 살해당한 가족의 사진들로 이루어진 기념비였다.

이런 비판에 집권 여당은 분노로 응답했다. 2014년이 홀로코스트에 대한 '사죄'의 해가 될 것이라고 약속했던 국무장관 야노스 라자르는 유대인 지도자들이 정부의 기념행사를 망치고 "통합과 공생 속에서 수백 년간 함께 살아 온 헝가리인과 유대인 사이에 불화를 조장"한다고 비난했다. '페이트하우스' 관장인 마리아 슈미트는 장광설로 이에 부응했다. "이 기관을 설립하는 데 한 푼도 보태지 않은 국제 유대인 기구들이 뭐라고 떠드는 것은 자주적인 헝가리가 자국의 과거와 현재 그리고 미래에 책임을

지고자 하는 것과는 정반대의 행위다." 이에 동의하지 않는 이들은 "우리가 바로 우리 자신의 정체성을 다루고 있다는 사실을 이해하지 못한다."

* * *

2014년 8월, 내가 부다페스트로 떠나기 한 달 전, 아버지로부터 이메일이 한 통 왔다. 이메일에는 링크가 하나 첨부되어 있었다. www.szimsalom.hu 그 페이지에 들어가 보았더니 헝가리어의 바다에 히브리 단어가 몇 개 떠 있었다.

"이게 뭐예요?" 나는 답장을 보냈다. 아무런 대답도 돌아오지 않았다. 아버지는 인터넷에 대한 그 뜨거운 열정에 비해 이메일에는 거의 답하지 않는 사람이었다. 그녀는 전화를 더 좋아했다.

며칠 후, 그녀에게서 전화가 걸려 왔다.

"그 링크가 뭔데요?" 내가 물었다.

"유대교회당 링크야. 어어, 개혁파지만. 어쨌든."

"어쨌든, 뭐가요?"

"그곳에 있다고."

나는 그 페이지를 다시 열어서 주소를 찾기 위해 알 수 없는 단어들을 훑어보았다. 주소는 작은 글씨로 적혀 있었다.

Szim Salom Progresszív Zsidó Hitközség*
1092 Budapest
Ráday u. 9.

* 진보적 유대 공동체 심살롬.

나는 깜짝 놀랐다. 개혁파 유대교회당이 아버지가 어린 시절 살던 건물의 아파트에 예배당을 연 것이다.

"아아―주 개혁파스럽지." 아버지가 말했다. "봤니? 심지어 여자 랍비도 있더라." 그렇다. 커털린 켈레멘은 헝가리 최초의 여성 랍비였다.

"작은 교회겠지." 아버지는 곰곰이 생각했다. "아파트 크기에 맞는 거 보면."

"한번 가 봐요."

내가 부다페스트에 도착해서 아버지의 부엌으로 들어갔을 때, 부엌 조리대에는 두 가지가 나와 있었다. 하나는 심살롬의 로슈 하샤나 저녁 식사 티켓이었다. 방문했을 때가 마침 유대교 새해 첫날과 겹쳤던 것이다. 다른 하나는 양각 무늬가 새겨지고 표지가 해진 손바닥만 한 책이었다.

"봐도 돼요?" 내가 물었다. 그녀가 고개를 끄덕였다.

나는 그 작은 책을 들어서 히브리어가 적히고 노랗게 변색된 낡은 책장을 조심스럽게 넘겼다. 아버지의 사촌인 피터 고든이 왔을 때 아버지가 보관장 상자 안에서 꺼냈던, 천으로 엮어서 금박을 두른 기도서였다.

"어머니 기도서지." 아버지가 말했다. "어머니가 돌아가셨을 때, 이스라엘의 친척들이 이걸 보내 줬어. 아버지 재산과 관련된 서류는 주지 않으려고 했던 친척들이. 나는 직접―"

"얼마나 된 거예요?" 내가 끼어들었다. 날짜를 보기 위해서 첫 장을 넘겼다가 이 책은 히브리어 텍스트라는 걸 깨달았다. 장서표는 맨 뒷장에 있을 터였다. 맨 뒷장에는 히브리 글자와 함께 토라를 읽고 있는 랍비를 그린 목판화가 있었다. 그리고 그 아래에는 두 개의 명문이 손 글씨로 쓰여 있었다. 첫째는 히브리어

מנחה לבר מצוה הבחור

חיים דוד בן יצחק
אלישן

מאת חברת רעי הגמנסיה

כן שלם עשרה למצוה

A ZSIDÓ GIMNÁZIUM BARÁTAINAK
EGYESÜLETE   AJÁNDÉKA

Friedmann János

BAR-MICVÁJA ALKALMÁBÓL

"Chaim David Ben Yitzhak Elimelech Sinai" 그리고 다른 하나는 헝가리어 "Friedman István."

아버지는 내 어깨 너머로 쳐다보았다. 갑작스럽게 크게 숨을 들이쉬는 소리가 들렸다.

"세상에나." 그녀가 말했다. "이건 어머니 기도서가 아니야."

그건 아들의 기도서였다. 아버지는 손가락으로 페이지 끝부분에 있는 글자를 훑었다. "유대 고등학교 바르 미츠바 때 내가 받은 선물이라고 적혀 있네." 부모가 참석하지 않았던 바르 미츠바 때 이슈트반이 받은 선물이었던 것이다.

* * *

며칠 후 아침, 아버지와 나는 '홀로코스트 기념의 해'에 동참한 헝가리국립박물관의 넓은 계단을 오르고 있었다. 우리는 두 시간 동안 박물관 2층의 광대한 미로를 헤맸는데, 그곳에는 헝가리의 공식 역사가 스무 개의 대리석 방에 펼쳐지고 있었다. 결국 우리는 제2차 세계대전을 다룬 방에 도달했는데, 전쟁 기간 동안 헝가리는 주체성이 없었다는 것이 전시의 주제였다. 전시는 대중들에게 헝가리가 '사실상 무방비 상태였다'는 신호를 보내고 있었다. 헝가리인들은 "트리아농조약을 정정할 수 있는 다른 권력이 없었기 때문에" 독일 측과 연합할 수밖에 없었다. 즉, 자신들의 영토를 되찾기 위해 나치에 협력할 수밖에 없었다는 것이었다. 나는 피데스당 지지자인 아버지를 슬쩍 보았다. 유대인 학살과 관련된 전시품들은 대체로 독일의 잘못을 지적했다. 아이히만이 유대인을 때리는 사진, SS 휘장, 아주 사실적인 BMW 오토바이를 타고 있는 게슈타포 장교 인형. 두 개의 작은 명판에는 모호하고 직접적이지 않은 방식으로 헝가리가 시행한 강제 이주와 화살십자당의 헝가리산 야만성이 기록되어 있었다. ("1944년 10월 15일 나치에 점령당하고 나서, 보호를 받고 있던 사람들조차 나치 당국 및 다른 무장 단체들에 대해 무방비 상태가 되었다.") 이 표지들은 낮게 붙어 있었다. 그 글씨를 읽기 위해서는 등을 구부려야 했다.

아버지는 다음 방들은 생략하자고 고집을 부렸다. 공산당 시절을 다룬 방이었다. "공산주의자들이 헝가리를 망쳤어. 왜 내가 그 꼴을 보고 있어야 해?" 우리는 세 개 층을 내려가 지하층으로 향했다. 그곳에는 고대사와 로마 시대 유적이 전시되어 있었다. 청동기로 이어지는 복도에서, 출입구에 붙어 있는 플래카드가 아버지의 눈길을 사로잡았다. 거기에는 '생존자'라고 쓰여 있었다. 우리는 유리창이 없는 작은 방으로 들어섰다. 단기 전시실이었다. 벽에는 이스라엘 사진작가 알리자 아우어바흐가 찍은 일련의 인물 사진들이 전시되어 있었다. 사진 속 인물들은 홀로코스트 생존자이거나 그 후손들이었다. 이것이 박물관이 '홀로코스트 기념의 해'를 위해 준비한 전시였다.

아버지는 혼란 속에서 방을 둘러보았다. 토끼굴에 빠진 앨리스처럼. 그녀는 첫 번째 인물사진으로 다가갔다. 내가 요청하지도 않았는데 사진 아래 붙은 설명을 영어로 번역하기 시작했다. 아버지보다 한 해 늦게 태어난 헝가리 유대인 생존자에 대한 설명이었다. 그녀의 이름은 디너 프리드먼이었다. 친척은 아니네. 아버지가 말했다. "우리가 아는 한은."

디너와 그녀의 가족은 니레지하저 북동부 지방자치 수도에 거주하던 유대인 5000명과 함께 1944년 5월 말 아우슈비츠로 강제 이송되었다. "그곳에서 우리는 부모를 잃었고, 인간성도 박탈당했다." 아버지는 읽어 내려갔고, 그녀의 목소리가 거의 비어 있는 전시실을 울렸다. "헝가리로 돌아갈 수 있을 거라고 생각하지 않았다." 긴 증언이었다. 몇 분 후, 박물관 경호원이 다가와 여기서 그렇게 큰 소리로 읽지 마시고 기념품숍에서 이 내용을 구매하시는 것이 어떻겠느냐고 말했다. 아버지는 날카로운 눈빛으로 그를 쳐다보고 번역을 계속했다. 나의 마음은 10년 전이었던 2004년, 우리가 유대인박물관을 방문했던 시기로 되감기고 있었다. 그때 그녀는 홀로코스트 방을 부정해 버렸다. "하나도 재미없구나!!" 그리고 '시끄럽게 구는' 이스라엘 여행 가이드에게 짜증을 냈다. 지금 그녀의 눈은 이글이글 불타고 있었다.

우리는 천천히 방을 돌았다. 아버지는 이스라엘에 살고 있는 디너 프리드먼 콜의 후손을 담은 컬러사진 앞에 멈춰 섰다. 예루살렘 숲 공터에서, 노부부의 주변으로 손주 16명과 증손주 6명이 모여 있었다.

"헝가리 사람들이 그들을 볼 수 있도록 해!" 아버지가 소리쳤다. "등을 돌려 버렸지. '어어, 우리랑 상관없어' 이러면서. 누가 끌려갔는지 관심도 가지지 않았어. 이 사람들도 헝가리인들과 똑같은 사람인데. 똑같은 언어를 썼지. 그들의 이웃이었어. 당신들 친구였다고. 하지만 그냥 죽도록 내버려 뒀지! 이들을 좀 보게 하라고. 집에 가서 두 발 뻗고 잘 수 없도록."

그녀는 충분히 봤다고 말했다.

나는 그녀를 따라 로비로 올라갔다가 예의 그 넓은 박물관 계단을 따라 길가로 내려왔다. 길에 다다랐을 즈음, 그녀는 내가 한 번도 들어보지 못한 방식으로 자기 민족의 운명—그리고 자신의 운명—에 대해 토로했던 진심 어린 열정과 거리를 두면서, 자신의 반응을 자책했다.

"어어, 올바르게 행동했던 사람들도 몇몇 있었지." 그녀가 말했다. 헝가리 기독교도에 대한 이야기였다. "우리 아버지에게 아파트를 빌려준 그 의사 같은 사람들 말이야." 예뇌와 이슈트반이 1944년 늦봄에서 초여름까지 숨어 있었던 라더이 9번지 아파트를 빌려주고 벌러톤 호수로 휴가를 떠났던 그 의사. "그리고 다른 관점에서 이야기할 수도 있으니까." 아버지는 이야기를 이어 갔다.

"어떤 다른 관점이요?"

"이 나라에 살고 있는 사람들의 관점. 그 사람들의 관점에서 보자면, 그건 다 독일인이 한 짓이고, 유대인이 그런 일을 자초한 거니까. 우리 가족은 경제난이 심각해졌을 때 함부르크의 부동산을 사서 상황이 나아졌을 때 되팔았지. 그렇게 우리 아버지가 부자가 된 거야."

"그래서요?"

"그래서랄 건 없어. 그저 나는 그들의 관점을 이야기해 보는 것뿐이야."

반 블록쯤 걸었을 때 그녀가 다시 입을 열었다.

"하지만 국립박물관에서 저런 전시를 열다니! 대단하네. 아주 칭찬할 일이야." 몇 발자국을 더 걸은 뒤, 그녀는 머릿속의 다른 목소리에 대답이라도 하듯 말했다. "어어, 하지만 지하실이라니." 아버지는 코웃음을 쳤다. "방명록이 있었다면 이렇게 썼을 텐데. '고맙습니다! 유대인을 지하실에 모셔 줘서 고마워요!'"

＊ ＊ ＊

9월 24일 오후, 아버지와 나는 버스를 타고 페스트로 향했다. 아버지는 트위드 스커트와 팔을 덮는 어두운 색 풀오버 스웨터를 입었다. 나는 긴팔 드레스에 숄을 두르고 검은색 팬티스타킹을 신었다. 우리는 둘 다 낮은 펌프스를 신었다. 5775번째 로슈 하샤나를 축하하러 가는 길이었다.

라더이 9번지의 무거운 이중문 앞에 아버지와 함께 서서 어떤 벨을 눌러야 할지 주소 명판을 쳐다보다가 문득 불편한 데자뷔가 느껴졌다. 나는 유대교회당의 버저를 눌렀고, 벨은 계속 울리기만 했다.

"아무도 없는 모양이네." 아버지가 말했다. "가자. 커피를 마실 만한 곳을 알고 있어. 거기 케이크는⋯." 또 시작이네. 나는 생각했다. 아버지가 태어나서 자란 집을 방문하려고 했지만 또다시 실패한 것이다.

바로 그때, 우리의 마지막 방문을 재상영하기라도 하는 듯 문이 열리고 거주자가 경쾌하게 지나갔다. 이번에는 아버지가 손잡이를 잡았다. 우리는 안으로 재빨리 들어갔다. 여전히 얼룩지고 삐걱거리는 엘리베이터가 우리를 위층으로 데려갔다. 엘리베이터에서 내려 왼쪽으로 돌아 안마당을 휘감아 도는 발코니를 따라 2호 아파트로 다가갔다.

"세상에." 아버지가 말했다. 그는 믿을 수 없다는 표정으로 문을 쳐다봤다. "그 집이네."

"그 집이라니요?"

"의사네 집." 그곳은 아버지와 할아버지가 1944년 늦봄에서 초여름까지 숨어 있었던 바로 그 아파트였다.

발소리가 들리고, 다행히도 문이 열렸다. 쾌활하고 살짝 나이 들어 보이는 중년 여성이 문 반대편에 서 있었다. 에디트 코바치가 자신을 소개했다. 그녀는 유대교회당 교회지기이자 요리사, 부기 담당자, 사서 그리고 살림 담당자였다. 그녀는 아파트 안쪽에서 대걸레질을 하느라 초인종이 울리는 소리를 듣지 못했다며 사과했다.

아버지는 서둘러서 헝가리어로 자신의 아버지가 이 빌딩 주인이었고, 자신이 여기에서 자랐으며, 전쟁 중에 바로 이 아파트에 숨어서 두 달을 지냈다는 이야기를 설명했다. 에디트는 영어를 하지 않았다. 하지만 그녀의 촉촉한 눈은 언어를 초월했다. 그녀는 아버지의 팔을 잡아 안쪽으로 모시고 들어갔다. 아버지와 나는 두리번거렸다. 안벽 두 개를 허물어서 중앙 성소를 만들었고, 한쪽 끝에 설치한 성서대 뒤에는 생명나무 그림이 걸려 있었다. 옷장이 성궤의 역할도 하고 있었다. 메노라와 유월절 접시는 철제장에 보관되어 있고, 안쪽 벽에는 심살롬 청년 그룹이 찍은 부다페스트의 오래된 유대인 지구 사진이 전시되어 있었다. 아파트의 반대쪽 끝 작은 방은 도서관이었는데, 종교서와 헝가리의 유대교 관련 장소들을 소개하는 책들이 구비되어 있었다. 이 두 공간 사이에 있는 복도는 중앙에 접이식 테이블이 있고 벽은 아이들 그림으로 장식한 친교실이었다. 이젤에는 손가락에 물감을 묻혀 그린 히브리 글자들이 진열되어 있었다.

내 눈에는 그런 것들이 들어왔다. 하지만 아버지는 무언가 다른 것을 보았다.

"여기가 식당이었어." 그녀가 머리로 도서관을 가리키며 말했다. "대형 괘종시계가 바로 여기 있었지. 매일 밤 감아 줘야 했단다."

성소에서 아버지는 쪽매붙임을 한 낡은 마룻바닥 위를 왔다 갔다 했다. "여기가 내가 잠을 자던 곳이야." 접이식 의자들을 세워 놓은 곳 앞에 서서 그녀가 말했다. "여기에 작은 침실이 있었지." 하지만 그 방의 벽은 제거되고 없었다.

"예배에는 몇 명이나 오나요?" 내가 에디트에게 물었다.

"큰 기념일에는 40명에서 50명 정도요. 하지만 평소에는 25명 이상이 되지는 않아요. 어떤 때는 10명 정도밖에 안 오기도 하고요." 그녀가 말하고 아버지가 통역했다.

아버지는 안쪽 구석을 살펴보러 갔다. "라디오는 여기에 있었어." 그녀가 말했다. "바로 여기에서 BBC 라디오를 들었지. 소리를 아주 작게 줄여 놓고." 아버지와 할아버지는 이곳에서 카사의 프리드먼 가족이 강제 이송되었다는 소식을 들었다.

나는 에디트에게 어떻게 심살롬에서 일하게 되었는지 물었다. "나는 유대인이지만 그 사실을 몰랐어요." 그녀가 말했다.

"유대인으로 자라지 않았어요?"

"사회주의 시대였으니까요." 그녀가 말했다. "많은 사람들이 유대인이라는 사실을 숨겼죠." 그녀가 미소를 지었다. 그녀의 부모는 금요일과 토요일 밤에 초를 켜고 가족들만 참여하는 일종의 의식을 거행했다. "하지만 그게 무슨 의식인지는 이야기해 주지 않았어요. 나는 그냥 우리 가족의 전통 같은 건 줄 알았죠."

에디트는 서른이 넘었을 때까지도 진실을 몰랐다. "어머니가 이야기해 줬어요. 그냥 '오, 얘야, 그나저나 우리는 유대인이란다.' 같은 식으로 말했지요." 에디트는 이 소식을 계시로 받아들였다. "늘 나에게 뭔가 다른 것이 있다고 생각했지만 그게 뭔지 몰랐어요." 그녀가 말했다. "다른 사람들한테 적응하기가 어려웠거든요. 세상을 다르게 받아들였죠." 그녀는 유대교에 대해 책을 읽기 시작했고, 한 친구가 그녀에게 헝가리의 유대인 커뮤니티 센터 중 하나인 발린트하우스를 소개해 주었다. 그리고 최근에 심살롬을 알게 된 것이다. 이곳에서 그녀는 편안함과 따뜻함을 느꼈고, 정책 또한 마음에 들었다. 그녀는 접이식 탁자 위에 쌓여 있는 종이들 중에서 영어로 된 심살롬 운영 원칙을 꺼내주었다. 거기에는 이렇게 쓰여 있었다. "우리는 유대교의 예배식과 전통에 익숙하든 그렇지 않든 간에, 모두를 환영합니다." "우리는 유대교 전통에 대한 어떤 근본주의적인 접근도 반대합니다." 그리고 "우리는 종교적 삶의 모든 부분을 영위함에 있어 남성과 여성의 동등한 권리를 단언합니다." 나는 마지막 문장을 손가락으로 가리키며 그녀에게 엄지를 치켜들었다. 그녀는 내 열정에 큰 미소로 화답했다.

헝가리 최초의 유대교 개혁파 공동체인 심살롬은 설립된 지 20여 년밖에 되지 않았다. 설립자들은 공적 자금 지원을 신청하기 위해 정부에 공식 승인을 요청했다. 하지만 그 요청은 거절당했다. "'묘지도 없고, 학교도 없고, 이것도 없고, 저것도 없고, 그러니까 승인할 수 없다'고 했어요. 하지만 우리는 학교나 묘지를 만들 돈이 없었어요. 우리가 승인을 받았다면 지원을 받을 수 있었겠죠. 그러면 안정적인 회당을 세울 공간을 살 수 있었을 테고요." 하지만 심살롬은 그렇게 하지 못했고, 지난 20년 간 집주인들의 변덕에 따라 여기저기 아파트와 점포를 전전했다. 지금 집주인은 라더이 9번지에 두 개의 아파트를 소유하고 있는 남자였다. 다른 하나는 바로 옆집이었는데, 집주인은 그곳에 살고 있었다. 그가 심살롬에게 얼마나 오래 집을 세놓을지 아무도 모르는 일이었다.

"이 사람들은 도둑들이에요." 아버지가 끼어들었다. "훔친 물건을 유통시키고 있는 거죠." 그녀는 헝가리어로 오랫동안 말했다. 나는 통역을 부탁하지 않았다. 아버지가 우리 가족의 부동산이 도둑맞은 것에 대한 통렬한 비판을 늘어놓고 있다는 걸 알 수 있었기 때문이다.

에디트는 때때로 고개를 끄덕이며 인내심을 가지고 이야기를 들었다. 아버지가 잠시 숨을 쉬려고 이야기를 멈추자, 에디트가 끼어들어 자신의 할머니는 제2차 세계대전 전에 부다 쪽에 가게를 소유하고 있었다고 말했다. 유리와 식기류를 파는 가게였다. "우리 가족에게서도 빼앗아 갔죠." 그녀가 말했다. 그녀는 우리를 접객실로 데려갔는데, 그곳에 있는 접이식 탁자에는 두꺼운 가죽 장정의 책이 놓여 있었다. 방명록이었다. "방명록 적으시겠어요?" 그녀가 물었다. 아버지는 의자에 앉아 숙고하더니 그녀의 구식 헝가리 필체로 무언가를 썼다.

"뭐라고 썼어요?" 내가 물었다.

"내 아버지의 집이 이제는 유대교회당이 되었다니, 아주 놀랐습니다. 인터넷에서 알게 됐어요. 계속 연락하며 지내겠습니다. Toda raba." 그녀는 나를 올려다보았다. "이건 히브리어로 '정말 고맙습니다'라는 뜻이야." 그녀는 성을 앞에 쓰는 전통 헝가리식으로 서명을 했다. "팔루디 스테파니."

아버지는 시계를 봤다. "오, 벌써 5시네." 그녀가 말했다. 우리는 서둘렀다. 심살롬의 로슈 하샤나 예배와 저녁 식사가 도심 건너편 호텔에서 진행될 예정이었다. 심살롬은 보통 때보다 많은 수의 사람들을 기다리고 있었다. 라더이 9번지 아파트는 너무 작았다.

* * *

벤추르호텔은 고급 지역인 대사관 지구에 있는 평범한 현대식 컨퍼런스 센터로, 영웅광장에서 몇 블록 떨어진 언드라시 거리 옆에 자리하고 있었다. 우리가 지하철 밀레니엄언더그라운드 선에서 내려 지상으로 올라왔을 때는 그림자가 길어지고 있었다.

처음으로 눈에 들어온 것은 영웅광장 새천년 기념상의 36미터 높이 기둥 위에 서 있는 대천사 가브리엘이었다. 그는 성 이슈트 반의 왕관을 한 손에 들고, 다른 한 손에는 두 줄로 된 열두 사도 의 십자가를 들고 있었다. 두 블록을 지난 뒤 우리는 언드라시에 서 벗어나 대궐같이 으리으리한 영사관으로 둘러싸인 좀 더 좁 고 조용한 거리를 걸었다. 거대한 파사드가 철문 뒤에서 우리를 내려다보고 있었다. 아버지는 초조해하면서 비난하기 시작했다. "지도 봤다며." 그녀가 말했다. "이 길이 맞을 리가 없어. 여긴 아 무것도 없잖아. 다시 돌아가야 할 것 같아."

나는 확실하다고 말했다. "두 블록 정도만 더 가면 돼요."

"이 길이 아니라니까. 유대인 구역이 아니야."

우리는 모퉁이를 돌았다. 그리고 나는 반짝거리는 불빛을 가리켰다. 벤추르호텔 입구였다. 우리는 검은 머리에 격식 차린 옷을 입은 10대 소녀 두 명 뒤에 있는 회전문으로 향했다. 아버 지가 그들을 쳐다보았다. "저 애들이 유대인으로 보이나?" 그녀 는 혼잣말로 중얼거렸다.

예배는 비슷하게 생긴 방들이 늘어서 있는 복도에서 벗어나 부다페스트룸에서 거행되었다. 그 공간은 신발 상자 모양으로, 청결하고, 쨍하도록 불이 켜져 있었다. 저쪽 끝으로는 두 개의 접 이식 탁자가 설치되어 있었다. 금속제 의자들이 방 가운데 열을 지어 놓여 있었다. 이제 막 의식을 시작한 참이었다. 좌석 안내 원이 그날 행사에 대한 기도서 안내문을 건넸다. 스테이플러로 찍은 인쇄물이었다. 아버지는 얼굴을 찡그렸다. "이건 기도서가 아니야." 통로를 따라 내려가는 동안 아버지는 툴툴거렸다.

우리는 뒤쪽에 앉았다. 나는 자리가 많이 비어 있어서 좀 놀 랐다. 온 사람들을 세어 보니 아이들 몇 명과 아기 둘, 그리고 개를 포함해서 70명 정도가 있었다. 예배는 형식적이지 않았다. 실용적인 볼헤어컷을 하고 눈가에 웃음기를 머금은 아량 넓은 랍비 커틀린 켈레멘은 사람들이 아무리 말도 안 되는 히브리 억양을 쓰더라도 격려의 미소로 화답하면서 포옹과 키스를 나누어 주었다. 히브리어를 할 줄 모르는 내 귀에도 그곳에 모인 사람들은 유대교 초심자들이었다. 나처럼 그들 역시 깨달음의 사명, 이집트로부터의 해방을 기억하는 의무, 번영에의 약속을 기도하는 셰마*와 그 축복 속에서 어색하고 조심스럽게 자신들의 길을 찾고 있었다. 내 옆에 앉아 있는 사람, 한 명의 신도만이 이 기도에 익숙했다.

성가대가 일어나 뇌리에 남는 멜로디를 불렀다. 성궤에서 토라 두루마리를 꺼내 성경대 위에 올려놓고 랍비는 청중 속 젊은이들을 앞으로 불러 오늘 함께 읽을 부분을 낭독해 달라고 부탁했다. 아이를 갖는 것을 포기했던 사라가 아흔 살의 나이에 기적과도 같이 이삭을 출산하고, 아브라함이 아들을 희생하기로 결심하자 천사가 나타나 그의 손을 막는 내용이었다. "이건 논쟁적인 이야기입니다." 랍비 켈레멘이 말했다. 아버지는 내 귀에 번역을 해 주었다. "우리는 이 이야기를 있는 그대로 받아들이면 안 됩니다. 토론을 해야 하죠." 그러고는 젊은 여성을 앞으

---

* '셰마'란 유대교도가 매일 아침저녁으로 읽는 기도문으로, 신명기 6장 4~9절을 그대로 인용한 내용이다. "너 이스라엘아, 들어라. 우리의 하느님은 여호와시다. 여호와 한 분뿐이시다. 마음을 다 기울이고 정성을 다 바치고 힘을 다 쏟아 너의 하느님 여호와를 사랑하여라. 오늘 내가 너희에게 명령하는 이 말을 마음에 새겨라. 이것을 너희 자손들에게 거듭거듭 들려주어라. 집에서 쉴 때나 길을 갈 때나 자리에 들었을 때나 일어났을 때나 항상 말해 주어라. 네 손에 매어 표를 삼고 이마에 붙여 기호로 삼아라. 문설주와 대문에 써 붙여라."

로 불러 오늘 나눌 이야기의 마지막 단락을 마무리해 달라고 부탁했다. 아이를 가질 수 없어 낙담한 한나의 기도였다. 하느님을 향한 이 기도는 로슈 하샤나에 응답을 받았다. "한나가 임신하고 때가 이르매 아들을 낳아 사무엘이라 이름하였으니 이는 내가 여호와께 그를 구하였다 함이더라."

로슈 하샤나는 하랏올람Ha'rat Olam, 즉 세계의 수태로도 알려져 있다. 유대교의 신년제는 우주의 탄생을 축하함과 동시에 다른 탄생들도 축하했다. 그래서 많은 기도가 임신, 모성, 아이에 대한 열망 등을 담고 있다. 사라, 한나, 그리고 라헬처럼 말이다. 나는 아버지를 쳐다보았고, 아버지는 매우 고요하게 앉아 있었다. 나는 생각했다. 스테피, 당신을 낳기 전 갓 태어난 두 아이를 잃고 비탄에 빠졌던, 그러나 끝내 얻은 독자를 유모에게 맡겨 놓고 밤마다 시내로 놀러 나갔던 당신의 어머니는 어떻게 되었나요? 그리고 당신의 아버지는요? 전쟁 중 부다페스트에서 당신 스스로 당신을 지킬 수밖에 없도록 길에 버려 둔 사람, 바르 미츠바에 오지 않았고, "내 아들, 이슈트반 팔루디에게는 1리라를"이라고 유언장에 썼던 그 아버지 말이에요. 그리고 당신의 딸은요? 당신이 바라는 손주도 낳지 않고, 이토록 특별한 재발명 혹은 재주장의 행위에 당신이 초대하기 전까지는 당신 삶에서 스스로 추방돼 버렸던 그 딸은요?

나는 수첩을 꺼내서 이런저런 생각을 적었다. 손이 펜을 쥐고 써 내려갔다. "그만 좀 쓰렴!" 아버지가 내 귀에 속삭였다. "성일에는 허락되지 않은 일이야." 원통한 마음으로, 나는 수첩을 가방 속에 넣었다. 뭐든 해도 되는 이 개혁파 의식에서조차, 나는 기본적인 것들도 모르고 있었다.

랍비는 일어나서 장황하게 말을 늘어놓았다. 청중은 지루해

했다. 우리 뒤에 앉아 있던 아이들은 속삭이고 낄낄거리기 시작했다. 통로 반대편에서 개가 큰 소리로 짖었고, 모두가 웃음을 터트렸다. 나의 아버지만 제외하고. "하나도 웃기지 않아." 아버지가 말했다. "오늘은 진지하게 예배를 봐야 하는 날인데, 사람들이 조롱하고 있어."

토라가 통로로 운반되자, 아버지는 토라 두루마리 덮개에 입을 맞추기 위해 내 숄을 밀쳤다. 나이 지긋한 남자가 앞으로 나와 각적을 불었다. 그런 후, 예배는 전통에 따라 돌아가신 분들을 위한 카디시로 마무리되었다.

랍비가 모든 사람을 연회장에 준비된 저녁 식사에 초대했다. 아버지는 '기도서' 복사물을 들었다가, 의자에 내려놓았다가, 다시 집어 들었다.

"가지고 가도 될 것 같은데요." 내가 말했다.

"마지막 장만 있으면 돼." 그녀가 말했다. 그녀는 조심스럽게 마지막 장을 뜯어내서 접은 뒤 지갑에 넣었다. "부모님을 위해서."

우리는 복도를 따라 내려가는 사람들 무리에 동참했다. 알고 보니 내 옆에서 함께 걸어가던 사람은 랍비의 남편이었는데, 미국인이었다. 그는 이곳에 무슨 일로 왔느냐고 물었다. 가족 방문 중이라고 답했다.

"저 분 친척이신가요?" 그가 아버지를 가리키며 말했다. 나는 고개를 끄덕였다. "하지만 헝가리어를 할 줄 모르시고요?" 그가 말했다.

"수전은 미국에서 태어났어요." 아버지가 영어로 끼어들었다. "내가 그곳에 살 때였죠."

"아, 그러면…." 랍비의 남편은 내 아버지를 보더니 말했다.

"이 분 할머니신가요?"

"아니에요." 아버지가 말했다. "나는 저 애의…" 아버지는 내가 문장을 마무리하도록 말을 멈추었다.

나는 잠시 머뭇거렸다. 이 상황을 길게 설명하고 싶지도 않았고, 어떤 고통도 야기하고 싶지 않았다. 어느 쪽이든, 하나의 정체성은 부정당하게 되어 있었다.

"… 어머니예요." 나는 말했다.

그야말로, 부모를 위한 기도문이었다.

25장
탈출

2004년, 나는 낯선 사람을 추적하기 시작했다. 그는 내 아버지였다. 나는 항복을 할 것이라고도, 그렇다고 승리를 할 것이라고도 생각하지 않았다. 지난 시간 동안 우리는 싸웠다가 화해했다가 다시 싸웠다가를 반복했다. 2014년 가을 무렵이 되어서, 아버지가 10대 때 숨어 있었던 방에서 로슈 하샤나를 맞이할 즈음에, 우리는 서로 이해하게 되었고, 심지어 친밀해졌다. 하지만 화해의 순간은 때맞춰 찾아온 셈이었다. 그해 9월에 아버지를 방문했을 때 아버지는 어느 때보다 의식이 또렷하고 건강해 보였지만, 반년이 채 지나지 않아 아버지의 상태는 무너져 버렸다.

치매는 자아의 해체이자 정체성의 사망이라고들 했다. 그해 겨울, 치매가 아버지의 삶을 잠식하는 것을 보면서 나는 그 반대가 아닐까 생각했다. 그녀가 겪은 모든 것, 그녀가 경험하고, 고통받았고, 도망치려고 했던 모든 것이 습격해 왔다. 그녀를 괴롭히는 피해망상과 환각은 과거의 현실들, 그녀가 담을 쌓으려고 했던 역사들에 뿌리를 두고 있었다. 그 역사들은 이제 시냅스 하나하나에 침윤해 들어왔다. 아버지의 정신은 나에게 캐슬힐 아래에 놓여 있는 석회암처럼 느껴졌다. 그것들은 저 아래로부터 도려내져 땅 위로 솟아올랐다. 그녀는 어머니가 옆방에서 자고 있다고 생각했다. 그녀는 전 부인이 그녀를 만나기 위해 부다페스트를 방문했다고 생각했다. 그녀는 자신이 아래 블록에 있는 옛 여름 별장에 머물고 있고, 나치가 정문을 두들기고 있다고 생각했다. 2015년 2월의 어느 늦은 밤, 범죄자들이 집에 침입했다는 아버지의 울부짖음 때문에 경찰과 앰뷸런스가 집으로 왔고, 그들은 가지 않겠다고 버티는 승객을 결국 병원으로 데려갔다. 그녀는 응급실 복도 의자에서 '멍청한 것들'을 물어보는 간호사와 의사와 함께 불편한 밤을 보냈다. 새벽이 다 되어서야 그녀는 그들을 따돌리고 택시를 불렀다.

"타―알출 했어!" 사건이 벌어진 후 통화가 되었을 때 아버지는 고소해했다. 아버지는 상황을 모면하는 소질을 자랑하고, 미안한 기색도 없이 이야기를 늘어놓고, 트라우마적인 경험을 무모한 장난이라도 되는 양 꾸며서 말했다. 평소와 마찬가지로. "아무것도 아닌 걸 가지고 소란들을 떨었지!" 그녀가 말했다. "끔찍한 앰뷸런스에 태웠어. 너무 엉망이어서 도저히 쓸 수가 없을 지경이더구나. 모든 게 삐걱거리고 여기저기 흔들리고 있더라구. 바퀴가 떨어져 나가는 줄 알았지 뭐냐. 병원까지 가는데 부지하세월이 걸렸어. 그으―리고…" 그녀의 독백은 택시를 타고 집까지 오는데 한도 끝도 없이 걸렸다는 이야기와 마지막 사기 행각에 대한 자랑으로 끝났다. 그녀는 병원에서 몰래 빠져나왔을 뿐만 아니라, 택시비에서도 몰래 빠져나왔다.

"어어… 마치 나를 위해서 그러는 척하잖아. 하지만 그게 이유는 아니지." 내가 왜 병원에서 도망쳤느냐고 화를 내자 그녀가 말했다.

"그럼 뭔데요?"

"병원에서 자꾸 '그래서, 당신은 당신이 여자라고 믿나요?'라고 물었어. 그게 20세기 말에 할 소리냐."

"21세기 초예요." 내가 정정했다.

"낡은 사고방식을 가진 사람들이야. 트랜스젠더들을 좋아하지 않아."

그날 오후, 그녀는 자신이 왜 병원에 유폐되었는지 또 다른 이유를 생각해 냈다. "내가 예전에 고비를 넘긴 적이 있었어. 나는 언제나 나 자신을 지켜 내지." 그녀는 우리가 다시 통화를 하게 되었을 때 말했다. "나는 위험에서 벗어난 줄 알았어. 그들로부터 탈출한 줄 알았는데."

"누구요?"

"침입한 사람들이랑 경찰, 앰뷸런스를 타고 온 사람들, 그 사람들을 부른 사람들. 그들이 누군지 알았어. 전형적인 화살십자당 수법이지. 이게 범죄라고 생각하는 거야. 내 모습 자체가 말이야. 그들은 나를 보고 '당신은 유대인이야'라고 말하지."

만약 정체성이란 것이 당신이 벗어날 수 없는 어떤 것이라면, 아버지의 치매는 그녀에게 그 정체성을 농축된 형태로 선보였고, 수색대처럼 가차 없었다. "우리가 오늘 아침에 비행기를 타고 이스라엘에 갔니?" 그녀가 병원에서 '탈출'하고 나서 얼마 안 되어 내가 부다페스트에 도착했을 때 그녀가 물었다. "비행기가 덜컹거렸어. 하지만 창문을 내다보니, 여기랑 똑같은 광경이더구나." 이 질문은 적어도 자신이 무언가 착각하고 있는지도 모른다는 의심의 조각들을 담고 있었다. 그러나 아버지의 상태가 악화될수록, 그녀는 자신의 마음의 풍광이 현실이라고 더 강하게 믿었다. 브로드밴드 인터넷 서비스를 수리하기 위해서 방문한 기술자는 그녀의 온라인 정체성을 수정하기 위해 잠복한 스파이가 되었다. 밤의 침입자들은 쿵쾅거리며 집을 돌아다녔고, 부엌 보관장과 책상 서랍, 그리고 그녀의 지갑을 뒤졌으며, 보이지 않는 잉크로 벽에 그림을 그리고 그녀의 책을 복제했다. 한스 크리스티안 안데르센의 책은 모든 책장으로 증식하고 있었다.

나는 그녀에게 돌봐 줄 사람을 구하거나 치료를 받으러 미국으로 오시는 것이 어떻겠느냐고 제안했지만, 그녀를 화나게 했을 뿐이었다. "이런 우스꽝스러운 짓은 그만둬! 꺼져. 그렇지 않으면 경찰을 부르겠어!" 2월에 내가 1차 진료 의사와 그 뒤를 따르는 방문 간호사와 함께 집에 도착했을 때, 그녀는 고함을 질렀다. 환각은 그녀가 그것이 사실이라고 믿었기 때문에 사실이 되었다. 이성적 사고는 아무런 소용이 없었다. 그녀는 단호했고, 더 이상 논리가 통하지 않았다. 처음으로 문제가 발생한 2월부터 마지막으로 문제가 일어났던 3월 사이, 나는 그녀와 논쟁하지 말아야 한다는 걸 깨달았다. 내가 그녀의 정신적 지도 안에 들어가, 아무리 비현실적이라 하더라도 그녀의 지각을 인정해 주는 것이 그녀를 편안하게 해 주는 것 같았다.

어느 날 오후 통화를 하고 있는데, 아버지가 난데없이 토머스 에디슨의 조수인 티버더르 푸스카스에 대한 이야기를 꺼냈다.

"어어, 전화 받을 때 하는 인사를 헝가리인이 만들었지."

그렇죠, 나는 말했다. 그녀는 이미 예전에 푸스카스에 대해 이야기한 적이 있었다.

"'할로'는 '듣고 있어요'라는 의미란다."

맞아요. 나는 말했다. 이 역시 그녀가 해 준 이야기였다.

"이봐, 리스너!" 아버지가 웃으며 말했다. 그리고 그녀는 진심 어린 목소리로 말했다. "너는 내 이야기를 들어 주는 사람이지."

그랬다, 나는 그녀의 이야기를 들었다. 맞아요, 낯선 사람들이 밤에 집안에서 몰려다닌다니 정말 끔찍하겠어요, 맞아요, 할머니가 손님방에 자리를 잡았다니 정말 짜증나겠어요, 맞아요, 앰뷸란스 운전기사는 열성적인 화살십자당 장교임에 틀림없어요. 5월 초 성야노스병원의 정신과 병동에 있는 아버지와 통화가 연결되었을 때, 나는 말했다. 네, 맞아요. 모르는 사람이 지하실에 숨어들어서 집을 불태우려고 한다니, 정말 끔찍하네요.

병원 침대 옆에 있는 전화기를 들고, 아버지는 전날 밤 벌어진 일에 대해서 묘사했다. 아버지는 지하실에 불이 켜져 있는 걸 보고 무슨 일이 벌어지는 중인지 살펴보기 위해서 계단을 기어 내려갔다. 한 남자가 '가스 밸브를 터트리기 위해서' 가스탱크 옆에 서서 불을 붙이려 하고 있었다. 그녀는 누구냐고 물었다. "누군지 밝히지 않더라구." 그녀는 방화범을 지하실에 가두고 위층으로 올라와 경찰에 전화를 걸었다. "하지만 경찰이 엉망진창으로 만들었지." 그녀가 말했다. 그들은 방화범 대신 그녀를 체포했다. "아주 거세게 항의했어. 내가 화재를 막았는데, 불을 껐다는 이유로 벌을 받다니. 저―엉말로 말도 안 되는 일이야. 내가 사람들 목숨을 구했는데. 그 대가로 내가 원하는 건 그저 나를 늑대 떼에 내던지지 말라는 것뿐이라고. 나는 좋은 사람이야. 그들은 완전히 나를 오해했어. 와서 의사들한테 얘기하고 오해 좀 풀어 주렴." 네, 그럴게요. 나는 아버지에게 대답하고 항공권을 끊었다.

* * *

디오사로크 도로의 택시 승차장에서 올려다 본 성야노스병원은 빅토리아 시대의 '도덕적 건축 양식'*에 영향을 받은 정신병원처럼 보였다. 고딕풍의 벽돌과 석조로 이뤄진 병원 건물은 낡은 정원과 어우러져 있었고, 비틀어진 덩굴식물이 허물어질 것 같은 파사드를 휘감고 있었다. 중앙 출입구에는 병든 구빈자들의 수호성인에게 헌정된 예배당이 있었다. 나는 이 연철문 앞에 서서 아버지 집까지 언덕을 올라갈 택시를 잡곤 했다. 59번 트램 노선이 성야노스병원 건너편에서 끝나기 때문에, 연계되는 버스가 늦어지는 날에는 병원 앞에서 택시를 잡았던 것이다. 그러나 5월 13일 오후에는 이 문을 지나 짐 가방을 끌고 더러운 계단을 올라가서(엘리베이터가 없었다) 내과 병동으로 향했다.

성야노스병원 내부는 친절보다는 난리법석에 가까웠다. 몇 년간 계속된 예산 삭감은 병원에 타격을 주었다. 간호사들은 유럽의 다른 간호사들이 받는 월급의 10분의 1밖에 안 되는 월급에 항의하면서 파업을 예고했다. 화장실에는 비누와 휴지도 없어서, 환자들은 자기가 쓸 것을 직접 가져와야 했다. 식기류도 마찬가지였다. 나는 서둘러 긴 복도를 지나 사람들로 북적거리는 작은 방으로 들어섰다. 끔찍하게 아픈 여성들이 여덟 개의 침상을 차지하고 있었다. 5월이라기에는 이상할 정도로 더웠고, 에어컨도 없었다. 늦은 오후의 햇살이 살짝 열린 창으로 비치고 있었다.

아버지는 낡은 야전침대처럼 보이는 것 위에 깔아 놓은 얇

* 도덕적인 건축 양식moral architecture은 공공기관에서 정신질환자에 대한 인간적 처우의 기준을 설정하고자 노력하고 '도덕적 치료'를 추구했던 퀘이커 교도인 윌리엄 튜크(1732~1822)가 지은 요크셔의 수용소 '은신처 The Retreat'로부터 영향을 받은 정신병원 건축 양식이다. 튜크는 수용소 개혁을 주창했지만, 그럼에도 불구하고 강제수용 정책은 폐기하지 않았으며 수용소를 항시적인 감시와 판단의 공간으로 구성했다.

은 매트리스에 누워 있었다. 그녀는 낡은 환자복을 입고 한동안 씻지 않은 사람에게 나는 사향 냄새를 풍기고 있었다. 반쪽이 된 그녀의 모습. 혹은, 내 눈에는 반쪽이 된 것처럼 보였다. 그녀의 눈은 단단하게 닫혀 있었고, 입술은 퍼렇게 갈라져 있었으며, 입은 찡그린 듯 벌어져 있었다. 그녀는 혼수상태에 빠진 것 같았고, 숨소리는 거칠었다.

"이해할 수가 없어요." 내 목소리에 히스테리가 묻어 나왔다. 병원에 동행해 준 아버지의 이웃이자 친구인 아그네스가 정신없이 쏟아져 나오는 나의 말을 헝가리어로 통역하기 위해 최선을 다하고 있었다. 잡역부가 이마에 구슬땀을 흘리며 어깨를 으쓱하면서 답했다. "무슨 일이 일어난 건가요?" 내가 물었다. "담당의는 어디 있죠?" 나는 아버지의 얇은 팔을 어루만지고, 씻지 않고 헝클어진 그녀의 머리카락을 쓰다듬었다. 탁자 위에는 뚜껑은 열려 있지만 건드리지 않은 요거트 통과 빨대가 달린 플라스틱 컵이 놓여 있었다. 컵에는 매직펜으로 삐뚤빼뚤하게 '스테피'라고 적혀 있었다.

의사는 저녁 8시까지 오지 않을 거라고 잡역부가 말했다. "나중에 다시 오세요." 아그네스가 통역했다.

"스테피?" 나는 속삭였다. 그녀가 기운을 낼 수 있도록 챙겨 온 린트 초콜릿과 P. 하워드의 통속소설을 내려놓으며 말했다. "스테피, 들리세요?" 그녀는 아무 대답이 없었다. "스테피, 일어나 봐요. 수전이에요. 무슨 말 좀 해 보세요."

4시간 후에 의사가 나타났다. 방은 이제 어두웠고, 병동 반대편에 있는 휴대용 카세트 라디오에서는 라디오 진행자의 잡담이 흘러나왔다. 아버지의 숨은 거칠어져서 헉헉거리고 있었다. 그녀의 상태는 나아지지 않았다.

안나 마리아 몰나르네 박사는 (영어를 할 수 있음에도 불구하고) 아그네스에게 내 질문이 뭐냐고 묻고, 내 눈을 피하면서 헝가리어로 길게 대답했다.

"쓸개 염증인 것 같다고 하네요." 아그네스가 요약해 주었다.

다시 언어의 홍수가 몰려왔다.

"감염일 수도 있고, 뇌졸중일 수도 있다고 해요." 아그네스가 망설였다. "의사 말이 최악의 상황에 대비하셔야 할 것 같다고 하네요."

* * *

나는 그날 밤 아버지 집으로 돌아왔다. 의사가 한 말을 충분히 인식할 수 없었다. 아니, 인식하지 않으려고 했다. 내일을 위해서 잠을 좀 자야겠다고 생각했다. 치매 관리 전문가와 아침에 약속을 잡았고, 내가 고용한 가정방문 간호사와 앞으로의 계획에 대해 통화하기로 했으며, 오후에는 후견인 변호사를 만나 의논하기로 했다. 나는 아버지를 성야노스병원에서 데리고 나오기 위해 준비하고 있었다. 아버지 집 정문으로 들어와서—다행히도 서둘러 떠나느라 아버지는 도난 경보기를 켜 놓지 않았다—조용한 방들을 돌아다녔다. 이 공간에 혼자였던 적이 없었다. 나는 아버지의 우쭐대는 존재 때문에 늘 갇혀 있다고 느꼈었다. 이제 그녀의 부재가 나를 압도했다. 냉장고를 열어서 아그네스가 친절하게도 나를 위해 남겨 놓은 피자를 들여다보다가 문을 닫았다. 배가 고프지 않았다. 나는 어두운 나무 계단을 올라 침대로 향했다.

아침 무렵, 악몽이 나를 괴롭혔다. 정말 끔찍한 악몽이었다. 꿈에서 나는 아버지 집 침대에 누워 있었다. 어떤 소리에 깜짝 놀랐다. 누군가 침입한 것이다. 날이 톱니 모양인 자몽 칼을 들고 복도로 나갔다. 아버지의 침실 문이 닫혀 있는 것이 보였다. 손잡이를 돌려 보았으나 문은 잠겨 있었다. 내 뒤에서 소리가 들렸다. 돌아섰다. 아버지가 계단을 뛰어오고 있었다. 그녀는 식칼을 든 팔을 쳐들어 휘두르고 있었다.

공포에 눈을 떴다. 침실 탁자 위에 시계는 새벽 5시 15분을 가리키고 있었다. 극심한 공포를 가라앉히며 나는 잠시 누워 있었다. 그녀가 혼수상태로 병원에 누워 있는데도, 나는 여전히 그녀를 두려워하는 걸까? 아니면 그녀의 공포를 함께 느끼는 것일까? 어쩌면 거대한 식칼은 나를 향한 것이 아니라 그녀가 평생을 지키고자 했던, 그렇게 '구-우원'하고자 했던, 수많은 집들을 침입한 수많은 침입자들을 향하고 있었는지도 모른다. 혹은, 최근에 그렇게 가까워지긴 했지만, 나도 여전히 침입자 중 하나일지도 모르고. 나는 전화벨이 울릴 때까지 혼란스러운 어스름 속에서 표류했다. 새벽 6시였다.

"할로." 수화기의 목소리가 말했다. "몰나르네 박사입니다."

네, 말씀하세요. 비몽사몽간에 대답했다.

"아버지께서 돌아가셨다는 소식을 전하게 되어 유감입니다."

"뭐라고요? 아니… 어떻게 그럴 수 있죠?"

"새벽 5시 조금 넘어서였습니다."

"알겠습니다." 정신이 완전히 들었고, 원망스러운 마음이 들었다.

"사인이 뭔가요?"

"특별한 것은 없었습니다." 의사가 말했다. "그냥 돌아가셨어요."

사인이 뭔가요? 어떻게 그럴 수 있죠?라는 질문은 의사에게 물은 것이 아니었다. 하지만 내가 이 질문을 하고 싶은 사람은 떠나고 없었다. 며칠 후, 다급함에 내몰린 채로 나는 답을 찾아 온 집을 구석구석 뒤졌다. 사인이 뭔가요? 어떻게 그럴 수 있죠? 지하실에서 나는 작업대 타공판 아래 줄에 매달려 있는 열쇠를 발견했다. 그 열쇠로 철제장을 열어서 그녀가 잘 보여 주려 하지 않았던 '중요한' 서류들이 들어 있는 판지 상자를 꺼냈다. "나한테 무슨 일이 생기면, 여기에 이 서류들이 있다는 걸 기억하렴." 스테피, 어떤 깨달음의 보물이 여기에 있는 건가요?

그 안에는 재산 증서와 그녀가 몇 년 전에 보여 준 고등학교 통지표, 유효기간이 끝난 여러 장의 여권들, 그리고 미국 귀화 서류가 있었다. 부모님의 이혼 판결, 헝가리로 귀국하기 위한 신청서, 1950년대 후반 어머니가 나의 조부모에게 쓴 한 뭉치의 편지, 그리고 그 편지들의 부록이라 할 만한, 내가 태어났음을 알리기 위해 아버지가 쓴 편지가 들어 있었다. 그 아래에는 90년대 초반에서 중반에 이르는 시기에 쓴 항공 엽서 다섯 장이 들어 있는 마닐라지 봉투가 있었는데, 가느다란 헝가리 글씨로 주소가 적혀 있고 텔아비브 소인이 찍혀 있었다. 삶의 마지막 10년 동안 할머니 로지가 쓴 편지들이었다. 이 편지들은 답장을 원하고 있었다. "건강이 아주 안 좋단다." (…) "나는 계속 아팠고, 여전히 아프단다." (…) "내 인생은 정말 끔찍했어." (…) "내 아들 피슈터야, 제발 나를 떠나지 말아다오!" 마지막 편지의 날짜는 로지가 아흔다섯 살이었던 1995년 10월 27일이었는데, 이렇게 끝나고 있다. "제발 편지 좀 다오, 피슈터. 네가 내 생각을 하지 않는다는 사실 때문에 너무 고통스럽다. 너무 외롭구나. 살아 있는지,

어떻게 사는지, 무슨 일을 하는지 알려다오. 즉시 답장을 보내 주렴. 사랑의 키스를 담아, 엄마가."

상자의 맨 아래에는 비닐로 여러 번 둘러싼 6인치 두께의 노랗게 변해 가고 있는 서류 뭉치가 있었다. 도장과 소인이 찍혀 있고, 실로 여민 스무 장 정도의 종이들이 따로따로 접혀 있었다. 나는 바닥에 앉아, 무엇을 찾는지 알 수 없는 상태로, 그것들을 뒤졌다.

Születési anyakönyvi kivonat: Friedman Sámuel. 1867 Október 15. Férfi. (출생증명서: 사무엘 프리드먼. 1867년 10월 15일. 남성.)

Halotti anyakönyveből kivonat: Friedman Jacob. 1886 Március 25. Férfi. Izarelita. (사망증명서: 야콥 프리드먼. 1886년 3월 25일. 남성. 유대인.)

Házassági anyakönyvi kivonat: Spišské Podhradie/Szepes váralja, Ezerkilencszázhuszonhárom, 1923 November 4, négy. Friedman Jenő—kereskedő—izr. Grünberger Rozália—izr. (결혼증명서: 스피슈스케 포드흐라디에/세페슈바랄야, 1923년 11월 4일. 예뇌 프리드먼—사업가—유대인. 로잘리어 그륀베르거—유대인.)

증명서에 증명서에 증명서가 이어졌다. 일부는 사본이었고, 사본의 사본도 있었다. 15분 후, 나는 여전히 모든 것이 불투명하고 답을 찾지 못한 상태로 법적 신분증의 은닉처를 탐구하는 것을 끝냈다.

나는 다락에 들어갈 수가 없었다. 아버지는 다락을 잠가 놓

Rodný list.

Okres: _Sorin_
Obec: _Spišké Vlachovce_

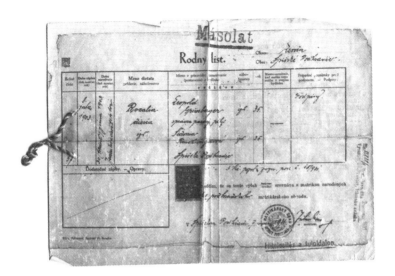

Bežné číslo	Deň zápisu (deň, mesiac, rok)	Deň narodenia (deň, mesiac, rok)	Meno dieťata pohlavie, náboženstvo	Meno a priezvisko, zamestnanie (postavenie) a bydlisko rodičov	náboženstvo	vek	Miesto narodenia, jeho matka, rep. rodičia, ú jejom bydlisko	Prípadné „záznamy prečítané. — Podpisy:
				r o d i č o v				
1.	5. júla 1903		Rozalia dcéra žid.	Leopold Grünberger _opava_ _nájomca_ _poľa_	žid	35		_Prečítané_
				Fáthma _Štauber_ _____	žid	35	—	
				Spišké Vlachovce				

Dodatočné zápisy. — Opravy.	

Osvedčujem, že on tento výťah _____ srovnáva s matrikou narodených _____ prechodného _____ matrikárskeho obvodu.

V _Spišké Vlachovce_, _____

Hitelesítés a túloldalon.

앞고, 그녀가 그 운명적인 밤에 경찰을 불렀을 때, 그들이 열쇠를 가져가 버렸다. 그러고는 잃어버렸다. 나는 열쇠공을 불러 다락을 열었다. 다락에는 두 개의 방이 있었다.

다시 만들어 놓은 암실은 아버지가 2004년 나에게 집을 구경시켜 줄 때 모습 그대로였다. 모든 장비의 모든 표면 위에 먼지가 내려앉아 있었다. 벽에 고정된 확대기, 필름 현상 싱크, 인화 트레이, 정착액과 현상액용 갈색 주전자, 인쇄용 집게, 타이머, 안전등…. 한쪽 벽에 서 있는 철제장에는 최고급 카메라들이 들어 있었다. 핫셀블라드, 롤라이플렉스, 라이카, 올림푸스, 그리고 마호가니 프레임이 있는 주름상자 카메라. 다른 장에는 렌즈와 배터리팩, 케이블, 필터, 삼각대, 비디오카메라, 라이트박스, 그리고 음향 콘솔 등이 가득 차 있었다. 바닥 위, 접이식 프로젝터 스크린 옆에 놓인 운반용 가방과 가죽 케이스 안에는 다양한 세대의 영화용 카메라가 대여섯 개 들어 있었다. 10대의 이슈트반이 제2차 세계대전 때 구매했던 스위스볼렉스를 포함해서 말이다. 나는 생각했다. 아버지의 집은 그녀가 살아 있을 때부터 이미 능陵이었구나. 그녀는 모든 방에 자기 역사를 보관해 놓았다. 그녀의 소년 시절은 지하실에 있는 철제장에, 그녀의 일은 다락방 문 뒤에, 그리고 그녀의 크로스드레싱 '전성기'는 2층 복도 옷장에. 나는 문을 닫고 다락방의 두 번째 내실로 들어섰다.

이 방 역시 일부분은 암실이었다. 높이가 6피트인 인화지 건조기에는 거미줄이 쳐져 있었다. 그 뒤쪽 보관장에는 스튜디오 조명, 삼각대 몇 개, 인화지를 보관한 상자, 그리고 또 상자들이 들어 있었다. 바닥에는 딱정벌레 몇 마리와 말벌 껍질들이 있었다. 건조기 옆에 뭔가 큰 무더기가 있는데, 그 위로 담요가 덮여 있었다. 담요 아래에 시체가 있는 건 아닐까, 정신 나간 생각이 들었다. 나는 담요의 끝을 들어 그 아래를 살펴보았다. 그곳에서 발견한 것은 버려진 남성복들이었다. 정장, 코트, 블레이저, 바지, 조끼, 버튼다운셔츠, 폴로셔츠, 정장 구두, 하이킹 부츠, 등산용 파카, 그리고 이런저런 남성용 의복이 종류에 따라 정리된 열댓 개의 커다란 비닐 백들이 있었다. 파자마, 속옷, 팬티, 벨트, 넥타이들이었다. 어떤 백에는 신발 끈만 들어 있기도 했다. 나는 다시 이것을 담요로 덮을 때까지, 이 남성성의 무덤을 한참 동안 바라보았다. 나의 예감이 맞았다. 여기에는 시체가 놓여 있었다.

나는 열쇠공을 불러 다락방에 다시 자물쇠를 달아 달라고 부탁했다. 오랜 시간 나는 아버지의 수수께끼를 풀고 싶어 했다. 이제는, 그녀의 불가해함을 존중하는 것이 중요해 보였다.

* * *

5월 14일 아침 의사에게 전화를 받은 지 1시간 후, 나는 성야노스병원 내과 병동 네 개 층을 계단으로 오르고 긴 통로를 지나 그 끝에 있는 내과의 진료실에 다다랐다. 그곳에 몰나르네 박사가 앉아 있었다.

"왜 돌아가셨는지 설명해 주세요." 내가 고집을 부렸다. 하지만 그녀는 계속 알 수 없다고 말했다. "패혈증, 심장 질환, 뇌졸중. 뭐든 될 수 있어요."

그녀는 크고 투명한 쓰레기봉투를 가리켰다. "저거요." 그녀가 말했다. "저거 잊지 말고 챙기세요." 그 안에는 아버지의 '소지품'이 담겨 있었다. 젖은 수건, 정맥류 압박 스타킹, 씻지 않은 식기류, 독서 안경, 테리 천 슬리퍼, 그리고 그녀의 이름이 적혀 있는 빨대 꽂은 플라스틱 컵.

바닥을 걸레질하면서 이리저리 돌아다니던 청소부가 대걸레 손잡이로 비키라며 나를 찔러 댔다.

"그만 좀 하세요!" 내가 딱 잘라 말했다. 그녀는 얼굴을 찡그리더니 나를 비켜 갔다.

"시신 보시겠어요?" 몰나르네 박사가 물었다.

아버지는 환자로 가득 찬 병동, 창가 쪽 침상에 누워 있었다. 어제만 해도 나 역시 그 침상 옆에 앉아 있었다. 그녀는 사생활도 없이 눈을 감았다. 하지만, 적어도 혼자 죽지는 않았잖아, 하며 나 스스로를 위안했다. 이른 아침 그림자가 방을 어둑하게 만들었다. 침대와 그녀를 덮은 천 위에 하얀 장미가 한 송이 놓여 있었다. 천을 살짝 들자, 수의가 그녀를 감싸고 있었다. 나는 숨을 쉬게 해 주고 싶다는 생각이 들어서 수의를 그녀의 머리에서부터 어깨까지 천천히 끌어내렸다. 그녀의 얼굴은 창을 향하고 있었다. 불행했던 마지막 날들을 지나면서 그렇게 단단히 닫혀 있었던 그녀의 눈이 떠져 있었다. 몸이 떨리기 시작했다. 그리고 참지 못하고 눈물을 터트렸다. 나이가 든 옆 침상 환자가 몸을 숙여 내 등을 도닥였다. "안됐어요, 안됐어요, 안됐어요." 그녀가 말했다. 그 손길이 고마웠다. 그리고 아버지가 여자 병동에서 여자들에 둘러싸여 눈을 감았다는 사실에 이상하게도 위안을 받았다.

아버지의 얼굴을 들여다보았다. 그녀가 살아 있을 때 그렇게나 자주 그랬던 것처럼 얼굴을 돌리고 있었다. 살아 있는 동안, 그녀는 자신이 누구인가에 대한 질문에 답을 하기 위해 노력했다. 유대교도인가 기독교도인가? 헝가리인인가 미국인인가? 여자인가 남자인가? 너무 많은 상반되는 것들이 함께 존재했다. 하지만 그녀의 누워 있는 몸을 보면서, 나는 생각했다. 이 우주에는 단 하나의 구분, 단 하나의 진정한 이분법이 있구나. 삶과 죽음. 다른 모든 것들은 그저 녹아 없어질 수 있는 것들이었다.

나는 아버지 위로 천을 다시 덮었다. 간호사가 방으로 들어왔다. 그녀는 아버지의 소지품을 담았던 쓰레기봉투에 들어가지 않은, 두 개의 작은 물건을 넣은 붕대 봉투를 나에게 건넸다. 시신을 닦는 동안 챙겨 두었다고 했다.

며칠 후 미국으로 떠날 때, 나는 아버지의 유품으로 그가 '소년이 남자가 되는' 바르 미츠바에서 선물받았던, 천으로 장정한 기도서를 챙겼다. 더불어 간호사가 건넨 물건도 함께 가져왔다. "스테파니의 물건이에요. 가져가세요." 간호사는 봉투를 내밀며 말했다. 봉투 안에는 진주 귀고리 한 쌍이 들어 있었다.

옮긴이의 글

팔루디 연작과 '진부한 정상성'의 교란자들

수전 팔루디의 『백래시』는 2017년 12월에 한국에서 번역, 출간
됐다. 1991년 미국에서 출간된 지 26년 만이었다. 1980년대 미국
에서 펼쳐졌던 페미니즘에 대한 반격backlash을 언론, 정치, 영화,
미용·패션, 종교 등 광범위한 분야에 걸쳐 꼼꼼하게 파헤쳤던
이 역사적인 책의 출간은 2010년대 후반 한국 사회에서도 기묘
할 정도로 시의적절했다. 덕분에 독자들의 반응은 뜨거웠다. 『백
래시』가 30년에 가까운 세월을 뛰어넘어 태평양 반대편에서 페
미니즘 분야 베스트셀러가 된 것은 고전으로서의 이름값 때문만
은 아니었던 셈이다.

　『백래시』에 대한 독자들의 관심을 계기로 2018년 팔루디가
한국을 방문했을 때, 그가 한국의 페미니스트들을 만나는 자리
에 나도 함께 했다. 『백래시』 한국어판 해제자로서였다. 그 자리
에서 『다크룸』에 대해 이야기를 나눌 때까지만 해도, 내가 이 책
을 번역하게 될 거라곤 예상하지 못했다. 팔루디의 최근작으로
2016년 커커스상을 수상하고 퓰리처상 후보에까지 올랐던 작업
이지만, 그야말로 '악명 높은' 페미니스트가 자신의 트랜스젠더
아버지에 대해 쓴 급진적인 책에 관심을 가질 출판사가 있을 거
라 생각하지 않았던 것이다. 아마도 그 때문이었을 터다. 『백래

시』를 출간했던 아르테에서 『다크룸』의 번역을 의뢰하는 연락
이 왔을 때 크게 고민하지 않았다. "기회가 있다면 당연히 해야
지." 이 말이 처음으로 머리에 떠오른 문장이었다.

　번역을 하면서는 감정의 롤러코스터에 올라탄 것 같았다.
긴 시간을 두고 나만의 속도로 아껴 읽을 수 있다는 점. 내가 책
읽기에서 무엇보다 좋아하는 부분이다. 그런데 이 책은 매번 그
런 독자의 완급 조절 시도를 배반했다. 멈추고 싶었지만 계속 갈
수밖에 없었고, 계속 가야했지만 감정의 격동 안에서 멈춰야 했
다. 때로는 도대체 이해할 수 없는 미로 속을 더듬거리느라 흐
르는 시간 자체를 잊곤 했는데, 책의 끝에 가서야 나는 산발적으
로 보였던 그 수많은 이야기 조각이 팔루디가 도저한 역사의 흐
름 위에 흘려 놓은 빵조각이었다는 사실을 깨달았다. 그 빵조각
들은 그의 가슴과 머릿속에 들어 있는 '기억'에서 떼어 낸, 내가
페미니스트로서 품어 온 질문을 버무려 놓은 수수께끼들이었다.
그 조각들을 따라가다 보니, 나는 어느새 '스테파니 팔루디'라는
고유명을 만나게 되었다.

　책은 2004년 팔루디가 30년 가까이 연락을 끊고 살다시피
했던 아버지로부터 한 통의 이메일을 받으면서 시작한다. "변화
들"이라는 제목의 이메일에서 팔루디의 아버지는 태국으로 가
성별 재지정 수술을 받았음을 알린다. 그렇게 '헝가리 유대인' 이
슈트반 프리드먼으로 태어나서 10대 후반에 '동화된 헝가리인'
이슈트반 팔루디로 변신했고, 다시 20대에 '미국 남자' 스티븐
팔루디가 되었던 아버지는 76세에 스테파니 팔루디가 되었다.
그 첫 이메일로부터 10년의 시간이 흐르는 동안 팔루디는 『백
래시』에서도 독자들을 감탄하게 했던 집요함을 발휘하며 아버
지의 삶의 궤적을 추적한다. 프리드먼이 팔루디가 되고, 이슈트

반이 스티븐이 되며, 스티븐이 스테파니가 되었던 과정들. 이 모든 이야기를 연결한 한 권의 책은 성차별과 인종주의, 그리고 파시즘이 맺고 있는 관계에 대한 치열한 탐구이자 "도대체 정체성이란 무엇인가?"라는 풀기 어려운 문제에 대한 하나의 흥미로운 대답으로 완성되었다.

팔루디 연작과 '남성성의 신화'라는 문제

팔루디는 사적인 것보다는 공적인 것에, 개인적인 회고보다는 역사로 포착되는 거대 담론에 더 관심이 많은 작가다. 그런 태도는 『다크룸』에도 여전히 살아 있다. 덕분에 책은 부녀지간이라는 매우 사적인 관계에서 시작된 기록임에도 불구하고 팔루디가 지금까지 써 온 책들과 같은 방법론과 세계관을 공유한다. 취재와 인터뷰, 그리고 그에 대한 적극적인 페미니스트 해설을 선보이는 것이다. 그리하여 『백래시』에서 『스티프드』와 『테러 드림』을 지나 『다크룸』에 이르는 팔루디의 저작 목록은 '팔루디 연작'이라고 부를 만하다.

팔루디 연작의 두 번째 작업인 『스티프드: 미국 남자의 배신』(1999)은 20세기 후반의 미국 남성성을 분석하는 작업이다. 이는 전작인 『백래시: 누가 페미니즘을 두려워하는가?』(1991)에서 다루었던 "화가 난 젊은 남자들"이라는 문제의식의 연장선상에 있었다. 뉴라이트가 부상하고 신자유주의화가 가속화되기 시작한 1980년대 이후 미국에는 임금 하락, 고용 불안, 주택 가격에 대한 불안감 등이 팽배했고, 이런 사회적 문제에 대한 원인으로 여성이 지목되었다. 특히 페미니스트와 젊은 여성 들은 만능 희생양이었다. 이것이 팔루디가 분석한 1980년대 백래시의 중요한 배경이자 양상이었다. 『스티프드』의 출발점은 여기였다.

"여성이 공적 영역으로 진출하고, 자기 지갑을 가지고, 삶에 대한 장악력을 키우는 것이 어떻게 남성에 대한 위협으로 받아들여졌는가." 하지만 팔루디가 다양한 남성들과 인터뷰를 하고 취재를 진행할수록 이야기는 조금 다른 방향으로 틀어진다. '남성성의 위기'라는 판타지는 경제권뿐만 아니라 '남성성의 신화'를 만들어 온 가치들이 추락할 때 등장한다는 사실을 목격하게 된 것이다. 남자들은 자신들이 모델로 삼았던 1950년대식 아버지가 될 수 없었고, 그랬을 때 "세계 속에서 나침반 잃는다."

다음 작업인 『테러 드림: 포스트 9·11 미국의 신화와 여성혐오 The Terror Dream: Myth and Misogyny in an Insecure America』(2007)는 2001년 9월 11일에 발발한 미국대폭발테러사건 이후 미국 사회가 어떻게 '남성 영웅담'을 통해 정상가족 이데올로기를 다시 세움으로써 포스트 9·11이라는 혼란의 시기를 수습하려 했는가를 밝힌다. 책은 팔루디가 9·11 이후 언론에서 요청받은 잇단 인터뷰 전화와 관련 기사들에 대한 언급으로 시작한다. 어떤 기자는 "이제 페미니즘은 논외로 밀려나겠군요"라고 (어딘가 신이 난 목소리로) 말했고, 어떤 기자는 "남자다운 남자의 컴백"에 대해 글을 쓴다고 했으며, 또 어떤 기자는 "9·11 이후 여성들이 좀 더 여성적이 되려고 하는 트렌드"에 대해 질문했다. (여기에서 '더 여성적'이라는 건 '덜 페미니스트적'인 것을 의미했다.) 미국 사회는 9·11을 다시 한 번 페미니즘에 대한 공격의 계기로 삼았다. "나라를 지키는 것보다는 신화를 지키는 것"에 몰두하는 것처럼 보였던 이 전통적인 '믿음 체계 belief system'는 남성을 카우보이 영웅의 자리에 앉히는 동시에 여성을 연약한 피해자이지만 어머니일 때만은 강인한 존재로 만들고자 했다. 책은 9·11 이후 안보를 강조했던 미국 사회의 가부장제 판타지와 여성혐오에 주의를 기울인다.

이런 역사적 흐름 안에서 브로플레이크*가 등장했다. 그들이 남자가 가족임금을 벌어 가장 노릇을 하고, '내 여자'가 집에서 온순한 가정주부로 머물렀던 (자신들이 경험하지도 않았던) '좋았던 옛날'을 낭만화 하는 것은 미국 우경화의 결과이자 동력이었다. 팔루디는 2018년에도 여전히 미국의 젊은 남성들이 온라인에서 여성과 페미니스트에 대한 사실을 조작하고 사이버 불링을 일삼으며 '남성의 권리'를 말하는 그룹을 만들어 집회를 연다는 점을 지적한다. 그리고 소수 이민자와 함께 여성들이 그들의 기회를 '훔쳐갔다'고 믿는 남성들은 2016년 대선에서 트럼프를 지지했다. 대선 기간에 진행된 한 설문조사에서 트럼프 지지자의 3분의 2가 "나라가 너무 유약하고 '여성적'이 되었다"고 답했다는 사실은 주목할 만하다.**

미국이 사회 안정을 추구할 때 우경화의 흐름이 등장하고, 이는 언제나 성 보수화를 수반했다. 공적영역에 대한 통제는 사적영역에 대한 통제에 기대고 있고, 사적영역은 성별 이원제에

---

* 브로플레이크broflake 는 형제brother 와 눈송이snowflake 를 합성한 신조어로 "자신의 가부장적 시각과 충돌하는 진보적 사고방식에 쉽게 화를 내는 남성"을 뜻한다. 옥스퍼드 사전에서는 2017년 이 단어를 올해의 주목할 단어로 선정했다.

** 손희정, 〈극우는 큰 메가폰 가진 소수〉,《한겨레21》제1196호, 2018. 1. 16. 팔루디의 작업은 한국 사회의 여성혐오와 다양한 반동적 양상을 이해하는 데에도 많은 영감을 준다. 1997년 IMF와 2008년 금융위기를 지나면서 '대침체기'를 맞이한 한국 남성들이 여성을 비롯하여 외국인 노동자와 소수 이민자들이 내 밥그릇을 빼앗아 가는 "무임승차자"라고 비난했던 것, 그리고 그들이 "우리 아버지가 키워 온 위대한 대한민국"에 대한 판타지를 가지고서 아버지의 자수성가 스토리를 존경하고 그와 같은 가장이 되고 싶어 한다는 것은 미국의 상황과 크게 다르지 않다. (관련해서는 천관율, 〈이제 국가 앞에 당당히 선 '일베의 청년들'〉,《시사IN》제367호, 2014. 9. 29. 참고.)

기반한 남녀 성역할의 분리, 이성애 중심 가족, 정상/비정상을 가르는 성규범과 같은 일련의 성적 체계를 그 바탕으로 하기 때문이다. 그리고 이는 우파 정치인들에게는 언제나 유리한 정체성 정치의 자원이 된다.

따라서 팔루디가 아버지의 유대인이자 퀴어로서의 정체성을 탐구할 때 헝가리 우경화의 흐름 역시 함께 살펴볼 수밖에 없었다. 아버지가 헝가리로 귀향해서 트랜스젠더 여성으로 살아가기 시작한 2000년대 중후반 이후, 헝가리의 극우 정당 요비크 및 그와 공생하는 우파 집권당 피데스는 유대인과 집시, 그리고 성소수자와 페미니스트를 '건강한 헝가리의 적'으로 돌리는 혐오의 정치를 통해 선거판을 장악했다. 이는 자연스럽게 헝가리의 민주주의와 복지를 축소시키는 정치의 퇴행으로 이어졌다. 이것이 어떻게 스테파니 팔루디의 삶을 또 다른 방식으로 위협했는지, 『다크룸』은 세밀하게 묘사한다. 정치는 언제나 공사의 구분을 넘어 흐르고, 팔루디의 말대로, 개인적인 것은 언제나 정치적인 것이다.

젠더는 성적 차이로 환원되지 않는다

팔루디 연작이 밝히고 있는 것처럼, 남성 중심적인 가부장제 질서를 유지하는 핵심에는 '여성성의 신화'*와 더불어서 '남성성의 신화'가 놓여 있다. 이는 남성의 강인함과 위대함을 강조하는 만큼이나 '남성성의 위기'라는 왜곡된 판타지를 바탕으로 한다. 어떻게 고개 숙인 남자를 위로하여 다시 영웅으로 만들고, 역사의 주체로 세울 것인가가 가부장제가 쓰는 서사의 주요 관심사인 것이다.

* 베티 프리단, 『여성성의 신화』, 김현우 옮김, 갈라파고스, 2018.

이런 남성성의 신화는 기본적으로 인간을 신체적 특성에 따라 남성과 여성, 두 개의 성별로 나눌 수 있다고 믿는 성별 이원제 사회에서 만들어진, 견고한 성역할 고정관념으로부터 자양분을 얻어 자연화된다. 이런 고정관념이 바로 젠더다. 중요한 건 젠더는 오직 성적 차이sexual difference에 의존해서 형성되는 것이 아니라, 인종적, 계급적 차이 등과도 얽히면서 구성된다는 점이다. 즉, 젠더는 섹스와 인종, 계급, 신체성 등을 교차하면서 구성된다. 『다크룸』에서 트랜스젠더 아버지의 인생역정을 통해 팔루디가 도달하게 되는 종착지가 여기다. 젠더는 성적 차이로만 환원되지 않는다는 깨달음.

　물론 팔루디에게도 이 작업이 처음부터 명백하게 다가왔던 건 아니었다. 1970년대에 페미니스트로 성장해서 페미니즘 제2물결을 잇는 대표적인 페미니스트로 활동해 온 팔루디에게 아버지의 성전환과 트랜스젠더리즘은 간단한 주제가 아니었다. 무엇보다 한때는 폭군적인 남성 가장이었던 아버지가 어느 날 갑자기 '고상하고 연약한 여자'가 되었다는 사실을 납득할 수 없었다. 그래서 팔루디는 질문한다. 남성복을 사용하지 않는 옷장으로 유배시키고, 진주 귀고리와 하이힐로 꾸미고, 호르몬을 맞고, 성기를 재조형 하는 것으로서 당신이 갑자기 여자가 될 수 있다고? 대체 그 '여자 됨'이란 무엇이길래? 고작 '붉은색 꽃무늬 치마'가 여성성을 담보한다니?

　답을 찾기 위해 읽은 온갖 트랜스젠더 여성들의 회고록들은 그를 더욱 혼란스럽게 한다. 이 회고록들에서 어떤 트랜스젠더 여성들은 이 사회가 만들어 놓은 '여성성의 신화'에 최대한 순응했다. 예컨대, 자신이 여성이 되는 순간 갑자기 지적 능력이 떨어지고 감정적이 되며 공간감이 떨어졌다는 식으로 기술하곤 하는 것이다. 이는 팔루디가 절대로 수긍할 수 없는 묘사였다. 하지만 팔루디는 자신의 익숙한 사고방식, 혹은 자신이 만들어 온 '믿음 체계' 안에서 즉각적으로 떠오른 거부감에서 멈추지 않는다. "진부한 트랜스섹슈얼리티를 매도하는 진부한 페미니스트의 틀"에 스스로를 가두지 않기 위해, 페미니스트이자 기자로서의 기질을 발휘하기 시작하는 것이다.

그는 트랜스젠더 이론가들을 찾아가 만나고, 기록을 뒤지면서, "20세기 성과학의 수십 년"을 비롯하여 트랜스젠더리즘의 역사를 추적한다. 이를 통해 구성된 미국 트랜스젠더 담론의 역사는 트랜스 커뮤니티가 여성성을 상상하는 방식 자체가 어떻게 사회적, 문화적으로 구성되어 왔는가를 보여 준다.

전후 1950년대, "모든 걸 다 아는 아버지"*라는 헤게모니적 남성성이 구성되고, "남편 바지에 주름을 잡고, 바닥에 광을 내는 것이 여자들의 오르가즘"**이라는 여성성의 신화가 판을 치던 그 시절에 트랜스젠더의 존재는 가시화되고 의료 담론의 대상이 되기 시작했다. 한 사회가 소위 '정상성'을 복구하려고 애쓰는 상황 속에서, 트랜스젠더는 자신의 '비정상성'을 의학적으로 증명함과 동시에 "진짜 남성" 혹은 "진짜 여성"으로서의 '정상성'을 주장해야만 했다. 이처럼, 여성성과 남성성이 구성되는 만큼이나, 트랜스젠더의 젠더 역시 구성된다. 그렇다면 우리가 질문

---

* 1949년 라디오 드라마로 시작해서 큰 인기를 끌면서 1954년 TV 시트콤으로도 제작되었던 〈아버지가 제일 잘 안다〉는 팔루디에게 있어 1950년대 미국 사회를 지배한 '아버지 신화'를 대변하는 상징적인 작품이다. 『다크룸』에서도 스티븐 팔루디가 꿈꾸었던 아버지상에 대한 은유로, 팔루디는 "아버지가 제일 잘 안다"를 언급하곤 한다.

** 베티 프리단, 앞의 책.

의 장에 올려놓아야 하는 것은 트랜스젠더의 젠더 수행이라기보다는 이 사회가 정상성의 경계를 긋고, 그 경계를 구성원들에게 강요하는 방식이어야 한다.

이해를 확장해 가는 과정에서 팔루디는 아버지의 유대인 정체성과도 새롭게 만나게 된다. 단 한 번도 자신이 유대인이라는 사실을 잊지 않았을 뿐더러 그로부터 자유롭지도 못했던 아버지는, 유럽의 반유대주의와 유대인 혐오를 뼛속까지 내면화한 유대인이기도 했다. (이야말로 혐오와 배제의 문화가 소수자에게 하는 일이다!) 여기에서 팔루디의 주목을 끌었던 건 어떻게 기독교 유럽의 반유대주의가 지독하게 성별화되어 있었는가다. 유대인 여성은 기독교도 남성들에게 '완벽한 여성성의 체현'으로서 숭배의 대상이자 욕망의 대상이었다. 이인종 여성을 이국적 존재로 대상화하는 전형적인 메커니즘이 여기에서도 작동했다. 반면 유대인 남성들은 기독교도 여성들을 타락시키는 문란한 색정광이거나 거세된 괴물, 과도한 욕심을 부리는 '돼지'로 폄하되었다. 유럽의 기독교 문명은 지속적으로 유대 남성의 거세된 이미지, 뒤틀린 신체성, 내면적 야비함과 탐욕을 강조했다. 이는 또 다른 방식의 성별화된 대상화였던 셈이다. 그렇게 유대인 남성으로서 기독교-유럽에서 언제나 '비남성'이어야 했던 이슈트반 팔루디는 1950년대 미국으로 건너와서는 '미국의 정상성'을 전시하는, 잡지에서 갓 튀어나온 '미국의 가장-기독교도-스티븐'이 되고자 고군분투했다. 무엇보다 그는 "여자들이 인정하는 남자"가 되고 싶었다. 그러나 그 노력이 끝끝내 좌절됐을 때, 스티븐은 가정에서 폭력을 휘두르는 폭군이 된다.

그건 아버지의 내면적 본성이 표면을 뚫고 나온 것이었을까, 아니면 당시로서는 '훼손된 남성성'을 다시 세우는 유일한 방법이었던 것일까. 남성성의 신화에 복무할 수 없었기 때문에 아버지는 여성성의 신화에 복무하기로 한 걸까. 아버지의 남자 됨은 무슨 의미였고, 이제 아버지의 여성 됨은 무슨 의미일까. 팔루디는 간단히 답을 찾을 수 없는 혼란 속에서도 "나는 남자였던 적이 없었고, 나는 진짜 여자다"라고 말하는 아버지의 진술을 쉽게 기각해 버리지 않는다.

트랜스젠더 여성의 시간을 서사화하기

팔루디가 스테파니의 이메일을 받고 처음으로 그녀를 만나러 헝가리에 왔을 때, 팔루디가 대면했던 스테파니의 이미지는 2019년 대한민국의 온라인을 떠돌아다니는 온갖 트랜스혐오적인 이미지와 크게 다르지 않았다. 란제리를 입은 채로 앞섶을 여미지 않고 집 안을 돌아다니고, 내가 여자라는 걸 인정해 달라고 떼를 쓰고, 내 이야기에만 관심을 가져 달라고 강요하는, 그러니까 가족에게 여자로서 인정받기 위한 트랜스젠더 여성의 (비트랜스젠더들을 불편하게 만드는) 어떤 노력들 말이다.

하지만 팔루디는 그 장면들을 맥락에서 떼어 내 단편적인 이미지로 박제함으로써 누군가를 혐오의 대상으로 배제하지 않았다. 그는 자신의 눈앞에서 펼쳐지는 이 한 순간을 이해하기 위해서 10년 가까이 아버지와 이야기 나누고, 관찰하고, 또 탐구했다. 무엇보다 질문하기를 멈추지 않았다. 그렇게 (한국어판으로) 600페이지가 넘는 책을 쓰면서, 팔루디는 트랜스젠더 여성의 시간을 이야기로 만들어 낸다. 트랜스젠더 여성들에게 '고정된 여성성 서사'를 강요하고 그렇게 함으로써 오히려 특이한 스펙터클로 소비해 버리는 사회에 저항하면서, 팔루디는 분절적이고 단편적인 이미지를 시간의 흐름 속으로 되돌려 놓는다. 이를 통해 스테파니 팔루디라는 트랜스 여성은 하늘에서 뚝 떨어져 "여성의 공간을 침범하는 괴물"이 아닌, 자신의 시간을 살면서 자신의 공간을 만들어 온 맥락 있는 존재가 된다. 사진작가인 스테파니가 기자인 딸 수전에게 "나에 대해 쓰라"고 제안한 것은 펜을 쥔 딸이 무엇을 할 수 있는지 알고 있었기 때문은 아니었을까. 스테파니가 그토록 사랑한 '영화'는 여기에 이르러 『다크룸』에 대한 메타포가 된다. 영화야말로 시간과 공간의 예술이니까 말이다.

비트랜스젠더 페미니스트로서 아버지라는 '낯선 존재'를 이해하려는 팔루디의 노력 속에서 『다크룸』은 트랜스젠더 이론의 선구자 중 한 명인 수전 스트라이커의 금언을 실천하는 작업이 되었다.

트랜스젠더를 포괄하는 페미니즘은 억압 시스템인 젠더를 지지하는 구조를 해체하려고 여전히 싸우고 있지만, 그러면서 태어날 때 지정받은 젠더를 바꿀 필요를 느끼는 사람을 도덕적으로 판단하지는 않는다. 트랜스젠더 정치와 페미니즘 정치 사이의 관계를 다시 고려하려면 우리 각자가 젠더 정체성(남성이나 여성으로 존재한다는 느낌 또는 그런 용어를 거부하는 어떤 것)을 어떻게 경험하고 이해하는지가 정말로 개인의 특유한 문제라는 사실을 인정해야 한다.*

『다크룸』을 번역하면서 나는 계속 질문하지 않을 수 없었다.

* 수전 스트라이커, 『트랜스젠더의 역사』, 제이·루인 옮김, 이매진, 2016, 23쪽. (인용자 강조.)

페미니스트의 자질이란 이런 것이 아닌가. 개인을 존중하면서 폭력의 구조에 저항하는 것. 자극적이고 쉬운 이미지를 유포하기보다는 기꺼이 함께 사유하기를 자처하는 것.

한편으로 팔루디가 책에서 인용하고 있는 한 트랜스젠더 친구의 말처럼 "트랜스섹슈얼리티란 그 안으로 들어가는 수많은 문을 가진 큰 방"이라는 사실을 이해하는 것은 중요해 보인다. 무엇보다 이 방으로 들어가는 문은 트랜스젠더 이론가와 활동가들의 작업을 통해 점점 더 다양해지고 있다. 아니, 다양할 수 있다는, 다양해도 괜찮다는 담론이 만들어져 왔다. 그건 트랜스젠더를 이해하는 '페미니스트의 진부한 태도'가 달라져 온 역사만큼이나 '트랜스젠더의 진부함' 역시 변화하고 있다는 의미다. 테레사 드 로레티스의 말처럼, 저항 담론은 언제나 젠더가 구축되는 과정에 개입한다.*

트랜스젠더 이론가이자 활동가인 샌디 스톤은 역사적인 선언문 「'제국'의 역습: 포스트-트랜스섹슈얼 선언문」에서 트랜스젠더들에게 자신의 "실제 삶의 이야기를 되찾아 그것으로 성별 이분법의 단단한 벽을 부수고 내리칠 것"을 요구한다. 그리고 트랜스젠더 회고록이 천편일률적으로 전시하고 있었던 어떤 '정상성'으로부터 이탈된 다른 역사 쓰기를 시작하자고 제안한다.

> 트랜스섹슈얼들은 자기 역사에 책임을 져야 한다. 그것은 자기들 삶을 말소의 연속이 아니라 (…) 차이를 재전유하고, 새롭게 조형되고 기입된 몸의 힘을 탈환하는 정치적 행위로서 기록하는 데서 출발한다.**

* Teresa de Lauretis, *Technologies of Gender*, Macmillan Press, 1987.

『다크룸』역시 또 다른 트랜스젠더 역사 쓰기다. 그런 의미에서 이 책은 샌디 스톤의 선언에 대한 비트랜스젠더 페미니스트의 적극적인 연대와 동참의 결과물이다. 이런 담론의 분기와 절합 속에서 퀴어 페미니즘의 가능성은 더욱 확장된다.

마무리하면서

그럼에도 불구하고 『다크룸』은 비트랜스젠더 페미니스트가 쓴 책이다. 심지어 비트랜스젠더(로 사는 것에 큰 어려움이 없었던) 페미니스트의 번역을 통해 이제 한국의 독자들을 만난다. 당연히 부족한 점이 있을 것이다. 그렇다 하더라도, 스테파니에 대한 존경을 표하기 위해 어떤 식으로든 자기만의 경계를 넘으려고 노력했던 이 작업이 비트랜스젠더 독자들 뿐 아니라 트랜스젠더 독자들께도 위안과 힘, 영감, 그리고 즐거움이 되기를 기도한다. 마지막으로, 번역이라는, 이미 경계 넘기를 내포하고 있는 작업을 통해 번역자 역시 미미하나마 일종의 교란자가 되기를 꿈꾸었음을 고백한다.

2019년 12월
손희정

** Sandy Stone, "The empire strikes back: a posttransexual manifesto," in Paula Treichler, Lisa Cartwright and Constance Penley (eds.), *The visible woman: imaging technologies, gender, and science*, New York University Press, 1998. (『다크룸』에서 재인용.)

수 있다. 그 마지막 문장의 깨달음을 독자들과 함께

2월

우리에게 필요한 이분법은 단 하나뿐이다

2017년에 전설처럼 제목만 들어오던 수전 팔루디의 『백래시』가 번역되어 나왔을 때, 책날개에 적힌 저자 소개 글에서 수전 팔루디의 아버지가 트랜스젠더라는 사실을 처음 알았다. 트랜스젠더 아버지를 둔 페미니스트라니! 이 가족의 역사가 궁금했다. 대안적이라고 할 만한 멋진 가족의 모델이 있을 것만 같았다. 하지만 얼마 지나지 않아 그 아버지란 작자가 딸을 때리는 가정 폭력 가해자였고 집안의 폭군으로 군림하다 이혼을 당한 이력의 소유자란 걸 알게 되었다. 그런 아버지가 70대에 갑자기 성전환 수술을 하고 나타났을 때 페미니스트인 딸은 과연 어떤 심정이었을까. 게다가 그 아버지가 잔혹하기로 유명했던 헝가리의 유대인 학살의 생존자라니! 너무 어둡고 내밀한 이야기이지 않을까. 읽기에 쉬운 책은 아닐 거라고 생각했다. 이제, 책을 다 읽은 이로서 고백하자면, 나의 예상은 완전히 틀렸다. 이 책은 재미있다. 그냥 재미있는 정도가 아니라 아주, 굉장히, 놀랍게와 같은 수식어들을 반드시 앞에 붙여야 할 정도로 재밌다. 그래야 제대로 표현했다고 할 만큼 흥미로운 책이다.

집착적으로 남성성을 휘두르던 아버지가 갑자기 여자가 되었다며, 딸에게 이젠 '너와 같은 여성'임을 주장하는 모습을 우리는 어떻게 봐야 할까. 어릴 때부터 도저히 이해할 수 없던, 괴팍한 아버지는 자신의 입으론 끝내 자신을 설명하지 않는다. 전형적인 트랜스혐오로 빠지기 쉬운 이 장면에서 수전 팔루디 또한 우리와 같은 고민을 했다. 팔루디는 미워했고 여전히 이해할 수 없는 아버지를 애써 용서하는 대신, 자신이 알지 못하는 것들에 대해 계속 조사하고, 탐구하고, 고민하고, 끊임없이 질문을 던진다. 트랜스젠더 활동가와 이론가 들을 만나고 온갖 트랜스젠더 회고록을 탐독한다. 이 뛰어난 저널리스트는 단순히 자신의 아버지를 회고하는 것이 아니라 자신의 아버지라는 이유로 질문할 수밖에 없었던, 어둠에 묻힌 우리 모두의 역사로 파고든다. 그 덕에 『다크룸』은 독자들에게 엄청난 지적 자극을 주는 책이 되었다.

저자도 지적했다시피, 트랜스젠더 여성의 정체성은 주로 두 가지 방식으로 다루어졌다. 남성에서 여성으로 정체성을 바꾸었거나, 남성에서 여성으로 '진정한' 자기 정체성을 찾았거나. 생물학적 성별 구분에 집착하는 사람들은 여기에 대해서 성별은 변할 수도 바꿀 수도 없다고, 정체성이란 고유하고 본질적인 것이며 유동적인 정체성은 진짜일 수 없다고 말한다. 적어도 그들에게 트랜스젠더의 말이 진실이기 위해서는 '가짜 정체성'으로 살았던 과거를 지워 버려야 한다.

아버지가 홀로코스트를 겪은 유대인이란 과거는 트랜스젠더가 된 현재와 어떤 관계가 있을까. 홀로코스트에 대한 이야기는 지겹도록 들었다는 나의 생각은 『다크룸』을 읽으며 무너졌다. 제2차 세계대전이 일어나기 전에 헝가리 유대인들이 선택한 적극적인 '민족 동화'가 전쟁이 터지자마자 어떻게 잔혹한 구분과 분리로 바뀌는지를 생생히 묘사하는 부분은 괴로웠다. 사

람들은 무엇과 무엇을 왜, 그
괴로움은 혐오의 광풍이 불
쳐서이기도 했다. 과연 유'
랜스혐오와 동성애혐오가
판결의 폭압임을 이 책

이 책의 키워드는
대인, 헝가리에 버림
들, 가장 완벽한 남
던 남자…. 종교,
는 항목들은 눈속
정된 정체성이란
가 할 수 있는
들의 복잡성과
이다.

수전 팔
팔루디라는
의 역사,
를 둘러
이질감
수께
한 변
로서
은
러

자유로워질
나누고 싶다

2019년 1
한채윤

지은이   수전 팔루디
1981년 하버드대학교를 우등으로 졸업한 후 저널리스트로《뉴욕타임스》,
《월스트리트저널》등에 기고해 왔다. 1991년 미국 대형 슈퍼마켓 체인
세이프웨이의 구조조정으로 해고된 직원들을 취재해 그해 해석 보도 부문
퓰리처상을 받았다. 같은 해 미국에서 출간되었고, 26년 만에 한국에
소개된 『백래시』는 1980년대부터 오늘날까지도 광범하게 행해지는 페미니즘에
대한 '반격'을 드러내고 이름한 책으로 끊임없이 소환되고 재인용되고 있다.
팔루디는 이후로도 전통적인 남성성의 붕괴와 그로 인해 미국 남성들이
직면한 위기를 다룬 『스티프드: 미국 남자의 배신 Stiffed: The Betrayal of the American
Man』, 9·11 사태에 대한 미국인들의 '젠더화된' 심리적 반응을 고찰한
『테러 드림: 포스트 9·11 미국의 신화와 여성혐오 The Terror Dream: Myth and
Misogyny in an Insecure America』등을 썼다. 2016년 발간된 『다크룸』은
『백래시』부터 이어진 페미니스트 저널리스트로서의 끈질기고 치밀한 분석과
문제의식, 헝가리 태생의 유대인으로 홀로코스트 생존자이자 후에 트랜스젠더
여성이 된 아버지 스테파니 팔루디와의 관계라는 내밀하고 개인적인
고찰을 함께 담은 책으로 커커스리뷰상을 받았으며, 퓰리처상 최종 후보에
올랐다.

옮긴이   손희정
문화 평론가, 퀴어 페미니스트.
저서로는 『페미니즘 리부트』, 『성평등』이 있고, 『누가 여성을 죽이는가』,
『을들의 당나귀 귀』, 『지금 여기의 페미니즘×민주주의』, 『그런 남자는 없다』,
『그럼에도 페미니즘』, 『대한민국 넷페미사』, 『페미니스트 모먼트』 등을
함께 썼다. 『여성괴물, 억압과 위반 사이』, 『호러 영화』 등을 우리말로 옮겼다.

다크룸

영원한 이방인, 내 아버지의 닫힌 문 앞에서

1판 1쇄 발행   2020년 1월 15일
1판 2쇄 발행   2020년 3월 23일

지은이   수전 팔루디
옮긴이   손희정
펴낸이   김영곤
펴낸곳   아르테
책임편집   김지은
인문교양팀   전민지
교정   송연승
디자인   전용완

아르테클래식본부 본부장   장미희
마케팅   이득재 오수미 박수진
영업본부 이사   안형태
영업본부 본부장   한충희
영업   김한성 이광호
해외기획   박성아 장수연 이윤경
제작   이영민 권경민

출판등록 2000년 5월 6일 제406-2003-061호
주소 (10881) 경기도 파주시 회동길 201 (문발동)
대표전화 031-955-2100   팩스 031-955-2151   이메일 book21@book21.co.kr

ISBN 978-89-509-8539-4 03300
아르테는 (주)북이십일의 문학·교양 브랜드입니다.

(주)북이십일 경계를 허무는 콘텐츠 리더
아르테 채널에서 도서 정보와 다양한 영상 자료, 이벤트를 만나세요!
방학 없는 어른이를 위한 오디오클립 〈역사탐구생활〉
페이스북 facebook.com/21arte   클래식클라우드 페이스북 @21classiccloud
21arte 블로그 arte.kro.kr
클래식클라우드 네이버포스트 post.naver.com/classiccloud
인스타그램 instagram.com/21_arte   클래식클라우드 인스타그램 @classic_cloud21
홈페이지 arte.book21.com

한 사람의 정체성은 어떤 의미를 가지며 우리는 이를 어떻게 바라봐야
할 것인가?『다크룸』은 수전 팔루디의 아버지이자 남자와 여자, 유대교와
기독교, 헝가리인과 미국인이라는 이분법적인 구분 속에서 경합하며,
어찌 보면 혼란하고 모순적인 삶을 살아간 한 사람, 스테파니 팔루디의 이야기를
그리고 있다. 단지 트랜스 여성이라는 한 단어만으로는 표현할 수 없는
스테파니의 삶을 통해 저자는 개인의 정체성이라는 것이 단지 하나의 고정된
객체가 아닌 역사적이며 구성적인 산물임을 치밀하게 고찰하고 있다.
젠더, 종교, 민족, 문화 등 다양한 경계를 넘나들며 살아가는 인간에 대한 이해를
넓히고 싶은 모든 이에게 이 책을 추천한다.
— 박한희 변호사, 희망을만드는법 성적지향 및 성별정체성(SOGI) 인권팀장